Mainzer Philosophische Forschungen
Herausgegeben von Gerhard Funke
Band 28

Augustins Philosophie der Endlichkeit

Zur systematischen Entfaltung seines Denkens aus der Geschichte der Chorismos-Problematik

von Norbert Fischer

1987

Bouvier Verlag Herbert Grundmann · Bonn

CIP-Kurztitelaufnahme der Deutschen Bibliothek
FISCHER, NORBERT:
Augustins Philosophie der Endlichkeit: zur systemat. Entfaltung seines Denkens aus d. Geschichte d. Chorismos-Problematik/von Norbert Fischer. — Bonn: Bouvier, 1987.
(Mainzer philosophische Forschungen; Bd. 28)

NE: GT

ISBN 3-416-01910-5

ISSN 0076-2776

 Das Augustinus-Bildnis auf dem Umschlag stammt aus dem Codex Admont 125, f. 1: Wiedergabe mit freundlicher Genehmigung der Stiftsbibliothek in Admont, Steiermark/Österreich. Umschlaggestaltung: Anna Braungart. Satz: Computersatz Bonn. Druck und Einband: Druckerei Plump KG, Rheinbreitbach.
Als Habilitationsschrift auf Empfehlung des Fachbereichs Philosophie/Pädagogik der Johannes Gutenberg-Universität Mainz gedruckt mit Unterstützung der Deutschen Forschungsgemeinschaft.

Inhalt

Vorwort

Augustins Denken ist in der Philosophie unseres Jahrhunderts wirksamer und lebendiger, als dies nach dem ersten Augenschein der Fall ist. Dies könnte insbesondere in einer Betrachtung der phänomenologischen Philosophie gezeigt werden. Als ein – allerdings selbst folgenreiches – Beispiel sei Husserl genannt, der sich „in seiner phänomenologischen Beschreibung des inneren Zeitbewußtseins so sehr durch die Beobachtungen und impliziten Voraussetzungen der Augustinischen Zeitanalyse inspirieren" ließ, „daß man geradezu von Husserlschen ‚Randbemerkungen' zu *Augustinus* sprechen möchte".[1] Die Aufgabenstellung des vorliegenden Buches besteht aber nicht in dem gewiß durchführbaren Nachweis der Wirksamkeit von Gedanken Augustins in der Gegenwartsphilosophie, sondern überhaupt erst einmal in dem Versuch der Darstellung seines Denkens, soweit es aus dem Blickwinkel der Gegenwart als philosophisch gelten darf.[2] Obwohl die Darstellung aus der problemgeschichtlichen Perspektive entwickelt wird, hat die Untersuchung insgesamt doch systematische Absichten.

Gegen die Behauptung, daß es heutzutage nicht mehr möglich sei, „Augustins Denken als synchrones System darzustellen",[3] könnte gefragt werden, ob denn bloß der faktische geschichtliche Abstand schon zu dieser Annahme berechtige. Zu fragen wäre zudem, inwieweit denn in der Gegenwart faktische Gleichzeitigkeit des Problembewußtseins als sicher behauptet werden kann. Und so kann auch gefragt werden, ob nicht ein Denker aus der Geschichte, der in der Tat zu denken gibt, nicht doch gleichzeitiger ist als ein zeitgenössischer Interpret, der nicht zu denken gibt, sondern klischeehaft gewordene Vorstellungen zur Beurteilung Augustins benutzt.[4] Aller-

[1] Vgl. Rudolf Bernet, Einleitung, in: Edmuns Husserl, Texte zur Phänomenologie des inneren Zeitbewußtseins (1893–1917), Hamburg 1985, S. XI.

[2] Hier gilt die These, daß es „so etwas wie eine christliche Philosophie" nicht geben könne; vgl. Martin Heidegger, Phänomenologie und Theologie, Frankfurt am Main 170, S. 32. Allerdings wird – getragen vom Gedanken des *cor inquietum* – Heideggers Behauptung (vgl. ebd.) eines existenziellen Gegensatzs „zwischen Gläubigkeit und freier Selbstübernahme des ganzen Daseins" sowohl von seiten der „Gläubigkeit" als auch von seiten der „freien Selbstübernahme des ganzen Daseins" für eine unsachgemäße Interpretation dieser menschlichen Grundmöglichkeiten gehalten.

[3] Vgl. Kurt Flasch, Augustin. Einführung in sein Denken, Stuttgart 1980, S. 8.

[4] Obwohl Flasch, a. a. O., S. 11, es vermeiden will, „nach dem verdinglichenden Schema von Basis und Überbau zu greifen", ist seine Darstellung insgesamt doch von inzwischen popularisierten marxistischen und freudianischen Vorstellungsmustern geprägt (vgl. die Einzelnachweise in Kapitel VII).

dings hat das, was bislang als *Augustinismus* galt, offenbar seine Kraft für die gegenwärtige Philosophie verloren. Wenn behauptet wird, daß es einen Augustinismus nur unter der „Grundvoraussetzung" geben könne, daß die „wahre Philosophie ... mit einem Akt der Zustimmung zur übernatürlichen Ordnung" anhebe, „welche durch die Gnade den Willen vom Fleische, durch die Offenbarung das Denken vom Zweifel erlöst",[5] so wäre solcher Augustinismus das Ende der Philosophie, die nicht erst seit Kant – sondern mindestens seit Platon – notwendigerweise von einem kritischen Impuls getragen wird. Von den Fehlern dieser beiden Interpretationshaltungen versucht sich die folgende Darstellung freizuhalten und so eine philosophische Deutung zu geben – eine Deutung, die sich zugleich aus den Gedanken des Augustinischen Werkes wie auch aus der Kraft systematischer Reflexion zu rechtfertigen sucht.

Die vorliegende Untersuchung, über deren methodische Probleme die Einleitung Aufschluß gibt, ist als Habilitationsschrift im Fach Philosophie an der Johannes Gutenberg-Universität Mainz verfaßt worden. Die im Verlauf des Weges an der Universität zustandegekommenen Begegnungen, die zur Ausbildung des eigenen Denkens oft unmerklich beitragen, bieten vielfältigen Grund, dankbar zu sein. Diesen Dank auch ausdrücklich an dieser Stelle abzustatten, ist nur wenigen Personen gegenüber möglich. Jedenfalls möchte ich hier der verstorbenen Professoren Wilhelm Teichner und Bernhard Welte gedenken, deren Denkimpulse mir unvergeßlich sind. Dank schulde ich aber insbesondere auch meinem ehemaligen Institutsleiter, Herrn Professor Dr. Josef Stallmach, der mir den Anstoß zu der Arbeit an Augustinus gegeben hat, der mir aber auch die innere und äußere Freiheit gelassen hat, ohne die die Untersuchung nicht hätte durchgeführt werden können. In diesen Dank schließe ich weiterhin Herrn Professor Dr. Gerhard Funke ein. Schließlich möchte ich meinem Schwiegervater, Herrn Dr. Norbert Höbelheinrich, und Herrn Andreas Kempin für die Mithilfe beim Korrekturenlesen danken.

N. F.

[5] Vgl. Étienne Gilson, Der heilige Augustin. Eine Einführung in seine Lehre, Hellerau 1930, S. 389 f.

Einleitung

In der vorliegenden Untersuchung wird das philosophische Denken Augustins unter das Leitwort der Endlichkeit gestellt. Unter diesem Leitwort, das im gebrauchten Sinn kein Terminus der Sprache Augustins ist, wird eigens ein Zugang zu seiner Philosophie gesucht. Ein solcher Zugang ist vor allem deswegen außergewöhnlich schwer zu finden, weil Augustinus die philosophische Beantwortung der sein Denken bewegenden Fragen selbst absichtsvoll mit Antworten der christlichen Theologie verbunden und schließlich gleichsam überdeckt hat. Angesichts dieser Schwierigkeiten bedarf der Zugang zum philosophischen Denken Augustins zugleich auch eines Leitfadens zur philosophischen Interpretation seiner Gedanken, da sie in der durch die überlieferten Texte gegebenen Form mindestens dort, wo sie ihre Rechtfertigung aus der Berufung auf den christlichen Glauben an das geoffenbarte Heilsgeschehen ziehen, die Grenzen dessen überschreiten, was innerhalb des philosophischen Denkens aus dessen Kraft gesagt werden kann. Ein solcher Leitfaden zur philosophischen Interpretation von Gedanken, deren philosophische Strukturmomente jedenfalls nicht leicht eindeutig bestimmt werden können,[1] wird in der Chorismos-Problematik der Platonischen Philosophie gefunden und in der eigentümlichen Weise interpretiert, in der sie von Augustinus der Sache nach aufgegriffen und einer Bearbeitung unterzogen worden ist.

Die so geplante Vorgehensweise impliziert nun zumindest zwei philosophiegeschichtliche Thesen, die den Rahmen des derzeit üblicherweise Vertretenen verlassen und deswegen von vornherein in den Blick gefaßt werden sollen. Der Plan setzt nämlich erstens voraus, daß es sich lohne, nach der eigenständigen Stellung Augustins innerhalb der Geschichte des philosophischen Denkens im Abendland zu fragen. Nach der üblichen Auffassung gilt Augustinus in Sachen der Philosophie meist bloß als ein Eklektiker, dem eine größere Bedeutung eben nicht der Denkgeschichte nach, sondern

[1] Eine solche Heraushebung der philosophischen Strukturmomente soll nicht durch eine manchmal geübte Art von „Entmythologisierung", sondern durch ein katalytisches Verfahren geleistet werden, das auch in der Auflösung faktisch vorliegender an Gedanken – z. B. in bezug auf die Illuminationslehre – an originalen Elementen des Augustinischen Denkens festhält. Was „Entmythologisierung" in philosophischen Interpretationen heißen kann, läßt sich in unterschiedlicher Weise an Walter BRÖCKER, Der Mythos vom Baum der Erkenntnis, an Hans-Georg GADAMER, Idee und Wirklichkeit in Platos Timaios, und an Karl ALBERT, Griechische Religion und Platonische Philosophie, sehen.

höchstens wirkungsgeschichtlich, nämlich im Zusammenhang der selbst wieder fragwürdig gewordenen christlichen Aneignung der griechischen Philosophie und insbesondere gleichsam passender Stücke des Neuplatonismus zukomme. Diese Auffassung ist schon vom methodischen Ansatz her gar nicht mehr in der Lage, den eigentümlichen Charakter der philosophischen Fragen und Antworten Augustins zu erfassen.

In der genannten Vorgehensweise steckt aber nun zweitens auch die implizite Annahme, daß das Chorismos-Problem in der Interpretation der griechischen Philosophie und damit zugleich problemgeschichtlich für die abendländische Philosophie insgesamt von grundlegender Bedeutung sei. Die übliche Auffassung des Chorismos, sofern er als ein „vor allem von den Philosophiehistorikern des Neukantianismus (E. Cassirer, E. Hoffmann, P. Natorp) verwendeter Begriff zur Kennzeichnung des Verhältnisses der Ideen . . . zu den Einzeldingen in der Philosophie Platons" verstanden wird, dessen sachlicher Rang in der Platondeutung von daher als umstritten und unsicher gilt, verliert mit dieser Begriffsbestimmung zugleich ein Problemfeld aus dem Blick, das die ursprünglichen Themen des philosophischen Fragens bei Platon in all seinen Brechungen – sei es in den Spannungen von Sein und Werden, von Einheit und Vielheit, von Endlichkeit und Unendlichkeit oder von Sinnlichkeit und Geistigkeit – wie kein anderes in sich begreift.[2]

Vor dem Hintergrund der heute üblichen Nichtbeachtung der hier ins Zentrum der Untersuchung gerückten Fragen ergeben sich offenbar mindestens zwei Aufgaben, ohne deren vorherige Klärung der Untersuchung ihr notwendiges Fundament zu fehlen scheint. Tatsächlich ist es einerseits notwendig, den Chorismos-Begriff so zu deuten und einer Bestimmung zuzuführen, daß er historisch gesehen nicht zu einem spezialistischen Streitfall und systematisch gesehen nicht zu einem ins Abseitige und Absonderliche führenden Ansatz degeneriert und verkommt. Andererseits ist es ebensosehr erforderlich, den philosophischen Charakter des Denkens von Augusti-

[2] Vgl. Enzyklopädie Philosophie und Wissenschaftstheorie, hrsg. von Jürgen MITTELSTRASS, Band 1, S. 394 f. Auch im Historischen Wörterbuch der Philosophie, hrsg. von Joachim RITTER, Band 1, Sp. 1007 f., heißt es in einem merkwürdig selbstsicheren Ton, Platon selbst kenne „diesen Begriff nicht", obwohl dieser Artikel immerhin deutlich macht, daß „‚Chorismos' . . . ein weit verbreiteter Begriff zur – vielfach kritischen – Charakterisierung des *Platonismus*" ist. Das Versäumnis eines sachbezogenen Eingehens auf den Chorismos-Begriff bei Platon liegt hier offenbar an der Zugrundelegung eines durchaus zweifelhaften Vorverständnisses, nach dem mit diesem Begriff zugleich die spekulativ-dogmatische These verbunden sei, „Vernunft und Wirklichkeit seien auseinandergerissen, die Wahrheit von dieser Welt getrennt". Mit einer solchen Deutung des Chorismos-Begriffes wäre in der Tat dem philosophischen Denken wie aller Teilhabe der Boden unter den Füßen entzogen. Es ist sichtbar zu machen, daß es gerade dieses zu enge Vorverständnis ist, das den Zugang zur Sachproblematik verwehrt.

nus zu isolieren und offenzulegen. Beides – die Bestimmung des Chorismos-Begriffes und die Darstellung der Philosophie Augustins – kann nicht gleichsam vorweg, sondern nur im denkenden Vollzug der Untersuchung geleistet werden. Dennoch ist es möglich, in einer Vorbetrachtung einige der geläufigen – gegen die Möglichkeit einer solchen Untersuchung gerichteten – Argumente aufzufangen und vermeintliche Hinderungsgründe für das Vorhaben zu entkräften. Schon dabei wird sich zeigen, daß diese Argumente in der engen Umgrenztheit ihrer Sichtweise mehr Klarheit vorspiegeln als darbieten und höchstens als einzelne Facetten liefernde Versuche für eine Gesamtbetrachtung der aufgegebenen Sache Berücksichtigung finden können.

Zur zunächst erforderlichen, vorläufigen Entgrenzung des schon in der Anwendung auf Platons Philosophie gewöhnlicherweise zu eng gefaßten Chorismos-Begriffes und zur Öffnung des Horizontes für das im Verlauf der Untersuchung dann unter dem Titel des Chorismos zu Begreifende sei zunächst vermerkt, daß es neben der in der Sache des Denkens liegenden Rechtfertigung für den Gebrauch des Chorismos-Begriffes im Text der Werke Platons selbst mehrfach auch ausdrückliche sprachliche Ansätze zur Bildung dieses Begriffes gibt, womit sich die Behauptung, der „Ausdruck ‚Chorismos'" werde „weder von Platon noch von den Neuplatonikern Plotin und Proklos verwendet" jedenfalls im Blick auf Platon als irreführend erweist.[3] Solche textpositivistische Interpretation, die nicht mehr zu der von den Texten zur Sprache gebrachten Sache vorzudringen vermag, verböte ja schließlich auch, Platon in die Geschichte der abendländischen Metaphysik einzubeziehen, da der festgeprägte Ausdruck zur Bezeichnung einer bestimmten Auffassung von der philosophischen Grundwissenschaft erst viel späteren Datums ist.[4]

[3] Vgl. die o. g. Stellen in der Enzyklopädie Philosophie und Wissenschaftstheorie und im Historischen Wörterbuch der Philosophie. Mit der Absicht, eine sachbezogene Darstellung des Chorismos-Begriffes bei Platon zu geben, ist keineswegs die Interpretation der Platonischen Philosophie als einer dualistischen Metaphysik verbunden. Insofern kann der von Martin HEIDEGGER, Der Satz vom Grund, S. 160, gemachten Unterscheidung zwischen Platon und Platonismus zugestimmt werden. Es geht dort auch um „die platonistisch, nicht die platonisch gemeinte Aufspaltung der Welt in einen sinnlich veränderlichen und einen übersinnlich wandellosen Bezirk". An der bloßen Art, wie solche „Aufspaltung" sich sprachlich dokumentiert, ob sie insbesondere auch in einem bestimmten Begriffswort tatsächlich ausdrücklich wird, kann also nicht die Entscheidung hängen, ob „Platon selbst" den Chorismos-Begriff kenne.

[4] Vgl. zu dieser Frage Martin HEIDEGGER, Platons Lehre von der Wahrheit. Mit einem Brief über den Humanismus, S. 48: „Die Grundgestalt der Metaphysik macht Platon selbst in der Geschichte anschaulich, die das Höhlengleichnis erzählt. Ja sogar das Wort ‚Metaphysik' ist in Platons Darstellung schon vorgeprägt. Dort, wo er (516) die Eingewöhnung des Blickens auf die Ideen veranschaulicht, sagt Platon (516c,3): Das Denken geht μετ' ἐκεῖνα ‚über' jenes, was nur schattenhaft und abbildmäßig erfahren wird, hinaus εἰς ταῦτα, ‚hin zu' diesen, nämlich den ‚Ideen'."

Der Sache nach betrachtet ist der Chorismos als ein der philosophischen Phänomenbetrachtung gegebenes Faktum und als die seine Überwindung fordernde Aufgabe schon in der „Grundvision" des Platonischen Denkens in der Form gegenwärtig, wie sie in den drei zentralen Gleichnissen der *Politeia* sichtbar wird.[5] Das Faktum des Auseinanderseins, das bei Platon im akzentuierten Gebrauch des χωρίς auftritt, zeigt sich beispielsweise in den grundlegenden Entgegensetzungen von Sinnlichkeit und Geistigkeit, sowohl in der Frage nach den Quellen des Erkennens wie in der Frage nach der Motivation des Handelns, und von der Einheit des Seins und der Vielheit des Werdens im Gedachten.[6] Die Aufgegebenheit des verbindenden Zwischen, das an entscheidenden Stellen als μεταξύ benannt wird,[7] das im übrigen sinnvoll nur vor dem Hintergrund des Faktums des Chorismos zur Sprache gebracht werden kann, wird einerseits deutlich im ἄνω καὶ κάτω des Erkenntnisweges, im Hinauf zu den Ideen und im Hinab zu dem sinnlich Gegebenen, und im μεικτὸς βίος als dem Ziel der Suche nach dem besten Leben in der Spannung von Lust- und Vernunftbestimmtheit.[8] Andererseits wird sie greifbar in der Deutung des Kosmos als eines θεὸς ἐσόμενος

[5] Zur „Grundvision" Platons vgl. Egil A. WYLLER, Der späte Platon. Tübinger Vorlesungen 1965, S. 9–28. Wenn Wyller, S. 26, sagt, er wolle „im folgenden mehr Gewicht auf die συνδεσμός-Idee, d. h. auf die Idee des Zusammenhangs, als auf die des χωρισμός, des Bruches, bei Platon legen", so ist ihm hierin durchaus zuzustimmen. Nur muß beachtet werden, daß der Syndesmos den Chorismos immer schon voraussetzt. Dies machen auch die Bildteile der drei Gleichnisse in der *Politeia* deutlich (vgl. 506 b ff.).

[6] Die aporetische Elenktik vieler Dialoge Platons zeigt eben bloß negativ, daß z. B. Erkenntnis (ἐπιστήμη) gerade nicht „nichts anderes als Wahrnehmung" (αἴσθησις) sei (*Theaitetos* 151 e), daß Gerechtigkeit, als anderes Beispiel, nicht „nichts anderes als das dem Stärkeren Zuträgliche" sei (*Politeia* 338 c). Insofern kann gesagt werden, daß sich die philosophisch gesuchte Wahrheit in Absonderung von den zunächst diskutierten Lösungen befindet. Der erste Schritt ist überall der Weg hinauf zu den Ideen und die Herausarbeitung des χωρίς. Daran knüpfen auch die mehr auf positive Aussage ausgerichteten späteren Dialoge an. Vgl. den akzentuierten Gebrauch des χωρίς im *Parmenides* 130 b. Keinen anderen Anknüpfungspunkt hat auch die Gigantomachie im *Sophistes*. WYLLER, Der späte Platon, S. 62 f., stellt den „Omphalos" dieses Dialogs unter die Titel des χωρίς und der κοινωνία. Neben der sachlichen Berechtigtheit dieser Kennzeichnung läßt sich auch auf Stellen mit ausdrücklichem, sachbezogenem Gebrauch des χωρίς verweisen (z. B. 245 c und 248 a). Wie das χωρίς im *Philebos* und im *Timaios* zur Sprache kommt, wird in den untenstehenden Interpretationen ausführlich entfaltet (im *Philebos* beispielsweise 41 c).

[7] Besonders deutlich ist hier das *Symposion* mit der Hinführung zu einem μεταξύ als einem Mittleren zwischen zwei Polen. In diesem Mittleren, das allerdings gerade nicht gegen die Getrenntheit der Pole und die auch getrennt weiterbestehende Existenz der reinen, unvermischten Wirklichkeit eines Poles spricht (vgl. 203 a: θεὸς δὲ ἀνθρώπῳ οὐ μείγνυται), besteht das Wesen des Eros und damit zugleich des unbanausischen Menschen, des Menschen, der nicht in seiner Existenz als homo faber aufgeht (vgl. 202 a und b mit dem μεταξὺ σοφίας καί ἀμαθίας, das 202 d zum μεταξὺ θνητοῦ καὶ ἀθανάτου erweitert wird; vor diesem Hintergrund geht es im weiteren der Diotima-Rede um den Syndesmos und die Meixis).

[8] Vgl. im *Siebenten Brief* 343 e f.; im *Philebos* beispielsweise 17 a, in 27 d und der Sache nach an vielen weiteren Stellen.

oder – im Blick auf seine Erkennbarkeit formuliert – eines θεὸς αἰσθητός, also als eines werdenden und insofern auch wahrnehmbaren Gottes, in dem Sein und Werden, die in ihrem Selbstsein das jeweils andere ausschließen, verknüpft gedacht werden.[9]

Obwohl nun das den vorliegenden Untersuchungen zugrundeliegende Ziel in der systematischen Entfaltung der Philosophie Augustins besteht, haben sie auf Grund der als Zugang und Leitfaden für erforderlich gehaltenen Fragestellung notwendigerweise dem in ihnen verarbeiteten philosophiegeschichtlichen Material nach zunächst die Interpretation der Entwicklung der Chorismosproblematik bei Platon, Aristoteles und Plotin und sodann erst die Darstellung der Bearbeitung dieser Problematik in der Metaphysik Augustins zum Gegenstand. Die mit dieser Zielsetzung verbundene Aufgabenstellung sieht sich nämlich mit einer Fülle ganz unterschiedlich gearteter Schwierigkeiten konfrontiert, deren Folge eben gerade der ausdrückliche Rückgriff auf die Platonische Tradition ist, zu der auch die weitgehend kritisch gemeinten Beiträge des Aristoteles und die Fortführung der Problematik bei Plotin hinzuzuziehen sind. Vor dem Hintergrund dieser vom christlichen Glauben noch nicht geprägten philosophischen Gedankenwelten kann dann auch mit größerer Sicherheit nach dem genuin Philosophischen im Denken Augustins und nach dessen innerer Einheit gefragt werden.[10]

Die schon genannte, sich dabei zeigende erste Hauptschwierigkeit, die sich dem Versuch einer systematischen Interpretation der Philosophie Augustins entgegenstellt, liegt in der nicht zu bestreitenden Tatsache, daß die Schriften Augustins nicht einmal als Ausdruck wenigstens des Willens zu verstehen sind, Philosophie in einem durchgängigen Begründungszusammenhang vorzutragen. Vielmehr treten die philosophischen Gedanken Augustins, außer vielleicht in den – auch als „philosophisch“ bezeichneten – Frühwerken,[11] offensichtlich meist nur sporadisch und häufig vermischt mit theologischem Gedankengut auf. Die genannte Zielsetzung fordert auf diese Weise, entsprechend dem Charakter der Schriften Augustins, einerseits die Antwort auf die Frage, was das Philosophische am Denken Augustins sei,

[9] Vgl. *Timaios* 34 a f., 38 c und 92 c.

[10] Insofern hat die Heranziehung des Chorismos-Problems für die Einleitung des Prozesses einer philosophischen Augustinus-Interpretation katalytische Funktion.

[11] Der Kreis der sogenannten „philosophischen“ Werke wird beispielsweise in der Ausgabe der *Œuvres de saint Augustin* der Bibliothèque Augustinienne weiter gezogen als in den Augustinus-Ausgaben der Bibliothek der Alten Welt (vgl. insbesondere die Zuordnung von *De libero arbitrio,* welche Schrift in der Bibliothèque Augustinienne in die Reihe der „Dialogues philosophiques“ eingeordnet ist, in der Bibliothek der Alten Welt aber den „Theologischen Frühschriften“ zugerechnet wird). Es fragt sich natürlich, ob mit solchen Klassifizierungen nicht unzweckmäßigerweise Eindeutigkeiten vorgetäuscht werden, die sich in der Intention des Verfassers nicht finden lassen.

und andererseits den Versuch, die philosophischen Gedanken, die seit seiner ausdrücklichen und bestimmten Zuwendung zum christlichen Glauben immer unlöslicher mit Implikationen dieses Glaubens und der zu ihm gehörigen Theologie verknüpft sind, gleichsam durch Filterung wieder zu isolieren und das so gewonnene Material sodann auf seine innere Einheit hin zu befragen.

Der Vergewisserung des philosophischen Gedankens und seiner interpretationstechnischen Isolierung aus dem Gesamtzusammenhang des Augustinischen Denkens dient die problemgeschichtliche Perspektive. Aus dieser Perspektive heraus wird die Einbindung Augustins in die Denkgeschichte der Platonischen Tradition und zugleich die aus dieser Tradition resultierende Fragestellung sichtbar, die von Augustinus neu aufgegriffen wurde und zum eigenständigen Ansatz seines philosophischen Denkens hinzuführen vermag.

Die Chorismos-Problematik erscheint nach der üblichen Betrachtungsweise und der mehr bei einem ersten Eindruck verharrenden Interpretation, die sich wirkungsgeschichtlich allerdings oft nachhaltiger durchsetzt als die zugrundeliegenden Texte,[12] vor allem als ein für subtil gehaltenes Spezialproblem, das insbesondere die negativ-kritische Seite des Verhältnisses von Aristoteles zu seinem langjährigen Lehrer Platon betrifft, deswegen aber noch keineswegs für geeignet gelten muß, zur Mitte des Platonischen Philosophierens hinführen zu können. Desungeachtet wird der Ansatz bei diesem Problem im folgenden als eine solche Wendung der ontologischen Grundfrage gedeutet, welche es gestattet, die der Platonischen Ontologie immanente systematische Problematik und zugleich auch die Unterschiede ihrer geschichtlichen Bewältigung in der Platonischen Tradition darzustellen. Dieser Ansatz wird durchgeführt, obwohl sich die Meinung, es handele sich in der Chorismos-Frage doch gewissermaßen um ein Randproblem, auch beispielsweise mit Recht auf Platons ausdrückliche Zurückweisung des Chorismos im *Parmenides* stützen zu können scheint,[13] wodurch ja zwangsläufig der Eindruck entsteht, Aristoteles hätte eine Lehre als Lehre Platons kritisch behandelt, welche dieser, mindestens in der ihm zugeschriebenen Weise, selbst gar nicht vertreten hat. Die Aristotelische Kritik, der man Unkenntnis der Platonischen Position vernünftigerweise nicht vorwerfen kann, erschiene so als ein bewußtes Verwirrspiel, dessen Folge für die nachträgliche Beur-

[12] Als deutliches Beispiel für eine nicht am Text, sondern am geläufig gewordenen Platonbild entstandene Interpretation kann die „Skizze der klassischen Ideenlehre“ von Wilhelm KAMLAH gelten (in: Platons Selbstkritik im Sophistes, S. 3–7).

[13] Vgl. insbesondere die Diskussion der Ideen, sofern sie gleichsam als Verdopplungen der Dinge aufgefaßt werden (133 b ff.). Aber auch die beiden vorher auftretenden Einwände (130 e ff.) beziehen sich auf diese Problematik.

teilung jedenfalls wäre, daß sich das Problem des Chorismos innerhalb der Platonischen Tradition als ein Scheinproblem erwiese.

Eine solche Zurückweisung des Chorismos-Problems – dies ergibt sich auch schon aus dem oben angedeuteten Kanon der grundlegenden Fragen der Philosophie Platons – zeigt sich der eindringenderen Betrachtung, sofern sie an den Sachfragen und nicht bloß am Vorkommen bestimmter „Ausdrücke" orientiert ist, als allzu glatt und kurzschlüssig. Den ersten deutlichen Hinweis darauf, daß die Chorismos-Problematik nicht nahezu vernachlässigbar ist, bietet Aristoteles selber, indem er in auffälligem Gegensatz zu dem von ihm in dieser Hinsicht kritisierten Platon mehrfach ausdrücklich die Notwendigkeit der Existenz eines χωριστόν behauptet oder postuliert.[14] Die Vermutung scheint angesichts dieser Sachlage nicht unberechtigt zu sein, daß Aristoteles das Problem des Chorismos gerade deswegen in der angedeuteten zwiespältigen Weise – die durch Kritik und gleichzeitigem Beharren auf der kritisierten Behauptung gekennzeichnet ist –[15] aufgegriffen hat, weil es in der Grundproblematik der Platonischen Ontologie virulent war und es auch für Aristoteles geblieben ist. Wenngleich Aristoteles das Problem des Chorismos also vor allem in einer kritisch gegen Platon gerichteten Form aufgegriffen hat, weil er offenbar eine von der seines Lehrers abweichende Lösung vortragen zu müssen meinte, würde sich in der verwirrenden Undurchsichtigkeit der kritischen Auseinandersetzung doch ein Grundproblem des Platonismus und damit auch der Aristotelischen Philosophie andeuten. Die Klärung des in seiner Ausdrücklichkeit ja vor allem von Aristoteles in die Diskussion gebrachten Problems könnte dann auch gerade zu einem integralen Verständnis der unterschiedlichen Standpunkte im Platonismus führen, wie es vormals schon von Ernst Hoffmann behauptet worden ist. Hoffmann sagt: „Wir müssen, um den genuinen Platonismus auffassen zu können, und um uns ganz unabhängig zu machen von demjenigen Platonbilde, welches durch die Aristotelische und die Plotinische Umbildung seiner Lehre geschichtlich wirksam geworden ist, gerade mit dem Chorismos anfangen."[16]

14 Vgl. z. B. *De anima* 429 a ff., wo die Untersuchung in die These mündet: καὶ οὗτος ὁ νοῦς χωριστὸς καὶ ἀπαθὴς καὶ ἀμιγὴς, τῇ οὐσίᾳ ὢν ἐνέργεια. In der *Nikomachischen Ethik* vgl. z. B. 1178 a ff.

15 Daß sich Aristoteles dieses Zwiespaltes bewußt war, kommt besonders deutlich in der *Nikomachischen Ethik* zum Vorschein, wenn er zum Ausdruck bringt, daß die gesuchte Glückseligkeit etwas Höheres meine, als dem Menschen als Menschen zukomme, zugleich aber betont, daß nicht auf diejenigen gehört werden solle, die das Streben des Menschen auf die sterbliche Welt einschränkten (vgl. 1177 b 26 ff.).

16 In: Platon, S. 39; es trifft zu, daß die neuere Diskussion der Chorismos-Problematik sich innerhalb des Neukantianismus entwickelt hat. Eine gut informierende Monographie stammt von Chung-Hwan CHEN (Das Chorismos-Problem bei Aristoteles; verfaßt als Diss., die bei J. Stenzel begonnen und nach dessen Tod bei Nic. Hartmann fertiggestellt worden ist; zu HART-

Zunächst gibt es aber eine auffällige und insofern bedenkenswerte Übereinstimmung hinsichtlich des Gegenstandsbereiches, bei dem sowohl Platon als auch Aristoteles schon allein dem sprachlichen Ausdruck nach das Problem des Chorismos diskutieren. Dieser Gegenstandsbereich ist bei beiden in der Frage des Verhältnisses von Leib und Seele gegeben. In diesem Bereich hat das Chorismos-Problem phänomenologisch offenbar einen ausgezeichneten Ort seiner ontischen Gegebenheit. Obwohl mit dieser Anwendung auf ein scheinbar der philosophischen Anthropologie zugehöriges Thema keineswegs der volle Sinn des Chorismos-Problems erfaßt ist und ebensowenig seine Tragweite bestimmt ist, kann doch hier einfach einmal die selten zur Kenntnis genommene Tatsache festgehalten werden, daß Platon vom χωρισμός selbst im Sinne der Trennung von Leib und Seele gesprochen hat,[17] und daß Aristoteles die Unbetreffbarkeit der geistigen Wirklichkeit des νοῦς von allem πάσχειν hervorgehoben hat, wie es in der Sinnenwelt gang und gäbe ist.[18] Wenn in dieser Weise zudem noch die These befestigt werden könnte, daß das Chorismos-Problem einen inneren Zusammenhang mit der Todesfrage hätte, dann wäre, sofern der Tod weder in den Augen Platons noch in den Augen des Aristoteles für den Menschen ein Scheinproblem ist, jedenfalls von dieser Seite her schon einmal die philosophische Relevanz des Problems gesichert.

Der Chorismos als die Trennung einer nur dem Denken zugänglichen von der gleichsam handgreiflich ihre Wirklichkeit dokumentierenden sinnlich gegebenen Welt wird zu einem nachdrücklichen philosophischen Problem, weil diese Trennung den Menschen in seinem Sein unmittelbar angeht. Ginge es bloß um das erkenntnistheoretische Problem von Bestand und Wandel dessen, was dem Menschen in der Vernunft und durch die Sinne gegeben ist, wäre die Chorismos-Frage für den Menschen letztlich belanglos. Der Mensch selbst aber wird im Tode der Fall, an dem sich der Chorismos vollzieht. Der Tod legt als eine sich im Menschen vollziehende Trennung etwas einander Widersetzliches im Menschen offen. Da der Leib als Leichnam im Tod gewissermaßen dableibt, ohne daß der gestorbene Mensch dann noch einfach da wäre, richtet sich die Frage auf das, was in diesem Vorgang offenbar entschwunden ist. Platon geht hier vom Wesen des Entgegengesetzten überhaupt aus und zieht eine Konsequenz, die zwei Möglichkeiten für das Schicksal dessen bereithält, was er Seele nennt. Nach den Worten des Sokrates in Platons *Phaidon* hat nämlich zu gelten, „daß nicht nur jenes Entgegengesetzte selbst sich einander nicht annimmt, sondern auch alles das, was

MANNs Beurteilung der Chorismos-Problematik im Platonismus vgl.: Zur Grundlegung der Ontologie, S. 287 ff., bes. S. 289).

[17] *Phaidon* 67 d.

[18] Vgl. *De anima* 429 b 22 ff.

einander eigentlich nicht entgegengesetzt ist, doch aber das Entgegengesetzte immer in sich hat, auch dieses scheint jene Idee nicht annehmen zu wollen, die der in ihm wohnenden entgegengesetzt ist, sondern, wenn sie kommt, entweder unterzugehen oder sich davonzumachen".[19] Der Tod, der schon zu Beginn des *Phaidon* als Lösung und Trennung der Seele vom Leib, als λύσις καὶ χωρισμὸς ψυχῆς ἀπὸ σώματος, genannt worden war, erscheint somit auch abschließend als eine Art von Spaltung dessen, was das Sein des Menschen ausmacht: „Tritt also der Tod den Menschen an, so stirbt, wie es scheint, das Sterbliche an ihm, das Unsterbliche aber und Unvergängliche zieht wohlbehalten ab, dem Tode aus dem Wege".[20]

Der sich solcherart als entscheidendes Faktum für das Sein des Menschen phänomenal – auch für den Fall der Nichtannahme der Unsterblichkeitsthese – zeigende, ontische Chorismos im Tod bietet aber so nach Platon nicht gleichsam eine Lösung, die vom Menschen fatalistisch nur einfach hinzunehmen wäre. Der Tod als für den konkreten Menschen endgültiger Chorismos von Leib und Seele stellt dem Menschen nämlich die Aufgabe, für die Seele, sofern sie dasjenige bezeichnet, was über den Tod hinaus Bestand hat und nicht sichtbar verrottet, Sorge zu tragen und sich des Risikos bewußt zu sein, das durch den Vollzug des Lebens gegeben ist. Indem aber der den Menschen als Tod unmittelbar und entscheidend treffende Chorismos zugleich als Faktum und als Aufgabe erscheint, wird zuletzt deutlich, daß es sich nach Platon im Tod nicht um eine bloße Absonderung des Unvergänglichen vom Vergänglichen handeln kann, sondern um eine Art sich auf den Menschen insgesamt beziehender Sammlung der Lebensganzheit auf eine abschließende Gestalt hin, die von der Wandelhaftigkeit des Lebens nicht mehr betroffen ist, so daß es gemäß dem gelebten Leben „für die Guten ein besseres Sein, für die Schlechten aber ein schlechteres" gibt (ταῖς μέν γε ἀγαθαῖς ἄμεινον εἶναι, ταῖς δὲ κακαῖς κάκιον).[22]

Wenn mit Arthur Schopenhauer im Anschluß an die θανάτου μελέτη von Platons *Phaidon* gesagt werden könnte, daß der „Tod ... der eigentliche inspirierende Genius oder der Musaget der Philosophie" sei, und in diesem Zusammenhang auch die zusätzliche Annahme akzeptiert werden könnte, daß „schwerlich ... auch ohne den Tod philosophiert werden" würde,[23] dann wäre dasjenige, was die Philosophie in all ihren unterschiedlichen Untersuchungen treibt, insgesamt auf die Todesproblematik zurückzubeziehen und bekäme von dieser Problematik – dem ontisch gegebenen Chorismos-

[19] *Phaidon* 104 b.
[20] *Phaidon* 106 e.
[21] Vgl. *Phaidon* 107 c.
[22] *Phaidon* 72 d/e.
[23] Die Welt als Wille und Vorstellung II, S. 590 (zu Beginn der Kap. 41: „Über den Tod und sein Verhältnis zur Unzerstörbarkeit unseres Wesens an sich").

Problem – her allererst seine Einheit und seinen eigentümlichen Ernst. Allerdings gibt es für die Philosophie angesichts dieser derart durch die Todesproblematik gestellten Frage zwei diametral auseinanderstrebende Grundmöglichkeiten einer Beantwortung. Die eine Möglichkeit, für die Schopenhauer selbst eingetreten ist, sieht die Ablösung von der individuellen Person als Ziel der individuellen menschlichen Tätigkeit an, so daß der Tod schließlich in einer Weise als Befreiung des Menschen erscheint, welche die Welt, sofern sie in diesem Befreiungsakt zurückgelassen wird, radikal abwertet. Der Sinn des menschlichen Handelns ist erfüllt, wenn der dem Handeln zugrundeliegende individuelle Charakter aufgelöst worden ist. Die Individualität der Person wird dementsprechend in konsequenter Gedankenführung „für eine Art Verirrung" unseres Wesens gehalten.[24] Nicht also die Bestimmtheit der individuellen Person ist gemäß dieser ersten Möglichkeit der Sinn der Weltzeit, sondern unser weltloses, ansichseiendes Wesen, das hinter allem Sterben der individuellen Person als notwendiges Dasein beständig bleibt.[25] Ein auffälliges Merkmal dieser Art von Bewältigung der Todesproblematik, das mit der ihr zugeschriebenen Bedeutung für die Initiation der Philosophie in deutlich sichtbarem Kontrast steht, ist in einer gewissen verniedlichenden Verharmlosung des Todesproblems zu finden, wonach vom Weltlauf als von einem zu belächelnden Schauspiel gesprochen und die Vermutung vorgetragen wird, daß „der Schrecken des Todes ... großenteils auf falschem Schein" beruhe, nämlich auf dem Schein, „daß jetzt das Ich verschwinde und die Welt bleibe".[26] Auf diese Weise aber, so scheint mit einem Wort von Franz Rosenzweig gesagt werden zu können, „vermißt sich die Philosophie ..., die Angst des Irdischen abzuwerfen".[27]

Diese erste Möglichkeit ist nach der vorliegenden Interpretation innerhalb der sich ausdrücklich auf Platon berufenden Tradition von Plotin vorgetragen und in Gestalt seiner henologischen Ontologie umfassend ausgearbeitet worden. Gemäß seiner ontologischen Deutung des Weltgeschehens erscheint der Weltlauf in seiner Gesamtheit als wohlgeordnetes Spiel, erscheint im einzelnen das Geborenwerden und das Sterbenmüssen als ein bloßes Austauschen der Kostüme, erscheint das sich ereignende Leiden in der Welt insgesamt als Kinderei, παιδιά.[28] Der Gesamtprozeß des Weltgeschehens ist so nichts anderes als das kaleidoskopische Fluktuieren des vom

[24] A. a. O., S. 650: „Das Sterben ist der Augenblick der Befreiung von der Einseitigkeit der Individualität, welche nicht den innersten Kern unseres Wesens ausmacht, vielmehr als eine Art Verirrung desselben zu denken ist."

[25] Vgl. a. a. O., S. 624.

[26] A. a. O., S. 640.

[27] Der Stern der Erlösung, S. 7.

[28] Vgl. die Enneaden I, 4, 7, 24; III 2, 15, 36 ff. (dort auch 44 ff.) und dagegen die *Nikomachische Ethik* von Aristoteles, bes. 1176 b 28.

Einen notwendig ausgehenden Lichtes. Indem der Weltsinn damit aber in radikaler Ausschließlichkeit um das Eine zentriert wird, von dem alles Andere ausgeht und zu dem alles Andere zurückstrebt, so daß das Andere schließlich zur bloßen Funktion des Einen wird, erscheint das Weltgeschehen, wie es sich in seinen konkreten Vollzügen in sich selbst zeigt, als sinnentleert.

In diesem Zusammenhang kann noch einmal auf ein Wort Rosenzweigs zurückgegriffen werden, der dem Todesproblem im übrigen eine ähnlich tragende Rolle für die Initiation des philosophischen Denkens zuschreibt wie Schopenhauer, nämlich auf eine Mahnung, die nun auf die andere Möglichkeit der philosophischen Bewältigung der durch den Tod gegebenen Problematik verweist: „Der Mensch soll die Angst des Irdischen nicht von sich werfen; er soll in der Furcht des Todes – bleiben."[29] Diese Mahnung will sagen, daß der Mensch sich gerade in seiner Einzelhaftigkeit und Konkretheit ernst nehmen soll. Dem Anspruch einer derartigen Mahnung gehorchen nun auch gleichsam die philosophischen Ansätze sowohl Platons, sofern er das Leben als κινδυνός bestimmt, als auch Augustins, wenn er das Leben insgesamt als *tentatio* begreift.[30] Unter diesem Blickwinkel wäre dementsprechend das philosophische Denken Augustins in aller Schärfe von der Henologie Plotins abzusetzen, obwohl historisch gesehen sogar eine direkte Beeinflussung Augustins durch die Schriften von Neuplatonikern als Tatsache akzeptiert werden muß, welche durch Textvergleiche, die teilweise eindrucksvoll in Form von Synopsen durchgeführt worden sind, dokumentiert werden konnte.[31] Solche Übereinstimmungen betreffen sogar einige der be-

[29] Der Stern der Erlösung, S. 8; vgl. auch S. 9, gegen die trügerische Überwindung des Todesproblems: „Und es ist der letzte Schluß dieser Weisheit: der Tod sei – Nichts. Aber in Wahrheit ist das kein letzter Schluß, sondern ein erster Anfang, und der Tod ist wahrhaftig nicht, was er scheint, nicht Nichts, sondern ein unerbittliches, nicht wegzuschaffendes Etwas. Auch aus dem Nebel, mit dem ihn die Philosophie umhüllt, tönt ungebrochen sein harter Ruf; in die Nacht des Nichts mochte sie ihn wohl verschlingen, aber seinen Giftstachel konnte sie ihm nicht ausbrechen, und die Angst des vor dem Stich dieses Stachels zitternden Menschen straft allezeit die mitleidige Lüge der Philosophie grausam Lügen."

[30] Vgl. *Phaidon* 107 c; bei Augustinus vgl. von zahlreichen Stellen beispielsweise *Confessiones* X, 28, 39, vgl. weiterhin z. B. auch Nic. HARTMANN, Ethik, S. 381.

[31] Vgl. z. B. Wilhelm THEILER, Porphyrios und Augustin, in: Forschungen zum Neuplatonismus, S. 160–251, bes. S. 210 ff. und S. 230 ff. Vgl. aber auch Henri-Irénée MARROU, Augustinus und das Ende der antiken Bildung; obwohl Marrou mit historischen Fragestellungen überall die Verbindung des Augustinischen Denkens zur antiken Bildungswelt nachzeichnet, sieht er doch klar auch den Bruch und den Neuansatz; vgl. bes. S. 541. Textparallelen zwischen Ambrosius und Plotin hat z. B. Pierre COURCELLE, Die Entdeckung des christlichen Neuplatonismus, bes. S. 141 ff., zusammengestellt, so daß vor dem Hintergrund solcher Synopsen schließlich behauptet werden kann, daß Augustinus durch Ambrosius Plotinkenntnisse vermittelt bekam.

kanntesten Kernsätze des Augustinischen Denkens.[32] Dennoch läßt sich vor dem Hintergrund des obengenannten, grundlegenden Gegensatzes zeigen, wie sehr alle Versuche, Augustinus lediglich als einen eklektischen Konservator der antiken Kultur und vor allem auch des neuplatonischen Gedankengutes zu verstehen, als verfehlt erscheinen müssen.[33] Vielmehr stellt sich auf Grund von ganz eindeutigen – wenn auch auf den ersten Blick geringfügig und zudem mit Aussagen des christlichen Glaubens vermischt erscheinenden – Sachaussagen der Texte die Aufgabe, Augustins philosophisches Denken gerade auch unabhängig vom Denken Plotins zu interpretieren.

Obwohl Augustinus mit seinem Werk, insbesondere durch die *Confessiones*,[34] weitreichende Wirkungen auch auf die systematisch-philosophische Diskussion unseres Jahrhunderts ausgeübt hat,[35] die zuletzt vor allem in der phänomenologischen Philosophie unseres Jahrhunderts wieder lebendig geworden ist,[36] ist er dem gegenwärtigen Bewußtsein doch weit eher als Kirchenvater und Theologe denn als Philosoph präsent. Dies mag vor allem die Konsequenz einer vorwiegend historisch-philologischen Interpretation sein, die allerdings die in ihrer Methode liegenden Grenzen beachten muß. Wenn aber in professionell philosophiegeschichtlichen Untersuchungen der Versuch gemacht wird, Augustins Denken unter philosophischer Rücksicht vorzustellen, wird die Interpretation meist allein auf die Aussage der Frühwerke gestützt, weil die Verinnerlichung des christlichen Glaubens in ihnen noch nicht so deutlich hervortritt wie in den späteren Werken. Zugleich

[32] Besonders eindrucksvoll der von Augustinus allerdings in signifikanter Weise abgewandelte Satz aus *De vera religione* XXXIX, 72, 202: „Noli foras ire, in te ipsum redi; in interiore homine habitat veritas, et si tuam naturam mutabilem inveneris, transcende et te ipsum." Vgl. als parallele Plotin-Stelle die Enneade Περὶ τοῦ καλοῦ (I, 6, 8 und 9). Zu Augustins eigenständiger Umformung des Plotinschen Gedankens vgl. unten Kapitel IX.

[33] THEILER, a. a. O., S. 230, sieht Augustins Leistung bloß als ein „Rettungswerk", das im Dienste der „Erhaltung der Schätze errungener Wahrheit" stehe, und deutet damit an, daß Augustinus „aus der Reihe selbständiger Denker auszustreichen" sei; er kommt allerdings gegen Schluß seiner Untersuchung, S. 245 ff., dennoch wenigstens kurz auf das genuin Augustinische zu sprechen, das er, hier übereinstimmend mit der vorliegenden Interpretation, im Zusammenhang mit der Frage der Zeitlichkeit erkennt. Vgl. gegen die Geringschätzung der Selbständigkeit Augustins bei Theiler (die in anderer Weise aber z. B. auch bei Kurt FLASCH, Augustin. Einführung in sein Denken, gefunden werden kann) die völlig abweichende Einschätzung bei Karl JASPERS, Die großen Philosophen, Erster Band, wo Augustin mit Plato und Kant unter die „fortzeugenden Gründer des Philosophierens" gerechnet wird (S. 319–396).

[34] Zur Interpretation dieses Titels vgl. Josef RATZINGER, Originalität und Überlieferung in Augustins Begriff der *confessio*, wo die confessio „als veritatem facere und als venire ad lucem" einerseits (S. 385 ff.) und als „sacrificium" andererseits (S. 389 ff.) gefaßt wird.

[35] Vgl. nur die vielfältigen Hinweise von Pierre COURCELLE, Les confessions de saint Augustin dans la tradition littéraire. Antécédents et Postérité.

[36] Vgl. beispielsweise die Ausführungen von Erich LAMPEY, Das Zeitproblem nach den Bekenntnissen Augustins, besonders den Abschnitt: „Das phänomenologische Problem der Zeit", S. 25–37, mit Hinweisen auf Husserl, Jaspers und Heidegger.

wird aber von diesen Frühschriften angenommen, daß sie wenig Eigenständiges bieten, sondern gleichsam die Frucht von Augustins Lektüre insbesondere eben neuplatonischer Autoren darstellen.[37]

Derart wird häufig auch eine gewissermaßen instrumentelle Behandlung der Philosophie durch Augustinus – in der damals üblichen, florilegienhaften Weise der „christlichen Platoniker" – insinuiert: „Die Eignung zum Ausdruck religiöser Werte des Denkens und des sittlichen Handelns, sogar bezüglich der christlichen Religion, ist übrigens der erste Grund des gleichsam selbstverständlichen Kredits aller Platonismen bei den Christen."[38] Wenn aber mit Recht davon ausgegangen werden könnte, daß die heute gebräuchliche Unterscheidung von „Theologie" und „Philosophie", die als Aufgabe selbst auch ein Gegenstand für die philosophische Reflexion ist,[39] geradezu „ein Ergebnis der Entwicklung Augustins" wäre,[40] dann müßte es jedenfalls möglich sein, das genuin Philosophische am Denken Augustins herauszuheben.

Die Endlichkeit des Menschen ist bei Augustinus Thema des philosophischen Fragens in der Weise, daß sie in der Todesfurcht und in der schmerzlichen Erfahrung des Todes geliebter Menschen als unübersteigbares Faktum die philosophische Wahrheitssuche in Gang setzt und ihm zugleich in allen Bereichen des philosophischen Fragens die Richtung weist. In der so initiierten philosophischen Wahrheitssuche wird die Endlichkeit nicht gewissermaßen wehleidig zum Grund der Projektion einer unendlichen – den Menschen aus der Endlichkeit rettenden – Wirklichkeit gemacht, sondern als die das Wesen des Menschen bestimmende Aufgabe begriffen, die sich schließlich als Chance der individuellen Bestimmtheit eines endlichen Vernunftwesens durch sich selbst erweist. Indem Augustinus im Menschen als dem *animal rationale mortale* – dem sterblichen Vernunftlebewesen, nicht einem Wesen mit vernünftiger, unsterblicher Seele einerseits und mit materiellem, sterblichen Leib andererseits – eine nur so (d. h. in freier, vernünfti-

[37] Hierzu vgl. z. B. E. KÖNIG, Augustinus Philosophus. Christlicher Glaube und philosophisches Denken in den Frühschriften Augustins, der die Frage zu beantworten sucht, „wie der junge Augustin den christlichen Glauben an den persönlichen Gott und das philosophische Denken über Gott als das höchste Seiende miteinander vereinbart" (S. 17). Augustinus ist aber nicht bloß gleichsam nur das Reagenzglas, in dem biblisches und philosophisches Gedankengut zur Reaktion gekommen sind. Sein Denken ist vielmehr aus der Dynamik eigener Erfahrung und eigenen Wollens den Impulsen des biblischen Glaubens und der griechischen Philosophie ausgesetzt. Dies kommt bei König zu kurz.

[38] Vgl. Marie-Dominique CHENU, Die Platonismen des XII. Jahrhunderts, in: Platonismus in der Philosophie des Mittelalters, S. 269; vgl. auch Heinrich DÖRRIE, Die Andere Theologie. Wie stellten die frühchristlichen Theologen des 2.–4. Jahrhunderts ihren Lesern die „Griechische Weisheit" (= den Platonismus) dar?

[39] Vgl. z. B. Martin HEIDEGGER, Phänomenologie und Theologie; ein interessantes Schlaglicht bietet auch Hans-Georg GADAMER, Heideggers Wege, S. 153.

[40] FLASCH, Augustin. Einführung in sein Denken, S. 100.

ger Tätigkeit in einem endlichen, begrenzten Zeitraum sich erstreckende) mögliche Seinsweise verwirklicht sieht, eben das Dasein eines Geschöpfes, das nicht bloß als Folge einer vom Einen her notwendigen „dégradation" des Einen zu verstehen ist,[41] wird klar, daß seiner Philosophie das Thema gleichsam „von unten her" gegeben ist, daß seine Metaphysik, wenn sein philosophisches Denken unter diesen Titel gestellt werden darf, gleichsam „von unten" anfängt, nämlich mit einer durch die Todeserfahrung geschärften und von ihr geleiteten Phänomenologie des menschlichen Bewußtseins.[42] Wie sehr sich aber die Grenzen des Endlichen als für das Ganze unzureichend erweisen und damit in ihrer Absolutheit für aufgebrochen gelten können, so wenig mutet Augustinus es sich zu, aus der Kraft philosophischen Denkens die Wahrheit des Ganzen von der Einheit des Ganzen her bestimmen zu wollen.

Der Mensch streckt sich gemäß der Haltung von Augustins philosophischem Denken als endliches Vernunftlebewesen suchend auf die Erlangung der absoluten Wahrheit und des höchsten Gutes aus, ohne sie in der Welt je finden und erreichen zu können. Damit dokumentiert sich nicht nur im Ausgangspunkt des Philosophierens, sondern auch in seinem Resultat – das also nie in einem vermeintlich absolut geltenden, spekulativen Lehrsystem über das Ganze der Wirklichkeit bestehen kann – die Unaufhebbarkeit der Kontingenz der ganzen Menschenwelt. Das Wissen um diese Nichtabsolutheit der dem Menschen erkennbaren Weltverfassung kann nach Augustinus infolgedessen nicht in der häufig praktizierten Weise zu einer, die Endlichkeit gleichsam nur als Sprungbrett benutzenden, dogmatisch-lehrhaften Metaphysik führen. Wohl kann im Zuge des Augustinischen Denkens gesagt werden, daß das Wissen um die Kontingenz zugleich die Art der Gegebenheit der Transzendenz in der Welt sei. Es muß aber auch betont werden, daß mit diesem Wissen die Festschreibung der Endlichkeit des Kontingenten verbunden bleibt.

Insofern das menschliche Wissen sich selber als endlich und kontingent erkannt hat, ist es durchaus im Besitz einer Gewißheit in bezug auf sich selbst. Solche Gewißheit ist aber nicht als Wissen des Wissens möglich, sondern als ein sich als Wissen stets selber wieder aufhebendes Wissen, als Wis-

[41] J. GUITTON, Le temps et l'éternité chez Plotin et saint Augustin, S. 150.

[42] Hier gegen Josef KOCH, Augustinischer und Dionysischer Neuplatonismus und das Mittelalter, S. 324: „Augustin beginnt – und das entspricht dem System Plotins – von oben." Ansonsten arbeitet Koch aber deutlich die Unterschiede zwischen dem neuplatonischen Denken und dem Denken Augustins heraus. Zur Frage nach den Begriffen einer „Metaphysik von oben" bzw. „von unten" vgl. auch Nicolai HARTMANN, Systematische Selbstdarstellung, S. 49. Obgleich natürlich Hartmanns Zug zur „Detailforschung" von seiten des Augustinischen Denkens so nicht akzeptiert werden kann, gibt es doch eine Reihe von Berührungspunkten im Blick auf die Gestalt einer „neuen Metaphysik".

sen des Suchens nach Gewißheit. Der menschliche Geist ist so gesehen in seiner Suche nach Gewißheit einer doppelten Notwendigkeit unterworfen, nämlich einerseits alles in der Welt Gegebene transzendieren zu müssen, andererseits aber die faktische Endlichkeit dieses Gegebenen nicht überschreiten zu können. Diese beiden notwendigen Bewegungen des menschlichen Geistes, das Transzendieren wie das Zurückgeworfensein in die Endlichkeit, sind zusammen schließlich die Quelle der das zeitliche Dasein des Menschen bestimmenden Unruhe, die sowohl die scheinbare Gewißheit metaphysischer Spekulation als auch die Scheingewißheit alles bloß weltimmanent orientierten Denkens kritisch aus den Angeln zu heben vermag.

Kapitel I:

Die Aufgabe der Bewältigung von Tod und Sterblichkeit in Platons Grundlegung des philosophischen Fragens

Platons Philosophie enthält nach der schon von Aristoteles vorgetragenen und bis auf den heutigen Tag wirksamen Auffassung einen extremen Dualismus, gleichviel ob sie unter metaphysischen, transzendentallogischen oder kritisch-rationalistischen Vorzeichen interpretiert wird.[1] Aus dieser Gleichgültigkeit gegen inhaltlich ganz unterschiedliche Ansätze und Interpretationsresultate wird schon sichtbar, daß mit der als Platonisch behaupteten Trennung zwischen zwei einander wesenhaft entgegengesetzten Bereichen keine von Platon explizit ausgearbeitete und in inhaltlich bestimmter Form dargebotene These bezeichnet werden kann, sondern lediglich ein Aufgabengebiet, das bei der Interpretation von Platons Denken nicht vernachlässigt werden darf, aber dennoch nur schwer einer inhaltlich eindeutigen Auslegung zugeführt werden kann. Jedenfalls finden sich in Platons Denken in vielfältiger Weise Ansätze zur Unterscheidung zweier wesenhaft getrennter Bereiche, welche Trennung im folgenden auch dort unter den Titel des Chorismos gestellt wird, wo der Gebrauch dieses sprachlichen Ausdrucks nicht an wörtliche Entsprechungen in Texten Platons anknüpfen kann.

Der Chorismos zwischen der durch Wahrnehmung erfahrbaren und der durch Vernunft erkennbaren Welt scheint sein Denken von den frühen Tugend- und Erkenntnisdialogen an über die Dialoge zum Tod des Sokrates

[1] Eine am Chorismos-Problem orientierte Auseinandersetzung mit der Kritik des Aristoteles gibt schon Paul NATORP, Platos Ideenlehre. Eine Einführung in den Idealismus, bes. im 11. und 12. Kapitel, S. 384 ff. Daß die Auflösung des Chorismos nicht durch seine Interpretation als eines methodischen Problems der Wissenschaft gelingen kann, hat beispielsweise dann Julius STENZEL, Studien zur Entwicklung der Platonischen Dialektik von Sokrates zu Aristoteles, gezeigt (vgl. bes. S. 15 ff.). S. 121 f. wird deutlich, daß Stenzel Aristoteles gerade im Zusammenhang der Chorismosproblematik als „Erbe Platons" sieht. Vom „ethisch-religiösen Hintergrund" her (vgl. S. 19 f.) bleibt das Chorismos-Problem auch über die erkenntnistheoretischen und ontologischen Fragen hinaus akut. In differenzierter Weise ist das Chorismos-Problem auch bei Wolfgang WIELAND, Platon und die Formen des Wissens, angesprochen. Vgl. S. 115 und S. 121 f., weiterhin S. 147 und – ohne terminologischen, aber mit sachlichem Bezug zum Chorismos-Problem – die Ausführungen zur Idee des Guten im Zusammenhang mit *Politeia* 509 b, bes. S. 184 f. In diesen drei genannten Stationen der Interpretation des Chorismos-Problems wird schon die Breite seines Spektrums sichtbar. Infolgedessen wird die vorliegende Interpretation das Problem in seiner Breite auch aufzugreifen haben.

und die klassischen Ideendialoge bis zum Spätwerk hin zu prägen – gerade auch in dem Versuch, den Chorismos in einem Syndesmos zu umgreifen. Das Zusammenbinden kann nämlich nur dort überhaupt als Aufgabe erfaßt werden, wo die faktische Problemlage durch Getrenntheit bestimmt ist. Trotz der anhaltenden Kontroversen um eine angemessene Platoninterpretation kann im folgenden darauf verzichtet werden, durch methodische Vorüberlegungen die Interpretationsverschiedenheiten begrenzen oder ausräumen zu wollen, insbesondere mit Rücksicht auf die Tatsache, daß einer jeden Interpretation notwendigerweise auch ein wie immer beschaffenes Probleminteresse des Interpreten vorausgehen muß, das letztlich seinen Grund in dessen ihm selbst mehr oder weniger durchsichtigen Weltsicht hat. Gerade weil kein Interpret einen überlieferten Text ohne den Hintergrund seiner eigenen Welterfahrung und der aus dieser erwachsenden Weltsicht, die zudem mit zahlreichen Weiterungen verbunden sein kann, untersuchen könnte, wird die Entscheidung oft schwierig bleiben, ob in der jeweiligen Interpretation „eine Ausweisung an Texten" auch in sachgemäßer Weise gelungen ist.[2]

Diese in jeder philosophischen Interpretation auftretenden Schwierigkeiten verstärken sich bei der Betrachtung der Philosophie Platons noch aus mehreren Gründen. Zuerst kann auf den Dialogcharakter des Platonischen Schriftwerkes in Verbindung mit der jede Art von Doxographie – jede Art von wissenschaftlicher Dogmatik der theoretischen und der praktischen Philosophie – scheuenden Haltung Platons hingewiesen werden. Dieser erste Hinweis läßt sich durch ausdrücklich kritische Stellungnahmen zur Schriftlichkeit, aber auch durch die Aporetik im Resultat der Dialoge und durch die ironischen Brechungen selbst eigener Thesen Platons dokumentieren.[3] Da-

[2] Vgl. Theodor EBERT, Meinung und Wissen in der Philosophie Platons, S. 31. Eberts Polemik gegen die „von der Philologie zu Recht perhorreszierten ‚philosophischen' Interpretationen, deren Autoren ... die Philosophie Platons zur Menagerie der eigenen Gescheitheiten machen", muß deswegen in dieser Form zurückgewiesen werden, zumal Ebert es sich selbst gestattet, eine an der angelsächsischen Sprachphilosophie orientierte ‚philosophische' Interpretation zu liefern (vgl. S. 143–151), gemäß welcher er Platon schließlich als den ersten „Theoretiker der Aufklärung" versteht (S. 213). Es bleibt die crux aller Platoninterpretationen, daß „Fabel und *Fabula-docet*" oft weit auseinanderliegen (vgl. Karl REINHARDT, Platons Mythen, S. 239).

[3] An geradezu drastischer Deutlichkeit der gegen die gewissermaßen eigene Position gerichteten Ironie – wodurch die „Position" Platons wiederum der eindeutigen Faßbarkeit ausweicht – läßt sich die Entwicklung der Anamnesis-Lehre im *Menon* kaum überbieten. Sowohl die Tatsache, daß Sokrates selbst wohl nicht in der Entwicklung dieser Lehre das gültig formulierte Ziel des Gespräches sieht und sie dementsprechend – wenigstens „für diese Rede" – nicht weiter vertreten will (vgl. 86 b), als auch insbesondere die Zwischenbemerkung des Sokrates im Gespräch mit dem „mathematischen Knaben", die dem Anamnesis-Gedanken gleichsam hohnzusprechen scheint (vgl. 84 a: das Ergebnis der Befragung ist kein Sich-Erinnern, sondern ein Bemerken der eigenen Unwissenheit), zeigen dies ganz deutlich.

durch scheint zahlreichen Dialogen eine gewisse „Unverbindlichkeit" anzuhaften, „die im laienhaften Leser den Eindruck hinterlassen" kann, „daß kein Ergebnis erreicht wurde".[4] In Verbindung mit dieser Schwierigkeit ist zu beachten, daß insbesondere diejenigen Passagen, die im Schriftwerk Platons am ehesten eine „Lehre" darzubieten scheinen, diese oftmals in die Gestalt von „Mythen" kleiden. Derart knüpft sich an das Problem der Schriftlichkeit bei Platon die bis heute kontrovers geführte Diskussion um Platons Mythopoiie. In dieser Diskussion wird von einer Seite der Akzent auf die rationale Auflösbarkeit der mythischen Bilder gelegt und das Undurchschaubare für vernachlässigbar gehalten.[5] Von anderer Seite wird das undurchschaubare religiöse, nur in Mythen auslegbare Mysterium gleichsam als der immer neue Quellgrund der Platonischen Philosophie betrachtet, wobei dann die wesentliche Bedeutung nur im Mysterium zu finden ist.[6] Eine sich in dieser Frage um Ausgleich mühende Position versuchte schon Karl Reinhardt einzunehmen, dessen Untersuchung zu „Platons Mythen" deswegen auch heute noch Beachtung verdient.[7]

Obgleich die Diskussion dieser Schwierigkeiten in der vorliegenden Interpretation, die zudem vor allem einen Zugang zum Denken Augustins eröffnen soll, nicht eigens thematisch durchgeführt werden kann, ist dennoch klar, daß die durch sie gestellten Fragen in jeder Deutung wenigstens implizit einer Beantwortung zugeführt werden. So ist es bei der an Sachfragen orientierten Untersuchung von Texten Platons jedenfalls erforderlich, sich der beiden genannten, in eigentümlicher Weise gerade bei diesem Philosophen auftretenden Schwierigkeiten bewußt zu sein. Es ist demgemäß beabsichtigt, die Interpretation im Bewußtsein der besonderen Schwierigkeiten an sachorientierter Darstellung zu bewähren. Einem so geplanten Vorhaben stellt sich folglich zunächst die Frage, mit welcher Sache eine Interpretation, die auf den Grundcharakter der Platonischen Philosophie hinauswill, anzufangen habe bzw. wenigstens anfangen könne, ohne ihr Ziel schon durch den Anfang von vornherein zu verfehlen.

Daß dieses Ziel nicht von vornherein verfehlt werde, scheint bei Platon vor allen anderen Möglichkeiten ein Beginn mit der Frage nach der Seele des Menschen zu garantieren, da in der Seele eben gleichsam der Ort gegeben

[4] Vgl. Heinrich DÖRRIE, Platonica Minora, S. 174.
[5] Vgl. z. B. Gerhard MÜLLER, Die Mythen der platonischen Dialoge.
[6] Vgl. z. B. Karl ALBERT, Griechische Religion und Platonische Philosophie.
[7] Vgl. dort S. 241: „Platons neue Wahrheit begibt sich auf keine Suche nach dem Mythos, in dieser Epoche wird der Mythos zu ihrer primären Form. Die Dialektik wird deren ironische Durchbrechung, wie der Mythos die ironische Durchbrechung wiederum der Dialektik. Aber der Mythos ist das *formende* Prinzip, wie das *methodische* und formauflösende die Dialektik ist. Daher *formt* sich die neue Wahrheit auch zuerst im Mythos. Will sie sich auf andere Weise darstellen, beweisen, anwenden, verteidigen, so muß sie den Mythos zuerst durchbrechen."

ist, an dem die großen Fragen der Platonischen Philosophie ihren Platz haben, nämlich die Fragen nach dem tugendhaften und guten Leben, nach der Erkenntnisfähigkeit des Menschen in Ausübung von Wahrnehmung und Vernunft, schließlich sogar nach Sein und Werden des Ganzen. Dieser Anfang mit der Frage nach der Seele kann sich zudem auch darauf berufen, daß er von Platon selbst für verbindlich gehalten worden ist.[8] Sodann dürfte es im Sinne der Vorbemerkungen zur Lage der Platonforschung als ein zusätzliches Motiv für die Durchführung dieses Ansatzes zu werten sein, wenn zu gelten hätte, „daß es noch keine Interpretation gibt, die alle Zeugnisse der platonischen Seelenlehre zu einer systematischen Einheit zusammenschließen kann, ohne dem einen oder dem anderen Text Gewalt anzutun".[9] Bei der Bearbeitung der durch dieses Defizit gestellten Aufgabe soll allerdings der Zusammenschluß *aller Zeugnisse der platonischen Seelenlehre* nicht durch den Nachweis der Vereinbarkeit der faktisch vorliegenden Aussagen Platons gesichert werden, sondern es soll vielmehr danach gefragt werden, wie sich die offenbare Divergenz wesentlicher Aussagen Platons zur Seelenlehre verstehen läßt. Ein Hauptpunkt von entsprechend großer Tragweite, an dem eine solche Divergenz zum Vorschein kommt, zeigt sich in der Frage, ob die Seele einfach, unzusammengesetzt, eingestaltig sei, oder ob sie Teile habe, wie das in den selbst wieder unterschiedlichen Fassungen der Trichotomielehre ausgesagt zu sein scheint. Wenn der Grund der Divergenz dieser Lehren gefunden werden könnte, brauchte damit nicht zugleich auch schon ihre systematische Einheit gefunden zu sein, da es immerhin möglich ist, daß diese lediglich in der Einheit einer Aufgabenstellung bestünde, die nach Platon keiner Lösung fähig zu sein brauchte, welche alle denkbaren Ansprüche an ihre systematische Einheit zufriedenstellt.

Dennoch wäre es im Zusammenhang einer philosophischen Interpretation bei aller augenfälligen Disparatheit der Aussagen in Platons Texten zur Seelenlehre eine sinnwidrige Unterlassung, ihre Einheitlichkeit nicht wenigstens zu suchen. Solange also nicht endgültig das Gegenteil nachgewiesen ist, wird im folgenden schon aus heuristischen Gründen von der inneren Einheit der philosophischen Seelenlehre Platons ausgegangen. Zwei Lösungsmöglichkeiten bieten sich vor allem an. Um die durch widersprüchlich scheinende Aussagen tangierte Einheitlichkeit wiederherzustellen, könnten nämlich die vorliegenden Unstimmigkeiten und Schwierigkeiten entweder in die Wandlungen des sich in der chronologischen Folge der Dialoge abzeichnenden Denkweges Platons oder in die Voraussetzung einer bislang

[8] Vgl. z. B. *Phaidon* 96 a ff. und *Phaidros* 229 e.

[9] Vgl. Thomas A. SZLEZÁK, Unsterblichkeit und Trichotomie der Seele im zehnten Buch der Politeia, S. 58.

nicht gefundenen Grundfrage oder Grundlehre aufgehoben werden, deren unterschiedliche Abschattungen Thesen zeitigen, die auf Grund der Unbekanntheit des Sachzusammenhanges, dem sie entspringen, nur den Schein der Unstimmigkeit hervorrufen. Solche Versuche, die Einheit der Platonischen Philosophie zu retten, sind bekanntlich schon mehrfach in beiderlei Sinn vorgetragen worden.

Die erstgenannte Lösungsmöglichkeit stützt sich weitgehend auf den Begriff der Entwicklung, der in die neuere Diskussion von Friedrich Schleiermacher sowohl zur Klärung der Chronologie der Platonischen Dialoge wie auch als Schema zur Deutung von Unstimmigkeiten ihrer Aussagen eingeführt worden ist.[10] Das Entwicklungsschema ist dementsprechend auch zunehmend zur Erklärung mangelnder Thesenkonsistenz im Werk Platons und zur Darstellung des Gesamtzusammenhanges der Platonischen Philosophie herangezogen worden. So hat beispielsweise Paul Natorp eine am neukantianischen Wissenschaftsideal orientierte „Genesis der platonischen Philosophie" verfaßt, die auf der Anwendung des Entwicklungsgedankens fußt.[11] Allerdings wurden auch Bedenken gegen eine solche Übertragung des romantisch-organischen Entwicklungsgedankens auf Platon vorgetragen. In diesem Sinne hat sich beispielsweise schon Nicolai Hartmann grundsätzlich gegen den Versuch der Vereinheitlichung der Philosophie Platons gewandt. Er sagt: „Überhaupt dürfte es abwegig sein, die Platonische Philosophie einheitlicher machen zu wollen, als sie in den Dialogen vorliegt. Sie ist offenbar dauernd umgebildet worden und hat eine zusammenfassende Darstellung niemals erfahren."[12]

Aber auch gleichsam von entgegengesetzter Seite – einer Seite, welche die systematische Einheitlichkeit nicht bestreitet, sondern vielmehr selbst zu belegen sucht – wird das Entwicklungsschema als ungeeignet abgelehnt, nämlich im Zusammenhang mit der Behauptung, daß Platon in der „ungeschriebenen Lehre" schon vor der Niederschrift der *Politeia* die Grundzüge einer metaphysischen Ontologie ausgearbeitet habe, deren Unkenntnis bislang die völlige Einheitlichkeit der Platonischen Philosophie nicht habe sichtbar werden lassen: „Wenn ein konstantes System hinter dem Schriftwerk steht, dann sind alle an Platons Schriften abgenommenen Entwicklungstheorien vorerst hinfällig."[13] Damit gerät das philosophische Werk Platons mindestens seit der *Politeia* unter den Gesichtspunkt, nicht mehr so sehr dem fort-

[10] Vgl. seine Einleitung in Platons Werke, S 20: „Bei allen diesen Bemühungen also ist an die Herstellung der natürlichen auf die fortschreitende Entwikklung der Philosophie sich beziehenden Reihe dieser Schriften noch gar nicht gedacht worden."

[11] Innerhalb seiner Abhandlung „Platon", S. 99–111.

[12] Vgl. Zur Lehre vom Eidos bei Platon und Aristoteles, S. 160.

[13] Hans Joachim KRÄMER, Die Platonische Akademie und das Problem einer systematischen Interpretation der Philosophie Platons, S. 92 f.

währenden Ringen um die Sache der Philosophie zu dienen als eben der Verwirklichung „eines didaktischen Plans."[14] Eine derart verharmlosende Sicht von Platons Spätwerk kann schon von ihrem Betrachtungspunkt her die neuen Fragen und Probleme des Spätwerks nicht mehr angemessen in den Blick bekommen. Offenbar also dient es einem besseren Platonverständnis keineswegs, den Einheitsgrund dieses Denkens gewissermaßen dogmatisch zu behaupten, sei es durch die Erklärung der Divergenzen mittels des Entwicklungsgedankens ohne Annahme eines übergreifenden Sachzusammenhanges oder sei es durch eine Rekonstruktion seiner ungeschriebenen Lehre bei gleichzeitiger Leugnung der immer neu sich auf die Probleme des Denkens besinnenden Unfertigkeit und Lebendigkeit der Philosophie Platons, die sich zweifellos bis zu den letzten Dialogen hin dokumentiert.

Beide Versuche, die faktisch vorliegende Uneinheitlichkeit in der Lehre Platons zu bewältigen, lassen sich aber durchaus in einem sie integrierenden Ansatz zur Ausführung bringen, obwohl sie ursprünglich gewissermaßen gegeneinander vorgetragen worden sind. Einen solchen Ansatz hat bereits Werner Jaeger gefordert, gemäß dem dann die Mannigfaltigkeit der Thesenbildung und zugleich die Einheitlichkeit des Thesengrundes durch die Verbindbarkeit der einzelnen Schritte des Denkweges einsichtig werden können. Jaeger sagt in diesem Sinne: „Es ist ja auch das Natürliche, daß die Philosophie Platos sich zwar ‚entwickelt' hat im Sinne fortschreitender innerer Differenzierung der Probleme, daß aber doch ein irgendwie Ganzes fertig vor seinem Geiste stand, als er den ersten Dialog schrieb, und ebenso ist es an sich einleuchtend, daß dies in erster Linie das schöpferisch-praktische Ziel und der formgebende Umriß seiner Philosophie gewesen ist."[15]

Wenn aber nun im Anschluß an den Vorschlag Jaegers, ohne allerdings von vornherein die von ihm herausgestellten Inhalte zu übernehmen, mit der vorläufigen Annahme einer, sich gleichsam auf dem Weg befindlichen Einheit der Platonischen Philosophie – und hier zunächst insbesondere der Seelenlehre Platons im Blick auf Tod und Unsterblichkeit – begonnen wird, dann dürfen jedenfalls nicht die wichtigsten Gründe verschwiegen werden, die dieser Annahme und einem solchen Ansatz entgegenstehen. Diesen Gründen nachzuspüren, heißt aber zugleich, die wesentlichen Elemente der Lehre Platons zum Tod des Menschen und zur Unsterblichkeit der menschlichen Seele herauszuarbeiten.

[14] A. a. O., S. 94; vgl. auch den Kontext: „Die Abfolge der platonischen Schriften steht primär unter anderen: didaktischen, protreptischen, künstlerischen Gesetzen, die in ihrer Eigentümlichkeit eine besondere Erforschung verdienen. Wir nähern uns dabei, obschon mit kritischen Vorbehalten und in anderer Weise, wieder an Schleiermacher an, der bekanntlich mit einem didaktischen Plan der Schriften gerechnet hat."

[15] Vgl. Die platonische Philosophie als Paideia, S. 149.

Daß Tod und Unsterblichkeit in der Philosophie Platons eine zentrale Rolle spielen, tritt in den Texten offen zutage, wird aber gleichwohl in der neueren Platonforschung häufig nicht mehr in ausreichender Weise gesehen und muß deswegen hier zunächst festgehalten werden.[16] Schon allein der Tod des Sokrates ist für Platon ganz unbestreitbar ein kaum zu überschätzender Anlaß zu philosophieren gewesen.[17] Die Fragen der individuellen Ethik angesichts des Todes und ihrer Konsequenzen für den Menschen im Tode, die Fragen der philosophischen Lebensweise, die Fragen nach dem besten Staat, kurz die Fragen nach dem Wesen der ἀρετή und ihrer Verwirklichungsmöglichkeit in all ihren Dimensionen – auch dort, wo sie nicht auf ein postmortales Leben zugespitzt werden – erhalten zusätzlich über die Dialoge hinaus, die im engeren Sinne vom Tod des Sokrates ausgehen, ihr bleibendes Gepräge durch die nahezu ständige Vergegenwärtigung des Sokrates, der allen als der hingerichtete Philosoph im Bewußtsein steht. Gesprochen von diesem Menschen erhalten alle Argumentationen und Reflexionen gleichsam noch einmal eine neue Beleuchtung durch den Ernst der Konsequenzen, die mit einem wahrhaft philosophischen Leben verbunden sein können. Diese heute oftmals vergessen scheinende Tatsache markiert somit ein Moment im Werk Platons, das nicht unbeschadet vernachlässigt werden kann.

Dies muß auch noch für den Teil des Platonischen Werkes gelten, in dem der Tod des Sokrates als Ausgangspunkt der Überlegungen gar nicht mehr

[16] Vgl. beispielsweise Theodor EBERT, Meinung und Wissen in der Philosophie Platons, S. 84 und 85, bei dem die Fragestellung auftritt in bezug auf „die orphisch-pythagoreischen Vorstellungen von Reinkarnation und Seelenwanderung", wobei Ebert mutmaßt, daß es Platon „offenbar bei dieser Mythologie nicht ganz geheuer" gewesen sei. Natürlich kann Ebert zunächst einmal zugestimmt werden, sofern man sich auf die Interpretation der Anamnesis-Lehre im *Menon* bezieht. Bezeichnenderweise bleibt es im Blick auf den *Phaidon* bei Ankündigungen. Auf die Revokationen in diesem Dialog (114 d–e) kann nur mit begrenztem Recht verwiesen werden, insofern nämlich der Wagnis-Charakter des menschlichen Lebens nach verschiedenen Seiten hin ausgelegt werden kann. Gewiß ergibt sich aus ihm auch die Zurückweisung jeder dogmatischen Metaphysik, aber ebenso die Zurückweisung der Einwendungen gegen diese. Jedenfalls muß bei der Interpretation die Verknüpfung der existenziellen Situation mit der Klimax der vier Beweise beachtet werden.

[17] Eine Vereinigung der einschlägigen Platon-Texte zu dieser Thematik bietet Romano GUARDINI, Der Tod des Sokrates. Grundsätzlich zur Bedeutung der Todesproblematik in der Philosophie sagt P. L. LANDSBERG, Einführung in die philosophische Anthropologie, S. 63 f.: „Von der Ontologie des Parmenides, der das Eine und Unvergängliche sucht, über die Ontologie des platonischen Idealismus bis zu jener platonistischen Ontologie, die Augustin eben darum zum Kern der Philosophie der christlichen Antike machen konnte, ist die antike Ontologie unverständlich, wenn man nicht auch in ihr das Urmotiv der Philosophie, die Auseinandersetzung mit dem den Sinn des Lebens bedrohenden Todesbewußtsein und die Suche nach einer Überwindung der Vergänglichkeit mächtig findet. Das Wissen um den Tod treibt ebenso die Frage nach dem eigentlichen und beständigen Sein hervor wie die Frage nach dem Sinn des menschlichen Lebens, der gegen den Tod sich behaupten soll und also nicht mehr in der Weise der Selbstverständlichkeit das menschliche Leben erfüllt."

ausdrücklich faßbar ist und in dem Platon sich auch denkerisch längst auf andere, von denen des Sokrates immer weniger abhängig werdende Wege begeben hat. Wenn Paul Natorp demgegenüber behauptet hat, daß das „Sterben selbst und die Erwägung, was uns nach dem Tode erwartet, der persönliche Wunsch einer wohl gar unendlichen Fortdauer für sich als Individuum . . . für Plato niemals bestimmendes Interesse gewesen" sei, und – im Anschluß an ein Wort Schleiermachers – hinzufügt, das Thema des *Phaidon* sei „der Begriff des Philosophischen", „das Thema sei die Idee",[18] so scheint er doch zu rasch den faktischen Ausgangspunkt der Fragen zu überspringen und ihn höchstens in die Reihe der von Platon zusätzlich in die Untersuchung eingeführten Fragenkomplexe einzuordnen. Diese Interpretation kann mindestens nicht recht erklären, warum die Frage nach der Idee in solch radikaler Form gestellt wird und warum sie in den Zusammenhang des Berichtes über den Tod des Sokrates einbezogen wird. Sofern Natorp hier nämlich vor allem die erkenntnistheoretische Dimension des *Phaidon* ins Auge gefaßt hat, würde diese doch mit einem ihr ganz unzuträglichen Pathos belastet.

Trotz der angedeuteten Möglichkeiten kritischer Anfragen an die genannte These Natorps braucht aber nicht bezweifelt oder gar bestritten zu werden, daß Platon mit seinen Argumentationen zur Frage der Unsterblichkeit keineswegs das Ziel einer wissenschaftlich stichhaltigen Beweisführung erreicht zu haben meint. Es muß durchaus zugegeben werden, daß die sogenannten Unsterblichkeitsbeweise im *Phaidon* eine persönliche Fortdauer nach dem Tode nicht wissenschaftlich begründen können – obwohl sie ja, wenn auch nur schrittweise und in der von Platon selbst in dieser Frage für nötig erachteten Bescheidenheit, nichts anderes gemäß dem Gesamtzusammenhang des *Phaidon* leisten sollen.[19] Es braucht ebensowenig geleugnet zu werden, daß im *Symposion* der Gedanke der individuellen Unsterblichkeit eher an den Rand der Diskussion gerückt werde – obwohl allerdings der Eros immer auch auf die Unvergänglichkeit des Schönen zielt, das insbesondere dem Tun des Menschen aufgegeben ist.[20] Schließlich kann zugestanden werden, daß der *Phaidon* auch selbst, indem er vom Sterben des Sokrates spricht, vom Leben des Philosophen handelt – und so nicht allein Tod, Ster-

[18] Platos Ideenlehre, S. 130 f.

[19] Eine einfach gehaltene, aber solide Darstellung bietet Friedo RICKEN, Die Unsterblichkeitsgewißheit in Platons ‚Phaidon'.

[20] Hierzu vgl. Margot FLEISCHER, Hermeneutische Anthropologie. Platon – Aristoteles, S. 15: „Eros geht auf dieses ‚immer' – und stößt auf den Tod. Durch den Eros und für den Eros geht der Tod auf als Schranke jeglichen Glücks, als Möglichkeit des schlechthinnigen Verlustes des Guten. Nur wenn Eros diese Schranke zu übersteigen vermag, kann er wahrhaft er selber sein: Streben nach immerwährendem Glück. Ist die Schranke des Todes von ihm nicht zu überwinden, dann ist er als Streben nach immerwährendem Glück sinnlos und insofern von Nichtigkeit durchzogen. Eros ist wesentlich zugleich Streben, unsterblich zu sein."

ben und Unsterblichkeit, sondern gerade das richtige und gute Leben im Auge hat.[21]

Auch Natorp gesteht andererseits zu – und verlöre ansonsten auch den Kontakt zum interpretierten Text – daß die „individuelle Fortdauer" im *Phaidon* „gewiß angenommen – wenigstens gehofft" werde.[22] Die These, die individuelle Unsterblichkeit sei kein bestimmendes Probleminteresse der Fragen Platons gewesen, mag mit einigem Recht von manchen Antworten Platons ausgehen, in denen die Argumentationskraft und die Aussageabsicht dieser Beweise einigermaßen in der Schwebe gelassen werden. Welche Funktion dieses In-der-Schwebe-lassen bei Platon hat, wäre immerhin noch einmal der Gegenstand einer weiteren Frage, da er doch jedenfalls die in der ursprünglichen Frage liegende Aufgabe in zahlreichen Anläufen zu lösen versucht. Wenn nun zu einer Aufgabe unterschiedliche Lösungen, deren Kompatibilität keineswegs offen sichtbar ist, vorgetragen werden, dann könnte es allerdings der Fall sein, daß in der zugrundeliegenden Frage das Probleminteresse und die das Denken ständig neu bewegende Aufgabe deutlicher faßbar werden als in den unterschiedlichen Versuchen ihrer Beantwortung. Zudem muß in Rechnung gestellt werden, daß Platon diese Schwankungen in seiner Aussage sicher nicht gewissermaßen wider Willen unterlaufen sind.

Es versteht sich natürlich von selbst, daß das bloße Faktum des Todes als des Endes von irgendetwas Lebendigem so allein noch keine Fragen aufzuwerfen vermag. Aus der Todeserfahrung ergeben sich vielmehr erst dann Fragen, wenn der Tod in irgendeiner Weise gewissermaßen dem Menschen einen Strich durch die Rechnung macht. In diesem Sinne ist nicht der Tod der Anfang aller Philosophie, sondern das durch den Tod gebrochene Glückseligkeitsstreben des endlichen Menschen vor dem Hintergrund des staunend erfahrenen Abglanzes von Schönheit, Wahrheit und Gutheit im Seienden. Diese Erfahrung zeigt sich als solche in einer Vollkommenheit, der nichts gebricht, die insofern sich zumindest disparat zur Endlichkeit der alltäglichen Welterfahrung verhält. Nur vor diesem doppelten Ansatz läßt sich auch Platons These zum Anfang der Philosophie im *Theaitetos* verstehen. Im *Theaitetos*, gemäß dem es keinen anderen Anfang der Philosophie als das Staunen gibt (τὸ θαυμάζειν· οὐ γὰρ ἄλλη ἀρχὴ φιλοσοφίας ἢ αὕτη),[23] ist die Überwindung, das Fliehen der Flüchtigkeit der Wahrnehmungswelt und damit die indirekte Hinlenkung der sterblichen Natur (θνητὴ φύσις) auf den Weg der Verähnlichung mit Gott (Φυγὴ δὲ ὁμοίωσις θεῷ κατὰ τὸ δυνα-

[21] Vgl. 67 b–69 e.
[22] Platos Ideenlehre, S. 131.
[23] Vgl. dort 155 d.

τόν) das Ziel des Philosophierens.[24] Ebenso also, wie der Tod als bloßes und damit belangloses Faktum noch keine Fragen aufwirft, stellt das bloße unvorhergesehene Zur-Erscheinung-Kommen von irgendetwas, das wohl eine unverzichtbare Bedingung alles Staunens ist, keine weiteren Fragen. Das Staunen ist der Anfang der Philosophie, weil es ein Erscheinen von gleichsam göttlich Vollendetem im Weltlichen bezeichnet; der Tod aber ist der Anfang der Philosophie, insofern dem weltlich Seienden, in dem der Abglanz absoluter Vollendetheit zur Erscheinung gekommen ist, die eigene Endlichkeit zum Problem wird. Das Staunen eröffnet, wenn schon in ihm der Anfang der Philosophie zu sehen ist, das philosophische Fragen im Zusammenhang damit, daß das Todesproblem ihm allererst den gebührenden Ernst und die ihm eigentümliche Ausrichtung verleiht, ohne welche das Staunen letztlich nur in orientierungslos hinschweifende, ziellose Neugierde einmünden könnte.[25]

Innerhalb von Platons Darstellungen und Diskursen, insbesondere in den Dialogen zum Tod des Sokrates, ist nun dieser doppelte Anfangsgrund der Philosophie gegenwärtig und belegt so das Recht des hier zugrundegelegten Interpretationsansatzes. Derart kann an diesen Texten studiert werden, was den Tod für Platon zu einer Frage für das philosophische Denken macht. Obwohl Platon sich zur Bedeutung des Todes für den Anfang der Philosophie nicht expressis verbis äußert, liegen manche Motive klar auf der Hand, andere müssen allerdings aus Antworten auf die in der Todesproblematik offenbar liegenden Fragen erst erschlossen werden. In diesem Sinne ist die folgende Analyse der für Platon anläßlich des Todes des Sokrates explizierten Fraglichkeit des philosophischen Sinnes des menschlichen Lebens und Sterbens auch als ein Weg zurück von Antworten auf Einzelfragen zu denjenigen Grundfragen zu begreifen, um die es letztlich auch in allen Einzeluntersuchungen geht.

Begonnen werden soll dieser Weg mit einer gezielten Betrachtung des *Phaidon*. Dieser Dialog scheint, auch abgesehen von den Beweisen für die Unsterblichkeit der Seele, den Charakter einer Trostschrift zu besitzen, in

[24] 176 a ff.; vgl. die Angaben zu den Hintergründen dieser Stelle in Hesiods Theogonie und zur etymologischen Deutung in: Platon, Werke in acht Bänden, hrsg. von G. Eigler, Sechster Band, bearb. von Peter STAUDACHER, S. 45, Anm. 6.

[25] Diese Zusammengehörigkeit von Staunen und Bewußtsein der Todesproblematik im Anfang der Philosophie wird von Georg SCHERER, Das Problem des Todes in der Philosophie, S. 92, nicht recht gesehen, wenn er sagt, daß für Platon der Tod zweifellos nicht der Anfang der Philosophie sei. Der Tod gehört vielmehr zweifellos mit in diesen Anfang hinein, „weil er die Bewegung des Lebens und Denkens in Frage stellt" – wie Scherer auch selbst sagt. Ohne solches Fraglichwerden des Denkens aber kann es Philosophie nicht geben. Richtig Hans-Georg GADAMER, Plato. Texte zur Ideenlehre. Einleitung, S. 8, wo die Hinrichtung des Sokrates als „der entscheidende Anstoß" genannt wird, „der Plato auf den Weg der Philosophie gewiesen hat."

der Platon seinem gleichsam väterlichen Freund und philosophischen Lehrer offenbar ein Denkmal hat setzen wollen, das in der Tat bis in unsere Tage und auf unabsehbare Zeit die Gestalt des Sokrates mit philosophischer und existenzieller Wirksamkeit versehen hat. Der im *Phaidon* geschilderte Umgang des Sokrates mit dem ihm selbst unmittelbar bevorstehenden Tod, der durch völlige Furchtlosigkeit trotz aller schonungslosen Betrachtung der Sachlage gekennzeichnet ist, ja in der Schlußszene des *Phaidon* sogar zu einer gewissen Art ironischer Selbstüberhebung führt, die den Tod als Gesundung der Seele ausweisen soll,[26] entzieht aller bloß auf Mitleid gegründeten Trauer der Freunde des Sokrates das Fundament – und enthält so einen Trost. Auch der *Kriton* hatte in anderer Weise diesem Ziel schon gedient. Wer das Sterben und den Tod als ständige Aufgabe des philosophischen Lebens begreift und schließlich den wirklichen eigenen Tod als Überlegener anstrebt, für den scheint der Tod seinen Stachel verloren zu haben.[27]

Wohl fehlt bei Platon auch in den Dialogen zum Tod des Sokrates nicht ein – wenn auch verhaltener – Hinweis auf die Schmerzlichkeit des Todes, er erhält aber in der unmittelbaren Aussage kein bestimmendes Gewicht.[28] Ebenso gibt beispielsweise die *Apologie* dem doch leidvollen Bewußtsein Ausdruck, daß der Weg des Gestorbenen für alle Menschen – einschließlich also des den Tod so gelassen erwartenden Sokrates – im Ungewissen liege.[29] Jedoch scheint diese für alle Menschen geltende Ungewißheit durch die persönliche Entschiedenheit und den persönlichen, sich lebensvoll dokumentierenden Vollzug der Entscheidung durch Sokrates wettgemacht zu werden. Schließlich lenkt auch noch der kathartische Charakter der Absonderung der Seele vom Leibe – allerdings mehr unausdrücklich neben dem von der Absonderung für die Seele zu erwartenden Gewinn –[30] die Aufmerksamkeit

[26] Vgl. dort 118 a.

[27] Eine solche Deutung von Tod und Sterben findet sich beispielsweise bei Walter BRÖCKER, Der Mythos vom Baum der Erkenntnis, bes. deutlich S. 49 f., wo er sagt, daß das Sterben nicht als Elend betrachtet werden müsse, sondern daß man auch urteilen könne, „daß das Sterben nur ein geringer Preis ist, den wir für die Auszeichnung zu sein wie Gott, d. h. als Geist zu existieren, bezahlen müssen und daß es besser ist ein Mensch und Geist zu sein und sterben zu müssen, als zwar das Sterben nicht zu kennen, aber dafür geistlos wie ein Tier zu sein. Wenn wir aber so denken, dann ist das Sterben weder eine Strafe, die wir tragen, noch ein Elend, aus dem wir Befreiung durch göttliche oder menschliche Tat erhoffen, sondern etwas was wir selbst wollen, weil wir es als die notwendige Bedingung unseres geistigen Seins erkennen, welches wir mehr lieben als ein Leben das zwar ohne Sterben aber auch ohne Geist ist."

[28] Vgl. *Apologie* 34 d.

[29] Vgl. 42 a: „Jedoch es ist nun Zeit, daß wir gehen, ich, um zu sterben, und ihr, um zu leben. Wer aber von uns beiden zu dem besseren Geschäft hingehe, ist allen verborgen außer nur Gott."

[30] In der Absonderung ist das Leben nicht mehr Wagnis und Gefahr, κινδυνός, sondern Lohn oder Strafe. In solchem Lohn läge der Gewinn der abgesonderten Seele, vgl. *Phaidon* 72 d/e.

zugleich auf die Schmerzlichkeit des Vorgangs, denn es ist ja gerade die hervorstechende und ihn von anderen Menschen unterscheidende, asketische Tugend des Philosophen, „so nahe wie möglich am Gestorbensein zu leben".[31] Derart aber kann weder gesagt werden, Platon übergehe das allgemein menschliche Fühlen angesichts des Todes, noch daß er die Unsicherheit der Sterblichen gegenüber dem Tod leugne. Die Unsicherheit des Menschen ist vielmehr gerade Thema, sofern sie – falls ihre Überwindung überhaupt als ein dem Menschen angemessenes Ziel erstrebt werden darf – lediglich durch persönliche Entscheidungen und Vollzüge philosophisch lebender Personen gemeistert werden kann. Schließlich übersieht Platon keineswegs die bleibende Schmerzlichkeit des Todes auch für diejenigen, die zum philosophischen Leben entschlossen sind. Dennoch scheint diese – das Negative der Todeserfahrung nicht verschweigende – Offenheit gewissermaßen im letzten nur der durch ein unvermeidliches Faktum gegebene dunkle Hintergrund für die strahlende Überwindung von Sterben und Tod zu sein.

Auf Grund seiner derart furchtlosen Überlegenheit gegenüber dem Tod kann Sokrates von seinen Gesprächspartnern eine Sachlichkeit im Diskutieren fordern, die jedes bloße Tröstenwollen meidet.[32] Sokrates muß allerdings zu einer solch rücksichtslosen Radikalität in der Wahrheitsfrage auffordern, weil angesichts des Todes keine Manipulationsmöglichkeit hinsichtlich seiner Bedeutung besteht, weil alles eigenmächtige Deutenwollen im Tod untergeht, weil jede Verdrängung des Todes vom Tode zugleich mitverdrängt wird, weil vorgetäuschter Trost hier von der tödlichen Wirklichkeit radikal überholt, zunichte gemacht wird. Wenn Sokrates aber zu dieser rücksichtslosen Radikalität aufzufordern vermag, dann offenbar deswegen, weil er einer erst im Gespräch noch zu findenden Tröstung nicht mehr bedarf.

Entscheidend wird hier deswegen die Antwort auf die Frage, worin der Grund seiner Unbedürftigkeit für Trost besteht. Die Erlösung von der Todesfurcht durch das philosophische Leben, welche der Philosoph nach dem *Phaidon* durch die ständig neu zu vollziehende „Ablösung und Trennung der Seele vom Körper" (λύσις καὶ χωρισμὸς ψυχῆς ἀπὸ σώματος)[33] zu erreichen sucht, scheint zum Ziel gekommen zu sein, wenn Lust und Unlust (ἡδονή und λύπη) schließlich ganz aus den seelischen Vollzügen ausgeschaltet sind.[34] Dem Erleben von Lust und Unlust darf sich der von ihnen befreite Philosoph dementsprechend nicht gleichsam nach dem Tode auf andere

[31] Vgl. *Phaidon* 67 c ff.
[32] Vgl. z. B. *Phaidon* 84 c ff.
[33] *Phaidon* 67 d.
[34] *Phaidon* 84 a.

Weise erneut ergeben. Die Seele „eines philosophischen Mannes“[35] hat sich, indem sie der Vernunft folgt und das Wahre und Göttliche anschaut, Ruhe verschafft und von diesem Anblick genährt: „Hat sie sich so genährt, so ist wohl keine Gefahr, daß sie fürchtet, ob sie nicht doch nach solchen Bestrebungen bei der Trennung von dem Leibe zerrissen, von den Winden verweht und zerstäubt umkommen und nirgends mehr sein werde.“[36]

Indem sich die Seele in diesem Sinne vom Anblick des Wahren und Göttlichen „genährt“ hat, kann sie angesichts der ihr vorgehaltenen Gefahr auch völligen Untergangs nicht in Furcht geraten, weil sie von derlei Affekten befreit ist und auf einem Fundament aufruht, das von solcher Gefahr nicht in Mitleidenschaft gezogen werden kann. Die Seele sucht das Unsterbliche in einem ganz von allem Vergänglichen getrennten Sinne – und nur im Unvergänglichen, nicht in der eigentlichen Selbsterhaltung, findet sie ihr Ziel. Auf diese Weise restringiert der Satz von der radikalen Furchtlosigkeit der philosophischen Seele den Inhalt des Unsterblichkeitsgedankens bloß auf das getrennt Göttliche und auf die Idee – und er läßt die individuelle Seele in dieser Lösung ihr Genüge finden. Der Inhalt dieser Gewißheit, der nicht zu enthusiastischem Überschwang oder naiver Gläubigkeit zu führen vermag, sondern im Kern etwas kärglich Nüchternes zum Ausdruck bringt, wird von Sokrates gegen Ende des Dialogs in konsequenter Härte und Klarheit akzentuiert. Auch dort wird zunächst vorausgesetzt, daß die Seele das Unsterbliche suche. Wird diese Voraussetzung akzeptiert, dann kann folgender Konsens festgehalten werden: „Gott wenigstens . . . und die Idee des Lebens selbst wird wohl, wenn überhaupt etwas unsterblich ist, von jedem eingestanden werden, daß es niemals untergehe“.[37]

Was eine weitergehende Tröstung angesichts des Todes von Sokrates überflüssig zu machen scheint, ist derart für die Fortdauer der Individualität des konkreten Menschen möglicherweise die Bereitwilligkeit zur Annahme eines Zustandes völliger, gleichsam mit der Macht des Objektiven auftretender Trostlosigkeit. Alle dennoch verwirklichte Getröstetheit der individuellen Person aber begründet sich nun gegen die offenbare Absurdität des Faktums von individuellem, endlichem Bewußtsein in der Welt, sofern dies eben gemäß der Art der Tröstung nur noch als zu Überwindendes gilt, aus der Freiheit des philosophischen Lebens vom weltlichen Leben, aus der Nähe der Seele zum Göttlichen, das allein sinnvolles, „lebendiges“ und

[35] *Phaidon* 84 a; vgl. mit der Entgegensetzung des dämonischen Mannes gegen den βάναυσος z. B. auch *Symposion* 203 a.

[36] *Phaidon* 84 b.

[37] *Phaidon* 106 d: Ὁ δέ γε θεός . . . καὶ αὐτὸ τὸ τῆς ζωῆς εἶδος καὶ εἴ τι ἄλλο ἀθάνατόν ἐστιν, παρὰ πάντων ἂν ὁμολογηθείη μηδέποτε ἀπόλλυσθαι.

insofern ewiges Leben repräsentiert.[38] Daß damit zuletzt eine Position bezogen wird, von der her auf die Ausgangsfrage nicht mehr die gesuchte Antwort gegeben werden kann, wird sich beim weiteren Verfolgen des Platonischen Denkweges zeigen. Hier aber scheint es die Ruhe des Philosophen zunächst nicht mehr zu stören, wenn der Tod auch das völlige und unweigerliche Ende gar seiner Seele als eines individuell Seienden wäre.

In bedenkenswertem Kontrast zu dieser distanziert scheinenden und gleichsam mitleidlosen Kälte gegenüber der Frage nach der Fortdauer der eigenen Existenz steht ein doppeltes Moment, das die intensive Bemühung um den Beweis der individuellen Unsterblichkeit im *Phaidon* vor dem Hintergrund der Trostunbedürftigkeit des Philosophen erst verständlich macht. Dieses doppelte Moment erhält zugleich die Todesfrage als unbewältigtes Problem für Platon und hält so sein Denken weiter in Bewegung. Gerade in ihrem Kontrast treiben die Überwindung des Bedürfnisses nach Trost einerseits und die Unbewältigtheit der Todesfrage andererseits Platon auf seinem weiteren Denkweg an. Das doppelte Moment nun, das diesen Kontrast gegen die Sokrates zugeschriebene Überlegenheit der philosophischen Todesbewältigung zur Folge hat, besteht einerseits in einem bleibenden Aufbegehren gegen den Tod aus gewissermaßen rechtlichem Denken, aus Gründen der Gerechtigkeit des Staates und des Daseins überhaupt (δίκη), es besteht andererseits gerade in dem vom Philosophen in seinem Streben nach dem Gestorbensein erstrebten Ziel, das eben nicht ein nichtiges Nichts ist, sondern die Überwindung des vergänglichen und schlechten Lebens in Form der Erlangung des göttlichen Lebens, des unvergänglichen Lebens gemäß der Idee. Wenngleich es nicht Lust und Unlust im gewöhnlichen Sinne ist, was den Philosophen treibt, so doch ein Streben nach Besserem (ἔρως).[39]

Der Konflikt, in den Platons Bearbeitung der Todesproblematik durch die im ganzen wie im einzelnen zugleich geforderte Gerechtigkeit gerät, läßt sich zunächst ganz konkret an der Unrechtlichkeit der Handlungsweise der athenischen Bürgerschaft bei der Verurteilung des Sokrates verfolgen. Wie „erhaben über den Tod" dieser Sokrates nach Platon auch gewesen sein mag,[40] wie sehr die Philosophie von ihm als „‚Reinigung' der Seele, Läuterung, Entleiblichung, Lösung von allen Unvollkommenheiten, allen

[38] Vgl. auch *Gorgias* 492 e mit der Anknüpfung an das Euripides-Zitat: τίς δ' οἶδεν εἰ τὸ ζῆν μέν ἐστι κατθανεῖν, τὸ κατθανεῖν δὲ ζῆν. Die Aufnahme dieses Wortes und seine Deutung hinterfragen die Lebendigkeit unseres Lebens in einem Sinne, der auf die Bahn des Augustinischen Problems von *vita mortalis* und *vita vitalis* hinlenkt. Vgl. dazu *Confessiones* I, 6, 7 und X, 82, 39.

[39] Damit nehmen die Begriffe Thanatos, Dike und Eros in der Tat diejenige Schlüsselstellung ein, die ihnen Karl REINHARDT, Platons Mythen, S. 240 und 265, zuspricht.

[40] REINHARDT, a. a. O., S. 240.

schmerzlichen Begierden; Todesnähe, Todessehnsucht" gelebt worden sein mag,[41] so sehr bleibt das Todesurteil für Sokrates – und auch noch sein faktischer Vollzug – empörendes Unrecht. Dieser Mensch hatte eben nach dem Urteil Platons und anderer rechtlich denkender Zeitgenossen nicht die Todesstrafe, sondern – wie Platon den Sokrates in der *Apologie* selber sagen läßt – eine Belohnung verdient.[42] Und obwohl das Urteil derart ungerecht ist, nicht etwa aus Gründen der eigenen Todessehnsucht, unterwirft sich Sokrates dem Todesurteil im Gehorsam gegen die Stadt, deren Rechtsordnung die Basis auch seines Lebens war.[43] Weil Sokrates das vom Staat begangene Unrecht zudem nicht wieder mit einem Unrecht gegen den Staat vergelten will, erscheint sein Tod auch als ein Opfer, das dem Ganzen des Staates durch die Beachtung seiner Gesetze dienen und ihm Fortbestand in Rechtlichkeit sichern soll. Auch durch die Art, wie die Gerechtigkeit im Staat für das weitere Denken Platons zu einem der wiederkehrenden Hauptthemen seiner Philosophie wird, zeigt sich nochmals die Schlechtigkeit des Staates, in dem solch ein Urteil hat ergehen können, zeigt sich, daß der Tod des Sokrates etwas ist, das wenigstens so nicht hätte sein sollen.

Aber nicht allein aus der Beziehung auf die im Blick auf den Tod des Sokrates angemahnte Gerechtigkeit des Staates zeigt sich die Möglichkeit bleibender Negativität des Todes, auch für die rein philosophische Diskussion, sofern sie nicht auf den geschichtlichen Sonderfall Bezug nimmt, wird der Tod nicht sozusagen in reine Positivität aufgehoben. Das Gespräch im *Phaidon* bleibt nicht beruhigt bei der Hinnahme des völligen Endes der individuellen Person auch in Form ihres Überganges in den Bereich des Göttlichen stehen. Der Bericht über das Geschick (μοῖρα) der abgeschiedenen Seelen am Ende des Dialogs weist eindeutig wieder auf die Individualitätsproblematik, ohne welche die Rede von Lohn und Strafe sinnwidrig wäre. Zugleich wird damit klar, daß die strikte Zurückweisung von Lust und Unlust, sofern diese als Bedingungen der Empfänglichkeit für Lohn und Strafe angenommen werden müssen, nicht durchgehalten werden kann. Durch die Bildsprache wird deutlich gemacht, daß die im Dialog ausdrücklich vorgetragenen Lösungsversuche die gestellte Aufgabe nicht zureichend zu bewältigen vermochten. Das Problem der individuellen Unsterblichkeit bleibt demnach trotz allen Verweises auf die Unvergänglichkeit des Göttlichen bestehen. Eine starr und im Zusammenhang mit einem ethischen Intellektualismus durchgehaltene These von der gleichförmigen Göttlichkeit der Seelen müßte auch den so sehr im Vordergrund stehenden ethisch appellativen Impetus des *Phaidon* zerstören. So darf nun also kein Zweifel mehr daran

[41] REINHARDT, a. a. O., S. 261.
[42] Vgl. die Beantragung der Speisung im Prytaneion laut *Apologie* 36 d.
[43] *Kriton* 50 a ff.

erlaubt sein, daß es in diesem Dialog notwendigerweise auch um die individuelle Unsterblichkeit, um ein individuelles Weiterleben der menschlichen Seele, geht. Zugleich ist klar, daß diesem Leben andere Auszeichnungen zuzusprechen sind als dem hier gelebten. Dies ergibt sich aus der möglichen Endgültigkeit von Lohn und Strafe und aus dem Hinweis auf unvergängliche Göttlichkeit gleichermaßen.[44] Die Unbestimmtheit der in einem breiten Spektrum sich zeigenden Antworten aber macht zugleich sichtbar, daß im *Phaidon* vielleicht eher Fragen gestellt als Antworten gegeben werden sollen. Deswegen auch setzt sich der Philosoph – sei es gleich nur als dem äußersten denkbaren Fall – selbst mit der Möglichkeit der Auflösung der Individualität auseinander und scheint sogar bereit, sie zu akzeptieren. Diese Bereitschaft – dies ergibt sich aus dem Duktus des Dialogs insgesamt – hat aber ihren Grund in etwas anderem, etwas Positivem, das aus dem Streben der Seele nach dem Unsterblichen und der Schau des Wahren und Göttlichen resultiert.

Wenn abschließend die Fragestellung des Dialogs in der hier vorgenommenen Zuspitzung auf das Spektrum der gegebenen Antworten hin überblickt wird, wenn dabei die Möglichkeit ins Auge gefaßt wird, daß die Individualität der Seele sich im Göttlichen auflösen werde, so zeigt sich in geradezu tragischer Weise, wie der Philosoph auf seinem Weg zur Unsterblichkeit zuerst sich aus der Menge der Menschen absondern, zuerst in seinem Streben eine ganz auf ihr eigenes Denken und Wollen gestellte individuelle Person werden mußte, um dann schließlich ihre Individualität im Göttlichen wieder zu verlieren.[45] Das, was erstrebt war, ist ja keineswegs eine unpersönliche Idee des Lebens, deren immerhin zugestandene Unsterblichkeit,die

[44] Vgl. *Phaidon* 113 d ff. mit den endgültigen Zuordnungen der Seelen entweder zum Tartaros (ὅθεν οὔποτε ἐκβαίνουσιν) oder zu den „schöneren Behausungen".

[45] Im Befund stimmt die vorgetragene These mit Julius STENZEL, Studien zur Entwicklung der platonischen Dialektik, S. 128 ff., überein. Dort wird, S. 129 f., den ersten drei Beweisen keine eigentliche Beweiskraft für das Sein der Seele zugesprochen. Zum vierten Beweis, mit dem „aus begrifflicher Methode ein neuer, ganz deutlich ontologischer Unsterblichkeitsbeweis gewonnen" wird, referiert Stenzel zustimmend folgenden Einwand: „Es stehen sich hier zwei petitiones principii gegenüber; der eine sagt: weil die Hypothesenlehre mit der Unsterblichkeitslehre verknüpft ist, so kann sie nicht rein logisch-methodologisch gemeint sein, der andere: weil dieser Widerspruch besteht, so kann die ganze religiöse Unsterblichkeitslehre nicht der wissenschaftliche Ernst Platons, sondern nur ein Überwuchern der mimetischen Darstellung der Todesstunde über den philosophischen Lehrgehalt sein; und die letzten philosophischen Worte des Sokrates wiederholen eigentlich denselben Zweifel, den wir im Menon aus seinem Munde gehört haben, freilich dem Ernst der Stunde angepaßt." Auf diese Weise scheint ein „leise ironischer ‚tragischer' Ton ... wieder alles andere in Frage zu stellen" (S. 130). Gegen Stenzel wäre festzuhalten, daß die beiden genannten Deutungsmöglichkeiten einander nicht wesenhaft widersprechen müssen, sondern gerade beide zugleich erforderlich sind, um die Aussage Platons sachgemäß verstehen zu können. Dieses sachgerechte Verständnis ist weder durch die Reduktion auf Epistemologie, noch durch Reduktion auf eine dogmatische Seelenmetaphysik zu erlangen.

hier tatsächlich im wörtlichen Sinne ausgesagt werden kann, vom Individuum unabhängig, gleichgültig gegen dieses – und deswegen schließlich für das Individuum ohne Bedeutung – bleibt, sondern ein gleichsam göttlich ewiges Leben gemäß der Idee. In diesem Scheitern des Strebens nach Unsterblichkeit, in dieser tiefreichenden Tragik des *Phaidon*, steckt der Anstoß zur Mobilisierung der Kraft und der Energie, die den ursprünglich nur auf das jenseitig Unsterbliche gerichteten Eros nun auch auf Ziele lenkt, die ganz im diesseitig Weltlichen liegen.

In diesen neuen Zielen philosophischer Reflexion, in denen er die alten Aufgaben wenigstens vorläufig zu lösen sucht, wendet Platon sich der Möglichkeit der Verwirklichung des göttlichen Lebens in der sinnlich wahrnehmbaren Wirklichkeit zu. Eine derartige Wendung vollzieht Platon gerade deswegen, weil die Lösung des *Phaidon* Unsterblichkeit nur so zu erreichen imstande ist, daß damit die eigentlich gestellte Aufgabe ungelöst bleibt. Die gesuchte Gerechtigkeit der Seinsordnung kann unter der Voraussetzung eines bloß vom Chorismos geprägten Denkens nicht gefunden werden. Sie wird von nun an verstärkt in allen Bereichen der Philosophie gesucht, also vor allem in den Untersuchungen zur Erkenntnisproblematik, in den Untersuchungen zur Gerechtigkeit des Staates und der Seele, und schließlich – das Ganze fundierend – in den Untersuchungen zur allgemeinen Lehre von Sein und Werden. Auf der Grundlage dieser Untersuchungen erscheint dann auch die Antwort auf die Frage, was das diesseitig Weltliche sei, in einem ganz neuen, von der Aussage des *Phaidon* her gesehen vielleicht ungewohnten Licht, durch das aber seine Fragestellung doch auch eine neue Beantwortungsmöglichkeit erhält.

Kapitel II:

Die Funktion der Idee für das menschliche Erkennen und das sinnlich Gegebene

Sofern die Platonische Erkenntnislehre lediglich vom Anamnesisgedanken her interpretiert und dieser zudem zu einem systematischen, in seiner Konsequenz die Gesamtkonzeption eines metaphysischen Weltbildes begründenden Lehrstück erweitert wird,[1] degeneriert das in der sinnlichen Wahrnehmung Gegebene zu einer bloßen Gelegenheitsursache wahrhafter Erkenntnis, die ansonsten in ihrem wesentlichen Bestand allein von der Ideenschau getragen ist. Aus einer solchen Interpretation der Erkenntnislehre Platons resultiert dann wie selbstverständlich eine „Zweiweltenlehre".[2] Ob und gegebenenfalls in welchem Sinne Platon jemals ernstlich die radikale Trennung von sinnlich wahrnehmbarer Werdewelt und geistig erfaßbarer Seinswelt als ontologische These selbst vertreten oder wenigstens als wohl unausgesprochene, aber doch überall im Hintergrund stehende Hypothese insinuiert hat,[3] kann hier zunächst noch offenbleiben. Jedenfalls scheinen beson-

[1] Dazu vgl. Carlo E. HUBER, Anamnesis bei Plato. Vor dem dort referierten Hintergrund des Streites, ob die Anamnesis eher vom Religiös-Mythischen her (Frutiger) oder im Sinne eines rationalistischen Arguments (Hackforth) zu verstehen sei (vgl. Huber, S. 314 f.), versucht Huber eine „analoge" Interpretation des Anamnesis-Gedankens und faßt ihren Inhalt in „moderner, philosophischer Sprache" folgendermaßen zusammen (S. 319): „Es gibt keine Erkenntnis, kein Fragen, Suchen und Lernen ohne einen apriorischen, überempirischen, absoluten ‚Vorgriff' und Kern, der alledem ontologisch vorausgeht und zu Grunde liegt." Entscheidend für Hubers Interpretation ist seine Deutung des Lehrgesprächs mit dem mathematischen Knaben, auf das noch zurückzukommen sein wird. So kommt es zur dogmatisch-metaphysischen Auswertung der Anamnesis-Lehre (S. 374) und ihrer Rückbeziehung auf die ontologische Chorismos-These (S. 375 f.).

[2] Vgl. hierzu Ernst HOFFMANN, Platon, bes. S. 62 f., der trotz des Versuchs, „neben dem Chorismos die Methexis nicht zu übergehen", eine zuletzt das Ganze nur vom Einen her verstehende Auslegung Platons – auf den Spuren Plotins wandelnd – vorlegt. So wird in der Erkenntnislehre der sinnlichen Wahrnehmung keine eigenständige Rolle zugestanden, sie wird gleichsam widerwillig nur akzeptiert, weil sie sich innerhalb der weltlichen Wirklichkeit nicht negieren läßt. Derart führt die monistische Ausgangsthese gerade zu einer Verschärfung des innerweltlichen Dualismus.

[3] Als Ausgangspunkt der Diskussion im Sinne einer Phänomenologie reiner Seinsbereiche gilt ihm diese Trennung als Grundunterscheidung (vgl. *Timaios* 27 d/28 a).Auch die Anwendung für die Unsterblichkeitsbeweise bietet in diesem Sinne Ansatzpunkte. Zur Interpretation dieser an der Oberfläche der Textaussage vorfindbaren Momente vgl. aber die folgenden Kapitel.

ders die im *Phaidon* zur Verhandlung vorgelegten Fragen möglicherweise auf eine derartige Antwort hinzusteuern.

Indem die Antwort auf diese Fragen aber nicht ohne – im Dialog selbst ausdrücklich zugestandene – Mängel bleibt, kann eine das Sein der Welt betreffende Chorismos-Lehre, wie sehr der *Phaidon* auf den ersten Blick in Passagen, die insbesondere durch die existenzielle Situation der Personen im Dialog entscheidendes Gewicht erhalten, zu ihr tendieren mag, auch für diesen Dialog nicht als eindeutig in ihrem Sinn zu fassende Grundlage seiner Thesen ausgegeben werden. Eine abgetrennte Ideenwelt wäre wohl – dies Bewußtsein schwingt in allen Aussagen mit – von den Mängeln der Erscheinungswelt nicht betroffen, sie hätte in der Folge davon aber auch – und diese dem Ziel aller Fragen zuwiderlaufende Konsequenz erkennt der *Phaidon* gleichermaßen – kaum mehr eine Aussagekraft für die Dinge in ihr. Um diese Funktion für das in unserer Welt gegenwärtige Seiende geht es aber bei Platon allenthalben auch im *Phaidon*. Das Wissen um die Idee ist nicht schon das Ziel des Erkenntnisstrebens, sondern eine Voraussetzung des Erkennens, nämlich die Voraussetzung des Vorwissens der idealen Form der Dinge als Bedingung der Möglichkeit ihrer Erkenntnis. Das, was erkannt werden soll, ist dasjenige, was wie die Idee zu sein strebt, aber dahinter zurückbleibt.[4] Ein derartiger Erkenntnisgegenstand bedarf nach Platon aber zugleich einer Erkenntnisquelle, die von der geistigen Schau der Idee wesentlich verschieden ist. Diese These zu Platons Lehre von den Erkenntnisquellen und vom Ziel der menschlichen Erkenntnis soll nun in einem ersten Durchgang der Untersuchung des Chorismos bei Platon im Zusammenhang der erkenntnistheoretischen Problematik entfaltet und begründet werden. Dabei ist auf die Quelle bzw. die Quellen der Erkenntnis einzugehen, auf den Weg zur Erlangung von Erkenntnis und auf den Gegenstand der Erkenntnis.

Kants Satz, daß „alle unsere Erkenntnis mit der Erfahrung anfange", daß unser Erkenntnisvermögen im Zusammenhang mit der Sinnlichkeit „zur Ausübung erweckt" werde,[5] ist eine These, die von Platon keineswegs in Zweifel gezogen worden wäre. Sie kann ja geradezu auch als die ganz offen zu Tage tretende, ausdrückliche Lehre der zentralen Gleichnisse in der *Politeia* aufgefaßt werden. Ob damit allerdings die Sinnlichkeit zu einer Erkennt-

[4] *Phaidon* 74 e f.: Ἀναγκαῖον ἄρα ἡμᾶς προειδέναι τὸ ἴσον πρὸ ἐκείνου τοῦ χρόνου, ὅτε τὸ πρῶτον ἰδόντες τὰ ἴσα ἐνενοήσαμεν ὅτι ὀρέγεται μὲν πάντα ταῦτα εἶναι οἷον τὸ ἴσον, ἔχει δὲ ἐνδεεστέρως. Daß Erkenntnis nach Platon mit Hilfe dessen geschieht, was er Idee nennt, ist klar, daß Erkenntnis ohne Bezug auf das sinnlich Gegebene ebensowenig zum Vollzug kommen kann, weil die Idee nur an ihm in Erscheinung zu treten vermag, macht z. B. auch Gerhard KRÜGER, Einsicht und Leidenschaft. Das Wesen des Platonischen Denkens, S. 207 ff., deutlich.

[5] Immanuel KANT, *Kritik der reinen Vernunft*, B 1.

nisquelle wird, wie das für den zitierten Satz aus Kants *Kritik der reinen Vernunft* zu gelten hat, ist hierdurch noch nicht gesagt.[6] Eine Reihe von Platoninterpreten halten nämlich durchaus, wie beispielsweise Wilhelm Kamlah, dafür, daß in Platons klassischer Ideenlehre das „Verstehen der sinnfälligen Dinge ... nur noch als Absprung" verwendet werde, „um den höheren Bereich des ideal Seienden zu erreichen, das allein eigentlich erkannt werden kann und allein erkannt zu werden verdient".[7] Infolgedessen gilt dann das „ungenaue sinnliche Sehen" nur noch „als erweckender Anstoß des genauen geistigen Sehens", das in diesem Sinne schließlich auch die einzige Quelle wahrhafter Erkenntnis repräsentiert. Die uns umgebenden Dinge sind demgemäß eben „nicht eigenständig in ihrem Sein", sind „bloß abkünftige und zugleich täuschende (scheinhafte) Kopien der Urdinge".[8] Eine solche Sicht der „klassischen" Ideenlehre Platons scheint, obwohl sie einer genaueren Betrachtung nicht standzuhalten vermag, zunächst nicht ohne Grundlage in den Texten zu sein und ist deswegen bis heute weit verbreitet. Wenngleich nämlich auch die „Schatten" im Höhlengleichnis der *Politeia* schon als ἀληθές gelten,[9] so führt der Weg des gewaltsam von seinen Fesseln Befreiten nach der Aussage des Gleichnisses eben doch näher zum Seienden, sind die Dinge, die ihm auf den nächsten Stufen seines Weges zur Quelle aller Sichtbarkeit und allen Lichtes gezeigt werden, ἀληθέστερα.[10] Und so endet der Aufstieg in der Erkenntnis schließlich bei etwas, das in gewisser Weise als die Ursache aller jener vorher gesehenen Dinge zu betrachten ist.[11]

Ganz ohne Zweifel wird dieser Weg auch als ein Weg zum Besseren verstanden, als ein Weg, von dessen erreichtem Ziel aus eine Rückkehr zum Ausgangspunkt sich keineswegs als wünschenswert erweist. Von diesem Betrachtungswinkel her gesehen ist der Endpunkt des Erkenntnisaufstiegs also zweifellos um seiner selbst willen erstrebtes Ziel, allerdings dennoch nicht so, daß in diesem Ziel von dem zu ihm aufgestiegenen Menschen schon endgültig verharrt würde oder auch nur verharrt werden könnte. Zur Erklärung ist hier zunächst zu bemerken, daß dieses Ziel nicht selbst als das ἀληθέστατον genannt wird, als welches es in der Verlängerung der angefangenen Steigerungsreihe auftreten müßte. Es tritt vielmehr lediglich als Grund alles anderen, als πάντων αἴτιος, auf und ist so gesehen nicht als es selbst, sondern bloß in seiner Funktionalität für anderes faßbar. Gesagt wer-

[6] Vgl. dort B 2: „Man nennt solche Erkenntnisse a priori, und unterscheidet sie von empirischen, die ihre Quellen a posteriori, nämlich in der Erfahrung, haben."

[7] Vgl. W. KAMLAH, Platos Selbstkritik im Sophistes, S. 5.

[8] Ebd.

[9] Vgl. dort 515 c: Παντάπασι δή, ἦν δ' ἐγώ, οἱ τοιοῦτοι οὐκ ἂν ἄλλο τι νομίζοιεν τὸ ἀληθὲς ἢ τὰς τῶν σκευαστῶν σκιάς.

[10] *Politeia* 515 d.

[11] *Politeia* 516 b/c: ἐκείνων ... ἑώρων τρόπον τινὰ πάντων αἴτιος.

den kann dementsprechend, „daß dem Erkennbaren nicht nur Erkanntwerden von dem Guten komme", sondern daß es „auch das Sein und Wesen ... von ihm" habe.[12] Aber das Gute ist nach diesem Text aus der *Politeia* nicht selbst die οὐσία, die Seiendheit des Seienden, sondern ragt über diese noch an „Kraft und Würde" hinaus: ἐπέκεινα τῆς οὐσίας.[13] Durch die Faßbarkeit der Funktion des Guten und durch die Unfaßbarkeit des Guten in sich selbst wird ein Doppeltes zum Ausdruck gebracht, das durchaus auch adversativ formuliert werden kann. Weil nämlich gilt, daß das Gute, obwohl es die Bedingung der Erkennbarkeit alles Erkennbaren ist, in sich selbst unerkennbar bleibt, kann gefragt werden, wie sich eine solche These ausweisen kann, welche die Unerkennbarkeit ihres letzten Fundamentes ausdrücklich lehrt und es gleichwohl als „die Ursache alles Richtigen und Schönen" (ὀρθῶν τε καὶ καλῶν αἰτία) vorstellt, zu dem es also selber in diesem Sinne gar nicht gehört.[14]

Vor dem Hintergrund dieser Sachlage im Text kann nun Martin Heideggers Interpretation von Platons Wahrheitslehre wenigstens in einem ersten Teil zugestimmt werden. Es ist nämlich in der Tat höchst auffällig, daß am Beginn von Platons eigener Deutung des Höhlengleichnisses in der *Politeia* im sprachlichen Ausdruck ein Wechsel von ἀλήθεια zu ὀρθότης vonstatten geht.[15] Anders allerdings als in der Interpretation Heideggers zeichnet sich nach der vorliegenden Deutung damit kein „Wandel" des Wesens der Wahrheit ab,[16] zumal wenn dieser Wandel als „Abkehr ihres Wesens" im Sinne ihrer „Zukehr in der Verkehrung" verstanden wird.[17] Vielmehr ereignet sich

[12] *Politeia* 509 b.

[13] *Politeia* ebd.

[14] *Politeia* 516 c.

[15] Die Polemik gegen HEIDEGGERs Interpretation, Platons Lehre von der Wahrheit, von P. FRIEDLÄNDER, Platon I, ²1954, S. 233–242, die sich im übrigen vor allem gegen Nic. HARTMANN hätte richten müssen (vgl. z. B.: Kleinere Schriften II, S. 62: „Die Bedeutung der ἀλήθεια ist hier, wie öfters bei Platon, nicht ‚Wahrheit' in unserem Sinne, sondern ‚Unverborgenheit' oder ‚Offenbarsein'"), ist inzwischen fallengelassen worden. Dies wurde unvermeidlich durch die philologischen Untersuchungen von E. HEITSCH, Die nicht-philosophische ΑΛΗΘΕΙΑ (vgl. dort bes. S. 29 ff.). Eine Hinführung zur erforderlichen philosophischen und philosophiegeschichtlichen Diskussion bietet schon eher J. B. LOTZ, Aletheia und Orthotes. Versuch einer Deutung im Lichte der Scholastik, indem er – vielleicht ein wenig zu sehr mit offenkundig apologetischer Absicht – dem von Heidegger insinuierten Pauschalvorwurf der Seinsvergessenheit der abendländischen Metaphysik seit Platon entgegentritt. Eine differenzierte Betrachtung mit weiteren Belegen ist zu finden bei W. BEIERWALTES, Deus est veritas. Zur Rezeption des griechischen Wahrheitsbegriffes in der frühchristlichen Theologie, bes. S. 17.

[16] Vgl. HEIDEGGER, Platons Lehre von der Wahrheit, S. 42.

[17] Vgl. W. HIRSCH, Platon und das Problem der Wahrheit, S. 209. Solches Sprechen über die „Zukehr der Wahrheit im Selbstentzug" (ebd.) setzt allerdings gerade das als entzogen ausgegebene Wissen um die unverborgene Wahrheit voraus, sogar um die Motive und Vollzüge der Wahrheit als gleichsam tätigen Subjekts. Solche Interpretationen der Geschichte beanspruchen für sich einen Überblick über das Ganze von außerhalb der Geschichte und lehren auf diese Weise eine Arkandisziplin, die nur für Eingeweihte taugt.

in diesem Übergang die Aussonderung einer in sich selbst unerreichbaren Wahrheit, die nur noch als bloß in seiner Begründungsleistung sich zeigender Grund der erreichbaren Wahrheit erfaßt werden kann. Bei Platon kommt so gesehen die ἀλήθεια in sich selbst keineswegs „unter das Joch der ἰδέα",[18] sondern wäre vielmehr gerade dem nach Heidegger sich in der Metaphysik zeigenden Beherrschungswillen jeder Art von Subjektivität entrissen – immer unter der Voraussetzung gesprochen, daß Heideggers, insbesondere aus seiner Nietzsche-Interpretation erwachsene These vom wesenhaften Herrschaftswillen der Metaphysik akzeptiert werden könnte, eine These, die selbst auf einer spekulativen Geschichtskonstruktion basiert. Vielleicht liegt doch die Annahme viel näher, daß das aus der Platonischen Philosophie kommende metaphysische Denken die Unverfügbarkeit und die absolute Transzendenz der Wahrheit für das menschliche Erkenntnisstreben zu sehen lehrt.

Angesichts des gemäß dem Bild des Höhlengleichnisses vollzogenen Erkenntnisaufstieges wäre – wie auch Heidegger zutreffend vermerkt – der Weg des Befreiten von der Schau der Sonne zurück in die Höhle völlig absurd. Sie wird deswegen von Platon auch nur in der Form eines irrealen Konditionalsatzes erwogen: „Wenn ein solcher nun wieder hinunterstiege und sich auf denselben Schemel setzte, würden ihm die Augen nicht ganz voll Dunkelheit sein, da er so plötzlich von der Sonne herkommt?"[19] Trotz des bloß hypothetischen Charakters dieser Überlegung geht Platon in seiner Erklärung des Gleichnisses im weiteren offenbar davon aus, daß dieser Mann in der Tat wieder auf seinem Schemel sitzt und nun die Dinge, den Bereich des Erkennbaren, eben mit anderen Augen sieht. In welche Richtung dadurch die Irrealität im genannten Bedingungssatz ausschlägt, liegt auf der Hand. Die gleichsam göttliche Wahrheit könnte wohl dann als das einzig lohnende Ziel allen Erkenntnisstrebens gelten, wenn sie vom Menschen direkt angestrebt und erreicht werden könnte. Da aber diese Wahrheit als Quelle nicht in sich selbst, sondern gewissermaßen immer nur von der falschen Richtung her intendiert werden kann,[20] kann es in der menschlichen Erkenntnis zunächst nur um die vielen Dinge gehen, die allein im Ausgang von ihrer Gegebenheit durch die Sinnlichkeit der menschlichen Wahrnehmung erfaßt, wenngleich durch sie allein noch nicht erkannt werden können. In diesem Sinne interpretiert auch Hans Joachim Krämer die sich nach Platon dem menschlichen Erkennen stellende Aufgabe: „Bei Zenon

[18] M. HEIDEGGER, Platons Lehre von der Wahrheit, S. 44.

[19] *Politeia* 516 e.

[20] Das menschliche Erkennen hat nicht die Qualität eines intellectus archetypus, sondern ist auf die Gegenständlichkeit seiner Inhalte angewiesen, wie Kant in der *Kritik der reinen Vernunft*, B 75, sagt: „Unsre Natur bringt es so mit sich, daß die Anschauung niemals anders als sinnlich sein kann, d. i. nur die Art enthält, wie wir von Gegenständen affiziert werden."

war das Seiende Eines, die vielen Dinge dagegen nichtseiend. Bei Platon *sind* umgekehrt die vielen Dinge, und das Seiende ist nicht mehr Eines, sondern Vieles."[21] Für die vielen Seienden aber, darüber dürfte es aus diesem Zusammenhang heraus keinen Streit geben können, ist die Sinnlichkeit ursprüngliche und unersetzliche Erkenntnisquelle.

Daß die Sinnlichkeit in diesem Sinne nach Platon eine unverzichtbare Quelle der Erkenntnis darstellt, kann nicht nur aus den mehr programmatischen Äußerungen der Gleichnisse, sondern auch aus den ins einzelne gehenden Untersuchungen des Weges zur Erkenntnis gesehen werden. Dies soll hier einleitend durch einen Hinweis auf die Digression des *Siebenten Briefes* gezeigt werden – allerdings wiederum mit einer programmatischen These, die hier wegen ihrer Eindeutigkeit vorausgeschickt wird. Auch wenn zuzugestehen ist, daß die Stufen auf dem Weg zur Erkenntnis in diesem Text nicht mit den Stufen der Erkenntnis im Liniengleichnis der *Politeia* völlig übereinstimmen und in einem wesentlichen Sinn sogar überhaupt nicht mit ihnen zu vergleichen sind – es geht in diesem Text ja nicht um den unmittelbaren Erwerb, sondern um die Vermittlung der Erkenntnis im Zusammenhang mit der Bewertung der Schriftlichkeit in der Philosophie –,[22] so läßt sich doch auf andere Weise zeigen, daß die im Zentrum stehende Anweisung, welche die Digression des *Siebenten Briefes* für den Weg der Erkenntnis gibt, auch im allseits als authentisch anerkannten Schriftwerk seinen Niederschlag gefunden hat. Diese Anweisung, die also unabhängig von allen, vielleicht doch zu stellenden Echtheitsfragen Gewicht hat, enthält eine deutliche Relativierung der oftmals gleichsam für den gesamten Platonismus in Anspruch genommenen Richtung des Erkenntnisweges – die eben bloß unter den Titel des Aufstieges, des *ascensus*, der ἐπιστροφή gestellt wird. Die für den vorliegenden Zusammenhang entscheidende Passage aus der Anweisung zum Umgang mit den vier zur Erkenntnis führenden Gegebenheiten lautet: „Aber die dauernde Beschäftigung mit ihnen allen, die im Wechsel zu einer jeden hinauf- und hinabsteigt, erzeugt, allerdings nur mühsam, Erkenntnis des von Natur gut Beschaffenen in dem von Natur Guten."[23] Die Notwendigkeit eines solchen ἄνω καὶ κάτω im Weg der Erkenntnis, eines solchen Aufwärts von den Wahrnehmungen zu den Ideen und zugleich eines Abwärts von den Ideen zu den Wahrnehmungen, läßt sich nun im konkreten Vollzug der philosophischen Reflexion beispielsweise besonders deutlich an den Dialogen *Menon* und *Theaitetos* aufzeigen.[24]

[21] Vgl. 'ΕΠΕΚΕΙΝΑ ΤΗΣ ΟΥΣΙΑΣ, S. 10; vgl. auch *Politeia* 511 b/c.
[22] Vgl. die Einrahmung 342 a und 344 d.
[23] *Siebenter Brief* 343 e.
[24] Hierzu vgl. meinen Aufsatz, Zum Problem der Transzendenz in der platonischen Erkenntnislehre, der auch weitere Literaturangaben enthält.

Obgleich der *Menon* in der Manier besonders mancher der frühen Dialoge Platons mit dem ausdrücklichen Bekenntnis des Sokrates beginnt, daß er hinsichtlich der Themafrage – hier der Lehrbarkeit der Tugend – kein Wissen habe und auch keinen anderen kenne, dem solches Wissen eigen sei,[25] zeigt sich bald, daß Sokrates sich jedenfalls im Besitze eines Maßstabwissens weiß, das ihn befähigt, Antworten auf die gestellten Fragen zu beurteilen.[26] Die Art infolgedessen, in der Sokrates seinen Gesprächspartner Menon in die Enge treibt, endet wider den äußeren Anschein, dem Menon allerdings in seiner Interpretation des Gesprächsergebnisses zunächst verhaftet bleibt,[27] nicht in der absoluten Unmöglichkeit von Wissen überhaupt. In dem eristischen Satz, der in einer ersten, notwendigen Argumentationsstufe dieses Dialoges die Behauptung zum Inhalt hat, „daß nämlich ein Mensch unmöglich suchen kann, weder was er weiß, noch was er nicht weiß" (ὡς οὐκ ἄρα ἔστιν ζητεῖν ἀνθρώπῳ οὔτε ὃ οἶδεν οὔτε ὃ μὴ οἶδεν),[28] wird ja nicht das Faktum von Wissen überhaupt geleugnet, sondern die Möglichkeit des Lernens als des Übergangs vom Nichtwissen zum Wissen und zugleich, was absurd scheinen mag, vom Wissen zum Nichtwissen – wenn immer es richtig ist, daß der Übergang vom Wissen zum Suchen auch der Übergang zu einem Nichtwissen ist. Ausgangspunkt für den eristischen Satz ist demgemäß also gleichrangig entweder Wissen oder Nichtwissen. Insofern der Fragende aber jedenfalls schon im Besitze eines Maßstabwissens ist und bloßes Nichtwissen gar keinen sachlichen Fortgang des Gespräches gestattete,[29] setzt der Dialog einen bestimmten Zustand von Wissen als Ausgangspunkt an und fragt von diesem aus, ob und in welcher Weise er Lernen, Übergang vom Nichtwissen zum Wissen, ermöglicht.

Diese – gegen Konsequenzen der zenonischen Form des Eleatismus gerichtete – Frage will Erkenntnis als Abstieg des Wissens zum Suchenkönnen vor dem Hintergrund eines unbestimmt vorauszusetzenden Wissens erklären und ist so der Beginn des Weges κάτω. Ohne das Einschlagen in diesen abwärts gerichteten Weg hat allerdings das zum Ausgang genommene „Wissen" keinen angebbaren Inhalt, wie sowohl aus seiner Anwendung auf die Rahmenthematik der Tugendfrage als auch aus dem Gespräch mit dem „mathematischen Knaben" ersehen werden kann. Ohne die ins einzelne ge-

[25] Vgl. 71 b: οὐκ εἰδὼς περὶ ἀρετῆς τὸ παράπαν; vgl. auch 71 c.

[26] Vgl. 75 a ff. Kennzeichnend dafür ist die überlegene Art, in der Sokrates methodisch überlegt Beispiele und Aufgaben zur Erläuterung einzelner Schritte des Denkweges im Gespräch vorlegt. Vgl. W. JAEGER, Paideia, Zweiter Band, S. 235: „Besonders aufschlußreich ist in diesem Zusammenhang die bewußte Kunst der Erläuterung logischer Prozesse durch Beispiele (Paradigmata), auf deren Funktion Plato wiederholt hinweist."

[27] *Menon* 80 b und 81 a.

[28] *Menon* 80 e.

[29] Diese Konsequenz zieht bezeichnenderweise Menon, dem sich Sokrates aber gerade in diesem Punkte widersetzt, vgl. *Menon* 81 a ff.

hende und durch Fehlleistungen mehrfach ins Stocken geratende, gleichsam buchstabierende Betrachtung der vorgelegten geometrischen Konstruktion als mathematischer Aufgabe fände ebensowenig Erkenntnis statt, wie durch bloßes „Nachbuchstabieren" dessen, was sich an der Aufgabe als für die sinnliche Wahrnehmung darstellbar zeigt. Und so zeigt sich im Gespräch mit dem Knaben paradigmatisch, daß gleichsam bloßes Zuwarten auf die Eingebungen einer sich auf eine Schau der Wahrheit in der Präexistenz der Seele berufenden Erinnerung zu kläglichem Versagen führt; es zeigt sich also, daß der Weg hinab zum Sinnlichen, der Weg κάτω, in der Dialektik von Wissen und Nichtwissen zur Erlangung von Erkenntnis erforderlich ist. Diese einstweilen gleichwohl in die Form der Anamnesis-Lehre gekleidete These hat allerdings für alle Deutungen doch zur Voraussetzung, daß „die ganze Natur unter sich verwandt ist und die Seele alles in Erfahrung gebracht hat" (τῆς φύσεως ἁπάσης συγγενοῦς οὔσης, καὶ μεμαθηκυίας τῆς ψυχῆς ἅπαντα).[30] Auf diese Weise wird in der Anamnesis-Lehre – auch noch in der Form, wie sie im *Phaidon* vorliegt – dem Chorismos von geistiger und sinnlicher Welt, wobei Erkenntnis allein von der geistigen Welt her zu verstehen wäre, gründlich widersprochen und dagegen dem Syndesmos-Gedanken eine entscheidende Rolle zugebilligt. Für das Finden dessen, was gesucht wird, ist sowohl ein gewisses umfassendes Gelernthaben – sei es im Sinne der Offenheit eines Horizontes, sei es in einem Vorgriff auf das Ganze – Voraussetzung (μεμαθηκυίας τῆς ψυχῆς ἅπαντα), als auch die – ontologische – Verwandtschaft des Sinnlichen mit dem Geistigen und die darin begründete Auffindbarkeit des Geistigen im Sinnlichen (τῆς φύσεως ἁπάσης συγγενοῦς οὔσης).[31] Eine Art vorgängigen Wissens ist als Bedingung der Möglichkeit unserer Erkenntnis immer schon vorauszusetzen, zu Erkenntnis aber kann es allererst in der Verbindung mit dem Mannigfaltigen kommen, das in der Erfahrungswelt gegeben ist.

Die Anamnesis-Lehre ist in der im *Menon* vorgetragenen Form demnach keine direkt so gemeinte philosophische These Platons. Dies wird zunächst von Sokrates im Dialog schon selbst zum Ausdruck gebracht. Die Anamnesis-Lehre war ja, im Blick auf ihre Funktion im Dialog, bloß zum Erweis der Nichtunmöglichkeit des Suchens und Lernens der Menschen eingeführt

[30] *Menon* 81 d.

[31] Th. EBERT, Meinung und Wissen in der Philosophie Platons. Untersuchungen zum ‚Charmides', ‚Menon' und ‚Staat', S. 98, ist zuzustimmen, daß die Stelle 81 a 5 - d 5 „bislang von den Interpreten verkannt worden ist . . ., weil man hier Sokrates gewissermaßen ex cathedra ein Dogma der platonischen Metaphysik verkünden hörte". Wenn er aber in einer Analogisierung von „Zur-Einsicht-Kommen und Wiedererinnern" die Auflösung der Interpretationsprobleme der Stelle sieht, so berührt es merkwürdig, daß er gerade *Menon* 81 d 1 ganz ignoriert, wiewohl doch hier eine transzendentale Voraussetzung des „Zur-Einsicht-Kommens" genannt ist. Hier richtig C. E. HUBER, Anamnesis bei Plato, S. 318.

worden. Nachdem die so gestellte Aufgabe insoweit durch sie gelöst worden ist, nachdem der eristische Satz also sozusagen mit seinen eigenen Waffen – denen des rein denkenden Vorstellens – außer Gefecht gesetzt worden ist und demgemäß auch das menschliche Suchen und Forschen durch die ihm nachfolgende Resigniertheit nicht mehr behindern kann,[32] wird dieser Lehre keine weitere Aufmerksamkeit zuteil, wird sie auch – obwohl nun gerade Menon geneigt ist, ihr zuzustimmen – von Sokrates gar nicht mehr verteidigt: „Und das Übrige freilich möchte ich nicht eben ganz verfechten für diese Rede."[33]

Eine Relativierung der Anamnesis-Lehre als eines dogmatischen Bausteins des Gebäudes der Platonischen Philosophie läßt sich ferner, wie schon angedeutet, aus dem Verlauf des Gespräches über eine geometrische Aufgabe ziehen, das Sokrates mit einem hinsichtlich deren Lösung noch nicht unterrichteten Knaben führt. In diesem Gespräch herrscht vordergründig die Intention vor, konkret unter Beweis zu stellen, wie Lernen sich als Wiedererinnerung vollzieht. Gerade in demjenigen Entwicklungsstand des Gespräches aber, in dem der Knabe wenigstens vorläufig an der gestellten Aufgabe kläglich gescheitert ist, kehrt Sokrates noch einmal die dem Gespräch mit dem Knaben zugrunde liegende Zielsetzung hervor. In dem Moment nämlich, in dem der Knabe bekennt, keinen Weg zur Lösung mehr zu wissen, sagt Sokrates voll doppelbödiger Ironie: „Siehst du wohl, Menon, wie weit er schon fortgeht im Erinnern? Denn zuerst wußte er zwar auch keineswegs, welches die Seite des achtfüßigen Vierecks ist, wie er es auch jetzt noch nicht weiß, allein er glaubte damals, es zu wissen, und antwortete dreist fort als ein Wissender und glaubte nicht in Verlegenheit zu kommen. Nun aber

32 Vgl. P. NATORP, Platos Ideenlehre, S. 35 f.: „Wenn aber *Sokrates* im Meno gleich nachher erklärt: er behaupte sonst nichts von allem Gesagten wirklich zu wissen; nur das Eine, daß Erkenntnis und rechte Vorstellung . . . verschieden seien, das meine er zu wissen, wenn überhaupt etwas, so möchte man fast schließen, daß die ganze mythisch-mystische Einkleidung der Wiedererinnerungslehre damit preisgegeben werde, d. h. nur als dichterische Zutat angesehen sein wolle; zumal noch eine Äußerung unmittelbar im Anschluß an die Darlegung der Wiedererinnerungslehre selbst (86 B) von dieser ganzen Darlegung überhaupt nur die praktische Nutzanwendung: daß man, was man nicht weiß, d. h. worauf man sich nicht besinnt, gutes Mutes suchen und in Erinnerung zu bringen streben muß (worin ja die Voraussetzung des Ursprungs der Erkenntnis im eignen Bewußtsein festgehalten ist), mit Zuversicht behauptet haben will."

33 *Menon* 86 b. Zu dem sachlichen Gewicht des im eristischen Satz vorgetragenen Einwandes vgl. auch G. PRAUSS, Platon und der logische Eleatismus, S. 158. Nach Prauss muß der Einwand „durchaus ernstgenommen werden", aber doch mehr nur vor dem Hintergrund der „frühen Ideenlehre". Vgl. dagegen zwei spätere Fassungen dieses Einwandes, die nicht mehr vor diesem Hintergrund stehen, nämlich zum einen Augustinus, *De magistro* 10, 33; zum anderen Nic. HARTMANN, Grundzüge einer Metaphysik der Erkenntnis, S. 70: „Wer nach etwas fragt, darf nicht schon wissen, wonach er fragt, sonst brauchte er nicht erst zu fragen; und er muß gleichwohl wissen, wonach er fragt, sonst könnte er gar nicht danach fragen." Darin liegt nach Hartmann, S. 71, eine Antinomie, die „eine Vorwegnahme des zu Erkennenden, oder eine *Vorerkenntnis des Unerkannten*" verlangt.

glaubt er schon in Verlegenheit zu sein, und wie er es nicht weiß, so glaubt er es auch nicht zu wissen."[34]

„Für das Herausfinden" (πρὸς τὸ ἐξευρεῖν)[35] der Lösung der geometrischen Aufgabe ist die Annahme, sich an ein vorgängig Geschautes angeblich im Vollzug des Lernens wiedererinnern zu können, jedenfalls im gewöhnlichen Sinne unzureichend. Es kommt bei einem solchen Versuch, wie der *Menon* zeigt, überhaupt keine bestimmte Erinnerung zum Vorschein – und das Gespräch sucht dementsprechend bei den weiteren Anläufen, die Lösung der Aufgabe herauszufinden, auf geradezu experimentellem Wege der Gedankenführung ein schließlich durch Konstruktion gewonnenes Resultat der geometrischen Aufgabe. Erst wenn das Denken gleichsam in die Figuren eingegangen ist, zu dem sinnlich Wahrnehmbaren hinabgestiegen ist, kann sich die Lösung der Aufgabe zeigen. Die Aufgabe der Erkenntnis ist gemäß dem *Menon* dann gelöst, wenn der menschliche Geist von einem, selber nicht gegenständlich erkennbaren, Ausgangspunkt vorgängigen Wissens her sich mit dem durch die Sinne gegebenen Mannigfaltigen verbindet, ohne welche Verbindung das Voraussetzungswissen eben leer bleibt, da es gemäß der angestellten Nachforschung nicht die Inhaltlichkeit der gesuchten Erkenntnisse aus sich allein hervorzubringen imstande ist.[36]

Der *Theaitetos* sucht nach demselben Wesen der Erkenntnis von einem anderen Ausgangspunkt her, nämlich von dem der sinnlichen Erkenntnis. Auf den ersten Blick mag es scheinen, daß dieser Ausgangspunkt im Dialog in jeder Hinsicht bloß als unbrauchbar zurückgewiesen werde. Dafür scheint insbesondere die Schlußthese der ersten Erkenntnisbestimmung zu sprechen, in der festgehalten wird, daß Wahrnehmung und Erkenntnis auf keine Weise dasselbe seien: Οὐκ ἄρ' ἂν εἴη ποτέ, ὦ Θεαίτητε, αἴσθησίς τε καὶ ἐπιστήμη ταὐτόν.[37] Dafür spricht scheinbar besonders deutlich – die vergängliche Wahrnehmungswelt zudem noch abwertend – der Satz aus der Digression des *Theaitetos*, der zum Inhalt hat, daß die sterbliche Natur so

[34] *Menon* 84 a f. Dieser entscheidenden Wendung im Lehrgespräch, die eine dogmatische Auswertung unmöglich macht, wird HUBER, Anamnesis bei Plato, nicht gerecht (vgl. S. 323 f.). Für Huber bleiben im Erkenntnisprozeß nach dieser Stelle Sinnlichkeit und Geistigkeit scharf getrennt. Die Sinnlichkeit hat nur die Funktion einer Gelegenheitsursache; vgl. S. 324: „Der *Ausgang von der Zeichnung* ist nötig: es braucht einen Ansatz, und zwar ist dieser – jedenfalls faktisch – aus der sinnlichen Erfahrung genommen. Die Einsicht selber aber, daß es so sein *muß*, so *ist*, ist geistig!" Derart ist es nur konsequent, wenn Huber eine dogmatisch interpretierte Chorismos-Lehre als systematisches Lehrstück der Platonischen Philosophie darstellt (S. 375 f.).

[35] *Menon* 84 b.

[36] Durch diese gewissermaßen transzendentale Überlegung, die so noch keine Erkenntnis transzendenter Gegenstände zum Inhalt hat, wird der Grund der Erkenntnis aus dem Bereich des Erkennbaren herausverlegt und der Bereich der Transzendenz zu einem Gegenstand sinnvollen Sprechens erklärt.

[37] *Theaitetos* 186 e.

schnell wie möglich zu fliehen sei: τὴν δὲ θνητὴν φύσιν . . . φεύγειν ὅτι τάχιστα.[38] Diese Angabe des Ziels des philosophischen Lebens, die im übrigen die Erkenntnisproblematik nicht im wissenschaftstheoretisch akzentuierten Sinne zum Zentrum des philosophischen Fragens macht, sondern sie auf das lebensvolle Grundproblem der Platonischen Philosophie zurückbezieht, wäre dann eine eindeutige Zurückweisung der Funktion der sinnlichen Wahrnehmung für die Erkenntnis, wenn klar wäre, daß die „Verähnlichung mit Gott" (ὁμοίωσις θεῷ) mit der Abstreifung alles dessen verbunden wäre, was zu dem Bereich der Wahrnehmungswelt gehört. Obwohl es für eine solche Negierung der positiven Funktion der Sinnlichkeit immerhin auch Hinweise gibt,[39] kann diese Frage hier zunächst noch offengehalten werden, zumal sie weiter unten insbesondere im Zusammenhang der Untersuchung des glückseligen Lebens im *Philebos* und der Verknüpfung von Sein und Werden im *Timaios* noch einmal von einer anderen Seite her in die Interpretation einbezogen werden soll. Hier sei nur vorläufig bemerkt, daß dort von einem Fliehen des Sinnlichen nicht die Rede sein kann, sofern im einen Fall der Gedanke des μεικτὸς βίος als Ausdruck des für uns wahrhaft Guten auftritt,[40] im anderen Fall der Gedanke des θεὸς αἰσθητός, der als Chiffre für die ontologische Lösung des Chorismos-Problems bei Platon angesehen werden kann.[41]

Die Digression im *Theaitetos* richtet sich mit ihren Überlegungen zur wahren Philosophie und zum philosophischen Leben gleichwohl unzweifelhaft gegen eine solche Rolle des sinnlich wahrnehmbaren Vergänglichen, die zum Vorherrschen von Nützlichkeitserwägungen führte, durch welche schließlich insgesamt die Freiheit der philosophischen Wahrheitsfrage[42] – beispielsweise in der Frage, was der Mensch an sich sein mag –[43] verlorenginge. Wie aber nun im Bewußtsein dieser Zurückweisung, in Worten des Dialogs gesprochen, das wahrhafte Leben der glückseligen Götter und Menschen in rechter Weise zu preisen sei,[44] ist damit noch nicht ausgemacht. Klar ist jedenfalls, daß der gedankliche Weg dieses Dialogs, der sein Problem ausdrücklich auf die ethische und die ontologische Grundproblematik

[38] *Theaitetos* 176 a f.

[39] Der Weg der Verähnlichung mit Gott wird wegen des mit der sterblichen Natur notwendig verbundenen Bösen eben als Fliehen der sterblichen Natur gesehen.

[40] Z. B. *Philebos* 21 a.

[41] Vgl. *Timaios* 92 c.

[42] Der Mangel eines sprachlich äquivalenten Ausdrucks für den hier gebrauchten Freiheitsbegriff in der griechischen Philosophie wird im Text durch den Verlauf des Gedankengangs wettgemacht und so ein Beispiel dafür geliefert, daß die Freiheitsfrage von Platon nicht nur im politischen Sinne verstanden wurde, sondern – dem politischen Sinne analog – auch im gnoseologischen und ethischen (vgl. *Theaitetos* 173 c).

[43] *Theaitetos* 174 b: τί δέ ποτ' ἐστὶν ἄνθρωπος.

[44] *Theaitetos* 176 a: ὀρθῶς ὑμνῆσαι θεῶν τε καὶ ἀνδρῶν εὐδαιμόνων βίον ἀληθῆ.

der Philosophie bezieht, mit der Bestimmung der Erkenntnis als αἴσθησις beginnt, diese Bestimmung einer fortlaufenden Kritik unterzieht und ihr abschließend nicht die ihr von anderen – gemeint ist hier vor allem die allgemeine Flußtheorie der Herakliteer –[45] zugeschriebene dominierende Rolle zugestehen will.

Wenn somit die Aufgabenstellung des *Theaitetos* das Gehen auf dem Weg ἄνω – hinauf und über die bloße Sinnlichkeit hinaus – ist, dann muß gefragt werden, in welcher Bedeutung der genannte Ausgangspunkt ins Spiel kommt und in welcher Bedeutung die in ihm liegende These schließlich doch auch erhalten bleibt. Die Anfangsbestimmung der Erkenntnis – nämlich daß es scheine, Erkenntnis sei nichts anderes als Wahrnehmung: καὶ ὥς γε νυνὶ φαίνεται, οὐκ ἄλλο τί ἐστιν ἐπιστήμη ἢ αἴσθησις –[46] wird im Verlauf der Unterredung dadurch widerlegt, daß die Bearbeitung philosophischer Fragestellungen überhaupt unter ihrer Voraussetzung zum leeren Geschwätz werde, da sich philosophische Thesen eben nicht durch bloßen Verweis auf die immer zufällig zufallende Wahrnehmung stützen lassen.[47] Die Widerlegung besteht also in der Retorsion der zur Diskussion gestellten These, die ja selbst als nichts anderes vorgetragen werden kann, denn als das Resultat der Bearbeitung einer philosophischen Frage. Indem die auf den Protagoras-Satz aufgebaute Theorie der Erkenntnis sich durch ihren Gehalt das eigene Fundament zerstört, scheinen die Fragen nach der Bedeutung – und gar der bleibenden Bedeutung – der sinnlichen Wahrnehmung für das Zustandekommen wahrhafter Erkenntnis schon ausgehöhlt zu sein.

Sokrates beharrt aber darauf, nachdem der inzwischen eingesprungene Gesprächspartner Theodoros die Widerlegung des Homo-mensura-Satzes für gelungen erklärt hat, daß die Sachfrage damit noch nicht entschieden sei.[48] Argumentationstechnisch läßt sich dieses Vorgehen rechtfertigen, weil bislang ja nur apagogisch gegen den Protagoras-Satz vorgegangen wurde, weil bislang nur gezeigt wurde, wie der Protagoras-Satz an der Aufgabe, das Wesen von Erkenntnis zu bestimmen, scheitert. Hält man sich vor Augen, daß der Dialog insgesamt aporetisch endet und also nicht zu einer positiven Bestimmung des Wesens der Erkenntnis zu führen vermag, wird deutlich, daß dem Unvermögen des Protagoras-Satzes, Erkenntnis zu bestimmen, von Sokrates im Dialog inhaltlich nichts entgegengesetzt wird. Was Erkennt-

45 Vgl. dazu beispielsweise P. NATORP, Platos Ideenlehre, S. 464 ff.

46 *Theaitetos* 151 e.

47 Vgl. *Theaitetos* 161 e und 162 a.

48 Vgl. F. M. CORNFORD, Plato's Theory of Knowledge, S. 48 ff., wo gezeigt wird, inwiefern der erkenntnistheoretisch gewendete Homo-mensura-Satz dennoch nicht ohne Geltung für die philosophischen Überlegungen Platons ist. Hinzuweisen ist in diesem Zusammenhang insbesondere auch auf die Bestimmung der Funktion der Sinnlichkeit in der *Politeia* 515 c und 516 c.

nis sei, bleibt beiderseits ungewiß, nur daß im Wahrnehmungssatz auch positiv auf etwas hingewiesen wird, was eben nicht einfach schlechtweg geleugnet werden kann: „Was aber den gegenwärtigen Zustand (πάρον πάθος) eines jeden betrifft, woraus die Wahrnehmungen und die sich auf sie beziehenden Vorstellungen entstehen: so ist es schwerer zu zeigen, daß diese nicht wahr sein sollen."[49] Um zu verstehen, daß Sokrates diese Position für „vielleicht ganz unwiderleglich" hält und ihren Vertretern zugesteht, sie möchten „vielleicht wohl das Richtige sagen",[50] ist auch daran zu erinnern, daß das ἀληθές ja schon auf der untersten Stufe im Höhlengleichnis zu finden ist. Platon ist in diesem Stadium der Überlegungen nicht mehr bereit, die Tatsache gleichsam zu vernachlässigen, daß „dieses schwebende und bewegliche Dasein" uns eben in der Wahrnehmung gegeben ist. Die Probleme, die sich im Anschluß an die Erkenntnisbestimmung durch die Wahrnehmung ergeben, führen nicht zu einer gänzlich negativ-kritischen Revision des Ausgangspunktes, sondern zu wiederholten Anläufen, um noch einmal betrachtend daran zu „klopfen, ob es ganz klingt oder zerbrochen".[51]

Mit diesem neuerlichen Ansatz sind aber nicht die vorher vorgetragenen Einwände gegen diese Theorie außer Kraft gesetzt. Es bleibt unbestritten, daß sie in der vorgetragenen Form zur Lösung der gestellten Aufgabe unzureichend ist. Um so mehr nimmt es deswegen wunder, daß Sokrates sich keineswegs mit der nun als Gegenstück eingeführten, ebenfalls typisierten Position des Parmenideischen Eleatismus identifiziert. „Allmählich vorrükkend", so beschreibt Sokrates seine Position, „sind wir unvermerkt in die Mitte zwischen beide geraten".[52] Daß es Bewegung (κίνησις) und Veränderung (ἀλλοίωσις) faktisch gibt und daß Bewegung und Veränderung Relevanz für die philosophische Frage nach dem Wesen der Erkenntnis haben, ist der unüberspringbare „Anfang der Untersuchung" (ἀρχὴ τῆς σκέψεως).[53]

Bezeichnend ist zudem, daß im *Theaitetos* kein Versuch gemacht wird, die Parmenideische Unveränderlichkeitsthese, so wie sie im Dialog auftritt,[54] ei-

[49] *Theaitetos* 179 c.

[50] Ebd.

[51] *Theaitetos* 179 d.

[52] *Theaitetos* 180 e: κατὰ σμικρὸν γὰρ προϊόντες λελήθαμεν ἀμφοτέρων εἰς τὸ μέσον πεπτωκότες.

[53] *Theaitetos* 181 c. Zurückbezogen auf die Kritik des Protagoras-Satzes zeigt sich, daß Platon die Sinnlichkeit nicht ausschließen, sondern einordnen will. Vgl. auch die Untersuchung der Argumentation des Protagoras-Satzes von S. WATERLOW, Protagoras and Inconsistency: Theaitetos 171 a 6 - c 7, S. 19 ff. Demnach kann sich der Protagoras-Satz unmöglich gegen andere Positionen behaupten, „since that would imply that an appearance might be false".

[54] *Theaitetos* 183 c ff.

ner Kritik zu unterziehen. Die Selbstdurchsichtigkeit des im bloßen Denken zugänglichen unveränderlichen Seins wird nicht bezweifelt, weil sie keine Frage ist. Zu fragen ist vielmehr, wie von dem her, was als Anfang der Untersuchung faktisch einfachhin gegeben ist und als solcher Anfang von Platon auch akzeptiert wird, zur Erkenntnis des Gegebenen fortgeschritten werden kann. Die Aufgabe der Erkenntnisbestimmung im *Theaitetos* wäre dann gelöst, wenn das gegebene Veränderliche begriffen werden könnte, auf etwas notwendig bezogen werden könnte, das selbst nicht veränderlich ist. Darin besteht ja gerade der zentrale Kritikpunkt gegen eine allgemeine Flußtheorie, daß in ihr „alles sich bewegen und die Unbeweglichkeit (τὸ μὴ κινεῖσθαι) in keinem Dinge anzutreffen sein soll".[55] Wenn aber in der Wahrnehmung alles sich bewegt, alles sich gegenüber allem in Bewegung befindet, ist die Bewegung selbst nicht mehr als Bewegung faßbar, so daß das Wahrgenommene chaotisch bleibt und die Wahrnehmung für sich selbst blind.[56]

[55] *Theaitetos* 181 e.

[56] Vgl. Chung-Hwan CHEN, Das Chorismos-Problem bei Aristoteles, der die Stellungnahme Platons zum Chorismos-Problem folgendermaßen interpretiert (S. 29): „der Chorismos macht die Erkenntnis der Ideen durch uns und die Erkenntnis des Unsrigen durch die Gottheit unmöglich. Dies beruht auf folgendem Grunde. Das Erkennen kommt zustande, nur wenn das Subjekt und das Objekt in Beziehung aufeinander stehen, aber nicht, wenn das eine in einer in sich geschlossenen Sphäre sich befindet und das andere in einer anderen. Was das Erkennen betrifft, sind sie gegenseitig abhängig: keins von beiden ist also in der Erkenntnisbeziehung sich selbst genügend. Das Erkennen besteht eben in dem Aufeinanderbezogensein der beiden. Der Chorismos der Ideen, die Isolierung, vernichtet also die Möglichkeit eines solchen Aufeinanderbeziehens, macht die gegenseitige Abhängigkeit der beiden von vornherein unmöglich und hebt die Erkenntnis deshalb grundsätzlich auf."

Kapitel III:

Der Chorismos in Platons Diskussion der Gerechtigkeits- und Glückseligkeitsproblematik

Es könte aus einigen einschlägigen Textstellen Platonischer Dialoge gefolgert werden, Platon kenne den Gedanken des wahrhaft Guten letztlich nur in einem akosmistischen Sinne, nicht aber eines wahrhaft Guten in der Welt. Daß Platon aber die Frage der Gerechtigkeit parallel durch die Untersuchungen der Gerechtigkeit des Staates und der Gerechtigkeit der Seele behandelt, mag schon gleichsam von außen her einen Fingerzeig geben, daß das Ziel des philosophischen Suchens nicht etwas, bloß einem weltlosen Subjekt zugängliches, isoliertes ideal Seiendes ist, welches von den sinnfälligen Dingen wohl erstrebt, aber nie erreicht werde,[1] sondern der Versuch, die ideale Gestaltung der sinnlich wahrnehmbaren Welt zu erfassen und – soweit es am Menschen liegt – sie zu verwirklichen.[2] Dieses Suchen kommt nicht schon ins Ziel beim Bedenken der reinen und überweltlichen, getrennten Idee des Guten, von der Platon zudem nur die Funktion, nicht das Sein zu nennen wagt.[3] Es hat sein Ziel vielmehr erst im Entdecken des Guten für uns, im ὄντως ἡμῖν ἀγαθόν.[4] Nicht nur in seinem geschriebenen Werk, sondern auch im Versuch direkter politischer Tätigkeit – mag diese auch unter einem unglücklichen Stern gestanden haben – hat Platon das genannte Ziel zu verfolgen gesucht.

Wenn es somit in Platons Philosophie keinen Platz für Akosmismus und Weltverachtung geben kann, so zeigen sich doch bei aller Parallelität in der Durchführung der Frage nach der Gerechtigkeit für die Bereiche der Seele einerseits und des Staates andererseits entscheidende Unterschiede hinsichtlich der Rangordnung der Fundierungsverhältnisse. In der ratio cognoscendi

1 Zur Parallelisierung von Polis und Psyche vgl. Jon MOLINE, Platon on the Complexity of the Psyche, wo es um die Explikation des „structural and functional *isomorphism* between *polis* and *psyche*" geht (vgl. S. 2). Der Apriorismus in der Platonischen Philosophie (vgl. z. B. *Phaidon* 75 a) kann nach der in Kapitel II vorgetragenen Interpretation nur als die eine Seite der Bedingungen aufgefaßt werden, welche Erkenntnis möglich machen. Vgl. hierzu auch Karl BÄRTHLEIN, Der „ὀρθὸς λόγος" und das ethische Grundprinzip in den platonischen Schriften, S. 152 f.

2 Dies wird von Egil A. WYLLER, Der späte Platon, als Platons „Weg hinab" im Spätwerk dargestellt (insbes. S. 113 ff.). Vgl. *Politeia* 509 b. Zur Interpretation vgl. Hans Joachim KRÄMER, 'ΕΠΕΚΕΙΝΑ ΤΗΣ ΟΥΣΙΑΣ. Zu Platon, Politeia 509 B.

4 *Philebos* 21 a.

genießt die Betrachtung des Staates Vorrang,[5] in der ratio essendi aber dominiert ganz eindeutig die Untersuchung der Gerechtigkeit der Seele. So läßt sich zeigen, wie der Seinsgrund der Gerechtigkeit sinnvollerweise nur in der Seele gesucht werden kann, wenn Platons Bestimmung der Gerechtigkeit aus der *Politeia* gilt, nach der sie nichts anderes zum Inhalt hat, als „daß jeder das Seinige verrichtet" (τὸ τὰ αὑτοῦ πράττειν).[6] Aus dieser Definition der Gerechtigkeit ergibt sich nämlich unmittelbar und – wie sich zeigen wird – in aller Schärfe die Doppelfrage, was das Verrichtende dabei ist und was das dem Verrichtenden als das „Seinige" Aufgegebene sei. Platon fragt derart sowohl nach dem Sein und der verantwortlichen Selbstbestimmung der Seele,[7] als auch nach dem, was das von der Seele zu bewirkende Gute, was der Gehalt des „wünschenswürdigsten", des von ihr in allem am meisten zu erstrebenden Lebens (ἀγαπητότατος βίος) sei.[8]

Schon Platons oft beschriebene Lehre zum Sein der Seele, zu ihrem Seinscharakter und ihrer inneren Struktur, welche hier den Zugang zur Diskussion der Gerechtigkeits- und der Glückseligkeitsproblematik eröffnen soll, enthält Fragen, die in entscheidenden Punkten bis auf den heutigen Tag kontrovers interpretiert werden.[9] Insbesondere ist strittig geblieben, ob die Seele nach Platon als eingestaltig (μονοειδές) oder als zusammengesetzt (σύνθετον) zu gelten habe.[10] Dieser Streit scheint durch philologische Bemühungen kaum auflösbar zu sein, da Platon einerseits an mehreren Stellen ausdrücklich eine Dreiteiligkeit der Seele – allerdings in nicht leicht miteinander zu vereinbarenden Fassungen – zu vertreten scheint,[11] andererseits

[5] Vgl. *Politeia* 368 d - 369 a.

[6] *Politeia* 433 b.

[7] Hier sei nur vorläufig als Resultat der sich vor allem auf das 10. Buch der *Politeia* stützenden Interpretation vermerkt, daß der bei Platon noch nicht technisch fixierte Begriff der Freiheit der Sache nach im radikalen Sinne einer freien Gewähltheit des sittlichen Charakters durch das Selbst eines jeden Menschen auftritt.

[8] Vgl. *Philebos* 61 e.

[9] Vgl. insbesondere den Forschungsbericht von Thomas A. SZLEZÁK, Unsterblichkeit und Trichotomie der Seele im zehnten Buch der Politeia, S. 31 ff. Vgl. auch die Hinweise bei Jon MOLINE, Platon on the Complexity of the Psyche, S. 1 ff.

[10] Vgl. SZLEZÁK, a. a. O., S. 35 ff.

[11] Vgl. als die wichtigsten dieser Fassungen: die Entwicklung der trichotomischen Struktur der Seele in *Politeia* 437 b ff.; vgl. ebenfalls in der *Politeia* weiterhin das Bild vom Seelentier (588 b ff.); vgl. sodann das Gleichnis vom geflügelten Seelenwagen im *Phaidros* 246 a ff.; schließlich vgl. die sogar durch unterschiedliche Lokalisation im Körper ausgezeichnete Darstellung dreier Arten von Seele im *Timaios* 89 d ff.: τρία τριχῇ ψυχῆς ἐν ἡμῖν εἴδη. Jon MOLINE, Platon on the Complexity of the Psyche, sieht als Gefahr seiner Auslegung, daß durch sie die Einheit der Person gleichsam zersplittert wird (S. 23): „It would be easy to caricature the theory as portrayed here as if involved Plato in positing a committee of homunculi animating each person." Weil aber mit Hilfe der gewöhnlichen Auslegung der Seelenteile als bloßer Vermögen der Seele nicht die „problems of internal conflict" erklärt werden können (S. 24), darf die Lehre von der „tripartite person" nicht preisgegeben werden, auch wenn sie philosophische Rechtfertigungsaufgaben mit sich bringt, die von Moline nicht mehr in Angriff genommen werden (vgl. S. 26).

aber sich im *Phaidon* – wenigstens dem ersten Anschein nach zu urteilen – auf die Unzusammengesetztheit und Eingestaltigkeit der Seele beruft, in der Absicht, deren Unsterblichkeit zu beweisen.[12]

Die wirkungsgeschichtlich gesehen lang anhaltende Faszinationskraft dieses Arguments zeigt sich noch im frühneuzeitlichen Rationalismus, beispielsweise bei Descartes und bei Leibniz, aber selbst noch in der kritischen Philosophie Kants, wenn dieser in seinem Referat der reinen Seelenlehre die Einfachheit der Substanz als Grund der Inkorruptibilität der Seele aufführt.[13] Zweifel an der Beweiskraft dieses Arguments, sofern es als Argument für die individuelle Seelenunsterblichkeit verstanden wird, haben allerdings schon im Platonismus zu Modifikationen geführt. So hat Plotin die dem Argument zugrundeliegende Aussage relativiert, indem er die Bedeutung der Einfachheit der Seele auf ihre Nichtkörperlichkeit und Unräumlichkeit restringiert und vor dem Hintergrund dieser Erklärung die Meinung vertritt, daß nur die Art der Zusammensetzung des Körpers (σῶμα συγκείμενον) den Zwang zur Auflösung mitbeinhalte.[14] Die Mannigfaltigkeit einer Seele aber, die zugleich den Bezug auf Einheit wahre, ihre Vielheit also, die zugleich im Einen beharre, bleibe von der Auflösung des Körpers unberührt.[15] Dennoch ist auch in Plotins Lösung nicht eindeutig klar, ob die menschliche Seele, wenn sie als dreiteilig angenommen wird, sich nicht doch infolge dieser Zusammensetzung auflösen werde. Jedenfalls antwortet Plotin auf den entsprechenden Einwand, daß die reinen Seelen, „wenn sie vom Leibe scheiden, zurücklassen, was ihnen bei der Geburt angeklebt wurde, die andern aber (scil. die unreinen Seelen) für länger mit ihm zusammen sein werden".[16] Demnach kann vorläufig als Stellungnahme Plotins zu dem durch Platon vorgegebenen Problem verbucht werden, daß er die Seele, indem er sie als eine in der Einheit ruhende Vielheit betrachtet, für unauflösbar und unsterblich hielt.

Der Gedanke, daß Zusammengesetztes im Gegensatz zu Unzusammengesetztem – Platon nennt hier im Plural τὰ ἀξύνθετα –[17] wieder in seine Bestandteile zerfallen kann und sich damit als vergänglich erweist, hat für die Unsterblichkeitsdiskussion offenbar etwas Bestechendes an sich. Aus diesem Grund geht nun auch die Überlegung im *Phaidon* auf die Analyse der ἀξύνθετα ein: „Und nicht wahr, dem, was man zusammengesetzt hat, kommt wohl zu, auf dieselbe Weise aufgelöst zu werden, wie es zusammen-

[12] Vgl. 78 c ff.
[13] *Kritik der reinen Vernunft*, B 403.
[14] Enneade IV, 7, 1, 5 ff.
[15] Vgl. Enneade III, 7, 2, 35.
[16] Enneade IV, 7, 14, 10 ff.
[17] *Phaidon* 78 c.

gesetzt worden ist".[18] Mit der These von der strikten Eingestaltigkeit der Seele (μονοειδὲς ὂν αὐτὸ καθ' αὑτό)[19] scheint alle verderbliche Veränderlichkeit schlechthin von ihr abgehalten zu sein, worauf der Text des *Phaidon* mit einer sprachlichen Formulierung hinweist, die gleichsam mit Gewalt alles Eindringen von Zerfall abwehren zu wollen scheint. Sokrates fragt dort, ob das Eingestaltige „irgendwann irgendwo irgendwie irgendeine Veränderung annehme" (ὀυδέποτε οὐδαμῇ οὐδαμῶς ἀλλοίωσιν οὐδεμίαν ἐνδέχεται).[20]

Ein wie wichtiges Beweisstück einer jeden Unsterblichkeitsthese auch in der Lehre von der Eingestaltigkeit oder Einfachheit der „Seele" gefunden sein mag, es muß allererst noch nachgewiesen werden, daß dies Eingestaltige gerade das Sein dessen ist, um dessen Unsterblichkeit es geht. Einen solchen Nachweis kann aber Platon gar nicht führen. Dasjenige nämlich, das schlechthin eingestaltig von keiner Veränderlichkeit betroffen würde, könnte weder durch die Verbindung mit dem Körper „leibartig" (σωματοειδές) gemacht werden, noch durch die Trennung vom Körper eine Befreiung erfahren. Die erste Möglichkeit scheidet schon deswegen aus, weil etwas Einfaches, das mit dem Leib verbunden ist, zugleich wesenhaft leibartig wäre und, sofern dieses Einfache für unveränderlich zu gelten hätte, alle Bestimmungskraft für Veränderungen ursprünglich den Gesetzen und Kräften der Körperwelt zuzuordnen wäre. Die zweite Möglichkeit scheidet aber auch aus, weil das Eingestaltige als solches für leidensunfähig gehalten werden muß, insofern ihm – nun in den Unterscheidungen der Trichotomie der Seele in der *Politeia* gesprochen – das Mutartige (θυμοειδές) und ein Begehrungsvermögen (ἐπιθυμητικόν) ja offenbar fehlen.[21] Was aber entscheidend ist: das unveränderlich Eingestaltige kann als solches die Funktionen nicht übernehmen, die ihm als Vernunftprinzip (λογιστικόν) im Zusammenhang mit den genuin menschlichen Vollzügen zugesprochen werden, insbesondere also die Funktionen des Erkennens und der sittlichen Lebensgestaltung. Ohne den Erweis, daß solches Eingestaltige das Prinzip wenigstens des geistigen Lebens sei, ist die Gedankenführung dieses Unsterblichkeitsbeweises gemäß dem selbstgesteckten Ziel untauglich.[22] Dies zeigt sich im übrigen wiederum noch in Kants Kritik der rationalen Psychologie, wo die Immortalität durch die Spiritualität der Seele eingeschränkt wird, welche dann – und dieses Moment ist ausschlaggebend – neben der Inkorruptibilität durch Im-

[18] *Phaidon* 78 b f.

[19] *Phaidon* 78 d.

[20] Ebd.

[21] Vgl. *Politeia* 437 b - 441 c.

[22] Was jedenfalls das menschliche Erkennen angeht, war im zweiten Kapitel darauf hingewiesen worden, daß es sich nur im ἄνω καὶ κάτω verwirklichen kann. Erkennen, das wollte schon das Gespräch mit dem mathematischen Knaben zeigen, ist als rein geistige Schau, intellektuelle Anschauung, für den Menschen nicht vollziehbar.

materialität und Personalität bestimmt sein muß, wenn das Ziel der Argumentation erreicht werden können soll.[23]

Bei Platon selbst aber kommt auch schon zum Vorschein, daß die Beweisführung für die Unsterblichkeit der Seele aus ihrer Eingestaltigkeit in der im *Phaidon* vorgetragenen Form nicht für ein weltlich und zeitlich Seiendes gilt, wie es die menschliche Seele ist, sondern für ein göttlich Unveränderliches und Gleiches, für welches das menschliche Weltdasein bloßer Abfall in das Verworrene und Schlechte wäre. Wohl spricht Platon dem Sein der Seele eine größere Nähe und Ähnlichkeit zum Unveränderlichen zu, das auch als das Unsichtbare (ἀειδές) bestimmt wird,[24] aber gerade in der Behauptung einer geringeren Distanz zeigt sich, daß sie das Unveränderliche und Gleiche nicht selbst ist.[25] Dennoch darf selbstverständlich nicht übersehen werden, wie sehr im *Phaidon* eine Art der Absonderung auch der einzelnen, konkreten menschlichen Seele von allem Leiblichen behauptet und gefordert wird, wie sie in anderen Dialogen Platons so ausgeprägt kaum gefunden werden kann. Dies hängt zusammen mit Platons Einschätzung der Schwere und der Einzigartigkeit der Todesproblematik, in deren Angesicht sich der Blickwinkel eben gründlich verschiebt, weil – gewollt oder ungewollt – sich im Tod dasjenige vollzieht, was in den Worten Platons „Lösung und Trennung der Seele vom Körper" (λύσις καὶ χωρισμὸς ψυχῆς ἀπὸ σώματος) zu nennen ist.[26]

Auf diesem Weg kommt Platon zu philosophischen Aussagen, die ganz vom Zusammenhang der Todesproblematik gefärbt zu sein und die Verbindung zu den Ergebnissen der andernorts vorgetragenen Sachuntersuchungen zu verlieren scheinen. Derart steht beispielsweise folgender Satz des *Phaidon* ganz deutlich im Widerspruch zu dem, was zur erkenntnistheoretischen Problematik oben aus der Interpretation des *Menon* und des *Theaitetos* gezogen wurde: „Und nicht wahr, auch das haben wir schon lange gesagt, daß die Seele, wenn sie sich des Leibes bedient, um etwas zu betrachten, es sei durch das Gesicht oder das Gehör oder irgendeinen anderen Sinn – denn das heißt mittels des Leibes, wenn man mittels eines Sinnes etwas betrachtet –, dann von dem Leibe gezogen wird zu dem, was sich niemals auf gleiche Weise verhält, und daß sie dann selbst schwankt und irrt und wie trun-

[23] *Kritik der reinen Vernunft* B 403.

[24] *Phaidon* 79 b.

[25] Damit wird nicht der These von Julius STENZEL, Studien zur Entwicklung der Platonischen Dialektik, S. 101 f., widersprochen, das μονοειδές sei „das frühere εἶδος schlechthin", denn – so führt Stenzel aus – „es gibt bis zum Staate keine Stelle, in der die Teilung einer solchen Einheit, eines ὅλον εἶδος (Parm.), einer ἀμέριστος ἰδέα in weitere εἴδη Problem ist". Die Aufgabenstellung aber, der sich Platon schon im *Phaidon* konfrontiert sieht, findet im Weg zum μονοειδές bereits dort keine Lösung.

[26] *Phaidon* 67 d.

ken taumelt, weil sie ja eben solches berührt."[27] Obwohl Platon das Verwirrende und Chaotische an der bloßen Sinnesempfindung auch sonst nirgends in Abrede stellt, haben die erkenntnistheoretischen Untersuchungen des *Menon* und des *Theaitetos* doch gezeigt, daß eine Vernachlässigung der Bedeutung der Sinnlichkeit für die Möglichkeit von menschlicher Erkenntnis in der aus diesem *Phaidon*-Zitat sprechenden Zuspitzung nicht akzeptiert werden kann. Gerade also, wenn es um die Untersuchung der eigentümlichen Leistungen der Seele geht, scheint die These von der Eingestaltigkeit und der Unveränderlichkeit der Seele bei Platon selbst unzureichend zu werden. Dies läßt sich auch hinsichtlich ihrer Funktion bei der Aufgabe der sittlichen Lebensgestaltung zeigen.

Sollen die Leistungen der Seele untersucht werden, die mit der Verwirklichung der Gerechtigkeit zusammenhängen, so tritt nach der oben vorgenommenen Unterteilung der Aufgabenstellung zunächst die Frage in den Vordergrund, was das Verrichtende, das Tätige (πράττων) hinsichtlich dieser Leistungen sei. Wie schon gezeigt wurde, könnte aus dem Begriff der als eingestaltig bestimmten Seele weder die Individualität noch die Personalität des einen Menschen erklärt werden. Durch die Eingestaltigkeit würde damit zugleich alle Kausalität des im und durch den Menschen sich ereignenden Geschehens zu einer abhängigen. Insofern versteht es sich von dieser Seite, daß Platon die Seele auch aus solchen moralphilosophischen Motiven nicht als eingestaltig und unveränderlich bestimmen kann. Es bleibt aus mehreren Gründen bei der Notwendigkeit, der Seele ursprüngliche Kausalität zuzusprechen.

Wenn die Seele zu dem, „wessen sie sich bemächtigt", „immer Leben mitbringend" kommt und als Lebensprinzip den Tod nicht annehmen kann,[28] dann muß sie offenbar demjenigen, dem sie Leben bringt, auch auf der Ebene der Kausalität vorgeordnet sein.[29] Ganz ausdrücklich wird aber eine Kausalität der Seele, die unabhängig ist von der Kausalität des Leibes und des Leibartigen, in der Widerlegung des von Simmias im *Phaidon* vorgetragenen Einwandes gegen die Seelenunsterblichkeit gefordert. Wird die Seele bloß als etwas Unsichtbares, Unkörperliches, Schönes und Göttliches verstanden, so könnte sie entsprechend dem Einwand des Simmias durchaus auch bloß

[27] 79 c; der Dualismus, der aus dieser Stelle spricht, darf zweifellos nicht ohne weiteres vernachlässigt werden. Indem aber hier unmittelbar auf menschliches Handeln Bezug genommen wird, kann er durch Rückführung auf einen solchen ethisch-praktischen Aspekt am Ende der folgenden Untersuchung des *Timaios* in die Interpretation integriert werden.

[28] *Phaidon* 105 d/e.

[29] Im Blick auf die Kausalitätsproblematik wird der Unsterblichkeitsgedanke, wiederum allerdings mit einer gewissen Überschreitung der Grenzen der Individualseele, von Platon im *Phaidros* vorgetragen, wo der Gedankengang zur Ungewordenheit eines sich selbst bewegenden Anfangs führt (vgl. dort 245 d/e). In diesem Sinne wird 245 c gesagt, daß „alles, was Seele ist, ... unsterblich" sei (Ψυχὴ πᾶσα ἀθάνατος).

als Harmonie des Leiblichen erklärt werden. Diese Seelenerklärung kann aber nicht akzeptiert werden, weil sie die als gültig angenommene Redeweise sinnlos machen würde, gemäß der man „von der einen Seele sagt . . ., daß sie Vernunft hat und Tugend und gut ist, von der anderen aber, daß sie Unvernunft und Verderben hat und schlecht ist."[30] Wenn die Seele bloß Harmonie des Leibes ist, „werden uns alle Seelen aller Lebendigen gleich gut sein, wenn sie doch ihrer Natur nach gleich sehr dieses sind, Seelen."[31] Ohne Freiheit im Sinne der Unabhängigkeit von der Naturkausalität, um es nun in der Terminologie der neuzeitlichen Philosophie zu sagen, kann es keine Sittlichkeit im formalen Sinne geben.

In der Diskussion der Möglichkeit und der Konsequenzen der Sittlichkeit ist für Platon die Frage nach dem Guten und der ursprünglichen Herkunft seines Gegenteils immer mitgegeben. Das Eingestaltige als ewig Göttliches hätte aber, wenn es zur Wirkung käme, wenigstens nach Maßstäben der Sittlichkeit betrachtet, stets eingestaltige Folgen, d. h. es brächte notwendigerweise immer nur das Beste und Schönste hervor.[32] Mit der These von der Unabhängigkeit von der Naturkausalität ist dementsprechend nur eine Vorbedingung der Möglichkeit von menschlicher Sittlichkeit herausgearbeitet. Zudem ist es erforderlich, diese These weiterhin noch so zu verschärfen, daß jede Fremdbestimmung von demjenigen abgehalten wird, das als Grund der Gerechtigkeit und der Ungerechtigkeit erfaßt werden können soll. Der Grund formaler Sittlichkeit kann weder in der Natur, noch in einem Geschick, noch in Gott liegen, wenn immer mit Sittlichkeit zugleich Zurechnung, Möglichkeit von Lohn und Strafe, verbunden sein soll. Mit der Forderung der Selbstbestimmungskraft dessen, dem Sittlichkeit zukommen kann, werden die anderen genannten Bestimmungskräfte nicht überhaupt geleugnet, sondern bloß von der die sittliche Zurechnung begründenden Wahl abgehalten.Dies ist vielleicht am sichersten im Ausgang vom letzten Buch der *Politeia* deutlich zu machen.

Im vorliegenden Zusammenhang ist dort vor allem die Darstellung der Wahl der Lebensformen aus der Erzählung des Soldaten Er von Bedeutung.[33] Hinsichtlich der Umstände dieser Wahl kann zunächst mit einigem Recht behauptet werden, daß sie aus dem Gesamtzusammenhang heraus eher geeignet scheinen, den Gedanken einer sich durchhaltenden personalen Verantwortlichkeit zu obstruieren. Der am offensten zu Tage tretende Grund für die Annahme einer versteckt unterlaufenden Aufhebung wesentlich zur Personalität des Menschen gehörender Momente ist in Implikatio-

[30] *Phaidon* 93 b.
[31] *Phaidon* 94 a.
[32] Vgl. *Timaios* 29 a ff.
[33] *Politeia* 614 b - 621 b.

nen der Seelenwanderungslehre zu sehen: „Eine Seele, die durch zahllose Menschenleiber wandelt, hat keine Individualität, und soweit sie sie in der einzelnen Verkörperung erwirbt, muß sie ableben."[34] Erhöhtes Gewicht erhält diese kritische Bemerkung durch die Tatsache, daß nach der Erzählung keine Geradlinigkeit der Entwicklung bei der je nach einem Umlauf neu anstehenden Wahl der Lebensformen vorzuherrschen scheint, sondern viel eher sogar das Gegenteil. Gerade die jeweils zuerst wählende Seele ergreift nach der Erzählung das unvernünftigste und schlechteste der verfügbaren Lose, offenbar weil sie – aus dem Himmel als dem Ort der Belohnung kommend – in falscher Beruhigtheit dem Glück und den Göttern vertraute, sich also ihrer Eigenverantwortlichkeit nicht hinreichend bewußt war und sich so der Aufgegebenheit der Entscheidung des eigenen Lebens nicht stellte.

Derart kommt der sich an den ersten Lebensumlauf anschließenden Belohnung für ein Leben, das bloß von äußerlich gegebener, nicht von innerlich erworbener Vernünftigkeit geprägt ist, in psychologisch ganz richtig gesehener Weise öfters eine eher verderbliche Wirkung für die nächste Wahl, für die Entscheidung des künftigen Lebensweges zu, der Bestrafung aber eine durchaus förderliche: Es hingen sich, so lautet es im Bericht des Er, an üble Lose „nicht wenigere von denen aus dem Himmel Gekommenen, weil sie nämlich in Mühseligkeiten unerfahren seien, wohingegen von denen aus der Erde gar viele, weil sie selbst Mühseligkeiten genug gehabt und auch andere darin gesehen, ihre Wahl nicht so auf den ersten Anlauf machten. Daher denn, sowie freilich auch durch den ersten Zufall des Loses, den meisten Seelen ein Wechsel entstehe zwischen Übel und Gutem."[35]

Abgesehen davon, daß auf diese Weise das mühselige Leben „für uns"[35a] das bessere, mehr zu wahrer, ihr Prinzip wesenhaft in sich selbst tragender Vernunft und damit insbesondere zugleich auch zur Annahme der Verantwortlichkeit anstachelnde Leben zu sein scheint, könnte die Stelle dennoch auf den ersten Blick dazu angetan sein, die Identität der Person durch die behauptete chaotische Wechselhaftigkeit in der Wahl der Lebenslose im Sinne der oben zitierten kritischen Bemerkung von Wilamowitz aufzuheben. Bei genauerer Betrachtung zeigt sich aber, daß Platon hier ein dreistufiges Modell einer möglicherweise geradlinigen Aufwärtsentwicklung vorlegt: Derjenige, der – aus dem Himmel kommend – die unvernünftige Wahl vornimmt, so heißt es, sei einer gewesen, „der in einer wohlgeordneten Verfassung sein erstes Leben verlebt und nur durch Gewöhnung ohne Philosophie

[34] Vgl. Ulrich von WILAMOWITZ-MOELLENDORFF, Platon I, S. 374.

[35] *Politeia* 619 d.

[35a] Der akzentuierte Gebrauch des „für uns" (ἡμῖν) bezieht sich insbes. auf *Philebos* 21 a und wird in der folgenden Interpretation dieses Dialogs erläutert werden. Entscheidend ist hier die Einschränkung auf die Endlichkeit des Menschen.

an der Tugend teilgehabt" habe.[36] Und so scheint es auch nach Platon die Möglichkeit der Vollkommenheit der Person nur durch einen „ins *Unendliche* gehenden *Progressus*" zu geben,[37] ebenso wie es nach Platon auch die Möglichkeit einer sogar endgültigen Bestrafung, einer Verdammung, gibt.[38] So wird die Kreisbewegung der Seelenwanderungslehre, welche die Individualität der Person nicht zu fassen in der Lage ist, der Darstellung wohl noch äußerlich zugrundegelegt, ihr wesentlicher Gehalt aber ins Gegenteil verkehrt, indem nämlich alles Handeln der Person auf endgültige Selbstbestimmung zielt.

Wenngleich das zufällige Geschick, die τύχη, an diesem Weg seinen Anteil haben mag, der vielleicht vor allem darin besteht, daß der Weg zur Vollendung nicht geradewegs gegangen werden kann, sondern für uns Menschen über Mühseligkeiten führen muß, so will doch die ganze Erzählung darauf hinführen, daß die sittliche Entscheidung ganz aus eigener Kraft der Vernunft geleistet werden muß, um Bestand haben zu können. Auf diese Weise macht die Art, wie Platon die Seelenwanderungslehre heranzieht, nur noch deutlicher, daß der Grund des Wählens ganz in dem Wählenden allein zu liegen habe, daß selbst Gott kein Einfluß auf diese Entscheidung zukomme: Αἰτία ἑλουμένου· θεὸς ἀναίτιος.[39]

[36] *Politeia* 619 c. Im Gegensatz zu Wilamowitz-Moellendorff hat Werner JAEGER, Paideia, Dritter Band, S. 102, richtig gesehen, daß die Seelenwanderungslehre bei Platon auf eine Eschatologie – und nicht etwa auf eine stete Wiederkehr des Gleichen – hinausläuft: „Die Seelenwanderungslehre, die Plato hier aus orphischer Überlieferung übernimmt, gibt ihm die Möglichkeit, die sittliche Selbstverantwortung des Menschen, die oberste Voraussetzung alles erzieherischen Tuns, in einem tieferen Sinne zu erläutern. In diesem Sinne hat er die Vorstellung der Metamorphose umgestaltet. Er macht den kühnen Versuch, das sittliche Bewußtsein des Sollens, das in uns lebt, zu versöhnen mit dem ihm entgegenstehenden altgriechischen Glauben an den Daimon, der alles Tun des Individuums von Anfang bis zu Ende in magischen Banden gefesselt hält." Indem die Wahlakte auf Lebensverwirklichungen zurückbezogen und durch sie fundiert werden, richtet der Seelenwanderungsmythos nichts mehr gegen die Individualität der Seele aus. So sagt Jaeger, S. 104: „Der ungeheure Ernst, mit dem Plato diese Aufgabe erfaßt und zur einzigen, allbeherrschenden Angelegenheit des menschlichen Daseins macht, fließt aus der Forderung, daß der Mensch sich in diesem Leben mit allen Kräften vorbereite zu der großen Wahl, die er im Jenseits zu treffen haben wird, wenn er sich anschickt, nach tausendjähriger Wanderung zu einem neuen besseren oder schlechteren Leben zur Erde herabzusteigen. Er ist jetzt nicht frei im vollen Sinne, zumal wenn alte Schuld ihn hemmt in seinem Aufstieg. Aber er vermag zu arbeiten an dem Werk seiner Befreiung, wenn er sich an den Weg aufwärts hält. Wenn er ‚immer strebend sich bemüht', wird sie in einem anderen Leben sich vollenden."

[37] Vgl. KANT, *Kritik der praktischen Vernunft,* A 220; Kant, der ja keineswegs eine Seelenwanderungslehre annimmt, sieht aber doch auch im Fortleben der Persönlichkeit die Notwendigkeit ihrer fortdauernden Besserung: „Einem vernünftigen, aber endlichen Wesen ist nur der Progressus ins Unendliche, von niederen zu den höheren Stufen der moralischen Vollkommenheit, möglich" (A 221).

[38] Vgl. *Politeia* 616 a; bes. deutlich auch *Phaidon* 113 e.

[39] *Politeia* 617 e.

Vor dem Hintergrund dieser These von der absoluten sittlichen Freiheit der wählenden Seele, des Wählenkönnens und des schicksalhaft entstandenen Wählenmüssens, die eine auf Endgültigkeit tendierende Verfassung der Person in Belohnung und Bestrafung zur Folge hat, kann nun in einem neuen Anlauf aus einem erweiterten Blickwinkel nach der inneren Struktur der Seele gefragt werden. Angesichts dieses Gesamtzusammenhangs kann die immer wieder vertretene Behauptung von der Inkonsistenz der Thesenlage hinsichtlich der inneren Struktur der Seele im Werk Platons, nämlich ob sie für zusammengesetzt oder für einfach zu gelten habe, nicht akzeptiert werden.[40] Es kann nicht allein das λογιστικόν sein, das, gleichsam als Seele der Seele, unsterblich ist. Dies muß gelten, sofern einerseits eine nicht selbsterworbene, sich bloß in den äußerlichen Verhältnissen dokumentierende Vernünftigkeit der menschlichen Seele von Platon keineswegs als die erstrebenswerte Vollendung des Menschen angesehen wird und sofern andererseits die Möglichkeit, mit der sich die Seele überhaupt vor eine Wahlentscheidung gestellt sieht und nicht schon immer unwandelbar für das Vernünftige und Göttliche entschieden ist, durch die wesenhafte sinnliche Affizierbarkeit der Seele grundgelegt ist.[41] Auch die Möglichkeit von Strafe und Lohn, gerade in ihrer endgültigen Form, setzt noch für die vom Leib getrennte Seele eine solche Affizierbarkeit voraus, da eine leidensunfähige und abgetrennte Vernunft weder belohnt noch bestraft werden kann. Daß aber das vollendete Leben für den Menschen, daß das höchste Gut für uns bei Platon nicht in einer Reduktion auf bloße Vernunft bestehen kann, ergibt sich nun auch aus der folgenden Betrachtung zum *Philebos*.

Der *Philebos* fragt nach der Beschaffenheit und der Verfassung der Seele, welche das Leben zu einem glückseligen machen (βίος εὐδαίμων).[42] Obwohl die Fragestellung so von vornherein auf uns und unser Leben zugespitzt ist, läßt sich die Untersuchung nicht durchführen, ohne daß auch die Frage nach dem Guten gestreift wird, sofern es letztlich als das absolute Gute gilt, das dem Menschen so nicht erreichbar und erstrebenswert ist. Diese Frage

[40] Vgl. Léon ROBIN, La pensée grecque, S. 238: „Mais cette vraie nature . . . est-elle une forme composée ou une forme simple? Platon n'en décide point."

[41] Vgl. z. B. *Politeia* 619 b, wo der doppelte Imperativ: Μήτε ὁ ἄρχων αἱρέσεως ἀμελείτω μήτε ὁ τελευτῶν ἀθυμείτω („weder sei der, der die Wahl beginnt, sorglos noch, der sie beschließt, mutlos"), sich sowohl an das ἐπιθυμητικόν als auch an das θυμοειδές wendet. Die These von Karl BORMANN, Platon, S. 140, daß nach Platon die „Affekte als die unvernünftigen Regungen im Menschen . . . aus dem Leib, keinesfalls aus der Seele" stammten, wird von Platon selbst ausdrücklich in der entsprechenden Untersuchung im *Philebos* zurückgewiesen. Begierde ist demnach etwas der Seele Zugehöriges, und es hat nach Platon zu gelten, „daß es eine Begierde des Leibes nicht gibt" (35 c). Positiv ausgedrückt wird 35 d behauptet, „daß jeder Trieb und Begierde sowohl als die Regierung eines jeglichen Lebewesens der Seele angehören" (ψυχῆς σύμπασαν τήν τε ὁρμὴν καὶ ἐπιθυμίαν καὶ τὴν ἀρχὴν τοῦ ζῴου παντός).

[42] *Philebos* 11 d.

nach dem wahrhaft Guten (ὄντως ἀγαθόν) wird in zweifacher Ausprägung behandelt, nämlich als Frage nach dem Sein dieses Guten, sofern es für sich selbst betrachtet wird, und als Frage nach seiner Funktion für dasjenige, was das wahrhaft Gute für uns ist (ὄντως ἡμῖν ἀγαθόν).[43] Hier soll nun nur ein kurzer Blick auf die Frage nach dem Sein des an sich Guten geworfen werden, soweit diese Frage eben Bedeutung für die Frage nach der Funktion für das wahrhaft menschliche Gute hat. Diese Frage nach dem Sein des absoluten Guten tritt in der Absetzung der menschlichen von der göttlichen Vernunft auf: der faktisch vorhandenen Vernunft eines konkreten Menschen – im Dialog der Vernunft des Sokrates, von der Sokrates sagen kann: ἐμὸς νοῦς – wird eine wahrhafte und göttliche Vernunft (ἀληθινὸς ἅμα καὶ θεῖος νοῦς) entgegengesetzt.[44]

Das Thema der göttlichen Vernunft fließt gleichsam nur nebenbei in die Untersuchung mit ein, um die These von der Sonderstellung der theologischen Frage zu untermauern. Obwohl es also nicht weiter diskutiert wird, behält es bei der Beantwortung der Frage nach der Lebensweise gemäß der göttlichen Vernunft auch später im Dialog noch Bedeutung und läßt so für die Verwirklichung des Seins der göttlichen wie der menschlichen Vernunft Rückschlüsse zu.[45]

Nachdem schon das aus Lust und Vernunft gemischte Leben, der μεικτὸς βίος ἡδονῆς τε καὶ φρονήσεως, als Sieger im Streit um das Gute für uns anerkannt war,[46] tritt noch einmal eine auch als für uns wählbar ausgegebene Lebensweise in den Blick, die zugleich als Lebensweise der Götter gilt. Sokrates legt dabei die These vor, daß denjenigen, der die Lebensweise der Einsicht gewählt habe, nichts hindere, auf diese Weise in einem „Zustand außer dem des Vergnügtseins und dem des Betrübtseins" zu leben.[47] Wenig-

[43] *Philebos* 21 a. Vgl. hierzu Hans-Georg GADAMER, Platos dialektische Ethik, S. 101, zu den Gegenheitscharakteren des Gesuchten: „es wird die gesuchte Verfassung der Seele immer schon unausdrücklich verstanden als etwas in sich Vollendetes, Fertiges, als sich selbst Genügendes, negativ als etwas, das von sich aus keines anderen bedarf, um zu sein, was es ist (δεῖ γὰρ . . . μηδὲν μηδενὸς ἔτι προσδεῖσθαι 20 e_5). An diesem formalen Vorverständnis des Gesuchten gemessen zeigen sich nun sowohl das Leben, das nur aus ‚Lust' bestünde, wie das, das nur aus ‚Denken' bestünde, als unangemessen." Gadamer vernachlässigt hier die sachlich gebotene Absetzung vom Bereich des Göttlichen, obwohl er den Platon-Text im Anklang an die Cartesische Substanzdefinition interpretiert („res, quae ita existit, ut nulla alia re indigeat ad existendum", *Principia Philosophiae* I, 51).

[44] *Philebos* 22 c.

[45] Wiewohl die menschliche Vernunft zweifellos in Analogie zur göttlichen gedacht wird, bleibt zwischen beiden eine unübersteigbare Grenze, die sich einerseits im ὄντως ἀγαθόν und andererseits im ὄντως ἡμῖν ἀγαθόν dokumentiert. Hier wird auch sichtbar, wie weit sich der Neuplatonismus, sofern er „in ‚Einem Alles', ἐν ἑνὶ πάντα" sieht, von Platon entfernt hat (vgl. hierzu Werner BEIERWALTES, Eine Reflexion zum Geistbegriff des Proklos, bes. S. 125).

[46] *Philebos* 27 d.

[47] *Philebos* 33 a.

stens für die Götter wird ein solcher Zustand angenommen und behauptet, daß es für diese unziemlich sei, Lust zu haben oder das Gegenteil.[48] Ob mit dem Vortrag dieser These ein Stück Zustimmung verbunden ist oder nicht, braucht hier nicht weiter zu interessieren. Jedenfalls zeigt sich darin die Vorbereitung der späteren Neuaufnahme dieser Fragestellung, in der die These eine hier noch nicht absehbare Wendung nimmt.

In der Untersuchung der Frage, in welchen möglichen Grundverfassungen ein Leben sich hinsichtlich seines Verhältnisses zur Lust befinden kann, werden zunächst drei Weisen von Leben vorgestellt: ein angenehmes, ein unangenehmes und eines, das keines von beiden ist. Dies letztere Leben wird als ein mittlerer Zustand – schmerzlos und ohne Vergnügen – gedacht,[49] als ein μέσος βίος, der in bezug auf die Lust demnach dem Leben der Götter zu gleichen scheint[50] und von Leuten propagiert werde, die „aus einer gewissen verdrießlichen Strenge ihrer nicht unedlen Natur" ein solches mittleres Leben für erstrebenswert halten,[51] indem sie sagen, „es sei das Angenehmste von allem, schmerzlos sein ganzes Leben hinzubringen".[52] In ironisierender Polemik gegen diese Einstellung zeigt Sokrates, wie in dem Nicht-Lust-haben-wollen doch, sofern es gleichwohl ein Streben nach dem angenehmsten Leben ist, eine implizite Bejahung der Lust steckt, wenn auch das gewöhnliche Streben nach Lust von diesen Leuten ausdrücklich abgelehnt wird.

Wie sich im weiteren ergibt, akzeptiert Sokrates allerdings das Motiv dieser Ablehnung – auch er hält nicht das Leben für glückselig, das von mit Unlust gemischter Lust geprägt ist –,[53] aber er sieht zugleich, daß in der Verneinung der Unlust uneingestandenermaßen Lust positiv gesucht wird. Wenn immer also das Leben der Götter vollendet, göttlich und sich selbst genügend, ohne Bedürftigkeit ist, so stellt sich wenigstens die Frage, ob ihm dann Lust fehlen könne. Wie wenig aber nun die im Hintergrund dieser Ausführungen zu vermutende Theologie explizit zum Vorschein gebracht wird – was im übrigen, wenn dieses Schweigen auch auf das Eingeständnis eines Unvermögens hinwiese, eigentlich theologische Aussagen aus der Kraft menschlichen Denkens zu machen, zugleich noch einmal unter Beweis stellt, wie für uns Erkenntnis notwendig in den Zusammenhang der Erfahrung gestellt sein muß –, so versteht es sich dennoch, daß zwischen dem ὄντως ἀγαθόν und dem ὄντως ἡμῖν ἀγαθόν eine enge Verbindung bestehen muß.

[48] *Philebos* 33 b.
[49] *Philebos* 43 c.
[50] *Philebos* 43 e.
[51] *Philebos* 44 b/c.
[52] *Philebos* 43 d.
[53] *Philebos* z. B. 51 b.

Bevor nun die Bestimmung des für uns Guten weiterverfolgt werden soll, scheint eine Zwischenbemerkung angebracht zu sein, in der vielleicht ein Stück Selbstinterpretation Platons sichtbar wird. Wäre der *Philebos* nicht geschrieben worden, würde Platon wohl noch leichter, als dies auch so dennoch geschieht, selbst zu denen gerechnet werden, die – wie er an der zitierten Stelle sagt – aus „verdrießlicher Strenge ihrer nicht unedlen Natur“ die Lust geringschätzig beurteilen. Platon wußte um diese Möglichkeit und gibt deswegen selbst Erklärungen, welche das Überraschende seiner Thesen im *Philebos* nicht als einen Bruch in seiner philosophischen Entwicklung erscheinen lassen. Insofern hätte schon Platon selbst ausdrücklich in die Diskussion eingegriffen, welche – die Entwicklungsproblematik betreffend – am Beginn dieser Ausführungen erwähnt worden ist.[54] Wenn Platon nämlich im *Philebos* den Gesprächspartner des Sokrates, den Protarchos, darauf dringen läßt, daß hier – im Gegensatz zu früheren Dialogen, deren Elenktik einerseits negativ-kritischen Zielen, andererseits der Hinlenkung zu den Ideen diente – eine bloß aporetische Behandlung der Thematik vermieden werde, so kann dies eben als Interpretationshinweis Platons aus der Reflexion seines Denkweges aufgefaßt werden.

Wen also die im Dialog enthaltenen positiven Äußerungen Platons zur Lust – überhaupt zum sinnlich Erfahrbaren – überraschen, wer erstaunt ist, daß Platon es sogar für unvernünftig hält, das Gute – sofern es in der Welt ist – nur in der Seele und nicht auch im Leib und in vielen anderen Dingen zu sehen,[55] der müßte sich so von Platon möglicherweise sagen lassen, daß die Aporetik der früheren Dialoge ihn zusammen mit den gleichnishaften Reden auf eine falsche Fährte gebracht haben. Was als Platonische Philosophie auch schon zu Lebzeiten Platons galt, fände dementsprechend so nicht die Zustimmung Platons, beispielsweise auch nicht hinsichtlich der Ideenlehre.[56] Wenngleich natürlich auch Platons eigene Hinweise nicht notwendig historisch zutreffend sein müssen – es könnte hinter ihnen ebenso ein Stück Selbstkorrektur verborgen sein –, so sind sie doch wenigstens ausdrücklich zur Kenntnis zu nehmen. Da sie allerdings mit der hier vertretenen Interpretation auch von Mitteldialogen übereinkommen, bedeuten sie

[54] Vgl. hierzu *Philebos* 20 a.

[55] *Philebos* 55 b.

[56] Vgl. *Sophistes* 248 a, wo ironisch von den „Freunden der Ideen“ gesprochen wird, die „das Werden und das Sein . . . getrennt voneinander“ annehmen (Γένεσιν, τὴν δὲ οὐσίαν χωρίς που διελόμενοι). Platon polemisiert also selbst schon gegen einen falsch verstandenen Chorismos. Die Aporetik einer falsch verstandenen, dogmatisch im Sinne der Chorismos-These ausgelegten Ideenlehre wird insbesondere im *Parmenides* offengelegt, vgl. beispielsweise 132 b mit dem, von Aristoteles später so genannten, Argument des τρίτος ἄνθρωπος, wonach das Resultat „schließlich nicht je eine Einheit im Bereich der Ideen, sondern eine unzählige Menge“ ist (καὶ οὐκέτι δὴ ἓν ἕκαστόν σοι τῶν εἰδῶν ἔσται, ἀλλὰ ἄπειρα τὸ πλῆθος); Übersetzung und Text nach der *Parmenides*-Ausgabe von Hans Günter ZEKL; vgl. auch dessen Hinweise zur Interpretation in der Einleitung des Herausgebers, S. XXI ff.

jedenfalls für diese eine zusätzliche Befestigung. In ganz gleichgerichtetem Sinne konzentriert sich nämlich auch die Kritik Platons an den zeitgenössischen Weisen im *Philebos* in dem Satz, daß ihnen „das in der Mitte" entgehe.[57]

Nimmt man sich nun die Eigenschaften vor, durch die ein glückseliges Leben nach dem *Philebos* ausgezeichnet ist, so stößt man durchaus auf solche, die weitgehend als Attribute des göttlichen Lebens aufzufassen sind. Das glückselige Leben wird als das Vollendetste (τελεώτατον), als das Hinreichende, Allgenugsame (ἱκανότατον, αὐτάρκεια), ohne jedes Bedürfnis (μηδὲν μηδενὸς ἔτι προσδεῖσθαι), beschrieben.[58]

Die Lust nun kann dieses Vollendetste aus zwei Gründen nicht sein. Das erste Argument gegen die Behauptung der Lust allein als des vollendeten Gutes bezieht sich in einer reductio ad absurdum darauf, daß in der Beschränkung des Guten bloß auf die Lust um die Lust nicht einmal gewußt werden könne.[59] Der Lustbegriff eines reinen Lustlebens hebt sich so gesehen selber auf. Wenn es richtig ist, daß Lust ihren Ort notwendig in der Seele hat, ja daß nicht einmal Trieb und Begierde (ὁρμὴ καὶ ἐπιθυμία) dem Leib angehören,[60] dann liegt die Lust vor allem in der Erfüllung einer Erwartung (προσδοκία, πλήρωσις), und nicht beispielsweise im Vollzug bestimmter Stoffwechselvorgänge.[61] Auf diesem Wege kann nun der Lustbegriff in zwei Arten unterschieden werden, je nach der Art des Zieles, auf das sich dann die Erwartung von Erfüllung richtet.

Von den zwei Arten der Lust (εἴδη δύο ἡδόνων)[62] richtet sich die eine auf den Vorgang des Erfülltwerdens, die andere auf den Zustand des harmonischen Erfülltseins. Insofern die Lust ein Werden in der Ausrichtung auf gesuchte Erfüllung ist, muß diese Begriffseinteilung für vollständig gelten. Gegen die Lust, allerdings nur gemäß ihrer ersten Definition, nach der sie ihr Ziel im Vorgang des Erfülltwerdens findet, richtet sich aber nun ein zweites Argument. Wenn das Ziel der Lust ein Werden ist, dann sind Unlust und Bedürftigkeit in diesem Ziel immer schon mitgesetzt. Lust ist nämlich im Sinne beider Arten das Zustandekommen der ἁρμονία, Unlust

[57] *Philebos* 17 a.

[58] Vgl. dazu beispielsweise *Philebos* 20 d - 21 a und 67 a.

[59] *Philebos* 21 b.

[60] *Philebos* 35 c/d; vgl. dazu Egil A. WYLLER, Der späte Platon, S. 120: „Ich empfinde z. B. den Schmerz Durst und fühle Begierde, ihn zu löschen. Ein ‚leerer' Zustand, sagt Platon, strebt hier nach seinem Gegensatz: der Füllung. Woher diese Idee von dem sich selbst Gegensätzlichen? Sie muß von etwas herstammen, das die Gegensätze (Leere und Fülle) zugleich umgreift. Das ist die Seele. Die Begierde als das auf einen Gegensatz Hinauswollende ist in diesem Umgreifenden zu lokalisieren; sie wohnt in der Seele. Der Körper an sich spürt keine Begierde (35 C 6)."

[61] Vgl. *Philebos* 32 c und 51 b.

[62] *Philebos* 51 c.

deren Auflösung.[63] In einer Lust, in der das Werden der Erfüllung nicht der Erfüllung wegen, sondern bloß als Werden gesucht wird, wird immer mit Unlust gemischte Lust gesucht, wird der Mangel in einem Guten mit in Kauf genommen, wodurch sich eben zeigt, daß diese Art von Lust nicht zu dem vollendeten Guten im gesuchten Sinne paßt.

Das Augenmerk bei der Verfolgung des Zieles der Untersuchung ist somit im weiteren auf die andere Art der Lust zu richten, obwohl nebenbei zu erwähnen ist, daß im menschlichen Streben nach der reinen Lust die gemischte Lust nicht völlig aus dem faktischen Leben ausgesondert werden kann, da in diesem Leben unvermeidlich auch mit Unlust gemischte Lust auftritt, da – wie Platon sagt – „sowohl der Leib ohne die Seele als die Seele ohne den Leib und beide miteinander in ihren Zuständen voll sind der mit Unlust gemischten Lust."[64] Die Nichtausschließbarkeit der gemischten Lust hat aber nicht zur Folge, daß eine ungemischte, reine Lust im menschlichen Leben nicht gesucht und gefunden werden könnte. Eine solche müßte „ohne spürbares Bedürfnis" (ἐνδεία ἀναίσθητος) und schmerzlos sein, aber „merkliche und angenehme Befriedigungen" (πληρώσεις αἰσθηταὶ καὶ ἡδεῖαι), wiederum „frei von Schmerz" (καθαραὶ λυπῶν), zur Folge haben.[65] Im Sinne einer Diätetik der Lustsuche und in Anpassung an das Ziel dieses Werdens, die Harmonie, wäre demnach die Maßlosigkeit (ἀμετρία) der heftigen Lüste zu meiden, zumal gemäß dieser Diätetik angenommen wird, daß jede kleine und geringe Lust, sofern sie rein ist, wahrer und schöner sei als viele und große gemischte Lust.[66] Wahre Lust ist solche Lust, die nicht wieder in Unlust und erneutes Werden zurückfällt, sondern ihr Genügen in einem Sein erhält. Derart wird klar, warum im *Philebos* die Diskussion um die Frage, ob es wahre und falsche Lust gebe, mit so großem Nachdruck geführt wird, denn die Lustfrage wird auf diese Weise auf die philosophische Frage nach dem Ganzen, nach dem Sein und Werden des Alls, nach seiner Wahrheit, bezogen. An der Unterscheidung von wahrer und falscher Lust festhaltend sagt Sokrates, „daß um eines Werdens willen alle Drogen (chemische Stoffe, φάρμακα), Werkzeuge und alles Material (ὕλη) überall angewendet werden, daß aber jegliches Werden wegen eines Seins, jedes wegen eines anderen, geschehe und das gesamte Werden wegen des gesamten Seins."[67] Daß in dieser Einbindung der Lust als eines Werdens in die

[63] *Philebos* 31 c/d.

[64] *Philebos* 50 d.

[65] *Philebos* 51 b.

[66] *Philebos* 53 b/c. Vgl. hierzu die instruktive Interpretation von Reinhard BRANDT, Wahre und falsche Affekte im platonischen *Philebus*, bes. S. 11 ff.

[67] *Philebos* 54 c; die von Klaus WIDDRA in die Übersetzung der Eiglerschen Ausgabe eingeführte Korrektur in der Fußnote ist an dieser Stelle unvollständig und stört die Einheit des Satzes. Sie wird deswegen hier in modifizierter Form wiedergegeben.

Ausrichtung auf das Sein hin eine Verbindung zur Vernunft, die ja wesentlich auf Wahrheit und Falschheit bezogen ist, grundgelegt ist, liegt auf der Hand. In dieser Verbindung, die durch die wahre Lust gegeben ist, zeigt sich die Lust als der Vernunft verwandt (οἰκεία).[68]

Die Untersuchung des anderen Aspekts des vollendeten Lebens, der insgesamt unter den Titel der Vernunft gestellt wird, wendet sich zunächst den verschiedenen Wissenschaften zu und unterscheidet verschiedene Arten der Erkenntnis in lockerer Anlehnung an die vom Liniengleichnis der *Politeia* her gewohnte Weise.[69] Sie entwickelt einerseits eine Stufenfolge von Wissenschaften und andererseits die Kriterien, nach denen sich diese Stufenfolge aufbaut. Die meisten Wissenschaften geben sich dementsprechend mit bloßen Vorstellungen im Bereich des Werdens ab, die sie mit dem Ziel der Nutzung in eine der jeweiligen Vorstellung dienende Ordnung zu bringen suchen. Durch solche Zielsetzung ist die Nachforschung dieser Wissenschaften ebenso wie der Grad ihrer Genauigkeit vom jeweils erstrebten Nutzen abhängig. Demgegenüber strebt die Dialektik die Wahrheit um der Wahrheit willen in ihrer größten Genauigkeit an (ἀκριβεστάτη ἀλήθεια).[70] Das Sichere, Reine und Wahre, das immer Seiende und auf gleiche Weise unvermischt sich Verhaltende ist der Orientierungspunkt für alle Erkenntnisse der dialektischen Wissenschaft.

In diesem idealen Orientierungspunkt nun kommen reine Lust und reine Vernunft nach der Aussage des *Philebos* überein und zeigen sich so einander verwandt, wobei weder Vernunft noch auch Lust, isoliert betrachtet, das Vollendete, Wünschenswerte und schlechthin Gute für uns sind. Sie sind es gemäß der These des *Philebos* eben nur zusammen, und so stellt sich die Frage, wie sie sich zueinander verhalten. Indem diese Frage gestellt wird, erhält die Suche nach dem wünschenswürdigsten, dem am meisten geliebten Leben (ἀγαπητότατος βίος) zugleich eine sittliche Qualität. Wenn das getan wird, was gemäß der Gerechtigkeit getan werden soll (τὰ αὑτοῦ πράττειν), muß notwendigerweise nach einem Kriterium verfahren werden, das aus einer allgemeinen Notwendigkeit, einer Vernunftnotwendigkeit, resultiert. Aber auch das glückselige Leben wird dann ja nicht erlangt, wenn die Lust als ein Werden erstrebt wird, sondern nur, sofern sie im Ziel dieses Werdens, das in der Vernunft erfaßt wird, gleichsam ohne Begierde gesucht wird. Die Vernunft ist derart der Grund (αἴτιον) der Gutheit des Strebens,[71]

[68] *Philebos* 63 e; hierzu vgl. Margot FLEISCHER, Hermeneutische Anthropologie, S. 217: „Um hierauf aufmerksam zu machen, läßt Platon 63 a 8 ff. Lüste und Einsichten selbst zu Wort kommen. Sie selbst erklären ihre Bereitschaft, sich mischen zu lassen. Aus ihnen spricht gewissermaßen die Vernunft, wie sie ja auch das sagen, was die Vernunft bei der von ihr zu vollziehenden Auswahl der Bestandteile der Mischung denkt."

[69] Vgl. dort 509 d ff.

[70] Vgl. *Philebos* 57 e, 59 a.

[71] *Philebos* 64 c.

nur zur Vollendetheit des Guten darf auch die Lust nicht fehlen, die bloß für sich betrachtet als das Allerunzuverlässigste zu gelten hat.[72]

Wie sehr sich auf diesem Wege das Ziel der Untersuchung des glückseligen Lebens im *Philebos* an das göttliche Leben der Vernunft angenähert hat, von dem allerdings Lust und Unlust auszusagen vermieden wurde, ohne daß andererseits wiederum diesem Leben ein Mangel an Gutem anhaften dürfte, so sehr bleibt aber dennoch auch eine Differenz zwischen dem ὄντως ἀγαθόν und dem ὄντως ἡμῖν ἀγαθόν bestehen. Dies gilt erstens in dem Sinne, daß das wahrhaft für uns Gute von uns nicht direkt erstrebt und vollzogen werden kann, sondern in Auseinandersetzung mit anderen Lebensvollzügen erkämpft und bewahrt werden muß. Die Annäherung an das am Sein ausgerichtete Leben ist selber ein Werden. „Dasjenige, wegen dessen jedesmal das um eines anderen willen Werdende wird" (τό γε μὴν οὗ ἕνεκα τὸ ἕνεκα τοῦ γιγνόμενον ἀεὶ γίγνοιτ' ἄν),[73] ist als seiende ἁρμονία die Voraussetzung der werdenden. Die Möglichkeit der Verwirklichung des vollendeten Lebens ist nicht der Ausgriff auf ein utopisch gesetztes οὗ ἕνεκα, sondern ist fundiert in der vernünftigen Geordnetheit des Alls, womit ein zweiter Grund der Unterscheidung zwischen dem Guten überhaupt und dem Guten für uns genannt ist. Diese Vorausgesetztheit des schlechthin Guten zeigt sich in der Verfassung jedes einzelnen Seienden, das als ein zur Einheit (εἰς ἕν) geführtes, gesamtes Erzeugnis des Unbegrenzten und der Grenze durch eine Ursache der Zusammenmischung gilt.[74] Sie zeigt sich aber auch in der Ordnung des Ganzen, in der Ordnung der Zeiten und der Gestirnumschwünge,[75] die zugleich schon einen Hinweis auf die kosmologische und ontologische Behandlung des Verhältnisses von Sein und Werden geben, wie es im *Timaios* entfaltet wird.

Hinsichtlich des Seins der Seele zeigt sich also schon im *Philebos* eine ontologische These an, die im Blick auf alles weltlich Seiende im *Timaios* durchgeführt wird. Wie alles Seiende, das einem Werden unterliegt, ist auch die Seele die Einheit eines Mannigfaltigen, ist in ihr das Werden zu einem Sein gemacht, das aus den durch die Begrenzung sich ergebenden Maßen hervorgeht.[76] Nur als ein solches aus Mannigfaltigem durch eine schlechthin gute Ursache geeintes Eines (μονάς) ist die Seele zur Erfüllung ihrer Vollzüge fähig.[77] Dies Resultat führt nun zu einer Zuspitzung der Chorismos-Diskus-

[72] *Philebos* 65 c: „Denn die Lust ist das Betrügerischste unter allen Dingen" (Ἡδονὴ μὲν γὰρ ἁπάντων ἀλαζονίστατον).

[73] *Philebos* 54 c.

[74] *Philebos* 26 d.

[75] Vgl. *Philebos* 25 a und 28 d/e.

[76] *Philebos* 26 d: γένεσιν εἰς οὐσίαν ἐκ τῶν μετὰ τοῦ πέρατος ἀπειργασμένην μέτρων.

[77] *Philebos* 15 b; die Frage ist dort, ob man, wenn vom „einen Menschen" (εἷς ἄνθρωπος), vom „einen Ochsen" (εἷς βοῦς), vom „einen Schönen und vom einen Guten" (τὸ καλὸν ἓν καὶ τὸ ἀγαθὸν ἕν) spricht (15 a), „wohl annehmen darf, daß es dergleichen Einheiten gebe als wahr-

sion, die vor allem Aristoteles – wohl hauptsächlich gegen einige Doxographen eines metaphysischen Systems der Platonischen Philosophie – forciert hat und die später von der Seite der Aristotelischen Philosophie her noch weiter beleuchtet werden soll.

Eine bei Platon immer wieder ausdrücklich zu findende These besagt, daß es – wenigstens scheinbar in viel schärferem Sinne als bei Aristoteles – eine Dichotomie von Leib und Seele gebe. Für Platon wäre so „der Leib ganz abgetrennt und abgesondert von der Seele" (δίχα ἄρα τότε τὸ σῶμα καὶ χωρὶς τῆς ψυχῆς),[78] wie es ja auch dem gewöhnlichen Platon-Bilde ganz zu entsprechen scheint. Für die Ontologie des Menschen wäre der so verstandene „Leib" nach Platon eine gleichsam vernachlässigbare Größe, die bloß als ὕλη vorausgesetzt bleibt.[79] Da aber die Frage nach der ὕλη mit großem Nachdruck zum Thema der philosophischen Reflexion gemacht wird,[80] hat die Frage nach der ὕλη auch entscheidende Bedeutung für die Beurteilung der Chorismos-Problematik. Dieser Frage muß im folgenden also mit besonderer Achtsamkeit nachgegangen werden.

Noch im Rückblick auf die Frage nach der inneren Struktur der Seele, wo es um den Chorismos innerhalb einer trichotomisch gebauten Seele zu gehen hat, kann abschließend vermerkt werden, daß es bei Platon – weder durch ausdrückliche Belegstellen, noch aus dem Duktus seiner Gedankenführung heraus – nicht abzusehen ist, wie es innerhalb der keine einfache, eingestaltige, sondern eine komplexe Einheit darstellenden Seele eine Trennbarkeit geben könne, die Unsterblichkeit der Seele genannt zu werden verdiente. Entgegen der gewöhnlichen Meinung kann vielmehr gezeigt werden, daß viel eher Aristoteles sich zu Äußerungen bewegt sieht, die einen Chorismos innerhalb der Seele explizit behaupten. Die Aristotelische Polemik gegen die Platon unterstellte Chorismos-Lehre wäre, wenn die ange-

haft seiend" (vgl. 15 b). Platon spricht also von Monaden, die ἓν καὶ πολλά sind (15 c). Terence IRVIN, Plato's Moral Theory, S. 191, sieht die Behandlung der ontologischen Fragen mit Recht unter dem Primat der Problemlage in der Ethik: „But in *Republic* IV Plato tries to justifie his talk of conflict more systematically by showing that three parts within the soul have different, and possibly conflicting, desires; if he is right, then KSV (scil. knowledge is sufficient for virtue) is false, and there is room for self-mastery, and for affective as well as cognitive training in virtue."

[78] *Philebos* 41 c. Hierzu vgl. auch Wilhelm KAMLAH, Platos Selbstkritik im Sophistes, S. 8, wo Kamlah im akzentuierten Gebrauch des Adverbs χωρίς im *Parmenides* (130 b) einen Hinweis auf „die ‚Absonderung' der Ideen von den Einzeldingen" sieht, die Platon aber – was zutrifft – für bedenklich erkläre (zu den Schwächen von Kamlahs Buch, zu denen vor allem die falsche Anwendung eines Entwicklungsschemas gehört, vgl. z. B. Helmut KUHNs Rezension, in: Philosophische Rundschau 13, 1965, S. 39–42). Zur Zielsetzung des *Parmenides* vgl. auch Hans Günter ZEKL, Der Parmenides. Untersuchungen über innere Einheit, Zielsetzung und begriffliches Verfahren eines platonischen Dialogs, bes. S. 5 ff.

[79] *Philebos* 54 c.

[80] Dies vor allem im *Timaios*, der im folgenden Kapitel einer Betrachtung unterzogen wird.

deutete These zu Aristoteles richtig ist, nur in der Bedeutung sachlich vertretbar und weiterführend, als diese Lehre im Aristotelischen Sinne auf Grund in ihr enthaltener, ungeklärter Sachfragen weiterbearbeitet und umgedeutet werden mußte.

Wenn es also Unterschiede in der Deutung des Chorismos zwischen Platon und Aristoteles gibt, dann verläuft die Grenze bei Platon nach der vorgelegten Interpretation nicht zwischen der Sinnenwelt einerseits und der Geisteswelt andererseits, da beide in der Einheit der Seele vereinigt sind, wobei allerdings zuzugestehen ist, daß die Seele – obwohl sie gleichsam das Ganze des innerweltlich Seienden integriert – nicht ὕλη ist. Dieser Problemzusammenhang soll im folgenden weiter entfaltet und geklärt werden, indem zunächst die ontologische Grundthese Platons zum Sein und zum Werden der Welt aus dem *Timaios* und anschließend die Weiterführung der Chorismos-Diskussion bei Aristoteles vorgestellt und interpretiert werden.

Kapitel IV:

Der Versuch einer allgemeinen Auflösung des Chorismos im εἰκὼς μῦθος des *Timaios*

Auf andere Weise, als dies durch die Zurückweisung der bloß aporetischen Behandlung philosophisch-systematischer Fragestellungen im *Philebos* geschieht, stellt sich Platon auch im *Timaios* die Aufgabe, positive Antworten auf die vorgelegten Fragen zu geben, und nicht nur Widerlegungen von Gegenpositionen, welche die eigene These dann gewissermaßen lediglich in Negativfolie sehen lassen.[1] Indem Platon solche Antworten im *Timaios* aber ausdrücklich nicht als wissenschaftliche Darbietung der Wahrheit, sondern als εἰκὼς λόγος oder als εἰκὼς μῦθος bezeichnet, ergeben sich hier von vornherein ganz eigentümliche Interpretationsschwierigkeiten, die sogar schon die Thematik dieses Dialoges in die Auseinandersetzung um seine Deutung hineinziehen. Bevor er also zu interpretieren und auf den hier vorliegenden Fragezusammenhang zu beziehen sein wird, muß eine Orientierung über die bislang eingeführten Deutungsmöglichkeiten vorausgeschickt werden.

Aus der vorneuzeitlichen Diskussion bieten sich zunächst zwei Möglichkeiten des Verständnisses an. Nach der ersten könnte man im Anschluß an Aristoteles, der sich im übrigen – wie später auch noch Plotin – oftmals kritisch auf den *Timaios* bezieht, Platon in diesem Dialog auf die Weise der vorsokratischen Physiologen philosophieren sehen. Nach der zweiten Möglichkeit aber könnte man den *Timaios* für einen theologischen Schöpfungsbericht halten, welcher den Texten der alttestamentlichen *Genesis* vergleichbar

[1] Gesprächscharakter im engeren Sinne hat der *Timaios* nur in der relativ kurzen Einleitung (17 a - 27 b), wobei noch ein zusammenhängender Bericht über Ur-Athen, Atlantis und die Auseinandersetzung beider, der von Kritias vorgetragen wird, eingeschlossen ist (21 a - 26 d). Als erster Teil einer Trilogie ist der *Timaios* natürlich gewissermaßen ein Beitrag innerhalb eines großen Dialogs. Aber für das Werk selbst gesprochen muß gelten, was Heinrich DÖRRIE, Platonica Minora, S. 174, sagt: „Der ‚Timaios' ist nur im Prooimion Dialog; der Hauptteil der Schrift (von 27 A an) kann als Lehrschrift angesehen werden – und ist sicher als Offenbarungsschrift verstanden worden. Diesem Text haftete also nicht die ‚Unverbindlichkeit' anderer Dialoge an, die im laienhaften Leser den Eindruck hinterlassen, daß kein Ergebnis erreicht wurde." Zur literarischen Form der Aussage vgl. auch Bernhard WITTE, Der ΕΙΚΩΣ ΛΟΓΟΣ in Platos Timaios.

[2] Vgl. *De anima* 404 b 16 ff. Hierzu ist allerdings – die Aussage zu Platon gleichsam konterkarierend – zu berücksichtigen, daß Aristoteles selbst eine derartige Fragestellung mit der Prävalenz der erkenntnistheoretischen Problematik verknüpft sieht; vgl. a. a. O., 404 b 8 ff.

ist. Diese Deutungen stehen in der Tradition des synkretistischen Juden Philon von Alexandrien,[3] die beispielsweise auch von Augustin weitergeführt worden ist.[4] Sie hält sich zugleich, vermittelt durch die kommentierte *Timaios*-Übersetzung des Christen Chalcidius, an die durchgehende Platonauffassung des christlichen Mittelalters.[5] Obwohl die Interpretation des Inhalts des *Timaios* als einer Schöpfungstheologie in den neueren Untersuchungen eher in den Hintergrund getreten ist, wird sie gleichwohl auch von Forschern aus unserem Jahrhundert noch vorgetragen. Besonders eindeutig der theologischen Interpretation zustimmend äußert sich Taylor in seinem großen *Timaios*-Kommentar: „The physical world, then, has a ‚maker' ... exactly as the dogma of creation ... in Christian theology".[6] In einer ansonsten aus dem Rahmen seiner Interpretation ein wenig herausfallenden Wendung schließt sich auch Egil A. Wyller, der den *Timaios* insgesamt „als ontologische Theorie des körperlichen Seins" zu verstehen sucht,[7] dieser Tradition an, sogar unter Bejahung der schon von Augustinus weitergegebenen Vermutung einer über Ägypten vermittelten, wirkungsgeschichtlichen Abhängigkeit des *Timaios* von der Lehre des *Alten Testamentes.* Wyller sagt: „Der große ‚Daimon' im ‚Timaios', der Demiurg, ist ... *eine* – vielleicht auf Grund ägyptischer Überlieferung alt-testamentlicher Offenbarung – *von Platon mythisch gestaltete Verkörperung des Prinzips für das Entstehen überhaupt, des Prinzips der verursachenden Plötzlichkeit"*.[8] Bei der schon genannten Ausrichtung

[3] Vgl. dazu z. B. Hans Joachim KRÄMER, Der Ursprung der Geistmetaphysik, bes. S. 264–284, mit umfassenden Literatur- und Textnachweisen. Krämer geht davon aus, daß Philon „in platonischer Tradition steht (Zwei-Welten-Lehre, Ideen-Lehre)" und will zusätzlich nachweisen, „daß Philons Platonismus sich nicht bloß äußerlich etwa an den ‚Timaios' anlehnt" (S. 266). Zu Philons Weltschöpfungslehre, die dort „im Rahmen einer Genesis-Allegorese ... durch dichotomische Diairesis, die das göttliche Denken – der Logos – bis zu den ἄτομα und ἀμερῆ hin ständig vollzieht", vorgetragen wird, entspricht in ihrer Terminologie „sichtbar der in den dialektisch-diairetischen Dialogen Platons gebräuchlichen Ausdrucksweise" (S. 269 f.). Parallelen lassen sich sogar für die „Konstruktion der materiellen Welt" aufzeigen (S. 271 f.). Daß allerdings die dualistische Prinzipienlehre, die nach Krämer dem Werk Platons zugrundeliegt, tatsächlich als geheime, esoterische Intention Platons anzunehmen sei, wird im weiteren eher kritisch beleuchtet werden. Vgl. von den zahlreichen Stellungnahmen z. B. Wilhelm PERPEET, Der systematisierte Platon.

[4] *De civitate Dei* VIII, 11.

[5] Vgl. den von Werner BEIERWALTES hrsg. Sammelband, Platonismus in der Philosophie des Mittelalters. Im Vorwort, S. XI f., stellt der Hrsg. fest: „Der *Timaios,* dem Mittelalter in Übersetzung und Kommentar des Calcidius und in einer dichterischen Abbreviatur durch Boethius' Consolatio philosophiae III m. 9 in Grundgedanken erkennbar, wurde zur Grundlage einer wissenschaftlichen Kosmologie, da er – gemäß der mittelalterlichen Interpretation – die teleologische Struktur der Welt aus einem göttlichen Prinzip rechtfertigt und das Phänomen der *creatio* rational begründet."

[6] A. E. TAYLOR, A Commentary on Plato's Timaeus, S. 71.

[7] Der späte Platon, S. 144.

[8] A. a. O., S. 137.

von Wyllers Interpretation an der auch physikalisch interessierten Betrachtung der Entstehung der körperlichen Welt stiftet eine solche Äußerung auf den ersten Blick Verwirrung. Vielleicht aber kommt in ihr das Schillernde an der Thematik des *Timaios* doch nicht schlecht zum Ausdruck, das Platon vermutlich mit Absicht in sie hineingelegt hat. Demgegenüber fallen die Behauptungen Wyllers, der *Timaios* betreffe „nur die Sinnenwelt", stark ab, zumal sie sich aus dem Text überhaupt nicht belegen lassen und wahrscheinlich von einem Schema herrühren, das Wyller aus der Interpretation des *Parmenides* auf das gesamte Spätwerk Platons übertragen hat, worin der *Timaios* eben dann seine vorgezeichnete Rolle zu spielen hat.[9]

Klar gegen die Auffassung einer von der jüdisch-christlichen Schöpfungstheologie inspirierten Interpretation, ohne aber – wie beispielsweise Cornford in seinem Kommentar – die Aussage des *Timaios* auf eine heidnisch-griechische Theologie zurückzuführen,[10] wird die „Weltschöpfung durch den Demiurgen" von Hans-Georg Gadamer mit der „Welterkenntnis durch den Menschen" identifiziert und – begründet vor allem durch das dialogische Vorspiel des *Timaios,* in dem die Anknüpfung an ein Gespräch des Sokrates über den besten Staat vorgenommen wird –[11] auf „die mögliche Realisierung einer idealen menschlichen Verfassung der Seele und des Staates" bezogen.[12] Damit wird deutlich, wie Gadamer seine eigene Interpretation als „Entmythologisierung" des *Timaios* vorzutragen sucht.[13]

Ganz ähnlich scharfe Gegensätze wie in den positiv oder negativ an der theologischen *Timaios*-Auffassung orientierten Interpretationen finden sich in der Diskussion um seine naturwissenschaftlich-naturphilosophische Deutung. Wer dabei allerdings wie Olof Gigon den *Timaios* für den „Zerfall der antiken Naturphilosophie" im Mittelalter verantwortlich erklärt, sollte solche Urteile auch von der Seite von Stellungnahmen wie derjenigen Heisenbergs her beleuchten, in welcher letzterer zeigt, wie dem *Timaios* gerade aus der Sicht der heutigen wissenschaftlichen Naturbetrachtung Anregungen abge-

[9] Ebd.; zum Interpretationsrahmen vgl. S. 131: „Nach unserer Auffassung bildet der ‚Parmenides' das μέσον des spätplatonischen Schriftwerks. Zu ihm hinauf führt ein eleatisches, von ihm hinab führt ein pythagoreisches ἔσχατον, die beide wiederum, wie es scheint, nach dem Gesetz der superponierten Formen ihre μέσα καὶ ἔσχατα haben. Als μέσον des ‚Wegs hinauf' hat sich in gewisser Weise der ‚Sophistes' herausgestellt, indem seine Thematik im ‚Theaitetos' eingeleitet und seine Methodik im ‚Politikos' weiterentwickelt wird. Als μέσον des ‚Wegs hinab' ist unzweifelhaft der ‚Timaios' – oder richtiger: die ‚Timaios'-Trilogie anzusetzen."

[10] Vgl. F. M. CORNFORD, Plato's Cosmology. The ‚Timaeus' of Plato. Translated with a running Commentary, S. 35, wo Cornford davon ausgeht, daß Platon „a pagan polytheist" gewesen sei: „He believed in the divinity of the world as a whole and of the heavenly bodies". Dementsprechend hat vom Demiurgen des *Timaios* zu gelten, er sei „not a religious figure".

[11] Vgl. insbes. *Timaios* 17 a ff.

[12] Hans-Georg GADAMER, Idee und Wirklichkeit in Platos Timaios, S. 35 und 36.

[13] A. a. O., S. 34; vgl. auch S. 26: „Der Gott verhält sich wie die Menschen. . ."

wonnen werden können.[14] Bevor dementsprechend dem *Timaios* entweder ein religiös-theologischer oder ein naturwissenschaftlich-naturphilosophischer Rang abgesprochen wird, soll im folgenden wenigstens vorläufig davon ausgegangen werden, daß es im Dialog so um die Sache der Philosophie geht, daß beide Dimensionen zumindest in dieser eine Funktion haben, wenn sie möglicherweise auch nicht den Kern der Aussage betreffen.

Im Gespräch vor der Rede des Lokrers Timaios, die dann beinahe das ganze Gewicht dieses Platon-Werkes zu tragen hat und es mehr als Abhandlung denn als Dialog erscheinen läßt,[15] wird dem Redner ausdrücklich das Thema seiner Darlegung bestimmt, das in der folgenden Rede auch sofort aufgegriffen wird. Timaios soll „über die Natur des Alls" (περὶ φύσεως τοῦ παντός) sprechen,[16] also über ein Thema, das in dieser Formulierung tatsächlich an eine Zurückstellung der insbesondere im *Phaidon* und im *Phaidros* gegen die Naturphilosophie vorgetragenen Bedenken und an eine positive Anknüpfung an die naturphilosophisch orientierten Vorsokratiker denken läßt, wie sie Aristoteles dem *Timaios* ja auch tatsächlich unterstellt hat. Allerdings darf nicht außer acht gelassen werden, daß der *Timaios* auf ein Gespräch über den Staat zurückbezogen wird und zugleich als erster Dialog einer, wenn auch unvollendet gebliebenen, Trilogie komponiert ist, die im Gesamtaufbau wieder auf die ethisch-politischen Anfänge verwiesen hätte.[17] Als nähere Anweisung aber, wie das umfassende Thema der Trilogie im ersten Werk, eben dem Vortrag des Timaios, durchgeführt werden soll, wird gesagt, daß mit der Darstellung des Kosmos zu beginnen sei und daß die Darstellung der Natur des Menschen den Abschluß bilden solle.

14 Zu GIGON vgl. dessen Einleitung in den Timaios, Spätdialoge Bd. 2 der von R. RUFENER übertragenen Sämtlichen Werke Platons, wo dem *Timaios*, S. XXXVIII f., eine verheerende Wirkung auf die Naturwissenschaften zugeschrieben wird. Zu HEISENBERG vgl. z. B. dessen Aufsatz, Platons Vorstellungen von den kleinsten Bausteinen der Materie und die Elementarteilchen der modernen Physik.

15 Eine Abhandlung oder „Lehrschrift" ist der *Timaios* natürlich nicht im gewöhnlichen Sinne, z. B. im Sinne von theoretischen Abhandlungen, wie Aristoteles sie vorgetragen hat. Es wird sich zeigen, daß selbst ausdrücklich aufgestellte Thesen, wie die unten vorgetragene „Grundunterscheidung", in ihrem Sinn nicht leicht zu fassen sind, weil eben auch der *Timaios* nicht im eigentlichen Sinne eine Lehrschrift darstellt.

16 Diesen Titel der vorsokratischen Naturphilosophie greift der *Timaios* in 27 a auf.

17 Vgl. Egil A. WYLLER; Der späte Platon, S. 134: *„Der Mitteldialog ‚Kritias' hätte das* μέσον *der ‚Timaios'-Trilogie bilden sollen.* Sein Thema, das Geschichtliche als solches, wäre vielleicht für Platon das größte Wagnis seines spätesten Denkens gewesen (woran er ja auch gescheitert ist). Auf seine beiden ἔσχατα gestützt, auf den ‚Timaios', dessen Schöpfungsbericht wiederum durch die Natur der Seele in den beiden vorangenannten Dialogen (scil. *Philebos* und *Phaidros*) vorbereitet war, und auf den ‚Hermokrates', dessen Zeitgeschichte in die ‚Nomoi' als Grundlage zukünftiger Etablierung eines Akademie-Staates auslaufen sollte, hätte der ‚Kritias' für die zeitgenössischen Athener u. a. eine Mahnung sein sollen, in einer zerfallenen Welt ihre geistige Verpflichtung gegenüber der großen Tradition auf sich zu nehmen".

Diese Aufgabenstellung faßt der Redner sofort so auf, daß es in ihr darum gehe, „wie es (scil. das All) entstanden ist oder auch ungeworden ist".[18] In der Deutung der Aufgabenstellung durch den Vortragenden ist also schon als unterschieden vorausgesetzt, was nach dem Vortrag „als erstes unterschieden werden muß" (πρῶτον διαιρετέον): „Das, was das immer Seiende ist, das kein Werden hat, und das, was das immer Werdende ist, das nimmerdar seiend ist".[19] Die Art, wie das ausgangsweise Unterschiedene unterschieden wird, spricht scheinbar für die Annahme, daß Platon die Chorismos-These, die bislang im Zusammenhang mit der Todesfrage als psychophysisches Problem des Seins des Menschen, im Zusammenhang mit der Erkenntnisfrage als Frage nach den unterschiedlichen Quellen der Erkenntnis und im Zusammenhang mit der praktischen Frage nach Gerechtigkeit und Glückseligkeit als Frage nach dem Guten „für uns" diskutiert worden ist, nun in einer alles Seiende umfassenden ontologischen Formulierung vorträgt. Diese Formulierung scheint zudem ganz dafür zu sprechen, daß das Unterschiedene einander fremd ist und schließlich fremd bleiben wird. Eine weiterführende Diskussion, in der die Untersuchung des Alls eben nicht in die Darstellung zweier getrennter Welten einmündet,[20] wird nur dadurch möglich, daß – wie Platon annimmt – alles Werdende mit Notwendigkeit aus irgendeiner Ursache wird.[21] Jedes Werdende setzt also eine Ursache seines Werdens voraus, und weil dies so ist, kann über eine solche Ursache nun etwas verbunden werden, was ohne sie beziehungslos und getrennt bliebe.

Die Frage des *Timaios* steht derart schon am Beginn der Untersuchung vor einer grundlegenden Entscheidung, nämlich der Entscheidung, wie die Darstellung eines Alls durchzuführen sei, für das eine Grundunterscheidung gilt, die sich zudem in zwei Erfassungsweisen dokumentiert, auf der einen Seite „vernünftige Einsicht mit Überlegung" (νόησις μετὰ λόγου), auf der anderen Seite „Meinung mit überlegungsloser Wahrnehmung" (δόξα μετ' αἰσθήσεως ἀλόγου).[22] Diese Entscheidung wird allerdings gar nicht weiter

[18] *Timaios* 27 c.

[19] *Timaios* 27 d.

[20] Im Hintergrund dieser Unterscheidung scheint die Lehre der Eleaten zu stehen. Dies braucht genausowenig wie oben im Blick auf die Stellung der Herakliteer im *Theaitetos* eine historisch gemeinte These zu implizieren. So ist beispielsweise nach Guido CALOGERO, Studien über den Eleatismus, S. 57, die „Vereinbarung der Wahrheit des Einen mit der Meinung des Vielfältigen" des Parmenides „ernstestes Problem". Die Überbrückung dieser Spaltung kann, wenn diese Aufgabenstellung richtig gesehen ist, nur irgendwie im Menschen liegen. Vgl. in diesem Sinne Josef STALLMACH, Der Mensch zwischen Schein und Sein, in: Suche nach dem Einen, S. 148: „Das Symbol des Weges ist für die parmenideische Sicht des Menschen als des Wesens zwischen Nichtwissen und Wissen, zwischen Schein und Sein, zwischen Meinung und Wahrheit kennzeichnend."

[21] *Timaios* 28 a.

[22] Ebd.

zur Diskussion gestellt, sondern ist für den Vortrag alles Weiteren schon als gültig angenommen. Die Frage aber nach dem Ganzen ist die Frage, was „der ganze Himmel oder der ganze Kosmos ist oder ein anderer Name, der ihm am meisten zukäme".[23] Für eben dieses ungeteilte Ganze – und nicht für ein in sich gespaltenes All – wird die Frage gestellt, in welcher Weise die vorauszusetzende Ursache es gestaltet habe. Für die Weisen der tätigen Gestaltung des Weltganzen aber kennt der *Timaios* zwei Möglichkeiten, nämlich eine Gestaltung „nach dem sich stets gleich Verhaltenden" (κατὰ ταὐτὰ ἔχον ἀεί) und eine Gestaltung nach dem Gewordenen (τὸ γεγονός),[24] wobei das Werden dieses Gewordenen hier einer Leitung offenbar vollständig ermangelt. „Werden" ist in diesem Sinne in zweierlei Weisen aufzufassen, die wesentlichen Bezug auf die genannte Grundunterscheidung, auf das πρῶτον διαιρετέον, haben.

Es wird somit – wohl nicht hinsichtlich des Seins, aber hinsichtlich einer Tätigkeit – doch eine Alternative zur Entscheidung vorgelegt, die das Ganze betrifft, sich zugleich aber notwendig auf die Grundunterscheidung sowohl als auch auf die Ursache allen Werdens bezieht. Zu fragen ist also, welche Bedeutungen dem Immerseienden, dem Immerwerdenden und der Ursache innerhalb der Frage nach dem Ganzen zukommen. Festzuhalten bleibt indes von vornherein, daß die Art der Fragestellung, wie sie hier nun einmal vorliegt, unangesehen ihres, möglicherweise unabhängig von der besonderen Untersuchung im *Timaios* bestehenden Seinsmodus, auf das Immerseiende, das Immerwerdende und die Ursache des Werdens immer nur als möglichen Voraussetzungen des Ganzen geht. Insofern ist das Sein dieser drei Größen im *Timaios,* wenigstens seiner zentralen Thematik gemäß, nicht selbst als gegenständlich, sondern lediglich als Voraussetzungssein zu nehmen.[25] Gegenstand der Untersuchung wäre somit das Ganze als Welt, und zwar so, daß es sowohl vom Wahrnehmbaren (αἰσθητόν) als auch von dem durch die Vernunft Erkennbaren (νοητόν) her zu fassen gesucht wird. Es läßt sich zeigen, daß der Gegenstand des *Timaios* dabei auf Fragestellungen verweist, die sowohl der Theologie als auch der wissenschaftlichen Naturbetrachtung benachbart und verwandt, zugleich aber auch von beiden wesenhaft verschieden sind, weil die Sinntendenz der Fragen die Theologie nicht mehr berühren und die Naturbetrachtung nicht mehr fördern kann. Die Theologie und die Naturwissenschaften sind derart nicht das Ziel der Untersuchungen im *Timaios,* sondern werden im Gegenteil zur Klärung der Thematik so herangezogen, daß ihre eigentümlichen Einsichten für diese fruchtbar gemacht werden. Insofern aber solche Einsichten überhaupt auftreten,

[23] *Timaios* 28 b.

[24] *Timaios* 28 a/b.

[25] Entsprechend den transzendentalen Bedingungen der Möglichkeit in Kants *Kritik der reinen Vernunft,* die vorausgesetzt werden müssen, aber selbst nicht erkannt werden können.

dokumentieren sie zugleich den Stand der theologischen und der naturwissenschaftlich-naturphilosophischen Reflexion Platons und sind gewissermaßen nebenbei mitintendiert.

Zur Sinntendenz der Theologie gehört auf diese Weise zunächst ganz eindeutig der Blick auf den Bauplan und die Ordnung des Ganzen – und zugleich deren Rückbeziehung auf einen Grund. So wenig damit schon der „Urheber und Vater dieses Weltalls" (ποιητὴς καὶ πατὴρ τοῦδε τοῦ παντός) in die philosophische Rede eingeführt ist,[26] so wenig auch überhaupt ein Versuch unternommen wird, die Rede von einem Werkmeister des Alls zu erläutern und zu sichern, so sehr ist doch andererseits zu beachten, daß von einer Ursache gleichwohl gesprochen wird und daß das Werk dieser – wenn auch als sie selbst nicht weiter thematisierten – Ursache nach dem *Timaios* auf das „Bestmögliche" geht,[27] daß also der, der das All zusammengestellt hat, selbst für gut gilt.[28] In dieser Aussage ist nun ein Gedanke ausgesprochen, der in die klassische christliche Schöpfungstheologie im wesentlichen Sinne unverändert eingeflossen ist. Das Gute, das in der Entstehung des Weltganzen ohne Mißgunst wirkt, „damit alles ihm möglichst ähnlich werde",[29] ist insofern durchaus vergleichbar dem Wirken des jüdisch-christlichen Schöpfergottes, wenn auch bei diesem das Moment des Geschichtlichen ausschlaggebend sein mag, das in Platons Darstellung fehlt. So lehrt beispielsweise Thomas von Aquin in der Untersuchung des göttlichen Willens, daß Gott die Welt in sich, mit sich als Ziel, wolle, daß das Ziel der Welt, ihr ideales Sein, Gott selber sei.[30] Zugleich damit wird nun klar, daß die Überlegungen des *Timaios* eine Nähe zur Theologie nicht nur im Hinblick auf eine Ursache der Welt haben, sondern auch im Hinblick auf ihr Ziel. Selbst wenn damit das Ziel einer absoluten Göttlichkeit der Welt intendiert wäre,[31] läge darin eben auch eine theologische Deutung der Welt, die – so fremd sie dem geläufigen Verständnis der christlichen Lehre zu sein scheint – durchaus nicht in eine unüberbrückbare Spannung zu ihr geraten muß.[32]

[26] *Timaios* 28 c.

[27] Vgl. z. B. *Timaios* 46 c.

[28] *Timaios* 29 e; zur Funktion des Begriffs des Guten bei Platon vgl. z. B. Hans Michael BAUMGARTNER, Von der Möglichkeit, das Agathon als Prinzip zu denken, bes. S. 97: Indem das oberste Prinzip als Gutes auftritt, ist es nach Baumgartner „nicht primär Ursache des Seins, sondern Garant des Sinns".

[29] *Timaios* 29 e.

[30] Vgl. *Summa contra gentiles* I, 75: „Ex hoc igitur quod vult se esse, etiam alia vult, quae in ipsum sicut in finem ordinantur."

[31] Vgl. den Hinweis in Anm. 10 zur „divinity of the world as a whole" nach CORNFORD. Aber auch die von der göttlichen Welt umschlossene Weltinsel, von der Wolfgang SCHADEWALDT, Das Welt-Modell der Griechen, spricht, läuft schließlich auf die These einer schon wirklich gegebenen Göttlichkeit der Welt hinaus, sofern der Mensch – wie Schadewaldt S. 615 sagt – „seine menschlich-religiösen Bedürfnisse als Bewohner dieser Insel aufs glücklichste befriedigt" fühlt.

[32] Vgl. hierzu meinen Aufsatz: Vernunftdeterminismus und Entscheidungsfreiheit.

Die These einer derart absoluten Göttlichkeit der Welt wird aber von Platon gar nicht vertreten, was sich ganz deutlich aus der Unterscheidung zwischen dem immerseienden Gott (θεὸς ὢν ἀεί) und dem werdenden Gott (ἐσόμενος θεός) entnehmen läßt.[33] Wie vollendet nun auch der werdende Gott, als welcher der Kosmos gedacht wird, geschaffen worden ist – er wird auch ein seliger Gott (εὐδαίμων θεός) genannt –,[34] die in der Welt auftretende Schlechtigkeit wird deswegen nicht geleugnet, allerdings nicht dem Urheber der Welt, sondern dem sterblichen Lebewesen angelastet.[35]

Obgleich laut diesen ersten Beobachtungen am Text nun doch die Mühe, die darauf verwandt wurde, die theologische Deutung und das christliche Verständnis des *Timaios* zu destruieren, vergeblich und unnütz zu sein scheint, weil eine ganz unbestreitbare Affinität der theologischen Erwägungen aus dem Text belegt werden kann, so ist dennoch richtig, daß diese theologischen Erwägungen eben nicht der Hauptgegenstand der Untersuchungen des *Timaios* sind, nicht einmal deren verdeckte Sinnspitze, die, anders als der Schöpfungsbericht in der biblischen *Genesis*, auf das ideale Sein der Welt und nicht auf den Preis Gottes geht, wiewohl darauf beharrt werden muß, daß dieser auch im *Timaios* nicht einfach fehlt.

Auf Grund seiner zentralen Aufgabenstellung stehen im *Timaios* schon allein quantitativ gesehen die physikalischen und biologischen Theorien ganz im Mittelpunkt der Betrachtung. Eine besondere Rolle spielen dabei die atomtheoretischen Überlegungen, weil sie den Bereich betreffen, der als durch die Notwendigkeit hervorgebracht gilt. In diesem – neben dem, was durch die Vernunft hervorgebracht ist – zweiten Bereich der Darstellung geht es also auf den ersten Blick um etwas, das dem ersten Bereich in gewisser Weise entgegengesetzt ist, das gleichsam ein Gegenprinzip repräsentiert, welches zur vollständigen Erklärung dessen, was Welt ist, in gleicher Ursprünglichkeit auch benötigt wird: „Denn das Werden dieser Weltordnung entstand als aus einer Vereinigung von Notwendigkeit und Vernunft gemischt".[36] An diesem Prinzip soll nun die durchgängige Grundbehauptung des gesamten Dialogs entfaltet werden, die besagt, daß der Gott das zunächst chaotische Material – das, was zunächst ohne Verhältnis und Maß war (ἀλόγως καὶ ἀμέτρως) – durch Formen und Zahlen zu etwas möglichst Schönem und Gutem gestaltete.[37]

In der Betrachtung dieses anderen Prinzips, in der Betrachtung der naturwissenschaftlich-naturphilosophischen Dimension des *Timaios*, gelangt die

[33] *Timaios* 34 a/b.

[34] *Timaios* 34 b.

[35] *Timaios* 42 d/e; weitere Argumente gegen die Möglichkeit werden in meinem Aufsatz, Die Ursprungsphilosophie in Platons „Timaios", S. 251 ff., diskutiert.

[36] *Timaios* 47 e/48 a.

[37] *Timaios* 53 a/b.

Interpretation nun zu einem kritischen Punkt, an dem ihre These weiter zu entfalten und zu überprüfen sein wird.[38] Gefragt werden muß hier, was dies Andere ist, ob es in der Tat in gleicher Weise und Ursprünglichkeit ein Gegenprinzip zu dem von der Vernunft Hervorgebrachten darstellt. Die Frage nämlich, was das Mannigfaltige (παντοδαπόν) vor aller Gestaltung durch die Form sei, führt zu der Grundfrage für die Chorismos-Problematik, ob die Materie ewig oder ein Produkt der Gestaltung Gottes sei. Von der Antwort auf diese Frage hängt dann schließlich auch ab, welchen Sinn die Lehre von der Unsterblichkeit der Seele, die unter erkenntnistheoretischen, ethischen und psychologischen Aspekten schon betrachtet wurde, nun aus dem Zusammenhang der ontologisch-kosmologischen Fragestellung heraus bei Platon haben kann.

Zunächst muß bei der Bearbeitung dieser Aufgabenstellung noch einmal auf die Unterscheidung zwischen dem verwiesen werden, was dies andere Prinzip vor seiner Gestaltung durch Form und Zahl ist, und dem, was nach seiner Gestaltung noch die Andersheit des ja offenbar durch Vernunft zumindest Mitgestalteten gegenüber dem durch Vernunft Hervorgebrachten ausmacht. Irgendeine Seinsweise nämlich wird sowohl für das Seiende, als auch für den Raum und das Werden angenommen, noch bevor der Himmel entstand (ὄν τε καὶ χώραν καὶ γένεσιν εἶναι . . . καὶ πρὶν οὐρανὸν γενέσθαι).[39] Dementsprechend hat es um die Bestimmung des Seinsmodus dessen zu gehen, das im Zusammenhang mit Sein und Werden steht, und zwar noch bevor die Tätigkeit des Demiurgen einsetzt.

Das, was wird (τὸ γιγνόμενον), wird in demjenigen, in dem es wird (ἐν ᾧ γίγνεται), bevor es als Werdendes „geboren" wird,[40] in einer ersten Stufe als ohne Verhältnis und Maß (ἀλόγως καὶ ἀμέτρως) in einem unsichtbaren, gestaltlosen, allaufnehmenden Gebilde (ἀνόρατον εἶδος τι καὶ ἄμορφον, πανδεχές) befindlich vorgestellt, „das aber auf eine irgendwie höchst unerklärliche Weise am Denkbaren teilnimmt und äußerst schwierig zu fassen ist".[41] Diese dritte Art, der Raum (χώρα), ist selber nicht als etwas Bestimmtes faßbar, dennoch aber immer seiend (ὂν ἀεί) und andererseits allem, was ein Werden hat, einen Platz gewährend.[42] Entscheidend für den Seinsmodus des Werdenden, bevor es als Werdendes „geboren" wird (φύεται),[43] ist nun,

[38] Vgl. GADAMER, Idee und Wirklichkeit in Platos Timaios, S. 16 f.: „Damit kommen wir zu dem eigentlichen Problem des ‚Timaios'. ... Jetzt konzentriert sich das Interesse ganz auf diese sekundäre Ursache. . ."

[39] *Timaios* 52 d.

[40] *Timaios* 50 d.

[41] *Timaios* 51 a.

[42] *Timaios* 52 b.

[43] *Timaios* 50 d; weil das „geborene" Werdende so wesentlich vom „stets" Werdenden zu unterscheiden ist, wird dieser Seinsmodus hier eigens hervorgehoben.

daß es ohne diese Befindlichkeit an einem Ort kein Sein hat, nicht ist,[44] daß es, ohne sich irgendwie ans Sein zu klammern, überhaupt nicht ist (μηδὲν τὸ παράπαν . . . εἶναι).[45] Ganz für sich betrachtet ist das Substrat des Werdenden – das Werdende, bevor es durch irgendeine Formung allererst zu einem Werdenden geworden „ist" – schlechthinniges Nichtsein. Vorausgesetzt ist in dieser These allerdings, daß das Werdende nur in seiner Ausgerichtetheit auf Seiendes, nur in seiner Zielorientiertheit als „seiendes" Werdendes aufgefaßt wird, zumal ihm ansonsten jede Bestimmtheit fehlte. Unter der Voraussetzung nun, daß das „geborene Werdende" nicht das schlechthin Unbestimmte sein könne, ist dann etwas als Bedingung der Möglichkeit allen Werdens erforderlich, das die Verbindung des an sich Unverbindbaren gewährleistet. Dies gilt – wie es im Dialog heißt – nach „dem ganz genau wahren Satz, daß, solange das eine dies, das andere das ist, keines von beiden je in dem anderen entsteht und so zugleich ein und dasselbe und zwei wird".[46]

Obwohl somit das andere Prinzip hinsichtlich seines Seinhabens von vornherein von diesem Vermittelnden abhängt, ist es in seinem bloßen Gestaltlos-im-Raum-sein noch nicht das Material für die Tätigkeit des Demiurgen. In einer zweiten Stufe vor der Gestaltung durch Form und Zahl, „soweit so etwas eintreten kann, wenn bei etwas der Gott nicht dabei ist",[47] findet eine gewisse Vorordnung des zu Ordnenden statt, in der das Unähnliche getrennt und das Ähnliche zusammengedrängt wird.

Die These, daß also „der Gott . . . nicht bei der Konstitution der Elemente beteiligt" sei,[48] läßt sich allerdings in dieser Form nicht halten, weil das Resultat dieser Vorordnung zwar schon „gewisse Spuren" der vier Grundelemente (Feuer, Wasser, Erde, Luft) in sich trägt, weil aber die Konstitution der Elemente in diesem Sinne gar nicht das Resultat der Vorordnung ist.[49] Dennoch scheint festzustehen, daß „die Werke des Gottes und die Werke der Notwendigkeit klar zu scheiden" seien.[50] Zu fragen bleibt aber, worin die Funktion dieser Trennung der Notwendigkeit von der Tätigkeit Gottes besteht, der doch als Vater des Weltalls genannt war, das er seinem Bilde möglichst ähnlich schaffen wollte. Diese Funktion läßt sich fassen, wenn

[44] *Timaios* 52 b.

[45] *Timaios* 52 c.

[46] *Timaios* 52 c/d.

[47] *Timaios* 53 b; Übersetzung hier nach GADAMER, Idee und Wirklichkeit in Platos Timaios, S. 21.

[48] GADAMER, a. a. O., S. 22; vgl. auch S. 21, wo Gadamer insinuiert, daß es einen Zeitpunkt gebe, zu dem „der Gott selber Hand anlegt". Solche überspitzten Paraphrasen des *Timaios*-Textes bewegen sich in einem Aussagebereich, von dem nicht mehr recht gesagt werden kann, ob er noch dem Mythos oder der wissenschaftlichen Interpretation zuzuordnen ist.

[49] *Timaios* 52 b.

[50] GADAMER, a. a. O., S. 28.

hypothetisch einmal vom Gegenteil ausgegangen wird, wenn also in einem Gedankenexperiment zur Probe angenommen wird, der Gott verrichte auch das, was nach Platons *Timaios* als Werk der Notwendigkeit (ἀνάγκη) gilt.

Die Welt hätte dann nicht nur keinen anderen Grund, sondern auch kein anderes Ziel als eben Gott selber. Sie müßte ganz aus dem reinen ὂν ἀεί erklärt werden können. Wenn es nun in der Tat die Absicht des Schöpfers ist, daß das All des Geschaffenen ihm möglichst ähnlich werde – womit das Sein, nicht das Werden einer möglichst großen Ähnlichkeit intendiert wäre –, dann müßte entweder das Ergebnis der Schöpfungstat Gottes deren selbstgesetztem Maßstab völlig entsprechen – und so eben nichts anderes als Gott selber sein – oder der Gott an der Verwirklichung seiner Absicht gescheitert sein. Entweder also wäre es unsinnig, von einer Kontingenz der Welt, überhaupt von irgendeiner Gewordenheit ihres Seins zu sprechen, ja sie auch nur in Erwägung zu ziehen,[51] oder die Rede von einem „seienden Gott" führte sich selber ad absurdum, wenn immer der oben zitierte, „ganz genau wahre Satz" gilt, daß von wesentlich Verschiedenem „keines von beiden je in dem andern entsteht".

Demgegenüber ist über die auch von Gadamer zugestandene Kontingenz der Welt hinaus laut der Aussage des *Timaios* noch an einem weiteren Sinn der Weltkontingenz festzuhalten. Die Welt ist nämlich nach Platon ein „werdender Gott", ein Werdendes, das sich nicht durch bestimmungslose Bewegtheit, sondern durch die Ausgerichtetheit seiner Abbildhaftigkeit auf ein Urbild auszeichnet. Alle Notwendigkeit – nun im Sinne einer Notwendigkeit des Seins und der Vernunft –, die der Welt nur irgendwie zugesprochen werden kann, hängt ganz an dem durch Vernunft erfaßbaren Sein, an dem schon der die Vermittlung zum an sich Unbestimmten und Nichtseienden herstellende Raum teilhat. Negativ formuliert heißt das, daß die Notwendigkeit in keiner Weise von der bestimmungslosen Bewegtheit abhängt, die ja an sich nicht einmal als zufällig, sondern sogar als schlechthin nichts zu bezeichnen ist. Die Behauptung, Gott allein als immerseiender Gott sei der Grund und das Ziel der werdenden Welt, hat sich mit der Frage auseinanderzusetzen, ob die Notwendigkeit des in Distanz zum Seienden befindlichen Werdenden dann nicht eine innere Notwendigkeit des Gottes selbst wäre und ob nicht das Sein dieses Gottes dann gerade das Werdesein, nicht das Sein des Werdenden, intendierte. Um dieser Konsequenz, wie Platon es

[51] GADAMER, a. a. O., S. 27 f.; natürlich scheinen die Fragen, die Gadamer, S. 28, aufführt („Soll man sich andere Verteilung der regulären Körper auf die Elemente darunter vorstellen, so daß es ein anderes Element gäbe? Etwa gar ein fünftes Element, wie bei Aristoteles?"), auf müßige Spekulationen hinauszulaufen. Aber die „Quintessenz" der Frage nach dem fünften Element wäre gemäß dem vorliegenden Zusammenhang nicht im Problem der zufälligen Größe der Elementenzahl, sondern im Rückschlag dieser Reflexion auf die Frage nach dem Sein der Elemente zu finden.

beabsichtigt, entgehen zu können, muß die Behauptung so modifiziert werden, daß die Nichtnotwendigkeit der Welt sichtbar werden kann. Ohne die Annahme einer solchen Nichtnotwendigkeit der Welt zerfiele nämlich zugleich der Gedanke ihrer Abbildhaftigkeit, die eben auf der wesenhaften und bleibenden Unterscheidung eines Zieles, welches der seiende Gott ist, und dessen basiert, das sich auf das Ziel zubewegt und von Platon als werdender Gott bezeichnet wird.

Das Unfaßbare, daß überhaupt etwas außer dem notwendig seienden Sein ist, das unverstehbare Wunder, daß es, obwohl von ihm her gesehen bloß Nichtseiendes, auf dieses Seiende sich zubewegen kann und in diesem Sinne ein Werdendes ist, muß nach alledem eigens thematisiert werden. In der hiermit gestellten Aufgabe darf aber weder der bestimmungslosen Bewegtheit als des bloß Werdenden, aber niemals Seienden, irgendein Sein beigelegt werden, noch dem Sein irgendein Werden. Dies ist der für Platon gültige Sinn der oben herausgestellten Ausgangsunterscheidung im *Timaios*.[52] Hätte der Rekurs auf ein bloßes, bestimmungsloses Werdendes und seine Vorordnung durch den Raum nicht das Ziel, die Nichtnotwendigkeit der Welt gleichsam in den Chiffren des Mythos auszudrücken, bedeutete er wohl einen gar zu lächerlichen Anthropomorphismus, dessen Verteidiger zudem erklären können müßten, was der Seinscharakter der Notwendigkeit (ἀνάγκη) sein könnte, welche die Vernunft „durch Überredung" (τῷ πείθειν) dazu bringt, das Werdende dem Seienden entgegenzuführen.[53] Selbst wenn man sich auf Gadamers Formulierung einlassen wollte, daß die einzige Tätigkeit des Gottes im Überreden der Notwendigkeit (wieder im Sinne der ἀνάγκη) bestünde,[54] kann diese Tätigkeit das Ganze der Hervorbringung der Welt bezeichnen, zugleich mit der Möglichkeit der Trennung zwischen Schöpfer und Geschöpf, die dabei dennoch wesentlich aufeinander bezogen bleiben.

Vor dem Hintergrund dieser Interpretation der Tätigkeit des Weltenschöpfers und seines durch die Spannung von Urbild und Abbild geprägten Verhältnisses zum Geschaffenen kann nun gefragt werden, ob und wie der Chorismos innerhalb der Welt und wie er zwischen Welt und Gott auftritt. Eine entscheidende Pointe erhält die Interpretation des Verhältnisses von Gott und Welt im *Timaios* durch die Bezugnahme auf die Unsterblichkeitsproblematik. Ihr soll deswegen, obwohl sie in diesem Dialog nur relativ kurz, als „Beiwerk", zur Sprache kommt, im Anschluß an die Behandlung der ersten Frage noch nachgegangen werden.

Auch innerhalb der weltlichen Wirklichkeit scheint es wenigstens auf den

[52] *Timaios* 27 d.
[53] *Timaios* 48 a.
[54] A. a. O., S. 30.

ersten Blick nach dem *Timaios* den Chorismos sogar im bloßen „Stoff" zu geben. Besonders deutlich entsteht dieser Eindruck aus dem Text vom Beginn des dritten Teils der Rede des Timaios, welche die Verbindung von Vernunft und Notwendigkeit darstellen soll. Diese Verbindung nimmt zum Ausgangspunkt, daß „nun vor uns wie vor Zimmerleuten als Baumaterial die Arten der Ursachen gesondert bereitliegen, aus denen die noch verbleibende Untersuchung zusammengewebt werden muß".[55] In der *Verwebung* der gesondert bereitliegenden Ursachearten findet die gesamte Untersuchung ihren „Abschluß" (τελευτή) und ihre „Krönung" (κεφαλή).[56] Was aber aus diesen gesonderten Ursachearten zusammengewebt worden ist, erscheint in diesem Sinne als zwiefältig und trennbar. Zu fragen ist also, was der Satz aussagen will, daß die Ursachearten wie Baumaterial gesondert bereitliegen, was – um die Frage prägnant in einem Ausdruck zu konzentrieren – die ὕλη διυλισμένη ist, das Baumaterial, das als in den Ursachearten gesondert bereitliegend vorgestellt wird.[57]

Zunächst kann festgehalten werden, daß das aus dem Baumaterial zu Erbauende nicht aus dem Baumaterial und noch etwas Anderem – beispielsweise der Form seiner Zusammenfügung – verbunden werden soll, sondern daß die Duplizität schon im Baumaterial selber liegt, daß die Ursachearten also Konstituentien des Baumaterials sind. Das Weitere hängt nun davon ab, in welcher Weise sich die zwei Ursachearten zu dem Baumaterial verhalten. Wenn sie seiende Konstituentien des Stoffes sind, muß auch für das Material, aus dem die Welt geworden ist, ein grundlegender Chorismos gelten.

Hier greifen aber nun nochmals die schon vorgetragenen Überlegungen zum Seinsmodus des aus der anderen Ursacheart Kommenden ein, die bei Platon unter dem Titel der Notwendigkeit (ἀνάγκη) steht. Dieses von der anderen Ursacheart Beigesteuerte ist nur etwas, insofern es etwas auf das Sein hin Werdendes ist. In diesem Werdenden ist es dann aber von solcher Art, daß es das Werdende mitkonstituiert. Es ist also etwas als gedachtes Auflösungsprodukt eines – nun in einer ein wenig gewaltsam wörtlichen Übersetzung des auch im Griechischen nicht sehr gebräuchlichen Wortes – „zerstofften Stoffes" (ὕλη διυλισμένη). Wenn der Stoff in einem weiteren Gedankenexperiment einer Auflösung unterzogen würde, so daß es den Stoff dann nicht mehr gäbe, erschienen als seine Konstituentien das Immerseiende und das schlechthin Nichtseiende, das nicht einmal als Werdendes, als „geborenes Werdendes", zu bezeichnen wäre. Das andere Prinzip löst sich so gesehen in nichts auf, so daß die Frage, „aus welchem Stoff" die

[55] *Timaios* 69 a.

[56] *Timaios* 69 b.

[57] Dieser Begriff ist aus der ersten Hälfte des Satzes in *Timaios* 69 a 6 f. gefiltert und zusammengefügt.

„regulären Körper . . . gemacht seien" mit Werner Heisenberg nur folgendermaßen beantwortet werden kann: „aus Mathematik".[58]

Der „mathematische Stoff", aus dem die Dinge, sogar schon die kleinsten Bausteine der Materie, ihr Sein haben, ist allerdings etwas Anderes als das Immerseiende, aber niemals Werdende. Er ist die Verräumlichung, die Versinnlichung, die Verbildlichung des immerseienden Gottes, des stets mit sich Identischen, der reinen göttlichen Vernunft. In Allem, im Großen wie im Kleinen, ist die Welt ein „Bild des Geistigen" (εἰκὼν τοῦ νοητοῦ), ist sie „ein Himmel" (εἷς οὐρανός), ist sie ein „wahrnehmbarer Gott" (θεὸς αἰσθητός), ist der ganze Kosmos „einartig" (μονογενής).[59]

Die Zweiheit der Ursachearten kommt also überhaupt nur dann zum Vorschein, wenn der Stoff in Gedanken gleichsam einer Auflösung unterzogen wird. Obwohl nun in dieser Auflösung sich der Anschein ergibt, als lägen in ihr zwei Ursachearten als Konstituentien des Werdeseins getrennt vor, so erweist sich doch bei genauerer Betrachtung, daß die Ursachen alles Seienden in der Welt letztlich von einer Art (μονογενής) sind. Die Darstellung der Welt als eines werdenden, wahrnehmbaren Gottes ist nichts anderes als die Leugnung eines auf das Sein des Werdenden bezogenen, innerweltlichen Dualismus, ist die Verneinung des Chorismos im Werdesein des Kosmos.

Wenngleich aber das Werdende im Kosmos grundsätzlich auf das Sein hin wird, gibt es doch auch solches Werdesein, das laut dem *Timaios* für unsterblich gehalten wird, und anderes, das für sterblich gilt. Derart ordnete nämlich der Demiurg zuerst die Elemente, „dann fügte er aus ihnen dieses All zusammen als ein Lebewesen, welches alle Lebewesen, sterbliche und unsterbliche, in sich enthält".[60] Wie sehr nun die Darstellung dieses All-Lebewesens auch gewissermaßen nach dem Bild und Gleichnis des Menschen gezeichnet erscheinen mag, wie sehr also ganz offenbar der Mensch in das Zentrum dieser kosmologischen Betrachtungen Platons gestellt ist, so sehr legt der Gebrauch dieses Bildes doch nahe, daß die Darstellung des Ganzen als eines Organismus das übergeordnete Thema der Untersuchung ist, eines Organismus allerdings, in dem das einzelne Lebewesen gleichsam als Moment des Ganzen unterzugehen bzw. aufzugehen scheint.

[58] Vgl. Platons Vorstellungen von den kleinsten Bausteinen der Materie, S. 140. Hans-Georg GADAMER, Antike Atomtheorie, S. 525, zeigt, daß Platon hier in schärfsten Widerspruch zur vorsokratischen Atomistik tritt. Nach dieser „physikalischen" Atomistik müßte gelten: „Die Unteilbarkeit der Atome ist also eine ontologisch-physikalische, keine mathematische Forderung. Sie sind unteilbar, weil sie ‚solide', d. h. frei von Leerem sind . . . Sie sind keine mathematischen Pseudoprodukte, sie haben verschiedene Größe, ja, es könnte an sich – wenn nur die Erfahrung der wirklichen Erscheinungen das nicht ausschlösse – Atome geben, die so groß wären wie die ganze Welt."

[59] *Timaios* 92 c.

[60] *Timaios* 69 c.

Weil damit doch ein starker Kontrast zur Seelenlehre sichtbar wird, wie sie oben in der Interpretation früherer Dialoge entfaltet wurde, muß zu den folgenden Thesen zunächst bemerkt werden, daß Platon den Rang der Aussagen zur Seele des Menschen im *Timaios* von vornherein relativiert, indem er darauf hinweist, daß „diese Fragen nun genau zu erörtern, . . . wohl allein für sich selbst eine hinreichende Aufgabe“ wäre.[61] Was dennoch gesagt wird, wird „in Anlehnung an das Vorherige“ gesagt, mithin von einem ganz bestimmten, dem *Timaios* eigenen Blickwinkel aus.[62] Ausgegangen wird dabei von den geläufigen Teilen der Seele, die im *Timaios* mehrfach als die „drei Formen der Seele in uns“ (τρία ψυχῆς ἐν ἡμῖν εἴδη) auftreten und in diesem Dialog zudem noch als „an dreierlei verschiedenen Orten in uns angesiedelt“ gelten.[63] Auf der Grundlage dieser einleitenden Bemerkungen und innerhalb der Gesamtthematik des *Timaios* betrachtet, vermag es dann nicht zu überraschen, daß die Ausführungen weitgehend unter diätetischen Gesichtspunkten stehen, wobei gelehrt werden soll, wie man die Bewegungen der Seelenformen „zueinander harmonisch halten“ könne.[64] Die vorgetragene Regel, nach der eine solche Harmonie erlangt werden kann, besagt, daß derjenige sich in allem immer mehr dem Sterblichen angleicht, „soweit es überhaupt möglich ist, sterblich zu werden“, der „mit seinen Begierden oder ehrgeizigen Bestrebungen beschäftigt ist und sich um diese Dinge heftig bemüht“, daß aber der andere, der „sich dagegen um Erweiterung seiner Kenntnisse und wahre Einsichten ernstlich bemüht hat“, der Unsterblichkeit teilhaftig werde, „soweit es der menschlichen Natur möglich ist“.[65]

Diese Regel gibt also eine Anweisung zur Beantwortung der Frage, wie es möglich ist, in der Welt glücklich (εὐδαίμων) zu sein. Sie gibt zugleich zu erkennen, daß die Befolgung oder Nichtbefolgung dieser Anweisung eine Bewegung auf Unsterblichkeit oder auf Sterblichkeit mit sich bringt, soweit es jeweils dem Menschen möglich ist, zu sterben oder unsterblich zu sein. Dabei ist klar, daß der Grund des Unvermögens zu sterben, das dem Seienden, das der Mensch ist, hier in gewisser Weise zugesprochen wird, in seinem höchsten Vermögen (κυριώτατον) beruht, in der Vernunft, die „uns von der Erde zu unserer Verwandtschaft im Himmel erhebt, da wir kein irdisches, sondern ein himmlisches Gewächs“ (φυτὸν οὐράνιον) sind.[66] Ebenso ist klar, daß die Möglichkeit zu sterben in der Hinneigung zum Gegenpol beruht, in der Hinneigung zu den Begierden (ἐπιθυμίαι). Sterblich und unsterblich *wird* laut dieser Stelle etwas allererst durch seine ihm

[61] *Timaios* 89 d/e.
[62] *Timaios* 89 e.
[63] Ebd.
[64] *Timaios* 90 a.
[65] *Timaios* 90 a/b.
[66] *Timaios* 90 a.

wesenhaft eigenen Vollzüge und *ist* es nicht einfach durch seine vorfindbare Natur schon. Derart wird offensichtlich eine Unterscheidung zwischen einer kategorial-ontologischen und einer ethisch-metaphysischen Betrachtung des Menschen vorgenommen. Der Mensch ist ethisch gesehen ein Werdendes zwischen Unsterblichkeit und Sterblichkeit, von dem es selber abhängt, ob es sich der einen oder der anderen Seite zuneigt, ohne daß es – womit die ontologische Fundierung der ethischen Argumentation zum Ausdruck gebracht wird – der einen oder der anderen Seite vollends entrinnen könnte.

Dasjenige also, was unsterblich und sterblich werden kann, ist nicht der Grund von Sterblichkeit und Unsterblichkeit im ontologischen Sinne. Dieser Grund ist vielmehr das Sein und das Nichts in der Konstitution allen Werdeseins. Wenn von einer Unsterblichkeit der menschlichen Seele gesprochen wird, dann von der Unsterblichkeit eines Werdenden, zu dem die „drei Formen der Seele" notwendig hinzugehören. Nur so ist es auch einer Bewegung zwischen den genannten Polen fähig. Das μονοειδές des *Phaidon* mag immerhin der Seinsgrund der Unsterblichkeit bleiben: dasjenige aber, worum es Platon immer in der Unsterblichkeitsfrage bei dem Menschen geht, ist nicht eingestaltig und ewig. Auf Grund der Zurückweisung seiner Eingestaltigkeit ist es aber auch noch nicht notwendigerweise ein aus mehreren Teilen Zusammengesetztes (σύνθετον), das der naturhaften Auflösung anheimfiele. Was nämlich für die Welt als ganze gilt, gilt auch für jedes Einzelne in ihr, für die Elementenkonstitution und für den Menschen: daß er aus *einer* Art, aus *einem* Ursprung geworden ist (μονογενής). Insofern aber das μονογενές, das der Mensch ist, bis zum Höchsten reicht, übersteigt es zugleich in gewisser Weise den Bereich des Werdens, ohne dadurch hinwiederum aufzuhören, ein Werdendes zu sein. Der Mensch ist dasjenige Werdende, dem in der Vernunft das Ziel allen Werdens überhaupt als Aufgabe gegenwärtig ist. So werden für ihn wohl Stufungen innerhalb des Werdenden faßbar, aber nicht solche, die in Hinzufügungen – beispielsweise von Lebendigkeit, Sinnlichkeit oder Vernunft – zur Materie bestünden und von ihr getrennt sein könnten. Auf diese Weise gibt es schließlich für das Sein des Menschen, wie für das Sein des gesamten Kosmos, keinen ontologischen Dualismus, da es nur eine einzige Wurzel allen Werdeseins gibt.[67]

Wie aber für die Welterschaffung durch den Demiurgen zwei Grundmöglichkeiten der Weltgestaltung in Erwägung gezogen wurden – die Gestal-

[67] Übereinstimmend mit Julius STENZEL, Studien zur Entwicklungsgeschichte der platonischen Dialektik, S. 54, ist es Platons konsequent durchgeführte Absicht, „den Chorismos zu überwinden". Es ist klar, wie Stenzel, S. 16 und 15 f., vermerkt, daß ein „so kompliziertes Gebilde wie die platonische Ideenlehre ... notwendigerweise mehrdeutig bleiben" muß, aber man müsse doch auch sagen: „je stärker der Abstand zwischen den vielen Abbildern und der einigen, reinen Form, dem μονοειδὲς εἶδος, eingeschärft wird, desto stärker ist zugleich die Kraft, die ihn zu überbrücken fähig ist".

tung „nach dem sich stets gleich Verhaltenden" und die Gestaltung „nach dem Gewordenen" – so gibt es für den Menschen eine doppelte Möglichkeit für die Richtung seines Werdens – und mithin einen ethischen Dualismus.[68] Insofern für die Bewegung des Werdenden, wenn sie auf das Sein geht, gelten muß, daß sie die beste Bewegung, die Bewegung in sich durch sich selbst (ἐν ἑαυτῷ ὑφ' αὑτοῦ ἀρίστη κίνησις),[69] zu sein hat, muß auch gelten, daß ihr Werdesein, innerhalb dessen und auf Grund dessen sie sich vollzieht, für sie konstitutiv ist, daß die Bewegung zum Sein das Werden eines Werdenden ist, ein unendlicher Progressus, in dem der Chorismos im Sein der Welt asymptotisch aufzuheben gesucht wird, der Chorismos zwischen Gott und der Welt, dem Sein selbst und dem Werdesein, aber festgeschrieben ist.

[68] In einer Kritik neukantianischer Positionen, die sich explizit auf die Interpretation der Aristotelischen Philosophie bezieht, aber laut der hier vorgetragenen Deutung auch auf Platon paßt, vermerkt Heinz HAPP, Hyle, S. 24 f., daß die Noumena im Neukantianismus „nur noch als zweckmäßige ‚Fiktionen' des Subjekts ohne jedes ‚objektive' Sein angesehen" worden seien. Hingegen habe man in „Ethik und Ästhetik . . . ihnen noch eher eine Spur von Sein (z. T.‚Geltung' genannt)" belassen, „in der Ontologie" aber seien „sie ganz unverbindliche Hilfsmittel der Wissenschaft" gewesen. – Es könnte scheinen, daß mit vorgelegter Interpretation ein vergleichbarer Versuch gemacht sei. Dies trifft aber insofern nicht zu, als auf der einen Seite das Sein nicht als bloße Fiktion betrachtet wurde, sondern als Voraussetzung, deren Eigensein außerhalb der thematischen Untersuchung blieb. Obwohl das „ungeborene" Werden für sich selbst als „nichts" bezeichnet wurde, weil alles Werden lediglich aus seiner Ausrichtung auf das Sein hin „ist", war es doch gleichsam in seiner Unableitbarkeit aus dem Sein anerkannt worden, in seiner Erfaßbarkeit nur „durch ein gewisses Bastard-Denken" (52 b). In der Ethik aber tritt der Gegenpol, der sich in der Ontologie nur als Quasi-Prinzip zeigt, als Prinzip der Gestaltung von Handlungen auf, so daß auch Handlungen wirklich werden können, die durch das Gegenprinzip des Seins positiv bestimmt sind.

[69] *Timaios* 89 a.

Kapitel V:

Die Verschärfung des Chorismos-Problems in der Aristotelischen Philosophie

Die vorgelegte Platon-Interpretation gerät wohl vor allem mit einigen Stimmen aus der Forschung der letzten Jahrzehnte in Konflikt, die Platons Werk vom Prinzipiendualismus der hauptsächlich durch Aristoteles überlieferten Vorlesung *Über das Gute* (Περὶ τἀγαθοῦ) her zu verstehen suchen, auch wenn die vorliegende Untersuchung gerade mit diesen Forschern im Interesse an der metaphysischen Fragestellung ansonsten völlig einig geht.[1] Um nun hinsichtlich dieser, schon mehrfach ins Blickfeld geratenen Fragen eine gezielte Auseinandersetzung führen zu können, ist es erforderlich, auch die Stellung der Aristotelischen Philosophie zum Chorismos-Problem zu beleuchten.[2]

Tatsächlich – aber, weil Platon ja so außerordentliche Kunstfertigkeit in die Gestaltung seiner Dialoge legte, doch auch überraschenderweise – kann sich die an der genannten Vorlesung orientierte Interpretationsrichtung mit ihrer Betonung des besonderen Ranges der mündlichen Lehre auf einige deutlich abschätzige Bemerkungen Platons gegen die Schriftlichkeit beziehen, die im Schriftwerk selbst vorliegen.[3] Der Sinn dieser Belegstellen – dies

[1] Eine Zusammenstellung der Testimonien für diese Vorlesung bietet Paul WILPERT, Neue Fragmente aus ΠΕΡΙ ΤΑΓΑΘΟΥ. Wilperts Darstellung hat den nicht gering zu veranschlagenden Vorteil, nicht vom Interesse einer prinzipientheoretischen Platon-Interpretation überlagert zu sein. Zu den Motiven der von der ungeschriebenen Lehre ausgehenden Interpretation vgl. Jürgen WIPPERN, Einleitung in den Sammelband: Das Problem der ungeschriebenen Lehre Platons. Beiträge zum Verständnis der Platonischen Prinzipienphilosophie, in dem auch Wilperts Beitrag vorliegt.

[2] Aristoteles spielt trotz der Entdeckung unabhängiger Testimonien in der Diskussion um die ἄγραφα δόγματα die entscheidende Rolle. Zudem brechen die mit dem Prinzipiendualismus der ungeschriebenen Lehre sich stellenden Fragen aus dem inneren Zusammenhang der Aristotelischen Philosophie selber mit Notwendigkeit auf. Vgl. hierzu Julius STENZEL, Studien zur Entwicklung der platonischen Dialektik, S. 121: Für Aristoteles „ist εἶδος und Stoff, Form und Geformtes naturnotwendig und untrennbar miteinander verbunden. Wird somit die anschauliche Komponente des εἶδος nun im höchsten Grade im einzelnen Gegenstande ‚vergegenständlicht', so wird dadurch grade das Begriffliche frei, das im εἶδος schon bei Platon allmählich stärker hervorgetreten war, und das Allgemeine ist für Aristoteles aus dem Zusammenhang mit dem Einzelnen zu wirklicher ‚Begrifflichkeit' entwickelt, also ‚abstrakt'. Das εἶδος ist im einzelnen Gegenstand, das Allgemeine ist nur ‚gedacht'. Mit welchen von beiden er nun das platonische εἶδος gleichsetzen mochte, der Chorismos lag auf der Hand."

[3] *Phaidros* 278 c (τὰ γεγραμμένα φαῦλα ἀποδεῖξαι); *Siebenter Brief* 341 b ff.: Platon sagt dort zu denen, die behaupten, sie wüßten, worum es ihm bei seinem Bemühen gehe, daß es seiner

wird bei ihrer Betrachtung sofort offenbar – wird allerdings durch eine Interpretation geradewegs auf den Kopf gestellt, die auf eine in der Akademie vorlesungsmäßig vorgetragene Lehre ausgerichtet ist und dieser gegenüber dem angeblich bloß der Protreptik dienenden Schriftwerk deutlich einen Vorzug zukommen läßt. Aus den Belegstellen ergibt sich nämlich, daß es gerade die explizite Systematisierung und Thematisierung eines doxographischen Lehrgebäudes war, gegen die sich Platons Kritik der Schriftlichkeit richtete. Ein wenn auch mündlich vorgetragener Text, der solche Systematisierung böte, stellte den exemplarischen Fall dieser Kritik dar, zumal die ungeschriebene Lehre ja – unbekümmert um Platons grundsätzliche Kritik der Schriftlichkeit – schriftlich tradiert wurde und heute schriftlich expliziert wird. Demgemäß enthält die ungeschriebene Lehre eine offenbar dem Platonischen Denken zuwiderlaufende Tendenz zur Schriftlichkeit. Das Schriftwerk Platons hingegen tendiert durch seine literarische Form selbst zur Mündlichkeit und hat so gerade auf Grund von Platons Kritik der Schriftlichkeit eindeutigen Vorrang für die Platon-Interpretation. Der Effekt der Mündlichkeit, der laut dem *Siebenten Brief* so ganz in der Absicht Platons lag – daß nämlich das eigentliche Ziel des philosophischen Bemühens nicht in die unveränderliche Ausdrücklichkeit festgeschriebener Worte gefaßt werden könne und diejenigen, die behaupten, sie wüßten, worum es Platon in diesem seinem Bemühen gegangen sei, unmöglich irgendetwas von der Sache verstünden –[4], dieser Effekt ist im Dialogcharakter des Schriftwerks zu finden, wodurch es eben so schwierig ist, die „Lehre" Platons positiv zur Darstellung zu bringen. Das eigentliche Ziel der Philosophie, das der Philosophierende um nichts weniger klar vor Augen haben muß, manifestiert sich in wechselnden Themenbereichen und mit wechselnden Gegnern gleichsam durch negative Aussparung und im Gebrauch von Bildworten, also insgesamt durch ein Sprechen, welches das Ausgesprochene für das Unaussprechliche zugleich wieder zurücknimmt und so zu einem im letzten verstummenden, dabei aber doch beredten Zeigen wird.[5]

Meinung nach unmöglich sei, daß diese Leute irgend etwas von der Sache verstünden. Von ihm gebe es jedenfalls keine Schrift darüber, noch werde es sie je geben.

[4] Eine Übersicht zu dieser Frage gibt Kurt von FRITZ, Zur Frage der ‚esoterischen' Philosophie Platons.

[5] Hier gegen Hans Joachim KRÄMER, Die Platonische Akademie und das Problem einer systematischen Interpretation der Philosophie Platons, S. 92 Anm.: „Wer den *Phaidros* und den 7. Brief genauer gelesen hat, weiß, daß Platon selbst dort die prinzipielle Abwertung der Schriften vollzogen hat." Vgl. hierzu auch Heinrich DÖRRIE, Von Platon zum Platonismus. Ein Bruch in der Überlieferung und seine Überwindung, S. 61 f.: Überall da, wo Platon „über das einfach Vordergründige – Rahmenerzählungen, Staffage einer Szene mit Platanen usw. – hinausgeht, sind ja ganz bestimmte Vorsichtsmaßregeln eingehalten, die Verschlüsselung in Mythen und Metaphern oder die Führung eines Dialogs, der scheinbar ohne ein Ergebnis bleibt. Der besser Informierte, der tiefer Blickende findet das Ergebnis, ist aber selbst nicht in der Lage, es in Worte zu fassen."

So gesehen gäbe es also durchaus die Einheit der Philosophie Platons; es gibt sie aber nicht in positiver und systematischer Darstellbarkeit. Dementsprechend müssen Thesen von der Art der folgenden entschieden zurückgewiesen werden: „Die Äußerungen Platons in den einzelnen Dialogen dürfen nicht absolut gesetzt werden, sondern sind je und je Aspekte auf ein umfassendes Ganzes hin, dessen Grundzüge in der Prinzipienlehre von *De bono* erscheinen."[6] Zurückgewiesen wird natürlich keineswegs der Aspektcharakter der Aussagen in den Dialogen, sondern die grundlegende Gültigkeit der den Vorlesungsreferaten entnommenen Thesen und die behauptete Überwindung des Aspektcharakters durch die Vorlesung. Zugestanden werden kann weiterhin, daß Platon, wie sich ebenfalls schon aus dem Dialogwerk ergibt, in seiner späteren Zeit den Versuch unternommen hat, seine Gedanken mehr systematisch und thetisch vorzutragen. Zu beachten bleibt dabei wiederum, wie sich Platon dort – doch wohl auf Grund der Schwierigkeit der Sachlage und nicht aus vorwiegend protreptisch-didaktischen Erwägungen – gezwungen gesehen hat, auch bei diesem Versuch problematisierende und mythisierende Darstellungen zu Hilfe zu nehmen.[7]

Quellenmäßig stützt sich die auf die esoterische Lehre Platons zielende Interpretationsrichtung weitgehend auf die Aristotelische Vorlesungsnachschrift, die zum Zweck ihres Gebrauchs für die Platon-Interpretation zunächst von dem Verdacht gereinigt werden muß, eine Aristotelische Verfremdung Platonischer Gedanken zu enthalten. In diesem Sinne wird die Meinung vorgetragen, es sei „sehr unwahrscheinlich, daß Aristoteles in den referierenden Partien Platons Lehre in wesentlichen Punkten gröblich entstellt hätte".[8] Dementsprechend wird dieser Interpretationsansatz folgendermaßen erläutert und zu rechtfertigen gesucht: „Wir müssen die aristotelische Spezialschrift Περὶ τἀγαθοῦ quellenkritisch anders behandeln als die in den Lehrschriften eingesprengten Referate platonischer Lehren. Während letztere durchaus eine Umdeutung erlebt haben mögen, dürfen wir in der Schrift Περὶ τἀγαθοῦ eine historisch nahezu getreue Wiedergabe von Platons innerschulischer Lehre sehen."[9]

Nun betont Platon selbst immer wieder, wie ungemein schwierig die Er-

[6] Heinz HAPP, Hyle. Studien zum aristotelischen Materie-Begriff, S. 130.

[7] Diese Darstellungsart beinhaltet für die Interpreten der systematisch entfalteten Prinzipienlehre einen Gegeneinwand, den sie kaum entkräften können. Wenn beispielsweise Hans Joachim KRÄMER, 'ΕΠΕΚΕΙΝΑ ΤΗΣ ΟΥΣΙΑΣ, S. 18, zu erklären versucht, warum die Prinzipienlehre nicht ausdrücklich in das Schriftwerk eingearbeitet worden ist, dann wird die „ungeschriebene Lehre" entgegen allen Beteuerungen schließlich doch zur Arkan-Disziplin. Ähnlichen Einwänden muß sich auch Heinz HAPP, Hyle, S. 98, stellen. Zur Kritik der ganzen Interpretationsschule vgl. z. B. weiterhin auch die treffenden Hinweise von Margot FLEISCHER, Hermeneutische Anthropologie. Platon - Aristoteles, S. 4–6, vor allem die große Anm. 4.

[8] Heinz HAPP, Hyle, S. 136.

[9] Ebd. f.

fassung des Seinsmodus des Gegenprinzips sei.[10] Die Schwierigkeit leuchtet auch ohne weiteres aus der oben gegebenen Deutung des Sachzusammenhanges ein. Gemäß dieser Interpretation galt das Gegenprinzip für sich selbst betrachtet als nichts; für die ontologische Konstitution des Werdenden erschien es sodann aber als Quasi-Prinzip, das als nicht selber thematisierbares Voraussetzungssein angenommen werden muß; das aus dem Prinzip des Seins und seinem Gegenpol, obwohl er für sich selbst nichts ist, konstituiert Gedachte befand sich schließlich dennoch wesentlich in Trennung vom Immerseienden und erwies sich so als etwas Anderes; für die Bewegung innerhalb des Werdens war auch der nichtseiende Gegenpol ein positiv die Handlung oder die Gestalt des Werdens prägendes Prinzip, wonach also Handlung und Gestaltung im Werden grundsätzlich von zwei Prinzipien her zu verstehen wären. Diese Sachlage ist natürlich bei der Interpretation des durch Aristoteles überlieferten Referates zu berücksichtigen. Daß nämlich bei solcher Komplexität des Gedankens – zumal bei einer Mitschrift eines selbst großen Denkers, der in einer Zeit lebte, die mit geistigen Positionen nicht historisch getreu, sondern an der Sachdiskussion orientiert und typologisch verfuhr –[11] eine wirklich zutreffende Wiedergabe Platonischer Gedanken kaum zu erwarten steht, ergibt sich weiterhin auch schon daraus, daß Platon sich offenbar ja gar nicht im Besitze dieser klaren und systematisch darstellbaren Position hinsichtlich des afunktionalen Eigenseins der Prinzipien sah, jedenfalls soweit dies aus dem Schriftwerk gefolgert werden kann.[12]

Ein auf den Bereich des Werdeseins bezogenes Lehrstück, das eine systematische Ontologie zweier Prinzipien zum Inhalt hat, kann gemäß der vorgetragenen Interpretation im Zusammenhang mit den genannten Argumenten für Platon nicht nachgewiesen werden. Es kann vielmehr entgegen der verbreiteten Auffassung gezeigt werden, daß diese Lehre von Aristoteles – dabei durchaus in Anknüpfung an die Fragen Platons – jedenfalls problematisierend entwickelt worden ist und sich bei Aristoteles auch bis in die Erkenntnislehre, in die Ethik und die Unsterblichkeitsproblematik hinein ausgewirkt hat. Mit diesem Resultat wird nun allerdings von einem doch gravierenden Unterschied zwischen dem Platonischen und dem Aristoteli-

[10] Beispielsweise kann hier an das „Bastard-Denken" aus dem *Timaios* 52 b erinnert werden.

[11] Dieses für Platon schon nachweisbare Verfahren (ein Beispiel aus dem *Theaitetos* wurde oben erwähnt) ist auch bei Aristoteles zu finden. Seine „philosophiegeschichtlichen" Exkurse, beispielsweise *De anima* 403 b 20 ff. (schon aus einer systematischen Exposition der Aufgabenstellung erwachsend), dienen zugleich immer der systematischen Orientierung und Abgrenzung.

[12] Zur Diskussion um die afunktionale ontologische Frage vgl. meine Untersuchung, Die Transzendenz in der Transzendentalphilosophie, bes. S. 82 f.

schen Denken zu sprechen sein, wenn ein solcher Unterschied auch vielleicht vor allem nur im Sinne einer erneuten kritischen Reflexion und der Formulierung der aus ihr erwachsenden Probleme zu verstehen sein mag.[13] Mit dieser Behauptung soll nun nicht Werner Jaegers entwicklungsgeschichtliche These mitvollzogen sein, gemäß der Aristoteles mit der schülerhaften Orientierung an Platons Ideenlehre begonnen habe, mit der unerschütterlichen Zuversicht, „daß in dem platonischen Glauben seiner Jugend der tiefste Kern doch wahr sein müsse",[14] wonach die Aristotelische Metaphysik zunächst „der grandiose Versuch" sei, „dieses die Grenzen menschlicher Erfahrung übersteigende Etwas für den kritischen Verstand zugänglich zu machen".[15] Aus ihm habe sich schließlich nach „der ersten, transzendenten Periode ... die theoretische Einsicht in die Notwendigkeit" ergeben, „die Erfahrung in den Kreis des philosophischen Denkens einzubeziehen".[16] Das Ergebnis dieser Entwicklung ist nach Jaeger dann zuletzt „eine entscheidungsvolle Umlagerung des Schwergewichts nach der Seite der positiven Forschung" hin.[17]

Jaegers Position kann schon aus Gründen der in ihr implizierten Platon-Deutung nicht zugestimmt werden. Aber auch aus inneren Gründen der Aristoteles-Interpretation kann sie nicht akzeptiert werden. Hier hat die sich exemplarisch auf einschlägige Gedanken eines frühen und eines späten Werks des Aristoteles – gemeint sind der *Eudemos* und die *Nikomachische Ethik* – beziehende Argumentation Franz Dirlmeiers auch heute noch ausschlaggebendes Gewicht.[18] Den Satz, daß Aristoteles „*Empiriker* am Anfang und am Ende" wie „*Platoniker* am Anfang und am Ende" gewesen sei, begründet Dirlmeier zusammenfassend damit, daß „die Unsterblichkeitslehre des *Eudemos* und der Griff nach dem göttlichen, autonomen Leben im Schlußteil der *Nikomachischen Ethik* ... auf der gleichen Stufe" stünden.[19]

Die gegen Jaeger gerichtete Intention der These Dirlmeiers darf aber nicht darüber hinwegtäuschen, daß in ihr nicht allein der „Platoniker" Aristoteles

[13] So versteht sich das teils symphilosophierende, teils aber auch auf Aporetik oder gar polemisches Gegenüber hinauslaufende Verhältnis des Aristoteles zu Platon. Richtig hat schon Augustinus denjenigen zugestimmt (*Contra Academicos* 3, XIX, 42), „die in ihren Erörterungen die Lehre vertraten, Platon und Aristoteles stimmten derartig überein, daß sie nur Unerfahrenen und weniger Aufmerksamen verschiedener Meinung zu sein schienen". Diese These darf natürlich nicht im bequemen Sinne ausgelegt werden.

[14] Aristoteles. Grundlegung einer Geschichte seiner Entwicklung, S. 404.

[15] Ebd.

[16] A. a. O., S. 428; vgl. insbes. aber auch noch S. 200 ff.

[17] A. a. O., S. 429.

[18] Vgl. Heinz HAPP, Hyle, S. 56, der sich zustimmend auf Dirlmeiers These (in: Aristoteles) bezieht: „Mittlerweile steht im ganzen fest, daß das Jaegersche Entwicklungsbild nicht zutrifft und Aristoteles vom Anfang bis zum Ende seines Lebens Platoniker wie Empiriker gewesen ist."

[19] Aristoteles, S. 157.

bis in das Spätwerk hinein gerettet wird, sondern auch der „Empiriker" schon für das Frühwerk behauptet wird. Die schon geäußerte Vermutung, daß die Authentizität der Vorlesung Περὶ τἀγαθοῦ als Zeugnis für die Philosophie Platons doch nicht allzu hoch einzuschätzen ist, gewänne dann noch an Gewicht, wenn angenommen werden darf, daß Aristoteles seinen Lehrer Platon von vornherein auf eine durchaus eigenständige Weise rezipiert hat. Daß nun im Aristotelischen Referat tatsächlich eine solche Verschiebung in der Bedeutung des zweiten Prinzips stattgefunden hat, läßt sich anhand wesentlicher Momente der Systematisierung – insbesondere der auf das Materieprinzip bezogenen Ontologie von Περὶ τἀγαθοῦ, wie Happ sie darstellt –[20] durch Gegenüberstellung mit entsprechenden Thesen des *Timaios* überprüfen.

Zunächst kann ausgangsweise festgehalten werden, daß das andere Prinzip, das Prinzip der Andersheit (θάτερον), bei Platon auf vielfältige Weise ausgesagt wird, daß dem „multipliciter dicitur" in der Akademie unter der Leitung Platons in dem Sinne Geltung zugesprochen wurde, daß man „für jede Seinsstufe jeweils eine *‚andere'* Materie" annahm.[21] Einwände sind aber gegen die folgende These zu erheben, weil hier das Prinzip einschlußweise als ein auch für sich selbst bestehendes Etwas betrachtet zu werden scheint: „Diese vielen ‚Materien' wurden trotz ihrer Verschiedenheit jeweils als *zusammengehörig* betrachtet, d. h. als Abwandlungen eines *übergreifenden zweiten Prinzips*".[22] Dabei ist es wiederum durchaus zutreffend, das zweite Prinzip gewissermaßen in allen Seinsstufen – außer eben im „Immerseienden" – repräsentiert zu sehen, da es radikal als Gegenpol zum ersten Prinzip gedacht werden muß und zugleich zusammen mit diesem ersten Prinzip schon vor allen anderen Seinsstufungen vorauszusetzen ist, wenn immer es in der Lage sein soll, durch verschiedene Vermittlungen die unterschiedlichen Seinsstufen des Werdenden zu konstituieren.[23] Nicht hingenommen werden kann nun allerdings die These von einem „ursprünglichen Dualismus (Platons bzw. der Akademie)", die Happ im übrigen auch dadurch zu verteidigen sich genötigt sieht, daß er anderslautende Testimonien durch die Unterstellung abqualifiziert, sie bögen „den (platonisch-) akademischen Dualismus monistisch" um.[24] Nicht nur Hermodor, den Happ für eine solche „Umbiegung" namhaft macht, sagt, „Platons ‚Materie' sei kein ‚Prinzip'", sei also dementsprechend „ ‚nicht-seiend' ", sondern Platon sagt es vielmehr

[20] Vgl. Hyle, S. 85 ff.
[21] Vgl. Heinz HAPP, Hyle, S. 151.
[22] Ebd.
[23] Vgl. das Schema zu „Platons System", HAPP, Hyle, S. 196, gemäß welchem Hen und Dyas die Ideen konstituieren, denen wiederum die Mathematik, die Körper und die Dyas nachgeordnet sind.
[24] HAPP, Hyle, S. 141.

sogar selber.[25] Nichts anderes nämlich bedeuten die schon vorgelegten Textstellen aus dem *Menon* und dem *Timaios*, die besagen, daß einerseits die „ganze Natur unter sich verwandt"[26] und andererseits das „stets Werdende" das „niemals Seiende" sei.[27] Keineswegs zutreffend ist also die Behauptung, es sei „kaum glaublich, daß Platon selbst seiner ἀόριστος δύας den Prinzipiencharakter direkt abgesprochen haben sollte", sondern es ist vielmehr ganz klar, daß Platon keine Gleichursprünglichkeit von zwei Prinzipien der weltlichen Wirklichkeit gelehrt hat. Dies leugnet ja nun auch Happ nicht rundweg ab, indem er die „bereits *platonische* Denk*tendenz*, gegenüber dem Einen als der Ursache von (wahrem, vollkommenem) ‚Sein' die Dyas dem Nicht-Sein anzunähern", als faktisch gegeben anerkennt.[28] Statt in solch fragwürdiger Weise am Vorlesungsreferat des Aristoteles als authentischem, für Platons Philosophie gültigem Bericht festzuhalten, scheint es angebracht zu sein, sich hier der Vermutung Hans Joachim Krämers anzuschließen, daß nämlich „im Hintergrund des offiziellen, zumal durch die vereinfachende aristotelische Berichterstattung repräsentierten Dualismus die monistische Lösung immer schon diskutiert und erwogen war und in der nacharistotelischen Akademie bis Arkesilaos vollends zum Durchbruch gelangt ist."[29]

Das zweite Prinzip, das Prinzip der Andersheit, wäre, wenn es in gleicher Ursprünglichkeit wie das erste wahrhaft und eigentlich Prinzip wäre, axiologisch betrachtet durch und durch schlecht. In der axiologischen Reflexion tritt es aber bei Platon keineswegs als etwas Schlechtes auf, sondern vielmehr – im *Timaios* – als das Prinzip der Verbildlichung des Geistigen (εἰκὼν τοῦ νοητοῦ) oder gar als Prinzip der Wahrnehmbarkeit des Göttlichen (θεὸς αἰσθητός). Die Welt ist nach Platon dieses durch das andere Prinzip – das eben nicht im eigentlichen Sinne Prinzip, sondern bloß behelfsweise eingeführtes Quasi-Prinzip ist – mitkonstituierte Bild des Geistigen, dieser von ihm gleichsam mitkonstituierte, wahrnehmbare Gott: Die Welt ist ein ἄγαλμα, d. h. „Statue und Freude des Gottes".[30] Die Materie (ὕλη) ist also nach Platon nicht, wie Happ – gleichwohl innerhalb seines Ansatzes konsequent gedacht – sagt, die *„Ursache des Schlechten in der Welt"*,[31] sondern Bedingung der Möglichkeit der Weltlichkeit des Guten, Ursache der Verbildlichung des

[25] A. a. O., S. 140.
[26] Vgl. *Menon* 81 d.
[27] Vgl. *Timaios* 27 d/28 a.
[28] HAPP, Hyle, S. 140.
[29] Der Ursprung der Geistmetaphysik, S. 333. Die Begriffe „Monismus" und „Dualismus" sind natürlich selbst nicht eindeutig. So wird in Kapitel VI gezeigt werden, daß die henologische Ontologie Plotins zu einem radikalen Dualismus im Blick auf die Ontologie der weltlichen Wirklichkeit führt.
[30] Vgl. Karl KERÉNYI, Antike Religion, bes. S. 278 ff., wo Kerényi die Notwendigkeit dieser Übersetzung erläutert.
[31] HAPP, Hyle, S. 173.

Göttlichen in der Welt. Die Schlechtigkeit aber ist nicht selbst eine ontische Größe, etwas positiv Bestehendes, sondern ein relativer Begriff für Tendenzen innerhalb der Seinsstufungen. Sie tritt demgemäß dort auf, wo Höheres zu Niederem tendiert oder wo Höheres im urteilenden Vergleich von Niederem abgehoben wird und so als relativ besser erscheint. Abgesehen von dieser im sittlich wertenden Urteil hergestellten Beziehung liegt im Niederen – im Nichtbelebten, Nichtbewußten, Nichtvernünftigen – selbst keine Schlechtigkeit. Für sich bestehende Schlechtigkeit gibt es nach Platon im Seienden als Seienden nicht, sondern nur in der widernatürlichen Tendenz vom Höheren zum Niederen in Verantwortlichkeit des Handelnden auf der Grundlage eines ethischen Freiheitsprinzips.[32] Das zweite Prinzip ist nicht ontologisch-axiologisch gesehen ein Übel, sondern allein innerhalb des verantwortlichen Handelns im Rahmen einer auf formale Sittlichkeit gegründeten Ethik.

Ohne im folgenden gleichsam die Aristotelische Parallele zur vorgelegten Platon-Deutung zur Darstellung bringen zu wollen, kann in relativer Kürze doch skizzenhaft und exemplarisch gezeigt werden, daß nach Aristoteles sowohl in der Erkenntnislehre, als auch in der Ethik und in der insbesondere auch bei Aristoteles mit der Ethik verbundenen Unsterblichkeitsfrage das Problem einer scharfen Trennung in der weltlichen Wirklichkeit auftritt, eben das Problem des Chorismos zwischen der Welt der Wahrnehmung und des Sinnlichen einerseits und der Welt des Denkens und des Geistigen andererseits. Der Gedanke des Chorismos mag dabei durchaus im Zuge von Versuchen des Aristoteles auftreten, von Platon übernommene, ungelöste Aufgaben zu bewältigen, vor allem bei dem Versuch, den Bezug des Geistigen zum Sinnlichen nicht allein denkend zu entwerfen, sondern ihn, gleichsam von unten kommend, einer Überprüfung durch Erfahrung auszusetzen. Dafür spricht beispielsweise der schon erwähnte frühe Dialog *Eudemos*, der ganz gegen spätere Positionen des Aristoteles die Unsterblichkeitsthese in einer im Vergleich zum *Phaidon* auffälligen Weise mit der empirischen Seite des Menschen verknüpft. Es steht – hier jetzt gegen die These von Franz Dirlmeier – nicht „völlig außerhalb jeder Möglichkeit platonischen Denkens, zu fragen, ob denn die Seele nach ihrer Rückkehr in die wahre Heimat noch irgendeine Erinnerung bewahrt an das Leben auf der Erde",[33] aber es bedeutet eine charakteristische Verschärfung der bei Platon schon virulenten Problematik, die Frage so zu stellen. Diese Verschärfung treibt auf die Entscheidung einer Frage zu, die Platon mit seiner Ontologie des Werdeseins im

[32] Dies wird sowohl aus dem *Philebos* als auch aus dem *Timaios* deutlich, einmal bezüglich der auch körperlichen Lust, zum anderen bezüglich des Seins bes. der Körperwelt, zugleich in bezug auf die Ordnung des menschlichen Lebens.

[33] Franz DIRLMEIER, Aristoteles, S. 151.

Timaios vorgeprägt hat, die er aber unter Berücksichtigung dieser Vorprägung nicht mehr selber zum Austrag gebracht hat. Auf Grund dieser Verschärfung ergibt sich die eigentümliche Position des Aristoteles zum Problem des Chorismos.

Weil die genannten Bereiche, in denen die Entwicklung der Chorismos-Problematik bei Aristoteles nun verfolgt werden soll, in der Frage nach dem Menschen ein gemeinsames Zentrum haben, versteht es sich, daß die Untersuchung sich in ihr zuspitzt. Die Chorismos-Problematik tritt im Blick auf das menschliche Erkennen, auf den praktischen Selbstvollzug im menschlichen Wollen und Handeln – und derart schließlich im Blick auf das Sein des Menschen – auf. Dabei soll keineswegs geleugnet werden, daß der Hylemorphismus, sofern er auch den Menschen als Einheit von ὕλη und μορφή zu verstehen sucht, das Programm der Aristotelischen Lehre vom Menschen darstellt. Es wird sich aber zeigen, daß die Geschlossenheit dieser Lehre an entscheidenden Punkten von Aristoteles selbst durchbrochen wird. Der sachliche Grund, der Aristoteles hier von der Position Platons abweichen läßt, besteht in seiner Sicht des Wesens des Veränderlichen und hängt so gewissermaßen mit seinem Empirismus zusammen.[34] Dennoch wird das Programm des Hylemorphismus trotz der noch im einzelnen zu besprechenden Abweichungen nicht aufgegeben – und so zeigen sich bei Aristoteles schließlich zwei Auffassungen vom Wesen des Menschen, die problematisierend-aporetisch in der Waage gehalten werden: „die eine, wonach der Mensch das ‚σύνθετον' ist (Eth. Nik. X 7, 1177b 28–29 und X 8, 1178a 20) und die von diesem ausgeübten Tugenden die menschlichen sind, denen der νοῦς mit seiner Tätigkeit als etwas Fremdes, Höheres gegenübersteht – und die andere, wonach der Mensch *das* ist, was das Höchste in ihm ist, nämlich der νοῦς, und daher dieser der *eigentliche* Mensch".[35]

Die hylemorphistische Grundlehre hat Aristoteles – mit der Absicht, das Wesen des Menschen zu bestimmen – in geradezu klassischer Form zu Beginn des zweiten Buches seiner Seelenschrift vorgetragen. Die Stelle lautet in eng sich an den griechischen Wortlaut anlehnender Übersetzung: „Wir nennen nun als einzige Gattung gewissermaßen alles Seienden die Seiendheit, von dieser aber das eine wie Stoff, das an sich selbst nicht etwas Bestimmtes ist, das andere aber Gestalt und Form, gemäß welcher etwas schon etwas Bestimmtes genannt wird, und das dritte das, was aus diesen beiden besteht".[36] Dasjenige, was die Seiendheit des Seienden ausmacht, hat Konstituentien, die hinsichtlich der Bestimmungskraft für das von ihnen Konstituierte eine Rangfolge aufweisen. Obgleich aber die Hyle „Prinzip der

[34] Vgl. *Physik* Z, 234 b 10 ff.: „Alles aber, was sich verändert, ist notwendig teilbar".
[35] Endre von IVÁNKA, Zur Problematik der aristotelischen Seelenlehre, S. 43 f.
[36] *De anima* 412 a 6 ff.

bloßen Möglichkeit" (ὕλη δύναμις) ist, so ist sie doch nicht als „Nichtsein an sich", sondern als ein „Konstitutionsmoment im Gewordenen" aufzufassen.[37] Für die konkrete Bestimmung des Wesens des Menschen hat diese ontologische These zur Folge, daß man „deswegen auch nicht fragen darf, ob die Seele und der Körper eins seien, gleichwie auch nicht beim Wachs und der Gestalt, und nicht – aufs Ganze gesehen – beim Stoff eines jeden Seienden und dem, zu dem der Stoff gehört".[38] Daraus ergibt sich schließlich die ganz ausdrückliche Lehre, „daß also nun die Seele nicht vom Körper abtrennbar ist" (ὅτι μὲν οὖν οὐκ ἔστιν ἡ ψυχὴ χωριστὴ τοῦ σώματος).[39]

Im Gefolge dieser Grundlehre entwickelt Aristoteles nun die verschiedenen Funktionen der Seele, die sie in diesem Sinne umfassend als Prinzip des Lebens ausweisen, da Beseeltes (ἔμψυχον) sich vom Unbeseelten (ἄψυχον) dadurch unterscheidet, daß es lebt.[40] Leben aber bedeutet verschiedenerlei und drückt sich in verschiedenen Seelenleistungen aus: in der auch bei Pflanzen schon zu findenden Nährkraft (θρεπτικόν), in dem auch den Tieren eigenen Wahrnehmungsvermögen (αἰσθητικόν), schließlich auch in dem die Sonderstellung des Menschen ausweisenden Erkenntnisvermögen (διανοητικόν) und zuletzt insgesamt gesehen im Vermögen der Bewegung (κίνησις).[41]

Es liegt auf der Hand, daß Bewegung, Nährkraft und Wahrnehmungsvermögen als ganz offensichtlich mit dem Bereich des Stofflichen und sinnlich Wahrnehmbaren verknüpfte Funktionen der Seele sich der hylemorphisti-

[37] Vgl. Josef STALLMACH, Dynamis und Energeia, S. 125, mit dem Abschnitt: „Die Hyle als Grund der Nichthaftigkeit des Seienden".

[38] *De anima* 412 b 6 ff.

[39] *De anima* 413 a 3 f.; im Gegensatz zu Fr. NUYENS, L'évolution de la psychologie d'Aristote, nach dem das Problem der Unsterblichkeit in der durch ΠΕΡΙ ΨΥΧΗΣ sich dokumentierenden dritten Periode der Aristotelischen Seelenlehre keinen Sinn mehr hat, nimmt Margot FLEISCHER, Hermeneutische Anthropologie, S. 345, an, daß gerade der Zusammenhang der oben zitierten Stelle zu zeigen geeignet sei, wie Aristoteles über Unsterblichkeit dachte. Dabei ist allerdings der Sprachgebrauch des Aristoteles genau zu beachten, da er die Trennbarkeit der Seele ja hier bestreitet, sie für die Vernunft aber zuläßt (429 b 3 ff.: ὁ νοῦς . . . χωριστός). Beide gegensätzlichen Thesen zu Aristoteles scheinen nicht recht haltbar zu sein. Die Lehre von der Abtrennbarkeit des νοῦς bietet nämlich insofern einen Ansatzpunkt für die Unsterblichkeitslehre, als es doch der Mensch ist, der erkennt und mittels des νοῦς den νοῦς reflektiert. Wie sehr aber durch diesen Zusammenhang von Mensch und νοῦς ganz unzweifelhaft auch Fundamente für die Beantwortung der Unsterblichkeitsfrage gelegt sind, so wenig können die hier gegebenen Antworten schon im Sinne der Seelenunsterblichkeit ausgelegt werden.

[40] *De anima* 413 a 21 f.

[41] *De anima* 413 b 12 f.; durch die Rückbeziehung dieser Seelenleistungen auf die Belebtheit zeigt sich die Spannung an, in der hier die Unsterblichkeitsproblematik steht. Wenn es, wie Horst SEIDL, Der Begriff des Intellekts (νοῦς) bei Aristoteles, S. 103, sagt, „hier nicht um die ‚begriffliche' Abtrennbarkeit des Intellekts geht, wonach dieser vom Sinnesvermögen wesentlich verschieden ist, sondern um seine Abhängigkeit von einem Körperorgan", so entsteht in verschärfter, bei Platon nicht gekannter Weise das Problem der Einheit der Seele.

schen Grundlehre gut einpassen. Die Seele als Entelechie des belebten Körpers bestimmt die οἰκεία ὕλη auf drei Arten: Sie ist Bewegungsursprung (ὅθεν ἡ κίνησις), Ursache des Worumwillen (οὗ ἕνεκα) und „Wesensgestalt" (οὐσία) des Körpers.[42] Auffällig ist nun im zweiten Buch der Aristotelischen Seelenschrift, daß das διανοητικόν, das zunächst in die Wesensgestalt integrierbar schien, schon hier scharf von den anderen Lebensfunktionen abgesondert wird, insbesondere von der Wahrnehmung als derjenigen Seelenleistung, welche die größte Nähe zum Erkenntnisvermögen zu haben scheint.

Die Grundbestimmung zum Wahrnehmungsvermögen lautet, daß „Wahrnehmung in einem Bewegtwerden und Erleiden" bestehe.[43] Ein entscheidendes Charakteristikum der Wahrnehmung und ihrer Organe ist es deswegen, daß sie von sich aus nicht als Tätigkeit, sondern als Anlage dasind.[44] Wenngleich von der „Anlage" wiederum nicht nur in einer Bedeutung gesprochen werden kann,[45] so ist doch klar, daß auch die durch Verwirklichung unmittelbar aktuierbare Potenz, welche das ausgebildete Wahrnehmungsvermögen ist (im Zustand des Wachens, worauf Aristoteles hinweist), auf den wahrnehmbaren Gegenstand angewiesen ist. Damit allerdings wird nun zum ersten Mal ein tief einschneidendes – die Wahrnehmung von der Vernunft scharf trennendes – Argument sichtbar, das die im Fortgang des Textes auftretende Lehre von der Abtrennbarkeit der Vernunft schon ein gutes Stück weit zu rechtfertigen in der Lage ist. Die ausschlaggebende Stelle lautet: „Deswegen liegt es bei einem selbst, ob man denken will, aber nicht, ob man wahrnehmen will, weil dazu der wahrnehmbare Gegenstand erforderlich ist".[46] Wenn das Wahrnehmungsvermögen (αἰσθητήριον) in diesem Sinne nur eine Anlage ist, dann kommt dem wahrnehmbaren Gegenstand zur Aktuierung des Vermögens eine besondere Stellung zu. Durch Bewegtwerden und Erleiden vermag das Wahrnehmungsvermögen die wahrnehmbaren Gestalten aufzunehmen. So wird die Wahrnehmung als das zur Aufnahme der wahrnehmbaren Gestalten ohne Stoff geeignete Vermögen bestimmt (αἴσθησίς ἐστι τὸ δεκτικὸν τῶν αἰσθητῶν εἰδῶν ἄνευ ὕλης).[47]

[42] Hierzu vgl. Fridolin WIPLINGER, Physis und Logos, S. 107.

[43] *De anima* 416 b 33 f.

[44] *De anima* 417 a 4 f.

[45] *De anima* 417 b 30 f.

[46] *De anima* 417 b 24 f.

[47] *De anima* 424 a 18 f.; vgl. hierzu Ingemar DÜRING, Aristoteles, S. 574: „Er (scil. Aristoteles) stellt sich also die Wahrnehmung als eine Assimilation an den wahrgenommenen Gegenstand vor, doch wohl nicht so grob, wie Ross meint, daß etwa das Auge grün wird, wenn es etwas Grünes sieht. Eher darf man vermuten, daß er Denken und Wahrnehmen als parallele Phänomene auffaßt; wie das Denken die Formen aufnimmt, so verhält sich auch das Vermögen der Wahrnehmung zu den Wahrnehmungsgegenständen."

Nach den bis in die Sinnesphysiologie hineinreichenden Untersuchungen über die Wahrnehmung beginnt mit dem dritten Kapitel des dritten Buches von *De anima* ein neuer Abschnitt, in dem zunehmend der Bereich der Wahrnehmung in den Hintergrund gerät. Allerdings wird sich zeigen, daß im Anschluß an die mehr isolierte Darstellung der geistigen Erkenntnis dennoch wieder das Problem des Zusammenhangs mit der Wahrnehmung auftritt. Dies ist ein weiteres Indiz zur Bestätigung der oben aufgeführten These, daß die Aristotelische Bestimmung des Menschen sich im Für und Wider zweier Auffassungen bewegt.

Ausgangspunkt für das dritte Kapitel ist zunächst die grundlegende Unterscheidung der Leistungen der Seele, nämlich daß sie einerseits Prinzip der Ortsbewegung, andererseits Prinzip des Denkens, Überlegens und Wahrnehmens sei. Es stellt sich dementsprechend die Aufgabe, zu zeigen, wie Denken und Wahrnehmen sich zueinander verhalten. Zur Diskussion steht somit die auch von Platon im *Theaitetos* schon kritisch behandelte These,[48] die Denken und Wahrnehmen für dasselbe erklärt (τὸ φρονεῖν καὶ τὸ αἰσθάνεσθαι ταὐτὸν εἶναι).[49] Auch die Zurückweisung dieser These durch Aristoteles verläuft in den von Platon vorgezeichneten Bahnen, indem nämlich darauf hingewiesen wird, daß gemäß dieser Ineinssetzung von Wahrnehmen und Denken die Möglichkeit des Irrtums nicht mehr verstanden werden kann. Im Wahrnehmen selbst, z. B. von etwas Weißem, kann kein Irrtum sein, da es bloßes Datum ist. Ob dieses wahrgenommene Weiße ein

[48] Vgl. dort z. B. 151 e und 163 a.

[49] *De anima* 427 a 21 f. Von Heinrich CASSIRER, Aristoteles' Schrift ‚Von der Seele', der im übrigen mit breiter Berücksichtigung der älteren Literatur eine systematische – nicht aporetische – Darstellung der Aristotelischen Seelenlehre zu geben versucht, wird über die Theorie der Abstraktion zunächst ein enger Zusammenhang zwischen Wahrnehmen und Erkennen hergestellt. Cassirer geht davon aus, es sei „für Aristoteles gewiß, daß es ohne Vorstellung kein Denken geben könne. Da es aber, wie wir gesehen haben, Vorstellung ohne Wahrnehmung nicht geben kann, so kann gesagt werden, daß es ohne Wahrnehmung keine Vorstellung, ohne Vorstellung kein Denken und somit auch ohne Wahrnehmung kein Denken geben würde" (S. 141 f.). Wenngleich Cassirer keineswegs behauptet, daß es der Vorstellung für die „spezifische Erkenntnisweise" des Denkens bedürfe, da sie eben „nur Mittel der Erkenntnis, nicht diese selbst" sei (S. 144), wird doch sichtbar, wie Cassirer den Akzent darauf legt, „daß wiederum nicht plötzlich eine neue seelische Funktion erscheint, welche mit den andern in keiner Verbindung steht, sondern daß auch hier das Prinzip des kontinuierlichen Fortschrittes sich in der Weise wirksam zeigt, daß die höhere Seelenkraft mit der tieferen im Zusammenhang steht, so, daß sie sich der tieferen als ihres Mittels und ihrer Vorbedingung bedient" (S. 140). Ganz im Einklang mit der Kommentierung der Aristotelischen Seelenschrift durch Thomas von Aquin (vgl. Cassirer, S. 150) faßt er seine These folgendermaßen zusammen: „1. Es ist kein Denken möglich, das nicht auf die in der Einbildungskraft produzierten Bilder angewiesen wäre; 2. Zwischen dem denkenden Teil der Seele und den übrigen Teilen besteht keine scharfe Trennung, was eben daraus hervorgeht, daß, wie immer, so auch hier, der höhere Seelenteil sich des tieferen bedient" (S. 149). Notwendigerweise unterscheidet Cassirer demgemäß die „menschliche und die göttliche Vernunft prinzipiell" (S. 150). Die hieraus resultierenden Interpretationsprobleme werden allerdings nicht verschwiegen (S. 150 ff.).

Stück Papier oder vielleicht Schnee sei, darin liegt die Irrtumsmöglichkeit; dies aber, ob es Papier oder Schnee ist, wird nicht wahrgenommen, sondern im Anschluß an die Wahrnehmung durch vernünftige Überlegung entschieden – und das Resultat sodann angenommen. Demgemäß steht für Aristoteles fest, daß „Wahrnehmen und Denken nicht dasselbe ist",[50] „denn das Wahrnehmen der den Sinnen eigentümlichen Merkmale kennt keinen Irrtum und ist allen Geschöpfen gegeben, Denken dagegen kann auch falsch sein und ist nur denen möglich, die mit Verstand begabt sind".[51]

So wenig wie in Platons *Theaitetos* ist nun allerdings mit dieser glatt erscheinenden Trennung zwischen beiden Bereichen ihre Vermittelbarkeit aufgegeben. Aristoteles stellt sogar – über Platon hinausgehend – ausdrücklich eine Vermittlungstheorie auf, indem er zwischen Wahrnehmung und Denken die bildliche Vorstellungskraft (φαντασία) stellt. Diese unterscheidet sich sowohl vom Wahrnehmen als auch vom Denken; sie entsteht aber nicht ohne Wahrnehmung – und ohne sie ist keine Annahme (ὑπόληψις) möglich, welche als die spezifische Leistung des menschlichen Denkens gilt, die auch dem Irrtum ausgesetzt sein kann. Wie sehr die bildliche Vorstellungskraft aber auch zwischen Wahrnehmen und Denken steht, so wenig wird sie doch auf die Erkenntniskräfte zurückgeführt. Sie gilt vielmehr selbst als etwas Ursprüngliches, und zwar als die von der aktiven Wahrnehmung ausgehende Bewegung.[52]

Die bildliche Vorstellungskraft wird als Vermittelndes gebraucht, um das Wahrgenommene in einem Urteil, in der „Annahme", bestimmen und das Denken auf die Wahrnehmung beziehen zu können. Wie von seiten der Sinnlichkeit die Materie des Urteilens gleichsam bereitgestellt wird, wurde oben dadurch erklärt, daß Wahrnehmen als ein Aufnehmen der wahrnehmbaren Dinge ohne Stoff galt. Noch ist aber nicht geklärt, wodurch das Erkenntnisvermögen in die Lage gesetzt wäre, die Urteilsfunktion im Blick auf das durch die Wahrnehmung Gegebene auch auszuüben. Um die Bedingung der Möglichkeit des Urteils aufzudecken, unterzieht Aristoteles die Vernunft einer Betrachtung, die für die Chorismos-Problematik von größter Bedeutung ist.

Schon der Beginn des vierten Kapitels kann in der gewöhnlichen Aristoteles-Auffassung kaum Berücksichtigung finden, weil in ihm der geläufigen Erwartung nicht entsprochen wird, nach der es bei Aristoteles nicht Seelenteile wie in der Trichotomielehre Platons geben dürfte, sondern drei Seelenarten, wobei dann jeweils in der schon angedeuteten Weise die höheren Seelenarten die Funktionen der niederen zu integrieren in der Lage sein

[50] *De anima* 427 b 6 f.
[51] *De anima* 427 b 11 ff.
[52] *De anima* 429 a 1 f.

müßten. Aristoteles spricht entgegen dieser Erwartung also nun von einem bestimmten „Seelenteil", demjenigen nämlich, mit dem die Seele erkenne und überlege (περὶ δὲ τοῦ μορίου τοῦ τῆς ψυχῆς ᾧ γινώσκει τε ἡ ψυχὴ καὶ φρονεῖ).[53] Folgerichtig stellt sich mit dem Auftreten dieses Ausdrucks die Frage nach seiner Bedeutung für die Seele als ganze, insbesondere also die Frage, ob auch die Abtrennbarkeit eines solchen Teiles anzunehmen sei (χωριστοῦ ὄντος κατὰ μέγεθος) oder nur die seiner Funktion (κατὰ λόγον).[54]

Die Beantwortung dieser Frage wird als Aufgabe übernommen und auf dem Wege eines Vergleiches des Denkens mit dem Wahrnehmen zu lösen gesucht. Als der doppelte Wesenszug der Wahrnehmung war ebenfalls oben schon einerseits das Bewegtwerden und Erleiden, andererseits das Vermögen, die wahrnehmbaren Gestalten ohne Stoff aufnehmen zu können, genannt worden. Dementsprechend lautet hier die Frage an das Denken, sofern es mit dem Wahrnehmen verglichen wird, ob ein Erleiden und Aufnehmen bei ihm statthabe. Es liegt nun nach Aristoteles auf der Hand, daß auch das geistige Erkenntnisvermögen eine Aufnahmefähigkeit für das zu Erkennende besitzen muß, wenn anders es nicht inhaltsleer bleiben soll. Wie sehr aber dies Erkenntnisvermögen aufnahmefähig (δεκτικόν) sein muß, so sehr muß es dennoch auch – negativ formuliert – leidenslos (ἀπαθές) sein, da es sonst, wie Aristoteles sagt, nicht über alles herrsche, da es sonst die Erkenntnisgegenstände nicht durchsichtig machen könne.[55] Daß Vernunft nämlich über das von ihr zu Erkennende herrsche (κρατεῖν), ist nach Aristoteles die Bedingung der Möglichkeit dafür, daß sie erkenne (ἵνα γνωρίζῃ).[56]

Geistige Erkenntnis, welche die Wahrheit der Dinge durchsichtig zu machen, zu entdecken, sucht, ist notwendig etwas wesenhaft anderes als bloße Wahrnehmung. Sie impliziert Freiheit im negativen Sinne, Freiheit von der Gewalt (κράτος) der Wahrnehmungsreize – und fordert so zugleich eine

[53] *De anima* 429 a 10 f.; entgegen dem geläufigen Aristoteles-Verständnis ist hier der Sache nach – nicht also nur dem bloßen Wortgebrauch nach – die Rede von Seelenteilen (nicht bloß Seelenarten). Vgl. auch Horst SEIDL, Der Begriff des Intellekts (νοῦς) bei Aristoteles, S. 117: „Die ‚Seele' ist hier als aus ‚Teilen' Zusammengesetztes zu verstehen . . .".

[54] *De anima* 429 a 11 f.

[55] *De anima* 429 a 19. Das heißt auf der einen Seite, daß das Erkenntnisvermögen nicht mit Körperlichem vermischt sein darf (vgl. 429 a 24 f.) und daß es andererseits – im positiven Anschluß an Platon – der Ort der Ideen (429 a 27 f.) ist. Hierzu vgl. Léon ROBIN, Untersuchungen über die Bedeutung und Stellung der Physik in der Philosophie Platons, S. 289, mit der bejahenden Antwort auf die Frage: „Darf man deshalb nicht annehmen, daß die Lehre des *Timaios* in der berühmten Formulierung des Aristoteles, die Seele sei nach den Platonikern ‚der Ort der Ideen' . . . genau zusammengefaßt ist?" – Heinrich CASSIRER, Aristoteles' Schrift ‚Von der Seele', bemerkt, S. 155, daß der Zusammenhang mit Platon, der in der Stelle selbst ja nicht ausdrücklich gemacht wird, schon von Philoponus hergestellt worden sei.

[56] *De anima* 429 a 19 f.

Freiheit im positiven Sinne als die Spontaneität des Erkenntnisvermögens. Obwohl dies zu gelten hat, ist die Spontaneität des Denkens doch nicht einzige Erkenntnisquelle, muß andererseits also auch eine Aufnahmefähigkeit des Erkenntnisvermögens angenommen werden. Das Erkenntnisvermögen muß die Gestalten (εἴδη) aufnehmen können, und zwar so aufnehmen können, daß sie „rein" aufgenommen werden, d. h. das Erkenntnisvermögen muß in solcher Weise reine Anlage sein, daß „die Vernunft der Anlage nach mit ihren Gegenständen zusammenfällt, aber in Wirklichkeit mit keinem, bevor sie denkt. Man muß sich das vorstellen wie bei einer Tafel, auf der noch nichts wirklich geschrieben steht."[57]

Nach diesen Bestimmungen ist die Vernunft durchaus etwas Einfaches, Ungeteiltes (ἁπλοῦν), das sich aber gemäß seiner Leistung und dem zu dieser Leistung hinführenden Weg einerseits als etwas Leidensloses (ἀπαθές), andererseits als ein Erleiden (πάσχειν) darstellt. Nur wenn die Vernunft gewissermaßen aus eigener Tätigkeit sich selbst vernimmt – dies zeigt sich als einziger Ausweg aus den scheinbar in ein Dilemma steuernden Forderungen an die geistige Erkenntnis –, ist sie als einfache und ganze vernehmend, ohne Fremdes erlitten zu haben, und zugleich auch – nämlich durch sich selbst – vernommen. So ist sie erleidend, indem sie sich selbst vernehmend aufnimmt, ist sie als vernehmende also dennoch leidenslos in bezug auf Anderes, weil nur sie selbst es ist, die sich vernehmend aufnimmt.[58] Auf diese Weise vereinen sich schließlich Einfachheit, Leidenslosigkeit und Aufnehmen der Vernunft, vereinen sich die drei an die geistige Erkenntnis gestellten Forderungen in der Vernunft als dem selbsttätigen Vernehmen des Vernehmens, welche in sich vermittelte Einheit Aristoteles in dem Wort von der νόησις νοήσεως νόησις zum Ausdruck bringt.[59] Darin ist nun bekanntlich zugleich die ontologisch ursprünglichste Formulierung des Aristotelischen Gottesbegriffes zu finden, der also hier der Sache nach bei der Untersuchung der Vernunft auftritt.[60] Dieses geistige Vernehmen des Ver-

[57] *De anima* 429 b 30 ff.

[58] Vgl. Max MÜLLER, Philosophische Anthropologie, S. 52: „Das Leiden des Geistes ist mit dem Leiden der Sinne, die Empfängnis des geistigen Lebens in seinem informiertwerdenden Vernehmen mit dem der Sinne nur analog übereinstimmend, denn der Geist selber kann nicht berührt werden in der Souveränität seiner Freiheit."

[59] *Metaphysik* XII 1074 b 34 f.

[60] Als neuere, in weiten Teilen allerdings vornehmlich referierende Darstellung vgl. J. DUDLEY, Gott und Θεωρία bei Aristoteles. Die metaphysischen Grundlagen der Nikomachischen Ethik; in der Zusammenfassung der Unterschiede zwischen göttlichem und menschlichem Intellekt verweist Dudley, S. 122, darauf, daß menschliche Intelligenz „in ihrer Konstitution auf Sinnlichkeit angewiesen" sei, „Gottes Denken" aber „diese Abhängigkeit nicht" kenne. Darin besteht allerdings gerade das Problem, ob nämlich das reine Erkennen des Menschen diese Angewiesenheit beinhalte.

nehmens ist reine Möglichkeit, Anlage (δύναμις),[61] zugleich aber auch reine Verwirklichung (ἐνέργεια).[62]

Gemäß diesem Zusammenhang muß gesagt werden, daß der Geist „wenn er empfängt", dasjenige empfängt, „was er sich selber schenkt".[63] Diese Konsequenz führt letztendlich zu der Annahme der Selbstgenugsamkeit des Geistes, die keiner Beziehung auf ein Anderes – im vorliegenden Fall also keiner Beziehung auf Sinnlichkeit – mehr fähig ist: „Wenn er affiziert wird, dann wird er affiziert durch sich selbst als den Täter des Affiziertwerdens".[64] Demnach bedeutet geistiges Vernehmen „die Selbstaffektion des Geistes durch ein Gebilde, das der Geist selbst hervorbringt und sich gibt".[65] Auf diese Weise ist eine solche Vernunft „abtrennbar und leidenslos und unvermischt, indem sie durch ihre Seiendheit Wirklichkeit ist" (οὗτος ὁ νοῦς χωριστὸς καὶ ἀπαθὴς καὶ ἀμιγής, τῇ οὐσίᾳ ὢν ἐνέργεια).[66]

Gilt diese These zu der für sich selbst betrachteten Vernunft, so ergibt sich eine Voraussetzung, die im schärfsten Gegensatz zu der These von der Einheit der Seele steht. Diese Voraussetzung trägt Aristoteles denn auch in konsequenter Klarheit vor. Er sagt: „Da aber in der ganzen Natur für jede Art das eine Stoff ist . . ., das andere aber die Ursache und das Tätige . . ., ist es notwendig, daß auch in der Seele diese Unterschiede herrschen".[67] Wie also gemäß der Art der Kausalität ein Trennungsstrich durch die ganze Natur zu verlaufen scheint, so auch durch die Seele. Zugleich damit ist klar, daß die trennbare und in ihrem Vollzug abgetrennte Vernunft (νοῦς χωριστός) die Idealgestalt des geistigen Erkennens darstellt, die – wie sehr auch allein sie dem Wesen der Vernunft entsprechen mag – nun allerdings mit den faktischen Vollzügen der menschlichen Erkenntnis so nicht übereinkommt. Für

[61] *De anima* 429 a 21 f.; vgl. Josef STALLMACH, Dynamis und Energeia, S. 229: „Die geistige Erkenntnis wird, was das Bezogensein des Erkenntnisvermögens auf seinen Gegenstand angeht, von Aristoteles in strenger Analogie zur sinnlichen gesehen. Wie das αἰσθητικόν nicht über die αἰσθητά, so verfügt auch das νοητικόν nicht von sich aus über die νοητά. Es ist ‚aufnahmeoffen (δεκτικόν) für das Eidos und potentiell (δυνάμει) ein solches, aber nicht dieses selbst'."

[62] *De anima* 430 a 17 f.; vgl. STALLMACH, a. a. O., S. 232: „Die Konsequenz der Dynamis/Energeia-Lehre mit ihrem Kernstück, der ausnahmslosen Priorität der Energeia, fordert für die geistige Erkenntnis den νοῦς ποιητικός. Die damit gegebene Staffelung innerhalb des νοητικόν macht zwischen νοητόν und νοητικόν eine Art gegenseitiger Aktualisierung möglich, ohne daß die Priorität der Energeia angetastet wird."

[63] Vgl. Max MÜLLER, Philosophische Anthropologie, S. 52.

[64] Ebd.

[65] Ebd.

[66] *De anima* 430 a 17 f.; bei Max WUNDT, Untersuchungen zur Metaphysik des Aristoteles, scheinen bez. dieser Frage, S. 92 f., zwei Arten von Vernunft vorausgesetzt zu werden, je nachdem stofflose oder stoffliche Gegenstände zu erkennen sind. Im Hintergrund steht möglicherweise (s. auch den Verweis S. 89) die Unterscheidung von intellectus archetypus und intellectus ectypus (dazu vgl. Kants *Kritik der reinen Vernunft*, B 723 und B 606).

[67] *De anima* 430 a 10 ff.

diese Vollzüge kennzeichnend ist nämlich auch, daß sie einerseits die Möglichkeit von Irrtum beinhalten und andererseits die Gegebenheit von Vorstellungsbildern voraussetzen.

Der Irrtum kann also weder aus der für sich betrachteten Wahrnehmung, noch aus der für sich betrachteten Vernunft erklärt werden, da das „Falsche ... immer in der Verbindung" liegt (τὸ γὰρ ψεῦδος ἐν συνθέσει ἀεί).[68]

Die Irrtumsmöglichkeit ist aber ein Faktum für das menschliche Erkenntnisvermögen, das nun gegen die vorgetragene Theorie, gegen alle reine Betrachtung der an sich unvereinbaren Vermögen, eine Vermittlung beider Vermögen fordert, die Aristoteles dadurch zu geben versucht, daß er annimmt, „der denkenden Seele seien Vorstellungsbilder gleichsam wie Wahrnehmungsbilder" gegeben (τῇ δὲ διανοητικῇ ψυχῇ τὰ φαντάσματα οἷον αἰσθήματα).[69] Wenn nun die Seele nie ohne Vorstellungsbild erkennt und wenn die Rolle des Vorstellungsbildes für die Erkenntnis der Rolle des Wahrnehmungsbildes in der Sinnlichkeit entspricht, dann kann es nicht nur die Vernunft selbst sein, die sich – zugleich tätig und erleidend, also in einem als tätige und erleidende Vernunft – selbst ihren Gegenstand gibt, sondern sie muß ihren Gegenstand, der für sie nur etwas Erkennbares (νοητόν), also eine denkbare Gestalt (εἶδος), sein kann, doch in etwas Gegebenem haben, nämlich dem Vorstellungsbild: „Die Ideen also erkennt das geistige Erkenntnisvermögen in den Vorstellungsbildern".[70] Da aber, wie Aristoteles sagt, den Ideen keine Existenz zukommt,[71] „so finden wir die Gegenstände des Denkens in den wahrnehmbaren Gestalten" (ἐν τοῖς εἴδεσι τοῖς αἰσθητοῖς τὰ νοητά ἐστι).[72]

In diesem Zusammenhang erlangt dann verständlicherweise der Begriff der Abstraktion (ἀφαίρεσις) Bedeutung, wodurch Aristoteles zu einem der Lehre von der Selbstaffektion des Geistes wenigstens zunächst widersprechenden Resultat gelangt, gemäß dem zu gelten hat, daß „unsere Vernunft ohne Wahrnehmungen nichts lernen und verstehen" könne.[73]

Wie sehr durch die Betonung der Notwendigkeit der Wahrnehmung für die Möglichkeit der menschlichen Erkenntnis auch die Anbindung der Vernunft an die Sinnlichkeit als gültige These vorgetragen zu sein scheint, so sehr hält Aristoteles doch auch an der reinen Geistigkeit des vernünftigen

[68] *De anima* 430 b 1 f.

[69] *De anima* 431 a 14 f.

[70] *De anima* 431 b 2.

[71] *Metaphysik* K 1059 b 3; zur Lage bei Platon vgl. hier Helmut MEINHARDT, Teilhabe bei Platon, insbesondere S. 62: Die Ideen, die sich in transzendentaler Teilhabe befinden (im Unterschied zu den partizipierten Ideen), „verausgaben sich sozusagen in ihrer transzendentalen Konstitutivität. Die Teilhaberelation zu ihnen ist in einem so hohen Grade wesenskonstitutiv, daß sie selbst fast gar nicht mehr sind."

[72] *De anima* 432 a 4 f.

[73] *De anima* 432 a 7 f.

Erkennens fest, weil die Vernunft nach den Worten des Aristoteles das, was ihr durch die Sinnlichkeit vermittelt gegeben werde, nicht als sinnlichen, sondern als geistigen Gegenstand erkenne: „So denkt sie die Gegenstände der Mathematik, die kein abgetrenntes Dasein haben, als abgetrennte Gegenstände" (οὕτω τὰ μαθηματικά, οὐ κεχωρισμένα ὄντα, ὡς κεχωρισμένα νοεῖ).[74] Zutreffend ist deswegen die Abstraktion als „noëtische Wesensschau" zu bestimmen, als „intuitive Wesensschau eines objektiven Gegenüber", welche zwei Seiten hat, „die man sich der Deutlichkeit halber als zwei verschiedene Vorgänge vorstellen kann, welche aber in Wirklichkeit nicht nur simultan stattfinden, sondern komplementär einander zugeordnet sind".[75] Ungeklärt bleibt in dieser Bestimmung allerdings, wie der Zusammenhang von Erkenntnisgegenstand und Wahrnehmungsgegenstand beschaffen sein könnte. Wenn es bei Aristoteles heißt, daß die Vernunft, gemäß ihrer ἐνέργεια betrachtet, die Dinge selbst sei,[76] dann gilt auch umgekehrt, daß die der Vernunft gegebenen Dinge intelligibel sind, der Anlage nach Vernunft.

Derart ist nun – ob schließlich in befriedigender Weise oder nicht – tatsächlich der Weg zurück zur Beschreibung des Wesens der geistigen Erkenntnis angebahnt, wie sie in der Interpretation des vierten Kapitels des dritten Buches von *De anima* dargestellt wurde. Es ist aber offensichtlich, daß diese Rückbindung nur möglich ist durch eine Auflösung desjenigen Moments der Sinnlichkeit, das gerade die Notwendigkeit ihrer Einführung auch für die geistige Erkenntnis begründete, nämlich des Momentes ihrer Fremdheit und Andersheit gegenüber der Vernunft, das im Vollzug des Erkennens mit dem der Vernunft Eigenen, mit dem durch die Selbsthervorgebrachtheit Erkennbaren, hatte verbunden werden sollen. Wenn das *intelligibile* das Wesen des *sensibile* ausmacht, dann ist die Materie nicht „zugleich aktives Gegenprinzip der Form, das nicht von der Form abgeleitet werden kann".[77] Wenn das *intelligibile in sensibili* aber der Vernunft als Fremdes gegenübertritt, dann ist die Vernunft in ihrem Wesen zuletzt nichts anderes als das Wahrnehmungsvermögen, das bloß erleidend die Wahrnehmungsbilder ohne Stoff aufnehmen kann, ohne „ihrer Herr zu werden". Und so macht der doppelte Ansatz der Aristotelischen Erkenntnislehre deutlich, daß sie

[74] *De anima* 431 b 15 f.

[75] Heinz HAPP, Hyle, S. 448 und 629.

[76] *De anima* 431 b 17.

[77] Heinz HAPP, Hyle, S. 808. Gewiß scheint die Unableitbarkeit der Materie aus der Form Happs These zu rechtfertigen. Es bleibt eine polare Spannung zwischen den beiderseits unverzichtbaren Bedingungen bestehen, daß nämlich einerseits die Rückführbarkeit des sinnlich Wahrnehmbaren auf das Geistige zur Ermöglichung seiner Erkennbarkeit gewährleistet sein muß, ohne daß andererseits der Hervorgang des Sinnlichen aus dem Geistigen nach Gesetzen der Vernunft abgeleitet werden könnte. In dieser Spannung hat die Chorismos-Problematik ihre tiefste ontologische Wurzel.

sich in der ungelösten Spannung zwischen Hylemorphismus und dogmatischem Chorismos-Denken befindet. Gerade weil Aristoteles an der Platonischen Erkenntnisauffassung festhält, dennoch aber zusätzlich dazu neigt, dem der Vernunft gegenübertretenden Stoff auch eine gewisse Selbständigkeit des Seins zuzusprechen, tritt bei ihm in der Erkenntnislehre verstärkt das Problem des Chorismos auf.

Wie also in der Aristotelischen Erkenntnislehre das Problem des Chorismos akut wird, so auch innerhalb seiner philosophischen Ethik – und zwar wiederum im Sinne einer aporetischen Weiterführung und Zuspitzung der Platonischen Position. Die Sachlage, wie sie hinsichtlich der Ethik insbesondere im *Philebos* auftritt, verändert und verschärft sich dabei vor allem an zwei entscheidenden Stellen. Daß nämlich der μέσος βίος bzw. der μεικτὸς βίος des *Philebos* einerseits Gegenstand des menschlichen Wählens bleibt, wodurch die Frage nach der Zurechenbarkeit der Wahl zugleich mitgestellt ist, und andererseits selbst als das höchste Gut, als das „wünschenswürdigste Leben" (ἀγαπητότατος βίος), vorgestellt wird, führt bei Aristoteles wiederum zu einem doppelten Ansatz für die Lösung der von Platon überkommenen Aufgabenstellung. Wenngleich nämlich die Ethik des Aristoteles auch von ihrer Absicht her eindeutig auf ein einheitliches Ziel zugehen mag, so zerfällt ihr in der Durchführung des aus dieser Absicht hergeleiteten Programms das Ziel auf verschiedenen Stufen der Überlegung in zwei Teile.

Die Ethik des Aristoteles gilt insbesondere seit Kants Insistieren auf der Grundlegung aller Moral durch den Pflichtbegriff weitgehend als eudämonistisch und wird dementsprechend gelegentlich ausdrücklich als einer Pflichtethik entgegengesetzt betrachtet.[78] Es haben sich aber andere Stimmen gemehrt.[79] So wird beispielsweise zu zeigen versucht, daß sich die Aristotelischen und die Kantischen Argumentationen situationsbedingt komplementär zueinander verhielten.[80] Obgleich dieser Gegenmeinung die Zu-

[78] Einen kleinen Überblick hierzu gibt Günther BIEN, Aristotelische Ethik und Kantische Moraltheorie, S. 57 ff.

[79] In diesem Sinne versteht sich auch der genannte Aufsatz Biens, der allerdings, S. 74, in ein doch wohl verfehltes Resümee mündet. Es heißt dort abschließend: „Kurz: Es gibt Situationen, in denen man es sich erlauben kann, Aristoteliker zu sein, und solche, in denen man Kantianer sein muß. Es gibt sie beide." Von der seltsam anmutenden Formulierung abgesehen, die es als angenehm erscheinen läßt, Aristoteliker sein zu dürfen, und als unangenehm, Kantianer sein zu müssen, ist es für denjenigen, der zwischen diesen Positionen von Fall zu Fall wechseln können soll, erforderlich zu wissen, wann ihm das eine erlaubt sei und wann er das andere müsse. Dies liefe aber auf die Gegebenheit eines jenseits der Aristotelischen wie der Kantischen Ethik liegenden Maßstabes hinaus, welcher also genannt werden müßte. Trotz dieser Schwäche im Abschluß enthält der Aufsatz Biens aber viel Richtiges. Zum Thema vgl. auch meinen Aufsatz, Tugend und Glückseligkeit. Zu ihrem Verhältnis bei Aristoteles und Kant.

[80] Dies kann BIEN, a. a. O., S. 72 f., so nur deshalb sagen, weil Ethik hier im Sinne von „Tugendlehre" und nicht im Sinne der „Grundlegung zur Metaphysik der Sitten" und einer „Kritik der praktischen Vernunft" verstanden wird. Die Grundlegung und die Kritik haben eine von jeder Situationsbedingtheit unabhängige Aufgabenstellung.

stimmung schließlich nicht verweigert werden kann,[81] ist dennoch zunächst der Blick auf die Tatsache zu richten, daß Kant das Glückseligkeitsprinzip für die Grundlegung der Moral – sogar im Sinne des Begriffs einer „moralischen Glückseligkeit" –[82] völlig ablehnt und erst nachträglich mit dem eigentlichen Moralprinzip wieder verbindet, daß Aristoteles hingegen keine dergleichen Bedenken trägt, die Glückseligkeit (εὐδαιμονία) von vornherein als das höchste Ziel allen Handelns an den Anfang seiner moralphilosophischen Untersuchungen zu stellen, wie er sie in der *Nikomachischen Ethik* vorträgt. Damit ist natürlich noch nicht gesagt, daß die Aristotelische Ethik tatsächlich im gewöhnlichen Sinne eudämonistisch zu nennen sei – was ja nur zu gelten hätte, wenn eine Kantisch verstandene Glückseligkeit zum Grund der Handlungen erklärt würde –,[83] sondern lediglich, daß sie in der Glückseligkeit, deren eigentümlichem Sinn bei Aristoteles noch nachgegangen werden muß, ihre letzte Erfüllung finde. Ein solch erfüllendes Ziel des Handelns scheint es indessen aber nur als Grund des Handelns geben zu können. Um deswegen einer falschen Frontstellung der Kantischen Ethik gegen die Position des Aristoteles vorzubeugen, sei darauf hingewiesen, daß auch Kant eine Formulierung zu akzeptieren in der Lage ist, die im höchsten Gut den Bestimmungsgrund des moralischen Willens sieht. Er sagt in diesem Sinne, „daß, wenn im Begriffe des höchsten Guts das moralische Gesetz, als oberste Bedingung, schon mit eingeschlossen ist, alsdenn das höchste Gut nicht bloß *Objekt*, sondern auch sein Begriff, und die Vorstellung der durch unsere praktische Vernunft möglichen Existenz desselben zugleich der *Bestimmungsgrund* des reinen Willens sei; weil alsdenn in der Tat das in diesem Begriffe schon eingeschlossene und mitgedachte moralische Gesetz und kein anderer Gegenstand, nach dem Prinzip der Autonomie, den Willen bestimmt".[84]

In welchem Sinne Aristoteles nun den Begriff der Glückseligkeit überhaupt versteht und welche Funktion er innerhalb seiner Ethik hat, muß also im nächsten Schritt betrachtet werden. Wenngleich Aristoteles nämlich Glückseligkeit als das von allen einhellig erstrebte Ziel bestimmt, so hält er doch sogleich im Anschluß an diese These fest, daß man sich darüber entzweie, was die Glückseligkeit ihrem Inhalte nach sein soll. Hierbei weist er darauf hin, daß die Menge sie ganz anders erkläre als die Weisen: „Die einen

[81] In meinem o. g. Aufsatz wird die Lösung der Aufgabe gesucht, wie die beiden Grundbegriffe der Ethik, die dort untersucht werden, einer parallelen Darstellung bei Aristoteles und Kant fähig sind.

[82] Vgl. *Metaphysik der Sitten. Tugendlehre,* A VII. Kant sagt dort, daß die „moralische Glückseligkeit" „ein sich selbst widersprechendes Unding" sei.

[83] Vgl. Kants Reflexion 7202, die der Phase Ψ zugerechnet wird und die ablehnenden Stellungnahmen zum Begriff der „moralischen Glückseligkeit" relativiert.

[84] *Kritik der praktischen Vernunft,* A 196.

erklären sie für etwas Greifbares und Sichtbares wie Lust, Reichtum und Ehre, andere für etwas anderes".[85]

Offensichtlich weist Aristoteles damit der „Menge" die erstgenannten Erklärungen der Glückseligkeit zu und behält sich zusammen mit den „Weisen" die andere Erklärung vor. Diese Auslegung der zitierten Stelle muß allerdings insofern relativiert werden, als sich im Verlauf der Betrachtung später noch zeigen wird, daß die menschliche Glückseligkeit auch nach dem Urteil des Aristoteles nicht ohne Bezug zu dem von der Menge Erstrebten ist.

Als Begriff der Glückseligkeit legt Aristoteles für die eigentlich moralphilosophische Betrachtung ihre Bestimmung als „tugendgemäße Tätigkeit der Seele" zugrunde (ψυχῆς ἐνέργεια κατ' ἀρετήν).[86] Zu dieser Tätigkeit, welche die Glückseligkeit nach dieser Bestimmung ist, gehören „vollendete Tugend und vollendetes Leben" (ἀρετὴ τελεία καὶ βίος τέλειος)[87] und damit ein doppeltes Ziel, das schon die Wurzel des Auseinanderfallenkönnens der Zielsetzung, ihre Zwiespältigkeit, in sich enthält. Der Grund für das dann tatsächlich eintretende Auseinanderfallen der Zielsetzung besteht aber nun in dem unbestreitbaren Faktum, daß die Tugend, wenn es sie überhaupt geben können soll, durch Tätigkeit von der Seele hervorgebracht ist und so gewissermaßen von ihr allein abhängt, daß aber das menschliche Leben durch viele Umstände gekennzeichnet ist, die gerade vom Menschen nicht gesteuert werden können. So sagt Aristoteles: „Im Leben tritt mancher Wechsel, mancher Zufall ein, und der Glücklichste kann im Alter noch von schweren Unglücksfällen getroffen werden, wie in den Heldengedichten von *Priamus* erzählt wird; wer aber solches Unglück erfahren und elend geendet hat, den preist niemand glücklich".[88]

Wie klar diese letzte Aussage eine eindeutige Stellungnahme zu der erwähnten Zwiespältigkeit im Ziel der Tugendlehre zu enthalten scheint, indem sie die wirkliche Begegnung mit schicksalhaftem Unglück im Lebenslauf zum Ausschlußkriterium der Glückseligkeit macht, so klar widerspricht Aristoteles selbst eben dieser These nur wenig später im Text der *Nikomachischen Ethik,* wenn er sagt, was er auf Grund der Bestimmung der Glückseligkeit auch sagen muß, daß nämlich „keiner, der glückselig ist, unglückselig werden" könne, „da er niemals Hassenswertes und Schlechtes tun" werde.[89] Obwohl Aristoteles aus Gründen, die noch zu nennen sein werden, immer wieder darauf verfällt, an den gleichsam äußeren Bedingungen der Glückseligkeit festzuhalten und sie zu einem Konstitutivum zu erklären,

[85] *Nikomachische Ethik* 1095 a 20 ff.
[86] *Nikomachische Ethik* 1099 b 26.
[87] *Nikomachische Ethik* 1100 a 4 f.
[88] *Nikomachische Ethik* 1100 a 5 ff.
[89] *Nikomachische Ethik* 1100 b 34 f.

stützt er die bloß durch die Seeleninnerlichkeit fundierte Glückseligkeitsthese zunächst noch durch folgendes Argument, das grundsätzlich gegen jede Abhängigkeit des höchsten Gutes – der Glückseligkeit – von schicksalhaften Glücks- und Unglücksfällen (τύχη) gerichtet ist: „Das Größte und Schönste aber dem Zufall zu überlassen, wäre Irrtum und Lästerung".[90] So versteht sich nun die These, daß die „tugendgemäßen Handlungen an sich genußreich" seien (καθ' αὑτὰς ἂν εἶεν αἱ κατ' ἀρετὴν πράξεις ἡδεῖαι),[91] gerade gegen die scheinbare Aussage des Wortlautes im antihedonistischen Sinne.

Zudem führt die in den Ausschluß des Zufalls involvierte Reduktion einer vollendeten Glückseligkeit auf das in ihr enthaltene Moment der Tugend zur Analyse der formalen Sittlichkeit, zur Analyse der Bedingungen, unter denen formale Sittlichkeit allein gedacht werden kann. Insofern das Gute nur von selber schon Guten auf gute Weise verrichtet werden kann, tritt die Frage der Habituskonstitution ins Gesichtsfeld. Die wechselseitige Verwiesenheit von Habitus (ἕξις) und Tätigkeit (ἐνέργεια) drängt nämlich, weil es der Tugend eigentümlich ist, „gelobt zu werden und das Rechte zu treffen",[92] weil also die Idee der Tugend mit der Idee der Zurechnung verknüpft ist, auch auf den Ausschluß des regressus in infinitum. Es ist demnach eine Frage von sittlich entscheidendem Gewicht, ob dem einer Tätigkeit korrespondierenden Habitus der erste Platz zugesprochen wird,[93] ob dem tugendhaften Habitus der Primat zukomme, oder ob zu gelten hat, daß wir die Tugenden erst „nach vorausgegangener Tätigkeit" erlangen (ἐνεργήσαντες πρότερον).[94] Daß Aristoteles entschieden für die Zurechnungsidee eintritt,

[90] *Nikomachische Ethik* 1099 b 24 f.

[91] *Nikomachische Ethik* 1099 a 21. Franz DIRLMEIERs Übersetzung, gemäß der die „sittlich wertvollen Handlungen" „die Befriedigung in sich selbst" tragen, interpretiert damit in einem Sinne, der tatsächlich zu einem scharfen Gegensatz zu Kant zu führen vermag.

[92] *Nikomachische Ethik* 1106 b 24 f.; dieser Zusammenhang von Rechttun und Lob kann nach Aristoteles (vgl. 1100 b 34 f.) auch durch äußere Unglücksfälle nicht gestört werden. Hierzu vgl. auch die Fortbildungen im Gedankengut der Stoa und Epikurs (Apathie und Ataraxie; vgl. Maximilian FORSCHNER, Die stoische Ethik, S. 24 und insbes. S. 139 ff.). Weiterhin vgl. Augustinus, *De vera religione* XLVII, 91, 258, oder auch Spinoza, *Ethica Ordine Geometrico Demonstrata* V, Prop. XLII; schließlich Ludwig Wittgenstein, *Tractatus logico-philosophicus*, Satz 6.422.

[93] Aristoteles weiß um die Einflußmöglichkeiten von Natur, Milieu und Erziehung. Zum letzteren vgl. z. B. *Nikomachische Ethik* 1104 b 11 f.: „Darum muß man, wie Plato sagt, von der ersten Kindheit an einigermaßen dazu angeleitet worden sein, über dasjenige Lust und Unlust zu empfinden, worüber man soll."

[94] *Nikomachische Ethik* 1103 a 31; damit ist bei Aristoteles, gegen Nicolai HARTMANN, Die Wertdimensionen der Nikomachischen Ethik, S. 201, der metaphysische Freiheitsbegriff schon voll ausgebildet. Hartmann sagt, der „ethische Freiheitsbegriff" des Aristoteles dürfe „als vollständig ausgereift" gelten und fährt fort: „Was dagegen bei Aristoteles noch vollständig fehlt, ist das metaphysische ‚Problem der Freiheit', die Frage, wie Freiheit möglich ist." Immer die ontologische These vorausgesetzt, daß es „Energeia auch ohne vorangehende Dynamis" lediglich „als Seinsart des ‚Ersten'" geben kann (vgl. STALLMACH, Dynamis und Energeia, S. 196), dann zeigt sich hier, wie der Begriff der menschlichen Freiheit bei Aristoteles auch hinsichtlich

hat in der Reflexion der Bedingungen der Möglichkeit die These zur Folge, daß sich die Habitusgründung durch die freie Entscheidung angesichts einer Verpflichtung vollziehe. Gegenüber dem Verpflichtungscharakter der sittlichen Handlung, den Aristoteles als Sollen (δεῖ) zum Ausdruck bringt,[95] ist der Mensch „Prinzip der Handlungen" (ἀρχὴ τῶν πράξεων).[96] Als solches Prinzip ist der Mensch Zweck an sich selbst, weil „frei" derjenige ist, „der um seiner selbst willen" ist (ἐλεύθερος ὁ ἑαυτοῦ ἕνεκα),[97] der seinen Zielgrund nur in sich hat, der alle Zwecksetzungen angesichts der Verpflichtung nur aus sich selbst vollzieht. Derart ist der sittlich Handelnde hinsichtlich seiner Sittlichkeit *causa sui*, womit die begrifflich schärfste Formulierung des metaphysischen Freiheitsbegriffes der Sache nach schon bei Aristoteles erreicht ist.[98]

Insofern damit deutlich wird, in welch extremem Sinne in der Ethik von einer Tätigkeit der Seele gesprochen werden muß, fällt zugleich auch die Tatsache ins Auge, daß die Zufälle und Umstände des menschlichen Lebens in gleichsam unüberbrückbarer Distanz zur ethisch geforderten Selbsttätigkeit der Seele stehen. Daraus ergibt sich, daß die Glückseligkeit, sofern sie als eine Tätigkeit der Seele verstanden wird, die keines anderen bedürftig und sich selbst genug ist (οὐδενὸς γὰρ ἐνδεῆς ἡ εὐδαιμονία ἀλλ' αὐταρκής),[99] dann nur unvollendet erreicht wird, wenn der Tugendhafte zugleich von Unglücksfällen betroffen wird bzw. auch nur die Möglichkeit besteht, daß er von ihnen betroffen werde. Solche Unglücksfälle vermögen wohl nicht die der Tugend selbst immanente Glückseligkeit zu schmälern,

seiner metaphysischen Problematik für vollständig ausgebildet gelten kann. Die Ebene der Diskussion ist also durchaus schon die, auf welcher Augustinus, z. B. *De libero arbitrio* III, XVII, 49, 168 den Willen als prima causa deutet, auf der Descartes, *Meditationes de prima philosophia* IV, 8 später sagen kann, die Freiheit Gottes sei „ihrem Begriff nach und schlechthin betrachtet nicht größer" als die Freiheit des Menschen.

95 *Nikomachische Ethik* z. B. 1104 b 12 und 1111 a 30.

96 *Nikomachische Ethik* 1112 b 32; damit zeigt sich doch ein Stück theoretischer Bewältigung, das Klaus Philipp SEIF, Das Problem der Willensfreiheit in der Nikomachischen Ethik des Aristoteles, vgl. bes. S. 580 f., nicht sehen kann. Von einer theoretisch-wissenschaftlichen Lösung kann auch bei Kant nicht gesprochen werden, worauf Seif um nichts weniger verweisen zu können meint; vgl. die Tatsache, daß bei Kant Freiheit als Postulat der reinen praktischen Vernunft vorgetragen wird.

97 *Metaphysik* A 982 b 26.

98 Vgl. die bei Thomas von Aquin, *Summa contra gentiles* I, 72, vorgetragene Übersetzung der genannten *Metaphysik*-Stelle: „Liberum est quod sui causa est."

99 *Nikomachische Ethik* 1176 b 5; zur Frage der Einheitlichkeit der Aristotelischen Glückseligkeitslehre vgl. Klaus JACOBI, Aristoteles' Einführung des Begriffs ‚εὐδαιμονία' im I. Buch der ‚Nikomachischen Ethik', insbes. seine These zum „Einheits-Vielheits-Problem", S. 24 f. Vgl. weiterhin Horst SEIDL, Das sittliche Gute (als Glückseligkeit) nach Aristoteles. Formale Bestimmung und metaphysische Voraussetzung; gegen Seidl ist allerdings zu beachten, daß die beabsichtigte pyramidale Struktur in der Güter-Architektonik bei Aristoteles de facto nicht zustandekommt.

aber doch die Vollendetheit der Glückseligkeit eines sittlichen Lebewesens in der Welt. So bleibt die Aufgabe bestehen, nach einer Glückseligkeit zu suchen, die vollendet sich selbst genug ist, ohne den Suchenden in die Abhängigkeit von Zufall geraten zu lassen.

Aus diesem Zusammenhang heraus muß demgemäß die Frage gestellt werden, wie die durch den im Weltleben herrschenden Zufall hervorgerufene Problematik zu bewältigen sei. Daß es sich jedenfalls für die bestehende Welt, so wie sie eben ist, um eine in ihr unlösbare Aufgabe handelt, hat zur Folge, daß die Bewältigung – als welche Resignation vor dem Problem nicht gelten könnte – zwei Stellungnahmen zuläßt. Entweder nämlich kann das Ideal in einer Welt gesucht werden, in welcher der Zufall moralisch überformt, aber in der doch gleichsam die Materie des Zufälligen erhalten geblieben wäre, oder das Ideal kann in einem weltlosen Zustand der Seele gesucht werden, in welchem sie also alles abgestreift hat, was vom Zufall betroffen werden kann. Daß die so geforderte Entscheidung höchst folgenreiche Implikationen zugleich für die Ontologie mit sich bringt, liegt auf der Hand, denn die Wahl der Alternative bedeutet nichts anderes als die Einführung des Chorismos in das Sein der weltlichen Wirklichkeit.

Weil Aristoteles daran festhält, daß „das spezifisch Menschliche in Frage" steht,[100] weil es ihm ernsthaft und mit Nachdruck um die spezifisch „menschlichen Tätigkeiten" (ἐνέργειαι ἀνθρωπικαί) geht,[101] entscheidet sich Aristoteles auch hier nicht definitiv, sondern hält das Problem – dabei aber doch frei von Resignation –[102] offen, obwohl er schließlich und in einem aufs Ganze gehenden Sinn auf eine „abgetrennte und göttliche Glückseligkeit" (εὐδαιμονία κεχωρισμένη) zuzusteuern scheint.[103] Er versucht dabei sogar ein Stück möglicher menschlicher Erfahrung, welche doch wesentlich immer auch zugleich vom Zufall mitgeprägt ist, an diese abgetrennte Glückseligkeit anzubinden, indem er darauf verweist, daß die denkend-betrachtende Tätigkeit (ἐνέργεια θεωρητική) „eingestandenermaßen die genußreichste und seligste" Tätigkeit, diejenige Tätigkeit sei, die „am meisten" zur Selbstgenugsamkeit (αὐτάρκεια) zu führen vermöchte.[104] Dennoch sei dieses denkend-

[100] *Nikomachische Ethik* 1097 b 34; in diesem Sinne besteht Margot FLEISCHER, Hermeneutische Anthropologie, S. 345, zunächst mit Recht darauf, daß es selbst im X. Buch (1177 b 33) um „ein Unsterblichsein im Leben" gehe. Auch dort, wo scheinbar das spezifisch Menschliche transzendiert wird, geht es um das mögliche Göttliche in seinem Leben. Da diese Vollkommenheit aber beim Menschen auch im glücklichsten Falle doch gebrochen auftritt, entsteht gerade aus dem Rekurs auf den Menschen – nun gegen Fleischer – auch im Zusammenhang des X. Buches das Problem der Unsterblichkeit.

[101] *Nikomachische Ethik* 1178 a 10.

[102] Aristoteles setzt ganz darauf, daß das menschliche Begehren zuletzt nicht leer und eitel sei (vgl. *Nikomachische Ethik* 1094 a 21).

[103] *Nikomachische Ethik* 1178 a 21 f.; die in dieser doppelten Weise auslegende Übersetzung von κεχωρισμένη nach der Übersetzung von G. BIEN.

[104] *Nikomachische Ethik* 1177 a 27 f.

betrachtende Leben für den Menschen nicht im gesuchten Sinne verwirklichbar, weil „das Leben, in dem sich diese Bedingungen erfüllen", höher ist, „als es dem Menschen als Menschen" zukomme.[105] Für den Menschen muß nach Aristoteles gelten, daß er so nicht leben kann, „insofern er Mensch ist, sondern nur insofern er etwas *Göttliches* in sich hat".[106] In der Doppelforderung, gemäß der sich unser Streben auf Menschliches richten soll und wir uns zugleich bemühen sollen, „unsterblich zu sein" (ἀθανατίζειν),[107] liegt unter ethischen Vorzeichen der Grund, der Aristoteles so in das Spannungsfeld zwischen Hylemorphismus und Chorismos-Denken treibt, daß eine Lösung dieses Problems innerhalb seiner Philosophie nicht mehr sichtbar wird.[108]

[105] *Nikomachische Ethik* 1177 a 24.
[106] *Nikomachische Ethik* 1177 b 26 ff.
[107] *Nikomachische Ethik* 1177 b 33.
[108] Vgl. in diesem Sinne auch Chung-Hwan CHEN, Das Chorismos-Problem bei Aristoteles, S. 175 f.: „An diesen beiden Argumentationen ist es ganz unverkennbar, daß das wesentliche Moment am Chorismos nach Aristoteles das Sichselbstgenügendsein ist. Dasjenige, welches sich selber nicht genügt, kann nicht von etwas getrennt sein. Die positive Seite besagt die weitere Politikstelle. Da Gott sich selber genügt, ist er kein Glied des Staates, d. i. er existiert, ohne an der staatlichen Gemeinschaft teilzunehmen. Es steht also bei Aristoteles so: was αὐταρκές ist, kann χωριστόν sein, was nicht αὐταρκές ist, kann nicht χωριστόν sein. Das wesentliche Moment des Chorismos ist also nach unserem Philosophen die Autarkie."

Kapitel VI:

Der radikale innerweltliche Dualismus in der henologischen Ontologie Plotins

Aristoteles sieht sich, wie gezeigt werden konnte, gerade in bezug auf die Frage des Chorismos, den er in einem überspitzenden Sinne als Grundlehre der Platonischen Philosophie deutet, aus erkenntnistheoretischen, psychologischen und ethisch-metaphysischen Gründen selber gezwungen, die Chorismos-These positiv vorzutragen. In diesem textlich offenkundigen Resultat dokumentiert sich einerseits seine Erfassung des Chorismos als Aufgabe des philosophischen Denkens, andererseits aber das Fehlen einer für Aristoteles akzeptablen Lösung – und damit zugleich, daß sich eine grundlegende Veränderung des Standpunkts zum Chorismos-Problem von Platon zu Aristoteles nicht ereignet hat. Die Einheit der weltlichen, der menschlichen und der seelischen Wirklichkeit muß von beiden in der Beantwortung einiger Fragen vorausgesetzt, in der Beantwortung anderer bestritten werden. Das philosophische Denken hat so gesehen vom Chorismos-Problem her wesentlich aporetischen Charakter, kann die Einheit des Ganzen nicht systematisch begreifen und auslegen.

Vor diesem Hintergrund wird die heute übliche Einordnung des Augustinischen Denkens in den Zusammenhang der neuplatonischen Philosophie zu befragen sein, sofern diese in Plotin ihren Hauptvertreter hat. Obwohl Plotin sich in seinen Schriften selbst als einen Interpreten Platons ausgegeben hat, wird deutlich werden, daß im Blick auf das Chorismos-Problem eine solche Verschiebung stattfindet, die zu einer völlig anderen Beurteilung einer Reihe philosophischer Kernfragen führt. Gerade in der Beantwortung dieser Kernfragen zeigt sich später eine größere Nähe zwischen dem Platonischen und dem Augustinischen Denken, so daß die genannte übliche Einordnung Augustins in die Tradition des Neuplatonismus, teilweise sogar als eines bloß eklektischen Epigonen, sich zuletzt als irreführend erweist.

Die folgenden Betrachtungen gelten der Darstellung der Lehre Plotins von der *unio mystica* und seiner Beurteilung der Todesproblematik, aus welchen deutlich werden wird, wie sehr seine Philosophie zugleich metaphysische Heilslehre ist. Plotin scheut sich nicht, eine systematisch-philosophische Erklärung für das Ganze ausdrücklich vorzutragen, gemäß welcher es, obwohl nach ihr alles Seiende durch das Eine seiend ist, notwendig aus Gegensätzen bestehe. Diese Ontologie, die zugleich Antworten auf alle bedrängenden Fragen des Menschen geben will, soll in mehreren Durchgängen durch Plotins Behandlung der Erkenntnis-, der Freiheits- und der Seinsfrage untersucht werden. Ausgehend von der henologischen Grundposition tritt die Chorismos-Problematik in unverminderter Schärfe, allerdings gleichsam an einem anderen Orte, erneut auf.

Den historischen Überlieferungssträngen nach betrachtet, wird Augustinus meist – und was die Intensität der äußeren Einflüsse angeht mit Recht – in den Traditionszusammenhang des christlichen Neuplatonismus gestellt. Die Bedeutung des „mailändischen Neuplatonismus für Augustins Entwicklung" ist zweifellos groß gewesen.[1] Daß schon „der Konvertit von Cassiciacum" über Kapiteln von Plotins Traktat *Über das Schöne* „meditiert habe", läßt sich überzeugend durch Textvergleichungen präzisieren, wobei Augustinus offenbar „damals, als er die Enneaden in Händen hatte, sie im Lichte ihrer Umschreibung durch Ambrosius gelesen hat".[2] Obgleich die These, daß Augustinus „vor seinem Aufenthalt in Cassiciacum die Plotininterpretation von Ambrosius kannte und für seine Zwecke sich zu eigen machte"[3] und „daß Ambrosius Anhänger eines bereits stark ausgeprägten, christlichen Neuplatonismus ist",[4] eine deutliche, durch eine Wende zum Christlichen ausgezeichnete Bruchstelle im Neuplatonismus markiert, könnte dennoch mit einigem Recht erwartet werden, daß gerade Plotin eine entscheidende Rolle für die Ausarbeitung der philosophischen Position Augustins gespielt hat. In diesem Sinne ist die These vorgetragen worden, daß es „die neuplatonische Ontologie" gewesen sei, „der Augustin am stärksten verpflichtet war".[5] Aber auch Carl Andresen, der diese These vorgetragen hat, versteht die christliche Verwandlung der neuplatonischen Ontologie, die in Augustinus ihren Abschluß gefunden habe, „mehr im Sinne eines dialektischen Sprunges".[6] Wenn allerdings zu gelten hätte, daß „von dem archimedischen Standpunkt des Christen aus" Antworten auf das gegeben werden

[1] Vgl. Pierre HADOT, Einleitung in: Christlicher Platonismus. Die theologischen Schriften des Marius Victorinus, S. 18; bei seinen weiteren Ausführungen treten aber die Vergleichspunkte zwischen Marius Victorinus und Augustinus eher in den Hintergrund. Nach Hadot bleibt Victorinus „für uns der einzige lateinische Metaphysiker des Altertums" (S. 20). Eine Parallele zieht Hadot dagegen zur Philosophie des Deutschen Idealismus: „Mit diesem allen wird nichts anderes ausgedrückt, als daß das Leben, das heißt der Abstieg des Logos in die Welt, das aus sich selbst hervorgehende Denken ist (man wird hierbei an Hegel erinnert, System der Philosophie § 247: die Natur ist der sich entfremdende Geist) und das Denken, das heißt die Rückkehr des Lebens und der Welt zu Gott, das zu sich selbst zurückkehrende Leben ist."

[2] Pierre COURCELLE, Die Entdeckung des christlichen Neuplatonismus, S. 165. Ausgangspunkt für Courcelle an dieser Stelle: Paul HENRY, Plotin et l'Occident, S. 105–109.

[3] A. a. O., S. 171.

[4] A. a. O., S. 179.

[5] Carl ANDRESEN, Vorwort, zugleich eine Einführung in: Zum Augustin-Gespräch der Gegenwart I, S. 14.

[6] A. a. O., S. 15.

konnten, was in der spätantiken Philosophie „als Aporie unlösbar bleiben mußte“,[7] wenn also die Gewißheit der christlichen Denker sich aus Quellen speiste, welche auch die philosophische Wahrheit so überlegen darboten, daß die in sich unüberwindliche Aporetik des philosophischen Denkens nicht mehr eigentlich ernst genommen wurde und man sie vielmehr durch den christlichen Glauben für überwunden hielt, dann ist notwendigerweise die Frage zu stellen, was am sogenannten christlichen Neuplatonismus – beispielsweise auch am Neuplatonismus Augustins – denn noch philosophisch genannt werden darf.

Wenn man von diesem Blickwinkel her Augustins Verhältnis zur Philosophie untersucht, läßt sich gut die scharfe Polemik gegen die Annahme einer wirklichen Verbindung des Christlichen mit dem Platonischen verstehen. Es scheint tatsächlich zu einer „zum Schlagwort denaturierten Formel geworden“ zu sein, „das Christentum, oder wenigstens seine literarisch tätigen Vertreter, hätten eine Phase des ‚christlichen Platonismus‘ durchlaufen“, so daß im Gefolge dieser Annahme endlich sogar die Formulierung eingeführt worden sei, „es habe eine Rezeption platonischen Gutes durch die Christen gegeben“.[8] Heinrich Dörrie, der Urheber dieser Polemik, lehnt mit Nachdruck die Zugehörigkeit zum „Platonismus“ für Männer ab, die – wie er sagt – „nicht Platoniker, sondern Christen waren und bleiben wollten“[9] und setzt so von vornherein einen scharfen Gegensatz zwischen beiden Geisteshaltungen an. Daß Christentum und Platonismus – auf einer bloß historischen Ebene betrachtet – ganz offenbar in unvereinbarer Konkurrenz zueinander gestanden haben, muß weitgehend einfach als Tatsache akzeptiert werden.[10] Der Argumentation Dörries kann allerdings dort nur noch sehr eingeschränkt zugestimmt werden, wo sie zur Geradlinigkeit der Entwicklung der christlichen Theologie spricht und in deren unveränderlicher Abgeschlossenheit den Grund einer Dialogunfähigkeit mit der Philosophie erkennt. Eine solche Dialogunfähigkeit der Theologie bedeutet ja darüber hinaus die schlechthinnige Unfähigkeit zur Begegnung mit der Philosophie. Die „Kräfte des Beharrens, durch die sich“, wie Dörrie sagt, „das Christentum damals wie heute auszeichnete“, seien der Grund dieser unüberbrückbaren Trennung, denn „spätestens seit dem Zeitalter der Apostel hat das Christentum eine deutlich umrissene Lehre verteidigt, die in den folgenden Jahrhunder-

[7] Ebd.

[8] Heinrich DÖRRIE, Die Andere Theologie. Wie stellten die frühchristlichen Theologen des 2.–4. Jahrhunderts ihren Lesern die „Griechische Weisheit“ (= den Platorismus) dar?, S. 3.

[9] A. a. O., S. 3, Anm. 7.

[10] Noch die Schließung von Platons Akademie durch den christlichen Kaiser Justinian in Byzanz steht unter diesem Vorzeichen. Nach Hermann FRÄNKEL, Dichtung und Philosophie des frühen Griechentums, S. 399, Anm. 1, hatte Justinian „im Jahr 529 jeglichen Unterricht in (heidnischer) Philosophie verboten und die platonische Akademie in Athen geschlossen, um dem ‚Wahnsinn der Hellenen‘ ein Ende zu machen“.

ten ... in stets wachsender Präzision determiniert wurde – ein viel Zeit und Kraft erfordernder Prozeß, der zum Ziel hatte, Abweichungen zu bekämpfen und fortan möglichst auszuschließen".[11] Gerade aber, weil spätestens seit der Kanonisierung des *Neuen Testaments* ganz offenbar ein theologischer Pluralismus sogar gewissermaßen lehramtlich sanktioniert ist,[12] muß bestritten werden, daß das Christentum in monolithischer Gestalt mit fest umrissener Lehre aufgetreten sei, an der es nichts mehr zu deuten gegeben hätte.[13] Zudem kann Dörrie, was nun im engeren Sinne die Stellung Augustins betrifft, seine These auch selbst nicht strikt durchhalten.[14] Wohl mag die Berufung auf Augustins „id ibi non legi" begründet sein, mit welchem Wort Augustinus die zentralen christlichen Offenbarungslehren den Büchern der Platoniker abspricht.[15] Ebenso mag es zutreffen, daß Augustinus bloß eine „Annäherung an das Höchste Wesen, wohl in einer Art Schau, erlebt" habe, „aber gewiß keine *unio mystica* – ἕνωσις – bei welcher in der Ekstase die Persönlichkeit verlassen wird – daher ἔκστασις – so daß das Subjekt sich mit dem Objekt der Schau vereinigt".[16] Im Gegensatz zum Charakter der Mystik Plotins muß nach Dörrie für Augustin gelten: „In Augustins Darstellung ist das Ich/Du-Verhältnis nicht aufgehoben."[17]

Wie aber der Sache nach nicht von einer ungeschichtlichen, gleichsam starren Einheit des christlichen Glaubens und der christlichen Theologie ausgegangen werden darf, so auch nicht von einer in allen Ausformungen unverwechselbaren Einheit des Platonismus.[18] Vielleicht aber ist in den hier

[11] Die Andere Theologie, S. 3.

[12] Eine solche Besiegelung des Pluralismus ist schon die Kanonisierung der neutestamentlichen Schriften. Zur theologischen Diskussion vgl. hierzu z. B. Ernst KÄSEMANN (Hrsg.), Das Neue Testament als Kanon, insbesondere die „Zusammenfassung" des Herausgebers, S. 399 ff. Das christliche Kerygma kann demnach „nur christologisch bestimmt werden". Durch diese Bestimmung kann aber der Pluralismus im NT nicht aufgehoben werden (vgl. S. 404), so daß schließlich sogar ein „Kanon im Kanon" für erforderlich gehalten wird (S. 410). Vgl. auch die gemäßigteren Thesen von Hans von CAMPENHAUSEN, Die Entstehung der christlichen Bibel.

[13] Vgl. Karl RAHNER, Der Pluralismus in der Theologie und die Einheit des Bekenntnisses in der Kirche, wo auch die Frage diskutiert wird, ob die Überwindung des faktischen Pluralismus theologisch überhaupt wünschenswert wäre.

[14] In: Die Andere Theologie, spielt Augustinus außer im summarischen Hinweis in Anm. 8 und im Abschnitt XI (S. 40–42) keine Rolle. In der Diskussion nach seinem mehrstündigen Vortrag „Griechisch-römische Gottesvorstellungen und christliche Theologie" (Tagung des Landesverbandes Hessen im Deutschen Altphilologenverband vom 9. 12. 1981 in Frankfurt/Main, ausführlicher Bericht im „Mitteilungsblatt" des Verbandes, Jg. XXIX, Heft 1, S. 2 f.), konzedierte Dörrie auf meine Nachfragen schließlich, daß mit Augustinus in der Tat eine ganz neue Beziehung von Christentum und Platonismus verwirklicht worden sei.

[15] DÖRRIE, Die Andere Theologie, S. 42.

[16] A. a. O., S. 41, Anm. 122.

[17] Ebd.

[18] Dagegen spricht auch nicht seine philosophiegeschichtliche Abhandlung, Von Platon zum Platonismus. Ein Bruch in der Überlieferung und seine Überwindung.

thematisierten, eigentlich philosophischen Fragen doch in der oben angedeuteten Weise eher ein Trennungsstrich zwischen Platons Denken und dem selber zur Religion werdenden Neuplatonismus Plotins zu ziehen, als zwischen der Platonischen und der Augustinischen Philosophie, wobei letztere allerdings noch einmal klar von der oftmals eng mit ihr verbundenen Theologie zu unterscheiden wäre. Da das Verhältnis von Philosophie und Theologie immer höchst unterschiedlichen Deutungen ausgesetzt gewesen ist, kann im folgenden natürlich nicht einfach von einer als allgemein akzeptierten Bestimmung dieses Verhältnisses ausgegangen werden.[19] Eine Unterscheidung, die es gleichwohl in der einen oder anderen Weise immer gegeben hat, ist im Augustinischen Denken selbst zu finden. Auf deren konkreter Ausformung werden im übrigen die weiteren Untersuchungen basieren müssen.[20] Nachdem in den vorausliegenden Kapiteln die problemgeschichtliche Hinführung zur Augustinischen Philosophie dargestellt worden ist, soll nun die Position Plotins umrissen werden. Aus Augustins Absetzung von dieser Position läßt sich auch das Verständnis für die Augustinische Bestimmung der Philosophie im Unterschied von der Theologie gewinnen.

Obgleich Plotin sich selbst als Exeget Platons versteht, obgleich er also sagt, seine Lehren seien nur „Auslegung jener alten",[21] tritt in dem, worin für sie das höchste Ziel des Menschen liegt, nämlich in der *unio mystica*, eine so symptomatische Abweichung von Platon zutage, daß sie hier, weil in diesem Punkt gewissermaßen das Ganze umfaßt wird, an den Beginn der Betrachtungen zu Plotin gestellt wird. Besonderes Interesse findet diese Abweichung im vorliegenden Kontext auch deswegen, weil ja von Dörrie eben hinsichtlich der *unio mystica* eine deutliche Differenz zwischen Plotin und

[19] So versteht Karl ALBERT, Griechische Religion und Platonische Philosophie, S. 121, Platons Philosophie „als philosophische Fortsetzung der griechischen Religion".

[20] Kurt FLASCH, Augustin. Einführung in sein Denken, S. 100, hält mit guten Gründen dafür, daß Augustinus bei der expliziten Ausarbeitung dieser Unterscheidung eine hervorragende Rolle gespielt hat. Er bezeichnet „unsere Unterscheidung von ‚Theologie' und ‚Philosophie'" als „ein Ergebnis der Entwicklung Augustins und ihrer Rezeption in der intellektuellen Situation um 1300". Mag es auch fraglich sein, ob heute mit Flasch von „unserer" Unterscheidung gesprochen werden kann – der Pluralismus in Philosophie und Theologie läßt einen solchen versteckten Hinweis auf einen *consensus omnium* eher als verfehlt erscheinen –, so ist doch zweifellos richtig, daß Augustins Auseinandersetzung mit dieser Problematik richtungweisend gewesen ist. Die konkrete Antwort Augustins belegt, daß nicht so sehr Plotins selbst eine weltanschauliche Heilslehre darstellende Metaphysik der sachliche Hintergrund seiner philosophischen Bemühungen ist, sondern viel eher die Philosophie Platons, die eben „Liebe zur Weisheit" geblieben ist, ohne den Anspruch zu erheben, selbst schon positiv die „Weisheit" darbieten zu können. Auch in diesem Sinne zielt Augustins Denken auf eine Philosophie der Endlichkeit.

[21] Enneade V 1, 8, 11–15. Die teils unvollständige, teils falsche Zeichensetzung und Orthographie in den folgenden Plotin-Zitaten geht auf die Übersetzung von Richard HARDER zurück (fortgeführt von R. Beutler und W. Theiler).

Augustinus verbucht werden konnte. Zur Mystik Plotins kann gesagt werden, daß nach ihr die „Schau" (θεωρία) ganz im Sinne der „Erleuchtung" aus Platons *Siebentem Brief* ein Erkennen sei, „das über die Möglichkeiten der Logik und der rationalen Wissenschaft hinausreicht".[22] Die entscheidende Differenz kann mit Harder folgendermaßen bezeichnet werden: „Bei Platon ist die methodische, mathematische und dialektische Vorübung, die bei Plotin nur angedeutet wird, bewußter in den Vordergrund gestellt. Der Hauptunterschied ist aber der, daß diese Einübung für Platon im ‚Zusammenleben', in gemeinsamer geistiger Arbeit geschieht; bei Plotin dagegen ist der Weg, abgesehen von jenen Hinweisen des Lehrers, von Anfang an allein zurückzulegen."[23] Das Ziel der Schau bei Plotin ist schließlich die Überwindung der Zweiheit von Erkennendem und Erkanntem, demgemäß also die Auslöschung des menschlichen Selbst, aller Eigenbewegung, ist also die Vereinigung mit dem Geschauten: „selber das Geschaute nicht mehr schauen, sondern es werden".[24]

Dennoch kann zunächst mit Recht hervorgehoben werden, daß auch „für den Neuplatonismus ... die Seele (christlich gesprochen) Geschöpf" sei.[25] Deswegen kann auf dieser ersten Betrachtungsebene auch zutreffend gesagt werden, „alle Kontroversen gegen die angebliche neuplatonische Identifizierung der Seele mit Gott" erwiesen sich als „gegenstandslos".[26] In der Tat bleibt Gott, sofern das ursprünglich Eine als Gott auszulegen ist, bei Plotin als er selbst uneinholbar. Daß alles von ihm stamme und alles zu ihm hinstrebe, kann eben nur vom ursprünglich Einen und nicht von dem sich mit ihm vereinigenden Abgeleiteten gesagt werden. Die Frage ist aber, was der Mensch in der mystischen Einigung mit dem Einen ist, das er als Seele in der Tat nicht in ursprünglicher Weise sein kann. In dieser Einigung geht es nicht bloß um eine „Vergöttlichung der Seele", die lediglich darin bestünde, „Gott *ähnlich* (ὁμοίωσις) zu werden".[27] Vom Schauenden sagt Plotin nicht

[22] Richard HARDER, Zu Plotins Leben, Wirkung und Lehre, in: Plotin. Ausgewählte Schriften, S. 266.

[23] Ebd.

[24] A. a. O., S. 267; vgl. hierzu auch Karl-Heinz VOLKMANN-SCHLUCK, Plotin als Interpret der Ontologie Platos, S. 90: „Bei Plato erreicht die Seele am Ende des Stufenweges der Liebe im Sein zu der höchsten Seinshaftigkeit des Seienden die vollendete Möglichkeit des Bleibens und der Ständigkeit. Für Plotin kann das bei der Positivität einer potenzierten Reflexion unter dem zentralen Gesichtspunkt des Insichgehens der Seele nur bedeuten, daß in der Manifestation des Lichtes selbst der Seele ihr Sein zu sich selbst in der vollendeten Möglichkeit seiner Vollkommenheit anwesend ist. Das Selbst der Schönheit ist nichts anderes als das wiedergewonnene ‚Selbst' des Geistes, in dem alles Sichverhalten zu einem anderen – und wären es die eigenen Noumena – ausgelöscht ist".

[25] Vgl. Klaus KREMER, Die Neuplatonische Seinsphilosophie und ihre Wirkung auf Thomas von Aquin, S. 274 f.

[26] A. a. O., S. 274.

[27] A. a. O., S. 275, bes. Anm. 24.

allein, daß er Gott *geworden* sei, sondern darüber hinaus, daß er *seiend* Gott sei (θεὸν γενόμενον, μᾶλλον δὲ ὄντα), also nicht nur, daß er vom geistigen Licht erfüllt, sondern daß er das Licht selbst sei (φωτὸς πλήρη νοητοῦ, μᾶλλον δὲ φῶς αὐτό).[28] Nicht das Eine wird als Eines mit sich identisch, es „wird" ja in diesem Geschehen überhaupt nichts in irgendeiner Weise. Alle Formulierungen Plotins, so sehr sie die Übersteigung der Einswerdung ins Einssein signalisieren,[29] verwischen darum allerdings noch nicht die Differenz zwischen dem ursprünglich Einen und dem Eins seiend Gewordenen. Gott ist allein Gott geblieben, aber der Mensch nicht mehr Mensch: „er ist gleichsam ein anderer geworden, nicht mehr er selbst und nicht sein eigen, ist einbezogen in die obere Welt und Jenem Wesen zugehörig, und so ist er Eines indem er gleichsam Mittelpunkt mit Mittelpunkt berührt".[30]

Es liegt auf der Hand, daß die *unio mystica*, sofern sie die höchste Verwirklichung dessen darstellt, was der Mensch sein kann, und in der er paradoxerweise zugleich aufhört, Mensch oder Einzelseele (ψυχὴ ἡ ἑκάστου) zu sein, ja schließlich sogar aufhört, etwas Anderes als allein das Eine zu sein, tiefreichende Beziehungen zu allen wichtigen Bereichen des philosophischen Fragens hat. Kann man erstlich davon ausgehen, daß die Todesproblematik sowohl bei Platon als auch bei Augustinus als fundamentale Herausforderung des Denkens auftritt, so zeigt sich bei Plotin, daß sie für ihn gleichsam alle Schärfe verloren zu haben scheint. Läßt sich sodann für Platon nachweisen, daß die sinnliche Wahrnehmung für die Erkenntnis eine positive Funktion zu erfüllen hat, so tritt die sinnliche Wahrnehmung bei Plotin lediglich als defizienter Modus des geistigen Erkenntnisvermögens auf. Entwickeln Platon und Augustinus weiterhin, nun in der ethischen Reflexion, die Idee der Verantwortung, der Freiheit und Zurechenbarkeit moralisch relevanter Handlungen, einer Freiheit, die zudem mit der – bei Plotin fast gänzlich wegfallenden – Frage ihrer politischen und geschichtlichen Wirkung verknüpft ist, so zieht sich Plotin hinsichtlich der Erklärung des Schlechten weitgehend auf eine Begründung durch den Weltplan und das

[28] Enneade VI 9, 9, 54–61.

[29] Vgl. Enneade VI 9, 11, 9 f.

[30] Enneade VI 9, 10, 15 ff. Hierzu vgl. Fritz HEINEMANN, Plotin, S. 296 f.: „Die in den Geist versetzte und mit ihm identische Seele schaut auf das Eine, die Augen schließend, tauscht sie gleichsam einen anderen Blick ein, erfaßt durch einen intuitiven Akt das über jenem Liegende und blickt mit dem Teil des Intellekts, der nicht Geist, sondern liebender Intellekt ist. Damit ist das Denken, das sie verachtet und dessen Bewegung sie gegen Ruhe eintauschen möchte, und alles Intelligible überschritten, es existiert jetzt weder Begriff (λόγος) noch Denken (νόησις). Zugleich wird alle Form vernichtet, formlos wie die Materie muß die Seele werden und auch ihr Selbst und ihr Selbstbewußtsein verschwinden. Sich dem Einen hingebend geht sie in Gott in dieser zweiten und eigentlichen Identität unter . . . Eins werden beide: ἓν ἄμφω. In dieser Vereinigung lebt die Seele nicht als Seele und der Geist nicht als Geist, sondern sind im Einen verschwunden, abgeschieden, wie Meister Eckehard sagt".

Schicksal zurück und verfällt ganz ins Ungeschichtliche und Apolitische, da das Staatswesen und seine Geschichte für ihn letztlich nur Spielwerk sind.

In der Frage der Beurteilung der Weltentstehung und des Verhältnisses von Gott und Welt schillern die hier entgegengesetzten Positionen in oszillierendem Licht, so daß die nötige Bestimmtheit der Aussage zu fehlen scheint. Kommen nämlich einerseits bei Platon schon ansatzweise – und in voller Ausdrücklichkeit bei Augustinus – die Kontingenz der Welt und die Differenz von Welt und Gott zum Vorschein, so erscheint die Welt bei Plotin als ewiger, seliger Gott, wobei die Welt dann selbst das Ganze ist, so daß kein Graben zwischen Göttlichem und Menschlichem – jedenfalls dem Menschen, was er als höchste Möglichkeit ist – gezogen werden kann. Wie wenig aber andererseits bei Platon schon eine eigentliche Schöpfungstheologie gefunden werden kann, so weit ist er doch entfernt davon, die Weltentstehung in peiorativem Sinne als Abstieg und unwillentlichen Hervorgang zu deuten.

Bei der näheren Betrachtung des erstgenannten Problemkreises, bei der Frage nach der philosophischen Deutung des Todes, ergibt sich – trotz einiger Widersprüchlichkeiten, die teils mit der Art zusammenhängen mögen, in der Plotin seine Schriften verfaßte,[31] teils aber auch darauf verweisen können, daß Unbewältigtes im Hintergrund wirksam ist – im ganzen doch ein sehr klares Bild von seiner Lehre. Demgegenüber scheint das recht grobe Abweichen von seiner sonst vertretenen Linie, das durch den zustimmenden Verweis auf solche Götterorakel eingeführt wird, die geböten, „den Zorn beleidigter Seelen zu versöhnen, Toten Ehre zu erweisen, die davon also eine Empfindung haben müssen",[32] doch mehr ein bloßes Zugeständnis an den Volksglauben zu sein, dem Plotin sich allerdings offenbar nicht völlig entfremden will. Mit der auch von Plotin registrierten Volksmeinung andererseits, nach der „das Sterben Sterblicher für etwas Großes" gehalten wird,[33] könne sich, wie es im Text heißt, kein edler, ernster Mensch abfinden.

Nun hat aber Platon, der doch eine so hohe Autorität für Plotin darstellt, gewiß sehr viele und große Worte um den Tod des Sokrates gemacht, die Plotin – zugleich folgerichtig und doch auch überraschenderweise – mit direktem Bezug auf das Schicksal des Sokrates in die Nähe der Lächerlichkeit rückt, indem er bei einer Anspielung auf das Verhalten des Sokrates

[31] Vgl. die *Vita Plotini* des Porphyrios 8, 1 ff.: „Denn wenn er schrieb, hätte er sich nie dazu verstanden, das Geschriebene ein zweites Mal zur Hand zu nehmen, er las es ja nicht einmal das erste Mal wieder durch, weil seine Sehkraft ein bequemes Lesen nicht erlaubte."

[32] Enneade IV 7, 15, 6 f.; die Stelle ist allerdings von Harder sehr eindeutig interpretierend übersetzt. Aus dem Zusammenhang heraus erscheint eine Akzentuierung des ὡς ἐν αἰσθήσει οὖσι im Sinne von „gleich als ob sie eine Empfindung davon hätten" erforderlich.

[33] Enneade I 4, 7, 24.

darauf zu sprechen kommt, wie wenig Jammern und Weinen zum Zeugnis dafür genommen werden dürften, „daß es Unglück gibt; denn kleine Kinder weinen und jammern ja auch bei Dingen, die gar kein Unglück sind".[34] Welch klaffende Distanz hier zu Platons Stellungnahme zur Todesproblematik vorliegt, zeigt sich gerade dann ganz deutlich, wenn gesehen wird, daß auch der Platonische Sokrates mit einer gewissen überlegenen Ironie in den Tod geht,[35] wie sie Plotin somit unnötigerweise von Sokrates zu fordern scheint. Obwohl aber Sokrates, entgegen dem durch die Textstelle bei Plotin erweckten Eindruck, nach Platons Darstellung nicht jammert und weint, bleibt der Tod des Sokrates das große Thema bei Platon. Augenscheinlich will Plotin sich in dieser Frage von Platon doch ausdrücklich absetzen.

Zunächst fällt in Plotins Bearbeitung der durch den Tod gestellten Frage auf, daß der Tod des Menschen in den Gesamtzusammenhang des Todes von Lebewesen überhaupt gestellt wird. So wird einerseits der Mensch in einen „natürlichen" Weltplan eingeordnet und andererseits die Beseeltheit und Unsterblichkeit auch der Tiere deutlich hervorgehoben.[36] Die menschlichen wie die tierischen Seelen gelten als unsterblich, wie sehr ihnen ansonsten auch unterschiedliche Rangstufen zukommen mögen. Wie aber nun der Tod, ja das Fressen und Gefressenwerden der Tiere, notwendig ist und nichts Schlechtes an sich hat – auch weil sie durch ihren Tod sich wechselweise nützend zudem als neue Tiere wiedererstehen –,[37] so ist der Tod auch des Menschen notwendig, natürlich und nicht schlecht. Ohne den Abtritt von der Bühne des Lebens nämlich – wobei das Sterben als Tauschen des Leibes wie das Wechseln der Kostüme beim Schauspieler gesehen wird – träte eine Verödung ein, die dem bunte Mannigfaltigkeit schaffenden Leben widerspräche, denn das Leben hält, wie Plotin sagt, nicht inne, „sondern erschafft unablässig schöne, wohlgestaltete lebendige Spielzeuge" (ποιοῦσα ἀεὶ καλὰ καὶ εὐειδῆ ζῶντα παίγνια).[38]

So erscheint das Leben als ein wohlgeordnetes Spiel, und sogar die kriegerischen Auseinandersetzungen der Menschen „offenbaren doch, daß die ernste Mühe des Menschen allesamt nur Spielwerk ist, und deuten uns dar-

[34] Enneade III 2, 15, 58 ff.

[35] Vgl. *Phaidon* 118 a, wo der sterbende Sokrates, unerschüttert vom Weinen der Anwesenden, dem Kriton aufträgt, nicht zu vergessen, dem Asklepios als Zeichen seiner im Tod geschehenen Gesundung einen Hahn zu entrichten.

[36] Vgl. Enneade IV 7, 14, 1 ff.: „Was aber die Seelen der andern Lebewesen angeht, so müssen auch die Seelen, die zu Fall gekommen sind und hinabgerieten bis in Tierleiber, notwendig unsterblich sein."

[37] Enneade III 2, 15, 17 ff.

[38] Enneade III 2, 15, 32 f.; der Formen- und Farbenreichtum im Lebendigen weist nach einem Wort von Max SCHELER, Die Stellung des Menschen im Kosmos, Ges. Werke 9, S. 16, „auf ein phantasievoll spielendes und nur ästhetisch regelndes Prinzip in der unbekannten Wurzel des Lebens hin".

auf hin, daß der Tod nichts Furchtbares ist".[39] Es bedarf so kaum mehr eines Hinweises darauf, daß Plotin als Trost auch noch anführt, „daß diejenigen, die in Krieg und Schlacht sterben, nur um eine kleine Weile den Tod im Alter vorwegnehmen, sie treten ab, um desto eher wiederzukehren".[40] Unzweifelhaft nimmt Plotin also im Vergleich zu Platon und besonders auch im Vergleich zu Aristoteles eine völlig andere Haltung gegenüber Leid und Tod ein, auch gegenüber dem Sinn, den ein Engagement mit der Möglichkeit solcher unglücklicher Folgen haben kann. Insbesondere die Aussicht auf stete Wiedergeburt entleert das Leid von jedem Sinn: „Und was Mord und Totschlag aller Art betrifft . . ., so soll man es anschauen wie auf den Gerüsten der Schaubühne, es ist alles nur Umstellen der Kulisse und Wechsel der Szene, und dazu gespielte Tränen und Wehklagen".[41] Der Kontrast beispielsweise zu der Aristotelischen Einschätzung des Leides, die schon aus der beiderseitig vorgenommenen, unterschiedlichen Beurteilung des Priamos-Schicksales deutlich wird,[42] drückt sich in dem Wort der *Nikomachischen Ethik* aus, in dem gesagt wird, daß es ungereimt wäre, „wenn unsere Endbestimmung Spiel und Scherz wäre, und wenn die Mühe und das Leid eines ganzen Lebens das bloße Spiel zum Ziel hätten".[43] Die bei Plotin ausdrücklich bejahte, bei Aristoteles ebenso ausdrücklich zurückgewiesene Bestimmung des Leides als Spielwerk und Kinderei (παιδιά) bezeichnet in entscheidender Weise die Differenz.

Selbstverständlich will auch Plotin nicht Spiel und Scherz für die Endbestimmung des Lebens ausgeben, aber er will doch wohl sagen, daß Mühe und Leid selber für diese Endbestimmung keine Rolle mehr spielen. Aristoteles hingegen macht die Annehmbarkeit einer Endbestimmung des Menschen geradezu davon abhängig, ob sie die Mühe und das Leid des ganzen Lebens eines Menschen auch zu rechtfertigen vermöchte. Bei Platon und bei Aristoteles gibt es so die ausdrückliche und sie ernstnehmende Berücksichtigung derjenigen Phänomene, die immer wieder zur Theodizee-Problematik geführt haben. Daß in Platons Werk eine Einwirkung Gottes auf die Wahl der Lebenslose verneint wird, gründet auch darauf, daß es nach Platon in der Welt etwas gibt, das – wenn Gott in irgendeiner Weise sein letzter

[39] Enneade III 2, 15, 36 f.; die sich überlegen dünkende Verachtung der Gewalt des Todes drückt sich auch in I 4, 7, 28 f. aus: „Und wenn er (scil. der Gestorbene) nicht begraben wird? Nun, sein Leichnam wird in jedem Fall verrotten, mag er über oder unter der Erde liegen."

[40] Enneade III 2, 15, 37 ff.

[41] Enneade III 2, 15, 44 ff.; was Maximilian FORSCHNER, Die stoische Ethik, S. 139, für die Stoa ausschließt, scheint demgemäß für Plotin eher zu gelten: „Die Stoa verwahrte sich mit Entschiedenheit dagegen, ihr Ideal der ἀπάθεια als Gefühllosigkeit auszulegen." Forschner fährt in der zugehörigen Anmerkung fort: „Der Weise ist ἀπαθής im Sinne von affektlos, aber nicht σκληρός (hartherzig) und ἄτεγκτος (gefühllos)."

[42] Vgl. *Nikomachische Ethik* 1100 a 5 ff. und Enneade I 4, 5, 5 ff.

[43] Vgl. dort 1176 b 28 ff.

Grund wäre – die Welt schlechthin unannehmbar machte, wie eben auch die Verurteilung und die Hinrichtung des Sokrates Menschen angelastet wird und gleichsam als Tat Gottes nicht annehmbar wäre.

Obgleich Plotin sich ja nun als Interpret Platons versteht, stellt er, indem er Bezug nimmt auf Platons Darlegung zur Wahl der Lebenslose, wie sie die Erzählung des Er in der *Politeia* wiedergibt, erneut ganz konsequent die direkte Gegenposition auf. Er leugnet eine Freiwilligkeit der absteigenden Seelen nicht in dem Sinne, daß der Abstieg selber unfreiwillig wäre,[44] und begibt sich dadurch schon in Widerspruch zu Platon, der hinsichtlich des Eintrittes der Seelen in die Welt die Notwendigkeit walten sieht.[45] Er bestreitet zudem aber noch, und dies markiert den Unterschied von der Seite des Menschen aus, die Freiwilligkeit der Wahl des Lebensloses, ja sogar die Wahl selbst: „ihre Freiwilligkeit ist nicht der Art, daß sie die Wahl haben",[46] und kommt so zu dem Resultat, daß „schicksalsbestimmt . . . jedem so gearteten Wesen sein so gearteter Zustand" sei.[47] Freiwilligkeit und Unfreiwilligkeit des „Abstiegs" haben bei Platon und bei Plotin jeweils entgegengesetzte Objekte, betreffen in entgegengesetzter Weise das Dasein und das Sosein der Seele in der Welt.

Folgerichtig gedacht führt nun das Fehlen des Anfangs einer Geschichte der Seele auch zum Ausbleiben eines Endes einer solchen Geschichte. Konnte dementsprechend der Seelenwanderungsmythos Platons als Einkleidung einer ethischen Aussage so verstanden werden, daß jedenfalls ein zielgerichteter Weg der Seele angenommen werden mußte, der geradlinig oder gegenläufig – aber immer in der Verantwortung des je Einzelnen – seinen Fortgang nimmt und, wenn er auf das ideale Ziel des Menschen zugeht, in einem unendlichen Progressus die Verähnlichung mit Gott sucht, so findet sich bei Plotin ein stetig fluktuierender Wandel von Abstieg und Aufstieg, wobei im Aufstieg den Einzelseelen die Schau des wahrhaft Seienden „nur zeitweise und langsam zuteil" wird.[48] Daß Plotin dieser Konsequenz nicht immer treu bleibt und an anderer Stelle auch sagt, daß „eine Zeit kommen" werde, „wo man ununterbrochen schauen wird, ohne daß der Leib einen noch irgend belästigt",[49] macht dagegen entweder deutlich, wie er durch

[44] Enneade IV 3, 13, 17; in IV 8, 1, 46 ff. trägt Plotin allerdings die These Platons referierend vor, daß Gott die Seele in das All entsandt habe, damit „diese Welt geistbegabt sei". Er beharrt aber auch in diesem Zusammenhang darauf, daß die Seele „mit freigewollter Wendung" (ῥοπῇ αὐτεξουσίῳ) in die Welt hinabgeschritten sei (IV 8, 5, 25 ff.).

[45] *Politeia* 617 d: „Dies ist der Tochter der Notwendigkeit, der jungfräulichen Lachesis Rede". Notwendig ist das Eintreten in den todbringenden Umlauf, frei ist dagegen die Wahl des Lebensloses.

[46] Enneade IV 3, 13, 17 f.

[47] Enneade IV 3, 13, 20 f.

[48] Enneade IV 8, 7, 25 f.

[49] Enneade VI 9, 10, 2 f.

das Problem der Endlichkeit – und vielleicht doch auch des Leides und des Todes, das er ja als solches explizit nicht akzeptieren will – zum Selbstwiderspruch gezwungen ist,[50] oder es verweist darauf, daß das Leben in der Welt für den Menschen letztlich nur ein Übel, nicht „das ihm bestimmte Werk" (τὸ ἔργον αὑτοῦ) ist.[51] Für die Seele wäre in diesem Falle der Tod „ein Gutes, da sie dann ja die ihr eigene Betätigung reiner ausüben kann ohne den Leib" (ἀγαθόν, ὅσῳ μᾶλλον ἐνεργεῖ τὰ αὑτῆς ἄνευ σώματος).[52] Wenigstens wäre der Tod in höherem Grade ein Gut als das Leben, insbesondere auch weil im Leben die Gefahr des Verlustes der Reinheit der Seele besteht: „Vielleicht kann man auch sagen, daß das Leben im Leibe an und für sich ein Übel ist, daß aber die Seele vermöge der Tugend ins Gute eintritt, da sie dann nicht ein Leben der Vereinigung lebt, sondern schon dazu übergeht, sich abzutrennen".[53]

Die sich so abzeichnende, das Leben der Seele in der Welt auf welche Weise auch immer abwertende Grundthese Plotins – sei es vor dem Hintergrund der einen ewigen Kreislauf bezeichnenden Seelenwanderungslehre, sei es vor dem Hintergrund einer Eschatologie, in der alles ins Eine zurückgekehrt wäre – kann nun in der Untersuchung zur Erkenntnis-, zur Freiheits- und zur Seinslehre weiter entfaltet und überprüft werden.

Das Platon – auch gerade von Plotin – zugeschriebene Wort vom Leib als dem Grabmal der Seele (σῶμα – σῆμα),[54] das aber so bei Platon nicht vorkommt und bei ihm in dieser uneingeschränkten Bedeutung sachlich auch keinen Ort hat,[55] weil „Weltflucht" und „Weltverneinung" von Platon nicht als erstrebenswerte Ziele ausgegeben werden,[56] wird von Plotin ganz ausdrücklich im Blick auf die Menschenseele ausgesprochen, „die,wie es heißt, alle Übel und Mühsal im Leibe erduldet, da sie dort in Schmerzen Begierden Ängste und alle andern Übel gerät, weshalb denn auch der Leib ihre Fessel und ihr Grab heißt und diese Erdenwelt ihre Höhle und Grotte".[57] Insbesondere weil diese Bezugnahme ausdrücklich Platon-Interpretation sein will[58] und doch so charakteristisch von Platon abweicht, hat sie Gewicht. Sie bietet

[50] Vgl. dazu z. B. die Stellen IV 8, 3, 1 ff. und IV 3, 20–24.

[51] Enneade I 7, 3, 3.

[52] Enneade I 7, 3, 8.

[53] Enneade I 7, 3, 19 ff.

[54] Vgl. ohne Beleg im Zusammenhang mit *Phaidon*-Zitaten, einen solchen Zusammenhang also insinuierend, Johannes HIRSCHBERGER, Geschichte der Philosophie I, S. 117: „Platon spricht sogar das Wort der Pythagoreer nach vom Leib als einem Grab der Seele".

[55] Der für die These in Anspruch genommene, aber für den erforderlichen Nachweis untaugliche Beleg findet sich im *Kratylos* 400 b f. Sokrates trägt das Wort als These der Orphiker vor, ohne im übrigen weiter dazu Stellung zu beziehen.

[56] Vgl. Karl BORMANN, Platon, S. 43; vgl. insgesamt hierzu S. 40–44.

[57] Enneade IV 8, 3, 1–5.

[58] Vgl. Enneade IV 8, 1, 23: λείπεται δὴ ἡμῖν ὁ θεῖος Πλάτων.

zudem mit dem Hinweis auf die Höhle (σπήλαιον) – und damit auf das Höhlengleichnis – auch einen Übergang zur Erkenntnisfrage.

Legt man als „Namenerklärung der Wahrheit“ zugrunde, „daß sie nämlich die Übereinstimmung der Erkenntnis mit ihrem Gegenstande sei“,[59] dann tritt bei Plotin der Begriff der Erkenntnis in einer doppelten Weise auf. Diese Doppeltheit hängt davon ab, ob die Übereinstimmung, welche auch nach Plotin die wahre Erkenntnis ausmacht, aus der Bestimmungskraft des Erkennenden oder aus derjenigen des Erkannten fließt. Daß nach Kant, von dem die Formulierung der zitierten Namenerklärung übernommen wurde, einerseits die aus der Bestimmungskraft des Erkennenden allein fließende Erkenntnis – als entstehenlassendes Erkennen – das Vermögen der menschlichen Erkenntnis übersteigt und daß andererseits reines Bestimmtwerden durch das der Erkenntnis Gegebene zu keiner Bestimmtheit der Erkenntnis zu führen vermag, braucht hier nicht weiter zu interessieren, da es für Kant in diesem Zusammenhang allein um die Sicherung der Gegenstandserkenntnis aus reiner theoretischer Vernunft geht, für Plotin aber um die Frage der Erfassung des Ganzen von Welt, Mensch und Gott.[60]

Die Doppeltheit, in der sich nach Plotin die Übereinstimmung der Erkenntnis mit ihrem Gegenstand vollzieht, ist einerseits an dem Hervorgang aus dem Einen, andererseits an der Rückkehr in das Eine orientiert. Ob es sich im Hervorgang und in der Rückkehr tatsächlich um unterscheidbare Vorgänge, um verschiedene Akte handelt, kann hier dahingestellt bleiben.[61] Die Frage wird allerdings weiter unten noch einmal aufgegriffen werden. Jedenfalls scheint sich aus den Worten Plotins eindeutig zu ergeben, daß, wenngleich nicht mit Sicherheit verschiedene Akte, doch Aktzentren unterschieden werden müssen, die von gleichsam entgegengesetzter Seite her die Identifikation bewirken, die das Ziel aller erkennender Vollzüge ist.

Die Erkenntniskonzeption Plotins ist eng mit seiner Seinslehre verbunden. Sie zu erfassen heißt deswegen nichts anderes, als seine Grundlehre

[59] Hier nach der Formulierung von Kants *Kritik der reinen Vernunft*, B 82.

[60] Zu Kant vgl. die teleologische Metaphysik der reflektierenden Urteilskraft, insbesondere in der *Kritik der Urteilskraft*, bes. B 400 ff., den Begriff des Naturzwecks, in dem die Entstandenheit des Gegenstandes aus einem Erkenntnisvermögen mitgedacht ist.

[61] Vgl. Klaus KREMER, Die Neuplatonische Seinsphilosophie, S. 157: „Plotin versucht über diese Grenzziehungen hinaus das Entstehen der Seinsstufen weiter aufzuhellen. Er verwendet dabei das Bild der ἐπιστροφή, von dem ich jedoch nicht zu sagen vermag, welcher ursprüngliche Gedanke dieser Vorstellung zugrundeliegt. In der Rückwendung auf das Eine wird der „Geist“ erst Geist – entsprechend konstituieren sich alle Stufen durch die Rückwendung auf ihr hervorbringendes Prinzip. Dabei ist diese Rückwendung nicht als ein zweiter, von der Emanation verschiedener Akt gedacht, sondern der Geist geht als ein ‚rückgewendeter‘ aus Jenem hervor. Oder . . . der Hervorgang stellt die Entstehung vom Einen her gesehen dar, die Rückkehr dagegen die Entstehung von uns aus gesehen. Jedenfalls handelt es sich um einen einzigen Akt bei der ἔκβασις und ἐπιστροφή.“

auch im Blick auf die Ontologie vor Augen zu haben. Das, was Plotin als Hervorgang (πρόοδος) beschreibt, ist nämlich dem Begriff nach das, was oben unter den Titel des entstehenlassenden Erkennens gestellt worden ist. Plotin sagt: „Jedoch wird jeweils das Erzeugte mit demjenigen identisch, dem es sich hingibt, solange es sich ihm hingibt".[62]

Faßt man nun die ausgangsweise für die Erkenntnis in Anschlag gebrachte Doppeltheit ins Auge, so ist festzuhalten, daß von der einen Seite her das Eine wirkt. In entschiedener Deutlichkeit ist die Grundthese am Beginn der Schrift *Über das Gute oder das Eine* zu finden. Sie lautet dort: „Alles Seiende ist durch das Eine ein Seiendes, sowohl das was ein ursprünglich und eigentlich Seiendes ist wie das was nur in einem beliebigen Sinne als vorhanden seiend bezeichnet wird".[63] Obwohl aber das Seiende in irgendeiner Weise dem Einen, dem alles aus unausschöpfbarer Fülle Hervorbringenden, gleichsam entströmt, aus ihm heraustritt, kann Plotin damit keineswegs, gewissermaßen von vornherein, auf eine monistische Position im Sinne eines Pantheismus festgelegt werden.[64] Das Eine steht vielmehr zunächst in radikaler Distanz zu allem Seienden; es kann nicht bestimmt werden, da es jenseits des Geistes und der Erkenntnis seinen Ort hat: „wie es in keinem Stükke irgend eines Dinges bedarf, so auch nicht des Erkennens".[65] Wahrheit und Erkenntnis sind Einigung des Mannigfaltigen: wenn wir also das Eine zu Erkennbarem und zu Erkenntnis machen, dann machen wir es vielfältig.[66]

Wenn aber so das Eine in sich selbst „in Wahrheit unaussagbar" (ἄρρητον τῇ ἀληθείᾳ),[67] „schlechthin einfach" (πάντῃ ἁπλοῦν) und „wahrhaft in sich selber genug" (αὔταρκες ὄντως) ist,[68] dann scheint die Frage, wie aus dem Einen das Viele hervorgehen könne, unbeantwortbar zu werden. Nicht nämlich durch einen Mangel oder durch eine gleichsam freie Tätigkeit entsteht das Viele aus dem Einen. Plotin geht vielmehr davon aus, daß das Viele ohne irgendwelche Veränderung oder Tätigkeit des Einen aus dem Einen entlassen wird: „Nein, es ist klar: wenn etwas nach Jenem zur Existenz gelangt ist, so ist es zur Existenz gelangt, indem Jenes verharrte in seiner ihm eigenen Wesensart".[69] Wenn also das Seiende durch das Eine seiend ist und gleichwohl das Eine in diesem seinem Hervorgehenlassen

[62] Enneade V 2, 2, 3 f.
[63] Enneade VI 9, 1, 1 f.
[64] Vor einer „leichtfertigen pantheistischen Deutung Plotins" warnt auch Heinz Robert SCHLETTE, Das Eine und das Andere. Studien zur Problematik des Negativen in der Metaphysik Plotins, S. 60 ff.
[65] Enneade V 3, 12, 48 f.
[66] Enneade V 3, 13, 9 f.
[67] Enneade V 3, 13, 1.
[68] Enneade V 3, 31, 17.
[69] Enneade V 3, 12, 33 f.

schlechthin unverändert in seinem Wesen bleibt, dann ist in aller Schärfe zu schließen, daß das Hervorgehenlassen selbst das unveränderliche Wesen des Einen sein muß.

Plotin drückt diese von ihm vorgetragene Lösung durch die Lichtmetapher aus.[70] Das, was aus dem Einen hervorgeht, „umgibt Jenes, ist ein rings aus ihm erstrahlender Glanz, aus ihm wobei Es aber beharrt; so wie der Glanz der Sonne der sie gleichsam umspielt der ständig aus ihr geboren wird wobei sie aber beharrt".[71] Dieser rings aus ihm erstrahlende Glanz, die περίλαμψις, gehört zum unveränderlichen Wesen des Einen, ja sie ist auf Grund der Einfachheit des Einen geradezu das Wesen des unveränderlich einfach Einen. Das Eine ist demnach in der Weise unveränderlich, daß das Andere unveränderlich aus ihm erstrahlt. Das Eine hat so gesehen das Andere notwendigerweise bei sich, es ist notwendig mit ihm zusammen, „so daß es allein durch die Andersheit von ihm geschieden ist" (ἐξ ἀνάγκης σύνεστιν αὐτῷ, ὡς τῇ ἑτερότητι μόνον κεχωρίσθαι).[72]

Das Eine ist als περίλαμψις zugleich im Modus der Andersheit und so Grund des Anderen. Das Andere aber ist die Offenbarkeit des Einen. Es ist diese Offenbarkeit allerdings nicht schon in vollendeter Weise durch das bloße Hervorgegangensein aus dem Einen. Erst indem sich der Abglanz des Lichtes als solcher erfaßt und sich auf das Eine zurückbezieht, wird seine Intelligibilität, seine Durchsichtigkeit auf das Eine hin, aktuiert. Es gibt also etwas auf der Seite des Anderen, das sich gewissermaßen auch auf den Rückweg in das Eine zu begeben hat. In dieser sich rückwendenden Selbsterfassung erhält die Identifizierung, als welche das Erkennen gefaßt worden war, nun einen vom Entstehenlassen zu unterscheidenden Sinn. Über wie viele Zwischenstufen der Hervorgang und die Rückwendung sich auch vollziehen mögen,[73] wie sehr sich gerade durch die Vielheit der Zwischenstufen

[70] Zur Frage, ob hier mit Recht von einer Metapher gesprochen werden kann, vgl. SCHLETTE, Das Eine und das Andere, S. 71 f., Anm. 54, wo er sich insbesondere mit Beierwaltes auseinandersetzt.

[71] Enneade V 1, 6, 28 ff.; zur Lesart vgl. die Ausführungen von Werner BEIERWALTES, Plotins Metaphysik des Lichtes, S. 97, Anm. 77.

[72] Enneade V 1, 6, 53 f.; so kann mit BEIERWALTES, Plotins Metaphysik des Lichtes, S. 96, gesagt werden: „Das Eine ist Licht und Licht ist letztlich das Eine: Beide sind unmittelbare und untrennbare Einheit. Weil das Eine Licht ist, sucht es nicht das Licht, es ist also nichts in ihm, was es intendieren könnte, da es immer schon hat, was es suchen könnte, d. h. es denkt nicht, da es das Prinzip von Denken *ist*. Das Licht erscheint als das Wesen des Einen als Licht überhaupt. Es ist reines Manifestieren, indem es in sich selbst beharrend sich selbst zeigt. Aus sich herausgehend manifestiert es Anderes und zugleich sich selbst im Anderen: Im Geist besondert es sich und wird in ihm als lichter Grund scheinend. Daher ist das manifestierte Andere, der Geist, Widerschein des ursprünglichen Lichtes, sein Abglanz (φῶς ἐκ φωτός)."

[73] Vgl. z. B. Enneade V 3, 15: ἓν πολλά, πάντα καὶ ἕν. Vgl. weiterhin die Fortsetzung der Übergänge über die Seele hinaus bis zu den Formen der Körper und zuletzt zu den Körpern selbst, Enneade IV 2, 2, 52 ff.: ἔστιν οὐν ψυχὴ ἓν καὶ πολλὰ οὕτως, τὰ δὲ ἐν τοῖς σώμασιν εἴδη πολλὰ καὶ ἕν, τὰ δὲ σώματα πολλὰ μόνον, τὸ δὲ ὑπέρτατον ἓν μόνον.

zeigt, daß „die Zwischenstufen nicht scharf voneinander geschieden sind, sondern ineinander übergehen und einander gegenwärtig sind",[74] so ist doch klar: der eigentliche Umschwung ereignet sich in der Seele, die damit gleichsam zum Gegenpol des Einen mit eigener Aktivität zu werden scheint. Bevor diese These mehr ins Einzelne gehend erläutert werden kann, muß noch eine Bemerkung zur wertenden Beurteilung des Hervorgangs des Vielen aus dem Einen gemacht werden. Wo nämlich gewertet wird, stellt sich notwendig die Frage nach Recht und Grund einer solchen Bewertung.

Im Verhältnis vom Einen (ἕν) und Geist (νοῦς) mag, was historisch gesehen auf eine Aristoteleskritik Plotins hinausläuft,[75] immerhin auch schon eine Differenz obwalten. Diese Differenz gehört aber nicht zufällig oder freiwillig zum Einen, insofern sich der Hervorgang ohne Willensentschluß notwendig ereignet[76] und nichts anderes beinhaltet als das Gerichtetsein des Einen auf sich selbst: „Aber doch ist Jenes nicht Geist; wie kann es da den Geist erzeugen? Nun, in dem Gerichtetsein auf sich selbst erblickte es sich selbst, und dieses Erblicken ist der Geist *(Denken)*".[77] Obgleich Plotin diese Differenz selbst ohne Zweifel peiorativ als eine Abstiegsbewegung gefaßt hat,[78] ist die Frage durchaus naheliegend, ob eine solche These sich folgerichtig aus dem Grundbezug des Einen zum Vielen, das der Geist repräsentiert, ergibt. Soweit mit dieser Wertung nur die Beschreibung eines Abhängigkeitsverhältnisses im Sinne eines metaphysischen *prius* und *posterius* gemeint ist, muß ihr natürlich im Rahmen der Plotinischen Ontologie zugestimmt werden. Wird aber die Abstiegsbewegung selbst negativ gewertet,

[74] Joseph RATZINGER, Licht und Erleuchtung, S. 373; vgl. auch Ph. V. PISTORIUS, Plotinus and neoplatonism, S. 51.

[75] Vgl. Fritz-Peter HAGER, Der Geist und das Eine. Untersuchungen zum Problem der Wesensbestimmung des höchsten Prinzips als Geist oder als Eines in der griechischen Philosophie, S. 237: „Die eigentlich bedeutende Reaktion gegen die aristotelische Ansetzung des göttlichen Geistes als höchstes Prinzip, und die eigentlich ernsthafte und konsequente Wiederaufnahme des platonischen Ansatzes einer Wesensbestimmung des höchsten Prinzips als noch über den göttlichen Geist erhabenes vollkommen Eines ist erst wieder im dritten Jahrhundert nach Christus bei Plotin erfolgt, wobei zu betonen ist, dass Plotin nun erst eigentlich wirkliche Argumente für das vollkommen Eine und Gute als höchstes Prinzip aufstellt (während wir solche Argumente bei Platon nur aus den Voraussetzungen seines Systems erschließen mußten) . . .". Es sei nur vermerkt, daß von einem „System" Platons keineswegs gesprochen werden kann und nach Platons Intentionen auch nicht gesprochen werden darf. Insofern es aber bei Plotin tatsächlich ein System gibt, zeigt sich, daß bei ihm gerade keine Wiederaufnahme des Ansatzes der Platonischen Philosophie stattfindet.

[76] Enneade V 1, 6, 25 ff.: δεῖ οὖν ἀκινήτου ὄντος, εἴ τι δεύτερον μετ' αὐτό, οὐ προσνεύσαντος οὐδὲ βουληθέντος οὐδὲ ὅλως κινηθέντος ὑποστῆναι αὐτό: Weil es unbewegt ist, muß also, sofern es irgendein Zweites nach diesem gibt, dieses in die Existenz getreten sein, ohne daß es sich zu ihm neigte oder einen Entschluß faßte oder sich überhaupt irgend bewegt hatte.

[77] Enneade V 1, 7, 4 ff.

[78] Vgl. Enneade V 3, 15, 9, wo der Geist gegenüber dem Einen als ein χεῖρον und als ein ἐνδεέστερον erscheint.

wird es auch aus Gründen der immanenten Interpretation notwendig, die genannte kritische Gegenfrage an Plotin zu stellen. Soweit diese negative Wertung der Abstiegsbewegung bei Plotin Platz greift – dies ist schon gemäß der obigen Darstellung nicht durchgängig der Fall, wie die περίλαμψις-Lehre zeigt –, kann die Frage nach der Folgerichtigkeit der negativen Bewertung der Abstiegsbewegung abschlägig beschieden werden, weil nicht einzusehen ist, „warum die Explikation auch und gerade als die des Einen nicht positiv als ein Geschehen gedacht werden kann, durch welches das Eine erst seine eigentliche Fülle zur Offenbarung und Darstellung bringt, so daß also diese Fülle nicht mehr als ‚Andersheit' und ‚Vielheit' und damit als Negativität, sondern umgekehrt als die Vollendung der Positivität erscheinen würde".[79]

In der Seele aber – und darauf zielte diese Zwischenbemerkung zur Axiologie des Hervorgangs des Geistes aus dem Einen – tritt eine neue Sachlage sowohl hinsichtlich ihres Hervorgangs als auch hinsichtlich ihrer Abbildhaftigkeit und ihrer Rückwendung zum Ursprung auf. Diese veränderte Sachlage steht mit der Lehre Plotins in Verbindung, daß die Seele die unterste der drei ursprünglichen Hypostasen ausmache. Entscheidend ist aber nicht allein, daß die dritte Hypostase bei Plotin die unterste der Erzhypostasen darstellt, sondern auch, daß sich diese Hypostase in die Weltseele und die vielen Einzelseelen hinein auslegt. Mit der Einzelseele ist der sich über Stufungen ausbreitende Prozeß in eine charakteristische Phase gelangt: Wenn „νοῦς und ψυχή . . . als das Eine umlaufende Lichtkreise gedacht" werden, dann ist der Lichtkreis der Seele eben nur der äußere, wenn immer mit Plotin anzunehmen ist, daß der „Bereich des Sinnenfälligen . . . kein eigener Lichtkreis" ist.[80] Auch hier scheint allerdings wieder eine Schwachstelle der Plotinischen Gedankenführung sichtbar zu werden. Um diese Schwachstelle aber genauer zu bezeichnen, sind weitere Unterscheidungen erforderlich. Was nämlich in der allgemeinen Anwendung auf den Hervorgang des Geistes aus dem Einen in eindeutiger Weise als unzulässiger Anthropomorphismus erscheinen mußte, hat hinsichtlich der Situation der Einzelseele – wenngleich auch hier nicht aus allgemeinen Erwägungen, aber doch auf Grund einer der Seele zugänglichen Erfahrung – vielleicht einige Chancen der Rechtfertigung. Dieser Umstand weist im übrigen erneut darauf hin, in welch herausragendem Sinne die Seele der Angelpunkt der Gesamtkonzeption Plotins ist.

Zunächst ist jedoch beharrlich darauf hinzuweisen, daß die Grenzziehung zwischen der Seele und dem aus ihr Hervorgegangenen wenigstens vom bezeichneten Ausgangspunkt her nicht akzeptiert werden kann, wenn die These Plotins durchgängig in Anschlag gebracht werden können soll, daß

[79] Heinz Robert SCHLETTE, Das Eine und das Andere, S. 86.
[80] Werner BEIERWALTES, Plotins Metaphysik des Lichtes, S. 102.

alles Seiende durch das Eine seiend ist und das durch die Seele Hervorgehende nicht nichtseiend ist. Als nicht rechtfertigbar erscheint also eine – nicht bloß zu Lasten und auf Verantwortung der Seele gehende – Grenzziehung zwischen einem Bereich des Guten, der durch die drei ursprünglichen Hypostasen bezeichnet wird, und einem Bereich des Schlechten, dem Bereich dessen, was sozusagen nach der Seele kommt. Diese Grenzziehung kommt in Plotins Schrift über die Herkunft des Schlechten, des Bösen, in Περὶ τοῦ τίνα καὶ πόθεν τὰ κακά, besonders deutlich zum Vorschein. Es heißt dort: „Jener Geist ist die erste Wirksamkeit des Ersten und die erste Substanz, wobei Jenes in sich selbst verharrt, freilich doch Wirksamkeit auf den Geist ausübt, gleichsam als lebte es bei ihm. Und die Seele, welche dann außen um den Geist ihren Reigen tanzt, blickt zu ihm hin, und indem sie sein Inneres schaut, erblickt sie durch ihn Gott. ‚Und das ist der Götter Leben', leidfrei und selig, und nirgends gibt es hier das Böse; und wenn die Welt hier stehen geblieben wäre, so hätte es überhaupt kein Böses gegeben, sondern nur ein Erstes und Zweites und Drittes Gute: ‚Um den König aller Dinge ist alles, und Jenes ist Ursache alles Schönen und alles gehört Jenem an, und um das Zweite liegen die zweiten Dinge und um das Dritte die dritten'."[81]

Mit kritischer Aufmerksamkeit ist nun der Umstand zu vermerken, daß nach Plotin das κακόν als κακόν – in seiner Doppelbedeutung als Böses und als Schlechtes – gleichsam ursprünglich negativ in der Materie auftritt, also gewissermaßen ursachlos ist, aber doch auch als etwas, das ist, oder jedenfalls nicht schlechthin nicht ist, und so zugleich in Abhängigkeit von den Erzhypostasen gedacht werden muß. Die These, daß die Ausstrahlung in die Vielheit hinein das sich verbreitende Licht schwächt, mag aus der Analogie der Zerteilung von Kräften, wie sie empirisch begegnet, hingenommen werden. Der Umschlag vom Guten ins weniger Gute wird dadurch vielleicht verständlich, aber nicht der Umschlag vom Guten ins Schlechte.[82] Signifi-

[81] Enneade I 8, 2, 21–32; die Zitate beziehen sich auf den nicht authentischen *Zweiten Brief* Platons (vgl. dort 312 e). Hierzu die Interpretation von Karl-Heinz VOLKMANN-SCHLUCK, Plotins Lehre vom Wesen und der Herkunft des Schlechten (Enn. I, 8), S. 4 f.: „Das Erste ist das Gute selbst, die Dynamis, deren Wirksamkeit alles erst zum Sein befähigt; der Nous ist das zweite Gute, die Fülle alles Seienden, das seinen Bestand der Kraft des Guten verdankt. Die Seele, das dritte Gute, ist nicht das Ganze der Ideen in einfacher Anwesenheit, sondern in der Weise des unaufhörlichen Durchgangs durch sie. Aber auch die Seele ist in ihrem reinen Wesen bestimmt durch die, obzwar gewandelte, Präsenz der Ideen in ihr und durch das leidfrei selige Leben des Gottes. Wäre also das Sein bei dieser Dreiheit stehengeblieben, dann gäbe es nichts Schlechtes."

[82] Hierzu vgl. folgende Frage von SCHLETTE, Das Eine und das Andere, S. 134: „Bedeutet Plotins Auslegung des κακόν einen Riß innerhalb der aufgewiesenen Metapositivität, so daß nunmehr ein Aufgehobensein der Negativität des Bösen in einer vor- und übergeordneten ‚Positivität' nicht mehr möglich ist; oder aber löst sich für Plotin auch das Böse in eine (gute) Meta-Positivität auf?"

kant für die Ungelöstheit der sich Plotin hier stellenden Aufgaben sind auch die schillernden Ausdrücke, in denen er die Seinsweise des Seienden zu bestimmen sucht, das ihm als κακόν gilt. Denn obgleich Plotin sagt, daß das κακόν „unter die nichtseienden Dinge gehört und gewissermaßen eine Gestalt des Nichtseienden ist",[83] so kann sowohl auf die hier gebrauchte, den Selbstwiderspruch nicht verbergende und offenbar auch nicht verbergen wollende Formulierung verwiesen werden, als auch auf die ausdrückliche These, daß „nichtseiend . . . nicht als schlechthin nicht existierend" verstanden werden dürfe (μὴ ὄν δὲ οὔτι τὸ παντελῶς μὴ ὄν).[84] Gemäß der Lehre Plotins ereignet sich mit dem Auftreten der wahrnehmbaren Welt das Merkwürdige und aus dem vorliegenden Kontext heraus Unverständliche, daß das sich ausbreitende Licht schließlich nur noch dadurch sich auszubreiten in der Lage zu sein scheint, daß es gleichsam Schatten wirft und so sein Gegenstück hervorbringt.

Trotz dieser kritischen Anmerkung muß nicht notwendigerweise etwas gegen den Satz eingewandt werden – sofern er eben in einem die Kritik berücksichtigenden Sinne interpretiert wird –, daß die „Materie . . . die Ursache der Schwäche der Seele" und „Ursache ihrer Schlechtigkeit" sei (ὕλη τοίνυν καὶ ἀσθενείας ψυχῇ αἰτία καὶ κακίας αἰτία). Die Materie – und mit ihr die gesamte sichtbare Welt – darf dabei, wenn der Satz in einem akzeptablen Sinne verstanden werden können soll, nicht als Erstursache interpretiert werden. Genau von der These einer solchen Erstursächlichkeit der Materie geht Plotin aber dort aus, wo er sagt, daß sie „selber zuvor böse und . . . das erste Böse" sei (πρότερον ἄρα κακὴ αὐτὴ καὶ πρῶτον κακόν).[86]

[83] Enneade I 8, 3, 4 f.

[84] Enneade I 8, 3, 6 f.; vgl. KREMER, Die Neuplatonische Seinsphilosophie, S. 109 ff.

[85] Enneade I 8, 14, 49 f.; vgl. E. MÜHLENBERG, Das Verständnis des Bösen in neuplatonischer und frühchristlicher Sicht, S. 234: Für Plotin „ist die Erfahrung des Bösen eine konkrete Erfahrung seiner selbst, d. h. seiner Seele. Die Seele findet sich in einem Körper vor, und sie empfindet ihre Verbindung mit dem Körper als ein Übel. Die Seele, das Selbst des Menschen, ist sich bewußt, daß der Körper vergänglich ist, und sie will sich aus diesem vergänglichen Gefängnis befreien. Deswegen lautet die Grundfrage für Plotin: Welches ist das eigentliche Wesen der Seele, und wie konnte sie überhaupt in einen Körper geraten, dem sie zu entfliehen sucht?"

[86] Enneade I 8, 14, 50 f.; vgl. im Rückblick auf Platon hierzu Fritz-Peter HAGER, Die Vernunft und das Problem des Bösen im Rahmen der platonischen Ethik und Metaphysik, S. 114 f. Weil Gott „nicht die Ursache der Unvollkommenheit der Welt, und in diesem (rein numerischen) Sinne nicht die Ursache von allem" sei, gebe es sachlich gesehen das Problem des Dualismus. Zur Plotinstelle vgl. Thomas A. SZLEZÁK, Platon und Aristoteles in der Nuslehre Plotins, S. 105, Anm. 326: „In jedem Fall bleibt aber ein ungelöster Widerspruch schon dadurch, daß die sinnliche Materie als ‚Abbild' der geistigen . . . auch ontisch von ihrem ‚Urbild' abhängen muß, folglich (unzeitlich) geworden ist, daß sie sich aber andererseits nicht analog zur geistigen Materie verhält, sondern ‚umgekehrt' . . . – es ist nicht zu sehen, was sie sei es mit der geistigen Materie, sei es mit der Seele verbinden soll, und insofern erscheint sie unabhängig und unableitbar."

Damit kommt bei Plotin ein Gedanke zum Vorschein, der mit dem Grundkonzept des Hervorgangs alles Seienden aus dem Einen nicht mehr in Einklang gebracht werden kann. Obwohl diese Problematik bei der noch folgenden Diskussion der Freiheitsfrage weiter fortgeführt werden muß, kann hier schon einmal vor dem Hintergrund der dargebotenen Thesen Plotins und unbeschadet der Geltung des vorgetragenen Einwandes die Sonderstellung der Seele in der Erkenntnisfrage genauer bestimmt werden.

Die besondere Weise der ursprünglich hervorbringenden Identifizierung, die das entstehenlassende Erkennen im Unterschied zum gegenständlichen Erkennen ist und in dem das Erkennen auf einen *intellectus archetypus* zurückgeführt wird, setzt sich in einer Proportionalitätsanalogie vom Einen über den Geist auch in die Seele hinein – und weil strahlendes Licht sich ausbreitet, zugleich auch über die Seele hinaus – fort. Plotin sagt dementsprechend aus dem Zusammenhang seiner Grundthese, daß „die Seele der Gedanke des Geistes und sozusagen seine Wirksamkeit ist, so wie der Geist die des Einen".[87] Wie der Geist also ein Abbild des Einen ist, so ist die Seele ein Abbild des Geistes. Wie infolgedessen der Geist „Licht vom Lichte" (φῶς ἐκ φωτός) ist,[88] so ist es auch die Seele. Als solches Licht leuchtet auch die Seele und breitet das strahlende Licht weiter aus. Kennzeichnend für die besondere Stellung, welche die Seele bei Plotin einnimmt, ist allerdings, daß diese Ausbreitung, sofern sie von der Seele ausgeht, in Ausdrücken zur Sprache gebracht wird, die von denjenigen innerhalb der davor liegenden Stufen abweichen. Dennoch lehrt Plotin, daß sich die „reif gewordene Seele" ebenso in ein Anderes ausbreitet, wie vordem das reif gewordene Eine und der reif gewordene Geist.[89] Demnach zeugt sich die reif gewordene Seele in den wahrnehmbaren Kosmos hinein fort.[90] Durch diese Fortzeugung er-

[87] Enneade V 1, 6, 44 f.

[88] Enneade IV 3, 17, 13 f. In dieser Stelle, welche die Lichtmetapher prägnant auf den Hervorgang des Vielen aus dem Einen anwendet, geht es um die Beseelung der wahrnehmbaren Welt. Der Ausstrahlungsakt erscheint hier im ganzen positiv. Das Negative an diesem Abstieg betrifft die Seele, die möglicherweise weiter hinabsteigt, als für sie gut ist. In IV 3, 17, 8–12 heißt es hierzu: „So durchstrahlen alle Seelen den Himmel, sie geben ihm gleichsam ihren größten Teil, ihr Erstes, während sie die übrige Welt nur mit ihren niederen Stufen beglänzen; aber diejenigen, die nun im größeren Maße hinabsteigen, lassen ihr Licht mehr dort unten erstrahlen, und das ist ihnen nicht zum Besten, wenn sie so weit vorschreiten."

[89] Vgl. Enneade V 1, 6, 38 ff.: „Ferner aber: alles was soweit gelangt ist daß es reif ist, zeugt; das nun was ewig reif und vollendet ist, zeugt ewig und ein Ewiges, zeugt aber ebenfalls etwas das geringer ist als es." – Dies ist die Antwort Plotins auf die Frage, die G. HUBER, Das Sein und das Absolute, S. 77, stellt. Huber fragt: „Wie kann aus der unterschiedslosen Einheit der Unterschied entstehen? Wie ist die Andersheit als solche in der absoluten Identität begründet?" Hubers Stellungnahme, ebd.: „Diese Fragen stellen heißt wohl die Unmöglichkeit ihrer Beantwortung einsehen."

[90] Vgl. Enneade V 1, 7, 37 ff.

scheint der „Leib des Himmels" (σῶμα οὐρανοῦ) als ein „glückseliges Lebewesen" (ζῷον εὔδαιμον),[91] erscheint der Kosmos als ein Gott.[92]

Die Seele als Weltseele, als ψυχὴ μεγάλη, bringt aber das, was den Kosmos als glückseliges Lebewesen ausmacht, nicht allein hervor, sondern sie sucht ihn auch, als Einzelseele, zu erforschen.[93] Dies Suchen und Forschen markiert nun jenen Punkt, welcher der Seele eine Entscheidung abverlangt, nämlich die Entscheidung, ob sie sich immer weiter ins Viele hinein verliert oder ob sie zum Einen zurückkehrt. Ausgangspunkt ist also das Forschen der Seele. Zu diesem Forschen (ζητεῖν) sagt Plotin: „Denn das was forscht ist ja die Seele und sie muß zur Erkenntnis kommen welchen Wesens sie ist, die da forscht, damit sie zuvor von sich selber feststellen kann ob sie die Fähigkeit hat solche Dinge zu erforschen, ob sie ein Auge hat von der Art sie zu erblicken, und ob überhaupt dies Forschen sie angeht. Denn wenn die Gegenstände ihr fremd sind, wozu dann das Forschen? Sind sie ihr aber verwandt, so geht es sie an und sie vermag sie auch zu finden".[94]

Die Aussage dieser Stelle nennt nun einen sachlichen Grund für die These Plotins, daß der Hervorgang, daß die Ausstrahlung des Einen in eine über mehrere Stufen sich entfaltende, immer größere Mannigfaltigkeit dann auf eine gewisse Grenze stößt, wenn sie zu der Stufe der Seele gelangt ist. Indem nämlich die Seele vom ursprünglich Einen, durch das alles Seiende seiend ist, in ihrer eigenen Stellung schon allzuweit entfernt ist, muß sie sich, um ihr Sein vollziehen zu können, zunächst ihres Ursprungs vergewissern. Diese allzugroße Entfernung vom Einen dokumentiert sich darin, daß es für die Seele – anders als für den Geist, bei dem Hervorgang aus dem Einen und Rückkehr zum Einen zeitlich ungetrennt sind und so gesehen ineinsfallen – die Alternative gibt, sich entweder weiter nach außen oder nach innen zu wenden. Damit stünde die Seele nach Plotin vor derjenigen Entscheidung, welche ihre freie Wahl herausfordert. In aller Entferntheit der Seele vom Einen hat sie als einzige Stufe die Möglichkeit, sich ihres Ursprungs aus eigener Tätigkeit zu vergewissern – und dadurch eins zu wer-

[91] Enneade V 1, 2, 22 ff.

[92] Enneade V 1, 2, 40; aus dieser Formulierung folgt allerdings so noch kein Pantheismus. Zur Diskussion vgl. Klaus KREMER, Die Neuplatonische Seinsphilosophie, S. 77. Wenngleich belegt werden kann, daß Plotin selbst sich vom Pantheismus zu distanzieren versucht – Kremer meint sogar, von einer Distanzierung von jedem Monismus sprechen zu können –, so muß doch auch festgehalten werden, daß – wie Endre von IVÁNKA, Plato Christianus, S. 87, mit Recht sagt – ein „echter Begriff des Kreatürlichen" im Neuplatonismus „völlig unmöglich gemacht" wird: „Das Kreatürliche als solches ist zwar das ‚Andere', das Schlechte, das Widergöttliche – aber zugleich wird es (wenn die Wesenheit Gottes eben dieses Ausstrahlen des ‚Anderen' notwendig miteinschließt) zu einem gleichewigen, notwendigen Korrelat Gottes, nicht zu einem aus Gottes freiem Willen hervorgehenden Geschöpf".

[93] Enneade V 1, 2, 11 ff.

[94] Enneade V 1, 1, 30–35.

den –, oder sich dem ganz der Einheit Beraubten, der materiellen Welt, zuzuwenden – und dadurch selber schlecht zu werden.

Soweit der Hervorgang sich aus dem Glänzen des Abglanzes, welcher die Seele ist, versteht, entspricht er der notwendigen Natur des Einen, die oben unter den Titel der περίλαμψις gestellt worden war. Die Notwendigkeit des Sichausschüttens ins Viele – wie von Plotin in einem anderen Bildwort gesagt wird –[95] kann demnach sowohl als Vorgang als auch im Resultat nicht schlechtweg negativ beurteilt werden.[96] Obwohl das durch Ausschüttung (χύσις) ins Viele zur Größe (μέγεθος) Gewordene des Einen gänzlich beraubt worden und so seines Selbst und seines Seins verlustig gegangen ist, kann doch gesagt werden: „Indessen, das All ist doch groß und schön" (καὶ μὴν τὸ πὰν μέγα καὶ καλόν).[97] Negativ zu beurteilen ist der Vorgang, sofern der mit ihm verbundene Verlust an Sein wahrgenommen wird. Plotin stellt sich ausdrücklich der Frage nach der Negativität der Vielheit: „Aber was ist Schlimmes daran, daß ein Ding Größe wird? Nun, wenn es Bewußtsein davon hätte, so wäre es etwas Schlimmes; denn ihm würde bewußt sein, daß es sich von sich selbst entfernte und weit abfiel".[98]

Ob sich die Seele nun – geradlinig sich fortzeugend – in das Viele hinein begibt, oder – sich umwendend – zurück auf das Eine zugeht: sie sucht in beiden Bewegungen – sich entäußernd oder zu ihrem Ursprung zurückkehrend – sich selbst zu gewinnen, mit sich selbst identisch zu werden. Die Identifizierung der Seele als der Prozeß, der in der doppelten Weise des entständlichen und des gegenständlichen Erkennens zur Sprache gebracht worden ist, kann nach Plotin nicht durch weitere Hervorbringungen und durch die Zuwendung zum Vielen, in der Wendung der Seele nach außen, gelingen. Dennoch wendet sich die Seele faktisch nach außen. Grundlage dieser Hinkehr zur Außenwelt können nach Plotin zwei Momente sein; das eine Moment, nach dem diese Hinkehr notwendig wäre, und ein anderes Moment, das ihre Freiwilligkeit vorauszusetzen scheint: „Denn jedes Ding sucht nicht ein anderes, sondern sich selber, und der Gang nach außen ist eitel oder erzwungen".[99] In den hier angedeuteten Fällen – einerseits der

95 Vgl. Enneade VI 6, 1, 5 ff.

96 Vgl. KREMER, Die Neuplatonische Seinsphilosophie, S. 110: „Auf Grund des Gesetzes der durchgehenden Kontinuität muß Plotin jedoch – und er tut es – auch der Sinnenwelt das Sein einräumen. Mag sie ein μὴ ὄν sein im Sinne der Unterschiedenheit vom Sein an sich und ihrer Nähe zum reinen und negativen Nichts, auf Grund ihrer Abbildhaftigkeit gegenüber diesem Sein an sich wird sie vor dem bloßen Nichts bewahrt."

97 Enneade VI 6, 1, 23.

98 Enneade VI 6, 1, 8–10.

99 Enneade VI 6, 1, 10–12; zum Sinn des Ganges nach innen vgl. die Einleitung von Werner BEIERWALTES in die von ihm auch übersetzte und kommentierte Enneade III 7, Über Zeit und Ewigkeit, S. 55 f.: „Diese Wendung in die eigene substantiale Innerlichkeit ist der Anfang des Sich-Selbst-Denkens oder der Selbst-Erkenntnis der Seele. Ziel der Bewegung ist, in der Übereingestimmtheit mit dem Geist die eigene Vollendung zu erlangen. Der Geist ist immer schon

Eitelkeit und andererseits der Erzwungenheit des Ganges nach außen – zeigen sich als Erklärungsmöglichkeiten demnach also eine Notwendigkeit und eine Wahl hinsichtlich des Ganges nach außen an, welchen nun im nächsten Schritt nachgegangen werden soll.

Diese beiden Erklärungsmöglichkeiten bezeichnen, sofern sie nicht durch Einschränkungen des Aspektes oder der Geltung einander zugepaßt werden, offenbar sich wechselseitig ausschließende Positionen. Ob und inwieweit dieser Widerspruch bei Plotin bestehen bleibt, muß demgemäß genauer ausgeforscht werden. Zu diesem Zweck wird hier zunächst die Basis der Belege für die beiden Erklärungen ein wenig erweitert. Begonnen wird dabei mit Belegen für die These von der Notwendigkeit und der Unfreiwilligkeit des Bösen. Anschließend soll es um die freiwilligen Handlungen der Seele und um ihre Verantwortlichkeit gehen. Vor dem Hintergrund der im folgenden aufgeführten Belege kann sodann über die Vereinbarkeit der Gegenthesen nachgedacht werden. Diese Reflexion wird zur abschließenden Deutung der Chorismos-Problematik in der henologischen Ontologie Plotins hinleiten.

Die These von der Notwendigkeit des Bösen, der Unfreiwilligkeit seiner Hervorbringung, korrespondiert mit der oben schon genannten, daß die Materie schon zuvor böse und das erste Böse sei.[100] Daraus folgt komplementär, daß die Seele, solange sie getrennt von der Materie und ohne Leib ist, völlig die Herrschaft über sich hat, daß sie in diesem Sinne frei ist und außerhalb der innerweltlichen Verursachung steht.[101] Wenn demnach die Antriebe der Seele „die ihr wesenseigene Vernunft rein und leidenschaftslos

die Einheit von Denken und Sein. Sein Wesen ist, sein Sein als das eigene Selbst zu denken und somit sich selbst zu erkennen. Die Seele hingegen hat diese Selbst-Erkenntnis allererst zu vollbringen." Derart taucht die Frage der Freiwilligkeit der Seele hier notwendigerweise auf.

[100] Damit unterscheidet sich Plotin wesentlich von der Freiheitslehre des Aristoteles, der den Menschen als ἀρχὴ τῶν πράξεων versteht und als Notwendigkeit annimmt, daß der Verwirklichung des sittlich Guten eine ursprüngliche Tätigkeit des Subjekts der sittlichen Handlung vorangehen muß; vgl. hierzu insbes. *Nikomachische Ethik* 1103 a 31 und 1112 b 32.

[101] Vgl. Enneade III 1, 8, 10 f.: ἄνευ μὲν οὖν σώματος οὖσα κυριωτάτη τε αὑτῆς καὶ ἐλευθέρα καὶ κοσμικῆς αἰτίας ἔξω. Hier anders Heinz Robert SCHLETTE, Das Eine und das Andere, S. 225 f.: „Freiheit, so wird heute weithin angenommen, kann nicht Freiheit sein, wenn sie von der Notwendigkeit verschlungen wird. Für Plotin als vor-christlichen, spätantiken, sich bewußt auf die griechische Tradition stützenden Denker konnte die Antinomie von Notwendigkeit und Freiheit nicht jene Intensität, ja Exklusivität erlangen, die sie in jedem christlich geprägten Denken notwendig annehmen muß, da hier Gott und Mensch als frei miteinander in Beziehung tretende, als je für sich frei-seiende Partner aufgefaßt werden." Obwohl Schlettes These auch theologisch gesehen problematisch ist, weil der Bund nach dem biblischen Glauben eben von Gott her mit dem Menschen geschlossen wird und nicht zwischen Gott und Menschen als gleichsam ebenbürtigen Vertragspartnern, sei doch keinesfalls bestritten, daß der christliche Glaube Freiheit auch als zurechenbare Möglichkeit zum Bösen voraussetzt. Aber – und hier wird die Absetzung von den Thesen Schlettes erforderlich – schon Platon hatte ja die schuldhafte Wahl des Lebensloses der Seele angelastet. Es ist in diesem Sinne nicht möglich, die Alternative von Freiheit und Notwendigkeit für das Christentum zu reservieren. Vielmehr ist es äußerst charakteristisch, daß Plotin in dieser Frage Platon nicht gefolgt ist.

zum Leiter haben, so ist allein ein solcher Antrieb selbstbestimmt und freiwillig zu nennen" (ἐφ ἡμῖν καὶ ἑκούσιον).[102] Tritt aber der andere Fall ein, daß nämlich die Seele unverständig ist, dann sind eben andere Dinge der Grund (ὥστε τοῦ μὲν μὴ φρονεῖν ἄλλα αἴτια εἶναι).[103] Für diesen anderen Fall sagt Plotin, daß es vielleicht richtig sei, „diese Handlungen schicksalsbestimmte (καθ' εἱμαρμένην) zu nennen, wenigstens wenn man der Meinung ist daß das Schicksal der Grund für das äußere Geschehen ist".[104] Das κακόν geht demnach keineswegs auf die Rechnung und die Verantwortung der Seele. Was von ihr selbst ausgeht und ihr deswegen zugerechnet werden kann, ist vielmehr stets nur das Beste: τὰ δὲ ἄριστα παρ' ἡμῶν.[105]

Der Sinn von Freiheit ist derart bei Plotin restringiert auf das Tun des Guten. Wenn gilt, daß die Materie das erste Böse ist, folgt mit unbestreitbarer Konsequenz, „daß das Materielose das Freie ist" (ὡς τὸ ἄυλον ἐστι τὸ ἐλεύθερον).[106] Den freien Willen darf man also weder dem Trieb noch der Begierde zuschlagen, sondern allein der richtigen Vernunft (ὀρθὸς λόγος),[107] die sich nach dem Geist richtet: „Wenn nun dann die Tugend gleichsam ein zweiter Geist ist, eine Haltung, welche die Seele gleichsam zu Geist werden läßt, dann ergibt sich wiederum, daß unsere freie Verfügung nicht im Handeln statthat, sondern im Geist, der in Ruhe vor Handlungen ist".[108] Freiwil-

102 Enneade III 1, 9, 9–11; nebenbei sei vermerkt, daß die zugrundeliegende Problematik sich beispielsweise auch bei Kant noch zeigt, wenn er zwischen der Naturkausalität, die für den Bereich der Erscheinungen gelte, und der Kausalität durch Freiheit unterscheidet, die dem Vernunftgesetz folge; vgl. *Kritik der reinen Vernunft*, B 566 ff. Die von den Neigungen nicht affizierte Seele kennte demgemäß nur das Gesetz der reinen praktischen Vernunft. Trotz vergleichbarer Ausgangsfragen kommt Kant anhand der Zurechnungsproblematik anders als Plotin zum Problem der Ursünde. Nach Kant ist nämlich „ein physischer Hang (der auf sinnliche Antriebe gegründet ist) zu irgend einem Gebrauche der Freiheit, es sei zum Guten oder Bösen, ... ein Widerspruch" (*Die Religion innerhalb der Grenzen der bloßen Vernunft*, B 24 f.). Die widersprechende Art der Einführung des Bösen – wie sie demnach bei Plotin vorliegt – kann nur durch eine solche Auffassung vom *peccatum originarium* überwunden werden, nach welcher die Ursünde „der formale Grund der gesetzwidrigen Tat" ist (vgl. a. a. O., B 25).

103 Enneade III 1, 10, 7 f.

104 Enneade III 1, 10, 8–10; vgl. hierzu Willy THEILER, Plotin zwischen Plato und Stoa, in: Forschungen zum Neuplatonismus, S. 136 f.: „Zum Fatum mußte ein Mensch der Kaiserzeit Stellung nehmen. Plato lag die Frage noch fern. Erst die Ungeborgenheit des hellenistischen Menschen ließ die Lehre vom Schicksal entstehen". Obwohl Theiler richtig bemerkt, daß Platon „im tiefsinnigen Schlußmythus des Staates das Schicksal der Seele in einem neuen Leben von einer transzendenten Entscheidung der Seele abhängen läßt", übersieht er, daß dadurch allein dem Menschen als Individuum ursprüngliche Kausalität zukommt, und meint fälschlicherweise, daß Plotins These hinsichtlich der Freiheitsfrage weitergehend als diejenige Platons sei, weil nach ihr „die körperfreie Seele außerhalb der kosmischen Kausalität stehe".

105 Enneade III 1, 10, 10.

106 Enneade VI 8, 6, 26; die Übersetzung löst sich an dieser Stelle von derjenigen Harders.

107 Enneade VI 8, 3, 3.

108 Enneade VI 8, 5, 34–37; dies führt zu einer Rückgründung des Ganzen im Einen, weil nur das Eine der Selbstbegründung fähig ist. Hierzu vgl. SZLEZÁK, Platon und Aristoteles in der Nuslehre Plotins, S. 160 ff.

ligkeit gibt es demgemäß also nicht als Handlungen betreffende freie Willensentscheidung, als *liberum arbitrium,* sondern als das Streben der von der Materie freien Seele nach dem Guten: „So wird also die Seele frei, wenn sie vermöge des Geistes ungehindert zum Guten strebt, und in Bezug auf das, was sie darum tut, steht sie in ihrer freien Verfügung."[109]

In dem Maße nun, wie es richtig ist, daß nur diejenigen Antriebe der Seele selbstbestimmt und freiwillig zu nennen sind, mit denen sie das Gute erstrebt, in dem Maße ist es auch richtig, daß es, wenn das Gute zur Existenz gekommen ist, notwendig auch das Böse geben muß. Der Grund besteht in einer inneren Dialektik des Ganzen: „Denn unser Weltall muß notwendig aus Gegensätzen bestehen".[110] Wenngleich auf der einen Seite zu gelten hat, daß alles Seiende durch das Eine Seiendes ist, so ist doch auf der anderen Seite auch klar, daß das Weltlall nicht existieren könnte, wenn es keine Materie gäbe.[111] Wenn immer es also ein All geben können soll, dann muß es einerseits ganz aus einem Einen erwachsen und andererseits in einem Letzten seinen Abschluß finden. Ohne diesen Hervorgang aus dem Einen hätte die Allheit kein Prinzip und ohne den Abschluß in dem Letzten (ἔσχατον) hätte sie keine Grenze. Das Letzte, in dem der Hervorgang seinen Abschluß findet, steht demgemäß unter einer doppelten Bestimmung: es muß vom Einen sowohl umschlossen sein, weil das Letzte als das dem Anfang entgegengesetzte Ende doch schließlich das Ende gerade des Hervorgangs aus dem Einen markiert, aber es muß in der Tat auch sein Gegenprinzip darstellen, damit es eben wahrhaft das Ende dieses Hervorgangs bezeichnen kann. Wäre dem nicht so, dann läge im Ende entweder ein dem Einen ontologisch, nicht allerdings axiologisch, gleichrangiges Gegenprinzip – oder es wäre nicht in der Tat das Letzte, es würde sich also gemäß der oben beschriebenen Proportionalitätsanalogie, in der Analogie zu den übergeordneten Hervorgängen, weiter fortzeugen.

Aus dieser Überlegung ergäbe sich zudem, daß nur Gutes sein könnte, obgleich in stets sich abschwächendem Grade, wenn nicht ein Letztes angenommen würde: „Da es nicht allein das Gute gibt *(sondern auch das, was auf das Gute folgt),* so muß es notwendig für den Prozeß des aus ihm Hervorschreitens, oder wenn man es so nennen will: des ständigen Hinabschrei-

[109] Enneade VI 8, 7, 1–3.

[110] Enneade I 8, 7, 2 f.; hier liegt der Grund für die Plotin-Renaissance im Deutschen Idealismus; vgl. dazu Werner BEIERWALTES, Plotin im Deutschen Idealismus, in: Platonismus und Idealismus, bes. S. 144 ff.

[111] Enneade I 8, 7, 3 f. Vgl. VOLKMANN-SCHLUCK, Plotins Lehre vom Wesen und von der Herkunft des Schlechten, S. 11: „Die Hyle ist aber dasjenige, das, indem es das eine wird, zugleich das Gegenteil dessen, was es wird, sein kann, das an ihm selbst Unbegrenzte, Unbestimmte. Deshalb bildet das Schlechte einen notwendigen Bestand der Welt und wird niemals aus der Welt verschwinden".

tens und Wegrückens ein Letztes geben; und eben dies, nach welchem schlechterdings nichts mehr entstehen kann, das ist das Böse. Nun ist aber das, was auf das Gute folgt, mit Notwendigkeit vorhanden; folglich auch jenes Letzte; und zwar ist dies die Materie, welche nichts mehr von jenem an sich hat".[112]

Nachdem so in Kürze Plotins Beweis der Notwendigkeit des κακόν exponiert worden ist, muß vor diesem Hintergrund noch einmal die Frage der Freiwilligkeit, sofern sie zum Bösen führt, aufgegriffen werden. Es gibt bei Plotin nämlich nicht allein die oben referierte These, daß das freiwillige und selbstbestimmte Handeln der Seele sich ihrer Natur gemäß immer und notwendig auf das Gute richte,[113] sondern es gibt zugleich auch die Lehre, daß wenigstens der Mensch, als der in der Welt vorfindliche Träger der Einzelseele, nicht von Schuld freigesprochen werden könne, weil es ja bei ihm liege, sich zum Guten zu bewegen: „Nun, die Lehre von der Unfreiwilligkeit des Bösen besagt nur, daß die Verfehlung eben wider Willen geschieht; damit wird aber noch nicht aufgehoben, daß die Menschen es selber von sich aus tun, sondern eben erst deswegen, weil sie es selber tun, begehen sie selber eine Verfehlung; denn sonst, wären sie's nicht selber, die es tun, würden sie ja überhaupt keine Verfehlung begehen. Was aber die Notwendigkeit angeht, so heißt das nicht, daß sie von außen kommt, sondern daß es überhaupt Verfehlung geben muß".[114]

Die Zurechnung der Verfehlung (ἁμαρτία) muß trotz ihrer Notwendigkeit, die keine Wahl zuläßt, deswegen vorgenommen werden, weil die Verfehlung keiner äußeren Verursachung unterliegt. Daß sie aber keiner äußeren Verursachung unterliegt, heißt noch nicht, daß die Seele allein – gar im Sinne der individuellen Menschenseele – mit der vollen Verantwortung für die Verfehlung gleichsam exklusiv belastet wird. Da aus übergeordneten Gründen von vornherein feststeht, daß es Verfehlung – was immer mit Verfehlung dann noch gemeint sein kann – überhaupt geben muß, ist die Seele schließlich nur der Ort, an dem die metaphysisch eben von vornherein bestehende Notwendigkeit der Verfehlung zu ihrem Austrag kommt. Das innerste Innere, das die Seele schon wieder übersteigt, enthält den Grund der Verfehlung a priori und schließt so gesehen das κακόν in das Ganze der Hervorgänge ein. Wenn also gilt, daß trotz dieser Notwendigkeit des κακόν für das Weltall das Ganze dennoch ein „glückseliges Lebewesen" (ζῷον εὐ-

112 Enneade I 8, 7, 17–22. Hier wird – entgegen der Darstellung in Platons *Timaios* – die „Notwendigkeit der Materie mit der Notwendigkeit der Emanation begründet" (SZLEZÁK, Platon und Aristoteles in der Nuslehre Plotins, S. 105, Anm. 326).

113 Vgl. auch Enneade VI 8, 4, 15–17: „Denn Unfreiwilligkeit bedeutet ein Wegführen von dem Guten und zu einem erzwungenen Ziel, wenn man zu demjenigen hingeführt wird, was für einen nicht gut ist".

114 Enneade III 2, 10, 7–12.

δαιμον) ist, dann muß auch gelten, „daß der Unterschied von Negativem und Positivem bei Plotin – sofern in der Tat von diesem Unterschied gesprochen werden kann und muß – nicht als ein metaphysischer betrachtet werden darf, daß die Metaphysik Plotins also in einer Einheit gründet, die jenseits von Negativität und Positivität liegt und als solche ebensogut Meta-Positivität wie Meta-Negativität genannt werden kann".[115]

Dennoch bleibt zunächst die Aufgabe ungelöst, wie es bei solcher Notwendigkeit des κακόν für vertretbar gehalten werden kann, daß die Einzelseelen Bestrafungen ausgesetzt werden, entweder im Jenseits oder bei ihrer Wiedereinkörperung. Dieser notwendigen Aufgabe ist Plotin sich bewußt, und er weicht ihr auch keineswegs aus: „Wenn aber die Seele ohne Fehl ist, wie kann es dann für sie Strafen geben? Diese Behauptung steht nun freilich im Widerspruch mit jeder Ansicht, die ihr beides, Verfehlung und Rechttun, zuschreibt und behauptet, daß sie büßen muß und sich umkörpert."[116] Plotin hält aber einen Gesichtspunkt für möglich, von dem aus gesehen sich die beiden Ansichten nicht zu widersprechen brauchen. Zuerst kann in diesem Sinne angeführt werden, daß die Strafen im Jenseits die Seele nur treffen, insofern sie beim Hinabsteigen in diese Welt geringe Zusätze bekommen hat: „Das Sichzurückziehen ferner, die Abtrennung der Seele bezieht sich also nicht lediglich auf diesen Leib, sondern auf alles Fremde, was ihr zugesetzt ist."[117] Sodann versucht Plotin die Lösung der genannten Aufgabe dadurch zu bewältigen, daß Leid und Strafe selbst wieder im Gesamtkosmos ihren gleichsam positiven Stellenwert haben. Beispielsweise bleibt es ja auch dem Philosophen, dem Weisen, keineswegs erspart, körperliche Schmerzen zu ertragen. Der Weise aber trägt, wie Plotin sagt, die Schmerzen so, daß „er auch in widrigen Geschicken nicht . . . an seiner Glückseligkeit" verkürzt wird.[118] Deswegen ist das, was Plotin so häufig als das Übel für die Seele bezeichnet, ihr Sein in der Verbindung mit dem Körper, umfangen von einer positiven Sicht des Ganzen, das der Mensch ist: „Nicht schlechthin also . . . ist es für die Seele ein Übel wenn sie dem Leibe Teil gibt am Heil und am Sein; Fürsorge für das Niedere verhindert ja nicht unter allen Umständen daß das Fürsorgende im höchsten und besten Sein verharre."[119]

[115] SCHLETTE, Das Eine und das Andere, S. 145 f.

[116] Enneade I 1, 12, 1–4. Die Fortführung dieser Stelle, 6 ff., macht im übrigen deutlich, daß die Reduktion der Seele hinsichtlich ihrer Unsterblichkeit auf das λογιστικόν nicht mehr die Funktionen zu erfüllen in der Lage ist, die sie nach Platon zweifellos erfüllen soll.

[117] Enneade I 1, 12, 18–20: ἡ δὲ ἀναχώρησις καὶ ὁ χωρισμὸς οὐ μόνον τοῦδε τοῦ σώματος, ἀλλὰ καὶ ἅπαντος τοῦ προσθέντος. Die Stelle ist von besonderer Bedeutung, weil der Chorismos hier in dem Doppelsinn der Trennung der Seele vom Leib einerseits und dem allgemeinen ontologischen Begriff andererseits auftritt.

[118] Enneade I 4, 4, 30 f.

[119] Enneade IV 8, 2, 25–28. Für die negative Sicht der Verbindung der Seele mit dem Körper vgl. z. B. auch IV 7, 31, 25–27, wo davon gesprochen wird, daß das Schöne „in den Schlamm der Körper" steige.

So wird bei Plotin das Böse wie das Gute in den Zusammenhang des Ganzen hinein dialektisch aufgehoben. Der Verfehlung, dem Leid und der Strafe, entweicht der Mensch in dem Maße, als er sich in den Zusammenhang des Weltganzen hineingestellt sieht und er das Übel auf diesen Gesamtzusammenhang zurückzubeziehen vermag. Steht er in vollem Bewußtsein in diesem Zusammenhang, dann kann gesagt werden: „Das Böse aber ist kein ungemischtes Böses, durch Kraft und Eigenart des Guten wird es, nachdem es einmal aus Notwendigkeit in Erscheinung getreten, gleichsam umschlungen von schönen Banden".[120]

Die Ontologie Plotins, die sich aus den Antworten auf die Fragen nach der Wahrheitserkenntnis und der Herkunft des κακόν abzeichnet, ist in dem Sinne henologisch, d. h. aus dem λόγος des ἕν gedacht, daß das Eine das Ganze als dessen Grund und Ziel umfaßt. Damit scheint allerdings die „Ablehnung des metaphysischen Dualismus"[121] in der für jedes philosophische Denken fundamentalsten Weise verwirklicht zu sein. Ein solcher, vom Einen durch dessen Selbstausstrahlung gleichsam gestifteter Zusammenhang des Ganzen teilt diesem Ganzen – aber nicht in der Weise der *creatio ex nihilo* – den Glanz und die Notwendigkeit des Göttlichen selber mit. „Seit Ewigkeit", so sagt Plotin, „besteht das Weltall und wird in Ewigkeit bestehen, obgleich es einen Leib hat".[122] Wiewohl die Welt dennoch als entstandene, aber schon von Ewigkeit her entstandene, eben schon immer durch das Eine hervorgekommene und stetig weiter hervorkommende, interpretiert wird, kann doch nicht in strengem Sinne von ihrer Kontingenz gesprochen werden, da die Welt nach Plotin im Wesen des Einen grundgelegt ist und, notwendigerweise aus ihm hervorgehend, von Ewigkeit her zeitlich ist. Auf diese Antwort steuert die Frage zu, die Plotin in der Schrift *Gegen die Gnostiker* stellt. Sie lautet: „Kräfte aber, die kein Maß ermißt, sollen sein, ohne daß sie von ihrer Kraft mitteilen?"[123] Die Notwendigkeit des Ganzen liegt vielmehr von vornherein im Einen: „Es muß also alles in solcher Stufenfolge einander untergeordnet sein, und zwar von Ewigkeit".[124]

Aber nicht allein die Notwendigkeit, sondern auch der Glanz des Einen liegt über dem Ganzen. Was nämlich für die einzelnen Stufen innerhalb der Hervorgänge gilt, hat in mehr ursprünglicher oder mehr abgeleiteter Weise auch für das Ganze zu gelten. Als ein solches Verhältnis zwischen einzelnen Stufen kann dementsprechend beispielsweise die Beziehung zwischen Allgeist (νοῦς ξύμπας) und Einzelgeist (καθέκαστος) herangezogen werden. An ihm kann die wechselseitige Vor- und Rückbezogenheit in der Stufung abge-

120 Enneade I 8, 15, 23–25.
121 SCHLETTE, Das Eine und das Andere, S. 150.
122 Enneade II 1, 1, 1 f.
123 Enneade II 9, 3, 5 ff.
124 Enneade II 9, 3, 11 f.; vgl. dazu z. B. auch III 2, 1.

lesen werden. Der Allgeist ist potentiell (δυνάμει) die Einzelgeiste, aktuell (ἐνεργείᾳ) aber alle zusammen; die Einzelgeiste sind dementsprechend aktuell sie selbst, potentiell hingegen der Allgeist.[125]

Indem auf diese Weise das Eine und das Andere – im Ganzen miteinander vermittelt – zur Erscheinung kommen, scheint die These von einem Dualismus bei Plotin zunächst in der Tat mit Erfolg für die Interpretation des Weltganzen zurückgewiesen zu sein. Dennoch hat sich die Chorismos-Problematik damit nicht einfach aufgelöst. Das Weiterwirken dieser Problematik zeigt sich einerseits an einer Fragestellung, die sich für die Ontologie sowohl des Ersten, des Einen, als auch des Letzten, des Vielen, der Materie, ergibt. Andererseits zeigt sich die Chorismos-Problematik auch an der Tatsache, daß es laut Plotin ausdrücklich zwei Arten von Sein gibt und daß die Seele zwischen diesen beiden Arten von Sein steht. Aus der Betrachtung dieser fortbestehenden Probleme wird sich ergeben, daß gerade die henologische Gesamtkonzeption die These eines radikalen innerweltlichen Dualismus nach sich zieht.

Das Eine tritt bei Plotin deutlich unter der folgenden doppelten Rücksicht hervor. Gemäß dem einen Aspekt ist es das absolut Transzendente auch gegenüber dem Sein selbst, so daß in diesem Sinne von ihm nichts ausgesagt werden kann, nicht einmal, daß es sei oder daß es das Gute sei. Zwar lehrt Plotin, daß der stetig fortschreitende Aufstieg der Seele bei dem Einen als dessen letzter Stufe, „über die hinaus es kein Höheres mehr zu fassen gibt“ (μεθ’ ὃ ὀυδέν ἐστιν εἰς τὸ ἄνω λαβεῖν), zum Stillstand kommt, so daß von dieser Stufe gesagt werden kann, sie werde „das Erste und wahrhafte und eigentlichste Gute sein, und zugleich Ursache des anderen Guten“.[126] Das Eine selbst aber als der „Urgrund“ von allem, der alles umfaßt, aber nichts von allem ist, ist „das Gestaltlose, nicht das, was der Gestalt bedürftig ist, sondern das, von dem alle geistige Gestalt herkommt“.[127] Im Einen, sofern es seiner Natur gemäß Licht ist, das ausstrahlt – *bonum diffusivum sui* –,[128] liegt wesentlich schon der Bezug auf das Andere. Das Eine aber im strengen Sinne als Eines selbst ist nicht nur schlechthin nicht faßbar, sondern fällt sogar radikal aus dem System des Ganzen als der Vermittlung von Einem und Vielem heraus, so daß es auch nicht mehr in seiner Funktionalität gedacht werden kann. Es befindet sich also in radikaler Trennung zu dem Einen, welches das Gute für das Andere ist. Im Einen tritt der Chorismos zwischen dem Einen auf, sofern es in seiner Funktion für das Andere verstanden wird, und dem Einen, sofern es streng für sich selber ist.

Im Vielen, als dem Gegenbegriff zum Einen, ist in ebensolcher Weise wie

[125] Vgl. Enneade VI 2, 20, 01–29; vgl. weiterhin VI 7, 31, 1–4.
[126] Enneade VI 7, 25, 21–24.
[127] Enneade VI 7, 32, 9 f.
[128] Vgl. H. DEKU, Infinitum prius finito, S. 271 f.

beim Einen keine Bestimmtheit mehr zu erlangen, hier aber nicht, weil es – wie das Eine – als Urquell alles weltlichen Seienden selbst kein einzelnes Seiendes mehr sein könnte, sondern deshalb, weil es die Einzelhaftigkeit im extremen Sinne der bloßen Bestimmbarkeit des Mannigfaltigen ist. Die Materie steht dem Einen, obwohl sie die Unbestimmtheit im Resultat mit ihm teilt, deswegen am fernsten, weil nichts aus ihr hervorgeht. Sie steht ihm am fernsten, „weil sie von sich aus keine auch nur von den niedersten Formen besitzt".[129] Weil das Viele von sich aus nichts weiteres mehr hervorzubringen vermag, fällt es aus dem Bereich dessen, was ist, heraus, fällt es aus dem Sein heraus, das Licht und Licht vom Lichte, Glanz und glänzender Abglanz ist. Dennoch ist die Materie nicht schlechthin nicht. Das Viele hat nämlich für das Ganze des Seienden eine doppelte Funktion, die es im Sein hält. Es ist seine Grenze, durch die allein das Ganze als Ganzes vollständig gemacht ist, und es ist gleichsam – obwohl dennoch auch von ihm abgeleitet – das Gegenprinzip zum Einen, das nur dann die Form zu erzeugen in der Lage ist, „wenn Materie hinzutritt".[130] Das Viele ist demgemäß für sich selbst nichtseiend, muß aber für das Andere als seiend gedacht werden. Insofern tritt auch im Vielen der Chorismos von Sein und Nichtsein auf.

Aber nicht allein in der Bestimmung der äußeren Pole des Ganzen kommt die Chorismos-Problematik zum Vorschein, sondern auch in seiner Mitte. Die Seele, die in der Mitte des Ganzen steht, steht dabei zwischen zwei entgegengesetzten Arten von Sein (ἀντιτεταγμέναι οὐσίαι), zwischen zwei Naturen (φύσεις), die – wenigstens vom Blickpunkt der Seele her – getrennt sind, so daß es für die Seele faktisch einen ontologischen Dualismus gibt. Ausgehend von der Unterscheidung zwischen dem „primär Unteilbaren" (πρώτως ἀμέριστον) und dem „primär Teilbaren" (πρώτως μεριστόν)[131] kommt Plotin zur Erläuterung der Stellung der Seele und sagt: „Neben jener durchaus unteilbaren Wesenheit gibt es nun noch eine weitere, die als nächste Stufe nach jener kommt; sie hat von jener her die Unteilbarkeit, aber in einem aus ihr selber kommenden Hinaustreten drängt sie zu der anderen Wesenheit und tritt so in die Mitte zwischen beide, dem ‚Unteilbaren' (das heißt dem Ersten) und dem ‚den Körpern zugehörigen Teilbaren', (dem den Körpern Anhaftenden)".[132]

Indem die Seele derart in der Mitte zwischen zwei entgegengesetzten Arten von Sein und gar die Mitte des Ganzen des Seins ist, ist sie auch, sofern sie sich beiden durch ihr Erkennen und ihr Streben seinsmäßig anzugleichen in der Lage ist, schließlich selbst dasjenige, was zugleich teilbar und unteil-

[129] Enneade VI 7, 33, 32 f.
[130] Enneade VI 7, 33, 31 f.
[131] Enneade IV 2, 1, 12 und 30.
[132] Enneade IV 2, 1, 44–47.

bar ist.[133] Gefragt werden muß hier aber, ob diese Stellung letztlich eine Aufgabenstellung oder bloß einen Standort der Seele bezeichnen soll. Im ersten Falle gäbe es für die Seele eine Eschatologie durch die Rückkehr ins Eine, verbunden mit dem Aufgehen des Vielen in das Eine, oder durch den Verlust ihrer selbst im Vielen; im anderen Falle nähme die Seele mit dem fluktuierenden Kreislauf der Individuen die in ihrer Funktion für das Ganze stetig beharrende Mittlerstellung zwischen dem Einen und dem Vielen ein.

Beide Thesen können laut den schon oben angeführten Stellen aus Plotin-Texten belegt werden.[134] Die für sich genommen unbefriedigende Tatsache, daß Plotin keine eindeutige Antwort auf die ja auch von ihm selbst gestellte Frage gegeben hat, kann aber durchaus erklärt werden. Der Grund für diesen Zwiespalt in der Lösung liegt in einem Wesensmerkmal der Gesamtkonzeption Plotins beschlossen. Vom Einen her gesehen ist nämlich alles aus diesem Einen Hervorgehende als dessen Glänzen und im weiteren als der Abglanz des Glänzens grundsätzlich etwas Gutes, was sich – wie oben gezeigt wurde – bis in die Umgriffenheit des ursprünglich Bösen durch das Gute hinein ausdrückt. So erscheint die Seele in bezug auf die Welt insgesamt als „ein zweiter Gott" (θεὸς οὖσα ὕστερος),[135] nicht als etwas, das auf ein Urbild hin sein Werden hat, sondern das als Abbild auf die Weise des Werdens die ihm gemäße Wirklichkeit schon immer ist.[136] Vom Einen her kann das Ganze nur als ein seliger Gott erscheinen, als unendliches Leben, als Vielheit, die im Einen zentriert ist.

Das Ganze tritt aber nicht bloß vom Einen her ganz in Erscheinung, sondern es kann auch von der Seele her als Ganzes erfaßt werden.[137] Von der Seele her gesehen teilt sich dabei das Ganze allerdings in zwei Teile. Selbst sofern die Seele zum Einen zurückkehrt, kehrt sie zum Einen lediglich als dem Quell des Ganzen zurück, in dessen Mitte sie notwendigerweise steht. Indem sie zur Rückkehr ins Eine sich selber erst bewegen muß, faßt sie es als

[133] Enneade IV 2, 1, 62 f.

[134] Vgl. die Anmerkungen 48–53 dieses Kapitels.

[135] Enneade IV 8, 5, 26.

[136] Vgl. Plotins Lehre von der Mitwirkung der Materie und des Körpers des Alls „zur Unsterblichkeit des Weltalls, wo er (scil. der Körper des Alls) doch ständig im Flusse ist" (vgl. Enneade II 1, 3, 1 f.). Vgl. weiterhin III 2, wonach das All nicht zufällig, sondern der Vorsehung zu verdanken ist. Unter der Einschränkung der Betrachtung bloß vom Einen her kann Christian PARMA, Pronoia und Providentia. Der Vorsehungsbegriff Plotins und Augustins, S. 59, zugestimmt werden: „Wendet man die bisherigen Ergebnisse auf die sogenannte Hypostasenlehre Plotins an, so ergibt sich: Sie ist keine ‚Schichtungslehre', in der jeweils eine aufnehmende Schicht von einer anderen überlagert wird, ebensowenig ein undifferenzierter, ja überhaupt ein ‚Ausfluß' einer Substanz, sondern eine Struktur, die ihr Wesen in fortschreitender Distanz erweist, wobei der Erweis nicht etwa untrennbar mit dem obersten Prinzip – wenngleich von ihm modal geschieden – zusammenhängt, sondern genauer, es selbst ist und mitkonstituiert."

[137] Die anderen „Arten" des Seins, z. B. also Geist und Materie, kommen hier nicht in Frage, weil der Geist ohne Beziehung zur Mannigfaltigkeit des Mannigfaltigen ist und die Materie als

ihren eigenen Urgrund, als das ursprünglich strahlende Licht, das sie, indem sie zu ihm hingelangt, auf Grund seines unveränderlichen Lichtwesens, in die Mitte des Ganzen ständig zurückwirft. Gerade weil das All vom Einen umgriffen und „Eins zugleich" ist,[138] bleibt die Seele auch vom Einen her gesehen zuletzt im Anderen, d. h. in der Mitte des Ganzen. In der Mitte aber zerteilt sie das Sein dessen, was ihr als Welt erscheint, zerteilt sie die Innerweltlichkeit selbst in zwei einander entgegengesetzte Arten, die für sie, aber unabhängig von einer auf sie zurückgehenden Tätigkeit, als das ursprünglich Gute und als das ursprünglich Böse erscheinen.

Der Chorismos tritt demgemäß bei Plotin in zwei unterschiedlichen Betrachtungszusammenhängen auf. Soll das Ganze erklärt und bestimmt werden können, dann muß es im Ganzen ein Erstes, das den einen umfassenden Ursprung von allem Seienden ausmacht, und ein Letztes geben, das vom Ende her verhindert, daß das All in unbestimmte Weite zerfließt, so daß es als Ganzes gar nicht mehr gefaßt werden könnte. Dies Erste und dies Letzte stehen demgemäß notwendigerweise unter einem doppelten Aspekt: Beide gehören einerseits, ebenso wie alles Andere, zum umfassenden Ganzen; sie sind aber andererseits, anders als alles Andere, auch Grenze des Ganzen. Insofern alles Seiende einschließlich des Grundes alles Seienden in diesen Gesamtzusammenhang eingeordnet ist, erscheint das Ganze als ein seliger Gott, der trotz aller Fluktuation nicht als ein zu einem Ziel hin werdender Gott im Unterschied zu einem seienden Gott verstanden werden darf.

Soll aber die Stellung der Seele innerhalb des Ganzen erklärt und bestimmt werden, so erscheinen die beiden Pole des Ganzen als völlig verschiedenartige, entgegengesetzte Weisen des Seins, und in solcher Entgegensetzung zugleich als einander entgegengesetzte Erkenntnis-, Handlungs- und Seinsziele der Seele. Für die Seele, sofern sie erkennt und handelt und durch ihr Erkennen und Handeln ihr Sein bestimmt, klafft das Ganze unverbindbar auseinander. In der Rückkehr ins Eine ereignete sich – wenn sie entgegen dem bezeichneten Wesen des Einen möglich wäre – die Vereinung des Ganzen ins Eine und damit die Vernichtung des Kosmos; in der Zuwendung zum Vielen – wenn sie entgegen dem Wesen der Seele die Rückbindung an das Eine gleichsam durchschneiden könnte – fiele die Seele durch den Verlust des Einen ins schlechthinnige Nichts.

Indem aber die Seele notwendig und endgültig in die Mitte des einen Ganzen gestellt ist, die Mitte dieses Ganzen repräsentiert, stellt sich ihr das Ganze als Welt und als Gott zugleich dar, als Eines und als Vieles, als Zeit und Ewigkeit, als Geist und Materie. In dieser Doppelerscheinung des Ganzen steht die Seele vor der Gespaltenheit des Seins, dem Chorismos.

das schlechthin Mannigfaltige ohne Beziehung zur Einheit, auch sofern das Mannigfaltige unter ihr steht und von ihr bestimmt ist. Vom Mannigfaltigen selbst geht nichts aus.

[138] Vgl. die Einleitung von BEIERWALTES in Plotin, Über Zeit und Ewigkeit, S. 41.

Kapitel VII:

Natürlichkeit und Widernatürlichkeit des Todes als die Basis von Augustins philosophischem Fragen

Wenn in Augustinus-Interpretationen dessen Philosophie in das Blickfeld der Betrachtungen gerückt wird, dann wird der Name dieser wissenschaftlichen Bemühung um die für den Menschen entscheidende Wahrheit fast immer, wenigstens implizit, in einem Sinne aufgefaßt, der sie, oft unbemerkt, in ihrem eigenen Wesen zerstört. Entweder nämlich läßt sich das, was unter dem Terminus der Philosophie Augustins verstanden wird, nicht mehr von der in Augustins Schriften ebenfalls vorgetragenen christlichen Theologie unterscheiden, oder es wird mit dem Titel der Philosophie Augustins ganz äußerlich gesehen nur das von ihm übernommene Traditionsgut von Autoren angesprochen, die gemeinhin als Philosophen gelten. Schon das Vorhaben, das eigenständig philosophische Denken Augustins entfalten zu wollen, schließt also eine These ein, die auf weit verbreiteten Widerspruch stößt, mag dieser auch häufiger in einem geheimen Vorbehalt mehr versteckt gehegt als explizit geäußert werden. Wo er aber offen zum Vorschein kommt, haben die Einwendungen ihren Grund meist in der heute fast zur Selbstverständlichkeit gewordenen Annahme einer letztlich unüberwindlichen Gegensätzlichkeit von Platonismus und Christentum, von griechischem Denken und christlichem Glauben, vielleicht sogar in der Meinung, philosophische Wahrheitssuche und theologische Weltdeutung schlössen einander grundsätzlich aus, zumindest im Werk ein und derselben Person. Von hierher versteht sich auch der Versuch, Philosophie und Theologie bei Augustinus zeitlich, durch die Verteilung auf verschiedene Lebensphasen, zu trennen. Am Beispiel der Auseinandersetzung mit den Thesen Dörries wurde aber oben schon ansatzweise dargelegt, daß Thesen dieser Art gerade im Blick auf das Werk Augustins nicht strikt durchgehalten werden können.

In einer philosophischen Untersuchung von Augustins denkerischem Weg dürfen jedenfalls nicht von vornherein Interpretamente des christlichen Glaubens ins Spiel gebracht werden.[1] Dies hat auch dann zu gelten, wenn

[1] Solche Interpretamente müssen allerdings später teilweise doch einbezogen werden, entweder auf Grund der faktischen Vermischung philosophischer und theologischer Gedanken bei Augustin, oder zur genaueren Klärung philosophischer Begriffe, sofern sie auch nach Augustinus in einem Gegensatz zu theologischen Begriffen stehen; vgl. hierzu die Diskussion von Freiheit und Gnade in Kapitel XI.

die Möglichkeit nachträglicher Umdeutungen dieses Weges, sofern er in ihnen neu, mit den Augen des Glaubens, betrachtet wird, von seiten der Philosophie nicht grundsätzlich bestritten wird. Die Glaubenssicht mag den Weg schließlich als von der Gnade gewiesen betrachten; dieser Weg entbehrt aber – aus der zunächst faktisch allein wirksamen Sichtweise des Nicht-Glaubenden heraus – der Richtungsweisung durch den gnadenhaften Glauben und ist dementsprechend von diesem Blickwinkel her allein mit den Mitteln der natürlichen Vernunft zu interpretieren.[2]

Die Rede von Platonismen der Kirchenväter wird dort natürlich inflationär und diffus, wo die Aneignung Platonischer Begriffe und Gedanken bei den Kirchenvätern prinzipiell den Zwecken der christlichen Mission untergeordnet ist und eben nicht allererst der ursprünglichen philosophischen Wahrheitssuche dient.[3] Augustinus scheint hierbei wiederum eine Sonderstellung zugesprochen werden zu müssen, weil sein Umgang mit der Philosophie nicht vorrangig der Taktik der Mission, sondern der denkerisch verantwortbaren Lösung von Sachfragen dient. Auch wenn nämlich gesagt wird, es sei „bedauerlicherweise ... kaum je bedacht worden, daß Augustin, wie kurz vor ihm Marius Victorinus, erst dann Christ werden konnte, als er mit dem Platonismus innerlich fertig war", dann hat Augustinus jedenfalls vor seiner Konversion auf der Seite des Platonismus gestanden – sei es auch nur in sachlicher Auseinandersetzung.[4] Damit muß das Platonische Denken nach dem eigenen Urteil Dörries – obwohl entgegen seinen ausdrücklich vorgetragenen Thesen – durchaus auf Augustin gewirkt haben. Die Meinung allerdings, daß nur einer habe Christ werden können, der mit dem Platonismus *innerlich fertig* gewesen sei, setzt voraus, daß Platonismus und Christentum gleichsam auf einer Ebene, sich gegenseitig ausschließend, konkurrieren. Sie verneint zugleich damit die Möglichkeit dessen, was bei Augustinus aber dennoch gegeben ist, nämlich die fortbestehende Wertschätzung der Platonischen Philosophie, wie sie in Augustins Schriften immer wieder zum Ausdruck kommt. Die Frage bleibt also berechtigt, ob nicht doch von einem

[2] Vgl. *De vera religione* XXIV, 45, 122: „Quamquam neque auctoritatem ratio penitus deserit, cum consideratur cui credendum sit; et certe summa est ipsius iam cognitae atque perspicuae veritatis auctoritas." Die natürliche Vernunft wacht aber nicht nur darüber, wem geglaubt werden dürfe, damit nicht Schwärmerei und Aberglauben Platz greifen, sondern läßt sich nach Augustinus sogar zur Identität mit der Religion führen, wenn sie auch die Fülle der geglaubten Wahrheit nicht aus sich darzubieten vermag; vgl. a. a. O., V, 8, 26; vgl. hierzu auch I. KANT, *Die Religion innerhalb der Grenzen der bloßen Vernunft*, B XXI f.

[3] Vgl. Heinrich DÖRRIE, Die Andere Theologie, S. 4: „Um es ganz kraß zu sagen: ‚Platonismus' ist eines der Mittel, deren sich die Mission unter Gebildeten mit großem Erfolg bediente. Was aber seine Substanz betrifft, so ist das Christentum damals wie heute einem jeden Platonismus – ganz gleich, was von Jahrhundert zu Jahrhundert darunter zu verstehen war – gänzlich fremd, ja inkommensurabel."

[4] DÖRRIE, Die Andere Theologie, S. 3, Anm. 8.

inneren Sachzusammenhang zwischen Augustinischem Denken und Platonischer Philosophie ausgegangen werden müsse.

Der Widerspruch gegen den Versuch, Augustins Denken philosophisch ernst zu nehmen und seine Philosophie interpretierend darstellen zu wollen, wird aber nicht allein auf Grund der Meinung vorgetragen, daß Augustinus eben nichts anderes als bloß ein christlicher Theologe gewesen sei und als solcher naturgemäß kein philosophischer Denker habe sein können, sondern auch in einem ganz anderen und noch weitergehenden Sinne. In diesem Sinne scheint allerdings nicht nur das Philosophische an Augustins Werk bestritten zu werden, sondern auch das Theologische – insofern auf diesem Weg der grundlegende Bezug zur Wahrheitsfrage überhaupt destruiert wird. Diese Deutung löst – sich rechtfertigend durch eine Analyse von Augustins angenommener Persönlichkeitsstruktur – sowohl seine Philosophie als auch seine Theologie in andere Funktionen der Persönlichkeit Augustins auf.[5] Derart wird Augustin gleichsam als ein Triebsystem betrachtet, in dem „Ehrgeiz", „Lust am Wort", „Suche nach Engagement" und „Konsequenz" so zum Zusammenwirken kommen, daß er nur noch – wobei diese Struktur zudem als krankhaft gewertet wird – als psychiatrischer Fall genommen werden kann.[6] Ein ursprüngliches Verständnis der Augustinischen Fragen nach Weisheit, Wahrheit und Gott ist so nicht mehr möglich, weil diesen Fragen von vornherein unterstellt wird, Funktionen von Trieben und Interessen zu sein.[7] Die dermaßen als Entlarvung Augustins durchgeführte Interpretation versteht sich als „historische Endoskopie oder Eingeweideschau", die sich schließlich ganz folgerichtig nicht nur gegen Augustinus und sein Denken richtet, sondern gegen die europäische Philosophie als ganze und zugleich gegen das Leben und Denken aus der europäischen Tradition, wie es sich „von der Familie über den Staat zur Kirche" hin ausdrückt.[8] Sie bedarf als Bedingung ihrer Möglichkeit allerdings eines Standpunktes außerhalb dieser Tradition, von dem aus der europäische Geist einer Endoskopie allererst unterzogen werden kann.[9] Dieser außerhalb gelegene Standpunkt, der – als wahr unbesehen vorausgesetzt – Augustins Denken entlarven soll, liegt dabei offenbar einerseits in einer an Freud orientierten Psychoanalyse und andererseits in einer von Marx her kommenden On-

[5] Vgl. Kurt FLASCH, Augustin. Einführung in sein Denken. In dieser Hinsicht liegt Flasch ganz auf der Linie populärmarxistischer Darstellungen; vgl. z. B. Helmut SEIDEL, Aristoteles und der Ausgang der antiken Philosophie, S. 197 ff.

[6] Vgl. FLASCH, Augustin, S. 18.

[7] Ganz folgerichtig kann FLASCH, ebd., von Augustinus sagen, daß „sein Gott . . . immer auf seiten der stärksten Bataillone" geblieben sei. Zur erforderlichen Korrektur von Flaschs Thesen sei auf die mit Recht kritischen Rezensionen von G. MADEC, Sur une nouvelle introduction à la pensée d'Augustin, von H. KUHN und von C. MAYER hingewiesen.

[8] FLASCH, Augustin, S. 9.

[9] Ebd.

tologie.[10] Wenn beispielsweise „Monnica . . . ihre Lebensaufgabe" tatsächlich darin gesehen hätte, „daß ihr Sohn Christ werden und zugleich Karriere machen müsse",[11] dann müßte auch, wenn sie ihr Ziel bei Augustinus in einem letzten Sinn hat erreichen können, sowohl ihr als auch sein Tun und Denken nur noch als von einer unüberwindlichen Selbstsucht oder von einer knechtischen Abhängigkeit beherrscht vorgestellt werden, dann müßte bei Augustinus in der Tat notwendigerweise ein Begriff für die sich verschenkende, sich erniedrigende Liebe fehlen.[12] Wenn also „die Eitelkeit des Rhetors, das unjesuanische Bündnis mit der weltlichen Gewalt, das Übermaß sexueller Begierde" das Wesen Augustins bestimmten,[13] dann war Augustinus in Wahrheit weder Philosoph noch Theologe, dann war er vielmehr eine so verachtenswerte oder eine durch frühe Traumata so geschädigte, mitleiderregende Gestalt, daß es sich jedenfalls nicht lohnen können dürfte, eine „Einführung in sein Denken" zu verfassen, sondern bestenfalls eine psychologische oder politologische Studie mit dem Ziel der Destruktion seiner schädlichen geschichtlichen Wirkungskraft.[14]

Für die sich zu den Fragen der europäischen Philosophiegeschichte bekennende Augustinus-Interpretation muß es aber möglich bleiben, direkt ein sachliches Verständnis zu suchen, das durchaus auch mit kritischer Aus-

10 FLASCH, Augustin, S. 11, schützt wohl vor, nicht „nach dem verdinglichenden Schema von Basis und Überbau" gegriffen haben zu wollen. Tatsächlich sinkt die Interpretation Flaschs aber auf undifferenzierte und nicht ausweisbare Muster ab. Vgl. z. B. seine Deutung von Augustins Äußerungen über die Frage des Begräbnisortes für seine Mutter: „Augustin aber berichtete, er selbst habe sich dabei gefreut, daß sie den eitlen, armseligen Wunsch, *ista inanitas*, in dem vorbereiteten Grab neben ihrem Mann zu ruhen, nun von selbst aufgab. Jetzt war die ödipale Wunschvorstellung des Knaben erfüllt, die Mutter war für immer vom Vater getrennt . . . Augustin hatte den Rivalen definitiv verdrängt und konnte seinen Sieg als Triumph der Frömmigkeit über die Nichtigkeit feiern" (S. 252).

11 FLASCH, Augustin, S. 236.

12 FLASCH, Augustin, S. 135 ff.

13 FLASCH, Augustin, S. 423; Flaschs Versuch ist im übrigen weder originell noch ausgewogen, wie sich schon im Vergleich mit dem 1921 erschienenen Buch von W. ACHELIS, Die Deutung Augustins, ergibt. Im Kapitel „Augustins Persönlichkeit im Lichte seiner erotischen Struktur" stellt Achelis fest, „daß die in den Konfessionen berührten sexuellen Verhältnisse, besonders aber die mehrjährigen Konkubinate, die in theologischen Lehrbüchern, wie in den kurzen Einleitungen zu Augustin, als Unzucht schlimmster Art dargestellt zu werden pflegen, in Wirklichkeit für die damalige Zeit nicht das geringste Anstößige besaßen. Der vornehme junge Mann lebte eben so" (S. 15 f.). Auch Achelis interpretiert mit Hilfe psychoanalytischer Schemata, allerdings nicht mit allzu offenkundigen ideologischen Interessen, vgl. S. 69 ff. und S. 79 ff.

14 Die Widersprüchlichkeiten schon im Ansatz von Flaschs Deutung lassen es zu, den Spieß gleichsam umzudrehen und es „für möglich und sinnvoll" zu halten, auch eine solche Deutung in „psychologisch-reduktionistischer Absicht zu lesen"; vgl. FLASCH, Augustin, S. 255. Dies gilt insbesondere, weil Flasch in entscheidenden Punkten den Forschungsstand nicht zur Kenntnis nimmt, geschweige denn diskutiert. Vgl. z. B. Jens NÖRREGAARD, Augustins Bekehrung, bes. S. 5; weiterhin Alfred SCHÖPF, Augustinus, S. 23.

einandersetzung verbunden sein kann. Ob und wie diese dann etwas Förderliches herauszubringen in der Lage ist, ist dadurch noch nicht abgemacht. Wenn Augustins Werk in seiner Bedeutung für philosophisches Denken ernst genommen werden soll, dann ist es zunächst notwendig, zu der Aufgabe zurückzukommen, sein historisches und sachliches Umfeld näher zu bestimmen. Eine weitere Schwierigkeit ergibt sich aber daraus, daß nicht allein die These vorgetragen wurde, Augustin habe als Christ und Theologe nicht mehr wahrhaft Philosophie treiben können, sondern daß auch die „philosophische Umklammerung der Theologie" bei Augustin beanstandet wurde.[15] Immerhin fällt nach dieser These in der Symbiose von Philosophie und Theologie der Philosophie die dominante Rolle zu. Wenn Augustinus aber als Philosoph betrachtet und interpretiert wird, dann erscheint er meist in irgendeiner Weise als Platoniker. Natürlich werden auch andere, zusätzliche Einflüsse aus dem Fundus der antiken Bildung und Religion namhaft gemacht – insbesondere sind dabei die Lehren der Stoa und die religiöse Bewegung der Manichäer zu erwähnen –, aber der Einfluß des Platonismus und des Neuplatonismus wird meist doch für beherrschend gehalten, obwohl zugleich berücksichtigt werden muß, daß dieser Einfluß sich nicht über ein umfassendes Studium der Originaltexte vollzogen hat, sondern über eine recht schmale und teilweise noch vorgefilterte Textbasis.[16] Das Ziel der vorliegenden Arbeit ist es nicht, noch einmal Quellenfragen in historischer Absicht zu untersuchen und zu entscheiden, ob und in welchem Sinne vom Platonismus, vom Neuplatonismus, vom christlichen Neuplatonismus oder gar vom Aristotelismus Augustins gesprochen werden könne.[17] Aus der bisherigen Untersuchung des Chorismos-Problems folgt im Blick auf Augustinus nun eine Aufgabenstellung, die zu einer bestimmten Abfolge der nun zu stellenden Fragen führt. Diese können un-

[15] Vgl. z. B. W. LINK, Das Ringen Luthers um die Freiheit der Theologie von der Philosophie, S. 236.

[16] Vgl. die Ausführungen von H. I. MARROU, Augustinus und das Ende der antiken Bildung, hier bes. S. 30 ff., wo zu den Platon-, Aristoteles- und Plotinkenntnissen Augustins Stellung bezogen wird. Auch bei der erneuten Lektüre der Enneaden Plotins bei der Zusammenstellung des Stoffes für *De civitate Dei* scheint er nicht den Originaltext gelesen zu haben.

[17] Eine seltener vertretene Variante vertritt R. SCHNEIDER, Seele und Sein. Ontologie bei Augustin und Aristoteles, z. B. S. 31: „Die folgende Zusammenstellung wird beweisen, daß es kein ontologisches Thema gibt, das nicht die ontologischen Gemeinsamkeiten beider Denker aufzeigt." Zum Verhältnis Augustins zur heidnischen Philosophie vgl. auch die ausgewogene Stellungnahme von P. BROWN, Augustinus von Hippo, S. 268: „Die Streitgespräche des Augustinus mit anderen Christen erhoben sich selten über das Niveau des in der frühen Kirche allgemein üblichen Streitschriftenkrieges. Christliche Häretiker blieben äußere Feinde, die niederzuringen waren. Im Gegensatz hierzu zeigt Augustinus' Behandlung der Platoniker im ‚Gottesstaat' durchweg das Maß, nach dem ein Teil der heidnischen Vergangenheit in Augustinus noch lebendig war, seine subtilsten Gedanken anregte und ihm einen andauernden inneren Dialog abforderte, der bis zu seinem Tode anhielt."

ter den Titeln von *Endlichkeit*, *Wahrheit* und *Freiheit* begriffen werden. Unter dem erstgenannten Titel wird der Ansatz des philosophischen Fragens gesucht, unter den beiden weiteren seine wesentliche Entfaltung.

Im ersten Schritt der Untersuchung des Augustinischen Denkens hat es demgemäß um den Ansatz des philosophischen Fragens zu gehen. Läßt man sich vom jeweils befragten Autor selber sagen, worin er den Anfang der Philosophie erblickt, so konnte bei Platon darauf verwiesen werden, daß er selber ausdrücklich das Staunen als diesen Anfang nennt. Es konnte oben allerdings gezeigt werden, daß dieser Ansatz nur in dem Maße zu philosophischem Fragen zu führen vermag, als dem Staunen durch die Erfahrung des Todes zugleich der ihm gebührende Ernst und die ihm eigentümliche Zielstrebigkeit der Antwortsuche zuteil wird. Bei Augustinus stellt sich, will man in seinem Werk Worte finden, die den Anfang des Philosophierens ausdrücklich bezeichnen sollen, die Bewegung zwischen den beiden, für Platon als wirksam erkannten Polen im Anfang der Philosophie gleichsam spiegelbildlich dar. Augustinus nennt nämlich als Anfang seines philosophischen Fragens an erster Stelle die Erfahrung des Todes, greift im weiteren aber auch – wie sich zeigen wird – auf etwas zurück, das als staunenerregend, als faszinierend erscheint. Wie dementsprechend „die Hinrichtung des Sokrates in der Tat der entscheidende Anstoß" war, „der Plato auf den Weg der Philosophie gewiesen hat",[18] so ist es laut der Aussage der *Confessiones* für Augustinus die Erfahrung des Todes, erlebt und dargestellt am Tod eines Jugendfreundes. Von diesem Tod sagt Augustinus, daß er ihn sich selber zur großen Frage habe werden lassen: „Factus eram ipse mihi magna quaestio et interrogabam animam meam, quare tristis esset et quare conturbaret me valde, et nihil noverat respondere mihi."[19] Die Initiation philosophischen Fragens kann also sowohl bei Platon als auch bei Augustinus – wenn auch in unterschiedlicher Ausdrücklichkeit im Text vorliegend – beidesmal in der Erfahrung des Todes gesehen werden. Es darf allerdings nicht übersehen werden, wie andersartig diese Erfahrungen konkret waren und wie andersartig sie ins Spiel gebracht worden sind.

Zunächst ist schon einmal darauf hinzuweisen, daß Augustinus zu Todesfällen ausführlicher und häufiger als Platon Stellung nimmt, für welchen dem Tod des Sokrates, jedenfalls solange es um den Tod einer konkreten Person geht, doch eine Bedeutung zukommt, die alles andere in den Schatten stellt. Augustinus aber berichtet nicht allein vom Tod seines Jugendfreundes als einem Thema der philosophischen Reflexion, sondern zum Bei-

[18] H. G. GADAMER, Einleitung zu: Plato, Texte zur Ideenlehre, S. 7.

[19] *Confessiones* IV, 4, 9; Alfred SCHÖPF, Wahrheit und Wissen. Die Begründung der Erkenntnis bei Augustin, nimmt S. 17 die Formulierung aus *Confessiones* X, 33, 50 hinzu und stellt fest: „Das augustinische mihi quaestio factus sum . . . schließt offensichtlich die ganze Fragwürdigkeit des Erkenntnisvollzugs und der Wissensbegründung mit ein."

spiel auch vom Tod seiner Mutter, den er – trotz aller auch zum Ausdruck gebrachten Trauer – im Zusammenhang mit dem voraufgehend erzählten, gemeinsamen mystischen Erlebnis gleichsam als Übergang in die Vollendung schildert.[20] Dieser Tod nimmt im Gesamtgefüge philosophischen Fragens folglich eine ganz andere Stellung ein, die als Ausblick auf eine letzte Antwort verstanden werden kann. Augustinus berichtet weiterhin von der Tatsache des allzufrühen Todes seines Sohnes Adeodatus und seines Freundes Nebridius, ohne allerdings hier viele Worte zu machen, vermutlich gerade wegen der besonderen persönlichen Betroffenheit über diesen doppelten Schlag, den Peter Brown einen „der bezeichnendsten ‚weißen Stellen' in Augustinus' Leben" nennt.[21] Vielleicht mag es erlaubt sein, zusätzlich das heranzuziehen, was vom Sterben Augustins selber überliefert ist, nämlich den Bericht des Possidius am Ende von dessen *Vita S. Augustini.* Aus dem für diese philosophische Untersuchung in Rede stehenden Zusammenhang heraus wird zu den genannten Zeugnissen über die Verarbeitung der Todeserfahrung bei Augustinus nicht aus einem biographischen Interesse gesprochen, sondern in der Absicht, zunächst einmal den Anfang des philosophischen Fragens gemäß dem Denken Augustins zu klären. Deswegen steht im folgenden der Bericht im Mittelpunkt der Betrachtung, der sich auf den Tod des Jugendfreundes bezieht. Die Todeserfahrung konnte für Platon wie für Augustinus zu einem Anfang des Philosophierens nur deshalb werden, weil der Tod als etwas Skandalöses erlebt wurde. Das Skandalöse an der Erfahrung des Todes lag aber bei Platon zunächst nicht im bloßen Faktum des Sterbens eines Menschen überhaupt, sondern in der Tatsache, daß mit Sokrates der verehrte Meister hingerichtet wurde, obwohl er nicht nur im Sinne der Anklage unschuldig war, sondern in den Augen Platons sogar Verdienste hatte. Obwohl der Tod des Sokrates also zunächst den konkreten Staat der Athener, in dem er möglich war, zum Zielpunkt der Kritik werden läßt, erwächst daraus aber doch auch die Frage, was der Tod selber sei, was der Mensch sei, sofern er sterben müsse. Diejenige Seite von Platons Beantwortung dieser Fragen, nach welcher der Tod als eine Befreiung der Seele vom Körper verstanden wird, ist nun jedenfalls weit von den Antworten entfernt, die Augustinus auf die Fragen gibt, die sich ihm bei dem Versuch aufdrängen, die im Zusammenhang mit dem Tod des Jugendfreundes gemachte Erfahrung genauer zu erfassen.

Da Augustinus diesem Geschehen so große Aufmerksamkeit zuwendet, ist es zumindestens auffällig, daß in dieser Passage der *Confessiones* nicht einmal der Name dieses „überaus teuren" Freundes festgehalten worden ist.[22] Dies mag ein Stück weit dadurch erklärt werden können, daß für

[20] Hinzuzunehmen wäre hier noch der Tod des Vaters Patricius im Jahre 372.

[21] Augustinus von Hippo, S. 117.

[22] *Confessiones* IV, 4, 7.

Augustinus, jedenfalls zur Zeit der Niederschrift der *Confessiones,* eine Freundschaft, von der er abfällig sagt, sie sei „gereift an der Glut der gleichen Neigungen",[23] nicht eine Freundschaft sein konnte, „wie es wahre Freundschaft ist".[24] Die Namenlosigkeit dieses Freundes scheint ihren Grund aber nicht bloß im später nicht mehr akzeptierten Fundament dieser Freundschaft zu haben. Dafür spricht insbesondere, daß von seiten des Freundes nach Augustins Bericht schon jene Wandlung der Freundschaft zum Echten hin zutagetritt, die er vom Blickpunkt der späteren Betrachtung bei sich selber vermißt.[25] Die Vermutung, daß es nicht Geringschätzung dieses Jugendfreundes war, daß vielmehr das Schicksal des Jugendfreundes gar kein Thema für den Augustin der *Confessiones* mehr war, daß also die Erschütterung über diesen Tod den Gestorbenen als ihren Anlaß alsbald aus den Augen verloren hat, liegt nahe und läßt sich im weiteren belegen. Wohl scheint sich nach manchen Stellen alles Trachten und Hoffen Augustins auf den verstorbenen Freund gerichtet zu haben; entscheidend an diesem Tod wird für Augustinus aber nicht die Verarbeitung des Geschehens als des Endes der Lebensmöglichkeit für den Freund, sondern allein der Rückschlag dieses Endes auf ihn selbst und seine Sicht des menschlichen Lebens.[26]

In Augustins literarischem Verhalten gegenüber dem Tod seines Sohnes Adeodat, dem vom Vater in *De magistro* ein *monumentum aere perennius* errichtet worden ist,[27] ist die Erschütterung über diesen Tod, der Augustin wohl mit Härte getroffen hat, nur indirekt ablesbar. Demgegenüber scheint sich in aller überschwenglich zum Ausdruck gebrachten Trauer über den Tod des Jugendfreundes doch mehr die Veränderung der eigenen Weltsicht durch die Erfahrung des Todes und der Sterblichkeit überhaupt auszudrükken. Dort, wo der gestorbene Mensch – wie im Falle des Adeodat – im Mittelpunkt des Nachdenkens steht, tritt die Äußerung der Wirkung dieses Todes auf Augustinus in den Schriften zurück. Beim Tod des Jugendfreundes aber geht es um die Darstellung der Erfahrung des Todes als Thema des menschlichen Denkens: „Quo dolore contenebratum est cor meum, et quidquid aspiciebam mors erat".[28] Der Tod wird als Verlust allen Sinnes erfahren, als Schmerz, der alles nichtig werden läßt, der zum Haß gegen alles aufbringt. Er bleibt bestimmendes Merkmal im Gedankenweg der *Confessiones,* sofern er Augustinus in seinem eigensten Streben getroffen hat, sofern er ihm selbst eine Wunde geschlagen hat, sofern er sein ja noch fortdauern-

[23] Ebd.
[24] Ebd.
[25] *Confessiones* IV, 4, 8.
[26] *Confessiones* IV, 4, 9; vgl. hierzu Fridolin WIPLINGER, Der personal verstandene Tod, S. 43 f.
[27] Vgl. G. WEIGEL, Einleitung zu *De magistro,* in: Augustinus, Philosophische Spätdialoge, S. 257.
[28] *Confessiones* IV, 4, 9.

des Leben fraglich gemacht hat: „Sed in me nescio quid affectus nimis huic contrarius ortus erat et taedium vivendi erat in me gravissimum et moriendi metus."[29] Der Lebensüberdruß und die gleichwohl mit ihm verbundene Furcht vor dem Sterben lassen ihm den Tod als den wütendsten Feind erscheinen. Indem Augustinus den Freund als anderes Ich versteht,[30] wird als Ausdruck der Erschütterung über diesen Tod die Formulierung verständlich, daß er den Freund geliebt habe, als würde er nicht sterben können: „quem quasi non moriturum dilexeram".[31] Jedenfalls nach der Darstellung der *Confessiones* ist nicht mehr das Ende der Lebensmöglichkeit des Freundes – wie beim Tod seines hoffnungsvollen Sohnes Adeodat – der Grund der Trauer. Hier ist es niemand anders als Augustinus selbst, der sich durch die Erfahrung dieses Todes in seiner Liebe zum Leben getroffen zeigt.

Durch eine unbesiegliche, gleichsam mit Naturgewalt auftretende Macht des Faktischen hat sich die Wirklichkeit des Todes durchgesetzt, die sich allem Sinnen und Trachten des Menschen als widernatürlich zeigt. Augustinus ist sich, wie er sagt, dadurch zur großen Frage geworden, daß er sich als sterblich vorfindet und zugleich als einer, dessen Natur sich mit der Sterblichkeit nicht abfinden kann, der sich schon im Leben durch die Erfahrung des Todes gewissermaßen als ins Nichts geworfen erlebt: „Mirabar enim ceteros mortales vivere, quia ille ... mortuus erat, et me magis, quia ille alter eram, vivere ille mortuo mirabar."[32] Diese Erfahrung des Todes läßt ihn elend werden, aber sie läßt ihn nicht nur elend werden, sondern sie entläßt seinen Geist in eine Fraglichkeit, in der er zerrissen wird (dilaniatur).[33] Die aus der Todeserfahrung folgende Zerrissenheit, die erlebte Spaltung in der eigenen Natur, hat ihr Fundament einerseits in der machtvollen Faktizität

[29] *Confessiones* IV, 6, 11.

[30] *Confessiones* IV, 6, 11.

[31] *Confessiones* IV, 6, 11; hierzu vgl. auch Romano GUARDINI, Die Bekehrung des Aurelius Augustinus. Der innere Vorgang in seinen Bekenntnissen, S. 203 ff.; in den *Confessiones* vgl. weiter IV, 8, 13 mit dem Hinweis auf die Dauerhaftigkeit dieser Erfahrung.

[32] *Confessiones* IV, 6, 11.

[33] Ebd.; Augustins Denken ist nicht so, wie C. MAYER, Die Zeichen in der geistigen Entwicklung und in der Theologie des jungen Augustinus, bes. S. 364, insinuiert, „auf dem platonischen Chorismos" aufgebaut, zumal es – wie gezeigt wurde – nicht möglich ist, Platons Ontologie einfachhin unter diesen Titel zu stellen. Dennoch gibt es den durch die Faktizität, nicht durch philosophische Spekulation eingeführten Chorismos, wofür das *dilaniatur* der o. g. Stelle beredter Ausdruck ist. Der Dualismus ist als Faktum und als Problem phänomenal gegeben. Vgl. hierzu auch R. BERLINGER, Augustins dialogische Metaphysik, S. 19: „Für eine Reflexion, die der Existenz auf den Grund geht, ist dieses Ineinander von Sein und Nicht-Sein im Menschen nicht ein unüberwundener Manichäismus, sondern die natura humana vermag hier und jetzt nicht anders als dialektisch da zu sein. Denn der Mensch ist ein animal rationale mortale. Er hat Sein erhalten und vermag sich dennoch nur im Werden zu ereignen. Damit ist der Dualismus nicht zum Prinzip erhoben. Ihn zu überwinden ist vielmehr der Sinn der transzendierenden Personalität des Menschen."

des Negativen, andererseits in der Freundschaft mit dem Vergänglichen, in der *amicitia rerum mortalium.*[34]

Augustinus scheint in den *Confessiones* durchaus auch den Eindruck erwecken zu wollen, als habe er persönlich diesen Zwiespalt im weiteren Verlauf seines Weges durch eine neue Sicht der Dinge überwinden können, indem er nämlich seinen damaligen Schmerz auf die *dementia* zurückzuführen sucht, die Menschen nicht menschlich zu lieben versteht: „nescientem diligere homines humaniter".[35] Indem er elend war und seine Freude verloren hatte, „miser enim eram et amiseram gaudium meum",[36] fängt er an, nicht in dem Widerfahrnis des Todes, sondern in der Verfassung seines Geistes das Elend zu sehen, in welcher Verfassung „er doch schon gewesen, noch eh das Verlieren kam".[37] Augustinus scheint von diesem späteren Rückblick her kein Verständnis mehr für seine Wirrnis aus der Todeserfahrung zu haben, er scheint auch in den *Confessiones* dem Sinne nach auf eine Haltung zu verweisen, die aus dem Wort Plotins spricht, das er später, allerdings lediglich nach dem Zeugnis des Possidius, auch dem Wortlaut nach einmal übernommen haben soll, dem Wort nämlich, daß einer nicht groß sein werde, der es für etwas Großes hält, daß Hölzer und Steine fallen und daß Sterbliche sterben: „non erit magnus magnum putans, quod cadunt ligna et lapides, et moriuntur mortales". [38]

Zu überprüfen bleibt also, ob Augustinus die Bedeutung der Todeserfahrung für das menschliche Denken in den *Confessiones* nicht schon selber relativieren zu können meint, wenn er den Menschen töricht nennt, der Menschliches maßlos leidet.[39] Somit muß gefragt werden, ob in Augustins Denken in der Tat die sachliche Basis für eine solch weitreichende, jedenfalls für den philosophischen Weisen gültige Tröstung gegeben ist und ob eine solche Lösung nach Augustinus der ihr zugrundeliegenden Aufgabenstellung gerecht werden kann. Daraus wird sich schließlich ergeben, ob die Todeserfahrung – oder allgemeiner die Erfahrung des Negativen in der Welt überhaupt – das Denken Augustins nicht gleichsam nur äußerlich in Bewegung gesetzt, sondern auch von innen her bleibend bestimmt hat.

[34] *Confessiones* IV, 6, 11.

[35] *Confessiones* IV, 7, 12.

[36] *Confessiones* IV, 5, 10.

[37] *Confessiones* IV, 6, 11.

[38] *Vita Sancti Aurelii Augustini,* in: MPL XXXII, Sp. 58. Für Plotin vgl. hierzu Enneade I 4, 7, 24. Zu diesem Zusammenhang vgl. noch einmal FLASCH, Augustin, S. 422, wo Vf. den Eindruck zu erwecken sucht, Augustinus habe sich mit diesen Worten Plotins über das Leiden anderer Menschen billig getröstet, selbst aber in seinem Sterben keinen Halt mehr gefunden. Hier gilt, was Georg WUNDERLE, Einführung in Augustins Konfessionen, S. 14, zur o. g. Augustin-Deutung von Achelis gesagt hat: „Man kann sich kaum eine größere Erniedrigung und Beschimpfung der Persönlichkeit und des Werkes denken als diese Art der Beurteilung."

[39] *Confessiones* IV, 7, 12.

Den rigorosesten Maßstab zur Beurteilung dieses Entscheidungsfalles bietet eine von Augustin im Text der *Confessiones* gestellte Frage. In dieser Frage geht es darum, was das Leiden der Menschen in den Augen Gottes sei: „An tu, quamvis ubique adsis, longe abiecisti a te miseriam nostram, et tu in te manes, nos autem in experimentis volvimur?“[40] Die Beantwortung dieser nahezu anklagend formulierten Frage macht es zum Kriterium der Möglichkeit menschlicher Hoffnung über das faktische Elend hinaus, daß das Weinen der Menschen von Gott gehört werde: „Et tamen nisi ad aures tuas ploraremus, nihil residui de spe nostra fieret.“[41] Was somit für einen Großen unter den Menschen, was für den *Weisen* Plotins nicht der Beachtung wert sein sollte, muß nach Augustinus, soll dem Menschen Hoffnung bleiben können, von Gott selbst wahrgenommen und beachtet werden. Derartige Beachtung des menschlichen Leides durch Gott gilt ihm als der einzig tragende Grund aller Hoffnung; Selbsttröstung oder gar Selbsterlösung des Menschen bieten keine Chance. Es ist bei dem christlichen Theologen Augustin nur zu erwarten, daß diese Frage vor dem Hintergrund des Heilsgeschehens in Christus betrachtet wird. Wenigstens von diesem Christusglauben Augustins her wird die Frage nach der Teilnahme Gottes am menschlichen Leid auch ganz ausdrücklich positiv beantwortet, wenn gesehen wird, wie die Gottheit „im Fellkleid unsersgleichen sich erschwacht hat“ (infirmam divinitatem ex participatione tunicae pelliciae nostrae).[42] Diese Stelle interpretierend hat Barbara Aland – im Blick auf Plotins Philosophieverständnis mit Recht – gesagt, daß dieser Satz „für die philosophische Vernunft ungeheuerlich und kraß widersinnig“ sei, weil „Teilhabe, μέθεξις, . . . Gründung und Verursachung des jeweils Unteren durch das Obere“ und „participatio gleichsam in anderer Richtung . . . unsinnig“ sei.[43] Ob es so einfachhin als zutreffend gelten kann, daß ein solcher, für die Gegenrichtung offener Teilhabebegriff, wie hier undifferenziert angenommen wird, von der Philosophie überhaupt nicht mehr in sinnvoller Weise aufgegriffen werden könne, kann an dieser Stelle nicht ausführlich diskutiert werden. Doch sollte aus der doppelten Bewegungsrichtung, die Platon der menschlichen Erkenntnis vorschreibt, sofern sie zu wahrer Erkenntnis gelangen wolle, gesehen werden können, daß auch die Idee gleichsam an etwas teilzuhaben bedarf, das offenbar in ihr selbst nicht schon gegeben ist.[44] Wenn aber gezeigt werden könnte, daß sich Augustins philosophisches Denken von diesem Impuls der christlichen Theologie anregen und hinsichtlich der Fragestellung bestimmen läßt, dann würde auf diesem Wege eine Intention verstärkt, die auch

[40] *Confessiones* IV, 5, 10.
[41] Ebd.
[42] *Confessiones* VII, 18, 24.
[43] Vgl. Cogitare Deum in den Confessiones Augustins, S. 96.
[44] Vgl. die obige Darstellung in Kapitel II.

im philosophischen Denken – wenngleich nicht in dessen idealistisch-spekulativer Ausbildung – ihren angestammten Ort hat, wenn immer sich die Philosophie mit den faktischen Bedingungen menschlicher Wahrheitssuche bescheidet. Um urteilen zu können, ob und inwieweit Augustin sich in diesem Sinne von Plotin gelöst hat, ist es auch von Bedeutung, seine Darstellung eigener Gefühlsregung in bezug auf die Erfahrung des Todes in Betracht zu ziehen. Zu dem Zweck der Befestigung der These, daß Augustinus die beiden obengenannten Fragen nicht im Sinne Plotins beantwortet, kann beispielsweise noch darauf verwiesen werden, daß auch der späte Augustin, anders als Flasch insinuiert,[45] sich durchaus mitfühlend für die Furcht seiner Mitmenschen vor dem Tod zeigt. Der Tod, die Notwendigkeit des Sterbenmüssens, bleibt vielmehr als ein unüberwindliches und unverstehbares Ärgernis anerkannt, das nicht gleichsam vernachlässigt werden darf. Gerade in der direkten Konfrontation mit dem Leid, wie es durch den Einfall der Vandalen in Nordafrika für Augustinus wieder unmittelbar erfahrbar wird, gibt er das zeitweilig eingetretene, mehr distanzierte Reden über das Leid auf, wie er es insbesondere anläßlich der Belagerung und Plünderung des fernen Roms gepflegt hatte.[46] Jetzt stellt er wieder – die Todeswirklichkeit vor Augen – die unerbittliche Grausamkeit des Sterbenmüssens heraus: „Moriturus mori non vult; et tamen erit necessario moriens, quamvis continue mori nolens. Nil agis quod mori non vis, nil efficis, nil extorques: nullam habes potestatem tollendi mortis necessitatem".[47] Vor dem Hintergrund solcher Ohnmacht des Menschen wendet er sich dem allgemein menschlichen Verlangen zu, das auch diejenigen haben, die wie die Märtyrer nach dem Tod ein besseres Leben erhoffen, als es hier in der Welt faktisch zu haben ist. Dies Verlangen zeichnet sich nämlich durch den in ihm eingeschlossenen Wunsch aus, ohne den Tod in diesen besseren Zustand zu gelangen: „Scio, vivere amas, mori non vis; et de hac vita in aliam vitam sic transire velles, ut non mortuus resurgeres, sed vivus in melius mutareris."[48] Der Rahmen für die Beantwortung der beiden gestellten Fragen ist aber durch Herbeiziehung solcher Zitate, die vermehrt werden könnten und weiter unten in unterschiedlichen Zuspitzungen auch gezielt vermehrt werden sollen, allein nicht abzustecken. Es muß jetzt vielmehr gefragt werden, als was sich der Tod selbst nach Augustinus zeigt.

Die Erfahrung des Todes war für ihn zunächst der Anlaß, der ihn sich selbst zur großen Frage werden ließ. Dagegen bleibt aber noch zurückzufragen, wie Augustinus sich auf diesem Wege überhaupt zur Frage werden konnte, wo der Tod doch ganz unzweideutig als Sturz in die Nichtigkeit

[45] Vgl. Augustin, S. 423.
[46] Vgl. hierzu P. BROWN, Augustinus von Hippo, S. 256 und 260.
[47] Sermo 344, 3.
[48] Sermo 344, 4.

erlebt wurde. Immerhin ist klar, daß der Teil, den der Tod zum Beginn des Fragens beiträgt, etwas Negatives zum Inhalt hat. An dieser Stelle nun ist schon einmal die Basis der Belege zu erweitern und in die Tiefe dessen einzudringen, was sich für Augustinus im Tode als das Negative zeigt. Es war allerdings auch schon sichtbar geworden, daß der Tod bei Augustinus auch in einem ganz anderen, positiven Licht zu erscheinen vermag, nämlich als *transitio in aliam vitam*. An dieser Stelle ist zu überprüfen, wie eine solche Sicht möglich ist, wenn an der Negativität des Todes festgehalten werden muß. Sie müßte jedenfalls in einer allgemeinen Natur des Menschen fundiert sein. Indem in Augustins Lösung dieser Aufgabe sein Eindringen in das Verstehen der Todeserfahrung aufgezeichnet wird, läßt sich sein philosophisches Denken von seinem Grund her verstehen, sofern sein Denken letztendlich immer auf die Impulse zurückverweist, die aus dieser Erfahrung resultieren. Solche Impulse zeigen sich einerseits in Augustins Frage nach dem Fundament des *verum* und andererseits in der Frage nach der Herkunft des *malum*. Das Erlebnis des Todes hätte für Augustinus also nicht bloß eine initiierende Funktion gehabt, indem sie ihn sich selber fraglich werden ließ, sondern es wäre die Todeserfahrung für die Struktur seiner philosophischen Fragen aufs Ganze gesehen bestimmend geblieben.

Gemäß diesem kurzen Problemaufriß ist nun mit der Frage nach dem Grund fortzufahren, aus dem Augustinus sich durch die Erfahrung des Todes selbst zur Frage werden konnte. Die Möglichkeit solchen Fraglichwerdens ergibt sich ja aus dem geschilderten Erleben keineswegs gleichsam als etwas Selbstverständliches. Die Erfahrung des Todes ist für Augustinus nämlich das Erlebnis eines Sturzes in die Nichtigkeit, das ihn zu der Annahme bewegt, der Tod „werde jählings alle Menschen verschlingen".[49] Die Tatsache aber, daß der Sturz in eine Frage mündet, zeigt hingegen, daß er mit all seiner Vernichtungskraft nicht ins Bodenlose ging, daß also das Erlebnis der Nichtigkeit von allem nicht zu der Annahme von dessen wirklichem Versinken ins Nichts führte. Zu untersuchen ist dementsprechend, was in diesem Sturz vernichtet wurde und was trotz dieses Sturzes dem Fallenden Halt verlieh.

Was in diesem Sturz tatsächlich vernichtet wurde, ist schon mit den Worten Augustins selbst gesagt worden. In der Todeserfahrung war ihm die Freude verlorengegangen, die ihm vordem den Sinn des Lebenszusammenhangs so dargeboten hatte, daß er sich nicht selbst zur Frage geworden war. Es muß also nach dem gesucht werden, was vormals seine Freude war. Wäre es eben ausschließlich die *amicitia rerum mortalium* gewesen, so hätte der Sturz das radikale Ende zur Folge haben müssen. Am Beginn des zweiten Buches der *Confessiones* geht Augustinus nun ausdrücklich darauf ein,

[49] *Confessiones* IV, 6, 11.

was er vor der Todeserfahrung als seine Freude gesehen hatte. Sich selbst fragend, was es gewesen sei, was ihn damals freute, nennt er lieben und geliebt zu werden: „Et quid erat, quod me delectabat, nisi amare et amari?"[50] Diese grundlegende Intention, zu lieben und geliebt zu werden, äußert sich gemäß dem dort vorliegenden Zusammenhang zunächst in Begehrlichkeit und Wollust, in der *concupiscentia carnis* und in der *caligo libidinis*.[51] Die Klimax der sich an diese Selbstdiagnose anschließenden, dramatischen Anklagen kann allerdings bei genauerer Lektüre nicht darüber hinwegtäuschen, daß es nicht so sehr auch äußerlich vollzogene Taten sind, die Augustinus sich hier vorzuwerfen genötigt sieht, sondern eine innere Gefangenheit in den Ketten der *mortalitas*, des von Sterblichkeit gezeichneten Lebens.[52] Was Augustinus an Unzucht und sexuellen Schändlichkeiten in seiner Selbstanklage erwähnt, bezieht sich in der Realität viel eher auf seine Gefährten und die Wertordnung seiner Mitwelt: „Ecce cum quibus comitibus iter agebam platearum Babyloniae et volutabar in caeno eius ..."[53] Was Augustinus allein das Recht zu geben vermag, sich in dieser Weise anzuklagen, wie er es tut, sind innere Vorgänge, sind Wunsch, Begierde, verkehrter und aufs Niederste gerichteter Wille: „perversa atque inclinata ad ima voluntas".[54] Solcher pervertierter Wille führt ihn schließlich noch zu einer die Lüge nicht scheuenden Ruhmsucht: „fingebam me fecisse quod non feceram, ne viderer abiectior, quo eram innocentior, et ne vilior haberer, quo eram castior."[55] Die einzige auch äußerlich vollzogene Tat, die bei der offenkundig vorherrschenden Anklagelust genannt wird, ist der Birnendiebstahl, ein Vergehen, dessen Schwere, wiederum auf der Grundlage einer Analyse des inneren Geschehens, von Augustinus mit rigoros scheinender Unnachgiebigkeit zu ermessen gesucht wird.

Diese Analyse beginnt mit der Frage, was er als Täter an diesem seinem Diebstahl denn geliebt habe, so daß er ihn verüben konnte: „Quid ego miser in te amavi, o furtum meum".[56] Durch die Zurückweisung aller bei einem

[50] *Confessiones* II, 2, 2.

[51] Ebd.

[52] Ebd.

[53] *Confessiones* II, 3, 8.

[54] *Confessiones* II 3, 6.

[55] *Confessiones* II, 3, 7. Vgl. auch III, 1, 1, wo Augustinus gesteht, erst in Karthago in ein Liebesverhältnis geraten zu sein, zu dem er innerlich allerdings schon längst bereit gewesen sei. Vgl. auch R. GUARDINI, Die Bekehrung des Aurelius Augustinus, S. 56 ff.

[56] *Confessiones* II, 6, 12; vgl. G. WUNDERLE, Einführung in Augustins Konfessionen, S. 120: „Das klassische Beispiel für die Übersteigerung sündlicher Bewertung von Jugendstreichen ist der vom vierten Kapitel an beschriebene Birnendiebstahl. Hier hat Augustin tatsächlich das objektive Maß gerechter Selbstwürdigung außer acht gelassen ... Seine wirkliche Sündhaftigkeit konnte demnach nicht so ungeheuerlich sein, wie er es voller Abscheu gegen sich erzählt." – Natürlich hätte Wunderle recht, wenn es um gerechte Selbstwürdigung ginge. Das Problem, das sich für Augustinus ergibt, zeigt sich aber gerade darin, daß der Reiz, die Tat zu vollziehen,

solchen Diebstahl naheliegenden Motive gerät der Lausbubenstreich zur Sünde schlechthin, deren Bosheit eben nur in der Bosheit ihren Grund hatte: „malitiae meae causa nulla esset nisi malitia".[57] Dennoch ist in der Tat nicht die Bosheit um ihrer selbst willen geliebt worden. Insofern bedarf die soweit vorgetragene Antwort Augustins noch eines zweiten, eher positiven Teils. In diesem positiven Teil der Antwort wird gesagt, daß Augustinus in dieser Tat Allmächtigkeit und Freiheit gesucht habe. Durch seine Verstricktheit in *concupiscentia* und *libido* sei das Ergebnis eine falsche und verkehrte Nachahmung gewesen: „vitiose atque perverse imitatus sum".[58] Indem seine Freude das Lieben und das Geliebtwerden war, so sagt Augustin auf diesem Wege, hat er in diesem durch Begehrlichkeit gekennzeichneten Lieben zugleich doch das höchste Gut, wenn auch auf verkehrte Weise, gesucht. Derart depravierte er zum „schattenschwarzen Spottbild von Allmächtigkeit".[59] Eine solche Suche nach dem Höchsten wirft nun allerdings die Frage auf, wie sie, die doch aufs Beste gerichtet ist, dennoch auf eine so fehlgeleitete Verwirklichung hinauslaufen konnte, wie sich die Grundintention Augustins so pervertieren konnte.

Die Antwort auf diese Frage ist in einer doppelten Weise zu geben, nämlich einerseits in einem gleichsam historischen Sinn gemäß dem autobiographischen Bericht, andererseits aber auch durch die Angabe des sachlichen Grundes der Möglichkeit solcher Pervertierung. Im ersten Sinne ist es ein, offenbar wenigstens für Augustins Erleben durch nichts anderes als die Natur gegebenes Aufsteigen und Sichregen der Lust, die sein Herz „verwolkte" und „verdunkelte", so daß seine „wehrlose Jugend durch Abgründe von Leidenschaft" geschleift und „in einen Wirbel von Schändlichkeiten" hineingerissen wurde.[60] Wenn immer es aber richtig ist, daß Augustinus auch in diesen Strebungen ein höchstes Gut gesucht hat, dann muß auch gesagt werden können, was die Suche auf diesem Weg der Sinnenlust sachlich ermöglicht hat. Diesen Grund sieht Augustinus für das Sexuelle, dem er in dieser Beziehung eine Sonderstellung zuspricht, in einer Übereinstimmung, die in hohem Maße Erfüllung gewährt: „et in contactu carnis congruentia valet plurimum".[61]

gar nicht offen ersichtlich und verständlich ist. Augustinus treibt keine *„heilige Selbstverdemütigung"*, sondern sucht die Lösung eines Problems. Je weniger das materiale Willensobjekt zur Tat locken kann, um so unverständlicher wird der Vollzug, um so drängender wird die Frage nach dem Grund der bösen Tat. Richtig hierzu G. NYGREN, Das Prädestinationsproblem in der Theologie Augustins, S. 15, Anm. 20.

[57] *Confessiones* II, 4, 9.

[58] *Confessiones* II, 6, 14.

[59] Vgl. *Confessiones* II, 6, 14, hier in der Übersetzung von J. BERNHART.

[60] *Confessiones* II, 2, 2.

[61] *Confessiones* II, 5, 10; zur Frage nach der Attraktion durch das sinnlich Schöne vgl. auch J. TSCHOLL, Gott und das Schöne beim Hl. Augustinus, bes. S. 51 f.

In der *congruentia* und – wie er für den Bereich des Sinnfälligen und des irdischen Lebens überhaupt sagt – in der *convenientia* wird das in der Sinnenwelt gesucht und ein Stück weit auch gefunden, was in Vollkommenheit schließlich allein in Gott gefunden werden kann. Augustinus stellt dies in *De vera religione* ausdrücklich fest: „Quare in corporis voluptate quid teneat, nihil aliud invenies quam convenientiam."[62]

Gerade die schon im Sinnlichen gesuchte Übereinstimmung ist, wie Augustinus sagt, am vollendetsten in dem Lichtstrahl zu finden, der die Vernunft erleuchtet, in der Wahrheit selbst: „Vide ibi convenientiam qua superior esse non possit, et ipse conveni cum ea."[63]

In der Zuwendung zu demjenigen, in dem höchste Übereinstimmung und Erfüllung liegt, ist aber der Anfang des Weges mit der Begehrlichkeit der Sinnenwelt nicht einfach abgetrennt und verworfen. Wohl besteht jetzt die Einsicht in die Vergänglichkeit des Reiches der Sinnenlust: „Hoc totum est voluptatis regnum et ima pulchritudo, subiacet enim corruptioni."[64] Dennoch behält dieser Bereich für Augustinus ausdrücklich seine Faszination. Wenn nämlich das Sinnenreich nicht vergänglich wäre, so müßte es für höchste Schönheit gehalten werden: „Quod si non esset, summa putaretur".[65]

Das Reich der Sinnenlust kann nach Augustinus aber trotz seiner in der Welt allenthalben sichtbaren Vergänglichkeit doch auch über seine bloß weltliche Verwirklichung hinaus gleichsam gerettet werden, sowohl in axiologischer Betrachtung als auch in bezug auf seine Existenz, wie sie in der Zeitlichkeit gegeben ist. Dies hat erstens zu gelten, weil die göttliche Vorsehung selbst „das Auge für diese Schönheit" öffnet und „zeigt, daß sie nichts Böses ist", wenngleich ihr, wie Augustinus auch betont, als niederster Schönheit zugleich Schmerzen zugesellt seien.[66] Die Möglichkeit des Bewahrens ist aber auch darüber hinaus gegeben, wenn einst von der sinnlichen

[62] Vgl. dort XXXIX, 202.

[63] *De vera religione* XXXIX, 203.

[64] *De vera religione* XL, 210.

[65] Ebd. Aus dieser Stelle ergibt sich, daß Augustinus nicht das Reich der Sinnenlust abwerten will, sondern daß es nach seiner Sicht durch die ihm offenkundig anhaftende Vergänglichkeit relativiert wird. Deswegen kann die Interpretation von J. RIEF, Der Ordobegriff des jungen Augustinus, S. 343, so nicht akzeptiert werden: „Im übrigen aber steht Augustinus dem Vergänglich-Schönen und der Liebe zur vergänglichen Schönheit äußerst skeptisch gegenüber. Beide Größen gehören ganz allgemein zu jenen Dingen, die zu fliehen sind und von denen er sich mit aller Entschlossenheit abwendet. Ganz unbewußt gerät hier der sonst geniale Interpret der Ordoidee in die Nähe der Auffassung, die das Böse nach der Art der Manichäer gegenständlich denkt." Auf diese falsche Fährte kommt man, wenn man den Grund der Suche nach dem Unvergänglichen übersieht, der im Nicht-vergehen-lassen-wollen des Vergänglichen besteht; vgl. *Confessiones* IV, 6, 11: „ne totus ille moreretur, quem multum amaveram".

[66] *De vera religione* XL, 211; zur Funktion des Schönheitserlebnisses vgl. auch L. WITTMANN, Ascensus. Der Aufstieg zur Transzendenz in der Metaphysik Augustins, S. 8 ff.

Schönheit die „Eitelkeit der Eitlen" hinweggenommen sein wird, die den gefallenen Menschen in „jenen mühseligen Überfluß und jenes sozusagen üppige Darben" geworfen hat, „da ein Ding das andere ablöst und dem Menschen nichts bleibt": „Ita facta est abundantia laboriosa et, si dici potest, copiosa egestas, dum aliud et aliud sequitur et nihil cum eo permanet".[67] Ist der Mensch von knechtischer Begehrlichkeit befreit, so werden – wie Augustinus annimmt – den neuen Leibern die alten Gebrechen abgenommen werden, ihre Natur ihnen aber erhalten bleiben, wie er es ausdrücklich in bezug auf die Schönheit der körperlichen Gestalt des weiblichen Geschlechtes vorgetragen hat.[68]

Die Wertschätzung der im Sinnlichen liegenden Schönheit wird von Augustinus trotz ihrer faktischen Kontamination mit der von ihm für sündig gehaltenen Begehrlichkeit nicht aufgegeben. Wenn aber das Schöne, zudem als von der Sünde befreit, bewahrt werden soll – und, wie zu sehen ist: um des höchsten Zieles des Menschen willen, des Sehens Gottes, bewahrt werden muß –,[69] dann wäre im befreiten Endzustand des Menschen dasjenige an der Sinnlichkeit geschwunden, was ihren Rang hier im irdischen Leben relativierte, nämlich ihre Vergänglichkeit, ihre *corruptio*. In dem neuen und gereinigten Sinne träte sie dementsprechend tatsächlich als die höchste Schönheit selber auf. Diese Einsicht verhilft nun zu Antworten auf zwei der oben gestellten Fragen und gibt zugleich die Gelegenheit zur Überleitung in die nachbohrende Frage, in welchem Sinne die Negativität des Todes nach Augustinus im Blick auf die Natur des Menschen festzuhalten ist.

Die eine Frage, die nun beantwortet werden kann, richtete sich darauf, wie aus dem Erlebnis des Sturzes in die Nichtigkeit das philosophische Fragen hervorgehen konnte. Gegen manchen äußeren Anschein tritt jetzt als Lösung Augustins nicht die radikale Abwendung von dem der Vergänglichkeit unterliegenden Leben ein, sondern die Besinnung auf den Grund der Vergänglichkeit. Diese Besinnung hat das Ziel, den Sinn der Zeitlichkeit zu begreifen und das Negative an ihr, die Vergänglichkeit, womöglich abzu-

[67] *De vera religione* XXI, 112; Augustins differenzierte Behandlung der Sinnenlust wird auch in seinen späteren Stellungnahmen zur Geschlechtlichkeit deutlich, z. B. *De civitate Dei* XIV, 19. Vgl. hierzu M. MÜLLER, Die Lehre des hl. Augustinus von der Paradiesesehe und ihre Auswirkung in der Sexualethik des 12. und 13. Jahrhunderts bis Thomas von Aquin, bes. S. 19–32; weiterhin vgl. J. MAUSBACH, Die Ethik des hl. Augustinus I, S. 314–326.

[68] *De civitate Dei* XXII, 17.

[69] Vgl. *De Genesi ad litteram* XII, 35, 68. Wenn Augustinus später in *De videndo Deo ad Paulinam* betont, Gott könne nicht mit körperlichen Augen gesehen werden, verfällt er deswegen noch nicht in einen den Leib abwertenden Dualismus (vgl. Prooemium 3). Das Schwergewicht der Aussage liegt auf der prinzipiellen Unsichtbarkeit Gottes, vgl. VIII, 20. Gesehen werden kann Gott nur von dem, der *mundo corde* sucht und dem Gott sich zu sehen gibt. Das Sehen Gottes setzt auf der Seite des Menschen das reine Herz voraus und auf der Seite Gottes dessen Tat, vgl. XIX, 47. In *De civitate Dei* XXII, 29 wird nochmals deutlich, daß keine Geringschätzung des Leiblichen gemeint ist: „Visuri sunt Deum in ipso corpore".

streifen; sie zielt nicht auf die Negierung des Lebens, wie es sich auch als sinnliches im menschlichen Weltdasein zeigt und hier auch von der Vergänglichkeit betroffen ist. Dies macht die bleibende Faszination durch das Leben in all seinen Dimensionen gegen alles Erleben der Sterblichkeit deutlich. Das Erlebnis des Sturzes durch die Todeserfahrung enthüllt die Nichtigkeit des vergänglichen Daseins, es zeigt dabei aber nicht das vergängliche Leben selbst als nichtig, sondern lediglich seine Vergänglichkeit.

Damit ist gewissermaßen auch schon die zweite Frage beantwortet, die auf die Beurteilung des Todes ging. Wenn es scheinen konnte, daß Augustinus in den *Confessiones* durch die Todeserfahrung bewogen wird, sich vom Vergänglichen insgesamt abzuwenden und sein ganzes Streben ausschließlich auf Gott zu richten, so zeigt sich dies hier als Fehlinterpretation. Käme es darauf hinaus, dann wäre nämlich die Todeserfahrung gleichsam der Königsweg Augustins zu Gott und zur Erkenntnis Gottes gewesen. In der Todeserfahrung hätte sich die Nichtigkeit des Weltlichen in Gott aufgelöst. Weil aber eben das höchste Sein, weil Gott alles, was ist, ins Sein gerufen hat, ist alles gut, soweit es ist, was es gemäß seinem Sein sein soll. Der Zwang, nicht zu sein, widerspricht so gesehen dem Schöpfungsakt im Innersten: „mors autem non esse cogit quidquid moritur".[70] Folglich zeigt sich der Tod trotz seiner scheinbar natürlichen Faktizität als nicht im Wesen der Schöpfung fundiertes, in diesem Sinne also widernatürliches Negativum: „Et ideo ex deo non est mors."[71] Auch der Tod, der als Tod des Lebewesens Mensch so unabweislich von dessen Natur her gegeben zu sein scheint, ist – so wird in *De civitate Dei* gesagt – nicht von der Natur auferlegt, „non lege naturae", durch deren Gesetz Gott nämlich in keiner Weise den Tod für den Menschen bereitet habe: „qua nullam mortem homini Deus fecit".[72] Dennoch ergibt sich bei genauerer Nachfrage auch innerhalb der von Augustinus selbst angestellten Überlegungen ein Problem hinsichtlich der Natürlichkeit des im Tod sich zeigenden Negativen, dem sogleich weiter nachzugehen sein wird. Jedenfalls ist der Tod nach Augustinus nicht in dem Sinne ein natürliches Faktum, daß nämlich mit der Abtrennung der Seele vom Körper sozusagen deren eigentliche Natur allererst wieder befreit würde, wie dies nach Augustin von denjenigen Philosophen behauptet worden ist, die meinen, „die Seele genieße erst dann ihre vollkommene Seligkeit, wenn sie, ganz und gar des Leibes entledigt, einfach und allein, gewissermaßen nackt, zu Gott zurückkehre".[73]

[70] *De vera religione* XI, 61.
[71] Ebd.
[72] Vgl. dort XIII, 15; vgl. weiterhin *De Genesi ad litteram* VI, 19, 30 oder auch *De libero arbitrio* III, 19, 185.
[73] *De civitate Dei* XIII, 16.

Obwohl diese erste Beantwortung der Fragen, die sich anhand der Todeserfahrung und anhand der durch sie nicht zerstörten, sondern sich vielmehr in einem unbändigen Glücksstreben durchhaltenden,[74] vom Willen zu lieben und geliebt zu werden getragenen Faszination stellen, zunächst wenigstens in sich stimmig zu sein scheint, muß hier doch nachgefragt werden, ob die Voraussetzungen, auf denen die Frage basiert, gehalten werden können. Die gegebene Antwort hatte, soweit sie bisher vorgetragen worden ist, jedenfalls zum Inhalt, daß der Tod, sofern er etwas Negatives ist, nicht von Gott kommen kann. Wenn der Tod aber dennoch zur Naturverfassung des Menschen gehört und Gott als der Herr dieser Naturverfassung angenommen wird, muß dementsprechend der Tod als Strafe für den Menschen betrachtet werden: „si autem anima separari a corpore naturaliter non vult, ipsa mors poena est".[75] Wenn der Tod aber eine Strafe ist, dann kann gefragt werden, wie es mit dem Menschen bestellt war, solange er der Strafe noch nicht unterlag. Das ist die Frage nach der Natur Adams vor dem Sündenfall.

Schon Adam ist, dem stimmt Augustinus ausdrücklich zu,[76] wie der gegenwärtige Mensch als Lebewesen, als *animal*, geschaffen worden. Auf diese Weise ergibt sich zunächst auch für Augustinus die scheinbar unvermeidliche Konsequenz, die Notwendigkeit des Todes, wenigstens des Todes unseres Körpers, doch als Bestandteil der ursprünglich geschaffenen Natur des Menschen aufzufassen: „ut videlicet mors corporis non de peccato accidisse videatur, sed naturaliter, ut animalium caeterorum."[77]

Wenn in diesem Sinne nun die Urheberschaft Gottes für den Tod und das Sterbenmüssen des Menschen nicht unmittelbar in Frage kommen darf, sondern bloß durch die Vermittlung über den Strafgedanken, wenn aber dennoch die mit dem Tod von vornherein behaftete Animalität des Menschen wie der Tod aller anderen Lebewesen aus der Tat Gottes resultieren soll, dann verschärft sich hier noch einmal die Frage nach dem Ursprung des Todes.

Wenn der Leib Adams, wie zugestanden, also vor der Sünde nicht spiritueller, sondern animalischer Natur war, dann war sein Leib aus der Schöpfungswirklichkeit heraus vergänglich und hätte erst noch mit Unvergäng-

[74] Vgl. auch J. BRECHTKEN, Augustinus Doctor Caritatis. Sein Liebesbegriff im Widerspruch von Eigennutz und selbstloser Güte im Rahmen der antiken Glückseligkeits-Ethik, bes. S. 21 ff. Heranzuziehen ist auch die Diskussion der Selbstmord-Problematik in *De libero arbitrio* III, 8, 83. Vgl. auch *Confessiones* X, 8, 15.

[75] *Opus imperfectum contra Julianum* II, 86; aus diesem Werk vgl. auch noch die Stelle I, 96, wo von der *fides catholica* gesagt wird, daß nach ihr der erste Mensch ohne die Notwendigkeit des Sterbens geschaffen worden sei. Nicht einmal die Qualfreiheit des Sterbens („sine cruciatu") vermöchte laut VI, 27 die Negativität des Todes akzeptabel zu machen.

[76] Vgl. *De Genesi ad litteram* VI, 19, 30.

[77] *De Genesi ad litteram* VI, 22, 33.

lichkeit bekleidet werden müssen, damit er ein spiritueller Leib geworden wäre. Dies aber wäre, so sagt Augustinus, auch tatsächlich geschehen, wenn Adam sich den Tod nicht durch das Sündigen verdient hätte: „in quod nondum mutatus, sed mutandus erat Adam, nisi mortem etiam corporis animalis peccando meruisset".[78] Augustinus sieht sich nun vor dem Hintergrund dieser Ausgangslage zu einer wenigstens paradox scheinenden Lösung genötigt. Obwohl der Mensch in seinem ursprünglichen Schöpfungszustand nicht dem Tod anheimgefallen wäre, wenn er nicht gesündigt hätte, war er dennoch durch seine Animalität sterblich. Diesen Zustand nennt Augustinus: „sine morte mortalis".[79] Auf einer anderen Ebene ergibt sich also schon vor der ersten Sünde das Problem von Natürlichkeit und Widernatürlichkeit des Todes. Weil der Tod ein wider die Natur des Menschen gerichtetes Negativum ist, das gleichwohl notwendig zu seiner durch die Schöpfung gegebenen Animalität gehört, kann das Gutsein der Schöpfung Gottes nur dadurch gerettet werden, daß die an sich durch die geschaffene Natur mitgegebene Notwendigkeit des Sterbenmüssens durch einen Akt Gottes dann außer Vollzug gesetzt worden wäre, wenn der Mensch die ihm wesenhaft zugehörige Möglichkeit des Sündigens nicht zum Austrag gebracht hätte.

Für die an sich also mitgegebene, aber vor dem Sündenfall außer Vollzug gesetzte, naturhafte Notwendigkeit des Sterbenmüssens ergibt sich wiederum das Problem ihrer Begründung und Rechtfertigung. Die mittlerweile deutlich gewordene These lautet nämlich nun, daß jedenfalls die *mortalitas* des Menschen – wenngleich nicht das wirkliche Eintreten seines Todes – schon ursprünglich von Gott stamme. Diese *mortalitas* muß dementsprechend eine Funktion in der reinen, von der Sünde des Menschen unbelasteten Schöpfung Gottes haben. Um diese Funktion vor Augen zu bekommen, ist es nötig, noch einmal in gedrängter Form zu wiederholen, was der Tod nach Augustinus ist. Er ist zunächst eine negative, eine bittere Erfahrung. In dieser Bitternis zeigt sich seine gegen die Natur gerichtete Kraft, die auseinanderreißt, was im Lebenden verbunden und zusammengefügt war. Diese Kraft hält unerbittlich solange an, bis auch die letzte Empfindung geschwunden ist, die durch die wechselseitige Umschließung von Seele und Leib in ihm war: „Habet enim asperum sensum et contra naturam vis ipsa, qua utrumque divellitur, quod fuerat in vivente coniunctum atque consertum, quamdiu moratur, donec omnis adimatur sensus, qui ex ipso inerat animae

[78] *De Genesi ad litteram* VI, 24, 35.

[79] *De Genesi ad litteram* VI, 21, 32; in diesem Sinne wird klar, wie Augustinus die Definition des Menschen als *animal rationale mortale* versteht; vgl. beispielsweise auch *De quantitate animae* XXV, 47. Bemerkenswert ist, wie in der Augustinus-Literatur die Todes-Problematik oft kaum berücksichtigt oder teilweise sogar mit Fleiß ausgespart wird; vgl. z. B. Étienne GILSON, Der heilige Augustin, S. 260.

carnisque complexu".[80] Der Tod zeigt sich so als eine die Natur des Lebewesens schmerzhaft auflösende Grenze, die nicht überschritten werden kann, ohne daß die Natur des Menschen in ihrem Überschreiten zerbricht. Obwohl der Tod so gesehen selbst in keiner Weise für gut gehalten werden kann, mag es immerhin doch die Möglichkeit geben, ihn wenigstens rühmlich zu ertragen, „um ein Gut festzuhalten oder zu gewinnen".[81] Dies hängt mit der aus dem Platonismus kommenden Auffassung Augustins zusammen, daß diese Grenze den Menschen, wenn sie auch seine physische Existenz als irdisches Lebewesen beendet, doch nicht ganz in seinem Sein zu zerstören vermag. Es kann infolgedessen auch an den Zustand der Gestorbenen nach der Grenzüberschreitung gedacht werden: „cum vero in ea (scil. in morte) sunt, qui iam mortui nuncupantur, non absurde dicitur et malis mala et bonis bona".[82]

Dem Menschen vor dem Sündenfall nun, der sterblich war, ohne daß er von vornherein der Notwendigkeit ausgesetzt gewesen wäre, auch wirklich sterben zu müssen, ist durch seine Animalität gleichfalls diese Grenze naturhaft vorgegeben, ohne daß diese allerdings in jedem Falle Tod genannt werden dürfte, nicht einmal ein sanfter Tod: „Non enim potestis dicere, leniter homines in paradiso fuisse morituros, si nemo pecasset".[83] Da diese Grenze aber gleichwohl angenommen werden muß, muß sie auch verstanden und benannt werden. Gemäß der oben zitierten Stelle aus dem großen Genesis-Kommentar handelt es sich dabei um eine *mutatio*. Die in jedem Falle gegebene naturhafte Grenze tritt dem Menschen im Urzustand demgemäß als doppelte Möglichkeit entgegen, nämlich als Möglichkeit der *mutatio* und als Möglichkeit der *mors*, wenn eben zu gelten hat, daß der Mensch naturhaft sterblich ist, allerdings zunächst ohne wirklich sterben zu müssen, solange er nicht gesündigt hat. Der Mensch hatte aber von vornherein die Möglichkeit zu sündigen und damit durch eigenes Handeln seine Sterblichkeit zum Vollzug zu bringen. Wenn in diesem Sinne das Leben des gefallenen Menschen als ein *cursus ad mortem* gilt,[84] dann ist das Leben des vorsündlichen Menschen ein *cursus ad mutationem vel mortem*. Für beide Fälle gilt, daß der Mensch durch sein Sein wesenhaft vor der Möglichkeit des Todes steht, die nach Augustinus zugleich appellativen Charakter trägt, weil diese Grenze für die Guten etwas Gutes und für die Schlechten etwas Schlechtes zur Folge haben soll.

Auf diese Weise nun ist deutlich geworden, daß dem Menschen auf Grund seiner Natur – damit er sein kann, was er gemäß der Schöpfung sein

[80] *De civitate Dei* XIII, 6.
[81] *De civitate Dei* XIII, 8.
[82] Ebd.; vgl. hierzu Platons *Phaidon* 72 d.
[83] *Opus imperfectum contra Julianum* VI, 27.
[84] *De civitate Dei* XIII, 10.

soll – für sein Weltdasein eine zeitliche Grenze gesetzt ist, so daß er als Lebender eine Zeitspanne vor sich hat, in der er sich hinsichtlich gut und böse mehr oder weniger vollständig selbst zur Bestimmtheit bringen kann. Diese Möglichkeit der Bestimmung der Existenz nennt Augustinus Versuchung: „Nam etsi liberata est Susanna, adhuc tendanda; et ipse Joseph adhuc tendandus liberatus est. Unde tendandus? quia *tentatio est vita humana super terram* (*Job* VII, 1). Usque ad mortem tota tentatio: post mortem sola beatitudo; sed Sanctorum, quorum mors pretiosa est in conspectu Dei."[85]

Die Geworfenheit in die begrenzte Zeitlichkeit des Weltdaseins mit Versuchungscharakter ist demgemäß die allgemeine Natur des Menschen, durch die er sich selbst Bestimmtheit der eigenen Existenz verschaffen kann. Sie ist nach Augustinus die Natur des Menschen, auch unabhängig von der theologisch eingeführten Annahme eines Sündenfalles. Die Bestimmung des Menschen durch sich selbst bedarf, damit sie zur Ganzheit kommen kann, damit die Existenz als ganze bestimmt sein kann, notwendig einer Grenze; sie bedarf aber nach Augustinus auch eines Zieles, das die Gewordenheit des Bestimmten zum Austrag bringt und so rechtfertigt. Dem Ziel dieses Geschehens denkt Augustinus in zweifacher Weise nach, wobei im ersten Fall die absolute Positivität des Todes, im zweiten Fall die absolute Negativität des Todes zum Vorschein kommt. Das Leben ist gemäß diesen beiden Fällen zugleich Chance und Risiko. Die Chance als die positive Möglichkeit muß nun in der Lage sein, das Leben als Geworfenheit von Gott her zu rechtfertigen.

Die positive Möglichkeit, die in dem in die Versuchung geworfenen Leben liegt, sieht Augustinus in der Chance des Menschen, etwas höchst Gutes zu verwirklichen, etwas, über das hinaus es nichts Besseres gibt. Von den höheren und den niederen Gütern scheint Augustinus zunächst in der Tradition eines Seinsaufbaus zu sprechen, wie er von den Neuplatonikern entfaltet worden ist und wie er beispielsweise auch in die Darstellung des Seinsaufbaus von *De ordine* eingeflossen ist.[86] Dort geht die Stufung über das Nichts zur ungeformten Materie, zur Form der leblosen Dinge, zu den Körpern, zu der Körperlichkeit, zu Raum und Zeit, zu Räumlichkeit und Zeitlichkeit, zur räumlichen und nichträumlichen Bewegung, zur unveränderlichen Bewegung und zur Ewigkeit, zum Verhältnis des Daseins zu Raum und Zeit und schließlich zu Gott, der besser im Nichtwissen gewußt werde: „qui melius scitur nesciendo".[87] Von hoch und niedrig in diesem Sinne soll hier nicht weiter gesprochen werden, obwohl das Schema bei Augustinus gleichsam im Hintergrund stehend unangefochten in Geltung bleibt.

[85] Sermo 318; vgl. auch *Confessiones* X, 28, 39.

[86] Vgl. dort II, 11, 30 ff.

[87] *De ordine* II, 16, 44. Das Motiv vom Wissen des Nichtwissens wird unten weiterverfolgt werden.

Wie selbstverständlich anerkennt Augustinus in *De libero arbitrio*, dem Werk, in dem sich der Durchbruch zum neuen Verständnis des höchsten Gutes vollzieht, noch die Plotinisch scheinende These, daß Seele überhaupt, auch als sündige, besser sei als jeder Körper und daß der Seinsaufbau in Gott allein als dem höchsten Gut gipfele.[88] Derjenige Teil der These aber, der besagt, daß der Menschengeist das Höchste in der Welt sei – wohl nicht so hoch wie Gott, aber doch etwas, das nächst Gott gefallen kann: „non est quod deus et tamen aliquid est quod possit placere post deum" –,[89] wird im Zusammenhang der Untersuchung der freien Willensentscheidung mit einem völlig neuen Inhalt versehen. Zunächst paßt es noch gut in dies überkommene Schema, daß der Seele deswegen ihr hoher Rang zukomme, weil in ihr die *capacitas summi boni* im Sinne einer Empfänglichkeit fürs höchste Gut angelegt sei.[90] Wird aber gefragt, was das Höchste in dem sei, was das höchste Gut aufzunehmen in der Lage ist, so zeigt sich sogleich ein Doppelsinn dessen, was mit *gut* vermeint wird. Wiewohl nämlich die *vita beata* als das *proprium et primum hominis bonum* gilt und die Verwirklichung solch glückseligen Lebens auch im Zusammenhang mit Gott als dem *bonum beatificum* steht,[91] so gibt es nun doch noch ein anderes Gutes, das selbst keineswegs Gott ist, über das hinaus es aber ebensowenig ein höheres Gut gibt. Dieses andere Gute ist – um den bei Augustinus vorliegenden Sachverhalt der Klarheit wegen in den sich hier nahelegenden Differenzierungen Kants zu explizieren –[92] nicht in dem Sinne das *höchste* Gut, daß es zugleich das *vollendete* Gut wäre, aber doch ein *oberstes* Gut, das keinem anderen Gut mehr untergeordnet ist: „Quisquis ergo habens bonam voluntatem, de cuius excellentia iam diu loquimur, hanc unam dilectione amplexetur qua interim melius nihil habet".[93]

Der gute Wille ist nach Augustinus ein so unübertreffliches Gut, weil der gute Wille dieses Gute – also sich selbst – allein aus sich hervorbringt: „sola voluntas per se ipsam".[94] Der gute Wille kann ein solches Gut sein, weil – wie Augustinus sagt – nichts so sehr in unserer Macht steht wie der Wille

[88] Vgl. *De libero arbitrio* II, 15, 156 und III, 5, 58.

[89] *De libero arbitrio* III, 25, 261.

[90] *De libero arbitrio* III, 22, 221.

[91] *De libero arbitrio* II, 19, 196 und II, 13, 141. Wenn Augustinus allerdings fortfährt, daß die Wahrheit uns alle wahren Güter zeige, so ist zu beachten, daß das Gut des guten Willens auf diesem Wege nicht in die Fremdbestimmung gerät. Die Unterwerfung unter den Maßstab der Wahrheit bleibt gemäß II, 14, 143 Sache der Freiheit: „Haec est libertas nostra, cum isti subdimur veritati; et ipse est deus noster qui nos liberat a morte, id est condicione peccati".

[92] *Kritik der praktischen Vernunft*, A 198 ff. und *Grundlegung zur Metaphysik der Sitten*, BA 1 ff. Zur Interpretation vgl. beispielsweise Wilhelm TEICHNER, Kants Transzendentalphilosophie. Grundriß, S. 122 f.; weiterhin meinen Aufsatz, Tugend und Glückseligkeit, bes. S. 8 ff.

[93] *De libero arbitrio* I, 13, 90.

[94] *De libero arbitrio* I, 12, 86.

selbst: „nihil tam in nostra potestate quam ipsa voluntas".[95] Der gute Wille ist in absoluter Weise das höchste Gut, weil der Inhalt des guten Willens, das *recte honesteque vivere,* unbedingt gut ist, nicht mehr als nur relativ gut betrachtet werden kann: „Et ideo virtute nemo male utitur quia opus virtutis est bonus usus istorum quibus etiam non bene uti possumus."[96]

Die Geworfenheit in die Versuchung ist so gesehen die positive Möglichkeit, aus sich selbst das Höchste im Sinne eines obersten Gutes hervorzubringen, ein Höchstes zudem, das für etwas, das – wie der Mensch – sein Sein nicht aus sich selbst hat, überhaupt erreichbar ist. Wenn der Mensch – so sagt Augustinus – *prima causa peccandi* ist, wenn der Mensch – um es auch positiv auszudrücken – im Besitz eines ursprünglichen Verursachungsvermögens ist, dann vollzieht er seine Existenz in einem Bereich, in dem er die Möglichkeit hat, nur er selbst und nur aus sich selbst, eigentlich er selbst zu sein. Demgemäß gehört das Ganzwerdenkönnen der Bestimmtheit der Existenz durch die vorweg gesetzte Grenze des Lebens im Zulaufen auf den Tod, im *cursus ad mortem,* unmittelbar mit der Möglichkeit der Selbstbestimmung der je eigenen Existenz zusammen. Ohne Willensfreiheit im Sinne des Vermögens, das höchste Gut hervorzubringen, wäre die Grenze des Lebens im Tod bloß absurd, ohne die Grenze des Lebens aber käme die Selbstbestimmung nicht zu derjenigen Bestimmtheit der Existenz, auf die sie doch schon ihrem Begriff nach abzielt.[97]

Die Todeserfahrung als das Erlebnis des Sturzes in die Nichtigkeit ist der Wurf aus der Geborgenheit des vorher selbstverständlich scheinenden Daseins in Familie, Freundeskreis und Gesellschaft. Diese Einheit des Daseins wird in der Todeserfahrung gewaltsam zerrissen. In der Todeserfahrung wird aber zugleich offenbar, daß das in der Geborgenheit Geliebte so geliebt worden war, als ob es dem Vergehen nicht hätte anheimfallen können. Die Todeserfahrung treibt so gesehen einen Spaltkeil in das Sein der Welt, ruft den Chorismos von Zeitlichem und Unvergänglichem zum Vorschein. Das, was im geborgenen Leben schon unthematisch gesucht wurde, das Lieben und Geliebtwerden, fordert den aus der Geborgenheit nun Herausgeworfenen zur Suche nach einem Halt trotz der erfahrenen Wirklichkeit des Todes.

[95] *De libero arbitrio* III, 3, 27.

[96] *De libero arbitrio* II, 19, 192; hier liegt in der Tat Kants Formulierung aus der *Grundlegung zur Metaphysik der Sitten,* BA 1 nahe: „Es ist überall nichts in der Welt, ja überhaupt auch außer derselben zu denken möglich, was ohne Einschränkung für gut könnte gehalten werden, als allein ein guter Wille."

[97] Vgl. hier Martin HEIDEGGER, Sein und Zeit, bes. S. 233, wo die Frage nach dem Menschen als Frage nach dem „eigentlichen Ganzseinkönnen", nach der „möglichen *Eigentlichkeit* und *Ganzheit*" des Daseins auftritt. Mit der Eigentlichkeit des Daseins kommt die Frage des Gewissens und der Freiheit ins Spiel, mit der Ganzheit die Frage der Endlichkeit und des Todes. Durch beide bestimmt sich schließlich die Jemeinigkeit der Existenz (vgl. auch S. 41 ff und 231 ff.).

Im Erlebnis des Sturzes schien alles nichtig zu werden, so daß sich die vom liebenden Seinswillen getragene Frage nur darauf richten kann, ob es etwas gebe, das in diesen Sturz nicht mit hineingerissen wird.

Dementsprechend lautet die erste Aufgabe, die sich im Anschluß an die katalytische Erfahrung der Vergänglichkeit stellt, ein Fundament zu suchen, das vom Sturz unbehelligt bleibt und ihn gleichsam aufzufangen in der Lage ist. Wenn in der Schöpfung aber das Stürzen selbst das einzig Beständige wäre, das stets neue Austauschen der Leiber, die nach Plotins Wort wie Kostüme der Schauspieler gewechselt würden, dann versänke in diesem Stürzen die Individualität als das Selbstseinkönnen des Menschen. Augustins Denkbemühung ist aber gerade dadurch gekennzeichnet, daß sie den Chorismos im Sein der Welt nicht hinnimmt, sondern ihn auf eine größere Wahrheit hin zu überwinden trachtet.

Die Todeserfahrung hat sich gemäß dem Vorgetragenen einerseits als absolut Negatives gezeigt, aber schließlich doch auch zu einer Sicht des Todes geführt, die ihn, jedenfalls im Sinne der *mutatio*, als Voraussetzung der positiven Möglichkeit der Verwirklichung des höchsten Gutes verstand. Der Tod, der als Sturz ins Nichts die Anwesenheit des Chorismos in der Welt ist, macht den denkenden Menschen sich selbst zur Frage, sofern er zugleich staunend und liebend das Wunder des Daseins in der Welt erfährt. Ihre höchste Schärfe erhält die Problematik dieser Frage, weil der Tod gleichermaßen als natürlich und als widernatürlich erfahren wird. Mit dem Auseinanderbrechen der Welt in zwei Naturen, das in der Betrachtung der Todeserfahrung phänomenal gegeben ist, stellen sich nun Begründungsaufgaben. Sie stellen sich auf Grund der Notwendigkeit, angesichts des genannten, sich aufdrängenden Problembestandes leben zu müssen. Diesen zugrunde liegenden, zwiespältigen Phänomenbestand drückt Augustinus zu Beginn der *Confessiones* durch die beiden Oxymora von der *vita mortalis* und der *mors vitalis* aus.[98]

Die sich zunächst stellende Aufgabe verlangt die Antwort auf die Frage, wo diese phänomenal gegebene Widersetzlichkeit aufgehoben sein könnte. Gefunden hat Augustinus diese Antwort, dies zeigt sich gleichsam überall in seinem Werk, in Gott.[99] Obwohl die Frage beachtet werden muß, inwieweit von einem Finden im absoluten Sinn nach Augustins Deutung seiner Denkerfahrung überhaupt gesprochen werden kann,[100] ist immerhin klar, daß der phänomenal gegebene Chorismos auch vom Gedanken Gottes her bedacht und interpretiert wird. Das Festhalten an der Negativität der Todeserfah-

[98] *Confessiones* I, 6, 7.

[99] *Confessiones* IV, 7, 12: „Ad te, domine, levanda erat et curanda, sciebam."

[100] Vgl. *De trinitate* IX, 1,1: „Hoc ergo sapiamus, ut noverimus tutiorem esse affectum vera quaerendi, quam incognita pro cognitis praesumendi. Sic ergo quaeramus tanquam inventuri: et sic invenimus, tanquam quaesituri."

rung hat zuerst die apodiktische Aussage zur Folge, daß der Tod nicht von Gott her komme. Hier liegt dementsprechend der sachliche Grund für die Lehre vom Sündenfall, vom Tod als dem Sold der Sünde. Die sich hier aufdrängende Bezugnahme auf die theologische Anthropologie des Paulus hat jedenfalls historisch gesehen ihr Recht, verfehlt damit aber leicht den eigenen Denkimpuls Augustins.[101]

Bohrt man nämlich im Ausgang von der Sündenfallthese tiefer und fragt nach der sachlichen Möglichkeit dieser Erklärung des Todes, so kommt Augustins These über das Sein des Menschen zum Vorschein, das im freien Willen als der Möglichkeit eines obersten Gutes fundiert ist. Indem dieser freie Wille aber nicht in die ziel- und regellose Beliebigkeit eines ungebundenen Wollens hineingestellt ist – dies wird im folgenden bei der Untersuchung seiner Gesetzlichkeit zu überprüfen sein –, sondern im menschlichen Leben, sofern es Versuchung ist, auf die Endgültigkeit der Bestimmtheit des Wollenden aus seinem Willen angelegt ist, bedarf das Leben dessen, der als frei Wollender in die Versuchung gestellt ist, einer Grenze und eines Gesetzes, durch die seine Selbstbestimmung ganz und endgültig werden kann. Der im vorsündlichen Menschen auf den Begriff der Grenze des Weltdaseins reduzierte Tod ist so Bedingung für das Sein desjenigen Menschen, in dem das Leben in Fülle gegenwärtig wäre, in dem die *vita vitalis* verwirklicht wäre, die nicht mehr durch den Chorismos gekennzeichnet ist. Auf diese Weise gelangt Augustinus durch die Todeserfahrung, gleichsam wie durch ein läuterndes Feuer, zur Erkenntnis des von Tod und Leben gleichermaßen gezeichneten Charakters des faktisch gelebten Lebens und zu einem Ausblick auf das vollkommene Leben.

[101] Vgl. hierzu Erich DINKLER, Die Anthropologie Augustins, S. 1: „Inmitten dieser Weltzerspaltung steht der Mensch. Er erlebt und erfährt sich selbst als gespalten; zerrissen in eine höhere und eine niedere Seinsqualität. Er erkennt den Riß, die Dissonanz seines Selbstseins, fühlt sich halb dem Göttlichen, halb dem Weltlichen verbunden. Er kann die Dualität nicht ertragen, will sie transscendieren, will zur Totalität zurück – der Mensch sucht die Ganzheit, er sucht seine Eigentlichkeit." Zur Abhängigkeit vom Paulinischen Menschenbild vgl. S. 10 ff. Paulus denkt wesentlich vom Glauben an das Christusereignis her, Augustinus mehr von der phänomenal gegebenen Basis des menschlichen Erlebens her. Deswegen kann Paulus keinen Traktat über den freien Willen schreiben, sondern muß sich vielmehr ganz auf die göttliche Gnade beziehen, ohne freilich deswegen den Sinn einer Freiheitslehre explizit auszuschließen. Augustinus aber – so sehr ihm, worauf noch einzugehen sein wird, im Verlauf seines Denkweges die göttliche Gnade übermächtig zu werden scheint – hält ausdrücklich an der Freiheit der Willensentscheidung fest; vgl. beispielsweise auch noch die späte Schrift *De gratia et libero arbitrio* (426/7). Von Paulus hingegen sagt Dinkler, S. 19 f.: „Die höhere Seite des neuen Menschen ist nicht mehr menschlich begrenztes Element, sondern ist Durchgangsorgan eines höheren göttlichen Geistes – das dürfen wir aus der paulinischen Pneumalehre folgern (vgl. Gal. II, 20 ff. und Gal. VI, 6). Die neue Kreatur hat die eigene Bestimmbarkeit, das selbstbewußte Wandeln im Endlichen, hat letztlich ihre eigene Seele aufgegeben, um das göttliche Pneuma zu empfangen."

Zunächst aber gibt es angesichts der Todeserfahrung nichts, worauf sich der Stürzende stützen könnte. Die hier im Umriß dargestellte Lösung Augustins konnte in diesem Sinne nur einen uneingeholten Vorgriff auf das Resultat und die Verknüpfung der Grundlage der philosophischen Fragen bei Augustin mit diesem seinem Ergebnis zum Ziel haben. Demgemäß ist nun im folgenden der gedankliche Weg im einzelnen zu rekonstruieren, der Augustinus auf dem Wege des philosophischen Denkens zum angedeuteten Ziel zu führen vermochte.

In der Suche nach Halt auf der Grundlage der Todeserfahrung fehlt vorderhand das Wissen, wo dieser Halt gefunden werden könnte. Aus dem nachgezeichneten inneren Erleben und der aus ihm resultierenden Ausweglosigkeit folgt Augustins skeptische Phase mit gleichsam ableitbarer Notwendigkeit. Die Überwindung des Skeptizismus – oder zumindestens der eigenen skeptischen Phase – gelingt Augustinus im ersten Anlauf nur durch die Aufstellung eines Imperativs, der die Wahrheitssuche fordert. Die Wahrheitssuche ist auf diese Weise vom Primat der praktischen Bewältigung der erlebten Nichtigkeit in dem Sinne umgriffen, daß ihr von dem Erlebnis her allererst die Aufgabenstellung konkret zuwächst. Dennoch bleibt der erste Schritt, der nun zu gehen ist, die unvoreingenommene theoretische Wahrheitssuche.[102]

[102] Augustins zeitweilige Orientierung am Manichäismus kann in diesem Zusammenhang übergangen werden, weil sich ein philosophisch orientierter Wahrheitsanspruch auf erkenntnistheoretischem und metaphysischem Gebiet nach Augustinus mit dieser Lehre nicht verbindet (vgl. *Confessiones* V, 6, 10 und VII, 1, 1 ff.). Hinsichtlich der axiologischen Weltsicht ist allerdings zu sagen, daß es ein sachliches Problem war, dessen Lösung Augustinus im Manichäismus zunächst gefunden zu haben meinte (vgl. *Confessiones* VII, 3, 4: „non tenebam explicitam et enodatam causam mali"). Als Hintergrund für die Frage nach dem *bonum* und dem *malum* wird Augustins Auseinandersetzung mit dem Manichäismus noch zur Sprache kommen müssen.

Kapitel VIII:

Die Aufgaben und Leistungen der theoretischen Erkenntnis in Augustins Auseinandersetzung mit der Skepsis

Das Prooemium der *Confessiones* beginnt mit einem großen Gottespreis und scheint so alle Schwierigkeiten und Abgründe der Gottessuche hinter sich zurückgelassen zu haben. Dieser Preis scheint zudem ohne Zusammenhang mit der kritischen Wahrheitssuche des Menschen zu sein, sofern er nach Augustinus in ursprünglicher Weise Gott selbst zum Urheber hat. Es heißt im Text: „Tu excitas, ut laudare te delectet, quia fecisti nos ad te et inquietum cor nostrum, donec requiescat in te."[1] Auf welchem Wege und in welchem Sinne Augustinus nun auch dazu gekommen sein mag, diese Worte zu sprechen, kann hier zunächst dahingestellt bleiben. Durch die Todeserfahrung aber, durch die er sich selbst zur großen Frage geworden ist, ist ihm jedenfalls am Beginn seines Denkweges vorläufig einmal die gewöhnliche, ihm nicht ungeläufige Tröstung durch die Hinwendung zu Gott zum bloßen Gerede geworden: „sciebam, sed nec volebam nec valebam, eo magis, quod mihi non eras aliquid solidum et firmum, cum de te cogitabam".[2] Das Lieben- und Geliebtwerdenwollen, das sich zunächst auf das unmittelbar sich als liebenswert Zeigende gerichtet hatte, hat nun im subjektiven Erleben Augustins sein Gegenüber verloren. Indem aber das Gegenüber, auf welches das naturhafte, sich durch scheinbar vorgängig gesicherte Sinnstiftung auszeichnende, anfangs keine Fragen aufkommenlassende Wollen Augu-

[1] *Confessiones* I, 1, 1; zur Spannweite der Interpretationen des *cor inquietum* vgl. zunächst Erich PRZYWARA, Augustinus. Die Gestalt als Gefüge, S. 17 ff., bes. S. 19: „Es ist vielmehr sprengende Antithetik: Antithetik des ‚unruhigen Herzens' der ‚Kreatur Wandlung', kraft deren sie, in der Fülle der Gegensätze, vom unermeßlichen Gott zeugt, aber indem sie, im (in sich selbst) unschließbaren Riß der Gegensätze die ‚Dauer-Sehnsucht' ist zum Einfachen Gott, der als Unendlichkeit Einheit ist." Vgl. anders Anton MAXSEIN, Philosophia cordis. Das Wesen der Personalität bei Augustinus, S. 46 ff., wo das *cor inquietum* schon eindeutig positiv als „eine Kraft des Wachsens" verstanden wird; vgl. bes. S. 47: „Der Mensch der Unruhe fühlt, wie fruchtbar sein tiefster Grund ist." Weil nämlich Gott der Erreger der Unruhe ist, ist sie „das Wirken Gottes im menschlichen Herzen, das darum notwendig nur Gott als die Ruhe erstrebt. In diesem Sinne bezeugt die Unruhe göttliches Wesen" (S. 52). Gegen Maxsein, der Augustins von Glaube und Hoffnung getragenen Vorgriff gleichsam in die Gegenwart der Weltzeit kehrt, wird das weltliche Dasein des Menschen in der vorliegenden Interpretation, ähnlich wie Przywara von der Todeserfahrung ausgehend, im Sinne der Ruhelosigkeit und der Zerrissenheit des Herzens gedeutet.

[2] *Confessiones* IV, 7, 12.

stins gerichtet war, im Tod verlorenging und das Wollen in die Nichtigkeit versinken ließ, war dem Akt sein Ziel entzogen, schien er sinnlos geworden zu sein. Derjenige, der lieben und geliebt werden wollte, blieb so gesehen als Taktträger mit seiner – wenigstens für sein subjektives Erleben – nun ziellos gewordenen Intention zurück. Indem derart das Wissen um dasjenige fehlt, worauf sich der Akt richten könnte, wird nicht schon notwendigerweise auch der Akt selber zunichte.

Das Erlebnis des Sturzes in die Nichtigkeit wird dementsprechend in der Fraglichkeit aufgefangen, in der Fraglichkeit dessen, der sich selbst zur großen Frage wurde. Der Sturz führt nicht in die alles verschlingende Nichtigkeit, sondern in einen Zustand, in dem es noch etwas zu fragen gibt. Er führt zudem nicht in eine unbestimmte Fraglichkeit überhaupt, in der nach allem und jedem gefragt werden könnte. Derart kommt von vornherein für Augustinus nicht die Suche nach der *scientia rerum* in Frage, die von den Naturphilosophen, wie Augustinus sagt, in der Meinung, etwas Großes zu betreiben, gesucht werde, „wenn sie die gesamte Körpermasse, die wir Welt nennen, mit größter Neugier und Hinwendung erforschen".[3] Augustinus beharrt vielmehr darauf, daß die Seele sich „von der Begier nach solch eitlem Wissen" zurückhalten solle, wenn sie sich entschlossen habe, „sich makellos für Gott zu bewahren".[4] Aus dem Sturz in die Fraglichkeit resultierte demgemäß nicht bloß das Fragen überhaupt im Sinne eines unbestimmten *amor inveniendi veri*, sondern eine bestimmte Festlegung hinsichtlich des Inhaltes dessen, was als wahr gesucht werden sollte.

Diese Festgelegtheit Augustins kann in zwei Momenten aufgespürt werden, nämlich einerseits anhand eines eher formalen Kriteriums, das er auf Grund der notwendig gewordenen, theoretischen Wahrheitssuche aufstellt, andererseits aber auch anhand eines materialen Kriteriums, das die Fragerichtung vom Ursprung des philosophischen Fragens her bestimmt. Beide Momente können aus den *Soliloquia* nachgewiesen werden. Im Blick auf das erste Moment behauptet Augustinus es als möglich, daß durchaus wahr sein könne, was Platon und Plotin – Augustinus macht hier keinen Unterschied – über Gott lehren. Bloßes Sagen des Wahren, das dessen Wahrheit nicht auszuweisen vermag, erfüllt den Sinn seines Fragens nicht, gilt ihm infolgedessen als unzureichend: „Non continuo, si ea quae dixerunt, vera sunt, etiam scisse illos ea necesse est. Nam multi copiose dicunt, quae nesciunt, ut ego

[3] *De moribus* I, 21, 38; vgl. in ähnlichem Sinne auch *Confessiones* X, 35, 55: „Ex hoc morbo cupiditatis in spectaculis exhibentur quaequae miracula. Hinc ad perscrutanda naturae, quae praeter nos est, operta proceditur, quae scire nihil prodest et nihil aliud quam scire homines cupiunt." Vgl. zu dieser *Confessiones*-Stelle auch Platons *Phaidros* 229 e. Eine weitere deutliche Passage findet sich in *De vera religione* XXVII, 190.

[4] *De libero arbitrio* I, 2, 10.

ipse omnia, quae oravi, me dixi scire cupere."[5] Damit wird deutlich, in welcher Weise Augustinus sich die Aufgabe stellt, das Wahre zu suchen.

Augustinus fragt gemäß dem ersten Moment, durch das sein Fragen sich in seiner Bestimmtheit zeigt, nicht bloß nach dem Wahren, sondern nach dem gewissen Wissen des Wahren. Dies erkenntnistheoretisch-formale Kriterium genügt allerdings noch nicht zur vollständigen Bestimmung der Fragerichtung. Unklar bliebe nämlich dann immer noch, warum er nicht doch beispielsweise den Versuch machen könnte, ein gewisses Wissen hinsichtlich der Gestirnsbahnen, der Beschaffenheit der Elemente und des Wesens der Bewegung überhaupt zu erlangen.[6] Daß gewisses Wissen in naturphilosophischen Fragestellungen nicht erlangt werden könne, ist bislang nur unausgewiesene Behauptung.

Das zweite Moment führt nun zu der ausstehenden inhaltlichen Bestimmung, wie sie durch das programmatische Wort: „Deum et animam scire cupio" umrissen ist.[7] Die sprachlichen Ausdrücke, mit deren Hilfe Augustin in den *Soliloquia* das Ziel der menschlichen Wahrheitssuche zu begreifen strebt, lauten: „Una, aeterna, vera substantia, ubi nulla discrepantia, nulla confusio, nulla transitio, nulla indigentia, nulla mors; ubi summa concordia, summa evidentia, summa constantia, summa plenitudo, summa vita; ubi nihil deest, nihil redundat; ubi, qui gignit et quem gignit, unum est."[8] Obgleich solches Sprechen, das sich teils an neuplatonischen Sprachgebrauch, teils an dessen Transformation ins Christliche anlehnt, sich gemäß dem formalen Kriterium von Augustins Wahrheitssuche in voreiliger Weise von Gott zu reden anschickt, kann doch als Tatsache festgehalten werden, daß eine Wesenheit gesucht werden soll, die ungespalten eins ist,[9] die ohne Veränderung, Mangel und Tod ewig ist, die in größter Harmonie und Klarheit wahr ist.[10] Es liegt nach dem bisher Vorgetragenen auf der Hand, daß das Sein des so Gesuchten gerade von denjenigen Mängeln frei ist, welche mit der Vergänglichkeit des vom Tode gezeichneten Lebens gegeben sind. Soweit sich Augustins Erkenntnisstreben aber auf die Seele richtet, wird sie bloß unter der Rücksicht ihrer Vernunftbegabtheit betrachtet.[11] Zugleich kommt – neben dem Erkenntnisproblem – auch schon das Problem der frei-

[5] *Soliloquia* I, 4, 9; zu dieser Stelle vgl. R. HOLTE, Béatitude et Sagesse. Saint Augustin et le problème de la fin de l'homme dans la philosophie ancienne, bes. S. 163 und 315.

[6] *Soliloquia* I, 1, 4.

[7] *Soliloquia* I, 2, 7.

[8] *Soliloquia* I, 1, 4.

[9] Die Übersetzung von P. REMARK, Augustinus, *Selbstgespräche,* S. 17: „einzige . . . Substanz" trifft den Sinn der Stelle nicht.

[10] Dies im Sinne einer „ontologischen" Wahrheit im Gegensatz zur „logischen" Wahrheit. Vgl. hierzu *Soliloquia* I, 1, 3: „deus veritas, in quo et a quo et per quem vera sunt, quae vera sunt omnia."

[11] *Soliloquia* I, 2, 7.

en Willensbestimmung in Sicht: „Itaque tanto magis amo amicos meos, quanto magis bene utuntur anima rationali vel certe, quantum desiderant ea bene uti."[12]

Als Grund dafür, daß er fragend nach der Erkenntnis des so bestimmten Zieles strebt, nennt Augustinus nichts anderes als die bloße Tatsache, daß sich sein liebendes Streben im beschriebenen Sinne auf Gott und die Seele richte: „nunc autem nihil aliud amo quam deum et animam."[13] Wie sehr nun auch von vornherein das Ziel in der formalen und materialen Bestimmtheit des Gedankens gefaßt ist, so wenig kann es für erreicht gelten, so wenig ist die Wahrheit dieses Gedankens schon erfaßt. Augustinus sagt dementsprechend auch ausdrücklich von sich, daß er keines von den beiden Dingen, die er zu erkennen strebe, schon erkannt habe, schon wisse.[14] Obwohl Augustinus also durchaus weiß, was er wissen will, muß er allererst die Frage nach der Möglichkeit von Wissen überhaupt stellen, da er die Wahrheit nicht nur glaubend haben will. Es geht ihm vielmehr ganz eindeutig um das Wissen: „sed ego, quid sciam, quaero, non quid credam".[15] Diese Frage wird in so radikal zugespitzter Weise gestellt und zu beantworten gesucht, daß Augustinus sich zunächst, ganz entgegen der Intention seines Suchens, dem Skeptizismus stellen muß, den er im Laufe seiner Denkgeschichte als Position der Akademiker kennengelernt hat.[16] Aus dieser Begegnung mit der Skepsis resultieren Momente, die für Augustins weiteren Denkweg bestimmend geblieben sind.

Von Interesse für den Zusammenhang der vorliegenden Untersuchung ist allein, wie Augustinus sich mit dem Skeptizismus auseinandergesetzt hat, wie er ihn argumentativ zu überwinden gesucht hat, nicht aber die gleichsam biographische Funktion einer skeptischen Phase in Augustins Denken, die mit seiner Ablösung von der Lehre des Manichäismus verbunden ist.[17]

[12] Ebd.

[13] Ebd.

[14] Ebd.

[15] *Soliloquia* I, 3, 8.

[16] Vgl. dagegen FLASCH, Augustin, S. 36: „Aber die Skepsis Augustins ging nicht radikal tief. Von bestimmten Gemeinplätzen der spätantiken philosophischen Theorien und von bestimmten christlichen Assoziationen hat er sich nie getrennt; er hat die Existenz Gottes nie bezweifelt; er betete auch jetzt noch zur Vorsehung. Man sollte eher von einer „‚skeptischen Tendenz' als von einer ‚skeptischen Phase' in Augustins Entwicklung sprechen." Erstens nämlich bedeutet der Titel Skeptizismus für Augustinus, wie später auch für Descartes, keineswegs vorrangig die Leugnung von Inhalten, sondern die Bestreitung der These, daß von ihnen theoretische Gewißheit erlangt werden könne. Zweitens ist insgesamt der Unterschied von Wissenschaft und Leben zu beachten, gemäß dem beispielsweise auch jemand, der theoretisch den Determinismus verträte, noch nicht davor gefeit wäre, eine ihm gegebenenfalls zugefügte Gemeinheit nicht doch einem Täter, der nach der Theorie gar nicht wahrhaft Täter sein kann, anzulasten und zuzurechnen.

[17] Zur biographischen Deutung der Situation vgl. z. B. R. JOLIVET, Saint Augustin et le Néo-Platonisme Chrétien, S. 54, der zunächst richtig betont, daß der Skeptizismus nicht eine Folge

Bevor mit der Interpretation dieser Auseinandersetzung begonnen wird, deren Rang damit schon äußerlich gesehen höher angesetzt wird, als dies gewöhnlicherweise geschieht,[18] scheint es angebracht zu sein, noch zwei Bemerkungen vorauszuschicken.

Augustinus hat erstens bald gesehen – und dies kommt schon in *Contra Academicos* zum Ausdruck –,[19] daß es nicht so sehr Platon und seine Akademie waren, die den sachlichen Ansatzpunkt für seine kritische Auseinandersetzung boten. Ganz deutlich liegt das Eingeständnis dieser Fehleinschätzung in den *Confessiones* vor: „Ita enim et mihi liquido sensisse videbantur, ut vulgo habentur, etiam illorum intentionem nondum intelligenti."[20] Diese Fehleinschätzung zeigt auch die geringen historischen Ambitionen Augustins, zumal wenn er sich in seiner späteren Einschätzung der Akademie noch einmal in anderer Weise getäuscht haben sollte.[21] Jedenfalls kann Augustins Eingeständnis dieser Fehleinschätzung festgehalten werden, obwohl die *Retractationes* sich wesentlich distanzierter zu Platon, den Platonikern und der akademischen Philosophie überhaupt äußern.[22] Es kann zumindest

von wissenschaftlichen Studien war: „La tentation sceptique ne naquit donc pas proprement des lectures ou des études d'Augustin." Der „wahrhafte Grund" von Augustins Skeptizismus wird aber vielleicht doch zu oberflächlich gesehen: „l'échec à peu près total où avait abouti son manichéisme, l'impossibilité où il était de se tourner vers le catholicisme, l'achaiement à désespérer de la vérité." Zu klären wäre hier aber gerade, warum diese Wendungen Augustinus nicht gelingen wollten.

[18] Vgl. z. B. Johannes HESSEN, Augustins Metaphysik der Erkenntnis, S. 2, der ganz im Sinne von Flaschs Deutung, ohne allerdings dessen Absichten zuzustimmen, sagt: „Religiöse und philosophische Motive drängten ihn weiter. Die von der Mutter ihm in die Seele gesenkten christlichen Ideenkeime begannen unter dem milden Sonnenschein, der von der Predigt des Ambrosius ausging, sich im Herzen des ehemaligen Katechumenen zu entfalten." Durch ein allzu wörtliches Verständnis von Augustins, auch im historischen Sinn für autobiographisch genommenen Berichten (z. B. Gartenszene), durch frömmelnde Lyrismen und durch Erklärungsmodelle, die eindeutig am Kausaldenken orientiert sind, untergräbt Hessen sich selbst das Fundament für jedwede Erkenntnismetaphysik (vgl. ebd.: „Der Höhepunkt war jetzt erreicht: der psychische Bedingungskomplex für die entscheidende Wendung war gegeben").

[19] Vgl. beispielsweise *Contra Academicos* III, 17, 37 ff.

[20] *Confessiones* V, 10, 19.

[21] Nach HOLTE, Béatitude et Sagesse, S. 29 ff. und S. 42 ff. ist eine Fehleinschätzung aber nicht anzunehmen. Zur Darstellung und Entwicklung der Lehre des akademischen Skeptizismus vgl. insbes. S. 42: „Quand Arcésilas et Carnéade attaquaient la théorie de la connaissance de Zénon, – Cicéron décrit cette attaque dans les *Academica* – c'était viser au coeur tout le système stoicien. Pour les stoiciens, toute connaissance était basée sur les sens dont on présupposait dogmatiquement la rectitude. Les impressions des sens étaient considérées comme la source des images dans l'âme, φαντασίαι *(visa)*, lequelles, à leur tour, constituaient la base de la perception intellectuelle, κατάληψις *(perceptio)*."

[22] Hier ist zunächst auf *Retractationes* I, 1, 4 zu verweisen. Die Kritik von FLASCH, Augustin, S. 36, ist gemäß DÖRRIE, Arkesilaos von Pitane, in: Der kleine Pauly I, Sp. 596 f., in dem Sinne zutreffend, daß Arkesilaos „auf die bisher in der Akademie geübte Art transzendierenden Philosophierens" verzichtete. Im Gegensatz zu Augustins Ansicht hat sich also eine wirkliche, innere Wandlung in der Akademie vollzogen („daß dies nur zum Schein geschehen sei, wie Sextus Emp. Pyrrh. Hyp. 1, 234 als Gerücht wiedererzählt, ist nicht glaublich").

von Augustins Mitteilung in den *Retractationes* ausgegangen werden, daß es ihm in *Contra Academicos* gelungen sei, die Verzweiflung zu überwinden, der er sich angesichts der Frage nach der Möglichkeit, ein gewisses Wissen der Wahrheit zu finden, ausgesetzt sah.[23]

Weil die Diskussion in *Contra Academicos* auf den ersten Blick hin so inhaltsleer zu sein scheint, soll weiterhin vorweg darauf hingewiesen werden, daß die eigentlich philosophischen Fragen dennoch vom Hintergrund her wirksam sind und ein Stück weit auch ausdrücklich werden. Wenn es um den Skeptizismus geht, um die grundsätzliche Frage, ob dem Menschen Wissen im eigentlichen Sinne überhaupt erreichbar sei, dann kann nicht beliebiges Wissen gemeint sein, nicht ein Wissen, das Augustinus als Beispiel anführt, wie man weiß, daß eins, zwei, drei und vier zusammengenommen zehn ergeben.[24] Daß es gewisses Wissen unter Voraussetzung axiomatischer Bedingungen überhaupt gebe, steht demgemäß nicht in Frage. Zu untersuchen ist vielmehr, was nach Augustins damaliger Meinung von den Akademikern bestritten worden ist, ob es nämlich Wahrheit im philosophischen Sinne gebe: „Nam et Academicos placuit, nec homini scientiam posse contingere earum duntaxat rerum, quae ad philosophiam pertinent."[25] Der damit anvisierte Bereich wird im ersten Buch konkreter – in Entsprechung zu der Zielbestimmung der *Soliloquia* – genannt. Das Ziel der Frage nach der Möglichkeit gewissen Wissens ist dabei die Weisheit; Weisheit aber wird durch Wissenschaft und sorgfältige Erforschung konstituiert: „sapientia mihi videtur esse rerum humanarum divinarumque, quae ad vitam beatam pertineant, non scientia solum sed etiam diligens inquisitio."[26]

Wenigstens in dem Stadium des Gesprächs, aus dem dieses Zitat genommen ist, wird erläuternd hinzugefügt, daß das Wissen die Sache Gottes, das Suchen aber die Sache des Menschen sei: „prima pars quae scientiam tenet, Dei est; haec autem quae inquisitione contenta est, hominis."[27] Wie aber

[23] Vgl. *Retractationes* I, 1, 1. Zu Funktion und Leistung von *Contra Academicos* vgl. auch V. J. BOURKE, Augustine's Quest of Wisdom S. 73 f.

[24] *Contra Academicos* II, 3, 9.

[25] *Contra Academicos* II, 5, 11.

[26] *Contra Academicos* I, 8, 23.

[27] Ebd.; vgl. Joseph MAUSBACH, Die Ethik des heiligen Augustinus I, S. 5: „Eine Zeitlang huldigte er nun der Auffassung der Akademiker, daß eine sichere Wahrheitserkenntnis überhaupt unerreichbar sei." Wenn Mausbach aber ebd. fortfährt: „Allein seine durch und durch intellektuelle Natur konnte dieser skeptischen Lähmung nicht lange unterliegen", so wird er dabei einerseits dem von Augustin aufgenommenen geistigen Anspruch des Skeptizismus nicht gerecht und sieht andererseits zu sehr auf Augustins rasch zunehmende Zustimmung zu Inhalten, ohne die Rechtsgründe solcher Zustimmung zu beachten, sofern sie möglicherweise gar nicht in der Philosophie liegen. Wenn der Mensch nach der schon zitierten Stelle aus *De trinitate* IX, 1, 1 auch dann noch in einer ihm wesenhaft zugehörenden Fraglichkeit bleibt, wenn er gefunden hat, was er als Mensch eben finden kann, dann kann das doch als ein Hinweis aufgefaßt werden, daß es im Weltdasein des Menschen das in *Contra Academicos* gesuchte fraglose Wissen, das sich nicht auf ein Glauben stützt, auch nach dem späten Augustinus nicht gibt.

schon erwähnt wurde, sieht Augustinus im späten Rückblick auf *Contra Academicos*, trotz aller in den *Retractationes* auch vorgetragenen Selbstkritik, dort doch seine gelungene Überwindung des Skeptizismus. Es ist aus diesem Grunde zumindestens möglich, daß eine genauere Betrachtung dieses zumeist kaum beachteten, in Dialogform aufgezeichneten Frühwerks Hinweise erbringen kann, die sonst bei Augustinus nicht so leicht zu erhalten sind und dennoch möglicherweise von durchschlagender Bedeutung sind.

Daß nun diese frühe Schrift Augustins gegen die akademische Skepsis eigens in Blick genommen wird, soll nicht bedeuten, daß sie schon zu den Hauptwerken gerechnet werden könnte. Gerade aber die dem Frühwerk eigene Ungeschütztheit der Thesen und manche offen zu Tage tretende Widersprüchlichkeit in der Argumentation hat heuristischen Wert für die Untersuchung der Frage, ob und inwieweit Augustinus diese Schwächen später zu überwinden oder positiv zu akzeptieren und zu integrieren in der Lage war. Das Interesse an diesem Dialog richtet sich im folgenden naturgemäß hauptsächlich auf Augustins Darstellung und Kritik der akademischen Position, wobei die Kritik dann noch auf ihre Möglichkeit und ihre innere Konsistenz befragt werden soll. Zuvor ist allerdings wenigstens kurz auf die dem Werk gestellte Aufgabe und auf die Vorbereitung ihrer Lösung einzugehen.

In der Aufgabenstellung wird zunächst zur Voraussetzung gemacht, daß das glückliche Leben das Ziel aller Menschen sei: „Beati certe . . . esse volumus".[28] Zu einer bestimmten Aufgabe wird diese Voraussetzung nun dadurch, daß das glückliche Leben definiert wird als das Leben gemäß dem, was im Menschen das Beste ist: „beate vivere, nisi secundum id quod in homine optimum est, vivere".[29] Das glückliche Leben des Menschen ist so gesehen nach Augustinus notwendig auf die Wahrheit und, sofern diese noch nicht gefunden ist oder überhaupt nicht gefunden werden kann, auf die Wahrheitssuche bezogen.

Diese, sämtliche Fragen des βίος πρακτικός übergehende Zuspitzung der durch das allgemeine Streben nach dem glücklichen Leben gestellten Aufgabe auf die bloße Schau der Wahrheit hin sieht sich, da die Wahrheit im gesuchten Sinne in der Tat nicht gefunden ist, vorerst vor der Alternative, das glückliche Leben, wenn immer es für erreichbar gelten soll, entweder schon im bloßen Suchen oder aber erst im Finden und Gefundenhaben der Wahrheit anzunehmen. Es fragt sich also, ob allein der *perfectus sapiens* glücklich genannt werden kann, oder ob es auch der sein kann, welcher der

[28] *Contra Academicos* I, 2, 5, vgl. auch Aristoteles, *Nikomachische Ethik* 1094 a 1 ff. und 1095 a 14 ff.

[29] *Contra Academicos* I, 2, 5; vgl. hierzu wiederum die *Nikomachische Ethik*, bes. 1177 a 19 ff., wo von der Tätigkeit des βίος θεωρητικός gesagt wird: κρατίστη τε γὰρ αὕτη ἐστὶν ἡ ἐνέργεια (καὶ γὰρ ὁ νοῦς τῶν ἐν ἡμῖν, καὶ τῶν γνωστῶν, περὶ ἃ ὁ νοῦς).

Wahrheit nur nachspürt, ohne die Kraft zu besitzen, auch zu ihr zu gelangen: „qui veritatem investigat, etiamsi ad eius inventionem non valeat pervenire".[30] Diese Frage muß hier zunächst noch unbeantwortet bleiben. Klar ist bislang allein, daß die Wahrheitssuche ihr Ziel nicht in sich selbst, sondern im Finden der Wahrheit hat, wobei aber die Möglichkeit der Versagung des Findens einkalkuliert ist: „Inventio autem si defuerit, id deerit quod natura non dedit."[31] Eine Natur allerdings, die nicht gibt, worauf die in ihr befindlichen und durch sie bestimmten Wesen zuinnerst und naturgemäß hinstreben, ist in sich gespalten und gerät von hier aus schon in eine auch für den späteren Augustinus charakteristische Beleuchtung.[32]

Für den Fortgang des Dialogs kann die genannte Alternative aber keine weitere Rolle mehr spielen, weil die gesuchte Wahrheit ja noch nicht gefunden ist und nicht einmal für entschieden gelten kann, ob sie überhaupt gefunden werden kann. Es kann allerdings gesagt werden, welche Voraussetzungen erfüllt sein müssen, wenn sie gefunden werden können soll, und woran gemessen werden kann, daß sie gegebenenfalls gefunden worden ist. Demgemäß werden nun eine subjektive Bedingung der Wahrheitssuche und ein objektives Kriterium der Wahrheit vorgetragen. Diese beiden Richtlinien für die Lösung der Aufgabe – das wird zu zeigen sein – können zurückbezogen werden auf die Todeserfahrung und die aus ihr resultierenden Maßgaben.

Die subjektive Bedingung liest sich zunächst wie die Beschreibung der hier erforderlichen Tugend gemäß der Aristotelischen μεσότης-Lehre, nämlich als Spannungsmitte zwischen Hoffnungslosigkeit und mangelndem Zutrauen zur Möglichkeit, die Wahrheit zu finden, einerseits und der hochfliegenden Meinung, bereits im Besitze der Wahrheit zu sein, andererseits: „ne te contemnas, atque inventurum esse desperes, aut certe ne invenisse te credas".[33] Wenn aber die eigentlich philosophischen Fragen bei Augustinus durch die Todeserfahrung initiiert und bestimmt sind, wie das oben aufgezeigt worden ist, so liegt auf der Hand, daß die Hoffnungslosigkeit, die Verzweiflung an der Möglichkeit, die Wahrheit auch finden zu können, der unmittelbare und konkrete Ausgangspunkt der auf Grund des Nichtigkeitserlebnisses gestellten Frage ist. Zugleich damit ergibt sich, daß die scheinbare Selbstverständlichkeit des blinden Dahinlebens vor dessen Fraglichwerden vom Finden der Wahrheit jedenfalls noch weiter entfernt ist.

Das objektive Kriterium fordert von der philosophischen Wahrheit die Form der wissenschaftlichen Ausweisbarkeit und nimmt das Ideal der Wis-

[30] *Contra Academicos* I, 3, 7.

[31] *Contra Academicos* I, 3, 9.

[32] Ob der Grund bloß in der Endlichkeit oder in der Gefallenheit der Natur liegt, braucht hier nicht entschieden zu werden.

[33] *Contra Academicos* II, 3, 8.

senschaftlichkeit von der Mathematik her: „cavete ne quid vos nosse arbitremini, nisi quod ita didiceritis, saltem ut nostis, unum, duo, tria, quatuor simul collecta in summam fieri decem".[34] Das Ideal des Wissens liegt in einer solchen Unveränderlichkeit der Wahrheit, daß an ihr nicht mehr gerüttelt werden kann, eine Unveränderlichkeit, die – um eine Formulierung aus der Freiheitsdiskussion von *De libero arbitrio* heranzuziehen – man nicht wider Willen verlieren kann.[35] Diese Forderung an die wissenschaftliche Form der gesuchten Wahrheit kann letztlich nur als eine Frucht der Erfahrung verstanden werden, daß im Tode etwas weggenommen wurde, das so geliebt worden war, als könne es nicht weggenommen werden. Jetzt stellt sich dementsprechend die Aufgabe, etwas zu suchen, woran unveränderlich festgehalten werden kann, weil es nicht die Möglichkeit des Vergehens in sich trägt.

Nachdem so die Vorbedingungen für die Suche nach der Wahrheit geklärt sind, kann die Position des Zweifels, mit der Augustinus sich auseinandersetzen will, in seinen wichtigsten Zügen dargestellt werden. Ausgangspunkt der Skepsis, mit der Augustinus sich im Gefolge der Verarbeitung der Todeserfahrung aus innerer Notwendigkeit heraus auseinandersetzen mußte, ist die These, daß der Weise in philosophischen Fragen keiner Sache zustimmen dürfe, weil dem Menschen hier im Leibe kein Wissen zuteil werden könne, weil sich nichts mit der geforderten Eindeutigkeit als wahr erweisen lasse. Weise zu sein, ist dem Menschen „im Leibe" nur möglich, wenn er auf den Anspruch, ein Wissen zu haben, Verzicht tut.[36] Wenn die Philosophie der Akademiker nicht schon, bevor sie überhaupt einen sicheren Ausgangspunkt gefunden hat, zu Ende sein soll, dann muß sie nach diesen Voraussetzungen neben ihrem negativen Charakter Protreptik sein.[37] Obwohl demnach aber im Leibe nichts als wahr erfaßt werden kann und keiner Sache zugestimmt werden darf, erfordern die pragmatische und die praktische Seite des Lebens dennoch auch nach der Meinung der Akademiker eine gewisse Affirmation, welche sie durch die Einführung der Begriffe des Annehmbaren und des Wahrscheinlichen zu gewährleisten suchten: „Id probabile vel verisimile Academici vocant, quod nos ad agendum sine assensione potest invitare."[38]

Wenn nach Augustins Auffassung hinsichtlich der Nichterkennbarkeitsthese nun auch eine Berufung auf Sokrates und Platon möglich ist,[39] so liegt

[34] *Contra Academicos* II, 3, 9.

[35] Vgl. dort I, 4, 31, wo die *cupiditas culpabilis* als *amor earum rerum, quas potest quisque invitus amittere,* bestimmt wird.

[36] Zu diesen Ansichten vgl. *Contra Academicos* II, 5, 11.

[37] Vgl. *Contra Academicos* III, 9, 20; der protreptische Charakter dieses Dialogs geht besonders deutlich auch aus dem Prooemium mit der Widmung an Romanian hervor.

[38] *Contra Academicos* II, 11, 26.

[39] *Contra Academicos* II, 6, 14.

der Grund der akademischen Skepsis nach *Contra Academicos* doch einerseits in der zugrundegelegten Definition der Wahrheit durch die kataleptische Vorstellung und andererseits in der Methode der Dialektik, nach der sich „nichts mit noch so reichhaltigen und feinen Argumenten vertreten läßt, dem nicht . . . Widerpart geboten werden" könnte.[40] Die Verbindung der Nichterkennbarkeitsthese mit dem protreptischen Charakter der Philosophie hat aber nicht nur dahingehend einen negativen Effekt, daß selbst derjenige, der durch Zufall den richtigen Weg geht, dennoch irrt, sondern auch einen positiven, daß nämlich alles das Urteil zurückhaltende Umherirren in der sinnlich wahrnehmbaren Welt auf die unnennbare Wahrheit als Hintergrund bezogen ist – und zwar auf die Wahrheit der geistigen Welt, die nur als Arkandisziplin bewahrt und überliefert werden kann: „prudentissime atque utilissime mihi videtur Archesilas, cum illud late serperet malum, occultasse penitus Academiae sententiam, et quasi aurum inveniendum quandoque posteris obruisse."[41] Die Sitte der Akademiker, ihre Lehre zu verbergen und sie nur dem zu eröffnen, der sich durch das Zusammenleben bis ins Alter ihrer würdig erwiesen habe, wird von Augustinus durchaus positiv gesehen.[42]

Soweit sei Augustins Darstellung der Position kurz zusammengefaßt, deren Überwindung die Aufgabenstellung Augustins in *Contra Academicos* ist. Aus dieser Zusammenfassung ist schon deutlich geworden, daß die Auseinandersetzung nicht bloß negativ-kritisch ist. Aus der Tatsache, daß Augustinus die Lehre der Akademiker immer wieder mit hohem Lob bedenkt, und weil Augustinus ausdrücklich sagt, daß es ihm nicht auf die historische Richtigkeit seiner Thesen ankomme,[43] kann schon vermutet werden, daß im Gewand der kritischen Auseinandersetzung mit einer anderen Position doch eine sich dem eigenen Denken genuin stellende Frage erwogen wird, eine Frage, die ihn eben in der um Absetzung bemühten Auseinandersetzung mit der Skepsis bewegt. Wenn schließlich weiterhin, wie unten gezeigt werden soll, das Ergebnis Augustins nur eine geringfügige, wenn auch charakteristische und entscheidende Abweichung gegenüber der Position der Skeptiker beinhalten sollte, dann wird die ganze Kontroverse um die wirkli-

[40] *Contra Academicos* III, 14, 30; vgl. auch II, 5, 11 mit Augustins Zusammenfassung der Position der akademischen Skepsis.

[41] *Contra Academicos* III, 17, 38; vgl. auch III, 20, 43.

[42] Vgl. hierzu insbes. auch den *Siebenten Brief* Platons (341 c/d), wo das Gelingen philosophischer Erkenntnis von „häufigem gemeinsamem Bemühen um die Sache selbst und gemeinsamem Leben" abhängig gemacht wird. Beachtenswert ist in diesem Zusammenhang auch die Äußerung des Possidius am Ende seiner *Vita Sancti Aurelii Augustini*, in: MPL XXXII, Sp. 64, wo er die Bedeutung der Schriften Augustins hervorhebt und dann fortfährt: „Sed ego arbitror plus ex eo proficere potuisse, qui eum et loquentem in ecclesia praesentem audire et videre potuerunt, et eius praesertim inter homines conversationem non ignaverunt."

[43] Vgl. *Contra Academicos* III, 20, 43.

che Stärke des Zweifels bei Augustinus hinfällig.[44] Daß nämlich Augustinus zur Zeit der Niederschrift von *Contra Academicos* schon irgendwelche subjektive Überzeugungen hinsichtlich der von ihm gestellten Fragen zu den menschlichen und göttlichen Dingen hat, soll und kann auch vernünftigerweise nicht bestritten werden. Sofern es ihm aber explizit um Wissen – nicht etwa um gläubiges Annehmen der Wahrheit – geht, wäre es immerhin von Bedeutung, wenn er auf diesem Weg der Wahrheitssuche im wesentlichen beim Resultat der Skeptiker stehengeblieben wäre. Vom philosophischen Ansatz der Suche her wäre das durch Glauben Gefundene eben nichts anderes als eine Art *Privatmetaphysik*.[45]

Die Kritik der akademischen Skepsis bei Augustin beruht nun in einer schon lange gebräuchlichen Denkfigur vor allem darauf, daß die Skeptiker, indem sie die Erreichbarkeit von Wahrheit überhaupt negieren, auch nicht mehr zur Affirmation ihrer Negation in der Lage sind. Sie sind gezwungen, auf die These zurückzuweichen, es sei, wenn schon nicht wahr, so doch immerhin annehmbar, daß die Wahrheit nicht gefunden werden könne: „quod illis probabile visum est, non posse inveniri veritatem".[46] Indem sie diesen Rückzug aber schon von sich aus angetreten haben, greift der vorgetragene Kritikpunkt nicht mehr in der genannten Form. Abgewandelt kann er allerdings erneut in Anschlag gebracht werden. Eine solche Abwandlung tritt in zwei Weisen auf.

Wenngleich nämlich der Anspruch fallengelassen worden ist, mit der Nichterkennbarkeitsthese gültige Wahrheit vorgetragen zu haben, so bleibt doch der Anspruch bestehen, daß es weise sei, anzunehmen, die Wahrheit könne nicht gefunden werden. Der Akademiker versteht sich, indem er sich in die Auseinandersetzung mit anderen philosophischen Positionen begibt, selbst als Weiser, als einer, der sich den anderen Positionen gegenüber für überlegen hält. Wer sich aber derart – wenn auch bloß in versteckter Weise – als Weisen versteht oder sogar ausgibt, für den ist, so kann von Augustinus nun eingewandt werden, die Weisheit doch etwas Sicheres, etwas, das nicht

[44] Vgl. hierzu die Darstellung bei Ernst HAENCHEN, Die Frage nach der Gewißheit beim jungen Augustin, S. 5 ff., insbes. Haenchens eigene Stellungnahme, S. 9: „Damit ist deutlich genug bezeugt, daß Augustin selber die Skepsis der Akademie geteilt hat. Ja es scheint, als bekäme Thimme" – Haenchen bezieht sich auf THIMME, Augustins innere Entwicklung in den ersten Jahren nach seiner ‚Bekehrung', S. 386–391 – „volles Recht, der in den Jugendschriften gleichsam Augenblicksaufnahmen des fortschreitenden Befreiungskampfes gegen die Skepsis sieht. Allein man darf es sich nicht so vorstellen, als habe Augustin in der jeweils geschilderten Unterredung die betreffenden Gedanken zum ersten Male gedacht oder entdeckt. Er ist ... trotz andersartiger Ansprüche bereits viel sicherer, als ein bloß oder gar ein noch nicht Suchender es ist."

[45] Zu diesem Terminus vgl. beispielsweise Heinz HEIMSOETH, Studien zur Philosophie Immanuel Kants II, S. 86 ff., wo er zur Bezeichnung der bloßen Privatgültigkeit des Urteils dient.

[46] *Contra Academicos* II, 9, 23.

der skeptischen Zurückhaltung des Urteils verfällt. Der Weise ist demgemäß gezwungen, wenn er den Anspruch, weise zu sein, behalten will, der Weisheit zuzustimmen: „Aut enim in hoc certamine Academicus vincet sapientiam: et a me vincetur, quia non erit sapiens: aut ab ea superabitur; et sapientem sapientiae consentire docebimus. Aut igitur sapiens Academicus non est, aut nonnulli rei sapiens assentietur".[47] Es muß in der Tat für absurd gehalten werden, wenn behauptet wird, es sei einer weise und wisse doch die Wahrheit nicht.[48]

Sieht man nun aber auch von dem gewissermaßen äußerlich erhobenen Anspruch der Akademiker ab, nach dem das Weisesein für die skeptische Position in Beschlag genommen wird, so scheint im Fortgang keine andere Möglichkeit übrig zu bleiben, als die Wahrheitssuche auf das zu lenken, was der Wahrheit, sofern diese selbst nicht gefunden werden kann, noch am ähnlichsten ist. In diesem Sinne hat es nun um das Wahrscheinliche zu gehen. Der so in die Wege geleitete Ausweichversuch ist aber ebenso zum Scheitern verurteilt. Damit nämlich die Wahrscheinlichkeit von irgendetwas behauptet werden kann, muß wiederum ein Maßstab vorausgesetzt werden, an dem ersichtlich werden kann, ob und in welchem Sinne etwas für wahrscheinlich gelten kann, ohne dabei auf eine gewußte Wahrheit zu rekurrieren. In diesem Sinne formuliert Licentius, der im Dialog als Sachwalter der Akademiker auftritt, selbst das Argument gegen diesen bloß scheinbaren Ausweg: „Rogo . . . nihil mihi videtur esse absurdius, quam dicere, se verisimile sequi, eum qui verum quid sit ignoret".[49] In den Sog des Verfallens der Wahrheit wird notwendigerweise auch die Wahrscheinlichkeit mitgerissen. Wer die Wahrheit nicht weiß, kann sich weder rechtmäßig für weise ausgeben noch konsequenterweise meinen, er folge dem Wahrscheinlichen. Die Skepsis muß insoweit also für destruiert gelten. Diese Destruktion betrifft aber zunächst einmal nur ihren äußeren Anspruch, nicht aber, wie sich zeigen wird, ihre innere Möglichkeit. Der Skeptiker darf von sich aus weder den Anspruch erheben, weise zu sein, noch den Anspruch, seine Position sei die wahrscheinliche. Läßt er aber solche Ansprüche fallen und bescheidet sich schweigend mit seiner Position, so wird diese wieder akzeptabel und kann jedenfalls nicht für widerlegt gelten.

Der erforderlich gewordene erneute Anlauf ist wiederum der Versuch einer apagogischen, auf eine *reductio ad absurdum* gehenden Beweisführung gegen die Skeptiker. Dieser Versuch setzt nun bei etwas an, was nicht so leicht wie ein äußerer Geltungsanspruch aufgegeben werden kann, nämlich bei der überall unter Menschen gepflegten Erziehung und Unterweisung ei-

[47] *Contra Academicos* III, 14, 31.
[48] Vgl. *Contra Academicos* III, 9, 20.
[49] *Contra Academicos* II, 12, 27.

nerseits und bei der Beurteilung der Zurechenbarkeit verwerflicher Taten andererseits.[50] Es liegt auf der Hand, daß die menschliche Praxis, sofern sie nicht bloß auf Instinkt und Tradition aufgebaut ist,[51] durch das Fehlen eines der Vernunft einleuchtenden Maßstabs aufs schwerste gefährdet ist. Obwohl aber nun der skeptische Standpunkt in den Augen Augustins wirklich in Mißkredit geraten ist, wird doch offenbar, daß er gerade gegenüber der jetzt schwerwiegenden Kritik bislang nichts ins Feld zu führen hat: „Nam cum inter me et Academicos hoc interesse dixissem, quod illis probabile visum est veritatem non posse comprehendi; mihi autem nondum quidem inventam, inveniri tamen posse a sapiente videatur."[52]

Wenngleich sich Augustinus in bezug auf seine Absichten und seine Gestimmtheit deutlich anders versteht als die Akademiker, so findet er sich der Sache nach betrachtet doch in eben der Positionslosigkeit, welche die Akademiker lächerlich machen und dem Schimpf aussetzen sollte. Um derart nicht durch die bloß negative Widerlegung der Skepsis selbst zum Skeptiker zu werden, unternimmt Augustinus denn auch folgerichtig den Versuch einer positiven Überwindung. Eine solche positive Überwindung wird aus drei unterschiedlichen Ansätzen heraus in Angriff genommen. Die beiden ersten Ansätze bei der Gewißheit in mathematischen und logischen Aufgabenstellungen fruchten allerdings gemäß dem selbstgesteckten Ziel nichts, sondern sind eher dazu geeignet, das ganze Unternehmen einer noch erbärmlicheren Lächerlichkeit auszusetzen. Es nutzt nämlich auf dem Weg zur gesuchten Lösung nichts, darauf zu beharren, daß dreimal drei neun seien, und zu sagen, daß dies auch wahr bleibe, wenn die ganze Menschheit schnarcht („nam ter terna novem esse, et quadratum intelligibilium numerorum, necesse est vel genere humano stertente sit verum"),[53] genausowenig wie es in bezug auf die Logik zu einem Fortschritt in der Bearbeitung der gestellten Aufgabe führt, vollständige Disjunktionen aufzustellen und deren unbezweifelbare Gültigkeit herauszustellen.

Die genannte Art von mathematischer Gewißheit war nämlich von vornherein gar nicht in den Zweifel mit einbezogen, sondern vielmehr zur Verdeutlichung des angestrebten Gewißheitsgrades schon ausdrücklich aner-

[50] Vgl. *Contra Academicos* III, 16, 35: „Quid si ergo aliquis adolescentium cum hos audierit dicentes: Turpe est errare, et ideo nulli rei consentire debemus; sed tamen cum agit quisque quod ei videtur probabile, nec peccat, nec errat: illud tantum meminerit, quidquid occurit vel animo vel sensibus, non pro vero esse approbandum. Id igitur audiens adolescens, insidiabitur pudicitiae uxoris alienae, Te, te consulo, M. Tulli; de adolescentium moribus vitaque tractamus, cui educandae atque instituendae omnes illae litterae tuae vigilaverunt. Quid aliud dicturus es, quam non tibi esse probabile ut id faciat adolescens? At illi probabile est."

[51] Vgl. hierzu beispielsweise Max SCHELER, Die Stellung des Menschen im Kosmos, in: Gesammelte Werke 9, S. 17 und 25.

[52] *Contra Academicos* III, 3, 5.

[53] *Contra Academicos* III, 11, 25.

kannt worden. Ebensowenig wie am Anfang des Dialogs kann deswegen mit einer derartigen Gewißheit etwas für ausgerichtet gelten, da sie eben nicht die intendierten philosophischen Fragen betrifft. Wenngleich nun Augustinus hinsichtlich der aufgeführten Disjunktionen zunächst etwas anderes zu behaupten scheint, so errichtet er mit dieser Behauptung bei genauerer Betrachtung – möglicherweise sogar absichtsvoll – nur ein Blendwerk, da das Sichere an den Disjunktionen sich allein auf die formale Vollständigkeit einer Disjunktion bezieht, nicht aber auf ihren zufälligen Inhalt, der philosophische Relevanz haben oder auch nicht haben mag.[54] Augustinus scheint – wie angedeutet – durchaus auch selbst zu wissen, daß auf diesem Wege kein Fortkommen zu erreichen ist, da er einerseits gar nicht selbst behauptet, daß die in den Beispielen vorliegende logische Gewißheit zur Philosophie gehöre – er legt diese Annahme seinem Gesprächspartner in den Mund: „Tu qui nec ad philosophiam pertinere negas" –[55] und andererseits in der abschließenden Betrachtung des Dialogs gar nicht beansprucht, philosophische Wahrheit schon gefunden zu haben.

Soweit sei zu den Ansätzen in mathematischer und logischer Gewißheit gesprochen. Im dritten Ansatz allerdings, der darauf zielt, die Skepsis durch den positiven Aufweis von Wahrheit zu widerlegen, scheint nun eher die Möglichkeit eines durchschlagenden Erfolgs zu liegen. Dieser Ansatz – das sei vorweg erwähnt – enthält auch schon keimhaft die Wegweisung zur *reditio in seipsum* und zum Aufspüren der Wahrheit aus der Selbstgewißheit, wie

[54] Vgl. *Contra Academicos* III, 10, 23 ff.; hierzu vgl. W. THIMME, Augustins innere Entwicklung, S. 76: „Auf dem Felde der Dialektik, zu welcher er sodann übergeht, weiß er – es ist nicht verwunderlich – sogleich eine große Menge sicherer Wahrheiten anzuführen, z. B.: Wenn eine Sonne ist, so sind nicht zwei . . . Das ist die Dialektik, scientia veritatis, C. A. III. In diesem kurzen Paragraphen haben wir, daran kann kein Zweifel sein, einen zweiten Angelpunkt der Gewißheit Augustins. Wir können das seltsam finden, denn wir wissen, daß die Dialektik mit ihren Disjunktionen, mit ihrem Satz vom Widerspruch etc. uns nicht über die formale Logik hinausheben, keine positiven Erkenntnisse darreichen kann. Augustin sah diese Schranke nicht." Obwohl aber Augustinus die Bedeutung der Dialektik gewiß hoch veranschlagt hat, worauf Thimme auch im weiteren noch mit Recht hinweist, so hat er doch die durch sie vorgetragene scheinbare Lösung nicht als Antwort auf die gestellte Frage verstanden. Thimme sieht nicht, daß Augustinus die von ihm genannte Schranke sehr wohl gesehen und infolgedessen auch gar nicht ernstlich gemeint hat, sie überwunden zu haben.

[55] *Contra Academicos* III, 10, 23; zum Verhältnis von Autor und Dialogpartnern vgl. allerdings E. HAENCHEN, Die Frage nach der Gewißheit beim jungen Augustin, S. 11 f.: „Es läßt sich nachweisen, daß Augustin die Nachschriften der Unterredungen, welche Contra Academicos wiedergibt, formal wie inhaltlich nach seinem bewunderten Vorbild Cicero überarbeitet haben muß. Eine solche Freiheit war – darüber belehrt uns wiederum gerade Cicero – bei derartigen Dialogen nicht ungewöhnlich. Er selbst verwahrt sich zwar würdevoll gegen den Verdacht, die Unterredner in seinen Dialogen hätten in Wirklichkeit von den Gegenständen, über die sie sprachen, keine Ahnung gehabt. Aber in einem Brief an einen vertrauten Freund kann es trotzdem heißen, die . . . Dinge gingen tiefer in die Philosophie hinein, als das die darüber redenden Personen jemals davon geträumt zu haben schienen . . .".

sie der spätere Augustinus vorgetragen hat.[56] Augustinus setzt hier damit an, daß auch dann, wenn zugestanden werde, daß die körperlichen Sinne sich täuschen könnten, doch nicht behauptet werden könne, es werde überhaupt nichts wahrgenommen: „Posse enim falsum videri a sentientibus dicitis, nihil videri non dicitis."[57] In allem Zweifel an der absoluten Wahrheit der Gegebenheit des dem Bewußtsein Gegebenen und von ihm Aufgefaßten wird doch die unbestreitbare Wahrheit der Gegebenheit von irgendetwas immer vorausgesetzt. Dasjenige, was in aller skeptischen Diskussion der Wahrheit von etwas Gegebenem vorausgesetzt werden muß, ist nicht nichts, wenn anders es zutrifft – nun mit Worten Kants gesprochen – daß nicht „der ungereimte Satz daraus folgen" soll, „daß Erscheinung ohne etwas wäre, was da erscheint".[58] Wie aber bei Kant aus diesem Argument keine positive Metaphysik folgt, weil das Voraussetzungssein unbestimmbar bleibt, so bleibt auch bei Augustinus die Konsequenz bei der bloßen Offenheit des Problems stehen.

Alle Kraft, die investiert wird, um über den akademischen Standpunkt hinauszukommen, scheint so gesehen zu verpuffen, und Augustinus befindet sich am Ende des Dialogs genau dort, wo er sich an seinem Anfang befand, nämlich bei der entschlossenen Wahrheitssuche, ohne gefunden zu haben: „quod quaero intentissimus veritatem, quod invenire iam ingredior, quod me ad summum ipsum modum perventurum esse confido."[59] Weil Augustinus über die Skepsis nicht positiv hinauskommt, können immer wieder neue Verteidigungen der Akademie vorgetragen werden. Die letzte und schärfste Verteidigung unterstreicht diesen Mangel, der sich in der bloß negativen Widerlegung gezeigt hat. Wenn nämlich der einzig gewisse Satz, den die Akademiker implizit bejahen, ihnen durch die Retorsion ihrer These entwunden ist, dann bleibt es umsomehr dabei, daß man keiner einzigen Sache seine Zustimmung geben dürfe, solange die Wahrheit selbst nicht gezeigt werden kann. Da die Wahrheit aber offensichtlich nicht gefunden ist, befindet sich Augustinus in verschärfter Weise in der Lage der Akademiker: „Eo fit, ut cum sit victus Academicus, vicerit."[60] Alypius hat also Recht behalten, wenn er zu Beginn der Auseinandersetzung mutmaßte, daß Augustinus sich in der Widerlegung der Akademiker als Akademiker erweisen wolle: „Metuo enim, ne Academicos refellens, Academicum te probare velis."[61]

[56] Vgl. dazu *De vera religione* XXXIX, 202; *De trinitate* X und auch *De civitate Dei* XI, 26; dieser Ansatz wird im folgenden Paragraphen analysiert.

[57] *Contra Academicos* III, 11, 24.

[58] *Kritik der reinen Vernunft*, B XXVI f.

[59] *Contra Academicos* II, 2, 4.

[60] *Contra Academicos* III, 14, 30.

[61] *Contra Academicos* II, 9, 22; HAENCHEN, Die Frage nach der Gewißheit beim jungen Augustin, S. 20, meint, Augustinus habe nicht bemerkt, daß die akademische Position in Wahrheit

Augustinus stellt sich beim Vortragen der Widerlegung der akademischen Skepsis selbst als umherirrend Suchenden dar, der nur insofern nicht der Lächerlichkeit der akademischen Positionslosigkeit ausgesetzt ist, als er, indem er die Wahrheit sucht, sich – auch unter Bezugnahme auf sein relativ junges Lebensalter – dafür offen hält, sie etwa noch zu finden: „Sed ut breviter accipiatis omne propositum meum; quoquo modo se habeat humana sapientia, eam me video nondum percepisse. Sed cum trigesimum et tertium aetatis annum agam, non me arbitror desperare debere eam me quandoque adepturum."[62] Trotz dieser scheinbaren Geradlinigkeit in der Selbstdeutung Augustins ist das Ergebnis in der Anwendung auf den weiteren Weg zwiespältig. Für das Erreichen der Zielsetzung Augustins ist es nämlich weder hinlänglich, das versteckt behauptete Wissen der Skeptiker hervorgeholt und damit deren Position als widerspruchsfreie Möglichkeit widerlegt zu haben, noch ist es für Augustin eine zufriedenstellende Lösung, auf die Möglichkeit zu verweisen, daß sich die bis jetzt nicht gefundene Wahrheit vielleicht später einmal zeigen könnte. Ebenso ist nicht mit der Gewißheit voranzukommen.[63] Er will eben die Wahrheit nicht allein im Glauben, sondern auch durch das Erkennen fassen: „non credendo solum, sed etiam intelligendo apprehendere".[64] Demgemäß stellt sich nun konkret und drängend die Frage nach dem Weg zur Wahrheit. Ohne ein Fortkommen auf diesem Wege hätten die Akademiker tatsächlich auf der ganzen Linie gesiegt. Damit ist nun die Frage des Erkenntnisfortschrittes oder des Lernens zur Aufgabe geworden.

De magistro, dieses *monumentum aere perennius* für seinen Sohn Adeodat, ist Augustins Dialog über das Lehren und Lernen im Sinne eines durch die Sprache vermittelten Erkenntnisfortschrittes. Natürlich könnte das Schwergewicht der Thematik auch in der Untersuchung der Funktion der Sprache gesehen werden. So gesehen stünde das Werk dann in der Tradition der

den Sieg davon getragen habe: „Auch der Satz ‚alles ist fraglich' muß in Frage gestellt werden und doch bleibt der Relativist gerade damit sich selber treu, womit er sich scheinbar selber aufhebt. Damit ist nicht etwa Augustins Argumentation, die ihn soweit treibt, die letzte feste Größe. Denn wer weiß, ob nicht auch sie einmal in probabler Weise widerlegt wird? . . . Augustin hat diesen Einwand nicht anerkannt . . . Augustin hat also nicht gemerkt, daß er damit eine vom Gegner nicht mehr anerkannte Größe für sich in Anspruch nimmt: die Logik; sondern er hat deren ewige Gültigkeit auch als Voraussetzung des Gegners angenommen." Hier kommt bei Haenchen gleichsam alles durcheinander. Natürlich muß an der Logik, insbesondere an den Ersten Prinzipien der Vernunft, festgehalten werden, zumal sich ansonsten das Streiten um die Geltung jedweder Art von Thesen, auf das sich die Akademiker doch eingelassen haben, nicht lohnen kann. Obwohl aber an der Logik festgehalten wird und – soll eine vernünftige Diskussion möglich sein – auch festgehalten werden muß, siegt der Akademiker – und Augustinus hat dies auch „gemerkt".

[62] *Contra Academicos* III, 20, 43.

[63] Vgl. *Kritik der reinen Vernunft,* B XXX.

[64] *Contra Academicos* III, 20, 43.

Platonischen, der Aristotelischen und der stoischen Sprachtheorien.[65] Die Sprache wird im Ausgang von dieser Tradition als ein Zeichensystem aufgefaßt, das über vier Stufen zu den durch die Zeichen repräsentierten Sachen vorstößt. An erster Stelle ist hier das *verbum* als akustisches Zeichen zu nennen, sodann die *significatio*, die im Unterschied zum *verbum* und zur *res* nicht raumzeitlich bestimmt ist und als „Bedeutung" gleichsam die Seele des im phonetischen „Leib" vorhandenen Wortes ausmacht. Die beiden abschließenden Stufen sind die Erkenntnis und die Sache selbst.[66]

Auf Grund der sich aus dem Resultat von *Contra Academicos* ergebenden Aufgabenstellung dominiert hier nun ein Probleminteresse, in dem die sprachphilosophischen Überlegungen kaum Berücksichtigung finden. Dieser Dialog wird also vor allem wegen seiner, seinen Abschluß bildenden Ausführungen zur Möglichkeit des Lehrens und Lernens herangezogen. Wenngleich diese Ausführungen ebensowenig wirklich Neues vortragen mögen wie diejenigen zur Sprachphilosophie,[67] so machen sie aber doch die grundsätzliche Stellungnahme Augustins zur Möglichkeit der Erkenntniserweiterung deutlich und markieren so eine wichtige Station auf seinem Weg.

Ausgangspunkt für die Betrachtung der Möglichkeit der Erkenntniserweiterung ist also die Sprache, deren wir uns bedienen, um zu lehren und um etwas ins Gedächtnis zu rufen: „Videtur ergo tibi nisi aut docendi aut commemorandi causa non esse institutam locutionem."[68] Eine solche Auffassung versteht die Sprache als Zeichensystem: „Constat ergo inter nos verba signa esse."[69] Aus diesem Ansatz ergibt sich die Frage, wie mit Zeichen gezeigt werden könne. Bei der Suche nach der Antwort kann die Frage auf drei Weisen durchgespielt werden. Zuerst geht Augustinus auf den Fall ein, bei dem Zeichen durch Zeichen veranschaulicht werden: „quod signis signa monstrantur".[70] Sodann geht es um Zeichen, die keine Zeichen bezeichnen sollen, sondern Bezeichenbares: „cum signis non alia signa significantur, sed ea, quae significabilia nominamus."[71] Hatte sich im ersten Fall die Untersu-

[65] Vgl. die Einleitung in diesen Dialog von G. WEIGEL, in: Augustinus, Philosophische Spätdialoge, S. 250 ff.

[66] Dazu vgl. bes. *De magistro* X, 34 und 37.

[67] Vgl. schon Platons *Menon* 80 e; einen der Formulierung in *De magistro* sehr ähnlichen Text von Sextus Empirikus führt G. WEIGEL, a. a. O., S. 252 (Zitat im Anmerkungsteil, S. 413), vor. Das „typisch Augustinische" wird allerdings bei Weigel lediglich darin gesehen, daß Augustinus die „sprachphilosophischen Bemühungen in den Dienst des christlichen Glaubens" stellt (S. 252). Dieser Aspekt, so zutreffend er sein mag, findet im weiteren hier keine Beachtung, weil das Frageinteresse ein anderes ist, sofern nämlich nach der Möglichkeit der Erkenntnis gefragt wird.

[68] *De magistro* I, 2.

[69] *De magistro* II, 3.

[70] *De magistro* IV, 7.

[71] *De magistro* VIII, 22.

chung noch rein im Binnenbereich der Sprache aufgehalten, so tritt nun das Moment der außersprachlichen Wirklichkeit hinzu. Weil es in der Untersuchung um die Erlangung von Wissen geht, tritt nun zwischendurch schon einmal die Bedeutung der Zeichen zurück, und es wird schließlich nach einer Art von Dingen gefragt, die durch sich selbst ohne Zeichen dargestellt werden können: „quale sit genus rerum, quas sine signis monstrari posse dicebamus per se ipsas."[72]

Die sichtbar mittels Gedankenexperimenten fortschreitende Methode des Gesprächs beginnt ganz innerhalb des Mediums der Sprache und versucht durch die Sprengung ihrer Grenzen an die durch die Sprache bezeichnete außersprachliche Wirklichkeit heranzukommen. Im Verlauf des Gesprächs konzentriert sich das Interesse der Untersuchung immer stärker auf die Frage, wie Sachen an sich selbst erfaßt werden könnten. Der Versuch, auf diese Frage eine Antwort zu finden, scheitert. Es muß festgehalten werden, daß es anscheinend überhaupt nichts gibt, was ohne Zeichen gelehrt werden kann. Obwohl also die ganze Zielsetzung der Untersuchung bloß auf die Erkenntnis der Sachen an sich selbst geht, auf die *res per se ipsas*, bleibt das Lehren immer auf die Zeichen zurückverwiesen: „Confectum est igitur et nihil sine signis doceri et cognitionem ipsam signis, quibus cognoscimus, cariorem nobis esse opportere."[73]

Mit dieser Feststellung beginnt nun die Einsicht in das Scheitern der vorgetragenen Bemühungen, das Lehren und das Lernen zu verstehen. Derart gerät aber auch die entschlossene Wahrheitssuche, welche das Resultat von *Contra Academicos* darstellte, in eine entscheidende Aporie. Wenn nämlich vorausgesetzt wird, daß Erkenntnisfortschritt durch Lehren und Lernen geschehen könne, dann geschieht dies im gegebenen Fall immer durch Zeichen. Bei genauerer Betrachtung zeigt sich aber deutlich, daß Erkenntnisfortschritt auf diesem Wege nicht zu gewinnen ist, weil die Sache immer schon vorher bekannt sein muß, wenn das Zeichen als Zeichen der Sache verstanden werden können soll. Ist die Sache aber schon vorher bekannt, dann kann das Zeichen nichts mehr lehren: „Quod si diligentius consideremus, fortasse nihil invenies, quod per sua signa discatur. Cum enim signum mihi datur, si nescientem me invenit, cuius rei signum sit, docere me nihil potest, si vero scientem, quid disco per signum?"[74] Der Versuch, den Erkenntnisfortschritt durch Lehren und Lernen zu gewährleisten, ist demnach zumindest in dem Sinne gescheitert, daß die Zeichen nicht zur Erkenntnis der Sache führen, sondern allein die Erkenntnis der Sache zum Verstehen

[72] *De magistro* IX, 28.
[73] *De magistro* X, 31.
[74] *De magistro* X, 33.

des Zeichens zu führen vermag: „Ita magis signum re cognita quam signo dato ipsa res discitur."[75]

Wenn also Bedeutungen nur mit Hilfe der bezeichneten Sachen gelernt und so zur Erkenntnis gebracht werden können, dann stellt sich die Frage nach der unmittelbaren Gegebenheit dieser Sachen selbst.[76] Vorderhand ist dementsprechend die Frage nach den möglichen Gegebenheitsweisen der Sachen selbst zu beantworten: „Hactenus verba valuerunt; quibus ut plurimum tribuam, admonent tantum, ut quaeramus res, non exhibent, ut norimus. Is me autem aliquid docet, qui vel oculis vel ulli corporis sensui vel ipsi etiam menti praebet res, quae cognoscere volo."[77] Wird also die Frage nach der Möglichkeit gestellt, wie die gesuchte Erkenntniserweiterung erlangt werden könne, dann ist die Untersuchung an die Sinne des Körpers einerseits und an das geistige Erkenntnisvermögen andererseits verwiesen. Ob die abschließende These von *De magistro,* sofern sie mehr andeutend als ausweisend Christus als die unveränderliche und ewige Weisheit des alleinigen Lehrers darstellt,[78] mehr sein kann als ein in die Ewigkeit deutender, feierlich hymnischer Abschluß, bleibe dahingestellt. Immerhin ist zu berücksichtigen, daß Adeodat in diese Ewigkeit schon vorausgegangen ist. Obwohl aber keineswegs die Möglichkeit ausgeschlossen werden soll, daß auch Formulierungen aus der Offenbarungstheologie mit philosophischen Überlegungen verbunden oder von ihnen gar eingeholt werden können, muß hier beharrlich nach dem philosophisch ausgewiesenen Resultat gefragt werden. Die philosophisch sachgemäße Wendung des Resultats von *De magistro* liegt – wie schon ausgeführt – im Verweis auf die unmittelbare Gegebenheit der Sachen selbst. Deswegen bietet sich für den nächsten Schritt die Untersuchung der Gegebenheit der Sachen in der Vermittlung durch die körperlichen Sinne an. Eine derart gesuchte Theorie des Wahrnehmens, des *sentire,* und der durch die Sinne vermittelten Erkenntnis, der *cognitio per sensum,* trägt Augustinus in *De quantitate animae* vor.[79]

Bevor aber zu dieser Wahrnehmungstheorie Augustins und zu seiner Position hinsichtlich der Sinneserkenntnis gesprochen werden soll, ist noch einmal der Rahmen abzustecken, in den diese Ausführungen hier gestellt werden. Ausgangspunkt für die Frage nach der wahren Erkenntnis ist das Erlebnis des haltlosen Sturzes, dessen erkenntnistheoretische Seite der

[75] Ebd.

[76] Vgl. *De magistro* X, 34.

[77] *De magistro* XI, 36.

[78] XI, 38 und XIV, 46: „utrum autem vera dicantur, eum docere solum, qui se intus habitare, cum foris loqueretur, admonuit."

[79] Zur Erkenntnisproblematik insgesamt vgl. Alfred SCHÖPF, Wahrheit und Wissen. Die Begründung der Erkenntnis bei Augustin, hier insbes. den Abschnitt über die Frage der Möglichkeit des Wissens im Außenbereich, S. 95 ff.

Skeptizismus ist. Die Überwindung des Skeptizismus als die sachgemäß folgende Aufgabenstellung gelingt nur auf die Weise, daß Offenheit für die gesuchte Wahrheit gefordert werden kann. Diese Offenheit für die Wahrheit führt zu der Forderung, die Wahrheit zu suchen. Zunächst aber führt diese Forderung zu der Aufgabe, die Möglichkeit von Lernen und Erkenntniserweiterung überhaupt zu untersuchen. Das Ziel der Wahrheitssuche, die Erkenntnis der menschlichen und göttlichen Dinge, wird dementsprechend vorerst von der Frage nach den Quellen der Erkenntnis überhaupt verdrängt. Wie später zu sehen sein wird, gerät die Frage nach Seele und Gott damit aber nicht aus dem Gesichtsfeld. Bei der Frage nach den Quellen der Erkenntnis hat sich in einem ersten Durchlauf gezeigt, daß eine bloß durch Zeichen vermittelte Erkenntniserweiterung nicht gelingen kann. Abgesehen von diesem fehlgeschlagenen Versuch zeigen sich Augustinus noch drei Wege überhaupt als denkbar, wie das menschliche Wissenwollen zur Erkenntnis der Wahrheit gelangen könnte.

Auf dem ersten Weg, der sich in *De magistro* schon angedeutet hat, könnte die Wahrheit durch die Rezeptivität des Erkenntnisvermögens erlangt werden. Dabei wäre die so verstandene Erkenntnis auf die Vermittlung durch die Sinne angewiesen. Denkbar wäre aber auch der andere Weg, nach dem die Seele von den Empfindungen des Körpers gar nicht betroffen wird, sondern das, was sie wahrnimmt, durch spontane Tätigkeit in sich selbst hervorbringt. Im Sinne dieser Möglichkeit heißt es in *De musica:* „videtur mihi anima cum sentit in corpore, non ab illo aliquid pati, sed in eius passionibus attentius agere."[80] Dieser zweite Weg wäre demgemäß ein Weg der intellektuellen Anschauung.[81] Als letzter Weg, nach der bloß passiv-rezeptiven und der bloß aktiv-spontanen Erkenntniserweiterung, ist allein noch derjenige denkbar, der die Wahrheit in der Seele selbst aufzuspüren versucht, wobei

[80] Vgl. dort VI, 5, 10. Den so gesehenen Wahrnehmungsvorgang interpretiert Étienne GILSON, Der heilige Augustin, S. 120, folgendermaßen: „Hier liegt, wie bereits gesagt, eine äußere Erschütterung der Luft vor, deren Bewegung bis an unser Ohr gelangt. Diese Bewegung verändert also den Zustand eines Organs meines Körpers. Bis hierhin stellen wir weder eine Empfindung noch die geringste Spur von Denken fest. Da ist nur die Materie im Spiel. Wir befinden uns noch auf der niedrigsten Stufe, auf der des Reizes. Zu dieser körperlichen Veränderung wendet sich nun die Seele hin und bringt in sich Ton-Empfindung, den gehörten Ton hervor. Jetzt sind wir aus dem Bereich des Körperlichen in den des Denkens hinübergeschritten." Indem sich die Seele aber im Wahrnehmungsakt auf die Körperlichkeit ausrichtet, ohne der *passio corporis* zu unterliegen, muß die Wahrnehmung von zwei Seiten her erklärt werden. Vgl. auch SCHÖPF, Wahrheit und Wissen, S. 111: „Sie kann nicht vom sinnlichen Inhalt ausgehen, da dieser in sich abgeschlossen und ohne Bezugsmöglichkeit zum Seelischen ist. Ferner muß diese anima sich entsprechend ihrer Struktur ursprünglich auf die Sinnlichkeit beziehen, um in ihr einen Inhalt zu finden."

[81] Eine solche Deutung der Erkenntnis wurde oben bei Plotin gefunden. Bei aller Auswertung Plotinschen Gedankengutes durch Augustin ist er im Urteil doch immer selbständig geblieben; vgl. auch F. CAYRÉ, Initiation à la Philosophie de Saint Augustin, S. 115.

allerdings vorausgesetzt werden muß, daß sie gleichsam schon immer in ihr gegeben ist. In diesem letzten Sinne würde das Lernen als Erinnerung und Vergegenwärtigung gefaßt: „nec aliud quidquam esse id quod dicitur discere, quam reminisci et recordari."[82]

Obwohl auf der Hand liegt, daß gemäß der im *Noli foras ire* ausgedrückten Wegweisung von *De vera religione* der Weg zur Wahrheit über die Sinne jedenfalls ausgeschlossen wird,[83] darf bei der Frage nach den Quellen der Erkenntnis die Untersuchung der Sinneserkenntnis nicht übergangen werden, sofern es eben in der anstehenden Frage um Erkenntniserweiterung überhaupt geht. Durch die Sinne wird nämlich zweifellos etwas beigetragen, was so vorher noch nicht im aktuellen Besitz des Bewußtseins war und derart als Bereich des *foris* auftreten kann. Darüber hinausgehend wird sich zudem aber zeigen, daß ein wesentliches Merkmal der Sinneserkenntnis von Augustinus auch als Merkmal der geistigen Erkenntnis gesehen wird. Dennoch steht natürlich fest, daß nicht nur nach der bloß inhaltlichen Gegebenheit der Wahrheit gefragt wird, sondern auch nach ihrer Beständigkeit und Verläßlichkeit. Aus diesen beiden, nun an die Sinneserkenntnis herangetragenen Fragen ergibt sich gleichsam die Negativfolie für die gesuchte Wahrheitserkenntnis.

In *De quantitate animae* tritt die Frage, was die Sinneswahrnehmung sei,[84] im Anschluß an die andere Frage auf, wie die Seele, wenn sie gemäß dem zentralen Beweisziel dieses Werkes selber unausgedehnt ist, in der Lage sein könne, an jeder Stelle des Körpers – also in einem räumlich Ausgedehnten – eine Berührung wahrzunehmen.[85] Diesem Ausgangspunkt nach muß die Funktion des *sensus* jedenfalls darin bestehen, daß der Seele nicht verborgen bleibt, was dem Körper widerfährt: „non latere animam quod patitur corpus".[86] Das Offenbarwerden des dem Körper geschehenden Widerfahrnisses ist damit allerdings noch keineswegs bestimmt. Die sich scheinbar von selbst ergebende Lösung, nach der nämlich die Sinnesempfindung dadurch zustandekommt, daß dasjenige, was dem Körper widerfährt, aufgenommen werde,[87] verliert durch einige Zwischenüberlegungen ihre scheinbare Selbstverständlichkeit.

[82] *De quantitate animae* XX, 34; vgl. dazu Platons *Phaidon* 72 e.

[83] Vgl. dort XXXIX, 202.

[84] XXIII, 41.

[85] XXII, 40.

[86] *De quantitate animae* XXIII, 41.

[87] Vgl. oben S. 82 ff. Zum Vergleich von Aristoteles und Augustinus s. hierzu R. SCHNEIDER, Seele und Sein, S. 156 ff., bes. S. 159: „Zur aktuellen Wahrnehmung wird der Sinn durch die anwesende res sensibilis bestimmt. Aktuelle Wahrnehmung, etwa visio, ist ‚*sensus formatus extrinsecus*'. Wie bei Aristoteles, so eröffnet sich bei dieser Betrachtung ein Blick auf den Realismus Augustins: Der sichtbare Gegenstand ‚konnte bereits bestehen, auch bevor er gesehen wurde'. Damit ist gemeint: das sich mir objizierende Seiende hat seine Existenz und seine

Als Beispiel für die Untersuchung der Erkenntnisfunktion der Sinne dient zunächst das Sehen. Wenn gesehen wird, dann widerfährt den Augen als einem Teil des Körpers das Sehen. Dennoch wird nicht alles gesehen, was den Augen überhaupt widerfahren kann, so wie beispielsweise Augenschmerzen nicht gesehen werden können. Zusätzlich aber steht fest, daß nicht einmal all das, was beim Sehen in das Sinnesorgan und in den Sinn eingeht, auch wirklich gesehen wird: „quoniam constitit inter nos, non omne quod oculi sentiunt, neque omne quod videndo sentitur, videri."[88] Da also nicht alles, was dem Körpersinn widerfährt, der Seele auch offenbar wird, ist die *passio* des *sensus* jedenfalls nicht die zureichende Erklärung des Wahrnehmungsvorgangs. Trotzdem hängt gerade von der Definition ihrer Funktion die Antwort auf die Frage nach der Möglichkeit der Erkenntniserweiterung ab. Wenn überhaupt auf dem Weg der Sinneswahrnehmung ein Lernen, also Erkenntniserweiterung möglich sein soll, dann muß der Erkenntnis hier etwas gegeben werden, was sie allein aus sich nicht hervorzubringen vermochte.

Dem entspricht nun, daß im Akt des Sehens offenbar etwas empfunden wird: „omne quod videtur sentiri".[89] Das Wahrnehmen steht aber unzweifelhaft in Verbindung mit einem auf den Körper wirkenden Widerfahrnis, einer *passio corporis.* Obgleich also das Sehen weder durch das bloß rezeptive Verhalten, noch allein durch das Wahrnehmen der Seele bestimmt werden kann, müssen doch beide Größen, das Widerfahrnis des Körpers und das Offenbarwerden der Sinnesempfindung in der Seele, vorausgesetzt werden, wenn Sehen als ein Zugang zu vorher dem Suchenden unbekannten, außerhalb des Selbst anzunehmenden Dingen möglich sein soll. In diesem Sinne muß das, was im Sehen gegeben ist, auf Empfindung, die Empfindung aber auf Rezeptivität, und damit das Sehen selbst auf Rezeptivität zurückgeführt werden: „Igitur si omne quod videmus, sentimus, et omne quod sentimus, patimur; patimur omne quod videmus."[90] Wenn Sehen das mit den Augen – als den auf die Wahrnehmung des Lichtes gehenden Sinnen – verknüpfte Geschehen des Offenbarwerdens von sichtbaren Dingen bezeichnet, dann muß dementsprechend angenommen werden, daß der Sehende durch die dem Körpersinn widerfahrende Empfindung affiziert wird. Dieser Erklärung, welche die Erkenntniserweiterung nicht aus dem Erkenntnisvermögen selbst gleichsam produktiv abzuleiten vermag, sondern sie auf ein äußeres

Beschaffenheit nicht von mir – im Gegensatz zum ens rationis. Dies war nicht, ehe ich es dachte. Die augustinische ‚informatio sensus' zeigt also völlig aristotelisches Gepräge." Wie bei Aristoteles so bei Augustin sieht Schneider allerdings zu sehr auf die Aufnahmefähigkeit der Seele, beachtet zu wenig das erforderliche spontane Moment der Seelentätigkeit.

[88] *De quantitate animae* XXIII, 42.

[89] Ebd.

[90] Ebd.

und unableitbares Faktum zurückzuführen sich genötigt sieht, stellen sich aber wenigstens zunächst einige Hindernisse entgegen.

Die Diskussion dieser Hindernisse beginnt mit einem ganz selbstverständlich und harmlos scheinenden Hinweis. Offenbar nämlich werden durch die Augen irgendwelche Körper wahrgenommen. Beispielsweise nehmen Augustinus und Evodius, die beiden Gesprächspartner in diesem Dialog, ihre Körper wechselseitig wahr. Nun muß aber, wenn nach dem bisher erreichten Ergebnis der Untersuchung tatsächlich angenommen wird, daß das Sehen mit einer dem Körpersinn widerfahrenden Empfindung verbunden ist, der Grund für die Möglichkeit der Empfindung namhaft gemacht werden können. Dieser Grund muß mit dem Ding außerhalb des Wahrnehmenden in Verbindung stehen, von diesem Ding muß irgendeine Wirkung auf den Wahrnehmenden ausgehen. Aus dieser Aufgabenstellung ergibt sich für Augustinus das Problem der Einwirkungsmöglichkeit von etwas Äußerem auf das Innere, das nach seiner historisch bedingten Auffassung mit der Tatsache der räumlichen Distanz verknüpft ist. Die Augen sind ja zweifellos nicht am Orte des Dinges, das sie wahrnehmen, und erfahren dennoch einen Eindruck vom Ding her: „nec tamen ibi sunt illi, ubi corpus meum est: igitur ibi patiuntur ubi non sunt."[91]

Welcherart Kausalität nun auch immer von dem wahrgenommenen Ding ausgehen mag, die Sinnesempfindung kann nur dann zum Sehen führen, wenn der Blick des Wahrnehmenden sich eigens auf die wahrnehmbaren Dinge richtet: „Imo ita est: is (scil. visus ipse) enim se foras porrigit, et per oculos emicat longius quaquaversum potest lustrare quod cernimus."[92] Soll also überhaupt das durch Widerfahrnis und Empfindung vermittelte Sehen zum Vollzug kommen können, so muß vor allem Vollzug in der Erfahrung, also a priori, ein suchender Ausgriff auf diese Wirklichkeit vorausgesetzt werden. Die Voraussetzung des wirklichen Sehens ist auf der Seite des Sehenden ein intentionales Zugehen auf das intendierte Ding, ein gleichsam tastendes Suchen, das sich noch nicht im Besitz des Dinges weiß. Obwohl die räumliche Distanz eine Einwirkung des Dinges auf den Körpersinn unmöglich zu machen scheint, wird diese Einwirkung im Sehen dennoch wirklich, sofern der Blick durch seine Intentionalität gewissermaßen aus dem Sehenden heraus auf die sichtbaren Dinge zugegangen ist. So beschreibt Evodius, wie er Augustinus zu sehen in der Lage ist: „Sed quemadmodum si virga te tangerem, ego utique tangerem, idque sentirem."[93] Das Sehen ist demgemäß in einem vorrangigen Sinne eine ursprünglich aus sich herausge-

[91] *De quantitate animae* XXIII, 43; hierzu vgl. auch É. GILSON, Der heilige Augustin, S. 109 ff. und S. 120; weiterhin W. OTT, Des hl. Augustinus Lehre über die Sinneserkenntnis, S. 138 ff.

[92] *De quantitate animae* XXIII, 43.

[93] Ebd.

hende Tat des suchenden Ich. Diese Tat vollzieht sich mittels des Körpersinnes, mittels der Augen, die den Blick gleichsam als Rute haben: „quasi virga visus".[94] Die Intentionalität, die Ausgestrecktheit des Wahrnehmenden auf Wahrnehmbares außer ihm, ist die subjektive Bedingung des Wahrnehmungsvollzugs. Wäre dies nicht so, dann würden beispielsweise die Augen – wie Augustinus sagt – nur sich selber zu sehen in der Lage sein: „tantummodo seipsos viderent".[95]

Indem das Wahrnehmungsvermögen sich in bestimmter Weise suchend nach außen wendet,[96] zeigt es sich als ein die Form sinnlicher Wahrnehmung schon vorwegnehmendes Vermögen, das allerdings eines ihm zu gebenden Inhalts allererst noch bedarf. Wie sehr also das Sehen einerseits intentionaler Ausgriff von seiten des suchenden Ich ist, so sehr bleibt es zugleich doch ein Wahrnehmen und dadurch ein Erleiden: „Etenim videre, sentire; et sentire, pati esse, iam supra consensimus."[97] Die sinnliche Erkenntnis kommt zustande, indem das sich ausstreckende Suchen auf etwas stößt, das ihm ohne eigenes Zutun einfach gegeben wird. Gemäß der vorgetragenen Analyse von Augustins Theorie der sinnlichen Erkenntnis in *De quantitate animae* treffen sich hier die beiden erstgenannten Möglichkeiten, durch die eine Erkenntniserweiterung nach dem aporetischen Schluß von *De magistro* überhaupt denkbar schien. Spontaneität und Rezeptivität gehören beide gleichermaßen unabdingbar zur Möglichkeit der Sinneserkenntnis. An dieser Stelle muß allerdings noch offen bleiben, ob diese Verknüpfung von Spontaneität und Rezeptivität für die menschliche Erkenntnis überhaupt zu gelten hat – und so wenigstens in ähnlicher Weise auch für die höheren Arten der menschlichen Erkenntnis gilt. Zum Zweck der Beantwortung dieser offenen Frage wendet sich Augustinus zunächst der durch Sinnesempfindung vermittelten Erkenntnis zu, der Frage nach der *cognitio per sensum*.[98] Über diese Zwischenstation gelangt Augustinus dann auch zu einem Begriff der geistigen Erkenntnis. In ihr findet seine Untersuchung über die Möglichkeit der theoretischen Erkenntnis ihren Abschluß.

Der Anknüpfungspunkt für die Überschreitung der bloßen Sinneserkenntnis liegt in der Sinneswahrnehmung und ihrer Auswertung zwecks weiterer

[94] *De quantitate animae* XXIII, 44.

[95] Ebd. vgl. hierzu R. SCHNEIDER, Seele und Sein, S. 112; vgl. weiterhin H. KUHN, Das Sein und das Gute, S. 67: „Der Vollzug der ersten Stufe besteht darin, daß das Ich sich selbst überschreitet, um denkend und erkennend bei der Welt, die es erkennen will, zu sein."

[96] Vgl. *De quantitate animae* XXXIII, 71: „Intendit se anima in tactum, et eo calida, frigida, aspera, lenia, dura, mollia, levia, gravia sentit atque discernit. Deinde innumerabiles differentias saporum, odorum, sonorum, formarum, gustando, olfaciendo, audiendo videndoque diiudicat. Atque in iis omnibus ea quae secundum naturam sui corporis sunt, adsciscit atque appetit; reicit fugitque contraria."

[97] *De quantitate animae* XXIV, 45.

[98] Ebd.

Informationen. Was beim Sehen erkannt wird, wird erkannt durch den Blick. Wenn in dieser Weise aber etwas gesehen wird, dann gibt es auch den Fall, daß zugleich damit noch etwas anderes erkannt wird, was durch den bloßen Blick allein nicht erfaßt wird. Derart führt das Sehen von Rauch zum Wissen, daß irgendwo ein Feuer brennt, das den Rauch hervorbringt: „namque ille ignis non visus, nec auditus, nec olfactus, nec gustatus, nec tactus a nobis, non tamen latet animam, fumo viso."[99] Erkenntnis wird die so gewonnene Gewißheit genannt, weil sie bloß durch die Vermittlung einer Sinneswahrnehmung zustandekommt, ohne der Wahrnehmung der ausgesagten Sache selbst zu bedürfen. Der Erkenntnisgrund liegt folglich in einer Überlegung, die über das durch die Sinneserkenntnis Gegebene angestellt wird. Diese Art, zu Erkenntnissen zu gelangen, stützt sich, soweit sie über das durch die Sinnlichkeit Gegebene hinausgeht, auf ein Vermögen zu schließen: „ratione id colligo".[100] Erschlossen werden kann allerdings dem Inhalt nach aus dem der Sinnlichkeit Gegebenen nur das, was im Umkreis der Sinneserkenntnis beschlossen liegt. Wenn also Wahrnehmen und Erkennen auch hinsichtlich der *cognitio per sensum* durchaus unterschieden werden müssen – „aliud est ergo sentire, aliud cognoscere" –,[101] so hängt sowohl der Gewißheitsgrad als auch der Aussageinhalt wenigstens zu einem Teil von der zugrundegelegten Erfahrungsbasis ab. Das Feld der Erfahrung kann durch die *cognitio per sensum* nicht überschritten werden. Alle Sätze, die durch diese Erkenntnisart zugänglich sein mögen, müssen prinzipiell im Zusammenhang mit der sinnlichen Erfahrung stehen, zum Feld der möglichen Erfahrung gehören.[102]

In wie enge Grenzen nun auch die Erkenntnis, sofern sie auf den Bereich möglicher Erfahrung verwiesen ist, gebannt zu sein scheint, so hat sich durch die Betrachtung der Sinneserkenntnis doch gezeigt, daß es einen Weg zu inhaltlicher Wahrheit überhaupt gibt, daß es die Möglichkeit von Lernen

[99] Ebd.

[100] *De quantitate animae* XXIV, 46; dieser Bereich der Erkenntnis, der wohl die Sinnlichkeit übersteigt, aber doch an sie gebunden bleibt, ist der Bereich der *scientia*, der von der *sapientia* unterschieden werden muß; vgl. hier z. B. Michael SCHMAUS, Die psychologische Trinitätslehre des heiligen Augustinus, S. 287 f.: „Zur scientia gehört die Erkenntnis der irdischen, veränderlichen Objekte. Die Gegenstände der sinnlichen Wahrnehmung fallen in einem gewissen Sinn in ihren Bereich ... Was ihr zufällt, das ist die rationale Verarbeitung der von den Sinnen gebotenen Vorstellungsbilder ... Scientia ist somit ein Begriff der empirisch-konkreten Wirklichkeit." Zur *sapientia* S. 288 f.: „Im Gegensatz dazu bezeichnet die sapientia das Schauen der ewigen Wahrheiten. Sie hat es mit dem apriorischen, der intelligiblen Welt entstammenden Wissen zu tun. Gott und die göttlichen Dinge gehören in den Kreis ihrer Objekte ... Sie ist die Erkenntnis der Wahrheit, in der das höchste Gut erfaßt und festgehalten wird. Was das Verhältnis von scientia und sapientia anbelangt, so ist die scientia die Vorbereitungsstufe und das Mittel für die Erreichung der sapientia."

[101] *De quantitate animae* XXIV, 45.

[102] Vgl. hierzu auch F. J. Thonnard, La ‚cognitio per sensus' chez Saint Augustin.

im Sinne der Erkenntniserweiterung gibt. Dies ist aber nun nicht das einzige Resultat von Augustins Untersuchung der Möglichkeit der sinnlichen Erkenntnis. In der vernünftigen Beurteilung, der *ratiocinatio*, die zunächst nur in ihrer Anwendung auf das durch die Sinne Vermittelte zur Sprache gekommen ist, zeigt sich nämlich doch – trotz aller Abhängigkeit von dem durch die *passio corporis* vermittelten Sinnenmaterial – auch die Eigenständigkeit eines Erkenntnisvermögens, das nach eigenen Regeln das ihm gegebene Material bearbeitet. Dennoch ist natürlich klar, daß die Erfahrungsbasis in ihrer bloßen Faktizität und Zeitlichkeit es nicht zuläßt, daß die *cognitio per sensum* zur absoluten Gewißheit führt: „Den Grund für die geringere Gewißheit der Sinneserkenntnis sieht Augustinus mit Platon darin, daß die Körperwelt einer steten Veränderung unterworfen ist."[103] Aber die Verknüpfung, welche die *cognitio per sensum* zwischen den unmittelbar aus der Erfahrung erwachsenen Sätzen herstellt, ist von dieser Wandelbarkeit nicht mehr betroffen. Diese eigentümliche Sicherheit, diese *firma perceptio* des durch die Vernunft Erkannten, der *res ratione cognita*, ist Wissen, *scientia*, zu nennen.[104]

Schon von der auf die Grenzen der Erfahrung festgelegten *cognitio per sensum* her ist demgemäß zu fragen, wie die durch den Vernunftakt gesicherte Gewißheit des Wissens auf diesem Gebiet zustandekommt. Bei der Beantwortung dieser Frage wird nun der Übergang zum geistigen Erkenntnisvermögen sichtbar, das aber – wie sich sogleich zeigen wird – ganz aus der Analogie mit der sinnlichen Erkenntnis begriffen wird. Gerade aus dieser Analogie mit der Theorie der Sinneserkenntnis resultiert dann auch die gesuchte Antwort auf die Frage nach der Vernunft als Erkenntnisquelle, wie sie sich aus den Aporien von *Contra Academicos* und *De magistro* ergeben hat. Mit dieser Antwort kann allerdings noch nicht für entschieden gelten, ob und wie aus dieser Quelle tatsächlich Erkenntnisse fließen können, die den an sie gestellten Forderungen entsprechen, nämlich einerseits der Forderung nach Erkenntnisfortschritt überhaupt und andererseits der Forderung, daß die im Erkenntnisfortschritt gefundene Wahrheit die Antwort auf die Frage nach den Themen der Philosophie, auf die Frage nach den menschlichen und den göttlichen Dingen ist.

Entsprechend der Formulierung von *De magistro* wird nun also zu fragen

103 B. KÄLIN, Die Erkenntnislehre des hl. Augustinus, S. 37; vgl. auch H. LEDER, Untersuchungen über Augustins Erkenntnistheorie in ihren Beziehungen zur antiken Skepsis, zu Plotin und Descartes, bes. S. 39.

104 *De quantitate animae* XXVI, 49; vgl. auch W. THEILER, Forschungen zum Neuplatonismus, S. 223 f. mit historischem Material zur Herkunft der Begrifflichkeit. Zur Sache selbst mit weiteren Augustinus-Belegen vgl. die Anm. 85 in der von K.-H. LÜTCKE eingeleiteten, übersetzten und erläuterten Ausgabe von *De quantitate animae*, in: Augustinus, Philosophische Spätdialoge, hrsg. von C. Andresen, S. 399 f.

sein, wie die Dinge von der *mens* erfaßt werden. Nach der Terminologie von *De quantitate animae*[105] erblickt die *mens* – gewissermaßen als geistiges Auge – mittels des ihr eigentümlichen Blicks, der *ratio,* durch den Akt des Blickens, der *ratiocinatio,* die Dinge, die erblickt werden sollen. Die Vernunft wäre demgemäß eine Art Blick des Geistes: „ratio sit quidam mentis aspectus".[106] Wie das sinnliche Wahrnehmen des aus sich herausgehenden Ausgriffs auf das sinnlich Wahrnehmbare bedarf, so bedarf der erkennenwollende Geist eines Suchaktes, einer Bewegung auf die Dinge zu, die erblickt werden sollen: „ratiocinatio autem rationis inquisitio, id est, aspectus illius, per ea quae aspicienda sunt, motio."[107] Das Offenbarwerden von Inhalten der geistigen Erkenntnis,[108] das zu Unbekanntem führende Erkennen – „ratio ad incognitum ducit" –,[109] hat zur Bedingung der Möglichkeit ein Suchvermögen und einen Suchakt, wobei das Vermögen der *ratio* zum Suchen vorausgesetzt werden muß, der Akt der *ratiocinatio* aber zum Sehen: „Quare ista opus est ad quaerendum, illa ad videndum."[110]

Damit kehrt nun eine genau den Verhältnissen bei der Sinneserkenntnis entsprechende Doppeltheit in die Bedingungen der geistigen Erkenntnis bei Augustinus ein. Einerseits nämlich muß von der Seite des Sehenden her der in der *ratio* fundierte *aspectus* als Ausgriff auf die zu erkennenden Dinge vorausgesetzt werden, andererseits ist der Ausgriff angewiesen auf etwas, das ihm Erfüllung im Sehen, in der *visio,* bietet: „Ex quo liquet, ut opinor, aliud esse aspectum, aliud visionem; quae duo in mente rationem et scientiam nominamus."[111] Spontaneität und Rezeptivität der Erkenntnis sind demgemäß auch für den Bereich der geistigen Erkenntnis – und damit für die eigentlich philosophischen Fragen – vorauszusetzen. Zu untersuchen ist

[105] W. THEILER, Forschungen zum Neuplatonismus, S. 224, nennt die „Reihe *mens – intentio – scientia*".

[106] *De quantitate animae* XXVII, 53; P. de LABRIOLLE kommentiert in Band 5 der Oeuvres de Saint Augustin, Dialogues philosophiques II, Dieu et l'Ame, S. 340: „Il oppose ici *ratiocinatio* à *ratio,* la première désignant le mouvement discursif de la pensée, la seconde un *mentis aspectus,* une vue de l'âme qui contemple la résultat obtenu par la démarche préalable que l'autre mot signifie."

[107] *De quantitate animae* XXVII, 53; vgl. hierzu auch *Soliloquia* I, 6, 12 ff.

[108] Das Offenbarwerden drückt Augustinus mit *non latere* entsprechend dem griechischen Ausdruck ἀ-λήθεια aus.

[109] *De quantitate animae* XXVII, 53; vgl. hierzu K. JASPERS, Die großen Philosophen I, S. 340, wo er richtig das hier genannte Moment in der Erkenntnis als Gemeinsamkeit zwischen Platon und Augustinus sieht: „Aber ein Platonisches Moment hält Augustin fest: in der Wahrheitserkenntnis sehen wir das Erkannte zwar in göttlichem Lichte, schauen aber nicht Gott selber; und: unser Erkennen ist kein schwaches Abbild göttlichen Erkennens, sondern wesensverschieden vom göttlichen Erkennen." In diesem Punkt unterscheidet sich Plotin eben sowohl von Platon als auch von Augustinus.

[110] *De quantitate animae* XXVII, 53.

[111] Ebd.

demnach im weiteren, ob und wie die gesuchte Erkenntnis, die sich nach der bisher vorgetragenen Interpretation der Möglichkeit der Erkenntnis auf zwei Quellen zu beziehen hat, sich auch in der Tat gewinnen läßt.

Kapitel IX:

Die Wahrheitserkenntnis auf der Grundlage der Selbsterfahrung und der Nachforschung in der *memoria*

Augustins oft zitierte, zur gleichsam klassischen Bezeichnung des von ihm beschrittenen Weges zur Erkenntnis der Wahrheit gewordenen Formulierung in *De vera religione* wird meist in solcher Verkürzung zitiert, daß das spezifisch Augustinische an diesem Weg nicht mehr zum Ausdruck kommt.[1] In der bekannten, verkürzten Form lautet diese Stelle: „Noli foras ire, in te ipsum redi; in interiore homine habitat veritas".[2] Träfe es zu, daß in diesem Halbsatz gewissermaßen das Ganze des Augustinischen Erkenntnisweges umgriffen wäre, dann könnte Willy Theiler zugestimmt werden, wenn er in Augustins philosophischem Wirken nahezu ausschließlich die Verdienste um das „Rettungswerk" für die „Schätze errungener Wahrheit" in einer „Zeit absteigender Kultur" hervorhebt – und darüber eine womöglich doch bestehende Selbständigkeit und Andersartigkeit seines Denkens beim doxographisch orientierten, äußerlich historischen Vergleich ähnlicher Formulierungen weitgehend aus dem Blick verliert.[3] Der oben nur in seinem

[1] Vgl. z. B. Edmund HUSSERL, Die Pariser Vorträge, S. 39: „Mit anderen Worten, der notwendige Weg zu einer im höchsten Sinne letztbegründeten Erkenntnis, oder, was einerlei ist, einer philosophischen, ist der einer universalen Selbsterkenntnis, zunächst einer monadischen und dann einer intermonadischen. Das delphische Wort: γνῶθι σεαυτόν hat eine neue Bedeutung gewonnen. Positive Wissenschaft ist Wissenschaft in der Weltverlorenheit. Man muß erst die Welt durch Epoché verlieren, um sie in universaler Selbstbesinnung wiederzugewinnen. *Noli foras ire*, sagt Augustinus, *in te redi, in interiore homine habitat veritas.*" Für Augustinus ist der Weg zurück zum inneren Menschen allerdings nicht der Weg in eine „*solipsistisch* beschränkte Egologie" die dann auf eine „intersubjektive Phänomenologie" und die Grundlegung der „apriorischen Wissenschaften" hin erweitert werden soll (vgl. S. 38). Um den gesuchten absoluten Haltepunkt zu finden, reicht nach Augustinus die Rückkehr ins Ich nicht aus, sie muß vielmehr ins Transzendente hinein fortgesetzt werden.

[2] *De vera religione* XXXIX, 202.

[3] Vgl. Forschungen zum Neuplatonismus, dort: Porphyrios und Augustin, S. 230; zum Eigenständigen im Denken Augustins nach der Sicht Theilers vgl. S. 245–248; zu dieser Fragestellung vgl. auch H. DÖRRIE, Porphyrios als Mittler zwischen Plotin und Augustin, S. 410 ff., hier bes. S. 434: „die erste theologische Schulung erhielt Augustin durch Schriften des Porphyrios . . . Wie tief das ging, ist früher kaum ermessen worden. Hier hat W. Theiler . . . einen wirklichen Durchbruch erzielt . . . Das Ergebnis war zunächst bestürzend: So eng ist die Abhängigkeit Augustins von seinem Vorbild. Freilich durfte dies nicht verwundern, wenn man die Gültigkeit des *imitatio*-Gesetzes in Betracht zieht: Gerade die Schrift *De vera religione* – soviel hat Theiler unzweifelhaft nachgewiesen – ist die Umsetzung der Erlösungslehre aus neuplatonischem in christlichen Geist." Auf diese Weise schließt Dörrie, S. 439, folgendermaßen: „Porphy-

ersten Teil zitierte Satz Augustins kann nun in der Tat dem Sinne nach, aber sogar auch bis in den Wortlaut hineingehend, in Plotins Enneade Περὶ τοῦ καλοῦ gefunden werden.[4] Das *noli foras ire* hat dort seine Entsprechung im zweiten Teil des folgenden Satzes: ἴτω δὴ καὶ συνεπέσθω εἰς τὸ εἴσω ὁ δυνάμενος, ἔξω καταλιπὼν ὄψιν ὀμμάτων μηδ' ἐπιστρέφων αὑτὸν εἰς τὰς προτέρας ἀγλαίας σωμάτων.[5] Im ersten Teil des Satzes aber hat sich schon das *in te ipsum redi* angekündigt, das dann weiter unten noch einmal aufgegriffen wird: ἄναγε ἐπὶ σαυτὸν καὶ ἴδε.[6] Dort also kann das überschwenglich Schöne, das κάλλος ἀμήχανον, gefunden werden, als das auch bei Augustinus die Wahrheit gesucht wird.[7]

Zunächst mag es beim weiteren Vergleich der Texte scheinen, als fände sich auch bei Plotin schon die Fortsetzung des Gedankens, wie er in der zweiten Satzhälfte bei Augustinus auftritt. Diese Fortsetzung des Satzes lautet: „et si tuam naturam mutabilem inveneris, transcende et te ipsum." Den Ausgangspunkt nämlich, der Augustinus zu dem Gedanken der Selbsttranszendenz führt, hält auch Plotin schon in ganz ähnlichen Worten fest, wenn er zugesteht, daß in dem zur Betrachtung seiner selbst zurückkehrenden Streben nach Erkenntnis wahre Schönheit noch nicht gefunden werden könne: κ'ἂν μήπω σαυτὸν ἴδῃς καλόν.[8] Die Konsequenz für das nun gebotene Fortschreiten, die Plotin aus der von ihm gesehenen Tatsache zieht, unterscheidet sich wesentlich von derjenigen Augustins. Plotin fordert keine Selbstübersteigung des Schauenden in ein Anderes, sondern eine Selbstreinigung, welche den in sich selbst Zurückkehrenden und sich selbst Betrachtenden schließlich dahin führt, die höchste Schönheit selbst zu sein: ἕως ἂν ἐκλάμψειέ σοι τῆς ἀρετῆς ἡ θεοειδὴς ἀγλαία.[9] Das so gereinigte Bild des Selbst (σαυτῷ καθαρὸς συνεγένου) läßt den Betrachtenden so zum Einen werden (οὐδὲν ἔχων ἐμπόδιον πρὸς τὸ εἷς οὕτω γενέσθαι), daß er schließlich

rios war der letzte griechische Denker, der den Westen in fundamentaler Weise beeinflußt hat. Durch Augustin hindurch ist er der Mitbegründer der abendländischen Theologie gerade da geworden, wo sie sich von der des Ostens unterscheidet." Es soll hier nicht weiterverfolgt werden, ob Dörrie sich hier nicht mit wohlbelegten Aussagen in bezug auf die Thesen der oben zitierten Abhandlung, Die Andere Theologie, selbst widerlegt. Jedenfalls scheint jetzt die Eigenständigkeit Augustins gegenüber dem Neuplatonismus gar nicht mehr in den Blick zu kommen. Immerhin wird in allgemeiner Weise angedeutet, daß die „begriffliche Klärung vom Wesen des Transzendenten" (ebd.) Augustinus vom Neuplatonismus unterscheidet.

[4] Enneade I 6, 8 und 9.

[5] Enneade I 6, 8, 3–6.

[6] Enneade I 6, 9, 7.

[7] Enneade I 6, 8, 2; vgl. z. B. *De vera religione* XXXIX, 203: „Vide ibi convenientiam qua superior esse non possit, et ipse conveni cum ea. Confitere te non esse quod ipsa est; siquidem se ipsa non quaerit, tu autem ad eam quaerendo venisti, non locorum spatio sed mentis affectu, ut ipse interior homo cum suo inhabitatore non infima et carnali, sed summa et spiritali voluptate conveniat."

[8] Enneade I 6, 9, 7 f.

[9] Enneade I 6, 9, 14.

nichts anderes als das Licht der Wahrheit selber ist (ὅλος αὐτὸς φῶς ἀληθινὸν μόνον), über jedes Maß erhaben (ἀμέτρητον πανταχοῦ), dasjenige, worüber hinaus nichts Größeres gedacht werden könne (μεῖζον παντὸς μέτρου καὶ παντὸς κρεῖσσον ποσοῦ).[10]

Nach Augustinus hingegen findet derjenige, der auf dem Weg der Wahrheitssuche in sich selbst zurückkehrt, dort nicht einfach die Wahrheit selbst, sondern lediglich deren Wohnung im inneren Menschen: „in interiore homine habitat veritas". Im inneren Menschen ist das Licht der Wahrheit zu finden, aber nicht das Licht selbst, sofern es ursprünglich leuchtet. Augustinus nimmt – und auf diese Weise kann nun an die beiden oben ausgearbeiteten Quellen der Erkenntnis angeknüpft werden – vielmehr einen so wesentlichen Unterschied zwischen der ursprünglichen Quelle allen Lichtes und dem von ihm Erleuchteten an, daß die Möglichkeit, das Licht selbst im Inneren zu finden, gar nicht mehr im Bereich des Denkbaren zu liegen scheint. Über das Innere muß nach Augustinus infolgedessen hinausgeschritten werden, es muß dorthin gegangen werden, von woher das in der Vernunft gegenwärtige Licht zum Leuchten gebracht worden ist: „Illuc ergo tende unde ipsum lumen rationis accenditur."[11] Erkenntnis, dies ist oben dargestellt worden, vollzieht sich gemäß der Auffassung Plotins als intellektuelle Anschauung, als Tätigkeit eines *intellectus archetypus*.[12] Nach Augustinus aber ist der Weg nach innen wohl der notwendige Weg in Richtung auf die Wahrheit zu, allerdings nicht so, daß er schon in diesem Innen zu seinem letzten Ziel führen könnte.

Dieser Unterschied zwischen der Plotinischen und der Augustinischen Auffassung läßt sich noch einmal an Platons Sonnengleichnis verdeutlichen, von dem her die hier besprochene Bildmetaphorik am gründlichsten beeinflußt worden ist.[13] Gemäß dem Bildteil des Sonnengleichnisses muß das Licht dem Auge allererst gegeben werden, damit es das Sehvermögen (ὄψις), das Sichtbare (ὁρατόν) und das Gesehene (ὁρώμενα) geben kann: Ἆρ' οὖν οὐ καὶ ὁ ἥλιος ὄψις μὲν οὐκ ἔστιν, αἴτιος δ' ὢν αὐτῆς ὁρᾶται ὑπ' αὐτῆς ταύτης.[14] Wenn demgemäß die ὄψις selbst sonnenartig, ja das ἡλιοει-

[10] Enneade I 6, 9, 16–23; vgl. hierzu Odilo LECHNER, Idee und Zeit in der Metaphysik Augustins, S. 63 f.: „Das Wort von Licht und Erleuchtung ist nicht nur metaphorisch, sondern analog zu verstehen – das intelligible Licht ist Licht in seiner Eigentlichkeit. Die Lichtmetaphysik ist Augustin vor allem von Plotin vermittelt, aber er findet sie als die Wahrheit des Evangeliums vom Licht der Welt und es wird ihm zur eigenen geistigen Erfahrung, daß der Geist in seinem Ursprung sich unsagbarer Helle naht." Lechner übersieht bei aller Richtigkeit der historischen Ableitung des Bildes den Unterschied in seinem sachlichen Gebrauch.

[11] *De vera religione* XXXIX, 203.

[12] Vgl. S. 103 f. und 109 ff.

[13] Vgl. allerdings W. LUTHER, Wahrheit, Licht und Erkenntnis in der griechischen Philosophie bis Demokrit.

[14] *Politeia* 508 b.

δέστατον sein muß, dann bleibt doch zugleich klar, daß das Sehen nicht in der Lage ist, sich das Licht sonnenartig selbst zu geben. In diesem Sinne ist folgender Text aus der Farbenlehre Goethes eine angemessene Interpretation zum Bildteil von Platons Sonnengleichnis: „Das Auge hat sein Dasein dem Licht zu danken. Aus gleichgültigen tierischen Hilfsorganen ruft sich das Licht ein Organ hervor, das seines Gleichen werde; und so bildet sich das Auge am Lichte fürs Licht, damit das innere Licht dem äußern entgegentrete."[15] Das Sehen bleibt Werdendes, kann nicht entwerdend das Eine selbst sein; das innere Licht bleibt wesenhaft etwas, das dem äußeren entgegentritt und auf es angewiesen ist. Auch nachdem das Auge vom Licht als ein Organ hervorgerufen worden ist, das seines Gleichen werden soll, und obwohl es also auf Grund dieses seines Ursprungs selbst sonnenhaft ist, bedarf es zum Sehen doch noch des ihm äußeren Lichtes, eines Lichtes folglich, das ihm allererst gegeben werden muß, soll es zum Vollzug des Sehens kommen können.

Augustins Bezeichnung des Weges zur Erkenntnis unterscheidet sich demgemäß in charakteristischer Weise von der Darstellung Plotins und befindet sich zudem auch in größerer Nähe zur Aussage des Sonnengleichnisses Platons. Im Rückgang zu sich selbst hat letztgültiges Finden noch nicht stattgefunden; das Suchen ist vielmehr bloß auf die Bahn gebracht, bei deren Durchschreiten eine Antwort, wenn immer sie dem Suchenden dann gegeben werden mag, allein gefunden werden kann. Das Vermögen des Suchens, die *ratio,* stellt im Suchakt, der *inquisitio,* bestimmte Fragen und strukturiert damit die Antworten, sofern sie schließlich gegeben werden, schon vor. Ob allerdings Antworten überhaupt erfolgen, ist von der Seite des Fragenden her nicht steuerbar, bleibt also ungewiß. Das Vermögen der *ratio* bedarf hier eines ihm zu gebenden Datums zur Möglichkeit des Vollzugs der Erkenntnis. Ein solches Datum für die Möglichkeit der geistigen Erkenntnis sucht Augustinus nun auf drei Wegen, nämlich sofern es in der Selbsterfahrung gegeben ist, sofern es in der Erinnerung, der *memoria,* gegeben ist und sofern es schließlich auch durch die Autorität des Glaubens gegeben werden kann. Die Suche nach dem unerschütterlichen Fundament des Wissens in philosophischen Fragen, das dem durch die Todeserfahrung Stürzenden Halt zu geben vermag, vollzieht sich demgemäß am Leitfaden dieser drei Gegebenheitsweisen, die – obwohl sie grundverschiedene Zu-

[15] Entwurf einer Farbenlehre, S. 323; Goethe läßt ebendort seine Interpretation der „Worte eines alten Mystikers", nämlich Plotins, in die folgenden bekannten Reime übergehen: „Wär' nicht das Auge sonnenhaft,/ Wie könnten wir das Licht erblicken?/ Lebt' nicht in uns des Gottes eigne Kraft,/ Wie könnt' uns Göttliches entzücken?" Goethe transponiert – wie Plotin – das, was Platon wie Augustinus im Blick auf eine eschatologische Zukunft sagen wollen, in die Gegenwart und überspringt so die Eigentümlichkeit des menschlichen Weltdaseins.

gangsarten zum Wissen bezeichnen – doch auch auf die Möglichkeit ihres inneren Zusammenhangs untersucht werden müssen.

In der Zuwendung zu der ersten Weise, wie dem Erkenntnisvermögen etwas zum Erkennen gegeben ist, liegt nun der Verweis auf die Selbsterfahrung vor. Mit diesem Verweis ist aber, wie sogleich zu sehen sein wird, noch keineswegs ein bestimmter Bereich der Gegebenheit eindeutig bezeichnet. Bevor eine solche Eindeutigkeit erreicht werden kann, die für die präzise Bestimmung der Erkenntnisleistung erforderlich ist, müssen die beiden folgenden Abtrennungen vorgenommen werden, um einerseits den Blick auf das zu lenken, was dem Inhalt nach gesucht wird, andererseits aber auf das, was der Suche auch tatsächlich erreichbar ist.

Die erste dieser beiden Abtrennungen betrifft den Bereich des *foris*, sofern er in der Selbsterfahrung gegenwärtig ist, den Bereich des äußeren Menschen, den Leib. Ein Aspekt von Augustins Begründung, die ihn zur Aussonderung dieses Bereiches führt, ist oben schon genannt worden. Seine Veränderlichkeit und Vergänglichkeit lassen demnach keine Antwort zu, die als Antwort auf die gestellten Fragen akzeptiert werden könnte. Wird dieser Bereich aber dennoch so in den Blick genommen, wie er in der Selbsterfahrung des Menschen wirklich und gegenwärtig ist, so muß die Betrachtung am je eigenen Leib vollzogen werden. Derart kann die Begründung um einen anderen Aspekt erweitert werden. Der Bereich des *foris* tritt im Leib des Menschen nämlich in Form von Organen auf, eben beispielsweise als Ohr und als Auge.[16] Durch Organe aber werden Tätigkeiten verrichtet. Dasjenige also, was das Wesen der leiblichen Organe ausmacht, ist die Verrichtung bestimmter Tätigkeiten. Damit rückt die Frage in das Blickfeld, was bei all diesen Tätigkeiten das Verrichtende ist. So muß nach Augustinus bei der Tätigkeit der Organe darauf gesehen werden, was in ihrer Tätigkeit tätig ist: „vide quod operatur per carnem".[17] Da die Organe auf dem bloßen Grund ihrer Körperlichkeit, die als solche unbelebt ist, nicht in der Lage sind, die durch sie vollzogenen Tätigkeiten zu realisieren, ergibt sich der Imperativ: „respice ergo interiorem hominem tuum".[18] Indem also die Frage gestellt wird, was dem Geist in der Selbsterfahrung gegeben ist, stellt sich die Frage nach dem Prinzip seiner Tätigkeit – auch vom Vollzug der Tätigkeit der Organe her. Geht er auf dies Prinzip seiner Tätigkeit zu, so sieht er, in Augustins Worten, daß es im inneren Menschen, im Geist gelegen ist: „prin-

[16] Sermo 52, 7, 18: „Unde verba loquentis audio, nisi per aurem carnis? Unde os loquentis video, nisi per oculos carnis?"

[17] Ebd.; da das Auge eines Toten nicht sehen kann, sei anzunehmen, daß etwas anderes als das körperliche Organ – aber vermittelt durch dieses – wahrnimmt: „Alius est intus qui audit per aurem. Vides per oculum, ipsum intuere. An domum agnovisti, habitatorem neglexisti? Numquidnam videt oculus per se ipsum? Nonne alius est qui videt per oculum?"

[18] Ebd.

cipale nostrum spiritus est".[19] Was aber mit dieser Benennung des Prinzips der Tätigkeiten erkannt ist, wird weiter zu untersuchen sein.

Das Zugehen auf die Selbsterfahrung als Gegebenheitsweise für das geistige Erkenntnisvermögen hat demgemäß den ersten Teil der oben angeführten Wegweisung zu beachten, nämlich: „Noli foras ire, in te ipsum redi; in interiore homine habitat veritas". Wie aber im Blick auf die gesuchte Gegebenheitsweise von allem abgesehen werden muß, was im Seinsrang gleichsam unter dem liegt, was mit dem inneren Menschen bezeichnet wird,[20] weil es um das *Agens* in den der Selbsterfahrung gegebenen Vollzügen geht, so muß auch – und dies macht nun die zweite Abtrennung aus – alles, was über diesem Bereich liegen mag, hier noch unberücksichtigt bleiben.

Diese zweite Abtrennung kann nicht einfach wie die erste ausdrücklich mit eindeutigen Zitaten aus Texten Augustins entnommen werden und bedarf deswegen einer eigenen sachlichen Rechtfertigung als Interpretation. Augustinus neigt ja gerade dazu, die Unmittelbarkeit der Selbsterfahrung, obwohl er sie durchaus in ihrer phänomenalen Gegebenheit auch streng für sich selbst betrachtet, schon als von einem Vorwissen geleitet und umgriffen zu deuten. Er behauptet dementsprechend, daß derjenige, der sucht und sich so um Lernen und Erkenntnis erst müht, die Sache, um die er sich müht, entgegen seinem eigenen, durch Nichtwissen gekennzeichneten Selbsterleben doch schon kenne: „Quod dum quaerit, utique in studio discendi est, et videtur amare rem incognitam; quod non ita est ."[21] Wenngleich Augustinus also nach dieser These annimmt, daß der Suchende die gesuchte Sache schon gleichsam kennt und als bekannte Sache liebt, „amaturque res nota",[22] so ist doch in bezug auf das Selbsterleben des Suchenden festzuhalten, daß er von diesem Vorwissen im Suchen nichts weiß, daß also das über das aktuelle Wissen hinausgehende vorgängig umgreifende Wissen höchstens ein verdecktes Wissen genannt werden kann. Es mag demnach zutreffen oder auch nicht zutreffen, daß die Suche von einem inhaltlichen Vorwis-

[19] *De fide et symbolo* X, 23; dort wird eine Leib-Seele-Geist-Lehre vertreten: „Et quoniam tria sunt quibus homo constat, spiritus, anima et corpus". Die sachliche Rechtfertigung für die Annahme eines solchen Trialismus liegt nach Augustinus in der Animalität der Tiere, von der die Geistigkeit des Menschen noch einmal abgesetzt werden muß. Innerhalb dieses Trialismus wird eine Rangfolge aufgestellt: „postremo ipsum corpus quoniam visibile est, ultimum nostrum est . . . dedit tamen primitias spiritus".

[20] Vgl. *De trinitate* X, 10, 13: „Non ergo adiungat aliud ad id quod se ipsam cognoscit, cum audit ut se ipsam cognoscat." Die *mens* soll unterscheiden, was sie von sich weiß und was sie bloß annimmt: „Secernat quod se putat, cernat quod scit." Dabei werden materialistische Erklärungsversuche ausgeschieden (die gegebenen Beispiele zielen auf Lehren der jonischen Naturphilosophen und der Stoa).

[21] *De trinitate* X, 1, 2.

[22] Ebd.

sen bestimmt und geführt ist, daß sich der Suchende in der Suche von vornherein – ohne sein Wissen – selbst überstiegen, transzendiert hat: für denjenigen, der Erkenntnis sucht und noch nicht in seinem sicheren Besitz hat, spielt dieser Gesichtspunkt keine Rolle. Das *transcende et te ipsum* kann vom Suchenden jedenfalls im Ansatz nicht vorweggenommen werden, ohne daß der Bereich der Gegebenheitsweise durch die Selbsterfahrung gesprengt würde. Dennoch kann auch nicht von vornherein ein solches Resultat ausgeschlossen werden, das den vorgängigen Selbstüberstieg offenlegte. Ein solches Resultat hätte allerdings Konsequenzen, die hier schon genannt werden können. Dies Resultat würde erstens erklären, wie es zu der Vermischung der beiden Gegebenheitsweisen bei Augustinus gekommen ist – nämlich offenbar dadurch, daß die Analyse der Selbsterfahrung sich nachträglich als etwas anderes herausstellt, als sie zunächst zu sein schien. Als Gegebenheitsweise fiele sie dann in diesem Sinne schließlich strenggenommen weg. Sie könnte lediglich als Zugang zur *memoria*-Analyse verstanden werden. Angesichts derartiger Vorüberlegungen zum möglichen Resultat der Untersuchung des Ansatzes in der Selbsterfahrung wird zunächst aber die Darstellung seiner Durchführung vordringlich.

In kürzester Form liegt dieser Ansatz in *De civitate Dei* vor. Mit dieser Fassung soll hier auch deswegen angefangen werden, weil in ihr ausdrücklich auf die Position des radikalen Zweifels Bezug genommen wird, wie Augustinus ihn als Position der Akademiker beschrieben und zu überwinden gesucht hat.[23] Zunächst aber beginnt dieser Abschnitt mit einer für die philosophische Untersuchung eine starke Zumutung enthaltenden These. Augustinus geht nämlich davon aus, wir könnten in uns ein Bild Gottes erkennen. Von diesem Bild sei zwar zu sagen, daß es ein nicht gleiches, sondern vielmehr ein in großer Distanz zu Gott befindliches Bild sei, weil es eben weder gleichewig mit Gott, noch von der Substanz Gottes genommen sei.[24] Es stehe ihm aber doch unter allem Geschaffenen am nächsten, sogar im Sinne der göttlichen Dreieinigkeit, wenn es allerdings auch noch vervoll-

[23] Vgl. *De civitate Dei* XI, 26; zu diesem Ansatz im Augustinischen Denken vgl. z. B. Ch. BOYER, L'Idée de Verité dans la Philosophie de Saint Augustin, S. 24: „Le *Contra Academicos* contient donc la pensée définitive de saint Augustin sur la manière d'établir le fait de la connaissance de la vérité en général. Il est la source principale dans cette question."

[24] Vgl. Augustins Interpretation der *creatio ex nihilo* in *De libero arbitrio* I, 2, 13: „Ex quo fit ut de nihilo creaverit omnia, de se autem non crearit, sed genuerit quod sibi par esset, quem filium dei unicum dicimus; quem cum planius enuntiare conamur, dei virtutem et dei sapientiam nominamus, per quam fecit omnia quae de nihilo facta sunt." Vgl. hierzu mit weiteren Stellen auch J. F. ANDERSON, St. Augustine and Being. A Metaphysical Essay, S. 34: „Now, this bestowal of existence is either from nothing *(ex nihilo, de nihilo)* or from God's own substance. To adopt the latter hypothesis would be to hold that a part of the divine substance could become finite, mutable, subject to change – which, of course, is impossible. It follows that God creates from nothing whatsoever."

kommnet werden müsse, damit es ihm so ähnlich wie möglich werde.[25] Diese Einleitung einer auf die Skepsis eingehenden Untersuchung, die gleichsam schon vom Ziel der menschlichen Wahrheitssuche her spricht und ihrer folglich nicht mehr zu bedürfen scheint, kann hier nur als unbestimmte Zielvorgabe aufgefaßt werden, in dem Sinne etwa, daß etwas Unvergängliches und höchst Vollkommenes gesucht werde. Nicht allein die Tatsache, daß mit der Trinität ein Gedanke der christlichen Theologie ins Spiel gebracht ist, läßt die Annahme der These für die theoretische Erkenntnis der kritisch fragenden Vernunft so unerreichbar scheinen, sondern auch die Tatsache, daß im Menschen selbst laut der Aussage des Textes ein schwaches Abbild von ihr verwirklicht sein soll. So fragt sich, wie von einem solchen schwachen Abbild gewußt werden könne. Wenn es dabei um gewisses Wissen ginge, wie Augustinus es fordert, dann müßte an dieser Stelle der Einwand greifen, den Augustinus in *Contra Academicos* gegen den Probabilismus der Akademiker vorgetragen hat, daß nämlich die Wahrscheinlichkeit schon von vornherein an der Wahrheit gemessen sein muß, wenn in sinnvoller Weise von ihr geredet werden können soll. Dennoch scheint es angebracht, nebenbei darauf hinzuweisen, daß hier eine Denkstruktur zu finden ist, die Platons Einführung der Ideen durch den Anamnesisgedanken im *Phaidon* verwandt ist.[26] Die Frage aber, wie der Erkenntnis womöglich durch die Wiedererinnerung etwas gegeben sein könnte, wird hier bis zur Untersuchung der zweiten Gegebenheitsweise der Erkenntnis zurückgestellt.

Nach dieser Einleitung beginnt das voraussetzungslose Fragen und Suchen, deren Resultat keinen Zweifel mehr zulassen dürfen, so daß – wie Augustinus sagt – keine der Wahrheit ähnliche Täuschung mehr Verwirrung stiften könne: „nulla nos falsitas veri similis turbat".[27] Für ganz zweifelsfrei wird nun hingestellt, daß wir sind, daß wir um unser Sein wissen und daß wir dieses Sein und Wissen lieben: „Nam et sumus et nos esse novimus et id esse ac nosse diligimus."[28] Von diesem Sein, Wissen und Lieben kann gesagt werden, daß sie von höchster Gewißheit seien: „mihi esse me idque nosse et amare certissimum est".[29] Dabei wird eigens die Absetzung von Inhalten betont, die durch die Körpersinne vermittelt gewußt werden und Dinge betreffen, die außerhalb sind: „quae foris sunt". Auf dem Gebiete des eigenen Seins, des Sich-selbst-Wissens und der Liebe dieses Seins und Wissens scheint also die gesuchte höchste Gewißheit der geistigen Erkenntnis gefunden zu sein, denn – so sagt Augustinus – selbst, wenn ich mich täu-

[25] *De civitate Dei* XI, 26.
[26] Vgl. dort 74 e/ 75 a.
[27] *De civitate Dei* XI, 26; vgl. den Anklang an die in *Contra Academicos* diskutierte stoische Wahrheitsdefinition (dort insbes. III, 9, 21).
[28] Ebd.
[29] Ebd.

sche, steht doch fest, daß ich bin: „Si enim fallor, sum."[30] Weil also der, der sich täuscht, doch sein muß, um sich täuschen zu können, kann gegen die skeptische Nachfrage das Wissen um das eigene Sein gewußt werden: „Consequens est autem, ut etiam in eo, quod me novi nosse, non fallar."[31]

Soweit es dementsprechend in der Widerlegung der Skepsis zunächst nur um das Sein und das Wissen dieses Seins geht, kann mit Recht auf Grund einer Voraussetzung argumentiert werden, die auch vom Skeptiker implizit gemacht wird, die allerdings in bezug auf ihren realen Gehalt noch einer kritischen Betrachtung zu unterziehen sein wird. Diese kritische Betrachtung wird durch die Untersuchung des dritten Gliedes des genannten Ternars eingeleitet. Bei seiner Einführung durch Augustinus ist augenscheinlich das retorquierende Argumentieren, das bei den beiden ersten Gliedern statthatte, beiseitegesetzt und eine andere Ebene der Argumentation beschritten.[32] Von vornherein ist deswegen besondere Achtsamkeit auf die sich bei den Gliedern des Ternars unterschiedlich stellenden Rechtfertigungsprobleme geboten, auch wenn Augustinus sie durch die Art ihrer Zusammenstellung auf eine gemeinsame Ebene zu heben versucht.

Eingeführt wird das dritte Glied des Ternars einfach durch eine als Tatsache behauptete Aussage: „Eaque duo cum amo, eundem quoque amorem quidam tertium nec inparis aestimationis eis quas novi adiungo."[33] Die Hinzufügung dieses Dritten und seine Verbindung mit den beiden ersten Größen geschieht – das beinhaltet dieser Satz – auf eine neue Weise, nämlich wenigstens zunächst nicht auf die Weise des Wissens. Der demgemäß als Faktum eingeführte, sich auf Sein und Wissen richtende Akt des Liebens soll um nichts weniger auch selbst auf die Ebene des Wissens gehoben werden. Zu diesem Zweck aber ist es erforderlich, das Lieben im Blick auf die Gewißheitsproblematik an die Gewißheit von Sein und Erkennen anzubinden. Diese Aufgabe versucht Augustinus von zwei Seiten her zu lösen, einerseits von Sein und Wissen her, deren Gewißheit ja schon als erwiesen gilt, andererseits aber auch vom Lieben her.

[30] Ebd.; vgl. die Anmerkung 11, Saint Augustin et Descartes, im Kommentar der Oeuvres de Saint Augustin, Band 35, S. 486 f.: „Le raisonnement dont nous trouvons ici l'expression tient une grande place dans la vie de saint Augustin." Diese These wird durch zahlreiche Stellen belegt (vgl. *De beata vita* II, 2, 7; *Soliloquia* II, 1, 1; *De libero arbitrio* II, 3, 7; *De trinitate* XV, 12, 21). Die historische Frage, ob Descartes die einschlägigen Augustinus-Stellen gekannt habe, wird für unentscheidbar gehalten: „On a beaucoup discuté et l'on discutera peut-être toujours la question de savoir si Descartes a connu les textes de saint Augustin avant d'énoncer lui-même son argument." Vgl. auch G. LEWIS, Augustinisme et Cartésianisme, bes. S. 1103, wo er die These vertritt, daß in Descartes der metaphysische Augustinismus wiederentdeckt worden sei. Daß diese These so nicht haltbar ist, soll weiter unten noch verdeutlicht werden.

[31] *De civitate Dei* XI, 26.

[32] Vgl. hierzu Kants *Kritik der reinen Vernunft*, B 487, wo der hier vorgetragene Einwand im Zusammenhang mit einer vergleichbaren Frage erhoben wird.

[33] *De civitate Dei* XI, 26.

Im erstgenannten Versuch geht die Argumentation von folgender Frage aus: „Cum vero et illa vera atque certa sint, quis dubitet quod eorum, cum amantur, et ipse amor verus et certus est?“[34] Um also das Lieben als wahr und gewiß erweisen zu können, muß auch sie dem Zweifel ausgesetzt werden. Vor dem Hintergrund dieses Zweifels kann gefragt werden, ob sie – wenngleich sie sich doch auf etwas richtet, das schon als wahr und gewiß hat erwiesen werden können – mit Recht bezweifelt werden kann. Zu der Frage, ob diese Verbindung des Liebens mit etwas, das als unbezweifelbar gewiß gilt, das Lieben selber sicher und gewiß zu machen in der Lage ist, nimmt Augustinus hier gar nicht ausdrücklich Stellung. Er geht vielmehr sogleich auf einen anderen Satz über, für den er allgemeine Zustimmung annimmt: „Tam porro nemo est qui esse se nolit, quam nemo est qui non esse beatus velit.“[35] Gilt aber, daß jeder sein Sein und sein Glücklichsein liebt, dann kann auch von dieser Seite her eine Verbindung zwischen dem Lieben einerseits und dem Sein und Wissen andererseits angenommen werden: „Quo modo enim potest beatus esse, si nihil sit?“[36]

Es zeigt sich auf diese Weise wiederum, daß das, was als die skeptische Versuchung Augustins bezeichnet wurde, nicht aus einem Schulproblem geboren worden ist.[37] Es ist vielmehr deutlich, wie die Art seines Fragens aus der Reflexion seiner eigenen Erfahrungen und der mit diesen verbundenen Gestaltungsaufgaben hervorgegangen ist. Nimmt man nämlich als Hintergrund der Gewißheitssuche die Fragen, wie sie aus dem durch die Todeserfahrung hervorgegangenen Erlebnis der Nichtigkeit erwachsen sind, so klärt sich die Absicht auf, die dem Versuch, Sein, Wissen und Lieben als gewiß zu erweisen, zugrundeliegt. Stünde diese Frage nicht im Hintergrund, so könnten durchaus auch andere innere Akte genannt werden, die sich ebenso auf Sein und Wissen beziehen.[38] Wenn aber dieser Hintergrund in der Tat anzunehmen ist, dann muß genau nachgeforscht werden, ob das Resultat der Untersuchung auch eine Antwort auf die gestellten Fragen bietet.

Damit diese Nachforschung in die vom Gesamtzusammenhang geforderte Richtung gelenkt werden kann, ist eine Rückbesinnung auf den bisher zurückgelegten Weg angebracht. Um also das Resultat und den zu ihm führenden Weg, wie sie sich aus dem zugrundegelegten Abschnitt aus *De civitate Dei* ergeben, verstehen zu können, ist eine Vergewisserung über die Frage erforderlich, von wo aus der Weg seinen Ausgang nimmt. Um wiederum zu

[34] Ebd.

[35] Ebd.; weiterhin vgl. hierzu die Diskussion des Selbstmordproblems in *De libero arbitrio* III, 8, 76 ff., bes. 83.

[36] *De civitate Dei* XI, 26.

[37] R. JOLIVET, Saint Augustin et le Néo-Platonisme Chrétien, S. 54.

[38] Vgl. z. B. die durch die Wendung nach außen depravierten Modi in *Confessiones* X, 35, 55.

diesem Ausgangspunkt zu finden, ist zunächst einmal auf die subjektiv erlebte Situation Augustins verwiesen worden, aus der heraus sich ihm bestimmte Fragen gestellt haben. Die Situation war oben so beschrieben worden, daß ihm, der nichts als lieben und geliebt werden wollte, die Entreißbarkeit des geliebten und liebenden Gegenübers mit harter Gewalt vor Augen gestellt worden ist. In diesem Erleben aber wurde eben der Sinnzusammenhang zerrissen, innerhalb dessen er sich vordem geborgen gefühlt hatte. Durch den Verlust des Gegenübers wurde nicht das Lieben als der Akt fraglich, der die Beziehung beiderseitig getragen hatte. Das Lieben hatte nicht auf das mögliche Ende des Geliebten gerechnet und ist in dessen Ende gleichsam nicht bereit, sich solcher Endlichkeit ausgeliefert zu sehen: „quem quasi non moriturum dilexeram". Gerade deswegen also, weil er mit seiner aus der inneren Akttendenz auf absolute Beständigkeit ausgerichteten Intention zurückblieb, die nun allerdings ziellos geworden war, fiel er in eine solche Fraglichkeit, die letztlich in die Suche nach einem Fundament und Ziel des Aktes mündet, das mit Sicherheit nicht mehr entrissen werden kann.

Die Frage nach möglicher Gewißheit des Wissens ist so gesehen von vornherein von der Aufgabe geleitet, der im Lieben liegenden Intention nach Unvergänglichkeit Rechnung zu tragen. Die Lösung dieser Aufgabe wurde zunächst in der Frage nach der Möglichkeit unbezweifelbar sicherer theoretischer Erkenntnis gesucht. Dabei ergab sich, daß solche Erkenntnis nach Augustinus immer auch auf etwas angewiesen ist, was dem Denken allererst gegeben werden muß. In diesem Sinne wurden drei Gegebenheitsweisen genannt und die erste, die sich auf die Selbsterfahrung des Geistes bezieht, anhand der klassischen Stelle aus *De civitate Dei* einer Untersuchung unterzogen. In diesem Text werden drei Gewißheiten herausgestellt, die ein unbezweifelbares Fundament für die menschliche Erkenntnis darstellen sollen. Wie es aber zu dieser dreifachen Gewißheit kommen kann, wurde insoweit noch nicht recht klar, als ein Sprung zwischen der Einführung von Sein und Wissen einerseits und Lieben andererseits sichtbar wurde. Obwohl aber nun der Ternar aus *De civitate Dei* nicht ganz eindeutig mit demjenigen aus *De trinitate* kongruiert – so sehr allerdings beide das Abbild der Trinität im inneren Menschen repräsentieren sollen –, kann nun doch auch das X. Buch von *De trinitate* herangezogen werden, damit die Weise und der Inhalt der Gegebenheit dessen, was sich aus der Selbsterfahrung des Geistes als gewiß zeigt, näher verfolgt werden kann.[39]

Die Überlegungen Augustins im X. Buch von *De trinitate* beginnen nun ausdrücklich mit der These von der Umgriffenheit des Erkenntnisstrebens

[39] Statt *esse* stehen *vivere* und *meminisse*, statt *nosse* steht *intellegere*, statt *diligere* steht *velle*. Aber auch diese Abweichungen sind nicht streng, sondern mit Variationen durchgeführt.

durch den schon vorher wirksamen Akt des Liebens.[40] Sie setzen damit dasjenige an den Anfang, was sich – obwohl es in dem interpretierten Abschnitt aus *De civitate Dei* an den Schluß gestellt worden war – als der gemäß dem Denkweg Augustins allein sachgerechte Beginn gezeigt hat. Aus dem Verlauf seines Denkweges ist nämlich deutlich geworden, daß die Erkenntnisproblematik nur in Abhängigkeit vom Sturz in die Fraglichkeit virulent und zur Aufgabe für Augustins Denken wurde. Der Sturz in die Fraglichkeit war eine Folge davon, daß das geliebte und liebende Gegenüber entgegen der in der Liebe liegenden Intention durch den Tod entrissen wurde. Demgemäß steht zu erwarten, daß die Selbstvergewisserung hinsichtlich Sein und Wissen eine bloße Funktion der Vergewisserung über den ursprünglich sinnstiftenden Akt des Liebens ist. Diese Annahme kann nun noch einmal aus dem Rückblick auf die untersuchte Stelle aus *De civitate Dei* befestigt werden, die ja schon durch die Uneinheitlichkeit der Gegebenheitsweise der Glieder des Ternars aufgefallen war. Hinsichtlich des Liebens geht Augustinus nämlich schlichtweg vom Faktum des Liebens aus, Sein und Wissen hingegen werden in der Form eines Konditionalsatzes eingeführt. Die beiden letzteren haben in diesem Sinne also lediglich hypothetische Geltung, sie gelten nur insofern, als irgend etwas anderes vorausgeht, beispielsweise also der Zweifel.

Der Zweifel ist aber wiederum nichts unmittelbar Gegebenes, nicht einmal als unmittelbar gegeben denkbar. Er kann nur gegeben sein als Folge eines Erlebnisses, in dem etwas nichtig geworden ist. Demnach muß ihm etwas Positives zugrundegelegen haben. Dasjenige nun, was dem Nichtigkeitserlebnis und dem Zweifel positiv zugrundeliegt und sich auch unversehrt durchhält, ist nach Augustinus nichts anderes als das Lieben: „Amat igitur".[41] Was das Liebende aber selber sei, bleibt innerhalb des Zusammenhangs der Überlegungen noch unbekannt. Das *X=ignotum,* von dem also gesagt wird, daß es liebe, wird dennoch im folgenden mit Augustinus „Geist", *mens,* genannt, ohne daß – wie sich zeigen wird – auf diese Weise etwas ohne Rechtfertigung untergeschoben wird. Mit „‚Mens' oder ‚Geist'" – damit wird auf eine Formulierung Schelers zurückgegriffen – soll nur „das X oder der Inbegriff der Akte im ‚wissenden' Seienden" bezeichnet wer-

[40] Vgl. *De trinitate* X, 1, 1 mit dem Beginn bei dem *amor studentium,* begriffen als „non iam scientium, sed adhuc scire cupientium quamque doctrinam". Vgl. H.-J. KAISER, Augustinus. Zeit und ‚Memoria', S. 104 f., der die Frage, „ob die Liebe der Einsicht vorausgeht", im Blick auf bisher vorgetragene Positionen kontrovers diskutiert. Obwohl Kaiser die Frage für nicht eindeutig beantwortbar hält, kann festgehalten werden, daß nicht aktuell gewußt wird, was der gesuchte Gegenstand des Wissens ist, daß aber im anfänglichen *amor* schon eine Zielrichtung liegen muß.

[41] *De trinitate* X, 3, 5.

den,[42] nicht etwas Dinghaftes, sondern die Richtung einer Bewegung.[43] Der so verstandene Geist befindet sich aber nicht in frageloser Sicherheit in bezug auf sein geistiges Sein, auch nicht in bezug auf das ursprünglich von ihm vollzogene Lieben. Vielmehr ist er sich durch den gewaltsamen Entzug des Geliebten im Blick auf den ursprünglich sinnstiftenden Akt des Liebens fraglich geworden.

Aus der Tatsache, daß die sich an das Fraglichwerden der Vollzüge des Geistes anschließende Suche vor dem Hintergrund der Todeserfahrung abspielt, resultieren nun zwei Maßgaben für die Suche. Einerseits ist der Liebende in seinem Lieben nun fragend auf sich selber zurückgeworfen, andererseits kann er sich, solange er die im Akt liegende Unbedingtheit seines Anspruches aufrechterhält, jetzt nur noch in einem Ziel beruhigen, das er nicht mehr wider Willen verlieren kann. Demgemäß vermag es nicht weiter zu verwundern, daß der Geist seine liebende Suche zunächst wenigstens auf sich selber richtet. Allerdings läßt sich ein solches Vorgehen nur aus der abgrundtiefen Erschütterung der Todeserfahrung verstehen und rechtfertigen.[44]

Indem der liebend Suchende sich in diesem seinem Suchen auf sich selber richtet, kann er sich lediglich so in den Blick bekommen, wie er sich in der Selbsterfahrung gegeben ist. Verborgen bleibt ihm auf diese Weise die letzte Wahrheit über ihn selbst, sofern sie *ratione veritatis aeternae* oder *per quandam occultam memoriam* erkannt werden könnte.[45] Er kennt sich demgemäß bloß als Nichtwissenden und Suchenden: „Novit autem se quaerentem atque nescientem, dum se quaerit ut noverit."[46] Kann dieses Wissen um das liebende Suchen des Geistes als zweifelsfreies Fundament der weiteren Suche vorausgesetzt werden, dann kann nun weiter gefragt werden, was mit diesem Fundament gegeben und mitgegeben ist und was auf seiner Grundlage ausgesagt werden kann. Daß der Geist sich suchen kann, hat als Bedingung der Möglichkeit, daß er um sich weiß und daß er, was er weiß, als ganzer

[42] Vgl. Philosophische Weltanschauung, in: Gesammelte Werke 9, S. 111.

[43] Vgl. Max SCHELER, a. a. O., S. 151.

[44] Vgl. Michael SCHMAUS, Die psychologische Trinitätslehre des heiligen Augustinus, S. 227: „Von einer anderen Seite jedoch wird der Ternar in seinem Bestande bedroht. Und das ist gerade dort, wo sich unserem Auge der Blick in die immanente göttliche Trinität am weitesten auftun müßte, nämlich bei der Selbstliebe. Augustinus geht von der Freundesliebe, von deren Analyse er sich kurz vorher so großen Gewinn versprach, zu der Selbstliebe über. Es schwebt ihm im weiteren Verlauf der Untersuchung der unausgesprochene Gedanke vor, daß das beste Verständnis der die göttliche Trinität begründenden innergöttlichen Vorgänge nicht jene Liebe biete, die sich auf Gegenstände bezieht, welche dem liebenden Subjekt transzendent sind, sondern die dem menschlichen Wesen immanente Selbstliebe." Zur Diskussion von Gottes-, Selbst- und Nächstenliebe vgl. Josef BRECHTKEN, Augustinus Doctor Caritatis, S. 136 ff.

[45] *De trinitate* X, 3, 5.

[46] Ebd.

weiß: „quod scit, tota scit."[47] Der Geist aber ist sich – so sagt Augustinus – in seinem suchenden Lieben in seiner Ganzheit gegeben; er kann nur suchen, wovon er suchend weiß: „Totam se igitur novit."[48]

Insofern nun der Geist sich im Suchen als ganzer gegeben ist, muß auch gesagt werden können, als was er sich in seiner Selbstgegebenheit gegeben ist. Die Antwort lautet, daß er sich ganz als Suchender gegeben ist: „Tota ergo sibi praesto est, et quid adhuc quaeratur non est: hoc enim deest quod quaeritur, non illa quae quaerit. Cum itaque tota se quaerit, nihil eius deest."[49] Im Suchen ist der Geist sich als ganzer gegenwärtig, hat er sich als ganzen, so daß gar nichts weiter gesucht werden kann, weil er sich als Suchenden gefunden hat. Im Finden des Suchens, so kann das Resultat der Untersuchung Augustins prägnant formuliert werden, ist das Gesuchte gefunden. Der Geist sucht sich nicht, sofern er sich als Suchenden gefunden hat: „Quocirca, quia nec tota se mens quaerit, nec pars eius ulla se quaerit, se mens omnino non quaerit."[50]

Damit ist die Untersuchung des X. Buches von *De trinitate,* insoweit sie sich tatsächlich auf der Ebene der Frage nach der Möglichkeit gewissen Wissens bewegt, auch schon zu ihrem endgültigen Resultat gelangt. Die Suche nach dem festen Fundament ist damit allerdings nur in dem Sinne zu einem nicht mehr entreißbaren Ziel gekommen, zu einem Ziel, das nicht wider Willen verloren werden kann, als das Gefundene insgesamt nichts anderes zum Inhalt hat als das Suchen selbst. Auch die Gewißheit des Geistes über sich selbst als einen, der ist, der lebt und erkennt, „quae est, et vivit, et intelligit",[51] betrifft lediglich das Sein, das Leben und das Erkennen eines Suchen-

[47] *De trinitate* X, 4, 6.

[48] Ebd.

[49] Ebd.

[50] Ebd.; hierzu vgl. Gerhard FUNKE, Cogitor ergo sum, bes. S. 166 ff. Funke hält, S. 167, fest: „Man kann nur in einer radikalen Kritik des *Cartesianischen* Vorgehens, das da doch auf die Gewinnung einer unumstößlichen bleibenden Wahrheit zielt, darauf hinweisen, daß gerade dies Ziel mit dem vorgeführten Zweifelsgedanken nicht erreicht wird." In diesem Sinne könnte laut der obigen Interpretation mit Augustin gegen Descartes gesagt werden (vgl. Funke, ebd.): „Denn die methodische Ausklammerung alles Gedachten läßt nur noch das Zweifeln als Realität übrig; und weil die dubitatio qua cogitatio, als unbezweifelbare Realität evident, je mein Denken ausmacht, ‚ist die Existenz dieses denkenden Seienden, das ich Ich, mich nenne, unbezweifelbar'." Allerdings sucht auch Descartes eine „Rückendeckung beim nicht menschlich-subjektiven Denken in der göttlichen cogitatio" (S. 168). Auf diese Weise wird auch bei ihm „das cogito . . . durch ein cogitor überhöht" (ebd.). Bei Augustinus wird der Rückgang auf das *cogitari* aber nicht auf der Ebene des Wissens entfaltet, sondern des Glaubens und der religiösen Erfahrung. So wird unten die Stelle *Confessiones* X, 1, 1 gedeutet: „Cognoscam te, cognitor meus, cognoscam, sicut et cognitus sum."

[51] *De trinitate* X, 10, 13; diese Gewißheit wird in XIV, 6, 8 als *arcana quadam notitia* genannt – und darin ein Verweis auf die *memoria* gesehen. Bevor deren Analyse durchgeführt ist, bleibt der Inhalt des Wissens verdeckt, sofern er über die Selbstgewißheit des Suchenden hinausgeht.

den. Es muß also mit Augustinus unterschieden werden, was der Suchende von sich wirklich weiß und was er bloß glaubend annimmt: „Secernat quod se putat, cernat quod scit".[52] Wenn dies zu gelten hat, dann müssen – notfalls auch mit einer gewissen Unerbittlichkeit gegen andere Aussagen Augustins – die Grenzen dessen, was gewußt werden kann, deutlich gezogen werden: „posuimus, omnes mentes de se ipsis nosse certasque esse".[53]

Gewußt wird jedenfalls aus der Analyse der Selbsterfahrung nicht, was das inhaltliche Ziel des Prozesses ist, als der das Suchen ja verstanden werden muß. Der Geist mag immerhin im Finden seines absolut gewissen Selbstverständnisses sich als ein Suchender selbst ganz erfaßt haben, er hat sich doch nur als einen solchen erfaßt, der sich wiederum übersteigen muß, wenn er seinem Wesen als Suchender gerecht werden will. Ob diese Tatsache nun mit dem *ascendendum* aus *De trinitate*[54] oder mit dem *transcende et te ipsum* aus *De vera religione* begründet wird, ist für die Sache gleichbedeutend. Gemäß dieser Selbstvergewisserung des Suchenden, die allein besagt, daß der Suchende wesenhaft und gewiß Suchender ist, bleibt in jedem Falle und notwendigerweise noch nach dem zu fragen, ob und gegebenenfalls wie das Suchen seine Erfüllung in einem letzten Finden erlangen könnte. Da aber angesichts der beiden anderen schon genannten Gegebenheitsweisen die bis jetzt vorgetragene Lösung möglicherweise zu voreilig aufgestellt zu sein scheint, ist der Blick nun gezielt auf diese zu lenken. Bevor zu deren Darstellung und Diskussion übergegangen wird, soll zwischendurch schon einmal angedeutet werden, wie das angesichts der ursprünglichen Zielsetzung vielleicht dürftig anmutende Resultat der Selbstvergewisserung mit einem wesentlichen Moment des oben nachgezeichneten Todesverständnisses Augustins korrespondiert.

[52] *De trinitate* X, 10, 13.

[53] *De trinitate* X, 10, 14; vgl. auch X, 10, 16: „ut certa sit non se esse aliquid eorum de quibus incerta est, idque solum esse se certa sit, quod solum esse se certa est." In diesem Sinne vgl. auch Alfred SCHÖPF, Wahrheit und Wissen, S. 163: „Also läßt sich feststellen, daß ich erkenne, daß ich zweifle; und da Zweifeln nur ein bestimmter Modus geistiger Tätigkeit ist, folgt daraus: Ich erkenne, daß ich (etwas als fragwürdig) erkenne." Als Resultat ergibt sich laut Schöpf, S. 170, das „Scheitern einer Autonomie des Wissens": „Die Identität des sich denkenden Geistes ist demnach keine vollständige ... Das Wissen steht in Differenz zu seinem Inhalt." Anders in dieser Frage H.-J. KAISER; Augustinus. Zeit und ‚Memoria', S. 91 ff.

[54] *De trinitate* X, 12, 19; hier kann noch einmal die Absetzung von Descartes verdeutlicht werden; vgl. R. BERLINGER, Augustins dialogische Metaphysik, S. 159: „Augustinus aber, der sich aus der Selbstvergewisserung denkt, vermag sich nie gegenständlich zu denken, sein Ich ist ‚natura mutabilis'. Darum behält Heinrich Scholz recht, wenn er im Sinne Baaders sagt, daß die cartesianische Formel, augustinisch ausgedrückt, lauten müßte: cogitor ergo cogito. Der Mensch denkt sich nicht cartesianisch als eine res cogitans, sondern er denkt sich zuvor gedacht durch ein ihn aus der Transzendenz ergreifendes Du." Wie Augustinus allerdings diesen Gedanken Gottes einführt, wird erst noch im Zusammenhang der Frage nach der Gegebenheitsweise im Glauben zu untersuchen sein.

Es war festgehalten worden, daß die zeitliche Endlichkeit des Menschen nach Augustinus trotz allen auch behaupteten Strafcharakters, welcher die bloß indirekte Ableitung von Gott zur Konsequenz hat, notwendig zum Wesen des Menschen überhaupt gehört. Auch vor dem Sündenfall hat der Mensch als *animal mortale* zu gelten, wenngleich da noch als *mortalis sine morte.* Die Todlosigkeit des Menschen vor der Sünde, die Augustinus durchaus behauptet, besagte keineswegs die zeitliche Unendlichkeit des menschlichen Lebens im vorsündlichen Zustand. Augustinus spricht vielmehr von einer *mutatio,* in der die Endlichkeit und die Todlosigkeit des menschlichen Lebens zugleich vereinigt sind. Die Tatsache der Endlichkeit, die angesichts des Rückbezugs auf den Schöpfergott zu einer beunruhigenden Frage wird, kann nur vordergründig gesehen durch den Verweis auf die Animalität des Menschen gerechtfertigt werden; ihr Sinn kann nur begriffen werden, wenn das Leben des Menschen insgesamt und notwendig ein *cursus ad . . .* ist. Wie für den gefallenen Menschen das Ziel des Lebenslaufes nun der Tod ist, so für den vorsündlichen Menschen die Veränderung in einen neuen Zustand. Die Zielgerichtetheit des Lebens auf den Tod hin, die in der Präposition *ad* zum Ausdruck gebracht wird, bedeutet – so wurde oben gesagt – für das endliche Wesen die Geworfenheit in die Versuchung zur Bestimmung der je eigenen Existenz: *usque ad mortem tota tentatio.* Der Versuchungscharakter des Lebens des Menschen insgesamt äußert sich hinsichtlich der Erkenntnisproblematik dahingehend, daß der Mensch mit Gewißheit lediglich von sich weiß, daß er Suchender ist. Wenn der Sinn des menschlichen Lebens bis zu einem wie auch immer eintretenden Endpunkt zu Recht als *tentatio* bezeichnet wird, dann darf auch gewissermaßen gar nicht mehr gewußt werden, dann hängt die Möglichkeit seines Wesens auch am Faktum solchen Nichtwissens. Die These von der Endlichkeit des weltlichen Daseins des Menschen, wenn sie in akzeptabler Weise interpretiert werden können soll, impliziert zugleich auch die These von der Endlichkeit des menschlichen Erkenntnisvermögens.

Gegen diese Interpretation von Augustins Antwort auf die in der Erkenntnisproblematik liegende Frage stehen nun allerdings solche, das Augustinus-Bild weitgehend bestimmenden Auffassungen seiner Erkenntnislehre, welche sie vom Gedanken der Illumination oder im Rückgriff auf eine von der Anamnesis her verstandene *memoria*-Lehre – teils gar in deren ontologistischer Fassung – erklären. Diese zweifellos in Texten Augustins Anknüpfung findenden Deutungen, die jetzt nach dem angekündigten Vorhaben zu diskutieren sein werden, müssen nach dem bisherigen Gang der Untersuchung aber unter dem Gesichtspunkt betrachtet werden, inwieweit durch diese zweite Gegebenheitsweise tatsächlich gewisses Wissen erworben werden kann, ein Wissen, das den von Augustinus selbst erhobenen Forderungen auch Genüge tut. So muß also gefragt werden, ob das durch sie gegebenenfalls zu erwerbende Wissen die gesuchte unbedingte Gültigkeit beanspruchen kann.

Zunächst aber ist selbstredend sogar fraglich, ob auf die nun in Blick genommene Weise dem Suchenden überhaupt etwas gegeben ist. Jedenfalls – dies kann sogleich bemerkt werden – wird an diese Gegebenheitsweise eine hohe Erwartung in bezug auf ihre Leistungsfähigkeit geknüpft: „quaero, utrum in memoria sit beata vita."[55] Diese Erwartung wird vorgetragen vor dem Hintergrund von etwas höchst Gewissem, vor dem Hintergrund der Gewißheit nämlich, daß alle danach streben, glückselig zu sein: „quod eos velle certissimum est."[56] Dieses unbedingt Gewisse ist aber wiederum nichts anderes als das suchende, das Ruhe suchende unruhige Herz: „quaero, vitam beatam quaero."[57] Dies in der Selbsterfahrung unmittelbar als gewiß Gegebene ist nicht allein hinsichtlich des Gesuchten gleichsam offen für eine Antwort, für das Ziel des Suchens, nämlich für das glückselige Leben, sondern – indem das Ziel allen Suchens doch in gewisser Weise schon im vorhinein gewußt werden muß, keineswegs also für völlig unbekannt gehalten werden kann – auch für die Frage nach der Möglichkeit solchen Vorwissens um das Ziel. Das in der Selbsterfahrung als absolut gewiß Gegebene ist hinsichtlich seiner Möglichkeit und seiner inneren Zieltendenz für Begründung und für Antwort offen.

Wenn es überhaupt zutrifft, daß in dem, was bisher Suchen genannt wurde, wahrhaft gesucht wird, dann muß als Voraussetzung zugleich angenommen werden, daß das Suchen irgendwie ein geleitetes Suchen ist, geleitet nämlich durch ein Ziel, ohne das es kein Suchen, sondern bloßes Umherirren wäre, wobei dies haltlos torkelnde Umherirren vom Umherirrenden nicht einmal als Mangel erlebt werden könnte, weil er um das zu Suchende ja gar nicht weiß: „Hoc ergo nec amissum quaerere poterimus, quod omnino obliti fuerimus."[58] Indem so aber für jede Art des Suchens vorausgesetzt werden muß, daß gewußt wird, was im Suchen gesucht wird, kann zugleich auf die Bedingung der Möglichkeit reflektiert werden, die es gestattet, das Suchen, das aus der Selbsterfahrung als absolut gewiß feststeht, zu erklären. Das Suchen setzt demgemäß ein transzendentales Wissen voraus, durch das es geleitet wird: „Cuius nisi memor essem, quidquid illud esset, etiamsi mihi offeretur, non invenirem, quia non agnoscerem. Et semper ita fit, cum ali-

[55] *Confessiones* X, 20, 29.
[56] Ebd.
[57] Ebd.
[58] *Confessiones* X, 19, 28; vgl. auch R. BERLINGER, Augustins dialogische Metaphysik S. 169: „Die im Zweifel gewiß gewordene Liebe wird dadurch zur Überwindung des Zweifels, zur Aufhebung der Beliebigkeit, daß sie in Wahrheit der Wille zur eigenen Seligkeit ist . . . Wäre nicht der Wille, in der Gewißheit Sein und Seligkeit in Einklang zu bringen, so könnte Wahrheit nicht einsichtig werden."

quid perditum quaerimus et invenimus."[59] In dem, was durch die unmittelbare Selbsterfahrung des Geistes als gewiß gegeben ist, wird in abgeleiteter Weise etwas Neues und Anderes eingeführt. Zu fragen ist allerdings, ob und gegebenenfalls wie durch dieses Andere dem Erkenntnisvermögen etwas zum Erkennen gegeben ist und wie dies Gegebene dann ins gewisse Wissen gehoben werden könnte. Offenbar nämlich ist diese Weise der Gegebenheit, wenn immer es eine solche ist, durch die Selbsterfahrung des Geistes vermittelt.

Daß unser Suchen aber tatsächlich geleitetes Suchen sei, wird von Augustinus nicht einfach vorausgesetzt. Er erwägt immerhin auch die andere Möglichkeit, die besagt, daß es sich im Suchen vielleicht auch um das Streben nach etwas Unbekanntem handeln könnte, das niemals vorher gewußt war oder wenigstens so vergessen worden ist, daß selbst die Erinnerung an das Vergessen verschwunden ist: „quomodo eam (scil. vitam beatam) quaero, utrum per recordationem, tamquam eam oblitus sim oblitumque me esse adhuc teneam, an per appetitum discendi incognitam, sive numquam scierim sive quam sic oblitus fuerim, ut me nec oblitum esse meminerim."[60] Die bloße Frage macht allein schon deutlich, wie sehr sich Augustinus bewußt ist, daß die Annahme der Gegebenheit des Gesuchten durch die *memoria* problembeladen ist. Wie sehr nämlich einerseits feststeht, daß der Suchende des Gesuchten in irgendeiner Weise eingedenk sein muß, wenn er überhaupt suchen können soll, so ist andererseits ebenso klar, daß das Gedächtnis wenigstens zunächst einmal keine ursprüngliche Gegebenheitsweise von Inhalten repräsentiert. Die gesuchte Drachme war eben – nach dem von Augustinus aus dem biblischen Gleichnis übernommenen Bild – vorher im Besitz der Frau gewesen, die sie nun sucht. Die Frau hatte sie vorher gesehen und in Händen gehalten und konnte sie allein deswegen auch wiedererkennen. In diesem Falle gilt zweifelsfrei, daß die Drachme ohne Wissen um das Aussehen der Drachme nicht hätte gesucht und ohne das Wiedererkennen nicht hätte aufgefunden werden können: „non invenirem, quia non agnoscerem".[61]

[59] *Confessiones* X, 18, 27; das transzendentale Wissen ist aber nicht thematisch gegeben, entsprechend Joseph GEYSER, Augustin und die phänomenologische Religionsphilosophie der Gegenwart, S. 63, anknüpfend an die Tatsache, „daß Augustin zweifellos und oft genug den Ausdruck gebraucht, daß wir Gott in unserem Inneren sehen". Geyser fährt, S. 64, fort: „Doch nur die, welche die erforderlichen Reflexionen anstellen, gelangen dazu, sich dieser Verhältnisse bewußt zu werden". Vgl. weiterhin S. 67 f.: Das innerste und innigste Seins- und Lebensverhältnis zwischen der Seele und ihrem Gott schließe „in keiner Weise notwendig ein, daß Augustin ein unmittelbares, d. h. durch keinerlei Reflexionen vermitteltes Verhältnis Gottes zur Seele auch sub ratione objecti cogniti gelehrt haben müsse."

[60] *Confessiones* X, 20, 29.

[61] *Confessiones* X, 18, 27.

Augustinus führt nun in die Untersuchung ein Bildwort zur Bezeichnung der Funktion der *memoria* ein, nach dem das Gedächtnis gleichsam als der Magen der Geisteskräfte erscheint: „memoria quasi venter est animi".[62] Gemäß diesem Bildwort stellt sich folgerichtig die Frage, wie der Inhalt der *memoria* in sie hat gelangen können. Da es aber augenscheinlich einen regulären Weg zu diesem Ort gibt, der in der weiteren Auszeichnung des Bildzusammenhanges nun durch die Sinnesorgane – aufgefaßt gleichsam als der Mund der *memoria* – repräsentiert wird, muß zunächst die Frage nach der *memoria* in diesem sich vorderhand aufdrängenden Sinne gestellt werden, bevor erwogen werden kann, ob durch sie vielleicht doch auch etwas ursprünglich gegeben ist. In der *memoria* als *quasi venter animi* sind jedenfalls die durch die Sinne vermittelt wahrgenommenen Erscheinungen gegenwärtig: „Ibi enim mihi caelum et terra et mare praesto sunt cum omnibus, quae in eis sentire potui."[63] Dennoch zeigt sich hier schon, daß das Bild vom Magen als einem gewissermaßen räumlich die Erscheinungen aufnehmenden Vermögen die Grenzen der *memoria* ins Ungemessene erweitert: „immensa ista capacitas memoriae meae".[64] Augustinus interpretiert die *capacitas* des Gedächtnisses als spontane Kraft von ungemessener Aufnahmefähigkeit und nicht gleichsam als Füllsack, als bloß rezeptives Vermögen, etwas irgendwie aufzufassen und zu behalten. Diese Kraft durchdringt ein Inneres von unendlicher Weite: „Magna ista vis est memoriae, magna nimis, deus meus, penetrale amplum et infinitum."[65] Schon in der Auffassung des Gedächtnisses als eines Aufnahmevermögens für sinnlich gegebene Erscheinungen also kann die ihm zugrundeliegende Kraft nicht gefaßt werden: „Et vis est haec animi mei atque ad meam naturam pertinet, nec ego ipse capio totum, quod sum. Ergo animus ad habendum se ipsum angustus est."[66]

Wie sehr der reguläre Weg allgemein bekannt und selbstverständlich zu sein scheint, auf dem die *memoria* zu den Inhalten kommt, deren sie gemäß ihrem gewöhnlichen Gebrauch eingedenk ist, so fragwürdig und staunenerregend sind diese Leistungen – und derart zugleich das Vermögen der *memoria* selbst. Im Gedächtnis also – darauf zielt hier die Untersuchung Augustins – sind nicht allein die Erscheinungen von Sachen gegeben, nicht allein die *imagines rerum,* sondern eben zugleich auch das Gedächtnis selbst als etwas ihm selber nicht Faßliches. Indem aber dem Gedächtnis etwas gege-

[62] *Confessiones* X, 14, 21; der Verfall der Gültigkeit dieser Interpretation der *memoria* hat Ähnlichkeit mit der ironisch gebrochenen, konkreten Verteidigung der Anamnesis-Lehre in Platons *Menon* 84 a f.

[63] *Confessiones* X, 8, 14.

[64] *Confessiones* X, 9, 16.

[65] *Confessiones* X, 8, 15; vgl. auch 16, 25: „Et ecce memoriae meae vis non comprehenditur a me, cum ipsum me non dicam praeter illam."

[66] *Confessiones* X, 8, 15.

ben ist, das der Geist selbst nicht zu fassen vermag, ist er sich durch das Gedächtnis selbst, bin ich mir selbst, als Unfaßliches gegeben: „Magna vis est memoriae, nescio quid horrendum, deus meus, profunda et infinita multiplicitas; et hoc animus est, et hoc ego ipse sum. Quid ergo sum, deus meus? Quae natura sum? Varia, multimoda vita et inmensa vehementer."[67]

Auf solche Weise aber fällt die neue, durch die Einführung der *memoria* gesuchte Gegebenheitsweise gemäß ihrem ursprünglich durch sie gegebenen Inhalt wieder auf das Resultat der ersten Gegebenheitsweise zurück. Dasjenige, was durch die *memoria* ursprünglich – d. h. nicht durch die Sinneswahrnehmung oder durch eine Autorität vermittelt – gegeben ist, ist nicht eine thetisch formulierte Antwort, sondern eine Frage – und wenn diese Frage doch als eine Antwort aufgefaßt werden sollte, dann hätte sie eben nur die Aussage zum Inhalt, daß sich der Geist im Gedächtnis als Frage zeigt. Die Untersuchung, wie der in der Wahrheitssuche gesuchte Inhalt in der *memoria* gegeben sein könnte, vollzieht sich im Blick auf ihr Resultat also in derselben Weise, wie das in der Selbsterfahrung unmittelbar gegebene Suchen des Geistes sich im Finden des Geistes als eines Suchenden erfüllte: „factus sum mihi terra difficultatis et sudoris nimii."[68]

Die *memoria* bietet allerdings möglicherweise noch einen weiteren Ansatz, dem Erkenntnisvermögen bei der Bestimmung seiner selbst den ihm gemäßen Ort der Gegebenheit von Inhalt zu weisen. Augustinus geht nämlich davon aus, daß im Gedächtnis nicht allein die Erscheinungen der Dinge, sondern auch deren geistige Gestalten enthalten seien: „nec eorum imagines, sed res ipsas gero."[69] Gilt dies, so muß gefragt werden, wie diese Gestalten in das Gedächtnis haben hineingelangen können: „unde ad me intraverint".[70] Unter diesen „Sachen selbst" versteht Augustinus nichtmaterielle Urbilder, apriorische Formen, die Erkenntnis allererst ermöglichen: „Ibi ergo erant et antequam didicissem".[71] Diese Formen sind demnach zu-

[67] *Confessiones* X, 17, 26.

[68] *Confessiones* X, 16, 25; vgl. hierzu auch Johann MADER, Die logische Struktur des personalen Denkens. Aus der Methode der Gotteserkenntnis bei Aurelius Augustinus, S. 166: „Der Ertrag der Selbstreflexion des Geistes im Horizont des Bei-sich-Seins im Wissen bleibt *negativ*. Der Geist weiß sich als das negativ andere der Sinnlichkeit, diese als seine Selbstnegation. Daher vermag er nur seine unbestimmte Immaterialität und sich als nichtwissbaren Grund zu wissen . . . Der im reflexiven Nichtwissen als nicht wißbar und darum in einem gewissen Sinne als transzendent gewußte Grund der eigenen Erkenntnis erfährt hier noch keine positive Bestimmung".

[69] *Confessiones* X, 9, 16.

[70] *Confessiones* X, 10, 17.

[71] Ebd.; der hier bewußt hergestellte Anklang an Kants Erkenntniskritik ist durchgeführt worden von Karl DELAHAYE, Die „memoria-interior"– Lehre des hl. Augustinus und der Begriff der „transzendentalen Apperzeption" bei Kant, wo die beiden Titelbegriffe miteinander verglichen werden.

gleich notwendige Kriterien der Erkenntnis, nach denen die Wahrheit der Dinge beurteilt werden kann. Sie ermöglichen allererst die Aussage, daß etwas so und nicht anders sei und daß diese Aussage für sich Wahrheit in Anspruch nehme: „Ita est, verum est."[72] Diejenigen Dinge also, von denen gesagt wird, sie seien gelernt und erkannt worden, „quae didicisse et nosse dicimur", müssen, wenn ihre Wahrheit gedacht werden soll, aus der Zerstreuung gesammelt und unter die Einheit des Denkens gebracht werden: „ex quadam dispersione colligenda, unde dictum est cogitare."[73]

Ist das Vermögen zu lernen und zu erkennen aber als die geistige Kraft bestimmt, das mannigfaltige Gegebene aus der zunächst vorherrschenden Zerstreutheit in die Einheit und die Versammlung des Denkens zu bringen, dann scheint etwas im Gedächtnis sein zu müssen – wenngleich auch bloß zurückgezogen und verborgen: „remota et retrusa quasi in caveis abditioribus" –, das den Anhaltspunkt dafür abgeben könnte, wie durch die *memoria* etwas ursprünglich gegeben ist.[74] Wird das Augenmerk nun allerdings auf die Frage gerichtet, was so vor aller Erfahrung im Gedächtnis ursprünglich gegeben ist, so zeigt sich in bezug auf die „Sachen selbst", daß wenigstens zunächst nichts gefunden wird: „sed in memoria non erant (scil. res ipsae)".[75] Das also, so muß interpretiert werden, was als a priori im Gedächtnis liegend angenommen werden muß, weil sonst ein Maßstab der Wahrheit fehlte, kommt – Augustinus drückt es durch eine Frage aus – nur dann zum Vorschein, wenn es von anderer Seite gleichsam hervorgerufen, zur Ausübung erweckt wird: „nisi admonente aliquo eruerentur, ea fortasse cogitare non possem?"[76] Diese These ist von solcher Tragweite, daß sie angesichts der verbreiteten, ihr meist zuwiderlaufenden Augustinus-Interpretation weiter erläutert und gerechtfertigt werden muß.

Richtig stellt Johannes Hessen in seiner Zurückweisung der ontologistischen Deutung der Erkenntnislehre Augustins fest, daß der Mensch nach Augustinus „für alle realwissenschaftliche Erkenntnis auf die Erfahrung angewiesen" sei.[77] Hinterfragt werden muß aber im Zusammenhang der vorliegenden Deutung seine Zustimmung zu der These des Ontologisten Gioberti, daß sich die Gotteserkenntnis intuitiv vollziehe. Diese Zustimmung bringt Hessen mit folgenden Worten zum Ausdruck: „Denn daß der Mensch Gott auf unmittelbare, intuitive Weise zu erkennen vermag, das lehrt, wie

[72] *Confessiones* X, 10, 17.
[73] *Confessiones* X, 11, 18.
[74] *Confessiones* X, 10, 17.
[75] Ebd.
[76] Ebd.
[77] Augustins Metaphysik der Erkenntnis, S. 231; zu der sich im Anschluß bes. an Hessen entfaltenden Diskussion vgl. C. E. SCHUETZINGER, Die augustinische Erkenntnislehre im Lichte neuerer Forschung.

wir gesehen haben, Augustin in der Tat."[78] Hessens Zustimmung in dieser Sache hat ihren Grund in der Darstellung und der Deutung von Augustins Gottesbeweis in *De libero arbitrio*.[79] Dieser Beweis basiert nun in seinem entscheidenden Argumentationsschritt auf der These, daß der menschliche Geist, der gemäß dem von Augustinus beschriebenen Stufenbau des Seienden zunächst die höchste Stelle einnimmt, immerhin doch auf die von ihm unabhängige Wahrheit angewiesen sei, nach der er allein zu urteilen in der Lage ist: „Et iudicamus haec secundum illas interiores regulas veritatis quas communiter cernimus, de ipsis vero nullo modo quis iudicat."[80] Gemäß dieser Überlegung steht in der Tat fest, daß die Wahrheit, wenn immer es sie als absolute Wirklichkeit gibt, erhabener ist als unser Geist: „nostra mente atque ratione sublimius".[81] Wenn es aber Wahrheit überhaupt geben können soll, muß es nach Augustinus auch die Wahrheit als absolute Wirklichkeit geben. Gilt dies, so vollendet sich auf diese Weise der Gottesbeweis: „Si enim est aliquid excellentius, ille potius deus est; si autem non est, iam ipsa veritas deus est."[82] Ganz unbezweifelbar hängt somit die ganze Argumentationskraft dieses Beweisversuchs, soweit es seinen ersten Teil betrifft, von der Antwort auf die Frage ab, ob es die Wahrheit wirklich gibt, nach der sich der menschliche Geist im Erkennen auszurichten sucht.

In der Deutung des diesem Argumentationsstand zugrundeliegenden Sachverhaltes täuscht sich Hessen nun, wenn er es für zweifelsfrei zutreffend hält, „daß Augustins Gottesbeweis nicht im realen, sondern im idealen Bereich, in der Sphäre des reinen Gedankens ‚entspringt'."[83] Dieser Beweis besteht nicht allein im „Schluß von den incommutabiliter vera auf eine veritas incommutabilis" mittels einer „Wesensanalyse der incommutabiliter vera", durch die schließlich deren Apriorität, Unwandelbarkeit und Interin-

[78] Johannes HESSEN, Augustins Metaphysik der Erkenntnis, S. 230; auf Grund dieser These kritisiert Charles BOYER, L'Idée de Vérité dans la Philosophie de Saint Augustin, S. 2, Hessen als ontologistischen Augustinus-Interpreten: „M. Johannes Hessen représente de nos jours ce courant d'interprétation qui fait de saint Augustin un ontologiste, c'est-à-dire, au sens ordinaire du mot, un philosophe qui attribue à l'intelligence naturelle de l'homme une connaissance véritable et toute certitude."

[79] Vgl. dort II, 2, 8 bis II, 15, 160.

[80] *De libero arbitrio* II, 12, 134.

[81] *De libero arbitrio* II, 12, 137.

[82] *De libero arbitrio* II, 15, 153.

[83] Augustins Metaphysik der Erkenntnis, S. 122 f.; eine ähnliche Zwischenstellung in der Ontologismus-Diskussion vertritt LECHNER, Idee und Zeit in der Metaphysik Augustins, S. 63: „Wie ermöglicht der lichte Ursprung von Seiendem und Erkennendem das Erkennen von Seiendem? Durch sich selbst, in seinem Ursprung. Das ist aber nicht ontologistisch zu verstehen, als ob Erkennen in den Ursprung selbst zurückgenommen und in ihm das schaffende Wort auf die zu schaffenden Seienden hin mitvollziehen würde. Erkennendes Seiendes sieht sich zwar im lichten Grund seiner selbst, der *memoria*, vom gründenden Licht selbst ergriffen, aber so, daß es zuerst den Zielpunkt des gründenden Strahles erfaßt und erst in transzendierender Rückkehr dem Quell, d. h. dem Licht selbst, sich zu nähern sucht."

dividualität hervortritt,[84] sondern – wie schon erwähnt – zuvor in der Annahme von etwas anderem, da er vor allem Schließen der Gewißheit der Existenz von absoluter und wirklicher Wahrheit im vermeinten Sinne bedarf. Augustinus versucht sich an der Lösung dieser Aufgabe, wenn er von der Weisheit und der Zahl, von *sapientia* und *numerus* sagt, sie seien beide im Geheimnis der Wahrheit verborgen: „haec duo sint in secretissima certissimaque veritate".[85] Demgemäß muß, bevor das Schlußverfahren überhaupt einsetzen kann, als gesichert festgehalten werden, daß sie beide wahr sind – und zwar unveränderlich wahr: „illud certe manifestum est utrumque verum esse et incommutabiliter verum."[86] Ohne daß diese Voraussetzung zugrundegelegt würde, kann das Schlußverfahren gar nicht begonnen werden. Aber auch wenn sie zugrundegelegt wird, bleibt fraglich, ob es zum angestrebten Resultat zu führen vermag, ob es in der philosophischen Frage nach der wirklichen Existenz der absoluten Wahrheit zu einer zufriedenstellenden Antwort führt.

Wenn Hessen nun zustimmend die Meinung Gilsons zum Ausgangspunkt des Erkenntnisweges bei Augustinus zitiert, die besagt, daß „das augustinische Primum cognitum . . . nicht Gott, sondern der Mensch im Weltall" sei,[87] so müßte er sich eigentlich darauf einlassen, vom Menschen her den Weg zur Wahrheit zu suchen – ob und in welcher Weise es diese auch immer geben oder nicht geben mag. Dieser Weg und die mit ihm verbundene Mühsal werden aber vermieden, wenn von vornherein von der Wohlgeordnetheit eines in der Welt zu findenden Stufenbaus des Seienden im Ganzen ausgegangen wird. Die Zugrundelegung dieses Ausgangspunktes kann für sich in Anspruch nehmen, daß er im Anschluß an verschiedene Traditionen, die teils auf philosophischer, teils auf biblischer Autorität beruhen, tatsächlich öfters bei Augustinus – und so auch im II. Buch von *De libero arbitrio* – vorgetragen wird. Sinnwidrig wäre es allerdings, Augustinus selbst diese Voraussetzung als unzulässig vorzuhalten, da immerhin nicht von vornherein alle Weisen der Einführung und der Rechtfertigung von Sätzen ausgeschlossen werden können, die vielleicht über das Ausweisungsvermögen der theoretischen Erkenntnis hinausreichen oder ihres Urteils nicht bedürfen, weil sie ihre Grundlage nicht im philosophischen Denken haben. Wenn es aber um die Bestimmung des Wesens und der Grenzen des Erkenntnisvermögens gehen soll, ist es erforderlich, in dieser Angelegenheit auf scharfen Unterscheidungen zu bestehen. Demnach ergibt sich aus der bisher vorgelegten Interpretation, wenn immer sie den eigenen Denkweg Augustins

[84] HESSEN, Augustins Metaphysik der Erkenntnis, S. 123.
[85] *De libero arbitrio* II, 11, 123.
[86] *De libero arbitrio* II, 11, 129.
[87] Vgl. É. GILSON, Die Zukunft der augustinischen Metaphysik, S. 155.

sachlich gesehen richtig nachzeichnet, daß es laut dem bis jetzt erreichten Stadium der Untersuchung unmöglich ist, die Voraussetzung der wirklichen Existenz der Wahrheit in der geforderten Bedeutung als Gegenstand der theoretischen Erkenntnis zu akzeptieren.

Daß Augustinus in seinen Schriften öfters auch Annahmen äußert und auch weiteren Überlegungen zugrundelegt, die er nicht eigens denkerisch ausweist und rechtfertigt, bleibt durchaus, wie schon erwähnt, zugestanden. So kann es Hessen mit Recht beispielsweise als eine ausdrückliche Annahme Augustins bezeichnen, „daß die Natur unseres Geistes so eingerichtet ist, daß sie, mit intelligiblen Dingen auf natürliche Weise gemäß Anordnung des Schöpfers verbunden, diese in einem eigenartigen unkörperlichen Lichte schaut, wie das leibliche Auge das sieht, was im körperlichen Lichte umherliegt, dessen Natur es teilt."[88] Annahmen dieser Art sind zunächst einmal bloße Privatmeinung, auch wenn sie sich auf Traditionen stützen, und können in diesem Sinne ebensowenig beeindrucken wie beispielsweise Kants Annahme, die er sogar einen starken Glauben nennt, „daß es auch Bewohner anderer Welten gebe."[89] Sieht man allerdings einmal von dem zu beachtenden Unterschied von Annehmen und Wissen ab – nach dem oben zitierten Wort Augustins dem Unterschied zwischen *putare* und *scire* –, dann kann natürlich mit gewissem Recht behauptet werden, daß Augustinus „eine intellektuelle Schau der ‚unwandelbaren Wahrheit'" lehre.[90] Dem philosophischen Denken Augustins wird dabei aber insofern nicht Genüge getan, als seine mühsam geleistete denkerische Arbeit, die er auf sich genommen hat, doch kurzerhand durch Rekurs auf seine, aus vielen Quellen gespeiste, öfters ausdrücklich sich auf die Autorität von Traditionen berufende Weltsicht übersprungen wird.

Nachdem auf diese Weise ein möglicher Einwand gegen die vorgetragene Interpretation aufgegriffen und zurückgewiesen worden ist,[91] kann nun mit der Interpretation fortgefahren werden. Der Anlaß für die Auseinandersetzung mit dieser Gegenposition war durch die Situation bedingt, daß dasjenige, was in der *memoria* als irgendwie gegeben vorausgesetzt werden muß, dennoch nicht gleichsam faßbar im Gedächtnis ist und so auch nicht als im Gedächtnis befindlich behauptet werden kann. Es bleibt zunächst nur die

88 HESSEN, Augustins Metaphysik der Erkenntnis, S. 188; dies als Übersetzung von *De trinitate* XII, 15, 24: „sed potius credendum est mentis intellectualis ita conditam esse naturam, ut rebus intelligibilibus naturali ordine, disponente Conditore, subiuncta sic ista videat in quadam luce sui generis incorporea, quemadmodum oculus carnis videt quae in hac corporea luce circumadiacent, cuius lucis capax eique congruens est creatus."

89 *Kritik der reinen Vernunft*, B 853.

90 HESSEN, Augustins Metaphysik der Erkenntnis, S. 233.

91 Vgl. dennoch auch die positive Bewertung für die Forschungsgeschichte im kommentierten Literaturverzeichnis bei Alfred SCHÖPF, Augustinus. Einführung in sein Philosophieren, S. 119.

Frage, ob es gegebenenfalls durch etwas anderes aus der *remotio* herausgerufen wird. In jedem Fall ist deutlich, daß hier ein kritischer Punkt für die gesamte Interpretation der Erkenntnisproblematik im Denken Augustins ins Blickfeld gerät. Eine Interpretation der Augustinischen Erkenntnislehre im Sinne der Illuminationslehre muß entsprechend der Aussage vieler einschlägiger Augustinus-Texte selbstverständlich von jeder Deutung, die den Rahmen des philosophischen Denkens Augustins auch ausfüllen will, integriert werden können. Natürlich können also Aussagen von der Art nicht übergangen werden, in denen Gott als *lucifica lux* oder als *intelligibilis lux* bestimmt wird, als ein Licht, „in quo et a quo et per quem intelligibiliter lucent, quae intelligibiliter lucent omnia."[92] Obwohl aber Augustinus die Intelligibilität des Seienden im Zuge der Platonischen Lichtmetaphorik auf Gott zurückführt, so greift solches Schließen erst dann, wenn etwas intelligibel Leuchtendes gefunden ist. So muß zunächst wieder auf der Frage beharrt werden, wann und wodurch etwas zum Leuchten kommt, und zwar so zum Leuchten kommt, daß es durch sich selbst als wahr einleuchtet, sich durch sich selbst als Phänomen zeigt.

Die Frage ist also, wie das, was – wenngleich verdeckt – als im Gedächtnis liegend angenommen werden muß, wenn sicheres Erkennen der Wahrheit möglich sein soll, so ins Bewußtsein gehoben werden kann, daß die Möglichkeit von Wahrheitserkenntnis verstehbar wird. Für den Bereich der *sensibilia* hing die Lösung mit einer *passio corporis* zusammen, in der dem suchenden Sinn etwas gegeben wurde, was er aus sich nicht hervorzubringen imstande war. Der Bereich der philosophischen Fragen setzt bei Augustinus mit der Frage nach sich selbst ein. In dieser Frage, im Versuch der Rückwendung zum inneren Menschen, war sich der Suchende unmittelbar als Suchender gegeben. Durch die in der unmittelbaren Gewißheit der Selbsterfahrung vorliegende Gegebenheit des Suchenden als Suchenden hat die im Gefolge sich stellende Frage nach den Bedingungen der Möglichkeit des Suchens ihr festes Fundament. Wenn nämlich Suchen möglich sein soll – daß es wirklich ist, ergibt sich aus der Selbsterfahrung –, dann muß es einen Maßstab enthalten, in dem gleichsam schon vorgängig gewußt wird, wann das Suchen gegebenenfalls an sein Ziel gekommen ist. Das Suchen nach dem Inhalt dieses Maßstabwissens kann aber nicht bei einer Durchmusterung des Gedächtnisses, betrachtet als *quasi venter animi*, gefunden werden. Das Gesuchte, das wird damit deutlich, ist seinem Gehalt nach nicht schon im Gedächtnis gegenwärtig. Wenn dementsprechend überhaupt eine Lösung der Aufgabe denkbar sein soll, dann scheint sie mit einem solchen

[92] Vgl. *Soliloquia* I, 1, 3 und *Contra Faustum Manichaeum* XXII, 9: „Talibus ergo est inaccessibilis illa lucifica lux, quae non solum illam spiritualem lucem in sanctorum mentibus, sed etiam istam corporalem fecit: non ad quam prohibeat accedere malos, sed quam facit oriri super bonos et malos."

Vollzug des Geistes in Verbindung zu stehen, in dem ihm etwas anderes gegeben wird, in dem also auch von einer *passio animi* gesprochen werden müßte.

Eine solche *passio animi* aber ist oben in der Tat schon beschrieben worden – und damit könnte vielleicht schon dasjenige beschrieben worden sein, was – die Suche leitend – verborgen im Gedächtnis lag. Der sich seiner als eines Suchenden noch nicht bewußte Geist hatte sich als Suchender deswegen noch nicht finden können, weil sein Suchen bereits ein genügendes Ziel gefunden zu haben schien. Indem ihm dieses Ziel durch die Erfahrung des Todes entrissen wird, kommt der Geist demgemäß allererst vor die Möglichkeit, sich als Suchenden zu entdecken. Indem nämlich das Geliebte dem Tod verfallen, dem Liebenden entrissen ist, erscheint das Leben, das im Lieben und Geliebtwerden seine Erfüllung finden zu können meinte, als *vita mortalis*. Indem der Liebende schließlich bemerkt, daß er so geliebt hatte, als dürfe das Geliebte dem Tode nicht anheimfallen, wird das Leben radikal verkehrt in eine *mors vitalis*. Aus der Todeserfahrung heraus wird sich der Mensch seiner selbst als eines Suchenden bewußt. Er wird sich aber nicht allein seiner selbst bewußt, sondern in gewisser Weise zugleich des Zieles seiner Suche. Geliebt wurde nämlich das Leben, aber nicht, sofern es wieder entrissen werden kann: geliebt wurde von Anfang an die *vita viva*, nicht die *vita mortalis*.

Bevor dem Gedanken einer solchen *vita viva* weiter nachzugehen sein wird, müssen noch mögliche Einwendungen gegen seine tatsächliche Gegebenheit verfolgt werden. Die *vita viva* ist ja nicht im wirklichen Leben, sondern höchstens verdeckt in der *memoria* gegeben. Anhand des durch die *vita viva* bestimmten Zieles der Suche nach dem glückseligen Leben kann dementsprechend auch die Quelle seiner Gegebenheit noch nicht eindeutig bestimmt werden. Mag immerhin im Gedächtnis die Vorstellung eines „lebendigen Lebens" enthalten sein, so kann doch noch gefragt werden, ob es ursprünglich gegeben in ihm lag oder ob es nachträglich – zum Zwecke der subjektiven Bewältigung der leidvoll erfahrenen Endlichkeit des menschlichen Weltdaseins – als Ziel vom Menschen, bewußt oder unbewußt, gesetzt wurde. Es muß also gefragt werden, woher das Bewußtsein dieses von allen erstrebten Zieles kommt: „Ubi ergo et quando expertus sum vitam meam beatam, ut recorder eam et amem et desiderem?"[93] Obwohl Augustinus aber

[93] *Confessiones* X, 21, 31; es geht also um Erfahrung, die vorausgesetzt werden muß, damit ein Inhalt der Suche angenommen werden kann. Diese Erfahrung kann aber nicht als unmittelbare Erfahrung des seligen Lebens oder Gottes angenommen werden, weil sie sonst nicht fraglich wäre. Deswegen paßt die Interpretation von Franz KÖRNER, Vom Sein und Sollen des Menschen. Die existentialontologischen Grundlagen der Ethik in augustinischer Sicht, S. 24, in der vorliegenden undifferenzierten Form nicht zu dieser Stelle: „Diese erste vollbewußte Begegnung mit dem, der das Sein schlechthin ist, kann mit ihren außerordentlich bedeutsamen Aus-

nun nicht gleichsam den Ort angeben kann, an dem diese Erfahrung des Geistes stattgefunden hat, so behauptet er doch: „Quae quoniam res est, quam se expertum non esse nemo potest dicere, propterea reperta in memoria recognoscitur, quando beatae vitae nomen auditur."[94] Die Annahme, daß die Vorstellung des seligen Lebens bloße Projektion eines einzelnen Subjektes sei, wird von Augustinus abgelehnt, weil nach ihm keiner sagen könne, er habe diese Erfahrung nicht gemacht, und jeder also sofort wisse, worum es sich handelt, wenn vom glückseligen Leben gesprochen wird.

Dennoch stellt Augustinus sich darüber hinausgehend der Aufgabe, die im menschlichen Bewußtsein allgemein behauptete Gegenwärtigkeit der Vorstellung vom glückseligen Leben zusätzlich aus dem Dunstkreis des Subjektiven herauszuheben. Die Lösung dieser Aufgabe ist trotz der gegebenen Erklärung vor allem deshalb so dringend, weil die Realgültigkeit dieses Zieles ins Wanken gerät, sobald der Versuch gemacht wird, es in seiner im einzelnen Bewußtsein gegebenen Bestimmtheit zu fassen und zu vergleichen: „Quod si quaeratur a duobus, utrum militare velint, fieri possit, ut alter eorum velle se, alter nolle respondeat: si autem ab eis quaeratur, utrum esse beati velint, uterque se statim sine ulla dubitatione dicat optare, nec ob aliud velit militare, nec ob aliud iste nolit, nisi ut beati sint."[95] Es besteht also weiterhin die Notwendigkeit, das glückselige Leben in bezug auf die Bestimmtheit seines Inhaltes dem Zweifel zu entreißen und allgemeingültig zu sagen, was das glückselige Leben sei. Indem Augustinus dieser Notwendigkeit nachzukommen sucht, wird zugleich sichtbar, daß der hinsichtlich des glückseligen Lebens behauptete Konsens hier sogleich wieder zerfällt: „Et ipsa est beata vita, gaudere ad te, de te, propter te: ipsa est et non est altera."[96]

Den Übergang zu der benötigten allgemeinverbindlichen Sicht des glückseligen Lebens versucht Augustinus nun dadurch zu gewährleisten, daß

wirkungen für sein gesamtes Dasein und Denken, für seine Philosophie und Theologie, insbesondere für seine Ontologie, seine Anthropologie und nicht zuletzt für seine Ethik gar nicht hoch genug veranschlagt werden."

[94] *Confessiones* X, 21, 31; dabei ist allerdings zu bedenken, daß das selige Leben in seiner Positivität nicht ausdrücklich bestimmt werden kann. Es wird nur als unthematisch und unbestimmt Gewußtes vorausgesetzt. Deswegen kann Leopold WITTMANN, Ascensus. Der Aufstieg zur Transzendenz in der Metaphysik Augustins, S. 89, nicht zugestimmt werden, wenn er – Augustins Erkenntnislehre unter dem Stichwort der Illumination betrachtend – diese mit göttlicher Einsprechung identifiziert: „Illumination und göttliche Einsprechung sind also ihrem Wesen nach identisch. Sie bedeuten die durch den göttlichen Urgrund selbst erfolgende Vermittlung der an sich wahren Ideen zur Erkenntnis." An der Ablehnung der Wittmannschen These ändert auch seine Unterscheidung von Illumination und Gnade nichts, weil sie nur dahingehend vorgetragen wird, daß „die Illumination die transzendentale Erkenntnis vermittelt und erst die Gnade das eigentliche existenzumwandelnde Prinzip darstellt" (vgl. S. 113).

[95] *Confessiones* X, 21, 31.

[96] *Confessiones* X, 22, 32.

Gott selbst als Wahrheit interpretiert wird, an der alle Freude haben, so daß er das glückselige Leben als Freude an der Wahrheit verstehen kann: „Hanc vitam beatam omnes volunt, hanc vitam, quae sola beata est, omnes volunt, gaudium de veritate omnes volunt."[97] Der Erfolg dieses Versuches hängt allerdings davon ab, ob gezeigt werden kann, daß das glückselige Leben tatsächlich allein als Freude an der Wahrheit möglich ist. Die Lösung der gestellten Aufgabe kann nun soweit vorangetrieben werden, als nach Augustins Worten jeder – auch wer das glückselige Leben nicht in der Freude an Gott sehe – sich lieber an wahren als an falschen Dingen freue: „veris mavult gaudere quam falsis."[98] Wahre Freude findet sich demgemäß nur in der Freude am Wahren. Augustinus retorquiert Positionen, die wohl Wahrheit für sich beanspruchen, aber innerhalb ihrer Sachaussagen dem Begriff der Wahrheit gar keinen absoluten Sinn mehr einräumen,[99] folgendermaßen: „quia sic amatur veritas, ut, quicumque aliud amant, hoc quod amant velint esse veritatem, et quia falli nollent, nolunt convinci, quod falsi sint? Itaque propter eam rem oderunt veritatem, quam pro veritate amant."[100] Dennoch sieht sich Augustinus gezwungen, diesen Einwand gegen die Allgemeinverbindlichkeit seiner Auffassung vom glückseligen Leben solange zu tolerieren, als nicht gesichert ist, daß es Wahrheit im gesuchten Sinne tatsächlich gibt.

Als sicher und gewiß hat nach Augustinus aber zu gelten, daß die Wahrheit, wenn immer sie diesen Namen verdienen soll, allem anderen überlegene, alles umfassende, unveränderliche Wahrheit sein muß. Der Wahrheit darf nichts verborgen bleiben: „non lateat veritatem";[101] sie umfaßt alles, indem sie unwandelbar über allem steht: „inconmutabilis manes super omnia".[102] So nur gibt sie ja Antwort auf die Frage, die sich aus der Todeserfahrung für Augustinus erhoben hat. Diese Antwort, die letztlich auf nichts anderes als auf Gott selbst zielt, findet sich – das sagt Augustinus ausdrücklich – aber nicht in der *memoria*, jedenfalls nicht auf Grund ihrer gleichsam natürlichen Ausstattung: „Et intravi ad ipsius animi mei sedem, quae illi est in memoria mea, quoniam sui quoque meminit animus, nec ibi tu eras, quia sicut non es imago corporalis nec affectio viventis, qualis est, cum laetamur,

[97] *Confessiones* X, 23, 33.

[98] *Confessiones* X, 23, 34; die Augustinische Wahrheitssuche geht auf Wahrheit und Verläßlichkeit, ohne dies Ziel aus eigener Kraft wirklich erreichen zu können. Deswegen zeigt sich der Weg Augustins auch als ein fortdauernder innerer Kampf. Vgl. hierzu auch Jens NÖRREGAARD, Augustins Bekehrung, bes. S. 74 ff.

[99] Als ein Beispiel hierfür vgl. Wilhelm KAMLAH/Paul LORENZEN, Logische Propädeutik. Vorschule des vernünftigen Redens, z. B. S. 116 ff. und bes. – mit Bezug auf Augustin – S. 126. Die Kritik an der Wahrheit metaphysischen Denkens schießt durch die unbemerkte Installation einer anderen absoluten Wahrheit über ein akzeptables Ziel hinaus.

[100] *Confessiones* X, 23, 33.

[101] *Confessiones* X, 23, 34.

[102] *Confessiones* X, 25, 36.

contristamur, cupimus, metuimus, meminimus, obliviscimur et quidquid huius modi est, ita nec ipse animus es, quia dominus deus animi tu es".[103] Daß der Mensch Gottes eingedenk ist, setzt dessen Dasein in der *memoria* des menschlichen Geistes voraus. Obwohl aber diese Voraussetzung gemacht werden muß, zeigt sich, daß ein sicheres Bewußtsein Gottes jedenfalls nicht durch menschliche Tätigkeit im Gedächtnis aufgespürt werden kann: „Et nusquam locus, et recedimus et accedimus, et nusquam locus."[104]

So scheint es also nicht recht zusammenzupassen, daß für das Suchen einerseits die Voraussetzung seiner Geleitetheit gemacht werden muß, daß aber andererseits, wenn thematisiert werden soll, wodurch die Suche geleitet ist, die Aussagen ins Unbestimmte abgleiten und so deutlich machen, daß das Gesuchte auf diese Weise nicht in seiner Bestimmtheit gefunden werden kann. Im Zusammenhang mit dieser scheinbaren Unstimmigkeit wird es allerdings möglich, das *transcende et te ipsum* aufzugreifen und mit konkretem Sinn zu erfüllen. Die Antwort auf die Wahrheitsfrage kann im Zuge der Rückkehr zu sich selbst nur in einer sehr unvollkommenen Weise gegeben werden, nämlich so, daß sich der Suchende zuerst als Suchender bewußt wird, sodann die Leitung seiner Suche in seinem Inneren sucht und schließlich noch suchend über sich hinauszublicken gezwungen ist. Die Antwort auf die Wahrheitsfrage kann aus eigener Kraft nur bruchstückweise gegeben werden, in bezug auf den gesuchten Gehalt nicht ohne den suchenden Blick über sich hinaus. Damit aber zeigt sich die Antwort als für das theoretische Erkenntnisvermögen transzendent. Die gesuchte Antwort ist im letzten die Sache einer anderen Gegebenheitsweise, und zwar nach dem Weg, den Augustinus selber gegangen ist, die Sache der religiösen Erfahrung und des Glaubens. Ohne die Einbeziehung einer solchen dritten Gegebenheitsweise, eben der Gegebenheit im Glauben, bleibt der Suchende womöglich offen für die gesuchte erfüllende Antwort, aber ohne eine bestimmte Antwort für akzeptabel ausgeben zu dürfen, sogar ohne sicher sein zu können, daß nicht die bloße Frage doch zuletzt ins Leere geht. Gewiß ist aus der Analyse der Selbsterfahrung und dessen, was durch die *memoria* gegeben ist, lediglich, daß die Wahrheit zielgerichtet gesucht wird und daß in der Zielgerichtetheit der Suche einige Kriterien der Wahrheit enthalten sind. Wenn es aber überhaupt die Wahrheit in der gesuchten Fülle für den Menschen geben können soll, dann muß sie sich demgemäß allererst durch sich selbst zeigen. Dieser Hinweis führt im Anschluß an den Weg Augustins nun

103 Ebd.

104 *Confessiones* X, 26, 37; hier wird deutlich, daß auch die *Confessiones* das Resultat von *Contra Academicos* nicht überschreiten, wenn es um die Leistung des natürlichen theoretischen Erkenntnisvermögens geht. Bestätigt wird diese Auffassung noch einmal durch *Retractationes* I, 1, 1.

zur Betrachtung der religiösen Erfahrung als einer möglichen, besonderen Gegebenheitsweise von Wahrheit und zum Glauben als der nicht von vornherein ausschließbaren, freien Zustimmung zu Sinn und Inhalt dieser Erfahrung. Hierzu soll – die Untersuchung der theoretischen Wahrheitssuche bei Augustinus abschließend – nun gesprochen werden.

Das Verhältnis von religiöser Erfahrung und Glauben, zumal auch im Sinne des Offenbarungsglaubens, wie Augustinus es versteht, wird hier nicht eigens und in allen seinen Aspekten entfaltet. Es wäre dies auch das Thema einer theologischen Betrachtung, das besonders in der deutschsprachigen Augustinus-Literatur kaum ausreichend Beachtung gefunden hat.[105] Von philosophischer Seite übersieht beispielsweise Karl Löwith in seinem Aufsatz zu Augustinus, den er unter den Titel „Wissen und Glauben" gestellt hat,[106] nahezu völlig die Rolle der religiösen Erfahrung, obgleich er durchaus mit Recht auf Schwierigkeiten hinweist, die im vorliegenden Zusammenhang zu behandeln wären. Wenn er also sagt: „Wir haben uns auf Grund von Heideggers Analyse der Zirkelhaftigkeit alles Verstehens allzu leicht damit abgefunden, daß dieser *circulus vitiosus* kein Mangel sei und daß es nicht darauf ankomme aus ihm herauszukommen, sondern vielmehr in der rechten Weise in ihn hineinzukommen",[107] dann wäre gerade auf diese Art der Erfahrung und ihren eigentümlichen Charakter, wie er von Augustinus beschrieben wird, hinzuweisen. Es könnte immerhin sein, daß diese Erfahrung durchaus nicht in allen ihren Teilen geheimnisvoll kryptisch ist und einen verstehbaren und diskutierbaren Ansatzpunkt bietet, in den Verstehenszusammenhang des Glaubens hineinzugelangen. Die entsprechenden Ausführungen Augustins sind deswegen auch im Rahmen einer philosophischen Arbeit wenigstens kurz vorzuführen und zu erläutern.

Die Worte, mit denen Augustinus die genannte Erfahrung in den *Confessiones* zur Sprache bringt, machen vollends deutlich, was sie für seinen eigenen Weg zu Gott nach seinem eigenen Urteil bedeutet hat. Deutlich wird aus diesen Worten zunächst, daß das gemeinte Geschehen im Rückblick ganz und gar als Tat Gottes erscheint, nicht nur in dem Sinne, daß der Inhalt

[105] Vgl. hierzu die Angaben in der von Carl ANDRESEN bearbeiteten und herausgegebenen Bibliographia Augustiniana, S. 107–109; vgl. auch K.-H. LÜTCKE, ‚Auctoritas' bei Augustin, S. 147: „Christus, Bibel und Kirche sind so die entscheidenden Stufen christlicher Autorität: Christus als der Fixpunkt in der Vergangenheit und der Grund des Glaubens, die Kirche als der je neue Punkt in der Gegenwart und der Anlaß zum Glauben. Die Bibel verbindet diese beiden Punkte durch die Kontinuität ihrer Überlieferung: Sie vermittelt als klar umrissene Größe Wort und Leben Christi, damit die Kirche selber, gleichsam das Mittel (die Bibel) vermittelnd, die Autorität des Glauben und Gehorsam fordernden Christus in die Gegenwart vermitteln kann." Diese Deutung stimmt mit der hier vorgetragenen insbesondere deswegen zusammen, weil aus der Wahrheitssuche im Inneren ein Defizit an positiver Aussage bleibt.

[106] In: Augustinus Magister, S. 403–410.

[107] A. a. O., S. 408 f.

der Erfahrung dem Menschen ohne diese Tat unzugänglich geblieben wäre, sondern auch in dem weiteren Sinne, daß sich das Licht der göttlichen Wahrheit in dieser Tat allererst selbst beim Menschen das Vermögen geschaffen habe, aufgenommen und geliebt zu werden: „Et reverberasti infirmitatem aspectus mei radians in me vehementer, et contremui amore et horrore."[108] Eine zweite Stelle, aus dem Zusammenhang der *memoria*-Lehre, macht den von Augustinus beabsichtigten Eindruck der Gewaltsamkeit des Erlebnisses vielleicht noch deutlicher: „Vocasti et clamasti et rupisti surditatem meam, coruscasti, splenduisti et fugasti caecitatem meam, flagrasti, et duxi spiritum et anhelo tibi, gustavi et esurio et sitio, tetigisti me, et exarsi in pacem tuam."[109] Es scheint in solcher Schilderung religiöser Erfahrung nicht so sehr das bloß innere Geschehen in einem zurückgezogen Meditierenden angesprochen zu sein, sondern vielmehr ein Erleben, das Augustinus mit äußerer Gewalt gleichsam überfallen hat. Es sei deswegen der Versuch gemacht, dies Geschehen von der Erfahrung des Todes her zu interpretieren.

Indem Gott sich nämlich so gezeigt hat, wie es Augustinus in seinen Worten zum Ausdruck bringt, hat er zugleich Sehnsucht nach der Ruhe, nach dem Frieden in ihm hervorgerufen. Das Erlebnis des Nichtigwerdens in der Todeserfahrung bedeutete nicht den wirklichen Sturz in die Nichtigkeit von allem, den es seiner inneren Tendenz nach hätte bedeuten müssen.[110] Es gibt für Augustinus im Erlebnis des Sturzes ebenso auch das Erlebnis der Gehaltenheit im Sturz, einer Gehaltenheit allerdings, die sich nicht weiter als sicher ausweisen kann. Diese Gehaltenheit, deren Grund und Sicherheit unbekannt ist, wird nun aber zur Bedingung der Möglichkeit der Frage nach der Gewißheit im Erlebnis der Nichtigkeit. Gäbe es das Erlebnis der Gehaltenheit nicht, gäbe es auch, weil alles sich als radikal nichtig zeigte, weiter nichts mehr zu fragen. Zeigte sich hingegen die Gehaltenheit nicht als unsicher und ungewiß, so gäbe es ebensowenig zu fragen, weil der Sturz sozusagen endgültig im Positiven aufgefangen wäre. Wer weiter fragt, fragt nach der absolut positiven Antwort; er *fragt* aber bloß, d. h. er kann sich der Antwort nicht endgültig gewiß werden. Unter Bezugnahme auf eine Stelle aus *De ordine* sagt Rudolph Berlinger in diesem Sinne mit Recht: „‚Das Dunkel der Dinge' ist es, das das Denken solange beunruhigt, bis es das vergänglich Seiende im Licht der Wahrheit erkennt."[111] In welcher Weise hier allerdings von *erkennen* gesprochen werden kann, muß noch präzisiert werden.

Da nämlich die *obscuritas rerum* im Erlebnis der Gehaltenheit des Stürzenden nicht schon dem Licht der Wahrheit gewichen ist – und der Suchende also weiterhin Suchender bleibt –, ist die Gegebenheit der Antwort durch

[108] *Confessiones* VII, 10, 16.
[109] *Confessiones* X, 27, 38.
[110] *Confessiones* IV, 6, 11.
[111] Augustins dialogische Metaphysik, S. 37.

das Erlebnis der Gehaltenheit nur in einem Glauben anzunehmen, der in abgeleiteter Weise dann als im Glauben fundiertes Erkennen bezeichnet werden könnte. In solchem Glauben ist demnach immer etwas gegeben, was jetzt nur wider den Augenschein angenommen, erhofft werden kann: „Spe enim salvi facti sumus: spes autem quae videtur, non est spes."[112] Jetzt ist nur Veränderlichkeit gegeben, die nicht eindeutig bestimmt werden kann: „nec esse possumus dicere quod non stat, nec non esse quod venit et transit."[113] Gerade dann aber, wenn das reine und vollkommene Sein gesucht wird,[114] bleibt die Möglichkeit der Täuschung weiter bestehen: „Nemo ergo se dicat perfectum hic: decipit se, fallit se, seducit se, non potest hic habere perfectionem."[115] Der Glaube ist als Gegebenheitsweise wesenhaft auf die Zukunft bezogen, die jetzt noch nicht als Wirklichkeit eingeholt werden kann: „tunc erit illa perfectio".[116] In dieser ihm eigentümlichen Gegebenheitsweise ist der Glaube aber auf das absolute Ziel allen Fragens, die *vita viva*, bezogen: „Cum inhaesero tibi ex omni me, nusquam erit mihi dolor et labor, et viva erit vita mea tota plena te."[117]

Der Glaube ist allerdings nach Augustinus kein solcher Zustand des Glaubenden, der ihn in sich beruhigt auf diese Zukunft gleichsam nur warten ließe. Damit der Glaube als Glaube überhaupt möglich werden konnte, war die Auseinandersetzung mit dem angeblichen Wissen erforderlich, das die Möglichkeit der Annehmbarkeit einer solchen Wahrheit bestreiten wollte. Um zum Glauben als der dem Menschen faktisch allein erreichbaren Gegebenheitsweise absoluter Wahrheit zu gelangen, mußte Wissen aufgehoben werden. Um den Glauben erhalten zu können, muß nun auch versucht werden, seinen Inhalt in Wissen zu verwandeln: „nos intellegere quod credidi-

[112] *Enarrationes in psalmos* XXXVIII, 13; die Stelle macht deutlich, daß Augustins Glaube seine Sicherheit nicht aus der Gegebenheit einer mystisch-ekstatischen Erfahrung bezog; vgl. hierzu insbes. E. HENDRIKX, Augustins Verhältnis zur Mystik. Eine patristische Untersuchung, S. 184: „Kurz können wir den Unterschied zwischen Augustin und Plotin dahin zusammenfassen, daß Augustin die mystische Terminologie Plotins zwar übernommen, ihr aber in Übereinstimmung mit seinem eigenen Erleben einen wesentlich abgeschwächten Inhalt beigelegt hat. Das Prädikat eines Mystikers, das wir auf Grund der Erlebnisbeschreibungen allein unmöglich Plotin absprechen können, müssen wir aus demselben Grunde Augustin verweigern."

[113] *Enarrationes in psalmos* XXXVIII, 7.

[114] Ebd.

[115] *Enarrationes in psalmos* XXXVIII, 13.

[116] Ebd.; R. BERLINGER, Augustins dialogische Metaphysik, S. 20, faßt den Inhalt dieses Abschnittes zutreffend im Motto: *nunc in spe, tunc in re*, zusammen.

[117] *Confessiones* X, 28, 39.

[118] *De libero arbitrio* I, 2, 11; vgl. auch Sermo 44, 9: „Ergo intellige, ut credas: crede, ut intelligas. Breviter dico quomodo utrumque sine controversia accipiamus. Intellige, ut credas, verbum meum; crede, ut intelligas, verbum Dei." Augustinus sucht den Weg einer allen offen stehenden Erkenntnis und rekurriert nicht auf eine für andere Menschen unzugängliche Schau.

mus".[118] Von dieser Möglichkeit, so wenig sie auch vollständig und genügend sicher verwirklicht werden kann, hängt, so sagt Augustin, das geglaubte Heil der Menschen ab.[119] Im Glauben darf nicht in falscher Weise Gewißheit vorgespiegelt werden, im Glauben bleibt das Streben nach sicherer Erkenntnis ungebrochen erhalten. Der Suchende bleibt ruhelos Suchender: „Ita fit inquietus et aerumnosus animus, frustra tenere a quibus tenetur exoptans."[120] Das genuin philosophische Fragen behält auch im Glaubenden seinen Ort, es setzt in unbestimmter Weise den Glauben aber auch voraus.

Auch im Glauben also bleibt der Mensch „sowohl die immerwährende Erprobung als auch die zeitliche Versuchung seiner Freiheit".[121] Der Mensch ist in seiner Freiheit herausgefordert, wenn er zum Ziel der Wahrheitssuche gelangen will – denn nur, wer die Wahrheit tut, so sagt Augustinus im Anschluß an ein Wort des Johannes-Evangeliums,[122] kommt zum Licht: „quoniam qui facit eam, venit ad lucem".[123] Indem aber das Feld der menschlichen Tätigkeit in den Blick gerückt wird, wird die Frage nach dem Prinzip dieser Tätigkeit virulent. Sie wird virulent zunächst in dem Sinne, daß zu fragen ist, ob der Mensch überhaupt Prinzip seiner Tätigkeit ist, sodann aber auch, wenn diese erste Frage positiv beantwortet werden kann, wie und inwieweit er Prinzip seiner Tätigkeit ist. Die Lösung dieser Fragen durch Augustinus – das wird sich im folgenden zu zeigen haben – macht den ‚Einschritt und Anlauf' der Erkenntnis[124] bei einer Glaubensaussage. Dieser Anfang entbindet allerdings nicht von philosophischer Diskussion.

119 *De vera religione* V, 26.

120 *De vera religione* XXXV, 183.

121 R. BERLINGER, Augustins dialogische Metaphysik, S. 37.

122 Vgl. dort 3, 21.

123 *Confessiones* X, 1, 1; hierzu vgl. Franz KÖRNER, Augustinus: Das Grund-Problem der Existenz. Die Frage nach der Ratio im Dasein und Denken des Menschen, S. 156: „Obwohl also Augustinus bereits selber ‚gesehen hat und es ihm geradezu handgreiflich (manifestatum) ist', daß alles Seiende von jenem unbezweifelbaren Ursein her sein Sein hat . . ., ist er dessen, was er eigentlich suchte, nämlich des von dorther sich speisenden ‚Partner-Seins vor Gott' noch längst nicht teilhaftig geworden: ‚Ich fand, daß ich ferne von Dir war, im Lande dessen, was Dir unähnlich ist!'. Der ruhelose Wahrheitssucher mußte offenbar erst erfahren, daß ‚nur der zum Licht gelangt, der die Wahrheit tut' . . . Obwohl die *intellektuelle Grund-Suche* das Ziel schon aus der Ferne entdeckt hatte, war seine *existentielle Grund-Suche* noch längst nicht dort angelangt. Denn vom bloßen ‚Sehen der Wahrheit' ist es noch weit bis hin zu jenem ‚Tun der Wahrheit', das die Kräfte des auf sich allein vertrauenden Menschen ohnehin immer überfordert. Zwischen beidem liegen nämlich, wie Augustinus aus eigener, schwer erlittener Erfahrung weiß, die nur mit höherer Hilfe möglichen harten Schritte der existentiellen Entscheidung." Wie richtig hier Körners Hinweis auf das Tun der Wahrheit ist – auf die praktische Seite der Wahrheitssuche – so wenig darf allerdings unbesehen die göttliche Gnade ins Spiel gebracht werden. Diese bedeutet, wie sich zeigen wird, in bezug auf das menschliche Handeln aus freier Willensentscheidung vielmehr sogar ein schweres Problem.

124 Dies analog zum Gebrauch der ὑπόθεσις in Platons *Politeia* 511 b (ἐπίβασις und ὁρμή). Zum Verhältnis von Glaube und Erkenntnis vgl. auch Rudolf LORENZ, Gnade und Erkenntnis bei Augustinus.

Kapitel X:

Augustins Klärung der Grundbegriffe der praktischen Philosophie

Vor der Zeit seiner Hinneigung und dann seiner Auseinandersetzung mit dem Skeptizismus hatte Augustinus sich als „Hörer", also in noch relativ lockerer Weise, den Manichäern angeschlossen. Das entscheidende und Augustins Denken dauerhaft prägende Resultat, das aus dieser Verbindung und der späteren Ablösung entspringt, kommt insbesondere in seinen Untersuchungen zur praktischen Philosophie zum Vorschein.[1] Aus der vorangegangenen Interpretation der Leistung des theoretischen Erkenntnisvermögens, die sich auf die diesbezüglich klassisch gewordenen Augustinus-Texte bezog, ist deutlich geworden, daß die theoretische Frage nach der unbedingten Wahrheit nicht aus der eigenen Kraft des menschlichen Geistes zum angestrebten Ziel zu kommen vermag. Dies muß als die Dokumentation seiner Endlichkeit in bezug auf sein theoretisches Erkenntnisvermögen aufgefaßt werden.

Gleichwohl bleibt die theoretische Frage nach der Wahrheit bei Augustinus doch nicht ohne Antwort, sondern gelangt sogar zu einem unbezweifelbaren Fundament in der Wahrheitssuche, nämlich der Selbstgewißheit des Suchenden als Suchenden. Dies Suchen, so argumentiert Augustinus, kann unmöglich auf materielle Bedingungen zurückgeführt und muß insofern als Tätigkeit des menschlichen Geistes begriffen werden. Was dieser suchende Geist aber selber positiv sei, bleibt zu suchende Antwort und in diesem Sinne unbestimmtes Resultat. Das X=ignotum, als das sich der menschliche Geist derart zeigt, erfährt in der theoretischen Untersuchung eine erste Bestimmung lediglich dadurch, daß es als etwas erkannt wird, das nach der unbedingten Wahrheit sucht. Indem in diesem Suchen aber eine Tätigkeit, ein praktischer Vollzug des Menschen, als absolut gewiß erkannt wird, sind in diesem Ausgangspunkt die theoretische und die praktische Frage nach

[1] Unter einer praktischen Philosophie sei hier das philosophische Fragen verstanden, das sich im Unterschied zur theoretischen nicht im Sinne einer Erkenntnislehre oder Erkenntniskritik auf die Wahrheitsbefähigung des menschlichen Geistes und auf die Erfassung dessen, was ist, konzentriert, sondern die Frage nach dem Prinzip, den Regeln und dem Ziel der Tätigkeit des Menschen stellt, sofern sie in die Verantwortung des Menschen fallen und demgemäß nicht allein auf bloße Naturkausalität zurückzuführen sind.

der unbedingten Wahrheit miteinander vermittelt.[2] Wenn auch die theoretische Wahrheitssuche mit dem genannten Resultat zunächst an eine unüberschreitbare Grenze gestoßen zu sein scheint, so ist der praktischen Nachforschung hier der Raum allererst eröffnet. Gemäß dieser Vermittlung kann nun gefragt werden, worin das Prinzip dieser als gewiß gesicherten Tätigkeit liegt, welches die Regeln ihres Vollzugs sind und was das Ziel dieser Tätigkeit ausmacht.

Zu seinem Ziel, eben der unbedingten Wahrheit, schien das Suchen nun im Glauben als einer akzeptablen Vollzugsmöglichkeit des menschlichen Geistes schon gekommen zu sein, das Suchen nämlich, das zunächst durch das Erlebnis des haltlosen Sturzes in der Todeserfahrung aus dem vorher wie selbstverständlich gegebenen Sinnzusammenhang des Lebens herausgerissen worden war, das sodann ersten Halt in der Selbstgewißheit des ohne Halt auf Halt sich ausstreckenden Wesens finden konnte und das schließlich – sich gläubig von Gott gerufen erlebend – sich unter die Autorität des christlichen Glaubens stellte und so zu Gott fand, der in der Haltlosigkeit des Suchens Halt verlieh: „Beatus qui amat te et amicum in te et inimicum propter te. Solus enim nullum carum amittit, cui omnes in illo cari sunt, qui non amittitur."[3]

In der Hinwendung zu dem Bestand habenden und immerwährenden Gott, so sagt dieser Glaube in Augustins Worten, haben auch die an sich flüchtigen und haltlosen Dinge Bestand und Dauer: „sed stabunt tecum et permanebunt ad semper stantem ac permanentem deum."[4] Konsequenterweise resultiert aus diesem Glauben der Imperativ, Halt und Ruhe bei Gott zu suchen. Diesen Imperativ verknüpft Augustinus zudem mit der Verheißung, daß dies Ziel dort auch erreicht werde: „State cum eo et stabitis, requiescite in eo et quieti eritis."[5] Wie konsequent aber dieser Imperativ auch aus der Glaubensantwort folgen mag, so wenig darf diese Antwort im weltzeitlichen Leben auch des Gläubigen schon für eingeholt gelten. Die Möglichkeit des Glaubens steht überhaupt nur einem wesenhaft suchenden Geist offen, einem Geist also, der das Ziel seiner Suche noch nicht im gewissen Wissen gefunden hat. Dennoch hat auch die bloß als Glaubensinhalt gegebene Wahrheit schon von sich aus die Tendenz, als gleichsam unbedingt geltende Wahrheit auf die Lebenswirklichkeit gestaltend Bezug zu nehmen. Obwohl der Glaube aber diese Tendenz hat, bleibt er zunächst

[2] Zum Begriff einer praktischen Frage nach der Wahrheit vgl. *De quantitate animae* XVI, 27: „cuius vita per omnia congruit veritati, is est profecto vel solus, vel certe maxime, qui bene honesteque vivit."

[3] *Confessiones* IV, 9, 14.

[4] *Confessiones* IV, 11, 16.

[5] *Confessiones* IV, 12, 18.

doch ein – mit den Augen des Glaubens betrachtet: geschenkter – Vorgriff auf eine im Leben in der Welt uneinholbare und insofern unausweisbare Wirklichkeit: „et inquietum cor nostrum, donec requiescat in te.“[6]

Die vom Glauben verheißene Ruhe in Gott als die geschenkte Erfüllung des weltzeitlichen Strebens, das von Unruhe bestimmt ist, charakterisiert allerdings so noch nicht zureichend das Wesentliche der Lösung Augustins. In der hier noch verbleibenden Unbestimmtheit in der Darstellung dieser Lösung sprengt sie vielmehr noch keineswegs den Rahmen, den auch die Lehre des sich im Westen „chamäleonartig“ an das Christentum anpassenden Manichäismus ausfüllt.[7] Die Lösung – so wie sie gerade kurz umrissen worden ist – läßt nämlich so noch nicht Augustins Absetzung von der dualistischen Weltbetrachtung der Manichäer und der mit dieser verbundenen rigoristischen Weltaskese erkennen, welche Askese bei den Manichäern wenigstens von den *electi* gefordert wurde. Um demgemäß die spezifisch Augustinische Antwort verstehen zu können, muß zunächst dargestellt werden, was Augustinus selbst zum Manichäismus hingezogen hat und was sodann die Grundlage seiner späteren Versuche ausmacht, sich vom Manichäismus wieder abzulösen. Zugleich damit wird natürlich die immer wieder umstrittene Frage zu beantworten sein, ob und inwieweit es Augustinus tatsächlich gelungen ist, diese Ablösung zu vollziehen.[8]

Wenn es gelingen sollte, sowohl Augustins Bindung an den Manichäismus als auch seine Ablösungsversuche aus sachlichen Erwägungen – nicht bloß aus Gründen seiner psychischen Struktur und deren sozialem Kontext – verständlich zu machen, so zeigte sich auch von dieser Seite wieder, wie

[6] *Confessiones* I, 1, 1.

[7] Vgl. Jens NÖRREGAARD, Augustins Bekehrung, S. 28 ff., hier insbes. S. 31 und 41. Zur Lehre der Manichäer, die ja in weiten Teilen auch aus Texten Augustins rekonstruiert wird, vgl. z. B. Hans JONAS, Gnosis und spätantiker Geist. Teil 1: Die mythologische Gnosis, S. 284–320; für die hier in Rede stehende praktische Seite der Frage vor allem S. 313 ff. Zu den Forderungen an die *electi* vgl. S. 315: „Doch wendet sich der volle Rigorismus der manichäischen Ethik nur an eine besondere Gruppe, die ‚Electi‘ oder ‚Wahrhaftigen‘, die in der Tat ein mönchisches Leben ganz außerordentlicher Askese geführt haben müssen – vielleicht dem buddhistischen Mönchstum nachgebildet und jedenfalls auf die Bildung des christlichen stark einwirkend.“ Vgl. außerdem H.Ch. PUECH, Der Begriff der Erlösung im Manichäismus.

[8] Zu dieser Frage vgl. die kontroverse Diskussion in den Beiträgen von A. ADAM, Das Fortwirken des Manichäismus bei Augustin, und W. GEERLINGS, Zur Frage des Nachwirkens des Manichäismus in der Theologie Augustins. In philosophischen Fragen ist auch nach Adam die Unabhängigkeit Augustins von manichäischen Vorstellungen nachweisbar, vgl. S. 20: „Die Sicherheit, mit der Augustin in der Menschenseele das Spiegelbild der Trinität entdeckt, ist philosophischer Natur. Er weist hin auf memoria, intelligentia, voluntas in ihrer einander durchdringenden Kraft, betrachtet also den Inhalt dieser Begriffe als Funktionen, nicht als Bereiche.“ Geerlings bestreitet in seiner Kritik von Adams Thesen nicht, daß bei Augustinus Parallelen zur manichäistischen Terminologie nachweisbar sind (vgl. hierzu auch Adam, a. a. O., S. 14). Er behauptet aber gegen Adam: „Für viele Aussagen kann ebensogut die Gnosis wie der Neuplatonismus als beeinflussendes Moment herangezogen werden“ (vgl. a. a. O., S. 58).

sehr Kurt Flaschs Interpretation dieses Vorgangs mit ihrer entlarven wollenden Polemik an den Intentionen Augustins vorbeigeht, gar nichts zu ihnen zu sagen hat.[9] Diese an den Sachen des Augustinischen Denkens orientierte Interpretation setzt allerdings voraus, daß Augustinus sich denkerisch um Fragen gemüht hat, die auch heute notwendige und dennoch nicht abschließend auflösbare Aufgaben des Denkens sind, die also heute noch zu denken geben, das Denken immer erneut in Bewegung setzen. Diese Fragen basieren nach der vorgetragenen Interpretation bei Augustinus auf der Spannung von Faktizität und Nichtgesolltheit des Todes – und des *malum* überhaupt. Diese Spannung ist es nach der vorliegenden Interpretation, die nach Augustinus den menschlichen Geist zur ruhelosen Suche treibt.

Der manichäische Dualismus bot Augustinus, wenigstens auf den ersten Blick und für einen ersten Anlauf, den Schlüssel zur Lösung von Aufgaben, die sich ihm vor dem Hintergrund seiner ambivalenten Erfahrungen und seiner vorgängigen Erwartungen an eine Lösung stellten. In diesem Sinne nennt Jens Nörregaard als Gründe für Augustins Anschluß an den Manichäismus vor allem dessen scheinbare Christlichkeit. Der Manichäismus hat in der Tat ja auch eine eigene Christologie entwickelt, die selbstredend auf seine Belange zugeschnitten war. Anziehend war für Augustinus sodann auch die sich als überlegen ausgebende, angebliche Rationalität des Manichäismus und schließlich die kritische Betrachtung der vermeintlich anthropomorphen Gottesvorstellungen des *Alten Testamtes.*[10] Neben diesen mehr äußerlichen und formalen Kriterien für Augustins Hinwendung zum Manichäismus werden in Nörregaards Zusammenstellung von Augustins Motiven allerdings erst zum Schluß und gleichsam nebenbei die beiden Gründe genannt, die im Blick auf Augustins inhaltliche Fragestellungen den Vorrang beanspruchen können.[11]

Der erste dieser beiden Gründe hat zum Inhalt, daß der Manichäismus eine Handhabe zu bieten schien, „das physische wie das moralische Böse"

[9] FLASCH, Augustin, S. 32 ff., bezeichnet Augustins Hinwendung zum Gedanken der Unveränderlichkeit Gottes als eine bedenkliche Annäherung an ein „Wunschdenken" und als „Schrumpfplatonismus" (S. 33 f.), sieht aber den Hauptgrund – ganz im Stile seiner Gesamtdeutung – repräsentiert durch „psychologische, sozialpsychologische und politische Aspekte". Bes. S. 35: „Augustin war ein Intellektueller, dem die Massen imponierten; er fand jetzt die Zahl der Manichäer unbehaglich klein . . . Die Manichäer waren dem psychologischen Druck ausgesetzt, den Außenseiter auslösen. Als Augustin sich von den Manichäern trennte, verließ er ein sinkendes Schiff."

[10] Vgl. Augustins Bekehrung, S. 42 ff.

[11] Diese ein wenig in der Darstellung bei Nörregaard verzerrte Rangordnung mag mit seiner These zusammenhängen, daß Augustinus eigentlich nie ganz dem Manichäismus angehangen habe; vgl. S. 46: „Somit war sein Anschluß an den Manichäismus niemals restlos." Vgl. auch R. JOLIVET, Saint Augustin et le Néo-Platonisme Chrétien, S. 25, der insbes. das Problem der Rationalität und der Herkunft des Bösen betont; vgl. auch S. 31 ff.

zu erklären, „ohne daß man Gott zu ihrer Ursache machte".[12] Das Problem, das dem Denken durch die Faktizität des *malum* aufgegeben ist und sich Augustinus entscheidend in der Todeserfahrung als dem Zerbrechen der anfangs selbstverständlichen Sinnganzheit des Lebens aufgedrungen hat, ist ein bestimmendes Motiv seiner Hinwendung zum Manichäismus, weil dieser die Ambivalenz der in der Weltzeit wirksamen Kräfte zu einem konstitutiven Prinzip seiner Lehre macht. Dieses Problem wird späterhin aber auch wieder ein Motiv der Ablösung vom Manichäismus, weil dieser gezwungen ist, für die Weltzeit eine Vermischung der Reiche des Lichtes und der Finsternis anzunehmen und so gesehen den guten Gott des Lichtes „dem Zwang der Finsternis" zu unterwerfen.[13] Zunächst allerdings steht für Augustinus die positive Erklärungsleistung des Manichäismus im Vordergrund. Der Manichäismus scheint ihn nämlich in die Lage zu versetzen, der Frage nach der Herkunft des Schlechten und des Bösen aus dem Guten auszuweichen, die er sowohl auf dem biblischen Schöpfungsglauben als auch auf der neuplatonischen Philosophie lasten sieht. Dieser Ausweichversuch scheint dem Manichäismus zu gelingen, sofern das Reich des Schlechten als ebenso ursprünglich angenommen wird wie das Reich des Guten. Trotz aller weltzeitlichen Vermischung mit dem Reich der Finsternis bleibt das Licht auf diesem Wege – sowohl vom Ursprung als auch vom Ziel her – vom Bösen gleichsam innerlich unberührt, was zudem auch mit dem phänomenal gegebenen Dualismus der moralischen Gespaltenheit, die Augustinus an sich selbst erfuhr, korrespondierte. In dieser inneren Gespaltenheit erschien ihm die Zuwendung zu den sinnlich wahrnehmbaren Dingen, die *amicitia rerum mortalium*, in der Weise als Grund des Übels, daß die körperlichen Dinge selbst als das Üble erscheinen konnten.[14]

Im Gefolge davon mußte nun auch die Tendenz zu einem radikal asketischen Leben, die in der Lehre der Manichäer in Verbindung mit der Forderung nach der „Minimalisierung aller Weltbeziehungen" zu finden ist, auf Augustinus starken Eindruck machen.[15] Diese asketische Einstellung macht dementsprechend auch das zweite, inhaltlich entscheidende Motiv für Augustins Annäherung an den Manichäismus aus. Noch in der späteren kritischen Auseinandersetzung wird dies Moment der Lehre des Manichäismus

[12] NÖRREGAARD, Augustins Bekehrung, S. 44.

[13] NÖRREGAARD, Augustins Bekehrung, S. 44 f.

[14] Vgl. Augustins Erklärung in *Confessiones* V, 10, 20: „Hinc enim et mali substantiam quandam credebam esse talem et habere suam molem tetram et deformem, sive crassam, quam terram dicebant, sive tenuem atque subtilem sicuti est aeris corpus: quam malignam mentem per illam terram repentem imaginantur. Et quia deum bonum nullam malam naturam creasse qualiscumque me pietas credere cogebat, constituebam ex adverso sibi duas moles, utramque infinitam, sed angustius, bonam grandius, et ex hoc initio pestilentioso me cetera sacrilegia sequebantur."

[15] JONAS, Gnosis und spätantiker Geist. Teil 1, S. 314.

mit durchaus achtungsvollen Worten erwähnt: „cum vitae castae et memorabilis continentiae imaginem praeferunt".[16] Die Tatsache, daß Augustinus auch späterhin der manichäischen Askese seinen Respekt nicht versagt hat, läßt allerdings wenigstens die Frage berechtigt erscheinen, ob Augustinus sich wirklich konsequent und eindeutig von manichäischen Vorstellungen hat lösen können. Jedenfalls konnte Ernst Troeltsch mit guten Belegen behaupten, daß es bei Augustinus auf diesem Gebiete „zu schwankenden Aussagen" gekommen sei.[17] Troeltsch meinte sogar sagen zu können, Augustinus habe hier „keinen anderen Ausweg gewußt als den einer doppelten Moral". Zur Begründung führt er an: „Einerseits weiß Augustinus vortrefflich das christliche Leben in den Aufgaben und Formen der Welt, vor allem der Familie, zu schildern. Auf der anderen Seite aber ist ihm die volle und eigentliche Christlichkeit erst der Bruch mit Ehe und Besitz, wozu dann die Zurückhaltung von den anderen Kulturwerten erst hinzukommt. Es ist die prinzipielle Doppelstufigkeit der Moral."[18]

Bevor aber diese Frage, ob nicht doch Grundgedanken des Manichäismus in der Lehre Augustins bleibende Bedeutung behalten haben, im Zusammenhang mit der von Augustinus entfalteten Dialektik von Freiheit und Gnade diskutiert und einer Beantwortung zugeführt werden kann, müssen hier die Gründe für Augustins explizit betriebene Ablösung vom Manichäismus weiter verdeutlicht werden – insbesondere auch im Blick auf die in Augustins Denkweg an sie anschließende Ausbildung der Grundbegriffe der praktischen Philosophie. Den entscheidenden Anstoß, sich vom Manichäismus abzulösen, hat Augustinus durch das notwendig zur Lehre des Manichäismus gehörende Moment erhalten, daß der gute Gott in der Weltzeit gleichsam wider Willen in die Wandelbarkeit der weltlichen Abläufe hineingezogen wird. Diesen dem Wollen widerstrebenden Zwang versucht Augustinus ja gerade in seinem philosophischen Fragen zu überwinden. Ein Gott also, sofern er ohnmächtig und wider Willen in den Weltlauf hineingezogen gedacht würde, könnte den Halt nicht bieten, der in ihm doch gesucht wird.

Mit der aus dem Eingehen des Lichtreiches in das Reich der Finsternis verbundenen Vermischung geht nach Augustins Auffassung zugleich auch der Unterschied zwischen Gott und Mensch verloren: „Cum enim ego essem mutabilis et eo mihi manifestum esset, quod utique ideo sapiens esse cupie-

16 *De moribus* I, 1, 2; obwohl die Stelle an sich einen gegen die Manichäer gerichteten polemischen Charakter hat, kann sie im hier vermeinten Sinne zitiert werden, da die Askese, die als wirklich praktizierte aufträte, ihren Eindruck auf Augustinus sicher nicht hätte verfehlen können; vgl. auch *De moribus* I, 31, 65.

17 Ernst TROELTSCH, Augustin, die christliche Antike und das Mittelalter. Im Anschluß an die Schrift „De civitate dei", S. 99.

18 A. a. O., S. 103.

bam, ut ex deteriore melior fierem, malebam tamen etiam te opinari mutabilem quam me non hoc esse, quod tu es."[19] Die Konsequenz dieser Auflösung des Wesensunterschieds von Gott und Mensch ist aber letztlich die Vernichtung des Menschen in seiner individuellen Personalität. Nicht der je einzelne Mensch ist es dann, der dies Gute oder jenes Böse vollbringt, so daß es gerade ihm als einzelnem zugerechnet werden könnte, sondern es wäre nichts anderes als entweder Gott in ihm oder die Materie in ihm: „Itaque repellebar, et resistebas ventosae cervici meae et imaginabar formas corporeas et caro carnem accusabam."[20] So gesehen kann im Manichäismus weder die Göttlichkeit Gottes noch die Menschlichkeit des Menschen gedacht werden: Gott verliert in der Vermischung mit der Welt seine herrscherliche Göttlichkeit und die Weltwesen verlieren in der Vermischung mit dem Göttlichen ihr Seinkönnen als endliche, individuelle Personen: „Et contendebam magis inconmutabilem tuam substantiam coactam errare quam meam mutabilem sponte deviasse et poena errare confitebar."[21] Augustins „manichäische Erfahrungen", so kann mit Étienne Gilsons Interpretation festgehalten werden, hatten ihn „ein für allemal erkennen lassen, daß der echte, die Vermengung ausschließende Unterschied von Gott und der Natur nicht nur die Anerkennung ihres gesonderten Seins, sondern auch eine Aktivität des Geschöpfs verlange, die durchaus diesem selber angehöre."[22]

Wenn immer Augustinus aber ein – auf Grund des menschlichen Glückseligkeitsstrebens vielleicht naheliegendes, aber deswegen noch lange nicht akzeptables – „Wunschdenken", das Flasch ihm in der Tat aber unterstellt, vermeiden will, kann er in der Argumentation nicht davon ausgehen, daß Gott in den Weltwandel eben nicht hineingezogen werden dürfe und die Personalität des Menschen wie selbstverständlich gewahrt werden müsse. Augustinus sieht auch in seiner Auseinandersetzung mit den Manichäern den natürlichen Weg eines jeden Lernvorgangs im Fortschreiten von der Autorität, die das Ziel vorgängig anzeigt, zur Vernunft, in der das Ziel im Wissen erfaßt wird: „Natura quidem ordo ita se habet, ut cum aliquid discimus, rationem praecedat auctoritas."[23] Dennoch bleibt in solchem Vorgehen

[19] *Confessiones* IV, 15, 26.

[20] Ebd.

[21] Ebd.

[22] Der heilige Augustin, S. 395. Vgl. auch S. 414: „Wir wollen nicht vergessen, daß der heilige Augustin Jahre brauchte, ehe er sagen durfte, er begreife jetzt die einfache Möglichkeit einer nichtmateriellen Wirklichkeit und auch die Vereinbarung einer unvollkommenen Welt mit einem vollkommenen Gotte."

[23] *De moribus* I, 2, 3. Vgl. hierzu K.-H. LÜTCKE, ‚Auctoritas' bei Augustin, vgl. insbes. zur „Auctoritas divina" (S. 119 ff.) und zum Verhältnis von „Auctoritas und ratio" (S. 182 ff.). Vgl. dort S. 195: „So ist der Autoritäts-Glaube von der Vernunft isoliert, auch deswegen, weil ihm bereits vernünftige Akte vorgeschaltet sind (Einsicht in die Notwendigkeit des Glaubens, Einsicht in die Glaubwürdigkeit der Autorität, Verstehen der Sprache der Autorität)."

allein die Vernunft das Kriterium des Urteils: „Ratione igitur quaeramus quemadmodum sit homini vivendum."[24] Die vernünftige Beurteilung richtet sich dabei auf die allgemeine und notwendige Frage der menschlichen Lebensführung. Die Manichäismuskritik Augustins setzt somit an zwei Punkten an, indem sie einerseits den Anspruch auf die Rationalität der Argumentation erhebt und andererseits den Ansatz bei der Frage nimmt, wie der Mensch leben soll. Inwieweit allerdings Augustinus dieser an sein Vorgehen gestellten Forderung gerecht werden kann, wird erst aus der Durchführung dieses Ansatzes zu beurteilen sein.

Im ersten Schritt der Durchführung knüpft Augustinus im Einklang mit der Tradition an das allgemeine Glückseligkeitsstreben der Menschen an: „Beate certe omnes vivere volumus; neque quisquam est in hominum genere, qui non huic sententiae, antequam plene sit emissa, consentiat."[25] Mit diesem Anfang ist zugleich auch der Anschluß an das Resultat der theoretischen Wahrheitssuche gegeben, sofern diese sich letztlich als durch die Suche nach der *vita viva* geleitet erwies. In diesem erneuten Ansatz, zu einer gültigen Antwort in der Wahrheitsfrage zu gelangen – nun auf dem Weg der praktischen Wahrheitssuche –, ist die im Zuge der theoretischen Wahrheitssuche schon anvisierte Glaubensantwort aber wieder auszublenden, wenn sie auch der durch die Endlichkeit des menschlichen Erkenntnisvermögens bedingten, unzureichenden Lösung der Aufgabe der Wahrheitssuche schon eine letzte Erfüllung zu bieten schien. Die Gewißheit des religiösen Glaubens mag sich immerhin selbst tragen können, indem aber die Fülle der in ihr verheißenen Wirklichkeit aus ihrem eigenen Wesen heraus in der Weltzeit uneinholbar bleibt, ist sie dem Nichtglaubenden eben wesenhaft unzugänglich. Die philosophische Wahrheitssuche operiert ja grundsätzlich von der Position des Nichtglaubenden aus. Von dieser ausgehend sieht Augustinus sich gezwungen, nun auf die Frage nach dem Tun der Wahrheit zu kommen, wobei die Wahrheit für die endliche Vernunft zunächst nichts anderes ist als die Wahrheit des Suchens nach dem glückseligen Leben, die schon Gegenstand der theoretischen Wahrheitssuche war. Dadurch aber, daß es nun um das Tun der Wahrheit gehen soll, erhält die Frage nach dem glückseligen Leben gegenüber ihrer theoretischen Fassung eine neue Wendung, die auch eine neue Aussicht auf eine der Frage besser genügende Antwort gewährt.

[24] *De moribus* I, 3, 4. Die Unabhängigkeit der Argumentation von der Autorität ist ein selbstverständliches Erfordernis für jede Diskussion mit solchen, welche die Autorität nicht ebenso anerkennen.

[25] *De moribus* I, 3, 4; vgl. hierzu auch Vorwort und Einleitung der von Paul KESELING übertragenen und erläuterten Ausgabe, Christliches Ethos. Des Aurelius Augustinus Buch „Von den Sitten der katholischen Kirche", bes. S. 14 ff.

Auf den ersten Blick allerdings scheint die Untersuchung wieder in den schon bekannten Bahnen zu verlaufen, d. h. sie beginnt mit der Bestimmung dessen, was als das höchste Gut für den Menschen gelten kann, und endet schließlich mit dem Hinweis, daß der Suchende nur durch Gott in den Genuß des glückseligen Lebens zu kommen vermag: „Deus igitur restat quem si sequimur, bene; si assequimur, non tantum bene, sed etiam beate vivimur."[26] Die praktische Wendung in der Wahrheitssuche führt aber nun zu der Fragestellung, was der Suchende selber tun kann, um sich auf den Weg zu dem Ziel des glückseligen Lebens zu machen.

In der Beantwortung dieser Frage scheut Augustinus nicht davor zurück, mit Klugheitsregeln für den gewöhnlichen Alltagsgebrauch zu beginnen. Zweifellos besteht nun vor dem Hintergrund dieser Frage beispielsweise die Möglichkeit, den Körper und seine Verhältnisse in einen möglichst guten Zustand zu bringen, also das höchste für den Leib mögliche Gut zu bewerkstelligen zu suchen: „Corporis autem si quaerimus quid optimum sit, id certa ratio cogit fateri, per quod fit ut sese corpus quam optime habeat."[27] Dieser bestmögliche Zustand des Körpers kann nach Augustinus noch nicht das höchste Gut für den ganzen Menschen sein. Weil nämlich der Mensch über die Suche nach einem guten Körperzustand hinaus nach Glückseligkeit sucht, muß etwas im Menschen angenommen werden, das über den Leib hinaus im Menschen der Glückseligkeit bedürftig ist: „Sive enim utrumque, sive anima sola nomen hominis teneat, non est hominis optimum quod optimum est corporis; sed quod aut corpori simul et animae, aut soli animae optimum est, id est optimum hominis."[28] Indem Augustinus in Anknüpfung an die von ihm für allgemein akzeptiert gehaltene Unterscheidung davon ausgeht, daß die den Körper belebende Seele es sei, die dem Körper diejenigen Güter vermittelt, die seinen Zustand vervollkommnen, daß die Seele also gewissermaßen das höchste Gut des Körpers sei, wird zugleich klar, daß die Seele dann nicht das höchste Gut des Menschen sein kann, wenn in

[26] *De moribus* I, 6, 10; hier wird schon sichtbar, daß Augustinus die Glückseligkeit nicht allein in etwas sieht, was durch menschliche Tätigkeit herbeigeführt werden kann. Wie hoch der gute Wille auch eingeschätzt werden mag, so wenig repräsentiert er schon das höchste vollendete Gut des Menschen; vgl. hier R. LORENZ, Gnade und Erkenntnis bei Augustinus, S. 46 f.: „Die menschliche Erkenntnis kann deshalb zu einer Definition des Glücks vordringen. Wieder geht Augustin vom ‚Hortensius' aus . . . Daraus gewinnt Augustin den einen Teil seiner Definition: Das Glück besteht in einem Willen, der ohne jede Einschränkung gut genannt werden kann. Aber der Bischof widersetzt sich der stoischen Abmagerung des Glücks auf die Tugend. Der tugendhafte Weise, der gefoltert wird und der nach stoischer Ansicht trotzdem glücklich ist, ist in Wahrheit unglücklich. Denn zum Glück gehört auch: Haben, was man will. So kommt die Definition zustande: Glücklich ist, wer alles hat, was er will und nichts in böser Weise will." Daraus ergibt sich, vgl. S. 47, der Übergang zur Gnadenlehre: „Gut und glücklich kann der Mensch nur von Gott her werden."

[27] *De moribus* I, 5, 7.

[28] *De moribus* I, 4, 6.

bezug auf eine gleichsam hierarchische Ordnung des Guten zu gelten hat, daß der beste Zustand des Körpers nicht das höchste Gut des Menschen ist.[29] Ohne den Menschen in der Weise der Manichäer in eine gute und in eine böse Substanz gleichsam zerlegen zu wollen, wird also ohne derlei metaphysische Vorgaben gefragt, was für den Menschen über das Gut des besten Zustandes seines Leibes hinaus das höchste Gut ist und wie er es zu erreichen vermöchte.

Dementsprechend muß es jedenfalls im Menschen etwas geben, das auch dann noch nicht des höchsten, dem Menschen möglichen Gutes teilhaftig ist, wenn die körperlichen Verhältnisse optimal geordnet sind. Diesen Bereich menschlicher Wirklichkeit, der durch die Verhältnisse des Körperlichen noch nicht erfaßt ist, stellt Augustinus vor dem Hintergrund der durch die Tradition vorgegebenen Redeweise unter den Titel der Seele. Sofern mit diesem Titel im vorliegenden Zusammenhang nur das angesprochen sein soll, was im Menschen bei aller möglichen Geordnetheit des Körperlichen noch auf das höchste Gut auszurichten bleibt – sofern also mit diesem Titel nicht schon eine bestimmte Seelenmetaphysik insinuiert wird –, kann Augustinus mit gutem Grund sagen, daß dasjenige des Menschen höchstes Gut sein werde, was die Seele in den besten Zustand bringt: „id erit hominis optimum quod animam optimam facit."[30] Dieser beste Zustand der Seele wird in bezug auf das in den Mittelpunkt der Untersuchung gestellt, was durch die Tätigkeit des Menschen allein bewirkt werden kann. Wenn es eine solche eigenständige Tätigkeit des Menschen nun wirklich gäbe, dann wäre zugleich klar, daß sie Tugend genannt werden könnte und daß die Tugend es wäre, welche die Seele in diesen besten Zustand brächte: „Nemo dubitaverit quin virtus animam faciat optimam."[31]

Soweit seien zunächst die sachlichen Argumente in der Auseinanderset-

[29] *De moribus* I, 5, 8: „Sed certe cum de moribus agitur, cum quaerimus quinam vitae modus tenendus sit ut beatitudinem possimus adipisci, non corpori praecepta dantur, non corporis investiganda est disciplina."

[30] Ebd.

[31] *De moribus* I, 6, 9; dieser Satz gilt nach dem Sündenfall nur noch mit Einschränkung, vgl. hierzu É. GILSON, Die christliche Freiheit, S. 414 f., wo die eingeschränkte Weitergeltung der ursprünglichen Natur des Menschen dargestellt wird. Vgl. auch W. BEIERWALTES, Regio Beatitudinis. Zu Augustins Begriff des glücklichen Lebens, S. 32, wo darauf hingewiesen wird, daß der innere Zusammenhang von Tugend und Glückseligkeit bei Augustinus festgehalten wird: „Wenn Augustinus den Gedanken mit aller Entschiedenheit vertritt, das wahrhafte oder eigentliche glückliche Leben verwirkliche sich erst in der eschatologischen Zukunft einer *visio beatifica*, so heißt dies nicht, daß die *‚spe beati'* sich selbst lediglich als die auf die göttliche Gnade (passiv) Wartenden zu verstehen hätten. Zwar vermögen sie nicht ‚aus sich selbst' das ersehnte Ziel zu erzwingen, zu einem *‚bene vivere'* aber als der notwendigen Vorbedingung eines *‚beate vivere'* sind sie gefordert." Obwohl diese Vorbedingung nach Beierwaltes „nicht moralistisch eingeengt zu fassen" ist, liegt hier doch eine Bestimmung der Tugend als der Würdigkeit, glücklich zu sein, vor.

zung Augustins mit den Manichäern nachgezeichnet. Gemäß der schon oben vorgetragenen Ankündigung werden Impulse, die in der manichäischen Lehre wirksam sind, auch später im Denken Augustins virulent und kommen deswegen auch im folgenden teilweise noch zum Vorschein. Damit wird aber nicht einfachhin klar, daß von einer bleibenden Beeinflussung Augustins durch die Manichäer gesprochen werden kann, da es immerhin auch die Wirklichkeit sein kann, die sich ein Stück weit auch im Manichäismus zutreffend Ausdruck verschafft hat. Nachdem aber nun durch die Einführung des Tugendbegriffs als eines zwar faktisch nicht gegebenen, für den Menschen aber erstrebenswerten und von ihm selbst allein verwirklichbaren Zustands der Seele das Thema der praktischen Philosophie bei Augustinus eröffnet ist, kann nun zur Darstellung und Interpretation von Augustins eigenen Überlegungen übergegangen werden, wie er sie insbesondere in *De libero arbitrio* ausgearbeitet hat. Dort entfaltet Augustinus die Grundbegriffe seiner praktischen Philosophie, durchaus noch aus dem Zusammenhang von Fragestellungen heraus, die ihn vordem zum Manichäismus geführt hatten.

Jede Interpretation von Augustins Hauptschrift über die Freiheit der Willensbestimmung sieht sich vor die Schwierigkeit gestellt, die große Diskrepanz gerade in bezug auf die Grundthese dieses Werkes zu verstehen oder wenigstens zu erklären.[32] Diese Schwierigkeit soll deswegen vor Beginn der eigentlichen Sachinterpretation schon kurz umrissen werden. Eine solche Vorbemerkung ist erforderlich, weil das Resultat der Interpretation darauf hinauslaufen wird, daß ein den Gesamtzusammenhang der Thesen aufhebender Widerspruch nicht vorliegt, obwohl die Thesen sich letztlich nicht in der Einheit eines einzigen, in sich geschlossenen Systems des Ganzen miteinander vereinen lassen. Sowohl ihre Widersetzlichkeit als auch ihre Zusammengehörigkeit, die gesucht werden soll, gründen in der endlichen Verfaßtheit der an sich absoluten menschlichen Freiheit, wie sie später darzustellen sein wird.

Die Grundthese von *De libero arbitrio* lautet im größten Teil des Textes gleichlautend – und in Übereinstimmung mit der im Titel angedeuteten Aussage –, daß dem Menschen ein Wille mit der Kraft der freien Entscheidung im Blick auf Gut und Böse zukomme.[33] Diese These wird aber nicht ohne

[32] Verstehen hieße, der Sache, wie sie sich von ihr selbst her als Phänomen zeigt, in der Interpretation näherzukommen; Erklären hieße, die Gründe der Inkonsistenz der Thesen Augustins kausal aufzudecken.

[33] Vgl. z. B. *De libero arbitrio* I, 11, 76; I, 12, 86; II, 1, 7; II, 18, 188; III, 1, 7; III, 3, 33. Zum Begriff der Willensfreiheit bei Augustin vgl. J. MAUSBACH, Die Ethik des heiligen Augustinus II, S. 25 ff., wo er sie als Selbstbestimmung und als Wahlfreiheit interpretiert. Abschließend stellt Mausbach fest: „Die Natur der Freiheit, die im innerlichen, selbstmächtigen, wahlfreien Wollen liegt, bleibt intakt, wenn die Gnade als höheres Prinzip hinzutritt. Daß die Willensfrei-

Schwankungen im ganzen Werk durchgehalten. Am Beginn des letzten Drittels des dritten Buches ereignet sich vielmehr ein solcher Umschwung, der das Vorausgegangene gleichsam auf den Kopf zu stellen scheint. Bemerkenswert ist zusätzlich noch die abrupte Art, in der sich diese Umkehrung, plötzlich und ohne Vorbereitung, vollzieht. Im unmittelbaren Vorfeld des Textes befinden sich nämlich einige der stärksten Formulierungen für die These von der Freiheit der Willensentscheidung.

Augustinus betont dort, daß keine Schuld ohne freien Willen zugerechnet werden könne. Hätte der Mensch keinen freien Willen empfangen, gäbe es für ihn auch keine Schuldfähigkeit. Freier Wille und das Vermögen seiner unbehinderten Ausübung sind folglich die unerläßlichen Bedingungen der Zurechnung einer bestimmten Willensverfassung: „Ex eo igitur quod non accepit, nullus reus est; ex eo vero quod non facit quod debet, iuste reus est. Debet autem, si accepit et voluntatem liberam et sufficientissimam facultatem."[34] Der Versuch, die Zurechenbarkeit der Willensentscheidung zu bestreiten, wird ferner mit dem Einwand zurückgewiesen, daß eine solche Hinterfragung auf einen *regressus in infinitum* hinauslaufe.[35] Wenn aber der *regressus in infinitum* ausgeschlossen werden muß, rückt der Wille wieder in den Gesichtskreis, wenn er überhaupt Wille ist. Dies drückt Augustinus in einer Formulierung aus, die den Willen als Erstursache, als *prima causa*, bezeichnet, wenn es in der Tat zurechenbare Schuld geben können soll: „Aut igitur voluntas est prima causa peccandi aut nullum peccatum est prima causa peccandi."[36]

Wenig später im Text wird aber nun – vielleicht auch als Ausdruck von Augustins wachsender Einbindung in den kirchlichen Glauben – im Anschluß an einige Bibelstellen der besagte scharfe Einschnitt vollzogen: „Et

heit nach Augustin zur Anlage des Menschen gehört, daß sie im normalen Zustande, im Leben des Wiedergebornen Tatsache ist, unterliegt keinem Zweifel. Gewisse Unklarheiten bleiben nur bezüglich des Standes der Sünde."

34 *De libero arbitrio* III, 16, 155; zu Augustins Begriff der freien Willensentscheidung vgl. auch G. PHILIPS, La Raison d'être du Mal d'après saint Augustin, S. 34, wo Philips einen doppelten Gebrauch des Ausdrucks „Freiheit" bei Augustin unterscheidet: „La première sorte de liberté est la *liberté d'indifférence*, qui nous permet de choisir à notre guise un acte quelconque aussi bien que son opposé. . . Par la seconde, il entend plutôt cette sorte d'*aisance dans l'action*, cette liberté d'agir dont on jouit quand on est affranchi de ces attaches, fruits du péché, qui mettent en quelque sorte une entrave à notre volonté de faire le bien."

35 Vgl. *De libero arbitrio* III, 17, 167.

36 *De libero arbitrio* III, 17, 168. Augustin spricht, wenigstens dem Wortlaut nach, hier in einer Terminologie, die später beispielsweise von Thomas von Aquin nicht akzeptiert wird, der in der *Summa theologiae* I-II, 19, De bonitate et malitia actus interioris voluntatis, im Corpus des vierten Artikels von der *causa secunda* handelt, allerdings nicht so sehr im Blick auf die Willensbestimmung, sondern im Blick auf die Wirkung der Willensbestimmung: „effectus plus dependet a causa prima quam a causa secunda: quia causa secunda non agit nisi in virtute primae causae."

tamen etiam per ignorantiam facta quaedam inprobantur et corrigenda iudicantur, sicut in divinis auctoritatibus legimus."[37] War vorher ausdrücklich betont worden, daß die Bedingungen der Zurechnung der je besonderen Willensbestimmung beim Menschen gegeben seien, daß jeder Mensch also ein zur Verantwortlichkeit völlig zureichendes Vermögen der freien Willensbetätigung habe, so wird im Gefolge dieser Kehrtwendung – was sie mindestens den expliziten Thesen nach ist – nun anscheinend geradezu das Gegenteil behauptet, daß nämlich der Mensch von sich aus wesenhaft der Sünde verfallen sei: „Si autem bonus homo esset, aliter esset. Nunc autem quia ita est, non est bonus nec habet in potestate ut bonus sit, sive non videndo qualis esse debeat, sive videndo et non valendo esse qualem debere esse se videt."[38] Wohl auch deswegen, weil die Verwunderung des Lesers notwendigerweise groß ist, schiebt Augustinus hier die Bemerkung ein, daß man sich nicht wundern dürfe, wenn nun gesagt werde, daß der Mensch auf Grund seiner Unwissenheit keine freie Entscheidung des Willens besitze, das zu wählen, was er richtigerweise tun solle: „Nec mirandum est quod ... ignorando non habet arbitrium liberum voluntatis ad eligendum, quod recte faciat."[39] Diese Aussage braucht dennoch nicht einfach als glatter Widerspruch zu den früher vorgetragenen Thesen verstanden zu werden, sofern nämlich darauf hingewiesen werden kann, daß nicht die Freiheit der Willensentscheidung selbst abgewiesen wird, sondern lediglich die Freiheit der Willensentscheidung „ad eligendum, quod recte faciat".

Verfolgt man den Text nun weiter, so wird mehrfach sichtbar, wie Augustinus um den Ausgleich der ihm anscheinend in unvereinbare Gegensätze auseinanderbrechenden Grundthese kämpft. Er begnügt sich keineswegs mit der leicht gegebenen Erklärung durch den biblischen Bericht vom Sündenfall des ersten Menschen, wie er sie zunächst erwähnt. Nach der Sündenfallgeschichte wäre eine freie Willensentscheidung des vorsündlichen Menschen anzunehmen, ein Verfall der Freiheit aber nach dem Sündenfall: „Cum autem de libera voluntate recte faciendi loquimur, de illa scilicet in qua homo factus est loquimur."[40] Ob dieser Ausgleichsversuch Augustins tatsächlich in annehmbarer Weise gelungen ist, braucht hier noch nicht ab-

[37] *De libero arbitrio* III, 18, 172.

[38] *De libero arbitrio* III, 18, 174; diese Hinwendung zur Ursünden-Lehre ist von den Pelagianern als bleibende manichäistische Komponente im Denken Augustins verstanden worden. Vgl. P. RICOEUR, Die „Erbsünde" – eine Bedeutungsstudie, S. 341: „In der Sicht eines solchen (scil. des pelagianischen) Voluntarismus, der zu einer kohärenten Theorie der Kontingenz vorgetrieben wird, kann das ‚naturale peccatum', als erbliche Schuld interpretiert, nur einen Rückfall in den Manichäismus bedeuten; ‚Du wirst dich nie von den Mysterien des Mani reinwaschen', sagt Julian von Eclanum später zu Augustinus."

[39] *De libero arbitrio* III, 18, 177.

[40] *De libero arbitrio* III, 18, 179.

schließend beurteilt zu werden. Wichtig zu erwähnen ist aber, daß die These der Willensfreiheit von ihm schließlich doch auch für die Natur des Menschen nach dem Sündenfall ausdrücklich festgehalten wird, wobei allerdings die Reichweite ihres Vermögens eingegrenzt wird, sofern diese nurmehr auf bestimmte Inhalte bezogen werden kann. Nicht die These, daß der Wille des Menschen in irgendeiner Weise als *causa prima* angenommen werden muß, wird hier in Zweifel gezogen, sondern lediglich der Optimismus hinsichtlich des Bereiches dessen, was von ihm als Erstursache auch bewirkt werden kann. Es bleibt also dabei, daß es nur der je eigene Wille sein kann, der für Sünden verantwortlich ist. Wird die Faktizität von Sünden überhaupt erst einmal angenommen, ist es nach Augustinus überflüssig, über den Willen hinaus nach Ursachen zu suchen: „Quae peccata, ut iam disserimus, non nisi propriae voluntati earum tribuenda sunt nec ulla ulterior peccatorum causa quaerenda."[41]

In gewisser Absetzung von der Aussage der oben zugrundegelegten Bibelstellen betont Augustinus hier also wieder ganz deutlich, daß keine Zurechnung vorgenommen werden kann, wenn der Wille etwas von Natur aus nicht weiß oder von Natur aus nicht kann: „Non enim quod naturaliter nescit et naturaliter non potest, hoc animae deputatur in reatum."[42] Das Vermögen des freien Willens mag – irgendwie vorgängig unter der Sünde stehend – in seiner inhaltlichen Reichweite durch naturhaftes Nichtwissen und Nichtkönnen beschnitten sein. In diesem eingeschränkten Bereich aber ist die Willensfreiheit nach Augustinus weiter im Vollsinne zu behaupten. Im Vollsinne frei ist der Mensch im Blick auf seine Tätigkeitsbereiche aber – das lehrt auch die alltägliche Erfahrung – nicht in bezug auf alles, was dem Menschen überhaupt vielleicht möglich wäre. Jedem Menschen – das will Augustinus sagen – ist aber mindestens die Suche nach der Wahrheit und das Bekenntnis der eigenen Schwachheit möglich: „Nulli enim homini ablatum est scire utiliter quaeri quod inutiliter ignoratur, et humiliter confitendam esse inbecillitatem."[43]

Nach dieser Vorbemerkung zum Sinn und zur Reichweite der Augustinischen Freiheitsthese kann nun mit der Interpretation von Augustins Entwicklung der Grundbegriffe der praktischen Philosophie begonnen werden. Den Einstieg in diesen Zusammenhang verschafft sich Augustinus bekanntlich mit der Frage, ob Gott der Urheber des Übels sei: „utrum deus sit auctor

[41] *De libero arbitrio* III, 22, 216; vgl. hier auch J. BURNABY, Gnade und Freiheit.

[42] *De libero arbitrio* III, 22, 218. Vgl. hierzu Heinrich BARTH, Die Freiheit der Entscheidung im Denken Augustins, S. 87 ff. Barth erklärt das Schwanken in Augustins Antworten auf die Frage, ob der Mensch frei oder unfrei sei (S. 85), durch die Möglichkeit einer „inneren Steigerung" des Freiheitsbegriffs: „Im ‚liberum arbitrium' – dies sollten die freiheitsstolzen Menschen bedenken – tönt die ‚libertas' erst an; wo aber der Geist des Herrn ist, da ist Freiheit."

[43] *De libero arbitrio* III, 19, 182.

mali."[44] Nach späteren Aussagen des Textes steckt schon in dieser Frage mit der impliziten Behauptung der Existenz Gottes eine Glaubensaussage, die erst noch vor der Vernunft zu rechtfertigen ist.[45] Noch deutlicher wird die Bedingtheit dieses Einstiegs durch die Autorität von Glaubensaussagen in der Antwort, die auf diese einleitende Frage gegeben wird. Die Antwort setzt nämlich voraus, daß Gott ein guter Gott sei: „at si deum bonum esse nosti vel credis."[46] Sie setzt weiterhin voraus, daß Gott diese Welt mit göttlicher Weisheit regiere: „divina providentia hoc universum regi credimus."[47] Wenn aber vorausgesetzt wird, daß Gott gut ist und die Welt regiert, dann ist erstens klar, daß das Übel nicht ursprünglich von ihm ausgehen kann, zweitens aber auch, daß die Verhältnisse in der Weltordnung doch auf Gott zurückgeführt werden müssen. Nun gibt es aber offenbar auch nach unserer alltäglichen Erfahrung das *malum* gerade in dieser doppelten Weise, nämlich einerseits als ursprünglich durch Tun hervorgebrachtes und andererseits als in der Welt unabhängig von unserem Tun vorfindliches und so nur zu erleidendes Übel: „Duobus enim modis appellare malum solemus: uno, cum male quemque fecisse dicimus, alio, cum mali aliquid esse perpessum."[48]

Da der wesensmäßig gute Gott als ursprünglicher Urheber des Üblen nicht in Frage kommt, muß es eine Kausalität außer Gott sein, die das Übel ursprünglich hervorgebracht hat: „Est ergo alius auctor mali".[49] Diejenige Kausalität aber, die in der Lage wäre, das Üble hervorzubringen, das in einer reinen Schöpfung Gottes nicht enthalten sein kann, solange an seiner Gutheit festgehalten wird, kann keine blind sich vollziehende Kausalität sein, da diese immer wieder auf den Urheber der Schöpfung selbst zurückfällt. Diese Kausalität muß eine spontane Kraft nach Vorstellungen, ein „Vermögen der Zwecke" sein, eben ein freier Wille.[50] Gäbe es nun in der Tat

[44] *De libero arbitrio* I, 1, 1; vgl. zu dieser Frage M. HENSCHEL, Das malum in Augustins De civitate Dei. Studien zur Struktur seines Denkens, insbes. S. 35, wo es in drei Anläufen um die Ursache des *malum* geht.

[45] Dazu vgl. den noologischen Gottesbeweis im zweiten Buch von *De libero arbitrio.*

[46] *De libero arbitrio* I, 1, 1.

[47] *De libero arbitrio* I, 1, 2; vgl. hierzu Chr. PARMA, Pronoia und Providentia. Der Vorsehungsbegriff Plotins und Augustins, S. 74 ff. und S. 126 ff.

[48] *De libero arbitrio* I, 1, 1.

[49] *De libero arbitrio* I, 1, 2.

[50] Vgl. I. KANT, *Kritik der reinen Vernunft,* A 103; gegen PARMA, Pronoia und Providentia, S. 133 ff., wird im Verweis auf die Herkunft des Bösen aus dem Willen gerade nicht die Selbständigkeit des Bösen gesehen. Richtig stellt Parma fest: „Dieses dualistische Moment (scil. von „eigentlicher" und „pervertierter" Natur) ist freilich nicht von manichäischer Stofflichkeit: Kein von der mala voluntas intendiertes Objekt ist böse, denn sofern es natura ist, hat es an der Positivität von esse und bonum teil." Parmas „dualistische" Lösung gilt für Augustinus nicht, weil es bei ihm keine pervertierte Natur „gibt", sondern nur die Pervertierbarkeit der Natur durch menschliche Tätigkeit. Derart fragt Augustinus auch nicht, was das *malum* sei, sondern was das *male facere* sei; vgl. *De libero arbitrio* I, 3, 14.

infolge solcher ursprünglicher Kausalität aber willentliche Hervorbringung des Üblen in der Welt, so könnte abgeleiteterweise nun auch Gott wieder als Urheber von Üblem in Frage kommen, nämlich als derjenige, der die Hervorbringung des Üblen durch Übles bestrafte und so die Ordnung des Ganzen trotz des Auftretens von Üblem gewährleistete. Das vom Menschen bloß erlittene Übel wäre so gesehen denkbar als von Gott ausgehendes Strafübel. Hinsichtlich des getanen Übels, des moralischen Übels, des Bösen, bleibt dabei jeder Üble der verantwortliche Urheber seiner Übeltat: „quisque malus sui malefacti auctor est."[51]

Unter der zugrundegelegten Voraussetzung, daß Gott gut ist und die Welt regiert, mögen nun diese einleitend vorgetragenen Überlegungen hingehen und angenommen werden können. Diese durch den religiösen Glauben induzierte Voraussetzung wird aber von Augustinus explizit lediglich als Einstieg in die Problematik auf dem Weg zu ihrer Auflösung durch die Erkenntnis genutzt: der *amor inveniendi veri* findet sein Genügen nicht schon im Glauben, sondern erst im Erkennen.[52] Solches Erkennen kann sich dann auf keine Rechtfertigung seines Inhalts durch den Glauben beziehen. Deswegen ist es auch nur konsequent, wenn Augustinus nun dazu übergeht, nach dem Ursprung des aus dem Tun hervorgehenden Übels zu fragen: „unde male faciamus".[53] Grundlage dieser Frage ist somit nicht mehr die Annahme, daß der Mensch – angesichts der Tatsache, daß es Übles in der Welt gibt – schon deshalb als Ursprung des Übels angenommen werden muß, weil die einzig denkbare Alternative – nämlich Gott – hier nicht in Frage kommen darf und so aus Glaubensgründen ausgespart wird, sondern vielmehr die nicht zu leugnende Tatsache, daß gewisse Taten, die von Menschen vollbracht werden, allgemein für schlecht gehalten werden.

Zunächst rekurriert Augustinus dabei also auf das allgemein unter den Menschen gegebene Bewußtsein, daß beispielsweise Ehebruch, Mord und Religionsfrevel Übeltaten seien: „Adulteria et homicidia et sacrilegia, ut omittam cetera quibus enumerandis vel tempus vel memoria non suppetit, quis est cui non male facta videantur?"[54] Grundlage der weiteren Untersuchung ist also die als faktisch behauptete Gegebenheit eines Bewußtseins, daß für das menschliche Handeln moralische Regeln gelten, gemäß denen gewisse Handlungen mit Verboten belegt und bei Übertretung der Verbote als böse betrachtet werden. Diese Verbote richten sich im strengen Sinne nur an das moralische Bewußtsein, sie richten sich nicht in jedem Falle

[51] *De libero arbitrio* I, 1, 3.
[52] *De libero arbitrio* I, 2, 10 f.
[53] *De libero arbitrio* I, 3, 14.
[54] *De libero arbitrio* I, 3, 14; weil mit dem Sakrileg die Annahme des Bereichs des Göttlichen als vom Menschen zu beachtender Wirklichkeit schon von vornherein vorausgesetzt wird, spielt es im folgenden – im übrigen auch bei Augustinus selbst – keine Rolle.

gegen äußere Handlungen, die aus einer gesetzwidrigen Handlung folgen mögen. Wenn nach einer allen Übeltaten im moralischen Sinne gemeinsamen Charakteristik, nach einem Kriterium zur Beurteilung der moralischen Qualifikation von Handlungen gefragt wird, so gibt es für diese Aufgabe eine Reihe verschiedener Lösungstypen. Diese werden von Augustinus im nächsten Schritt einer kritischen Diskussion unterzogen.

Bevor also die Untersuchung weitergeführt werden kann, woher es kommt, daß Menschen Böses tun, muß erst gefragt werden, was es denn heißt, Böses zu tun: „quid sit male facere".[55] Wie sich im Fortlauf sogleich zeigen wird, ergibt sich nach Augustinus die moralische Einsicht in die Gutheit oder die Bosheit einer Handlung nicht aus einer unmittelbaren, inhaltlich bestimmten Werteinsicht. Ein moralisches Gefühl oder ein intuitives Wertfühlen gilt ihm höchstens als ein erster Ansatzpunkt der Beurteilung. Vielmehr wird der Grund der moralischen Qualifikation einer Handlung in etwas Allgemeingültigem und allgemein Nachprüfbarem gesucht, das die Handlungen jenseits ihrer inhaltlichen Bestimmtheit prägt.

Als Beispiel zur Beantwortung der Frage, was es heißt, Böses zu tun, wird zunächst der Ehebruch gewählt und dabei gefragt, ob er denn deswegen für etwas Schlechtes gehalten werde, weil das Gesetz es verbietet, ihn zu begehen: „quia id facere lex vetat".[56] Obwohl aber die Erklärung zurückgewiesen wird, er sei deswegen schlecht, weil er vom Gesetz verboten werde, hat seine Schlechtigkeit doch wesenhaft etwas mit dem Abweichen von einer Gesetzlichkeit zu tun. Wenn also auch vielmehr gelten muß, daß er vom Gesetz verboten werde, weil er schlecht sei, so kann doch in jedem Falle schon einmal festgehalten werden, daß der Grund der Schlechtigkeit einer Handlung in einem Abweichen von der Bedingung der Gesetzlichkeit des Handelns gesucht wird.[57]

Als erste Formulierung eines solchen allgemeinen Gesetzes wird zunächst die *goldene Regel* auf ihre Brauchbarkeit hin untersucht. Diese Regel wird von Augustinus in der folgenden Fassung vorgetragen: „Quisquis autem alteri facit, quod sibi fieri non vult, male utique facit."[58] Die *goldene Regel* stellt nun

[55] *De libero arbitrio* I, 3, 14.

[56] *De libero arbitrio* I, 3, 15.

[57] Einer *lex* oder *regula*, wie Augustinus sagt; vgl. *De libero arbitrio* I, 3, 17.

[58] Zur Geschichte und Interpretation der goldenen Regel vgl. L. J. PHILIPPIDIS, Die goldene Regel, religionsgeschichtlich untersucht; weiterhin A. DIHLE, Die Goldene Regel. Eine Einführung in die Geschichte der antiken und frühchristlichen Vulgärethik; die goldene Regel verteidigt gegen Kants kategorischen Imperativ H. REINER, Die goldene Regel. Die Bedeutung einer sittlichen Grundformel der Menschheit; vgl. schließlich auch B. BRÜLISAUER, Die Goldene Regel. Analyse einer dem Kategorischen Imperativ verwandten Grundnorm (mit weiteren Hinweisen, auch zur angelsächsischen Diskussion). Dihle betrachtet die goldene Regel, a. a. O., S. 85, „als eine Errungenschaft der Sophistik im ausgehenden 5. Jahrhundert v. Chr." und setzt sie in scharfen Gegensatz zur höheren, religiös oder philosophisch begründeten Ethik, indem

offenbar ein Gesetz des Handelns vor, das unabhängig von der inhaltlichen Bestimmtheit konkreter Handlungen, für die es Geltung beansprucht, eine Richtschnur für die allgemeine Erklärung dessen an die Hand zu geben scheint, was als gut und böse angenommen wird. Obwohl sie damit einem Erfordernis Genüge tut, das an das gesuchte Gesetz gestellt war, nach dem Handlungen mit moralischen Maßstäben qualifiziert werden können, hält Augustinus die *goldene Regel* für untauglich zur Bestimmung von gut und böse.

Wendet man nämlich diese Regel auf den folgenden denkbaren Fall an, in dem man sich das konkrete Verhalten eines Menschen vornimmt, der etwas tut, was nach verbreitetem moralischem Empfinden für schändlich zu gelten hat, dabei aber von dem oder den anderen Menschen, die von dieser Tat betroffen werden, unter der Bedingung akzeptiert wird, daß sie ihrerseits den Täter in gleicher Weise ungestraft behandeln können, weil der Täter von vornherein in wechselseitigem Einverständnis die Tat, die er an anderen vollbringen will, auch selber hinzunehmen bereit ist, dann greift die *goldene Regel* nicht mehr. Dieses Urteil über die *goldene Regel,* das durchaus auch am besonders gravierenden Beispiel der Lüge und überhaupt des Mißbrauchs von Vertrauen bewährt werden könnte,[59] erläutert Augustinus – mit einem gewissen zeitbedingten patriarchalischen Einschlag – hier am Beispiel des Austauschs der Partner zwischen zwei Ehepaaren, also am Beispiel eines wechselseitigen Ehebruchs mit allseitigem Einverständnis: „si cuiuspiam libido ea sit, ut uxorem suam praebeat alteri libenterque ab eo corrumpi patiatur, in cuius uxorem vicissim cupit parem habere licentiam, nihilne male facere tibi videtur?"[60]

Die *goldene Regel* – dies soll damit gesagt sein – ermöglicht bei geschickter und kluger Anwendung ein erträgliches Auskommen der Menschen untereinander, ist aber der Tod alles wahrhaft sittlichen Lebens, sofern sie die Regel der Handlung nicht an ein unbedingt geltendes praktisches Gesetz knüpft, sondern durchaus von der *libido* bestimmt sein läßt. Dies gilt auch dann, wenn diese nicht auf geradem Wege ungehindert ausgespielt wird, sondern sich durch die allseitige Anerkennung der *goldenen Regel* – sei es

er sie als Grundlage der Vulgärethik im Anschluß an das archaische ius talionis versteht (S. 80 f.). Historisch gesehen sei die Formulierung der goldenen Regel eine „Erfindung" der Sophistik, deren Leistung vor allem darin bestehe, „daß sie sittliche Vorstellungen des Vulgärbewußtseins, des common sense, in knappe, einprägsame und darum lehrbare Formulierungen von höchstmöglichem Abstraktionsgrad gebracht hat" (S. 85). Dihles Entgegensetzung gegen die religiöse und die philosophische Ethik ändert aber nichts daran, daß sich die goldene Regel in der Spätantike allgemein breiter Zustimmung erfreute (vgl. a. a. O., S. 10).

59 Dies führte zu einem allseits gewollten, radikalen Vertrauensschwund, ohne daß dieser Schwund als Mangel erlebt würde; die Möglichkeit genuin zwischenmenschlicher Beziehungen wäre von Grund auf verdorben.

60 *De libero arbitrio* I, 3, 17.

auch, daß diese hier nur in einer depravierten Form auftritt – vorher die Rückversicherung einholt, daß der von der Handlung erwartete Lustgewinn nicht nachträglich durch die vergeltende Reaktion des von der Handlung Betroffenen wieder zunichte gemacht oder sogar ins Gegenteil verkehrt wird.[61]

Die Zurückweisung der *goldenen Regel* als eines Prinzips der Beurteilung von gut und böse ist allerdings nicht mit der Absicht verknüpft, diese Regel auch für den alltäglichen Gebrauch gleichsam zu diskreditieren.[62] Festgehalten werden muß allein, daß sie nicht als allgemeine und zureichende Formulierung des Kriteriums für die sittliche Qualifikation einer moralisch relevanten Handlung taugt. Unter dieser Rücksicht trägt die *goldene Regel* nach Augustinus nicht mehr aus als der Rekurs auf die öffentliche Vergeltung für gesetzwidrige Handlungen durch die Justiz. Um die so behauptete Unbrauchbarkeit weiter zu verdeutlichen, wird auch dieser, von Evodius vorgetragene scheinbare Ausweg als eine zweite Möglichkeit der Bestimmung des gesuchten Kriteriums für gut und böse auf die Probe gestellt. Diese zweite Möglichkeit kann natürlich rasch abgefertigt werden und wäre überhaupt nicht erwähnenswert, wenn durch ihre Zurückweisung nicht noch einmal die Kritik an der *goldenen Regel* verdeutlicht und verstärkt würde. Der Rekurs auf die öffentliche Vergeltung ist nämlich schon insofern als untauglich erwiesen, als feststeht, daß auch Unschuldige von ihr getroffen werden können: „propter recte facta nonne homines plerumque damnati sunt?"[63] Wie aber die öffentliche Rechtsprechung sowohl hinsichtlich des Inhalts der geschriebenen Gesetze als auch hinsichtlich ihrer Anwendung in gerichtlichen Prozessen der Möglichkeit des Irrtums unterliegt, so wenig kann die prospektiv oder prophylaktisch an den Folgen der Handlungen orientierte *goldene Regel* zum Maßstab für die Sittlichkeit einer Handlung dienen.

Um nun entscheiden zu können, was das Schlechte an der Übeltat ist, was

[61] Vgl. hierzu I. KANT, *Metaphysik der Sitten. Tugendlehre*, A VII ff.; gegen BRÜLISAUER, Die Goldene Regel, S. 329, ist festzuhalten, daß die goldene Regel von Augustinus nicht als brauchbare Formulierung des Kriteriums für die Sittlichkeit einer Handlung akzeptiert wird, wogegen nicht sprechen muß, daß er sie „als eine Forderung des natürlichen Sittengesetzes" bezeichnet hat. Wenn Brülisauer, S. 335, die goldene Regel zu ihrer „Rettung" so umdeutet, daß ihr gemäß geboten sei, „allgemein auf die Interessen der anderen Rücksicht zu nehmen, weil ich ja auch möchte, daß sie dasselbe tun", so ist damit nicht viel gewonnen. Erstens muß nämlich die nicht in der Regel liegende Voraussetzung gemacht werden, daß es sich um legitime Interessen der anderen handele, zweitens muß vorausgesetzt werden, daß die gegenseitige Rücksichtnahme allgemein gewünscht werde, was grundsätzlich nur empirisch festgestellt werden kann. Brülisauers Rekurs auf die Interpersonalität der Geltung der goldenen Regel macht ihren hypothetischen Charakter deutlich, die ihr mangelnde Unbedingtheit, womit der Grund ihrer Ablehnung sowohl bei Kant als auch bei Augustinus bezeichnet ist (vgl. S. 344).

[62] Vgl. außer den bei Brülisauer, S. 329, genannten Stellen beispielsweise noch *Enarrationes in psalmos* XXXV, 1; LI, 10; LVII, 1.

[63] *De libero arbitrio* I, 3, 18.

also beispielsweise das Schlechte am Ehebruch ist, auch sofern er so begangen wird, daß die *goldene Regel* nicht mehr greift, wird im dritten Anlauf zunächst die Klärung der Frage auf dem Weg der Bestimmung gleichsam des Ortes gesucht, an dem die Schlechtigkeit der Tat ihren Sitz hat. Wird die Frage so gestellt, zeigt sich sofort, daß die Schlechtigkeit nicht in der äußeren Handlung liegen kann, sofern diese wahrnehmbar ist: „dum tu foris in ipso facto, quod iam videri potest, malum quaeris, pateris angustias."[64] Schon allein, weil manche Handlungen unter gewissen Bedingungen für erlaubt gelten können, unter anderen Bedingungen aber für verboten, kann das Böse an einer für schlecht gehaltenen Tat allein im Inneren des Handelnden liegen, in der Tatsache, daß die Handlung im Inneren so gewünscht wird, daß sie, wenn das Vermögen vorhanden wäre, auch zum Vollzug gebracht würde: „id eum cupere et, si potestas detur, esse facturum."[65] Der innere Grund der Übeltat wird von Augustinus mit dem Begriff *libido* bezeichnet: „Clarum est enim iam nihil aliud quam libidinem in toto malefaciendi genere dominari."[66] Der somit als Grund der Bosheit von Handlungen eingeführte Begriff der *libido*, der besonders im Zusammenhang mit dem zugrundegelegten Beispiel des Ehebruchs den Eindruck einer manichäistisch dünkenden Abwertung der natürlichen Triebkräfte hervorrufen mag, muß nun genauer untersucht werden, da nach Augustinus gerade in der *libido* dasjenige liegen soll, was die Übeltat allgemein und zureichend als Übeltat kennzeichnet.

Die *libido* ist von Augustinus laut den schon oben referierten Erklärungen als ein *cupere* bestimmt worden, das auf die Verwirklichung einer Übeltat gerichtet ist. Sie ist derart jedenfalls ein Akt des Begehrungsvermögens, ein Akt der *cupiditas*: „Scisne etiam libidinem alio nomine cupiditatem vocari?"[67] Obwohl hier aber zunächst scheinbar *libido* und *cupiditas* einfachhin gleichgesetzt werden, obwohl Augustinus zudem in manchen späteren Werken den Bereich der Begehrlichkeit insgesamt eher negativ bewertet, kann für

[64] *De libero arbitrio* I, 3, 20.

[65] Ebd.

[66] *De libero arbitrio* I, 3, 21.

[67] *De libero arbitrio* I, 4, 22; Augustins späterhin insgesamt negative Einschätzung der *cupiditas* hat die Wirkungs- und die Interpretationsgeschichte fast ausschließlich bestimmt; vgl. hierzu z. B. MAUSBACH, Die Ethik des heiligen Augustinus I, S. 222 f.: „Augustinus gibt uns Definitionen über den Begriff der falschen Weltliebe. Sie zeigen aber trotz der gleichen Grundfärbung eine verschiedene Schattierung; außerdem, was ebenso lehrreich ist, eine gewisse zeitliche Entwicklung. Daß cupiditas im rein philosophischen Sinne nichts Tadelnswertes und Anstößiges hat, wurde schon bemerkt. Im ethischen, durch den Sprachgebrauch der Heiligen Schrift unterstützten Sinne aber bedeutet die cupiditas stets etwas Schlimmes. Eine negative Erklärung dieses Schlechten gibt uns die kontradiktorische Gegensätzlichkeit zur caritas: cupiditas ist Abwesenheit der vollen Willenshingabe an Gott, an das höchste Gesetz der Sittlichkeit." Diese Bestimmungen begreifen nicht den sittlich neutralen Charakter, die naturhaft gegebene Seinsweise der *cupiditas* gemäß *De libero arbitrio*, wo erst die *mala cupiditas* negativ beurteilt wird.

den unmittelbaren Fortgang der Überlegungen in *De libero arbitrio* betont werden, daß von *cupiditas* durchaus in einem sittlich neutralen Sinne gesprochen wird. Gemäß den Aussagen dieses Textes kann die *cupiditas* nämlich – im Gegensatz zur *libido* – auch auf Gutes gerichtet werden: „Certe enim bonum cupit, qui cupit vitam metu liberam, et idcirco ista cupiditas culpanda non est; alioquin omnes culpabimus amatores boni."[68]

Dennoch sei nebenbei ausdrücklich vermerkt, daß Augustinus später schon allein die bloße Begierde, die Begehrlichkeit des Menschen überhaupt, das gesamte Begehrungsvermögen und seine Ausübung – beispielsweise in den Schriften *De bono coniugali* und in *De nuptiis et concupiscentia* – in einer engen Verbindung mit der wesenhaft verdorbenen *libido* sieht.[69] Trotz einer gewissen Verwischung der klaren Begriffsscheidung, wie sie ursprünglich vorgenommen war, findet sich die sachliche Unterscheidung einer sittlich neutralen und einer sittlich negativen Betrachtung des Begehrungsvermögens aber auch noch im Spätwerk.[70]

Gemäß der These von *De libero arbitrio,* wo diese Begriffsscheidung nun vorgenommen wird, gibt es einerseits ein Begehren, das sich auf Gutes richtet und deswegen zumindestens als sittlich neutral, als eine *inculpabilis cupiditas* gilt, und andererseits ein Begehren, das sich auf Schlechtes richtet und

[68] *De libero arbitrio* I, 4, 24; die *concupiscentia* wird von G. PHILIPS, La Raison d'être du Mal d'après saint Augustin, S. 74, als Neigung zum Schlechten verstanden: „La concupiscence ou passion mauvaise, notre Docteur l'entend presque toujours dans le sens de concupiscence charnelle." Sie ist der durch die Ursünde entstandene Habitus und zugleich die Vorbedingung der Erlösung, vgl. S. 74–94.

[69] Vgl. *De bono coniugali* X, 11 und noch deutlicher *De nuptiis et concupiscentia* I, 8, 9; zur theologischen Darstellung samt weiteren Literaturangaben vgl. P. SCHOONENBERG, Der Mensch in der Sünde. Schoonenberg zeichnet das Augustinus-Bild in einer von der Wirkungsgeschichte her kommenden, hauptsächlich den späten Augustinus berücksichtigenden, die Anfänge und Wurzeln aber vernachlässigenden Einseitigkeit. Nicht ohne Recht schreibt J. BURNABY, Gnade und Freiheit, S. 447, zu manchen Aussagen des späten Augustin: „Aber fast alles, was A. nach seinem siebenzigsten Jahre schrieb, ist das Werk eines Mannes, dessen Kraft ausgebrannt, dessen Liebe erkaltet ist. Das System, das allgemein als Augustinismus bezeichnet wird, ist zum großen Teil ein grausames Zerrbild von A.'s tiefsten und entscheidendsten Gedanken." Eine ausgewogene Darstellung bietet in Kürze auch L. SCHEFFCZYK, Konkupiszenz.

[70] Die Verwischung der Begriffsscheidung ist offenbar durch biblischen Sprachgebrauch bedingt, vgl. *De gratia Christi et de peccato originali* I, 18, 19: „et apostolus Paulus cum dicit radicem malorum omnium esse cupiditatem (1 Tim. VI, 10), admonet utique intelligi radicem bonorum omnium caritatem." Daß die sachliche Unterscheidung aber nicht preisgegeben wird, ergibt sich beispielsweise aus *De civitate Dei* XIV, 6: „Interest autem qualis sit voluntas hominis; quia si perversa est, perversos habebit hos motus; si autem recta est, non solum inculpabiles, verum etiam laudabiles erunt. Voluntas est quippe in omnibus; immo omnes nihil aliud quam voluntates sunt. Nam quid est cupiditas et laetitia nisi voluntas in eorum consensione quae volumus? Et quid est metus atque tristitia nisi voluntas in dissensione ab his quae nolumus? Sed cum consentimus appetendo ea quae volumus, cupiditas; cum autem consentimus fruendo his quae volumus, laetitia vocatur."

deswegen als böse, als *improbanda,* als *culpabilis cupiditas* gilt. Das Verhältnis von *libido* und *cupiditas* kann demgemäß im folgenden Sinne präzisiert werden: „Convenit enim inter nos omnia malefacta non ob aliud mala esse nisi quod libidine, id est improbanda cupiditate, fiunt."[71]

Verbucht werden kann demnach, daß die Ausübung des Begehrungsvermögens, daß das *cupere,* denjenigen, der begehrt, noch nicht eo ipso zu einem Guten oder Bösen macht. Das *cupere* ist nämlich zunächst einmal gleichsam von Natur aus gegeben und hat dementsprechend auch eine naturgegebene Zielrichtung. Auf die Frage beispielsweise der vielfältigen Bedrohtheit des menschlichen Lebens angewandt, besteht die naturgegebene Tendenz aller Menschen in dem Wunsch, ohne Furcht leben zu können: „Cupere namque sine metu vivere non tamen bonorum, sed etiam malorum omnium est."[72] Die *libido* ist nach Augustinus also eine *cupiditas,* in der etwas zum naturgemäßen Begehren noch hinzugekommen ist, das dieses zu einem unerlaubten Begehren macht. Die weitere Bestimmung dieser allen Menschen gemeinsamen, sittlich neutralen *cupiditas* muß also, wenn der Ansatz Augustins durchführbar sein soll, die Antwort auf die Frage nach dem Kriterium erbringen, wodurch das Gute gut und das Schlechte schlecht genannt werden kann.

Das Beispiel, an dem die Untersuchung in diesem entscheidenden Stadium der Überlegungen durchgeführt wird, ist die Frage, ob die Tötung eines Menschen aus Furcht vor schweren Gefahren für das Leben erlaubt sei. Der Fall wird dahingehend präzisiert, daß es sich um einen Sklaven handele, der seinen Herrn erschlägt, um befürchtete schwere Züchtigungen zu vermeiden. Zweifellos geschähe eine solche Tötung dann aus dem naturhaften Begehren, ohne Furcht leben zu können, eben einem Wunsch, an dem Gute und Böse von Natur aus gleichermaßen teilhaben. Der entscheidende Unterschied kann nun allein darin liegen, wie der Wille mit diesem naturhaft gegebenen Begehren umgeht. Augustinus bestimmt diesen Unterschied in bezug auf die Verlierbarkeit der Güter, auf die sich das naturhafte Begehren richtet. Jedenfalls gilt es in diesem Sinne nicht als gut, sich mit seiner Liebe an Dinge zu klammern, die wider Willen verloren werden können: „verum hoc interest, quod id boni appetunt avertendo amorem ab his rebus, quae sine amittendi periculo nequeunt haberi; mali autem, ut his fruendis cum securitate incubent, removere impedimenta conantur et propterea facinorosam sceleratamque vitam, quae mors melius vocatur, gerunt."[73]

[71] *De libero arbitrio* I, 4, 28.

[72] *De libero arbitrio* I, 4, 30.

[73] Ebd.; vgl. die schon zitierte, verallgemeinernde Wendung dieses Gedankens eines vom Tod gezeichneten Lebens in *Confessiones* I, 6, 7: „nescio, unde venerim huc, in istam dico vitam mortalem an mortem vitalem?"

Die Regel also, nach der das gute Leben gut und das schlechte Leben schlecht zu nennen ist, steht nach Augustinus – unabhängig von dem Beispiel der Tötung eines Menschen – in unmittelbarem Zusammenhang mit den Fragen, die sich ihm im Anschluß an die Erfahrung des Todes seines Jugendfreundes gestellt haben. Der Tod hatte ihm einen Menschen genommen, den er laut dem Bericht der *Confessiones* so geliebt hatte, als ob er nicht sterben werde. Die Liebe zum Freund, der doch sterben konnte, war also von solcher Beschaffenheit, daß sie die Gefahr des Verlustes nicht wahrgenommen hatte und im Verlust nicht wahrhaben wollte. Als demgemäß der Verlust faktisch eingetreten war, versank ihm alles in die Nichtigkeit, da ja alles, was er liebte, ebensolcher Gefahr des Verlustes zu unterliegen schien. Solange sich nun nichts zeigte, das unangreifbar von zeitlichem Wandel Bestand hatte, unterlag er dem Eindruck, das Ganze sei in Nichtigkeit versunken. In der Suche nach Halt erfährt der suchende Geist aber eine erste Stützung, indem er bei der Bemühung um die Erkenntnis seiner selbst sich als Suchenden findet. Zugleich liegt in dieser ersten Selbsterkenntnis das Ziel der Suche , die *vita vitalis,* unthematisch mitbeschlossen. Wie sehr aber diese *vita vitalis* von Augustinus im religiösen Glauben schon gleichsam vorweggenommen werden kann, so sehr bleibt der in der Weltzeit suchende Geist wesensmäßig vom gesuchten Ziel entfernt.

Im Handeln aber, das wird bei der Suche nach dem Kriterium für die Gutheit oder die Bosheit einer Handlung vorgetragen, gibt es sowohl die Möglichkeit der Annäherung an die *vita vitalis* als auch die Möglichkeit des Versinkens in der *vita mortalis.* In der tätigen Hinwendung zu Dingen, die wider Willen verloren werden können, liegt demnach eben nichts anderes als die Zuwendung zu einer *vita,* die besser *mors* genannt zu werden verdiente. Der Wunsch, ohne Furcht zu leben, also die Furcht vor dem Tode, ist aber naturhaft gegeben und betrifft – wenigstens im durchschnittlich alltäglichen Leben, sofern es nicht zur Entscheidung herausgefordert wird – auch denjenigen, der sich um die Ausrichtung auf das Gute bemüht: „In ipso enim purgationis negotio subest metus mortis saepe non magnus, saepe vero vehementissimus.“[74] Die Ablösung von der Ausgerichtetheit des naturhaften Begehrens auf die Ziele der *vita mortalis* ist also die schwierigste Aufgabe, der sich der Mensch in seiner naturhaft gegebenen Todesfurcht ausgesetzt sieht: „Nihil autem difficilius quam et metuere mortem, et ab illecebris huius mundi, sicut pericula ipsa postulant, temperare.“[75]

Somit ist endlich klar, worin nach Augustinus das Kriterium der Unterscheidung von gut und böse zu finden ist, worin also die Grundregel des Vollzugs derjenigen Tätigkeit gegeben ist, welche der praktischen Annähe-

[74] *De quantitate animae* XXXIII, 73.
[75] Ebd.

rung an die *vita vitalis* dient. Zugleich zeigt sich auf diese Weise, daß die Bearbeitung der Fragen der praktischen Philosophie in der Kontinuität von Augustins Ansatz im philosophischen Fragen überhaupt und dessen Durchführung in der theoretischen Wahrheitssuche steht. Zu fragen bleibt hier aber noch, ob die vorgetragene Lösung auch sachlich vertretbar ist. Vor allem zwei Einwände können gegen sie erhoben werden.

Der erste Einwand bietet einen Ansatzpunkt zu immanenter Kritik, denn es könnte scheinen, daß zur Begründung der Lösung der gestellten Aufgabe ein Glaubensdatum in einer Weise in Anschlag gebracht wird, wie es gemäß dem expliziten Vorhaben der vorliegenden Interpretation, die auf Vernunftbegründung ausgeht, vermieden werden sollte. Um solche Vernunftbegründung geht es Augustinus auch da, wo diese Intention nicht ausdrücklich zum Vorschein kommt. Der erste Einwand bezieht sich nun darauf, daß die Ausrichtung der Handlung auf das sittlich Gute als Ausrichtung auf die Erlangung der *vita vitalis* erscheinen könnte, wobei die Gestaltung der *vita mortalis* von vornherein ins Abseits geriete, weil die Bindung des Willens an ihr Gesetz ihn zugleich zu einem bösen macht.[76] Das Streben nach Erhaltung der *vita mortalis* scheint sittlich schlecht, das Streben nach Erlangung der *vita vitalis* aber scheint sittlich gut zu sein. Der Unterschied von Erhaltung und Erlangung erklärt sich dabei selbstredend daraus, daß die *vita mortalis* in ihrer konkreten Bedingtheit als Aufgabe des Menschen schon wirklich gegeben ist, die *vita vitalis* aber höchstens gleichsam von ferne her erstrebt werden kann. Obgleich aber durch diese Unterscheidung schon feststeht, daß die Wirklichkeit der *vita vitalis* nicht einfach vorausgesetzt wird, so wird doch im zweiten Fall die Voraussetzung gemacht, daß die *vita vitalis* durch Handeln direkt erstrebt werden könnte.[77] Diese Voraussetzung kann in den Verdacht geraten, das Gesetz einer anderen Welt zum Gesetz dieser Welt zu erklären und so ihr Fundament in einer Glaubensaussage zu haben.

Wie aber die Durchführung der theoretischen Wahrheitssuche zu einer Reduktion in der ursprünglich gegebenen Zielsetzung führte, so daß schließlich das Resultat schon endgültig in der Selbstgewißheit des Suchenden als Suchenden lag, so wird auch in der praktischen Wahrheitssuche der direkt durch Handlungen beeinflußbaren *vita mortalis* als Ziel kein logisch gleichwertiges Gegenüber entgegengesetzt. Auch in der praktischen Wahrheitssuche findet demgemäß eine Reduktion in der Zielsetzung statt, die es

[76] Vgl. *De libero arbitrio* I, 5, 41 ff. Das zeitliche, aufgeschriebene Gesetz hat eine notwendige Funktion zu erfüllen, ist aber mit dem ewigen, dem moralischen Gesetz nicht deckungsgleich, kann sogar in Widerspruch zu ihm geraten. Die Bindung des Willens bloß an das zeitliche Gesetz macht ihn also zu einem moralisch bösen Willen.

[77] Vgl. *De libero arbitrio* I, 5, 38. Diese Möglichkeit setzt die Bereitschaft zur Drangabe zeitlicher Güter voraus.

dann unnötig macht, die Voraussetzung der direkten Erstrebbarkeit der *vita vitalis* zur Bedingung der Möglichkeit des guten Lebens zu erklären. Wie in der theoretischen Wahrheitssuche kann vom Suchenden nicht Halt im intendierten vollkommenen Ziel der Suche gefunden werden, sondern lediglich im Akt, der auf die Erlangung dieses Zieles gerichtet ist, d. h. für die praktische Wahrheitssuche: im Willensakt. Lediglich das Gut des guten Willens gilt als unverlierbar in die Macht des Willens gegeben, nicht dagegen das Gut seiner Verwirklichung, die allerdings sein Ziel ist.[78] Indem die praktische Wahrheitssuche in der bloßen Willensbestimmung wenigstens zunächst ihr Ziel findet, ist sie nun nicht darauf angewiesen, die oben genannte Glaubensvoraussetzung zu machen. Obwohl also klar bleibt, daß das höchste vollendete Gut des Willens allein in der Erlangung der *vita vitalis* bestehen kann, findet der Wille in seiner Selbstbestimmung schon ein Ziel, das in der Gestaltung der *vita mortalis* von der Hinfälligkeit der *vita mortalis,* sofern der Wille nur wirklich will, absolut ausgenommen ist.[79]

Kann dieser erste Einwand somit relativ leicht zurückgewiesen werden, so tritt mit dem zweiten Einwand, dessen kritische Kraft einen eher außer dem Gesichtskreis Augustins liegenden Ansatzpunkt hat, ein schweres Problem zu Tage, mit dem sich jede Zurechnungsethik auseinanderzusetzen hat. Ausgehend von der Frage, warum es denn nicht gut sei, sein Trachten ganz darauf zu richten, die Erhaltung der *vita mortalis* unter allen Umständen und mit allen Mitteln zu sichern, scheint geantwortet werden zu können, daß die *vita mortalis* eben kein sicheres und letztlich befriedigendes Ziel der menschlichen Tätigkeit sei. Auf diese Weise bekäme die Ethik Augustins allerdings intellektualistischen und eudämonistischen Charakter, der zudem mit der Tendenz zu einem Akosmismus verbunden wäre.

Im Sinne einer derartigen Augustinusdeutung nennt Josef Brechtken Augustins Ethik eine „Ethik des Glückseligkeitsstrebens" und stellt fest: „Daß Augustins Theorie des Sittlichen in erster Linie an der Idee des Glücks oder der Glückseligkeit hängt, ist gar keine Frage. Dies ist nichts Neues, sondern längst bekannt."[80] Diese in gewisser Weise für jede Ethik zutreffende These, die aber, wie die Tatsache, daß alle unsere Erkenntnis mit der Erfahrung anfängt, erst noch interpretiert werden muß, erhält nun im Fortgang von Brechtkens Interpretation eine solche Wendung, daß die Ethik Augustins ganz ins Fahrwasser des Eudämonismus zu geraten scheint. Brechtken sagt mit Recht, es könne bei Augustinus „gar keine Rede von einer Theonomie, von einer theonomisch begründeten Moral sein", und fährt dann positiv

[78] Vgl. *De libero arbitrio* I, 12, 80 ff.; vgl. insbes. auch 86, wo die Selbstmacht des Willens für den Willen behauptet, aber auch auf den Willen begrenzt wird.

[79] Vgl. *De libero arbitrio* I, 13, 90.

[80] Vgl. Augustinus Doctor Caritatis. Sein Liebesbegriff im Widerspruch von Eigennutz und selbstloser Güte im Rahmen der antiken Glückseligkeits-Ethik, S. 13.

darlegend fort: „Im Gegenteil: Alles, was bisher gesagt wurde, weist eher darauf hin, daß hier nur vom Menschen her gefragt und gedacht wird. Es ist also eher eine anthropo-nome Moral und eine Ethik, die rein von den subjektiven und objektiven Bedürfnissen des Menschen ausgeht, nämlich von seinem Glück und seinem Streben danach, das naturgegeben ist, und deshalb grundsätzlich als legitim, berechtigt und gut angesehen wird."[81] Daraus folgt nun eine weitere Zuspitzung der These: „So steht für Augustin also zunächst einmal auch weiter fest: Die Sache mit der Moral ist die Sache mit dem Glückseligkeitsstreben, und die Sache der Ethik ist die Frage nach dem wahren Wesen der Glückseligkeit um der Glückseligkeit des Menschen willen."[82] Vor diesem Hintergrund steht für Brechtken nun explizit der eudämonistische Charakter der Augustinischen Ethik fest, der nur durch seine Zuwendung zur christlichen Moral des Evangeliums gemildert wird: „Augustins Ethik ist eine beatitudo-appetitus-Ethik, und ebendiese Ethik mit ebendiesem Charakter, wie er in der griechisch-hellenistischen Antike durchgängig gedacht ist, sucht Augustin nun darüber hinaus auch auf die christliche Moral anzuwenden und von daher wieder bestätigt zu erhalten, wenn er nun in dieser Schrift, die rational (ratione) nach der sittlichen Lebensordnung fragen wollte, zusätzlich zu erkunden sucht, ‚wie denn der Herr selbst im Evangelium uns vorgeschrieben habe, daß gelebt werden müsse'."[83]

Brechtkens Interpretation, deren Grundthesen wegen ihres unleugbaren Textbezuges und ihrer argumentativen Eindringlichkeit hier relativ ausführlich zitiert wurden, kann gleichwohl in einem ersten Schritt schon von der Zurückweisung des obigen ersten Einwandes her hinterfragt werden. Gewiß ist der Ausgangspunkt auch der ethischen Fragestellung bei Augustinus ausgangsweise durch das Streben nach der eigenen Glückseligkeit und bleibend durch das Streben nach dem höchsten Gut bestimmt. Indem aber eingesehen wird, daß dies höchste Gut nicht durch menschliche Tätigkeit direkt

[81] BRECHTKEN, Augustinus Doctor Caritatis, S. 16 f.

[82] A. a. O., S. 17

[83] A. a. O., S. 18; Brechtken behauptet im übrigen, daß Augustinus an der theoretischen Aufarbeitung dessen, was mit der Nächstenliebe erfahren wird, gescheitert sei, obwohl er durchaus gut beschreibe, „was man in der Nächstenliebe am Nächsten tun soll und tut" (S. 138). Vor dem Hintergrund der These, „daß diese Liebe ja im Grunde ähnlich strukturiert ist wie die göttliche Liebe" (S. 124), sagt Brechtken, S. 135, zu Augustinus abschließend: „Der appetitus ist nach wie vor das Erste und Dominierende in der Ethik, in der ‚Liebesethik' Augustins. So bleibt also der Widerspruch von Eigennutz und selbstloser Güte weiterhin unaufgearbeitet bestehen, und zwar so, daß er das Ganze in seinem Wesen selbst betrifft". Kritisch ist zu Brechtkens Interpretation auch zu vermerken, daß er einseitig zur Unterstützung seiner These zitiert. Der Richtungssinn, der in dem Satz liegt, daß „Gott im Nächsten" geliebt werde (vgl. Brechtken, S. 149), ist gegenläufig zu dem, den Augustinus in *Confessiones* IV, 9, 14 zur Sprache bringt: „Beatus qui amat te et amicum in te". Die Stellung des appetitus-Gedankens in der Augustinischen wie jeder philosophischen Ethik gründet auf der Tatsache der Endlichkeit des Menschen, dem folglich keine rein schenkende Liebe im Sinne der göttlichen Liebe möglich ist.

erstrebt werden kann, reduziert sich die ethische Frage bei Augustinus auf die Frage nach der Willensbestimmung, auf die Frage danach, was wider Willen nicht verloren werden kann. Wie sehr also das Streben nach Glückseligkeit eine Auslösefunktion für das bewußte Handeln und seine ethische Reflexion haben mag, die Grundlage der Ethik kann nach Augustinus nicht mehr vom höchsten Gut abgeleitet werden. Sofern aber nun, was sogleich sichtbar werden wird, die Wirklichkeit des höchsten Gutes als Glaubenstatsache zunächst unberücksichtigt bleibt, muß die Leistung des Willens eigens und isoliert von der vollständigen Verwirklichung seines Objekts betrachtet werden können. Durch die so gezogenen Grenzen der Leistungsfähigkeit des Willens sind aber zugleich auch die Grenzen der Ethik abgesteckt.[84] Wenn innerhalb dieser Grenzen der Leistungsfähigkeit des Willens Glückseligkeit im Vollsinne prinzipiell nicht erreichbar ist und zudem die Einsicht in ihre Unerreichbarkeit auch vollzogen wurde, wenn zugleich aber auch klar ist, daß die Ethik Augustins sich in ihrem Anspruch an das Weltdasein des Menschen richtet, dann stünde von dieser Seite her fest, daß die Ethik Augustins nicht als eudämonistisch betrachtet werden kann, ja es wäre sogar weitergehend zu sagen, daß sie geradezu als eine Bestreitung der Möglichkeit einer eudämonistischen Ethik gelten kann.

Eine jede eudämonistische Ethik zeichnet sich dadurch aus, daß sie die sittliche Qualifikation aller Handlungen unter das Prinzip der Glückseligkeit stellt, daß sie alle Handlungen lediglich nach ihrem Nutzen für die Erlangung der Glückseligkeit beurteilt. Eine solche Handlungsorientierung – dagegen kann kein vernünftiger Einwand erhoben werden – ist auch bis zu einem gewissen Grade berechtigt, insofern sie naturhaft gegeben ist, zur Erhaltung des natürlichen Lebens einfach erforderlich ist und nicht in die Verantwortung des Handelnden fällt, sofern er nicht Grund seiner eigenen Natur ist. Sie gerät dort aber an ihre entscheidende Grenze, wo die an sich sittlich neutrale Zuwendung zu den Gütern der *vita mortalis* dazu führt, auch schändliche und verbrecherische Mittel zur Erreichung dieser Ziele einzusetzen, weil diese – unter Mißachtung der Bedingtheit des menschlichen Lebens – für unbedingt gültig angenommen werden. Die Entscheidung des Handelnden würde dann in einer moralisch relevanten Situation nicht mehr von der Frage geleitet, ob eine Tat sittlich gut oder böse sei, sondern alleine von der alles beherrschenden Frage, ob sie für je mein Glück nützlich oder schädlich sei. An die Stelle eines unbedingt geltenden Imperativs träte ein hypothetischer Imperativ, dem aber im Zuge dieses Wechsels eine scheinbar unbedingte Geltung zuwächst. In diesem Sinne haben die ethischen Reflexionen Augustins also nichts mit dem Eudämonismus zu schaffen. Seine

[84] Diese Grenzen werden auch noch durch die Inkonsistenz der Thesenlage, die insofern selbst der Wahrheitsfindung dient, herauspräpariert.

Ethik unter diesen Titel zu stellen, verdeckt so gesehen schon den bloßen Zugang zu den wesentlichen ethischen Grundlagen seines Denkens.

Diese Lösung der anstehenden Aufgabe läßt sich nun an Augustins drittem Beispiel zur Klärung des Wesens von gut und böse entwickeln und bestätigen. Gefragt wird dort, ob es erlaubt sei, einen Räuber oder Schänder zur Abwehr eines Raubmordes oder einer Vergewaltigung zu töten: „Non ergo lex iusta est, quae dat potestatem vel viatori, ut latronem, ne ab eo ipso occidatur, occidat, vel cuipiam viro aut feminae, ut violenter sibi stupratorem inruentem ante inlatum stuprum, si possit, interimat."[85] Augustinus wehrt sich nicht dagegen, für diesen Fall zunächst zuzugestehen, daß die vom geschriebenen Gesetz gewährte Erlaubtheit der Notwehr nicht ungerecht ist: „Multo est enim mitius eum, qui alienae vitae insidiatur, quam eum, qui suam tuetur, occidi, et multo est immanius invitum hominem stuprum perpeti quam eum, a quo illa vis infertur, ab eo cui inferre conatur, interimi."[86] Dennoch macht diese Konfliktsituation ganz deutlich, daß die Handlungsausrichtung, sofern sie ganz von dem Streben nach Glückseligkeit beherrscht wird, und die Handlungsausrichtung, sofern sie letztlich auf das sittlich Gute ausgeht, in einen unüberwindlichen Widerstreit geraten, da der Räuber nur verlierbare Güter, nicht aber das Gut des tugendhaften Willens rauben kann: „De pudicitia vero quis dubitaverit quin ea sit in ipso animo constituta, quandoquidem virtus est? unde a violento stupratore nec ipsa eripi potest. Quidquid igitur erepturus erat ille qui occiditur, id totum in nostra potestate non est."[87]

Indem als Kriterium zur Beurteilung der Sittlichkeit einer Handlung der Maßstab vorgelegt wird, ob das durch den Akt des Willens allein erstrebbare Gute wider Willen wieder verloren werden kann, wird so gesehen die unbedingte Geltung der Ausrichtung des Handelnden auf den guten Willen gelehrt, die allein seine Sittlichkeit begründet, die naturhaft gegebene Ausrichtung auf Glückseligkeit aber relativiert. Der gute Wille ist dementsprechend ein Wille, der nach dem strebt, was allein durch den Willen selbst besessen werden kann: „Quisquis autem non habet, caret profecto illa re, quam praestantiorem omnibus bonis in potestate nostra non constitutis sola illi voluntas per se ipsam daret."[88] Der gute Wille ist folglich ein unverlierbares Gut unter der absoluten Herrschaft allein des Willens selbst: *sola voluntas per se ipsam*. Daß dieses Gute gut ist, wird – wie Augustinus sagt – durch ein Gesetz bewußt, das strenger und verborgener ist als alle sonstigen Gesetze:

[85] *De libero arbitrio* I, 5, 33.

[86] *De libero arbitrio* I, 5, 34.

[87] *De libero arbitrio* I, 5, 38; wenn zu gelten hat, daß die Glückseligkeit Ziel der menschlichen Tätigkeit ist, so kann sie jedenfalls nicht direkt erstrebt werden, ist also so gesehen kein Gegenstand der Ethik; vgl. I, 14, 100.

[88] *De libero arbitrio* I, 12, 86.

„vehementiore ac secretissima lege".[89] Indem der Wille sich aus eigener Kraft unter dieses Gesetz zu stellen vermag und sich so aus ihm auch selbst bestimmen kann, erweist er sich nun für sich selbst als frei in seiner Entscheidung, frei hinsichtlich dessen, was nicht wider Willen verloren werden kann. Zugleich ist ihm aber wenigstens zunächst all jenes verloren, was er wider Willen verlieren kann. Die Bewirkung der Glückseligkeit – dies ist damit deutlich – ist gar kein möglicher Gegenstand des menschlichen Willens, sofern er vom moralischen Gesetz bestimmt ist.

Der gute Wille ist demgemäß nach Augustinus nicht von dem Streben nach Erlangung der Glückseligkeit bestimmt, sondern von dem, was sich der Vernunft auch gegen alles Begehren als dem Gesetz entsprechend zeigt. So gibt es für den Menschen zwei Arten von Willensbestimmung, die eine nach der *libido,* die andere nach einem ewigen Gesetz. Dieses ewige Gesetz legt Augustinus in einer Kurzformel vor, welche die Grundregel aller ethischen Vorschriften repräsentiert: „Ut igitur breviter aeternae legis notionem, quae inpressa nobis est, quantum valeo, verbis explicem, ea est, qua iustum est, ut omnia sint ordinatissima."[90] Mit der Forderung, daß der Wille auf die beste Ordnung von allem ausgerichtet sein soll, *ut omnia sint ordinatissima,* wird vom guten Willen nichts anderes als die Ausrichtung auf die Gesetzmäßigkeit der Willensbestimmung verlangt. Das Grundgesetz des sittlichen Handelns schreibt so kein inhaltliches Ziel des moralischen Handelns vor, ist so gesehen bloß formal. Dieses formale Gesetz der Willensbestimmung ist der Vernunft so eingeprägt, daß es mit ihr gleichsam identisch ist. Es ist ihr durch sie selbst gegeben und wird deshalb auch allein von der Vernunft selbst beurteilt.[91] Wenn also die Vernunft die naturhaft gegebenen Strebungen – Begierden – ordnet, wenn demgemäß die Willensbestimmung unter das Vernunftgesetz gestellt wird, dann hat der Mensch dem Gesetz Genüge getan: „Ratio ista vel mens vel spiritus cum inrationales animi motus regit, id scilicet dominatur in homine, cui dominatio lege debetur ea, quam aeternam esse comperimus."[92]

Nachdem nun auf diese Weise das *Prinzip* der ursprünglichen, moralisch relevanten Tätigkeit des Menschen, aus welcher gut und böse hervorgehen – *sola voluntas per se ipsam* –, und zugleich auch das *Grundgesetz,* welchem gemäß der Vollzug des Willens als gut oder böse zu beurteilen ist – *ut omnia sint ordinatissima* –, als Resultat der Untersuchung der Grundbegriffe der praktischen Philosophie Augustins feststehen, ist nun auch als *Ziel* der Tä-

[89] *De libero arbitrio* I, 5, 39.

[90] *De libero arbitrio* I, 6, 51.

[91] Vgl. *De libero arbitrio* I, 3, 15: „Non sane ideo malum est quia vetatur lege, sed ideo vetatur lege quia malum est." Weiterhin vgl. I, 5, 33: „Nam lex mihi esse non videtur, quae iusta non fuerit."

[92] *De libero arbitrio* I, 8, 65.

tigkeit des Willens der gute Wille in das Blickfeld gerückt, die *bona voluntas*. An diesen guten Willen sind hier wiederum zwei Fragen zu stellen, nämlich einerseits, was ein guter Wille sei, und andererseits, welchen Rang er im Vergleich zu anderen Zielen menschlichen Handelns einnehme. Aus der Beantwortung dieser Fragen wird sich zugleich diejenige Aufgabenstellung ergeben, die im folgenden Kapitel im Blick auf die Verwirklichung des höchsten Gutes bearbeitet werden soll.

Die Antworten auf die Fragen nach dem Prinzip und den Regeln der menschlichen Willenstätigkeit, sofern diese Tätigkeit ethische Relevanz besitzt – also Ursprung von gut und böse ist –, scheinen zugleich die Frage mitzubeantworten, was ein guter Wille sei. Ein guter Wille wäre dementsprechend ein Wille, der aus eigener Kraft der Entscheidung – *ex libero voluntatis arbitrio* – sich dem ewigen Vernunftgesetz gemäß bestimmte. Mit dieser durchaus richtigen Antwort ist aber die Frage nach dem Wesen des guten Willens noch nicht zur Ruhe, zu einem endgültig abgeschlossenen Ergebnis gekommen. Die praktische Wahrheitssuche kann sich aus ihrer innersten Intention heraus nämlich nicht mit der Begrenzung der Reflexion auf die bloße Willensbestimmung begnügen, weil der Wille von sich aus und notwendigerweise die Tendenz hat, die außerwillentliche Lebenswirklichkeit gemäß den im guten Willen enthaltenen Richtlinien zu bestimmen. Der gute Wille ist eben nicht der Wille, einen guten Willen zu haben – das wäre vielmehr geradewegs seine Perversion –, sondern der Wille, nach der Vorschrift des Vernunftgesetzes zu leben und dadurch zur höchsten Weisheit zu gelangen: „Voluntas qua adpetimus recte honesteque vivere et ad summam sapientiam pervenire."[93] Wie sehr die ursprüngliche Kausalität des Willens auf die Willensbestimmung ausgerichtet ist, da in ihm allein und nicht in der äußeren Wirklichkeit der Grund von gut und böse gesucht werden kann, so sehr kann der Wille nur dann als Wille gelten, wenn klar ist, daß die Wirkung des Willens auf die Bestimmung der Lebenswirklichkeit – auch der äußeren – geht.

In bezug auf einen solchen Willen, dessen Intention der Richtung der manichäistischen Weltaskese also in einer Weise zuwiderläuft, daß keine Aussicht der Einigung mehr möglich ist, kann nun gefragt werden, welchen Rang er im Vergleich mit anderen Gütern des menschlichen Handelns einnehme: „Quanti pendis, oro te, hanc voluntatem? Numquidnam ei ulla ex parte divitias aut honores aut voluptates corporis aut haec simul omnia conferenda arbitraris?"[94] Die Antwort auf diese Frage wird von Augustinus in zwei Schritten gegeben, die hinsichtlich ihrer Vereinbarkeit in einer gewissen Spannung zueinander stehen und deswegen weitere Fragen aufwerfen.

[93] *De libero arbitrio* I, 12, 83.
[94] *De libero arbitrio* I, 12, 84.

Im ersten Schritt wird der gute Wille aus der Relation mit den Gütern der genannten Art beurteilt und dabei festgestellt, daß er höher einzuschätzen sei, weil er im Gegensatz zu diesen Gütern sein Gut allein durch sich selbst hervorbringe und hinsichtlich seines Wertes auch eigentlich gar nicht verglichen werden dürfe: „Itaque cum se ipse miserrimum iudicet, si amiserit gloriosam famam, ingentes opes et quaelibet corporis bona, tu eum non miserrimum iudicabis, etiamsi talibus abundet omnibus, cum his inheret quae amittere facillime potest neque dum vult habet, caret autem bona voluntate, quae nec comparanda est cum istis et cum sit tam magnum bonum, velle solum opus est, ut habetur?"[95]

Gemäß der soweit gegebenen Antwort wird immerhin nicht bestritten, daß es auch andere Güter neben dem guten Willen geben kann, die aber verlierbar sind und für den, der sie besitzt, einen Verlust bedeuten können. Darüber hinausgehend wird nun aber im zweiten Schritt gesagt, daß es überhaupt nichts Besseres als den guten Willen gebe: „Quisquis ergo habens bonam voluntatem, de cuius excellentia iam diu loquimur, hanc unam dilectione amplexetur qua interim melius nihil habet."[96] Dieser gute Wille aber, über den hinaus es jedenfalls nichts Besseres gibt, ist zugleich auch dasjenige, was dem Menschen in seinem Leben hier glückselig macht, wie in genau umgekehrter Weise auch der schlechte Wille das menschliche Leben elend macht: „Quid ergo causae est cur dubitandum putemus, etiamsi numquam antea sapientes fuimus, voluntate nos tamen laudabilem et beatam vitam, voluntate turpem ac miseram mereri ac degere?"[97]

Auf diese Weise entsteht der Eindruck, als sei durch die bloße Willensbestimmung die Erlangung des höchsten vollendeten Gutes, die Erlangung der *vita viva,* möglich. Dieser hier durchbrechende, angesichts der involvierten Probleme aber haltlose Optimismus in der Glückseligkeitsfrage spielt dann bei Augustinus auch keine dauerhafte Rolle. Schon am Ende des dritten Buches von *De libero arbitrio* taucht – wie oben schon dargestellt – die Frage der Übersetzung der Willensbestimmung in die Lebenswirklichkeit auf, die durch die zunehmende Gewichtung der Gnadenlehre beim späteren Augustin noch verstärkt wird. Im Rückblick der *Retractationes* steht Augustinus weiter zu den grundlegenden Thesen seiner praktischen Philosophie, fügt allerdings hinzu, daß in *De libero arbitrio* die sachlich hinzugehörende Gnadenlehre noch nicht durchgeführt sei.[98] Wenn aber zuzugestehen wäre,

[95] *De libero arbitrio* I, 12, 87.
[96] *De libero arbitrio* I, 13, 90.
[97] *De libero arbitrio* I, 13, 96.
[98] *Retractationes* I, 9, 4: „In his atque huiusmodi verbis meis, quia gratia Dei commemorata non est, de qua tunc non agebatur, putant Pelagiani, vel putare possunt, suam nos tenuisse sententiam. Sed frustra hoc putant." Augustinus gibt also von der Freiheitslehre nichts preis, kündigt dennoch aber auch eine Gnadenlehre an.

daß die Hinzufügung der Gnadenlehre aus sachlichen Erwägungen erforderlich ist, dann stellte sich einerseits die Frage nach dem höchsten Gut noch einmal neu, sofern nämlich die Gnade etwas über das hinaus gibt, was durch die Freiheit der Willensentscheidung zu leisten ist, und andererseits stellte sich eine neue Frage, nämlich die nach dem Verhältnis von Freiheit und Gnade, weil die Gnade ein Prinzip zu sein scheint, das mit der Freiheit der Willensentscheidung nicht zu vereinbaren ist.

Kapitel XI:

Der praktische Weg zum höchsten Gut und die Dialektik von Freiheit und Gnade

In der Ablösung vom Manichäismus ist Augustinus mit dem Gedanken der *sola voluntas per se ipsam,* die sich durch ein selbstgegebenes Gesetz, *ut omnia sint ordinatissima,* allein zu ihrem Ziel, der *bona voluntas,* bestimmt, zu einer offenbar weder in ihrem Grunde noch in ihrer Reichweite eingeschränkten Freiheitslehre gelangt, die an manchen Stellen nicht mehr die offensichtlichsten Grenzen der conditio humana zu berücksichtigen scheint. Wie gezeigt wurde, spricht Augustinus dem Willen schließlich sogar ausdrücklich das Vermögen zu, dem Menschen den Genuß des glückseligen Lebens, der *vita beata,* zu verschaffen.[1] Dennoch darf die Bedeutung dieses, vom manichäischen Ausgangspunkt der Augustinischen Freiheitslehre her zu verstehenden Hintergrundes für deren Gesamtgestalt nicht überschätzt werden, sofern die Zurückweisung der Lösung des Problems des *malum* im Manichäismus nur dazu führen kann, „daß der freie Wille des Menschen als Ursache des Bösen aufgewiesen wird."[2] Die positiv vorgetragene Freiheitslehre Augustins beschränkt sich nämlich nicht auf die durch den Manichäismus eingeführten Fragebereiche, sondern geht im weiteren ganz selbständig auf die Untersuchung der in der praktischen Philosophie sich stellenden Fragen zu.

Infolgedessen gehen Augustins Antworten auf diese Fragen auch weit über den Rahmen dessen hinaus, was zu einer Zurückweisung des Manichäismus erforderlich wäre. Zur Bestätigung dieser Annahme braucht hier nur auf die oben interpretierte Diskussion in *De libero arbitrio* verwiesen zu werden, die Augustins Analyse des Kriteriums für die Beurteilung der sittlichen Qualifikation einer Handlung zum Inhalt hat. Diese brachte auch die

[1] Vgl. *De libero arbitrio* I, 13, 96; zur historischen Ableitung der Freiheitsfrage Augustins vgl. z. B. A. MANDOUZE, Saint Augustin. L'Aventure de la Raison et de la Grâce, S. 134: „Rome, où l'ancien manichéen inaugure avec deux écrits sa longue polémique contre ses amis de naguère, où le futur adversaire de Pélage ne se doute pas que son plaidoyer anti-manichéen pour la défense du libre arbitre sera plus tard utilisé par les ‚ennemis de la grâce'".

[2] Vgl. G. NYGREN Das Prädestinationsproblem in der Theologie Augustins. Eine systematisch-theologische Studie, S. 35: „Da das Böse ein Abweichen von der naturgemäßen Einstellung auf das höchste Gut hin bedeutet und somit gegen die von Gott gesetzte Ordnung verstößt, kann Gott nicht sein Urheber sein."

Zurückweisung der *goldenen Regel* mit sich, welche mit einer Widerlegung des Manichäismus durchaus nicht notwendig verbunden ist. Noch deutlicher wird die Unabhängigkeit Augustins in der Entwicklung der Grundbegriffe der praktischen Philosophie, wenn die Grundzüge seiner Freiheitslehre nun gleichsam in Thesenform vorgestellt werden.

Das erste und tragende Moment in dieser völlig uneingeschränkt scheinenden Freiheitslehre ist die These von der absoluten Spontaneität des Willens. Das Gut des guten Willens, so sagt Augustinus, vermag sich der Wille allein durch sich selbst zu geben: „sola illi voluntas per se ipsam daret."[3] In dieser These von der Perseität der Willensbestimmung steckt entfernt – im Zusammenhang mit der Frage, ob der freie Wille selbst, sofern er wesenhaft auch die Möglichkeit des Bösen ist, dennoch zugleich noch als ein Gut betrachtet werden könne – die Theodizee-Problematik, welche die Attraktivität der Lehre des Manichäismus verstärkt hat. In der Beantwortung der Frage nach der Herkunft des *malum* betritt Augustinus aber eine Ebene, die unabhängig von der theologischen Diskussion mit den Bearbeitungsmöglichkeiten der praktischen Philosophie – also in der Reflexion der inneren Erfahrung, sofern sie praktische Relevanz besitzt – untersucht werden kann. In diesem Sinne fängt Augustinus mit dem Hinweis an, daß auch diejenigen, die das moralische Gesetz im Leben überhaupt nicht befolgen, doch zugestehen müßten, daß es ohne freien Willen kein rechtschaffenes Leben geben kann: „sine qua (scil. libera voluntate) recte vivi non posse concedunt etiam qui pessime vivunt."[4] Vorausgesetzt werden muß demgemäß ganz allgemein, daß von rechtschaffenem Leben eines Menschen lediglich dann gesprochen werden kann, wenn zugestanden wird, daß ihm ein freier Wille zukomme.

Insofern aber durch einen solchen freien Willen sowohl die Möglichkeit einer guten Willensbestimmung mit dem Ziel eines rechtschaffenen Lebens als auch die Möglichkeit einer schlechten Willensbestimmung mit der Folge

[3] Gestützt auf diesen Gebrauch des *per*, der sich z. B. auch in *De libero arbitrio* II, 19, 195 und in den *Enarrationes in psalmos* XXXV, 1 findet (dort in einer der Freiheitslehre entgegengesetzten Aussage), wird im folgenden von einer Perseität gesprochen, die im scharfen Unterschied von der Aseität, die nur Gott zukommt, zu verstehen ist. Dieser Sprachgebrauch fußt derart auf Augustins Sachanalyse und wird deswegen unbeschadet der Tatsache vollzogen, daß der Ausdruck *per se* seit ANSELM VON CANTERBURY im Sinne der „summa natura, quae per se est" gebraucht wird (*Monologion*, cap. 6), und von JOHANNES DUNS SCOTUS später ohne sichtbare Bedeutungsverschiebung in die Sprachform *a se* umgegossen wurde (vgl. z. B. *Tractatus de primo principio*, cap. 3, prima conclusio). Mit der Formulierung *per se* meint Augustinus in gewisser Weise auch Erstursächlichkeit (vgl. *De libero arbitrio* III, 17, 168: „voluntas est prima causa peccandi"), aber nicht in dem Sinne, daß der Wille sich als Seiendes selbst hervorgebracht habe oder der Grund seines Daseins sei. Die Perseität des Willens geht nach Augustinus lediglich auf seine Bestimmung durch ihn selbst.

[4] *De libero arbitrio* II, 18, 188.

eines schändlichen Lebens begründet wird, zeigt sich, daß dieser Wille in seinem Grunde nicht im Sinne einer regellosen Willkür absolut ungebunden ist, sondern daß sein Vermögen bloß die Freiheit der Entscheidung unter einem Gesetz eröffnet, dessen Befolgung ihn als gut, dessen Nichtbefolgung ihn als böse zu qualifizieren vermag. Ohne diese Eingeschränktheit der Freiheit, gemäß der sie jedenfalls wesenhaft unter einem Gesetz überhaupt steht, kann es kein Kriterium für gut oder böse geben.

Konsequentermaßen beginnt Augustinus seine Untersuchung demnach mit der Frage, was das Schlechte in demjenigen Tun sei, das für schlecht gehalten wird. Die Untersuchung beginnt also mit dem Faktum des Bewußtseins des moralischen Gesetzes, dem folgend der Wille ein guter Wille ist, von dem abweichend er aber zu einem bösen Willen wird. Auf diese Weise entfaltet sich die Freiheit des Willens nicht im Unbegriff der grenzenlosen Kreativität einer Selbstschöpfung des sich doch seiner Endlichkeit allzu bewußten Menschen, sondern als Freiheit der Wahlentscheidung zwischen dem, was gemäß einem im moralischen Bewußtsein gegebenen Gesetz sich als gut oder böse zeigt. Zufolge dieser Definition der Willensfreiheit muß die Gegebenheitsweise des moralischen Gesetzes geklärt werden.

Der Ausdruck „Gegebenheitsweise" scheint hierbei darauf hinzuweisen, daß es ein fremdes Gesetz sei, dem sich der Wille zu beugen habe, ein Gesetz eben, das gleichsam von einer anderen Instanz gegeben worden ist. Zutreffend ist an diesem ersten Anschein nun, daß sich der gute Wille tatsächlich dem unbedingten Anspruch dieses Gesetzes zu beugen hat, allerdings nicht in dem Sinne, daß dieses Gesetz dem menschlichen Geist von einer ihm fremden Autorität gewaltsam aufgedrungen worden sei. Als gesetzlich können nämlich, wie Augustinus betont, nur solche Vorschriften akzeptiert werden, die gerecht sind; nicht die Vorgeschriebenheit durch einen noch so mächtigen Gesetzgeber, sondern allein ihre Gerechtigkeit macht den Grund der Anerkennung der Vorschriften als Gesetze aus: „Nam lex mihi esse non videtur, quae iusta non fuerit."[5] Die Gerechtigkeit einer Vorschrift wiederum wird an der Dienlichkeit für die beste Ordnung des Ganzen abgelesen. Damit wird die Verallgemeinerbarkeit der Regeln im

[5] *De libero arbitrio* I, 5, 33. Dieser These entspricht die grundsätzliche Stellungnahme Augustins zum Verhältnis von Autorität und Vernunft in *De vera religione*, z. B. VIII, 42 und XXIV, 122 f. Es entspricht ihr ebenso Augustins konkretes Argumentieren, indem er den Christusglauben nicht durch den äußerlichen Beweis der Gottessohnschaft durch Mirakel oder sonstige Indizien einzuführen versucht, sondern durch den Hinweis auf die – durch die Vernunft erkennbare – Moralität seines Lebenswandels. Vgl. XVI, 86: „Tota itaque vita eius in terris per hominem quem suscipere dignatus est disciplina morum fuit". Von dieser Lehre wird ausdrücklich ihre Vernünftigkeit betont, ihre natürliche Erkennbarkeit: „Et haec est disciplina naturalis, Christianis minus intelligentibus plena fide digna, intelligentibus autem omni errore purgata." Diese Lehre ist, nach XVII, 88, als solche zu bestimmen, „quam rationalis disciplinae regulam implevit".

Blick auf ein vollkommen geordnetes Ganzes zum alleinigen Kriterium ihrer Gerechtigkeit: „iustum est, ut omnia sint ordinatissima."[6]

Dieses Ordnungsprinzip, welches das Ziel des sittlichen Handelns lediglich formal bestimmt, ist aber durch nichts anderes gegeben als durch die menschliche Vernunft selbst: „Illud est quod volo dicere: hoc quicquid est, quo pecoribus homo praeponitur, sive mens sive spiritus sive rectius appellatur . . . si dominetur atque imperet ceteris, quibuscumque homo constat, tunc esse hominem ordinatissimum."[7] Damit ist schließlich klar, daß das Gesetz, unter dem sich der Wille für gut oder böse entscheiden kann, durch das Faktum der Vernünftigkeit des Willensträgers selbst gegeben ist, daß die sittlichen Regeln des Handelns zuletzt auf der Selbstgesetzgebung der Vernunft beruhen, auf der Autonomie des Willens.

Der sich somit nicht nach der *necessitas naturae* – nach dem blinden Naturgesetz – vollziehende,[8] sondern am Vernunftgesetz orientierte, autonome und spontane Wille ist demgemäß nicht nur im negativen Sinne seiner Ungebundenheit frei, dies oder jenes in beliebiger Weise zu tun, sondern trägt auch die Verantwortung für die sittliche Qualität der Willensbestimmung. Der Wille ist wohl frei von Fremddetermination, aber doch nicht gesetzlos. Indem er sich durch sich selbst unter das Gesetz der Gerechtigkeit gestellt sieht, hat er auch positiv die Kraft zur Selbstbestimmung, zur zurechenbaren Autodetermination: „ex eo vero quod non facit quod debet, iuste reus est. Debet autem, si accepit et voluntatem liberam et sufficientissimam facultatem."[9] Obwohl die Formulierung, in welcher Augustinus den Willen als Erstursache bezeichnet, zunächst nur auf die Verursachung des Sündigens zielt – wonach er also als *prima causa peccandi* erscheint –, läßt sich in abgewandelter Form doch auch sagen, daß er zugleich als *prima causa* der tatsäch-

[6] *De libero arbitrio* I, 5, 51. Diese wäre der Fall, wenn die Maximen aller vernünftigen Subjekte als Prinzipien einer allgemeinen Gesetzgebung dienen könnten, vgl. KANT, *Kritik der praktischen Vernunft,* A 54.

[7] *De libero arbitrio* I, 8, 61.

[8] Vgl. *De libero arbitrio* III, 1, 7.

[9] *De libero arbitrio* III, 16, 155; in schärfstem Kontrast zu dieser Augustin-Stelle steht die Interpretation der „augustinischen Fassung der christlichen Freiheitsproblematik" durch H. JONAS, Augustinus und das paulinische Freiheitsproblem. Eine philosophische Studie zum pelagianischen Streit, S. 34 ff. Obwohl es diesen Kontrast in gewisser Weise auch bei Augustinus selbst gibt, muß doch immer klar bleiben, daß Augustinus die Freiheitsthese nie aufgegeben hat. Richtig faßt Jonas noch, S. 34, die paulinische Antwort auf die Frage zusammen, was der Mensch vor Gott ohne Gott könne: „Nichts. Es besteht keine Suffizienz des Menschen bezüglich der Forderungen Gottes". Falsch interpretiert Jonas die Gnadenlehre Augustins, sofern er nicht sieht, daß Augustinus die Freiheit nicht nur als „durch die Gnade geschenkte Freiheit" begreift (S. 35), sondern auch an der bleibenden, also unaufhebbaren Antithetik von Freiheit und Gnade festhält (vgl. bes. *De civitate Dei* V, 10). Vor dem Hintergrund dieser Antithetik muß die Rede von der Gnade als einer „von oben her magisch zugeeignete(n) Kraft" als völliges Mißverständnis erscheinen (vgl. mehrfach S. 35).

lichen Befolgung des Gesetzes verstanden werden muß, solange es eben überhaupt die Möglichkeit eines rechtschaffenen Lebens für den Menschen gibt. Nur dadurch allein konnte der Wille als ein so unüberbietbar hohes Gut erscheinen, daß er allein durch sich selbst Grund dieses Gutes zu sein vermochte. Derart kommt also als drittes Moment des Augustinischen Freiheitsgedankens neben der Spontaneität des Willens und neben der Selbstgesetzgebung der Vernunft auch noch die Zurechenbarkeit der Willensbestimmung hinzu.

Im letzten der hier anzuführenden Momente der Freiheitslehre Augustins wird nun keine weitere inhaltliche Aussage über den Willen hinzugefügt, sondern die Festlegung des Ranges vorgenommen, den der freie Wille für den Menschen hat. Im Bewußtsein seiner Sterblichkeit, im Bewußtsein der Vergänglichkeit aller weltzeitlichen Güter, hat der Mensch in der *bona voluntas* etwas gefunden, das seinen Wert unverlierbar in sich selber trägt. Der gute Wille ist – nun in Verbindung auch mit Worten Kants gesprochen – nach Augustinus für den sterblichen Menschen in der Tat das einzige, das in der Weltzeit „ohne Einschränkung für gut könnte gehalten werden."[10] Indem der gute Wille „allein durch das Wollen" gut ist, *sola voluntate per se ipsam,*[11] ist er „ohne Vergleich weit höher zu schätzen" als alle anderen überhaupt denkbaren Güter, *melius nihil habet.*[12]

Die Frage nach dem höchsten Gut gewinnt allerdings, sofern sie auf die Bedingungen der durch Wandelbarkeit gekennzeichneten Weltzeit bezogen wird, eine wesenhaft unvollendete, in gewisser Weise gebrochene Antwort. Die Gebrochenheit der möglichen Verwirklichung des höchsten Gutes in der Welt vermag seine unverlierbare Gutheit aber nicht zu relativieren. Indem es nämlich in der Weltzeit – „*interim* melius nihil habet" – nichts Besseres für den Menschen gibt als die *bona voluntas,* ist diese zugleich also der Garant des glückseligen Lebens in der Welt, allerdings in einer Weise, die Aristoteles mehr resignativ in der *Nikomachischen Ethik* mit den Worten bezeichnet hat, daß „keiner, der glückselig ist, unglückselig werden" könne, „da er niemals Hassenswertes und Schlechtes tun wird".[13] Augustinus lehrt demnach über die genannten drei Momente seines Freiheitsgedankens hinaus noch die Autarkie des Willens hinsichtlich seines allgemeinen Strebezieles, das in der *vita beata* besteht.

Betrachtet man Augustins Freiheitslehre im Lichte der Aussagen, soweit sie in *De libero arbitrio* uneingeschränkt vorgetragen worden sind, so scheint es, insbesondere beim Blick auf das letztgenannte Moment der Autarkie des

[10] KANT, *Grundlegung zur Metaphysik der Sitten,* BA 1.

[11] *Grundlegung zur Metaphysik der Sitten,* BA 3; vgl. *De libero arbitrio* I, 12, 86.

[12] *Grundlegung zur Metaphysik der Sitten,* BA 3; vgl. *De libero arbitrio* I, 12, 90.

[13] *Nikomachische Ethik* 1100 b, 28 ff.

Willens, doch ein Stück Rückzugs und gewollter Verharmlosung der Konsequenz der eigenen Position zu sein, wenn Augustinus in den *Retractationes* die Meinung der Pelagianer zurückweist, die sich auf diese seine Freiheitslehre berufen wollen. Dies kann, wovor Augustinus insbesondere zurückzuschrecken scheint, auch durch die Inbeziehungsetzung der Freiheits- mit der Gotteslehre verdeutlicht werden. Sobald nämlich diese Beziehung hergestellt wird, kommt zum Vorschein, daß Gott vor allem als derjenige gedacht werden muß, der die Welt vom niedersten bis zum höchsten Seienden hervorgebracht und vollkommen geordnet hat. Dieser Gedanke Gottes führt aber nun gerade zu einer radikalen Freiheitslehre in bezug auf die menschliche Willensbestimmung.

Da nämlich zu der von Gott her kommenden vollkommenen Ordnung alles Seienden als höchstes in der Welt mögliches Gut, damit also die Welt ein wahrhaftes Bild der Güte Gottes sein könne, notwendig und unverzichtbar der gute Wille gehört, muß es als Bedingung der Möglichkeit eines guten Willens auch einen freien Willen in der Welt geben, wenn deren Ordnung als vollkommen gedacht werden können soll.[14] Das Gut der *bona voluntas* setzt die Freiheit der Willensentscheidung als Möglichkeit zu gut und böse zugleich voraus. Ihren einzig denkbaren Grund hat diese Möglichkeit aber allein im sich selbst bestimmenden Willen, der nicht vornehmlich auf wählbare Güter außer ihm ausgerichtet ist, sondern wollend sich vor allen anderen Dingen selbst zur Bestimmtheit bringt: „Noli ergo mirari, si ceteris per liberam voluntatem utimur, etiam ipsa libera voluntate per eam ipsam uti nos posse, ut quodam modo se ipsa utatur voluntas quae utitur ceteris, sicut se ipsam cognoscit ratio quae cognoscit et cetera."[15] Bestimmt der Mensch sich in seinem Willen aber zur Tugend, so bestimmt er sich durch sich selbst zur höchsten Möglichkeit, die ein geschaffenes Wesen überhaupt verwirklichen kann. In diesem Sinne – ohne Rücksicht auf die Einschränkung, der ein endliches Wesen auch unterliegt – meint Augustinus sagen zu können, daß der Mensch im tugendhaften Willen das glückselige Leben und somit das ihm in der Weltzeit mögliche höchste Gut besitze. Der Wille nämlich, der als Möglichkeit zum Guten und zum Bösen bloß ein *medium bonum* ist, wird dann, wenn er die ihm eigentümliche Möglichkeit, sich zum unwan-

[14] Vgl. *De libero arbitrio* II, 19, 192: „Virtutibus nemo male utitur; ceteris autem bonis, id est mediis et minimis, non solum bene sed etiam male quisque uti potest. Et ideo virtute nemo male utitur quia opus virtutis est bonus usus istorum quibus etiam non bene uti possumus. Nemo autem bene utendo male utitur. Quare abundantia et magnitudo bonitatis dei non solum magna sed etiam media et minima bona esse praestitit. Magis laudanda est bonitatis eius in magnis quam in mediis et magis in mediis quam in minimis bonis, sed magis in omnibus quam si non omnia tribuisset."

[15] *De libero arbitrio* II, 19, 195.

delbaren Guten zu bestimmen, in der Tat wahrnimmt, das beseligende, das höchste Gut des Menschen, das *proprium et primum hominis bonum.*[16]

Wenn es zutrifft, daß der Begriff der Emanzipation im römischen Verständnis die Entlassung des Sohnes aus der väterlichen Gewalt mit dem Ziel des rechtlichen Selbständigwerdens des Sohnes bedeutet,[17] dann ist nach der vorgetragenen Lehre mit der Freiheit der Willensbestimmung in der Tat die These einer Emanzipation des Menschen auch von Gott aufgestellt, wenngleich diese nach Augustinus von einem anderen Blickpunkt aus auch wieder einschneidenden Einschränkungen unterliegt. An die Bestimmung Augustins also durchaus mit Recht anknüpfend, daß nämlich der Mensch „capax virtutis et vitii" sei,[18] kann der Pelagianer Julian von Eclanum deswegen die Freiheit der Willensentscheidung mit folgenden Worten definieren: „Libertas arbitrii, qua a Deo emancipatus homo est, in admittendi peccati et abstinendi a peccato possibilitate consistit."[19]

Julian bestreitet damit so wenig wie Augustinus die Abhängigkeit des Menschen als Geschöpfs von Gott: „Sed confitemur datam a Deo libertatem arbitrii in hominum permanere natura."[20] Ebensowenig bestreitet er, daß die Gesetze, nach denen sich der Tugendhafte richtet, gegen die der nicht Tugendhafte aber verstößt, zugleich auch als Gebote Gottes zu betrachten sind.[21] Folglich scheint verbucht werden zu können, daß von der Sache her gesehen in diesem Punkte eigentlich kein Streit zwischen Augustinus und den Pelagianern zum Ausbruch hätte kommen dürfen.

Augustinus trägt schon in *De libero arbitrio*, noch deutlicher aber in seinem Gesamtwerk, nicht allein eine offenbar absolute Freiheitslehre vor, sondern auch – und zwar mit fortschreitendem Alter in zunehmendem Maße – eine offenbar absolute Gnadenlehre. Bevor zur Möglichkeit, diese Lehre sachlich

[16] *De libero arbitrio* II, 19, 196. Die Restriktion des glückseligen Lebens auf den Willen und die Innerlichkeit des Geistes wird von Augustinus immer wieder durchbrochen; vgl. in dieser Schrift z. B. III, 23, 225 ff.

[17] Vgl. die Angaben in „Der kleine Pauly" 2, Sp. 255; seit dem 18. Jh. ist dieser Begriff wohl hauptsächlich im Sinne der politischen Selbstbefreiung gesellschaftlicher Gruppen verstanden worden. Allerdings ging auch diese Entwicklung mit einer metaphysischen Deutung einher; vgl. z. B. Nic. HARTMANN, Ethik, S. 199: „Die Ethik tut – und muß tun – was in den Augen des Frommen Gotteslästerung ist: sie gibt dem Menschen die Attribute der Gottheit." Einen in dieser Weise emanzipierten Menschen, einen Menschen, der in einem höchsten Sinne Verantwortung zu tragen hat, gibt es in der Tat auch in der Sicht Augustins, ohne daß diese These von ihm als Gotteslästerung aufgefaßt würde.

[18] *Contra Julianum opus imperfectum* I, 79.

[19] *Contra Julianum opus imperfectum* I, 78.

[20] *Contra Julianum opus imperfectum* I, 76.

[21] Vgl. *Contra Julianum opus imperfectum* I, 79: „Factum est enim animal rationale, mortale, capax virtutis et vitii, quod posset ex concessa sibi possibilitate vel servare Dei mandata, vel transgredi, vel magisterio naturali conservare ius humanae societatis, liberumque haberet alterutram velle partem, in quo peccati et iustitiae summa est."

zu rechtfertigen, gesprochen werden soll, sei zunächst ihr Inhalt in bezug auf den Vergleich mit der Freiheitslehre in den wichtigsten Zügen vorgestellt. Die Gnadenlehre läßt sich nun ebenfalls in vier Momenten entfalten, die – der gegebenen Darstellung der Momente der Freiheitslehre thematisch angepaßt – diesen jeweils antithetisch gegenübergestellt werden können. Das erste Moment, das die Spontaneität des Willens zum Inhalt hatte, findet seine ausdrückliche Gegenthese in folgendem Satz Augustins: „Tu enim per te ex viribus tuis nihil potes."[22] Mit Recht kann hier allerdings darauf hingewiesen werden, daß in diesem Satz die allgemeine Tatsache der irgendwie – sei es von Adam, sei es von der Menschheit als ganzer – selbstverschuldeten Ungerechtigkeit des menschlichen Herzens vorausgesetzt wird.[23] Aus dieser Lage des Menschen nach dem Sündenfall kann gemäß der Redeweise des vorliegenden Kontextes allein der *sermo Dei* erretten: „adiuvat te ille qui sermonem misit, et vincitur iniquitas."[24]

Der Perseität der Willensbestimmung, die oben so deutlich als Lehre Augustins hervorgehoben werden konnte, wird hier ebenso direkt und eindeutig widersprochen: kein Wenn und Aber bewahrt den Willen vor der Notwendigkeit der vorausgehenden göttlichen Hilfe. Für den Menschen nach dem Sündenfall gibt es nach diesen Worten Augustins gerade nicht mehr die Möglichkeit, aus der Kraft eigener Willensentscheidung gut und rechtschaffen zu leben. Dies Vermögen, sofern es dennoch in irgendeiner Weise gegeben sein sollte, resultiert allein aus der Gnade Gottes: „Cum itaque non vivant bene filii hominum, nisi effecti filii Dei, quid est quod iste libero arbitrio vult bene vivendi tribuere potestatem; cum haec potestas non detur nisi gratia Dei".[25] Damit aber scheint klar zu sein, daß die eigene Kraft der freien Entscheidung nicht durch die *sola voluntas per se ipsam* zur *bona voluntas* führen kann, sondern nur durch Mithilfe der göttlichen Gnade, die dem Willen das Vermögen der Entscheidung zum guten Leben, das er im Sündenfall verloren hatte, allererst wieder verleihen muß. Aus dem *per se ipsam* ist ein *per gratiam* geworden. Zu dieser Gnade kann sich der Wille lediglich rezeptiv verhalten.

Die Rezeptivität des Willens hinsichtlich seines Vermögens, gut oder böse zu werden, kann nun auch im zweiten Moment angetroffen werden. Das zweite Moment der Freiheitslehre verdeutlichte die Kraft der Selbstbestimmung des Willens durch die Analyse der Gegebenheitsweise des moralischen Gesetzes, unter dem der Wille notwendig steht, sofern er sich sittlich

[22] *Enarrationes in psalmos* XXXV, 1.

[23] Vgl. *De libero arbitrio* III, 18, 174: „Si autem bonus homo esset, aliter esset. Nunc autem quia ita est, non est bonus nec habet in potestate ut bonus sit, sive non videndo et non valendo esse qualem debere esse se videt."

[24] *Enarrationes in psalmos* XXXV, 1.

[25] *Contra duas epistolas Pelagianorum* I, 25.

qualifizieren können soll. Dieses Vermögen gründete demgemäß in der Selbstgesetzgebung, der Autonomie der praktischen Vernunft. Jetzt aber sieht Augustinus sich auch in Gewissenskonflikten in bezug auf Handlungen, deren Unerlaubtheit ihm aus bloß vernünftiger Überlegung gerade nicht klar ist: „His temptationibus cotidie conor resistere et invoco dexteram tuam et ad te refero aestus meos, quia consilium mihi de hac re nondum stat."[26] Ausgelöst sind diese Konflikte nicht durch ein im *consilium* der vernünftigen Überlegung feststehendes Gesetz, nicht durch die in der Vernunft begründete Erkenntnis dessen, was gut oder böse ist, sondern durch Gebote Gottes, die nur der Autorität der biblischen Schriften entnommen werden können: „Audio vocem iubentis dei mei: ‚non graventur corda vestra in crapula et ebrietate'."[27] Daß Augustinus diese Schriftstelle in einer extremen, gewiß nicht ihre Sinnspitze treffenden Weise deutet, hat hier weiter keine Bedeutung.[28] Ausschlaggebend ist jetzt nur, daß die der Schriftstelle entnommene Forderung keineswegs aus der in der Vernunft selber liegenden Grundregel des sittlichen Handelns, die auf die vollkommenste Ordnung des Ganzen zielt, abgeleitet und gerechtfertigt werden kann: „Et cum salus sit causa edendi et bibendi, adiungit se tamquam pedisequa periculosa iucunditas et plerumque praeire conatur, ut eius causa fiat, quod salutis causa me facere vel dico vel volo."[29] Die naturhaft gegebene Begierde, sofern sie sich auch bloß auf die Erhaltung der Gesundheit richtet, wird nun nicht mehr, wie es im ersten Buch von *De libero arbitrio* geschehen ist, ausdrücklich als sittlich neutral von der *mala cupiditas* abgegrenzt, sondern erscheint hier als *concupiscentia* und daher schon von ihrem Wesen her als schlecht.

In diesen Zusammenhang gehören dann auch die unverständlich, auf den ersten Blick gar krankhaft übertrieben scheinenden Selbstvorwürfe Augustins hinsichtlich seiner „Sünden" im Säuglingsalter. Weil der Erwachsene das Verhalten des Säuglings abgelegt haben soll, gilt es in sich als schlecht, obwohl Augustinus sich genötigt sieht, zuzugestehen, daß das Verlangen des Säuglings nicht getadelt werden kann: „Tunc ergo reprehendenda faciebam, sed quia reprehendentem intellegere non poteram, nec mos reprehen-

[26] *Confessiones* X, 31, 44; vgl. auch *Confessiones* X, 33, 49: „Ita in his pecco non sentiens, sed postea sentio."

[27] *Confessiones* X, 31, 45; Augustinus zitiert hier Lk 21, 34.

[28] Vgl. z. B. K. H. RENGSTORF, Das Evangelium nach Lukas, S. 238: „Das ist der Gedanke, der zu den letzten Sätzen der ‚Rede' überleitet, in denen noch einmal der unbekannte Gewährsmann des Lukas zu Wort kommt (V. 34–36). Da ‚niemand Tag noch Stunde kennt außer dem Vater' ..., so ist völlige Nüchternheit für den Jünger, der ‚an jenem Tage' bestehen will ..., unerläßlich." Es geht also zweifellos nicht, wie Augustinus interpretiert, um die Erfüllung einer aszetischen Vorschrift, welche schließlich die Lust am Essen zu verderben geeignet wäre, sondern um eine innere Ausrichtung, die den Bauch nicht zum Gotte macht.

[29] *Confessiones* X, 31, 44.

di me nec ratio sinebat."[30] Brauch und vernünftige Einsicht lassen die Anklage nicht zu, die Augustinus hier gegen sich richtet. Obwohl also für das negative Urteil jede vernünftige Grundlage fehlt, erscheint der Lebensdrang, der dem kindlichen Lebewesen von Natur aus eigen ist, sofern er in der Tat – isoliert vom Kontext des Säuglingsalters und der Funktion der Lebenserhaltung – nicht schon unter dem Gesetz der vollkommensten Ordnung steht, wie es der vernünftige Wille fordert, von vornherein nicht als etwas zunächst noch sittlich Neutrales und naturhaft Gegebenes, das dann beim Erwachen des Bewußtseins des Sittengesetzes auf der Grundlage freier Willensentscheidung gemäß dem Gesetz zu ordnen wäre.

Somit gilt der einzelne Mensch – eine andere Konsequenz ist nicht denkbar – von Anbeginn für böse. Unter dieser Voraussetzung ist die gesollte Ordnung nicht durch die menschliche Vernunft als Gesetz geboten, sondern allein durch Gott: „quia deus es omnipotens et bonus, etiamsi sola ista fecisses, quae nemo alius potest facere nisi tu, une, a quo est omnis modus, formosissime, qui formas omnia et lege tua ordinas omnia."[31] Die allgemeine Sündigkeit des Menschen ist für den einzelnen Menschen eine ihm gleichsam von Natur aus aufgezwungene Situation: „quodam modo naturaliter".[32] Sie enthält zwei fundamentale Strafen: „duo ista poenalia, ignorantia et difficultas".[33] Auf Grund der Unwissenheit und der Schwäche, die er sich als Strafen durch das Sündigen selbst verdient hat, vermag der Mensch nicht, das Gesetz zu erkennen, dem er folgen soll.[34] Infolgedessen ist er auf eine Gesetzgebung angewiesen, die nicht in seinem eigenen Inneren gegeben ist, sondern von außen auf ihn zukommen muß, die also dem Willen ein Gesetz vorlegt, das er in seiner sündigen Verdorbenheit gar nicht von sich aus als geboten erkennen kann. Statt der Autonomie der Vernunft in der Willensbestimmung lehrt Augustinus nun deren Gegenteil, die Heteronomie des Willens.

Wenn somit hinsichtlich der beiden ersten Momente die Spontaneität und die Autonomie des Willens nicht mehr angenommen werden, dann ergibt sich mit Notwendigkeit die Konsequenz, daß auch das dritte Moment der Augustinischen Freiheitslehre, die Zurechenbarkeit der Willensbestimmung, fallengelassen werden muß. Eine solche Auffassung käme dann allerdings tatsächlich in die Nähe einer häretischen Prädestinationsauffassung,[35] wo-

[30] *Confessiones* I, 7, 11.
[31] *Confessiones* I, 7, 12.
[32] *De libero arbitrio* III, 18, 177.
[33] *De libero arbitrio* III, 18, 178.
[34] *De libero arbitrio* III, 18, 179: „Sed adprobare falsa pro veris ut erret invitus, et resistente atque torquente dolore carnalis vinculi non posse a libidinosis operibus temperare, non est natura instituti hominis sed poena damnati."
[35] Vgl. hierzu K. RAHNER, Prädestination. Theologische Vermittlung, bes. Sp. 1255.

mit im übrigen die geschichtliche Entwicklung korrespondiert, nach welcher „die augustinische Prädestinationslehre ... in der Lehre der Kirche kein volles Heimatrecht" erhalten hat.[36] Obwohl es bei Augustinus auch Stellen gibt, die eine Prädestination im Sinne sogar der Vorherbestimmung zur Sünde zu lehren scheinen,[37] soll hier nur auf diejenige Fassung der Prädestinationslehre eingegangen werden, welche allein die Prädestination zum Heil als Inhalt hat. Ohne eine solche Einschränkung des Prädestinationsgedankens würde die innere Einheit des Augustinischen Denkens, sofern es wesentlich auch auf der These von dem in der Güte Gottes fundierten allgemeinen Heilswillen Gottes basiert, doch schweren Bedenken ausgesetzt. In der eingeschränkten Fassung der Prädestinationslehre geschieht nun wenigstens die Sünde aus zurechenbarer Willensentscheidung. Insofern das ganze Menschengeschlecht durch das *peccatum originale* betroffen ist, wäre dementsprechend – wenn erst einmal diese Annahme zugestanden wird – die völlige Verwerfung der Menschheit in jedem seiner Glieder gerecht. Die damit gemachte Voraussetzung der Verschuldetheit der gesamten Menschheit ist natürlich eine gleichsam ungeheuerliche Zumutung, deren Begründung bei Augustinus noch zu verfolgen sein wird. Wird diese Voraussetzung aber nun einmal angenommen, so folgt, daß die Menschheit nur noch durch den gnadenhaften Heilswillen Gottes gerettet werden kann. Durch diesen Heilswillen wird nach Augustinus aber nur ein Teil der Menschen gerettet, ein anderer hingegen der Bestrafung zugeführt: „iuste praedestinavit ad poenam ... benigne praedestinavit ad gratiam".[38] Für die Zurechnung der menschlichen Tätigkeit hat diese These zur Folge, daß das Tun des Guten auf Gott, das Tun des Schlechten aber auf den Menschen zurückzuführen ist: „Bona mea instituta tua sunt et dona tua, mala mea delicta mea sunt et iudicia tua."[39]

Weit entfernt davon also, daß der Mensch sich durch die bloße Kraft der Willensbestimmung das glückselige Leben selbst verschaffen könnte, weit entfernt also von der These der Autarkie des Willens hinsichtlich seines all-

[36] G. NYGREN, Das Prädestinationsproblem in der Theologie Augustins, S. 9.

[37] Diese Lehre wäre häretisch; vgl. H. DENZINGER, Enchiridion Symbolorum, Definitionum et Declarationum de rebus fidei et morum, D 300, 316 ff., 320 ff., 816, 827. Eine Augustinus-Stelle, die in diese Richtung weist, findet sich z. B. in *De anima et eius origine* IV, 11, 16: „Ex uno homine omnes homines ire in condemnationem qui nascuntur ex Adam (*Rom.* V, 18), nisi ita renascantur in Christo, sicuti instituit ut renascantur, antequam corpore moriantur, quos praedestinavit ad aeternam vitam misericordissimus gratiae largitor: qui est et illis quos praedestinavit ad aeternam mortem, iustissimus supplicii retributor". Auch hier vermeidet Augustinus es, von einer Prädestination zur Sünde zu sprechen; dennoch kommt er, sofern er von der Vorherbestimmung zur Strafe für die Sünde spricht, hier in die Nähe einer Lehre, die er sonst ausdrücklich ablehnt; vgl. hierzu auch J. CHÉNÉ, La Théologie de Saint Augustin. Grâce et Prédestination, bes. S. 296 ff.

[38] *Enchiridion ad Laurentium, sive de fide, spe et caritate* XXVI, 100.

[39] *Confessiones* X, 4, 5.

gemeinen Strebezieles, lehrt Augustinus hier, daß selbst schon die *bona voluntas* reines Geschenk der göttlichen Gnade sei. Wenn der Wille schon nicht einmal mehr durch sich selbst wissen kann, was er wollen soll, wenn ihm dementsprechend das Gesetz, dem er folgen soll, allererst von außen gegeben werden muß, wenn er zudem, nachdem ihm das Gesetz autoritativ vorgelegt worden ist, sich nicht in der Lage sieht, es aus eigener Kraft auch zu erfüllen, und wenn schließlich die dennoch bisweilen eintretende Erfüllung ihm nicht zugerechnet werden kann, weil sie allein auf der Macht der göttlichen Gnade basiert, dann ist der menschliche Wille nur noch das hilfsbedürftige und unwürdige Medium des absoluten und uneingeschränkten, souveränen göttlichen Handelns. Sofern der Mensch das höchste Gut erstrebt, ist er so gesehen ganz auf die Hoffnung in die Barmherzigkeit Gottes angewiesen: „Et tota spes mea non nisi in magna valde misericordia tua. Da quod iubes et iube quod vis."[40]

Wird diese, in vier Momenten vorgetragene Gnadenlehre bloß für sich – ohne Beachtung der Tatsache, daß Augustinus zugleich auch an den Thesen der Freiheitslehre festhält – betrachtet, so scheint der schon erwähnte Vorwurf Julians gegen Augustin, er werde sich von den Mysterien des Mani nie reinwaschen können,[41] durchaus nicht unberechtigt zu sein. Die Lehre von der Erwählung eines *certus numerus praedestinatorum* und von der verurteilenden Zurücklassung einer dem Verderben anheimgegebenen *massa damnationis* schildert die Lage der Menschheit in einer Weise, die im Ergebnis – abgesehen eben vom mythologischen Beiwerk zur Genesis dieser Lage – durch die quasi-ontologische Sonderung in Gute und Böse dem ontologischen Dualismus der Manichäer doch sehr nahe kommt. Die Weltzeit wäre bloß Austrag dessen, was ist, nicht die freigebende Ermöglichung, das zu werden, was man, wenn man nur will, aus der Kraft der eigenen Willensbestimmung werden kann. Die Zugehörigkeit zur Zahl der Erwählten wäre von vornherein ebenso unabänderlich wie die Zugehörigkeit zu der Zahl der Verstoßenen: „Haec de his loquor, qui praedestinati sunt in regnum Dei, quorum ita certus est numerus, ut nec addatur eis quisquam, nec minuatur ex eis."[42]

[40] *Confessiones* X, 29, 40; hierzu vgl. H. BARTH, Die Freiheit der Entscheidung im Denken Augustins, S. 116. Abweichend von Barths Interpretation wird im folgenden Augustins Lösung nicht in einer Verschmelzung von Freiheit und Gnade gesehen, wie sie Barths Ausdruck „befreite Entscheidung" repräsentiert. Augustinus hält, wie gezeigt werden wird, an der Notwendigkeit eines in seinen Gliedern nicht systematisch-kohärent vereinbaren Doppelaspektes fest.

[41] Vgl. P. RICŒUR, Die „Erbsünde" – eine Bedeutungsstudie, S. 341: „In der Sicht eines solchen Voluntarismus, der zu einer kohärenten Theorie der Kontingenz vorgetrieben wird (scil. der Kontingenz des Bösen im ‚posse non peccare'), kann das ‚naturale peccatum', als erbliche Schuld interpretiert, nur einen Rückfall in den Manichäismus bedeuten".

[42] *De correptione et gratia* XIII, 39; vgl. zudem *Epistola* III, 7, 25; vgl. weiter *Retractationes* I, 13, 8.

Im Blick auf diese, in zutreffender Weise nur antithetisch darstellbaren Annahmen Augustins zur Freiheits- und zur Gnadenlehre gibt es nur wenige Möglichkeiten für eine kohärente Interpretation. Nicht in Frage kommt hier zunächst eine biographische Historisierung seiner Lehre. Diese würde weder der systematischen Orientierung der vorliegenden Untersuchung Genüge tun, noch mit den ausdrücklichen Intentionen Augustins vereinbar sein. Es fragt sich also, ob man in der Interpretation den je passenden Augustinus sich wählen müsse, sofern dieser in Philosophie einerseits und Theologie andererseits gleichsam eine doppelte Wahrheit vorträgt. Es muß aber auch, um Augustins Selbstverständnis auf seine Möglichkeit zu prüfen, gefragt werden, ob die antinomische Struktur seines Denkens zu Freiheit und Gnade vielleicht doch gehalten werden kann. Naheliegend allerdings ist zunächst der Verdacht, daß diese antinomisch strukturierte Thesenlage an ihrem so scharfen Widerspruch zerbricht und zugrundegeht. Bevor aber nun ein solches, sich durchaus aufdrängendes Verdikt über die Freiheits- und Gnadenlehre Augustins ausgesprochen werden kann, muß doch wenigstens der Grund für die Widersetzlichkeit dieser Lehren ausfindig gemacht werden. Bei der Suche nach diesem Grund können wiederum Texte Augustins als Wegweiser dienen, weil – wie schon angedeutet wurde – Augustinus dieses Auseinanderklaffen seiner Aussagen nicht stillschweigend übergangen hat und auch der sich hieraus ergebenden Aufgabe keineswegs ausgewichen ist. Dieser Aufgabe stellt Augustinus sich schon am Ende des dritten Buches von *De libero arbitrio*, dort allerdings noch einigermaßen unbeeindruckt von der Hitzigkeit der später aufgekommenen polemischen Auseinandersetzungen um die Formulierung der kirchlichen Orthodoxie. Die polemische Phase mit ihren teilweise nach beiden Richtungen hin höchst einseitigen Thesen bleibt hier naturgemäß eher im Hintergrund. Dennoch wird es um die Diskussion der widersetzlichen Thesen in ihrer extremen Form gehen. Die Rückkehr Augustins zu der Aufgabe, zu einem Urteil zu gelangen, das in einer Zusammenschau von Freiheits- und Gnadenlehre begründet ist, findet sich dann wieder im Spätwerk Augustins, insbesondere in einigen Passagen von *De civitate Dei* und in *De gratia et libero arbitrio.* In den ersten Sätzen dieser späten Schrift formuliert Augustinus seine Aufgabe ausdrücklich so, daß er sich weder zu einer Freiheitslehre bekennt, welche die göttliche Gnade aufhebt, noch zu einer Gnadenlehre, welche die Kraft zur freien Entscheidung leugnet. Durch die göttliche Gnade nämlich, das will Augustinus sagen, werden wir von verdienten Übeln befreit. Wie der Mensch aber nur durch die Gnade von selbstverdienten Übeln befreit werden kann, so kann dem verdienstlichen Willen lediglich durch die Gnade das verdiente ewige Leben zugeteilt werden. Aber nicht allein die Selbstüberhebung des Menschen gilt es zurückzuweisen, sondern auch die Auflösung der ursprünglichen Tätigkeit des Menschen in die Gnade Gottes. So geht es für

Augustinus zugleich um die Verteidigung der *gratia Dei* und um die Verteidigung des *liberum arbitrium.*[43] Dem Versuch Augustins, diese Aufgabe unpolemisch mit dem Blick auf die Sache einer Lösung zuzuführen, soll demgemäß im folgenden nachgegangen werden.

Was bisher in den jeweils vier Momenten der Freiheits- und der Gnadenlehre einander antithetisch gegenübergestellt worden war, soll nun nach der Absichtserklärung Augustins also so miteinander vermittelt werden können, daß es sich nicht mehr wechselseitig aufhebt. Es wird sich in der Betrachtung von Augustins Lösung allerdings zeigen, daß die Antithetik dabei nicht aufgelöst werden kann, sondern dialektisch weiterbesteht. Zunächst muß beim Versuch einer solchen Vermittlung geklärt werden, wo diese ihren Ausgangspunkt nehmen kann. Die Entscheidung dieser Frage hat davon auszugehen, daß in einer philosophischen Betrachtung gemäß der im vorausgegangenen Kapitel enthaltenen Darstellung der Grundbegriffe der praktischen Philosophie die Freiheitslehre ursprünglich aus der philosophischen Reflexion des zugehörigen Phänomenbestandes erwächst, die Gnadenlehre aber vor allem eine Frucht der Beschäftigung mit den Quellen der christlichen Theologie darstellt, also vor allem eine Frucht der Auslegung der biblischen Schriften. Im Mittelpunkt des Interesses stehen dort besonders die Briefe des Apostels Paulus.[44]

Für die philosophische Untersuchung des Augustinischen Denkens kann bei der beabsichtigten Interpretation der Vermittlung von Freiheits- und Gnadenlehre aber selbstredend lediglich die Freiheitslehre als Ausgangspunkt dienen. Wenn überhaupt eine philosophisch gerechtfertigte Vermittlung möglich sein soll, dann müssen in ihr selbst schon Fragen enthalten sein, welche die strengen Grenzen der zunächst entfalteten philosophischen Freiheitslehre sprengen. Die Freiheitslehre hat nun ihren Erkenntnisgrund im Bewußtsein eines Gesetzes, das für den Willen eine Verbindlichkeit von der Art mit sich bringt, daß gewisse Handlungen erlaubt, andere geboten oder verboten sind. Sie basiert auf dem Bewußtsein, daß Handlungen eine moralische Qualität besitzen können und so dem Vollbringenden zugerech-

[43] *De gratia et libero arbitrio* I, 1. Diesen systematisch unvereinbaren Doppelaspekt hebt auch K. JANSSEN, Die Entstehung der Gnadenlehre Augustins, S. 134, hervor: „In der caritas wirkt sich die Gnade aus. Der Wille selbst wird Liebe, sobald er ‚ganz' geworden ist. Diese Schaffung der Liebe wird auf Gottes inspiratio zurückgeführt. Das heißt nun aber nicht, daß Augustin hier an magische Wirkungen Gottes gedacht habe. Vielmehr hat sich der Wille zusammenzufassen und ganz auf das eine Ziel zu beziehen, das Gottes- und Nächstenliebe in einem ist. Diese Handlung des Willens soll nun ja aber von Gott bewirkt sein ... Damit ist beides gewahrt: sowohl die unbedingte Macht Gottes als auch die menschliche Verantwortlichkeit." Was Janssens Auffassung des Christentums als Mysterienreligion angeht, vgl. die treffende Kritik von G. NYGREN, Das Prädestinationsproblem in der Theologie Augustins, S. 32, Anm. 36.

[44] Hierzu vgl. H. JONAS, Augustin und das paulinische Freiheitsproblem; vgl. auch Ph. PLATZ, Der Römerbrief in der Gnadenlehre Augustins.

net werden können. Die Freiheitslehre gründet also auf der Tatsache des Bewußtseins des moralischen Gesetzes, das sich in der moralisch wertenden Qualifikation ethisch relevanter Handlungsweisen, in Lob und Tadel, in Ermahnungen und Ermunterungen, zum Ausdruck bringt. Dieser Phänomenbestand setzt insgesamt die Freiheit der Willensbestimmung beim Menschen voraus: ohne diese Voraussetzung können die Phänomene entweder nicht erklärt werden oder werden gar – im Falle der Bestreitung der Freiheitslehre – für illusionär ausgegeben und in ihrem Phänomencharakter durch Zersetzung aufgelöst. In diese Auflösung wird allerdings die Möglichkeit der Rechtfertigung der gesamten, von der Freiheitslehre tangierten menschlichen Praxis überhaupt mithineingezogen. Ohne die Freiheitslehre gibt es nämlich nicht einmal mehr die Möglichkeit eines rationalen Diskurses über diese Praxis. Wird angenommen, daß etwas sein soll, dann kann durch Diskurs überprüft werden, was sein soll. In diesem Falle ist der Mensch aber zugleich in seiner Freiheit angesprochen. Wenn aber nicht angenommen wird, daß etwas sein soll, kann die Freiheitslehre fallengelassen werden. Zugleich aber wird klar, daß ein in Gang gesetzter rationaler Diskurs eines Kriteriums ermangelt, dessen er doch bedarf. An der Freiheitslehre hängt so gesehen die Menschlichkeit des Menschen.
Muß dementsprechend nun die Voraussetzung der Freiheit der Willensentscheidung gemacht werden, so ist damit notwendig die doppelte Intention der Gesolltheit der *bona voluntas* und des *recte honesteque vivere* gegeben. Beide Intentionen, davon geht Augustinus aus, gehören notwendig zusammen, sofern das glückselige Leben nichts anderes ist als die der Sache nach unmittelbar zugehörig zu denkende Folge der *bona voluntas*. Insoweit scheinen – wie nach Kant die Tugend nichts anderes ist als die Würdigkeit, glücklich zu sein – nun keine weiteren Fragen in der Freiheitslehre zu stecken, die ihre Überschreitung in Richtung auf die Gnadenlehre herausfordern könnte. Der hier allerdings so nahtlos erscheinende Übergang von Tugend und Glückseligkeit ist aber dennoch nicht ohne Risse und Lücken. Ob nun Augustinus im nachhinein sich dahingehend korrigiert, daß die *bona voluntas* auf Grund der Unwissenheit und Schwäche des menschlichen Willens nicht erreichbar sei, oder ob er sieht, daß die *bona voluntas* in dieser Welt jedenfalls nicht eo ipso zur *beata vita* führen könne, in jeder der beiden Möglichkeiten ist klar, daß die in der Freiheitslehre zurückbleibenden Fragen mit Schwierigkeiten in der Beziehung von Wollen und Können zusammenhängen.

Die Freiheitslehre, die fest auf ihrem Fundament aufruht, auf der Tatsache des Sollensbewußtseins, bekommt ihre Grenze durch ein anderes Faktum gewiesen, nämlich durch die allenthalben erfahrbare Wirklichkeit, welche die unmittelbar zu ihm gehörende Folge des guten und des bösen Willens beschneidet. In diesem Sinne bezieht sich Augustinus auf den Beginn des alttestamentlichen Buches *Kohelet*, das mit der Klage über die eitle Nichtigkeit des weltlichen Daseins, über die Nichtigkeit aller Mühe des Menschen einsetzt. Augustinus zitiert: „*Vanitas vanitatum, dixit Ecclesiastes; vanitas vanitatum, omnia vanitas. Quae abundantia homini in omni labore suo, quo laborat sub sole?*"[45] Diese allgemeine pessimistische Aussage über die mögliche Wirksamkeit menschlicher Mühe und Arbeit wird, ebenso im Anschluß an das Buch *Kohelet*, insbesondere auch auf die Fragen nach der möglichen Wirksamkeit und den Folgen des sittlichen Handelns ausgedehnt: „Dicit etiam illud, quod et boni patiantur mala, tamquam mali sint, et mali, tamquam boni sint, adipiscantur bona, ita loquens: *Est,* inquit, *vanitas, quae facta est super terram, quia sunt iusti, super quos venit sicut factum impiorum, et sunt impii, super quos venit sicut factum iustorum. Dixi quoniam hoc quoque vanitas.*"[46]

Die nicht wegzuleugnende Sinnwidrigkeit, die vor dem Hintergrund der Implikationen der Freiheitslehre im faktischen Weltlauf sichtbar wird, ist es also, welche die Geschlossenheit der Freiheitslehre aufbricht. In diesem Aufbrechen des Sinnzusammenhanges der Freiheitslehre geht sie aber nicht einfach zugrunde. Trotz dieser faktischen Gebrochenheit der inneren Sinntendenz der Freiheitslehre, die ja auf die möglichst vollkommene Ordnung des Ganzen ging, kommt es für den Menschen weiter darauf an, um den guten Willen zu kämpfen, sei auch das höchste vollendete Gut auf diesem Wege für ihn nicht erreichbar. In der eitlen Nichtigkeit der Weltzeit kommt es gerade um so mehr darauf an, ob einer sich der Wahrheit öffnet oder verschließt, ob er die Wahrheit tut oder ihr entgegen handelt. In dieser Entscheidung vermag er der Nichtigkeit der vergänglichen Güter zu entkommen, vermag er vor einem Gericht zu bestehen, dessen Spruch ewige Gültigkeit besitzt.[47] Trotz dieses Hinweises auf eine zukünftige Gerechtigkeit sieht Augustinus sich aber durch die Sache genötigt, die vorher gewissermaßen nach apriorischen Prinzipien vorgetragene Freiheitslehre nun in einer modifizierten, gebrochenen Weise derjenigen Wirklichkeit anzupassen, deren Verhältnisse offenbar der impliziten Sinntendenz der Freiheitslehre zuwiderlaufen.

In *De libero arbitrio* versucht Augustinus noch, das Skandalöse dieser Wirklichkeit, beispielsweise am Fall des Leidens kleiner Kinder, durch allerlei Ausflüchte zu überdecken. Zunächst weist er einigermaßen brüsk das Wehklagen und das Mitleid über die körperlichen Qualen der *unschuldigen Kinder*

45 *Kohelet* I, 2; zitiert in *De civitate Dei* XX, 3.

46 *De civitate Dei* XX, 3; zitiert wird hier *Kohelet* VIII, 14. Zu Augustins Bezugnahme auf dieses alttestamentliche Buch vgl. auch *De civitate Dei* XII, 14.

47 *De civitate Dei* XX, 3: „In diebus tamen vanitatis suae interest plurimum, utrum resistat an obtemperet veritati, et utrum sit expers verae pietatis an particeps; non propter vitae huius vel bona adquirenda vel mala vitanda vanescendo transeuntia, sed propter futurum iudicium, per quod erunt et bonis bona et malis mala sine fine mansura."

zurück[48] und sucht die Berechtigung solchen Mitleids mit Wesen anzuzweifeln, denen auf Grund ihres Alters noch keine Sünden angelastet werden können. Auch die Möglichkeit wird ins Spiel gebracht, daß die Seelen dieser Kinder sich ihre Leiden schon vor der Zeit ihres Menschendaseins verdient haben könnten.[49] Gegen den Einwand, daß diese Kinder schuldlos seien, wendet er gleichsam zur Überdeckung der allzu sichtbaren Sinnwidrigkeit ein, daß das Leiden auch der Züchtigung und der Besserung der Eltern dienen könne, wobei er entgegen der sich zeigenden Wirklichkeit mit kalter Konsequenz und so einigermaßen zynisch nebenbei vermerkt, daß die Unschuld sich noch nicht das Anrecht auf Lohn verdient habe, wenn sie noch nicht die Gelegenheit gehabt habe, schuldig zu werden. Bemerkenswert ist hier auch die Inkaufnahme der Widersprüchlichkeit in der Argumentation, besonders in bezug auf die entgegengesetzte Deutung des Zustands vor der Ausübung der Freiheit. Dieser Zustand soll zum einen, sofern er gegen die Annehmbarkeit dieses Leidens spricht, durch nachträglichen Einbau der Hypothese einer Sünde vor der Lebenszeit gleichsam aufgelöst werden, er soll aber zum anderen, sofern er auch als Mangel an Verdienst interpretiert werden kann, zur Rechtfertigung der Behauptung herangezogen werden, daß nichts gegen das Leiden der Kinder spreche.[50]

In dieser zweifelhaften Rechtfertigung Gottes angesichts des Leidens Unschuldiger bleiben offenbar auch für Augustinus selbst Fragen offen. So nimmt er schließlich seine Zuflucht zu der Möglichkeit, daß den zu bloßen Werkzeugen der Erziehung der Erwachsenen durch Gott erniedrigten Kindern eine Aussicht eröffnet werde, welche das Geschehen, das als solches eben doch nicht als gerechtfertigt erscheint, wenigstens hinnehmbar machen soll. Dies geschieht einerseits durch den Hinweis auf die Herzenshärte der Erwachsenen, die zu deren Heil gebrochen werden müsse, andererseits durch die Annahme, daß im Durchstehen dieses Leidens der Kinder gleichsam der ganze Weg des sittlichen Menschenwesens so durchschritten werden kann, daß durch ihn das Tor zum ewigen Leben der Seligen geöffnet ist.[51]

Man sollte annehmen können, daß Augustinus auf Grund seiner Erfahrung mit dem frühen Tod Adeodats weiß, wie elterliche Liebe mit Kindern leidet, daß er also weiß, wovon er hier spricht. Gerade weil diese Annahme berechtigt ist, kann es auch nicht verwundern, daß die These, die er an dieser Stelle – schon von Anfang an mit vielen Fragezeichen versehen – vorträgt, später in einer solchen Weise umschlägt, daß das Leiden nun wirklich

[48] Zum Topos der „unschuldigen Kinder" vgl. z. B. H. HERTER, Das unschuldige Kind.
[49] *De libero arbitrio* III, 23, 229.
[50] *De libero arbitrio* III, 23, 229 f.
[51] *De libero arbitrio* III, 23, 231.

Leiden genannt wird und endlich der Versuch unterbleibt, es mit Hilfe von Behauptungen gleichsam wegzudiskutieren, die aus allzu durchsichtigen Motiven konstruiert sind. In seiner zweiten Schrift gegen Julian, die aus seinen letzten Jahren stammt, stellt er nämlich selbst in aller Schärfe Fragen, die er mit demselben Recht auch gegen seinen eigenen Lösungsversuch in *De libero arbitrio* hätte richten können. Es heißt dort: „Dic ergo qua iustitia parvuli tanta mala patiantur: quae saepe commemorare nos piget; vos vero eadem mala paradiso, etiamsi nemo pecasset, importare non pudet. ‚Non creantur', ut dicis, ‚mali', hoc est, trahentes originale peccatum: qua igitur iustitia premuntur gravi iugo a die exitus de ventre matris eorum?"[52] Diese scharfe Frage nach der Rechtfertigbarkeit des Leidens Unschuldiger beantwortet er sogleich folgendermaßen apodiktisch: „Nemo igitur potest in tot tantisque poenis parvulorum praedicare Deum justum, negans originale peccatum."[53]

Die Konsequenz, die Augustinus zu ziehen sich genötigt sieht, besteht also in der Einsicht, daß die Freiheitslehre alleine nicht ausreicht, die Aufgabe und die Lage des Menschen in der Welt zu verstehen. Nachdem somit im Anschluß an die Ausarbeitung der Antithetik von Augustins Freiheits- und Gnadenlehre der Grund klar geworden ist, warum der bloße Freiheitsgedanke auch überschritten werden muß, kann es nun um die Interpretation von Augustins Versuch gehen, die Gnadenlehre mit der Freiheitslehre zu vermitteln. Diese Vermittlung soll im folgenden in drei Aspekten entfaltet werden, gemäß denen sie im sittlichen Akt selber, im Bewußtsein vom sittlichen Akt und in der Genese des sittlichen Aktes zu untersuchen sein wird. In den beiden erstgenannten Aspekten ist jeweils auf Grund der oben vorgetragenen Überlegungen die Wirklichkeit des sittlichen Aktes schon vorausgesetzt. Dennoch braucht im jetzt gegebenen Zusammenhang lediglich hypothetisch gefragt zu werden, welche Bedingungen für den sittlichen Akt angenommen werden müssen, wenn es ihn und das Bewußtsein von ihm geben können soll. Im dritten Aspekt wird ein Zustand des Willens vor dem Vollzug

52 *Opus imperfectum contra Julianum* V, 64.

53 *Opus imperfectum contra Julianum* V, 64. Vgl. J. MAUSBACH, Die Ethik des heiligen Augustinus II, S. 148. Wenngleich Mausbach Augustins Vermittlung von Vernunft und Autorität nicht zutreffend interpretiert, da die Vernunft nach Augustinus nicht zeitlich an die letzte Stelle gehört, sagt er, S. 152, richtig: „Die vernünftige Reflexion ist die letzte Quelle, aus der Augustin Gründe für die Tatsache der Erbsünde schöpft. Da stellen sich zunächst dem Denken die zahllosen Leiden, Kämpfe und Drangsale des Lebens als finstere Wolke entgegen; ihr Dasein wird nur verständlich, wenn eine allgemeine Schuld als trennendes und verfinsterndes Element in die Schöpfung eingedrungen ist." Ihre schärfste Fassung erhält diese Argumentation durch das Leiden der Kinder, S. 153: „Die einen kommen blind, andere taub, wieder andere blödsinnig zur Welt; wer kann diese Schwächen mit der Allmacht Gottes vereinbaren, wenn die Kinder makellose, von keiner Sünde berührte Ebenbilder Gottes sind?" Der tiefe „Riß und Zwiespalt im Menschen" (S. 155) ist nach Mausbach das feste Fundament des Erbschuldgedankens.

des sittlichen Aktes angenommen und gefragt, ob und wie ein Übergang von diesem Zustand zum sittlichen Akt möglich sei.

Zunächst hat es demgemäß also um die Vermittlung von Freiheit und Gnade im sittlichen Akt selbst zu gehen. Dabei kann an die oben entfaltete These erinnert werden, daß der sittliche Akt als ein Akt allein des Willens durch sich selbst bestimmt worden ist. In diesem Sinne war mit dem Blick auf das Verhältnis von Freiheit und Gnade von zurückbleibenden Fragen in bezug auf Wollen und Können gesprochen worden. Deren Verhältnis läuft – dies wird zu zeigen sein – auf die Dialektik von Freiheit und Gnade hinaus. Vorher aber ist näher zu bestimmen, welcherart Wollen im sittlichen Akt zur Rede steht. Zweifelsfrei geht es in diesem Akt um ein Wollen, das in bezug auf die Vorschrift des moralischen Gesetzes betrachtet wird. Das sittliche Wollen ist ein der Sollensvorschrift gemäßes Wollen. Damit dies möglich werde, muß beim Menschen die Empfänglichkeit für das moralische Gesetz vorausgesetzt werden: „ergo ita factus est homo ut, quamvis sapiens nondum esset, praeceptum tamen posset accipere cui utique obtemperare deberet."[54]

Auf die Frage, wodurch der Mensch für die Vorschrift des moralischen Gesetzes empfänglich werde, antwortet Augustinus zunächst scheinbar eindeutig im Sinne der Vernunftautonomie der Freiheitslehre: „Ratione fit quisque praecepti capax".[55] Diese Antwort erfährt aber eine Ergänzung, die wiederum ihre Aussage geradezu umzukehren scheint. Der Satz heißt nämlich vollständig: „Ratione fit quisque praecepti capax, cui fidem debet, ut quod praecipitur faciat."[56] Im Sinne dieser Fortführung, die den Glauben an die Gültigkeit des Gesetzes zur Bedingung der Empfänglichkeit der Vernunft für das moralische Gesetz macht, verschärft Augustinus sogar noch seine These: „Sicut enim praeceptum non est ab illo cui praecipitur sed ab illo qui praecipit, sic et sapientia non est ab illo qui inluminatur sed ab illo qui inluminat."[57]

Dennoch wird durch diesen Zusatz die Autonomie der Vernunftgesetzgebung nicht einfach durch Theonomie ersetzt. Die Vernunft allein bleibt nämlich weiterhin diejenige Größe, durch welche die Empfänglichkeit für das moralische Gesetz gegeben ist. In der Fortführung wird so gesehen nicht der erste Teil des genannten Satzes bestritten, sondern der Blick zusätzlich auf die Tatsache der Gegebenheit der Empfänglichkeit für das moralische Gesetz gelenkt, also auf die Tatsache der Gegebenheit der menschlichen Vernunft, die für das moralische Gesetz empfänglich ist. Die Vernunft, die praktisch

[54] *De libero arbitrio* III, 24, 244.
[55] *De libero arbitrio* III, 24, 245.
[56] Ebd.
[57] *De libero arbitrio* III, 24, 247.

betrachtet also nichts anderes als die Empfänglichkeit des Menschen für das moralische Gesetz ist, hat der Mensch nicht aus sich selbst. Dies will Augustinus sagen, indem er den Menschen hier in den absetzenden Vergleich mit dem Tier bringt und dabei auf die Geschöpflichkeit des Menschen verweist: „Bonum est enim aliquod homo et melius quam pecus ex eo quod praecepti capax".[58] Derart setzt also der sittliche Akt die Vernunft voraus, die sich beim vernünftigen Wesen aber als gegeben und insofern als Gabe einfach vorfindet und nicht selber als Leistung vernünftigen Tuns betrachtet werden kann.

Wenn nun die autonom durch die Vernunft zu entfaltende Sollensvorschrift dem Menschen gegeben ist, dann muß sein Wille, dem diese Vorschrift durch die Vernunft gegeben wird, in der Lage sein, die Vorschrift auch zu erfüllen. Das Vorgeschriebene ist nämlich nur insofern Gesolltes, als derjenige, der verrichten soll, die Vorschrift auch erfüllen kann: „Quaecumque ista causa est voluntatis, si non ei potest resisti, sine peccato ei ceditur; si autem potest, non ei cedatur et non peccabitur."[59] Wer nicht weiß, was er im sittlichen Handeln tun soll, oder nicht die Kraft hat, erkannte Vorschriften zu erfüllen, hat insoweit gar nicht die Möglichkeit, einen sittlichen Akt zu vollziehen. Das Können, welches so in einem Sollen überhaupt vorausgesetzt wird, kann aber wiederum nur als ein gegebenes Können betrachtet werden.

Die Sachlage kompliziert sich an diesem Punkte der Überlegungen in der konkreten Durchführung bei Augustinus nun noch in der Weise, daß er annimmt, dem Menschen mangele es sowohl an dem vorauszusetzenden Wissen als auch an der vorauszusetzenden Kraft der Erfüllung. Es mag bei Augustinus in diesem Zusammenhang immerhin auch der theologische Erbschuldgedanke im Hintergrund stehen und, indem dieser Mangel in irgendeiner Weise dem menschlichen Willen mit Bezug auf die Tat der Stammeltern zugeschoben wird, auf den Gang der Überlegungen einwirken.[60] Beim gegenwärtigen Menschen aber tritt diese Mangelsituation auch nach Augustinus gleichsam als eine andere Natur auf, die jeden Menschen von Geburt an prägt: „Sic etiam ipsam naturam aliter dicimus cum proprie loquimur naturam hominis in qua primum in suo genere inculpabilis factus est, aliter istam in qua ex illius damnati poena et mortales et ignari et carni sub-

[58] *De libero arbitrio* III, 24, 248.

[59] *De libero arbitrio* III, 18, 170.

[60] Vgl. *De libero arbitrio* III, 20, 198; Augustinus trägt aber auch eine Version des Erbschuldgedankens vor, die frei ist von der Vorstellung der Vererbung durch den libidinösen Zeugungsakt. Die Version von *De libero arbitrio* III, 18, 178 stützt sich vielmehr auf eine Erkenntnis eines gleichsam mechanisch sich vollziehenden Vorgangs in der Psyche, der in der Selbsterfahrung faßbar ist: „qui sciens recte non facit amittat scire quid rectum sit, et qui recte facere cum posset noluit amittat posse cum velit". Dieser psychische Mechanismus sei Strafübel.

diti nascimur".[61] Die Fragestellung hat also im weiteren von der Prämisse auszugehen, daß Unwissenheit und Schwäche das Wesen des Menschen gleichsam von Natur aus kennzeichnen: „Ignorantia vero et difficultas si naturalis est".[62] Soll aber in dieser Lage des Menschen noch ein sittlicher Akt möglich sein, so muß angenommen werden, daß der Mensch von keiner Notwendigkeit gezwungen wird, in diesem Zustand des Mangels einfach zu verharren.[63] Dennoch ist klar, daß dieser Zustand als der natürliche Ausgangspunkt für das sittliche Handeln des Menschen zu gelten hat. Dementsprechend löst Augustinus die gestellte Aufgabe so, daß der Mensch – gewissermaßen in dem ihm zur zweiten Natur gewordenen Mangel verbleibend – diesen zugleich auch zu überschreiten vermag.

Dasjenige, was der endliche Mensch in seiner quasi-naturhaften Unwissenheit und Schwäche nach Augustinus dennoch kann und was er demgemäß auch verrichten soll, ist nichts anderes als die Suche nach der Wahrheit und das demütige Bekenntnis der Schwäche: „Nulli enim homini ablatum est scire utiliter quaeri quod inutiliter ignoratur, et humiliter confitendam esse inbecillitatem, ut quaerenti et confitenti ille subveniat qui nec errat dum subvenit nec laborat."[64] Als Konsequenz aus dieser inhaltlichen Beschränkung der möglichen Reichweite und der Gestaltungskraft des sittlichen Aktes für den Menschen ergibt sich – im übrigen analog zur Möglichkeit der theoretischen Wahrheitserkenntnis – die Bestimmung des Menschen als des auf die transzendente Wahrheit ausgerichteten, aber in die Endlichkeit des Strebens eingebundenen Wesens: „Sed ad contemplandam veritatis aeternitatem, ut ea perfrui eique inherere valeamus, infirmitati nostrae via de temporalibus procurata est."[65]

Die Gesolltheit des Bekenntnisses der Schwäche bietet nun den Übergang zum zweiten Aspekt der Vermittlung von Freiheit und Gnade. Gemäß diesem Aspekt behauptet Augustinus, daß das Bewußtsein der verdienstlichen Selbstmacht des Willens die Moralität seiner Bestimmung zerstöre. Zudem komme ein solches Bewußtsein nur auf dem Wege einer fälschlichen Nachahmung Gottes zustande.[66] Seine diesbezügliche These stellt Augustinus nun unter das Motto: „In nullo gloriandum, quando nostrum nihil est."[67] Dabei bleibt das Wollen allerdings ganz die Sache des Menschen: es soll auf diese Weise lediglich eingeschärft werden, daß das Wollenkönnen nicht aus

[61] *De libero arbitrio* III, 19, 185.

[62] *De libero arbitrio* III, 22, 217.

[63] *De libero arbitrio* III, 20, 192: „Quamquam enim in ignorantia et difficultas nata sit, non tamen ad permanendum in eo quod nata est aliqua necessitate conprimitur."

[64] *De libero arbitrio* III, 19, 182; vgl. dort auch 20, 11.

[65] *De libero arbitrio* III, 21, 203.

[66] Vgl. *De libero arbitrio* III, 25, 262.

[67] *Retractationes* 11, 1, 1; Augustinus zitiert hier zustimmend Cyprian.

der ursprünglichen Kraft des Willens resultiert, sondern als Gabe Gottes auftritt: „Quia sicut non est mala voluntas a Deo, sic non est potestas nisi a Deo. Quamvis enim sit in cuiusque potestate quid velit, non est tamen in cuiusque potestate quid possit vel facere cuiquam vel a quoquam pati."[68]

Augustinus spricht dem Menschen also einen Willen zu, möglicherweise auch einen guten Willen und somit Verdienst, bestreitet aber die Erlaubtheit des Bewußtseins, sich auf Grund eigenen Urteils solche Verdienste selbst zuzurechnen. Nach dem schon Dargestellten rechtfertigt sich dieses Verbot zunächst dadurch, daß das verdienstliche Wollen auf ein gegebenes Können angewiesen ist. Die Gelungenheit des guten Willens hat das Können von Gott entliehen, da es vor dieser Gabe auch keine Verdienste des Menschen geben kann: „gratiam Dei non secundum merita nostra dari".[69] Wenn also ein Mensch anfängt, Verdienste zu bekommen – ohne diese Möglichkeit hinwiederum wäre der Mensch nicht mit der Freiheit der Willensentscheidung ausgestattet –, soll er diese nicht sich selbst zurechnen, sondern Gott.[70] Obwohl die Willensbestimmung im Willen selbst ihre erste Ursache hat, muß festgehalten werden, daß das Können des Willens kein Können aus ursprünglicher Selbstmacht ist, sondern die Verwirklichung einer gegebenen Möglichkeit. Wo die Gegebenheit des Könnens selbst geleugnet wird, bleibt dem Menschen nur der Vollzug des *malum:* „Dona sua coronat Deus, non merita tua; si tibi a te ipso, non ab illo sunt merita tua. Haec enim si talia sunt, mala sunt; quae non coronat Deus: si autem bona sunt, Dei dona sunt."[71] Die Perseität der Willensbestimmung, mit welcher These Augustinus deren Spontaneität zum Ausdruck bringt, beinhaltet nicht zugleich die Aseität des Willens hinsichtlich der Möglichkeit seines Seins, seiner Regeln und seines Vollzugs.

Obwohl Augustinus der Sinn des Verbotes, sich seiner Verdienste, deren man als Mensch immerhin fähig sein muß, zu rühmen, hauptsächlich im Anschluß an die Lektüre der großen Paulus-Briefe aufgegangen ist,[72] kann

[68] *De diversis quaestionibus ad Simplicianum* II, 1, 4.

[69] *De gratia et libero arbitrio* VI, 13. Vgl. hierzu J. BURNABY, Gnade und Freiheit, S. 455: „A. wollte zweifellos, daß sein Satz als Paradoxon verstanden wurde. Er war keineswegs in verborgener Weise gleichbedeutend mit der lutherischen Leugnung alles menschlichen Verdienstes. Unter der Voraussetzung, daß alles Gute und daher aller gute Wille von Gott kommt, aller böser Wille von uns, mußte Augustin zu der Schlußfolgerung kommen, daß Gottes ‚Verstokkung' der Sünder immer verdient ist, seine ‚Rechtfertigung' niemals ... Aber damit war nicht gesagt, daß ‚die Gerechten keine Verdienste haben'."

[70] *De gratia et libero arbitrio* VI, 13.

[71] *De gratia et libero arbitrio* VI, 15.

[72] Vgl. E. KÄSEMANN, An die Römer, S. 65: „Das aus Jer 9, 23 stammende καυχᾶσθαι ist ein Schlüsselwort paulinischer Theologie, von dem aus wahre und falsche Religiosität unterschieden werden." Aber auch Paulus bestreitet auf diese Weise nicht grundsätzlich die mögliche Verdienstlichkeit menschlichen Handelns; vgl. Käsemann, S. 125: „Er bringt eine Argumentation, welche das Rühmen in den Horizont christlichen Widerstands gegen die Welt und ihre

es aus moralphilosophischen Erwägungen auch in einem kritisch gegen die Verwässerung des Moralprinzips gerichteten Sinne interpretiert werden. Wenn der Mensch sich nämlich irgendwelche Verdienste, habe er sie sich auch in den Augen Gottes erworben, selbst zuzurechnen in der Lage wäre, könnte die Verdienstlichkeit der Gesetzesbefolgung zum ausschlaggebenden Motiv des Handelns werden und die Freiheit der Wahl zugleich damit aufheben. Der unbedingt geltende Imperativ, der vom Bewußtsein des moralischen Gesetzes ausgeht, würde so entweder zu einem Indikativ, in dem der Wille mit dem moralischen Gesetz identisch wäre, oder aber zu einem hypothetischen Imperativ und so zugleich relativ auf den Wert, den seine Befolgung je für den Handelnden hat. Zudem nimmt schon Augustinus an, was Kant später mit den Worten ausgedrückt hat, daß dem Menschen die „eigentliche Moralität der Handlungen (Verdienst und Schuld) . . . gänzlich verborgen" bleibe[73]: „Neque enim facile colligo, quam sim ab ista peste mundatior, et multum timeo ‚occulta mea', quae norunt oculi tui, mei autem non."[74] Wer nach Augustinus in solcher Lage aber in der Weise der Pelagianer die Bedeutung der Gnade ausdrücklich beiseite schiebt und sich im Bewußtsein einer angeblichen Selbstmacht des Geistes der Gesetzesgerechtigkeit rühmte, verfiele in den Widerspruch von Gesetz und Wahrheit.[75] Der endliche Mensch wird dabei um so kleiner, je größer er sein will: „Si autem tamquam obvius sibi placet sibi ad perverse imitandum deum ut potestate sua frui velit, tanto fit minor quanto se cupit esse maiorem."[76] Wenn der Mensch im sittlichen Akt also einerseits zweifellos auf die Bereitstellung eines Könnens angewiesen ist und andererseits die Moralität seiner Handlungen nicht eigentlich und endgültig beurteilen kann, dann fehlt ihm zumindestens der Maßstab für die Beurteilung seiner eigenen Verdienste.

Die Problematik im Verhältnis von Freiheit und Gnade, die sich somit in der Darstellung der beiden ersten Aspekte ihrer Vermittlung gezeigt hat, verstärkt sich nun noch im dritten Aspekt. Die Vermittlung nimmt ihren Ausgang ja jeweils vom Freiheitsgedanken aus und durchbricht dessen Grenzen durch die Entfaltung der aus der immanenten Problematik dieses Gedankens selbst erwachsenden Fragen. Die Freiheitslehre führt aus ihrer inneren Tendenz und zu ihrer eigenen Rettung beim endlichen Menschen notwendig zur Gnadenlehre. Damit scheint sich zunächst die These Gott-

Mächte stellt. Vorausgesetzt ist dabei gut semitisch, daß der ‚Ruhm' ein ‚Existential' menschlichen Daseins bildet . . ., nämlich Ausdruck menschlicher Würde und Freiheit ist. Gerade darum unterliegt er leicht der Perversion, sei es vom Gegenstand, sei es von der Art der Bekundung her."

[73] *Kritik der reinen Vernunft*, B 579 Anm.

[74] *Confessiones* X, 37, 60.

[75] *De gratia et libero arbitrio* XII, 24.

[76] *De libero arbitrio* III, 25, 262.

hard Nygrens aufzudrängen, welche die Freiheitslehre in der Gnadenlehre schließlich untergehen sieht.[77] Das sich so stellende Problem zeigt sich nach Augustinus tatsächlich als unlösbare Aufgabe, wie weiter unten noch dargestellt werden soll. Zunächst sei aber noch auf die Verschärfung der Problematik durch die Frage nach der Genese des sittlichen Aktes hingewiesen.

Die Frage der Genese des sittlichen Aktes kann hier nur in deren zentralstem Moment verfolgt werden, nämlich hinsichtlich der Genese der sittlichen Gesinnung, der Entstehung des guten Willens, gemäß dem die aus ihm folgenden Handlungen dann sittlich gut genannt werden. Es geht in diesem Sinne um die „Gründung eines Charakters", um die „Umwandlung der Denkungsart", wie Kant dies ausgedrückt hat.[78] Dieses Geschehen untersucht Augustinus zunächst ausgiebig anhand der Frage nach der Genese des „Abfalls" des Willens, anhand der Frage: *unde male faciamus*. Wenn der Mensch gut geschaffen wurde, eben ohne die *ignorantia* und *difficultas* seiner jetzigen Lage, wird es zum schweren Problem, wie er in klarer Erkenntnis seiner Stellung und seines Vermögens und zugleich in ungeminderter Kraft das höchste, ihm mögliche Gut hat verfehlen können. Die Unwissenheit und Schwäche, erst recht die *libido* als Hang zum Bösen, gehören ja gerade noch nicht zur Natur dieses Menschen, sondern sind erst das Strafübel für seinen Abfall.

Augustinus erörtert nun vor diesem Hintergrund die Frage, ob es nicht die Torheit des Menschen gewesen sein könnte, die ihn zum Abfall von der durch Gott gegebenen Ordnung bewegt hat. Wenn dies allerdings der Fall gewesen wäre, wenn also naturhaft vorliegende Unwissenheit zum Abfall geführt hätte, könnte dieser selbstredend nicht dem Menschen zugerechnet werden. War der Mensch hingegen weise, dann ist nicht zu verstehen, wie er von der gottgegebenen Ordnung hat abfallen können. War der erste

[77] Das Prädestinationsproblem in der Theologie Augustins, S. 71: „Der Meritumgedanke ist untrennbar mit einer kausalen Betrachtung des menschlichen Willens- und Handlungslebens verbunden. Soll sinnvoll von Schuld bzw. Verdienst gesprochen werden, so muß der Beurteilte immer selber der tatsächliche Urheber der Zustände sein, die für ihn Schuld oder Verdienst mit sich bringen. Nun zeigte es sich aber, daß die Gnade eine Funktion des freien Willens nach der anderen übernimmt: die Bekehrung . . ., die guten Vorsätze, die Kraft sie auszuführen, und den endlichen Sieg. Die Gnade, wie Augustin sie hier darstellt, scheint einfach jeden Gedanken an den freien Willen als selbständigen Faktor auf dem ursächlichen Gebiet auszuschalten und damit auch dem Meritumgedanken den Grund zu entziehen." Vor dem Hintergrund der hier richtig beschriebenen Schwierigkeiten ist es nicht verwunderlich, daß É. GILSON, Der heilige Augustinus, S. 272, „das Problem der Vereinbarkeit von Gnade und Freiheit" für „das gefürchtetste" unter allen Problemen der Augustinischen Gnadenlehre hält. Gilsons Lösung durch die „Gleichsetzung von Freiheit und Gnade" (S. 287) mag auf den ersten Blick elegant wirken, sie trägt aber zur Lösung nichts aus, schon weil sie nicht sagen kann, wessen Freiheit und wessen Gnade je gemeint seien. Diese scheinbare Lösung vernebelt so gesehen sogar die Aufgabenstellung.

[78] Vgl. *Die Religion innerhalb der Grenzen der bloßen Vernunft*, B 55.

Mensch also weise, wie es vor dem Hintergrund seiner Geschaffenheit von Gott angenommen werden muß, so kann gefragt werden, ob er nicht schon töricht gewesen sein muß, als er abfiel. War aber, was nun unvermeidlich zu sein scheint, die Torheit die Ursache seines Abfalls, dann ging dieser gar nicht mehr zu seinen Lasten. Die Annahme der Weisheit des ersten Menschen führt so gesehen zur Unverständlichkeit seines Abfalls, die Annahme seiner Torheit zur Unmöglichkeit von dessen Zurechnung.[79]

Das Verwirrspiel dieser Fragen und Antworten, auf die sich Augustinus ohne Rücksicht auf die aus ihnen resultierenden Schwierigkeiten eingelassen hat, führt in eine Aporie, aus der er sich auf drei völlig verschiedenen Wegen zu retten versucht, deren Unvereinbarkeit und Untauglichkeit aber schließlich ein Dokument der wirklichen Auswegslosigkeit hinsichtlich dieser Problematik repräsentieren. Der Ansatz mit der These, daß der Mensch habe verführt worden sein können,[80] ist der erste Lösungsversuch, der das Problem aber nur auf den Verführer zu verschieben in der Lage ist. Er trägt so gesehen überhaupt nichts zur Lösung aus. Der zweite Lösungsversuch basiert auf der Annahme, daß der Mensch in einem Zwischenzustand zwischen Weisheit und Torheit angesiedelt war, „quiddam medium . . ., quod neque stulte neque sapienter factum dici potest".[81] In ihm wird die erste Wahl des Menschen zu einem bloßen Produkt des Zufalls gemacht. Dieser Versuch vermag Freiheit im negativen Sinne der Unbestimmtheit der Willensverfassung zu erklären, nicht aber die Annahme zu erlauben, daß die eintretende Willensbestimmung dem Willensträger selbst zugerechnet werden könnte. Daß im dritten Lösungsversuch schließlich die *superbia* als Grund des Abfalls in Erwägung gezogen wird, ist vielleicht der beeindruckendste Versuch, weil das höchste Gut, im Sinne Gottes selber, hier erstrebt wird, also das wahre Ziel des weisen Menschen, allerdings in einer Weise und in einem Maße, die dem Menschen nicht zukommen, in der Form also einer *perversa imitatio*.[82] Auch dieser Versuch kann aber nicht darüber hinwegtäuschen, daß die Lust am Verbotenen, die ja erst die Folge des Abfalls sein soll, hier schon vorausgesetzt werden muß.

Genausowenig, wie der auf dem Menschen lastende Abfall erklärt werden kann, läßt sich nun auch der Weg zur Moralität der Gesinnung aus der Situation des abgefallenen Menschen erklären. Augustinus hat zu diesem Gedanken im Anschluß an die in seiner „Bekehrung" gegebene Selbsterfahrung und wiederum im Anschluß an die Paulinische Theologie gefunden. Bevor diesem Rekurrieren auf die unerklärbare Geschenktheit des guten Willens nachgegangen werden soll, sei hier darauf hingewiesen, daß auch

[79] *De libero arbitrio* III, 24, 251.
[80] *De libero arbitrio* III, 24, 244.
[81] *De libero arbitrio* III, 24, 252.
[82] *De libero arbitrio* III, 25, 262.

noch bei Kant, vor dem Hintergrund seiner Freiheitslehre, dieser Gedanke lebendig hervortritt. Auch abgesehen von den historischen Quellen der biblischen Schriften gibt es aus der Natur der Sache eine Tendenz zu dieser Lösung. Kant sagt in diesem Sinne: „Daß aber jemand nicht bloß ein gesetzlich, sondern ein moralisch guter (Gott wohlgefälliger) Mensch, d. i. tugendhaft nach dem intelligiblen Charakter (virtus noumenon), werde, welcher, wenn er etwas als Pflicht erkennt, keiner anderen Triebfeder weiter bedarf, als dieser Vorstellung der Pflicht selbst: das kann nicht durch allmähliche Reform, so lange die Grundlage der Maximen unlauter bleibt, sondern muß durch eine Revolution in der Gesinnung im Menschen (einen Übergang zur Maxime der Heiligkeit derselben) bewirkt werden; und er kann ein neuer Mensch, nur durch eine Art von Wiedergeburt, gleich als durch eine neue Schöpfung (Ev. Joh. III, 5; verglichen mit I. Mose I, 2), und Änderung des Herzens werden."[83]

Augustinus hat seine Bekehrung sogar als eine völlige Umkehrung seiner Willensrichtung erlebt. Obwohl er wußte – und es auch ständig neu an sich erfuhr –, daß das sich bloß an Ehre, Besitz und Liebesverhältnissen orientierende Glückseligkeitsstreben ihn nicht wirklich würde erfüllen können, sondern ihn nur zu quälen in der Lage war, blieb er doch zunächst ganz diesem Begehren verhaftet. Schon die Tatsache, daß die Erfüllung auf diesem Wege ausblieb, schreibt er dankbar der Gnade Gottes zu: „Inhiabam honoribus, lucris, coniugio, et tu inridebas. Patiebar in eis cupiditatibus amarissimas difficultates te propitio tanto magis, quanto minus sinebas mihi dulcescere quod non eras tu."[84] So, wie er damals von „der zähen Klebrigkeit todhaften Lebens" gefangen war, will er nun nach seiner Bekehrung Gott anhangen: „Vide cor meum, domine, qui voluisti, ut hoc recordarer et confiterer tibi. Nunc tibi inhaereat anima mea, quam de visco tam tenaci mortis exuisti."[85] In diesem Sinne schließt er sich den folgenden Worten des Paulus an: „Sed gratia Dei sum id quod sum."[86] Obwohl aber diese Gabe nicht auf Grund von Verdiensten gegeben wurde, sondern trotz Verfehlungen, wird die Freiheit und mögliche Verdienstlichkeit des menschlichen Handelns durch diesen göttlichen Eingriff nicht vertilgt, sondern geradezu hervorgerufen: „Cum ergo haberet hoc meritum malum, redditum est ei bonum pro malo: ideoque secutus adiunxit, *Sed gratia Dei sum id quod sum.* Atque ut ostenderet et liberum arbitrium, mox addidit, *et gratia eius in me vacua non fuit, sed plus omnibus illis laboravi.*"[87]

[83] *Die Religion innerhalb der Grenzen der bloßen Vernunft*, B 54.
[84] *Confessiones* VI, 6, 9.
[85] Ebd.; die oben übernommene Verdeutschung stammt aus der Übersetzung J. Bernharts, S. 261.
[86] *De gratia et libero arbitrio* V, 12.
[87] Ebd.

Es kann nicht verwundern, daß die durch Erstursächlichkeit und Perseität des Willens sich auszeichnende Freiheitslehre Augustins mit der ebenfalls von ihm vorgetragenen Gnadenlehre in schwerem, aus der Problemlage sich ergebenden Konflikt verhaftet bleibt. Daß Augustinus den Willen als *prima causa* bezeichnet, macht schon deutlich, daß Gott in der Verursachung des sittlich zurechenbaren Handelns in keiner Weise Platz hat. Der Mensch muß dementsprechend als sittliches Wesen ganz allein aus sich selbst handeln, soll die Tat ihm zugerechnet werden können. Ohne solche Zurechnung bricht nach Augustinus aber nicht allein die Freiheitslehre in sich zusammen, sondern auch die Gnadenlehre. Im sittlichen Akt hilft kein aus irgendwelchem Gottvertrauen kommender Fatalismus, auch wenn es ein Fatalismus des religiösen Glaubens wäre. Vielmehr muß der Mensch in diesem Akt so handeln, als gäbe es Gott mit seinem Vorwissen und seiner Gnade nicht. Diese Notwendigkeit führt bei Augustinus allerdings nicht zu einer Art postulatorischem Atheismus,[88] aber doch im Blick auf die Begründung des sittlichen Aktes zu einer Art Als-ob-Atheismus.[89]

Daß Augustinus andererseits so sehr die wesenhafte Allmacht Gottes betont, macht den Menschen nicht nur klein, sondern gewissermaßen zu einem Nichts an eigener Macht. Das menschliche Handeln hat gegenüber dem Herrn von Welt und Geschichte, gegenüber der Allmacht der göttlichen Vorsehung nicht den geringsten Spielraum: „nullo modo est credendus regna hominum eorumque dominationes et servitutes a suae providentiae legibus alienas esse voluisse."[90] Augustinus hält so gesehen an beiden Thesen

[88] Dieser Terminus stammt von M. SCHELER, z. B. vorgetragen in: Der Formalismus in der Ethik und die materiale Wertethik, S. 23, wo er bes. auf Nic. Hartmanns Ethik angewandt wird. HARTMANN, Ethik, S. 204, wendet sich aber gerade nicht direkt gegen den Theismus, sondern gegen jede – auch jede nicht-theistische – Weltteleologie. Für die Gottesfrage – und dies muß festgehalten werden – ist damit keine sachlich gebotene Entscheidung gegeben, die in jedem Falle zum Atheismus führen müßte. Hartmann trägt dieser Lage – von anderem Ausgangspunkt her – in ganz ähnlicher Weise Rechnung wie Augustinus. Die Ethik kann nach Hartmann, S. 199, „der Metaphysik des Glaubens Spielraum lassen, so weit diese ihre Kreise nicht verletzt". Hartmann behauptet sogar einen tiefinnerlichen Zusammenhang der Problemgebiete von Ethik und Religion – zwar nicht gerade im Sinne der Kantischen Postulatenlehre, sondern in umgekehrter Denkrichtung: „gesetzt, das Dasein Gottes und der Problemkreis des religiösen Empfindens stünden anderweitig fest, so sind es die Thesen der Ethik, die sich inhaltlich zugleich als im höchsten Maße religiös-relevant erweisen" (S. 809). Selbst unter der Voraussetzung, daß ein solches Verhältnis von Antinomien gekennzeichnet wäre – und diese Voraussetzung trifft auch nach Augustinus zu –, hätte dennoch zu gelten, daß „Antinomien . . . eben nichts gegen die reale Koexistenz des antinomisch Geschiedenen" beweisen: „Sie beweisen nur die Unfähigkeit des Gedankens, die Koexistenz zu begreifen" (Ethik, S. 810).

[89] Dieser, in einer Umkehrung der Absicht von H. VAIHINGER, Die Philosophie des Als-Ob, geprägte Terminus soll zum Ausdruck bringen, daß die absolute *prima causa* des Ganzen im Vollzug des menschlichen Willens, der *prima causa peccandi*, wider ihre Natur gleichsam eliminiert werden muß, weil sonst der freie Akt nicht denkbar ist.

[90] *De civitate Dei* V, 11.

in einer kompromißlos aus dem jeweiligen Sachzusammenhang resultierenden Schärfe fest und formuliert deswegen konsequentermaßen so, daß die Widersetzlichkeit der aus unterschiedlichen Phänomenbeständen hervorgehenden Theorien offen zu Tage tritt: „Neque ideo peccat homo, quia Deus illum peccaturum esse praescivit; immo ideo dubitatur ipsum peccare, cum peccat, quia ille, cuius praescientia falli non potest, non fatum, non fortunam, non aliquid aliud, sed ipsum peccaturum esse praescivit. Qui si nolit, utique non peccat; sed si peccare noluerit, etiam hoc ille praescivit."[91]

Die Elemente, die Augustinus in der Reflexion seiner Freiheits- und seiner Gnadenlehre hier zusammenbringt,[92] können somit nicht in der Einheit eines kohärenten Systems als zusammengehörig gedacht werden. Es käme dabei der Unsinn heraus, daß entweder der Mensch nur scheinbar sich frei entscheiden könnte, da seine Entscheidung im Wissen Gottes ja schon festliegt, oder daß Gott sich sozusagen vorgängig rezeptiv zu einem zukünftigen Ereignis verhielte, dessen Herr er eben dann doch nicht wäre, wenn er es auch zeitlich betrachtet schon im Voraus wüßte. Zudem würde der Weltlauf in seinem negativen Teil so zu einem unnötigen und grausamen Spiel vor den Augen Gottes. Obwohl aber das Widersetzliche der Konsequenzen aus den beiden Lehren nicht in der Einheit eines Systems zusammengedacht werden kann, muß es, wie Augustinus bildhaft sagt, gleichsam durch eine Umarmung zusammengebracht werden, durch eine Umarmung, in welcher der Mensch wesentlich zu ihm gehörige Vollzüge trotz ihrer Widersetzlichkeit zusammenbindet: „sed utrumque amplectimur, utrumque fideliter et veraciter confitemur; illud, ut bene credamus; hoc, ut bene vivamus."[93]

Die Einheit also, die das Widersetzliche zu umfassen gestattet, ist der Mensch selbst, sofern er einerseits in der rechten Weise auf die Belange des Glaubens und andererseits auf die Belange des verantwortlichen Lebens ausgerichtet ist. Im Verfolgen dieser beiden in ihm liegenden, mit einem Sollensanspruch an ihn herantretenden Vollzugsmöglichkeiten, die ihm durch das Bewußtsein seiner Endlichkeit und durch das Bewußtsein des moralischen Gesetzes gegeben sind, erfüllt der Mensch nach Augustinus seine Bestimmung, geht er den ihm möglichen praktischen Weg zum höchsten Gut.

[91] *De civitate Dei* V, 10.

[92] Diesen Charakter hat der Abschnitt *De civitate Dei* V, 10 mit der grundsätzlichen Auseinandersetzung um die Unterscheidung der hinsichtlich der Freiheit relevanten Ursachenarten.

[93] *De civitate Dei* V, 10.

Kapitel XII:

Die Bestimmung des Menschen als des auf Transzendenz bezogenen endlichen Wahrheits- und Freiheitswesens

Augustinus versteht sich – dies haben die vorausgegangenen Untersuchungen gezeigt – sowohl in der theoretischen als auch in der praktischen Wahrheitssuche als *discipulus veritatis*, als Schüler der Wahrheit – und zeigt sich so wahrhaft als Philosoph, der die Wahrheit in ihrer unbedingten Offenbarkeit und Vollendetheit eben sucht und nicht schon zu besitzen behauptet. Das Wissen um die gesuchte theoretische Wahrheit und das Erlangen des glückseligen Lebens ist nach Augustinus – soweit auch ganz im Sinne Platons – nicht Sache des Menschen. Wo absolutes Wissen von Menschen dennoch behauptet wird, gleitet das philosophische Fragen in sophistische Scharlatanerie ab.[1] Das Wesen des Menschen ist demgemäß vom Suchen, vom Eros bestimmt, so daß der Mensch schließlich notwendig inmitten von Weisheit und Nichtwissen steht: μεταξὺ σοφίας καὶ ἀμαθίας.[2] Wie sehr nach Augustinus das Suchen die entscheidende Aufgabe des menschlichen Weltdaseins ist, drückt sich auch in seinem mahnenden Hinweis aus, daß es besser sei, Gott im Nichtfinden zu finden, als im Finden ihn nicht zu finden: „Gaudeat etiam sic et amet non inveniendo invenire potius quam inveniendo non invenire te."[3]

Auf den Weg des Suchens ist Augustinus im Sinne der vorliegenden Interpretation, die sich, in bezug auf den Ansatz der Untersuchung, an die

[1] Vgl. PLATON, *Sophistes* 234 a; der Sophist, der gleichsam auf alles eine Antwort parat hat, erscheint so als ein Zauberer, als ein Gaukler, als ein γόης oder als ein θαυματοποιός; vgl. z. B. 234 c, 235 a und 268 d. Der Philosoph aber steht fernab von solcher durch Reduktion der Vielschichtigkeit der Wirklichkeit gewonnenen Eindeutigkeit von Aussagen, welche die Wahrheit zu sein beanspruchen. Er muß auch das widersprüchlich Scheinende zu erklären versuchen, vgl. 249 d: ὅσα ἀκίνητα καὶ κεκινημένα, τὸ ὄν τε καὶ τὸ πᾶν συναμφότερα λέγειν. Es verwundert demgemäß nicht, wenn der Fremde, der im *Sophistes* wichtigstes Sprachrohr Platons ist, als Resultat der Untersuchung die Erkenntnis der Aporetik zu sehen meint; vgl. 249 d.

[2] *Symposion* 202 a. Solcherart Nichtwissen ist also ein Wesenszug des menschlichen Daseins und darf nicht bloß als als Mangel gedeutet werden. Vgl. hierzu z. B. J. STALLMACH, Der Mensch zwischen Wissen und Nichtwissen. Beitrag zum Motiv der docta ignorantia im Denken des Nikolaus von Kues, S. 84: „So kann auch Cusanus von einem ‚dem Menschen eigenen' Nichtwissen sprechen, das also nicht eine *privatio* ist, ein bloßer Fehl an Wissen".

[3] *Confessiones* I, 6, 10; vgl. von anderer Seite auf das Selbe zugehend *De quantitate animae* XXXIV, 77: „quo nihil sit secretius, nihil praesentius; qui difficile invenitur ubi sit, difficilius ubi non sit".

Darstellung des vierten Buches der *Confessiones* gehalten hat, aber in der Durchführung auf alle wesentlichen Fragebereiche des Augustinischen Denkens zurückgreifen konnte, durch die Einwirkung der Todeserfahrung auf sein Selbstverständnis gekommen. Trotz aller Negativität dieser Erfahrung enthüllt sich schon im Ansatz des Fragens ein Doppeltes, das oben unter den Titel der Differenz von faktischer Natürlichkeit und sich zeigender Widernatürlichkeit des Todes gestellt worden ist. Der durchaus positiv zu sehenden, aber die faktische Wirklichkeit des weltlichen Lebens, das sich unversehens als vergänglich zeigt, verfehlenden Liebe zum Leben folgt der haltlose Sturz, das Erlebnis der Nichtigkeit des Ganzen. Der Verlust des Geliebten wird derart zum entscheidenden und prägenden Anstoß für den Denkweg Augustins, sofern er sich einerseits auf die Suche nach dem festen Fundament der Erkenntnis und andererseits auf die Untersuchung der praktischen Möglichkeit zur Erlangung des höchsten Gutes bezieht. In der *amicitia rerum mortalium* war er elend geworden, hatte er die Freude, die sein Leben getragen hatte, verloren: „Miser enim eram et amiseram gaudium meum."[4] Die Frage, die sich an das Erkennen und das Handeln richtet, lautet dementsprechend, wie solcher Verlust, dieses *amittere*, vermieden werden kann.

Infolgedessen geht Augustins Wahrheitssuche jedenfalls nicht auf die Erlangung immer neuer und ausgebreiteterer Erkenntnisse: solche Erkenntnisse, die im Zusammenhang naturwissenschaftlichen Forschens auftreten, mögen sie ihn nebenbei immerhin auch interessieren,[5] zum Hauptpunkt des menschlichen Erkenntnisstrebens machen zu wollen, erscheint ihm vielmehr als Folge krankhafter Neugier, einer schlechten Begierde, zu erfahren und zu erkennen: „experiendi noscendique libidine".[6] Diejenige Frage, die nach Augustinus im Zentrum menschlicher Wahrheitssuche zu stehen hat, zielt vielmehr auf etwas Unbedingtes, auf etwas, das von keiner für den Menschen zufälligen Bedingung mehr abhängt, das folglich auch nicht mehr wider Willen verloren werden kann. Unter diesem Blickwinkel ist Augustins Wendung nach innen als ein Weg zu verstehen, auf dem das unveränderlich Beständige gesucht werden soll. Mag die dort dann zu findende Beständigkeit inhaltlich auch einigermaßen dürftig sein – gewiß wird lediglich, daß der Suchende sich als Suchender gefunden hat –, mag zudem die gefundene

[4] *Confessiones* IV, 5, 10; vgl. hierzu die zutreffenden Bemerkungen von A. SOLIGNAC in der Ausgabe der Bibliothèque Augustinienne, S. 423.

[5] Eine Auflistung der Kenntnisse Augustins im Sinne der *scientia rerum* findet sich bei H.-I. MARROU, Augustinus und das Ende der antiken Bildung, S. 111 ff. und S. 205 ff. Dabei braucht es keine Rolle zu spielen, ob Augustins Wissen heutigen Maßstäben von Wissenschaftlichkeit Genüge tun könnte, da es ja nur um die Feststellung seines Interesses geht. So hält Marrou, S. 121, fest: „Immerhin weiß er viele Dinge oder glaubt sie zu wissen."

[6] *Confessiones* X, 35, 55; vgl. auch *De moribus* I, 21, 38.

Gewißheit notwendig über sich hinausweisen – in der Unerfülltheit der Intention des Suchens liegt schon das *transcende et te ipsum* –,[7] für Augustinus spielt vor dem dargestellten Hintergrund eben die Frage nach der Ausschließbarkeit des Verlustes wenigstens zunächst die Hauptrolle. Ganz entsprechend zu dieser Bestimmung des Zieles der theoretischen Suche nach der Wahrheit geht Augustins Bestimmung der praktischen Regel, deren Befolgung zur Erlangung des glückseligen Lebens führen soll, darauf, das unveränderlich Beständige zu sichern, dasjenige also, was nicht wider Willen verloren werden kann.

In dieser ganz der eigenen Kraft des Geistes vertrauenden Überspielung alles dessen, was vergänglich ist, wird in der theoretischen und in der praktischen Wahrheitssuche tatsächlich etwas Unvergängliches gefunden, aber nicht so, daß damit die gesuchte Fülle einer Antwort auf die gestellte Frage schon gegeben wäre. Es ging in der Suche ursprünglich ja nicht um die Sicherung eines Beständigen überhaupt, von welcher Qualität auch immer,[8] sondern um die Sicherung dessen, das so geliebt worden war, als ob es dem Untergang nicht hätte anheimfallen können. So gesehen ist es nach Augustinus nicht die Sache des weisen Menschen, sich durch eigene Kraft von der Tödlichkeit des Lebens zu befreien. Dennoch hat das Faktum des Verlustes des Geliebten im Finden unverlierbarer Gewißheit durch die Rückkehr des Geistes zu sich selbst ein Gegengewicht bekommen, das die Lage des Menschen in der Welt offener gestaltet. Es tritt nun das Phänomen der Möglichkeit und der Notwendigkeit der Wahl in bezug auf den zeitlichen Vollzug des menschlichen Lebens in Erscheinung. Diese Wahl hat den Charakter einer Grundentscheidung und tendiert einerseits zur Anpassung an die stets versinkende Zeitlichkeit der weltlichen Wirklichkeit oder andererseits zum Widerhalt gegen solches Versinken.

In der theoretischen Frage nach dem gewissen Wissen und in der praktischen Frage nach dem höchsten Gut tritt beidesmal mit gleicher Schärfe ein Zwiespalt in der Antwort auf, der eine gemeinsame Wurzel zu haben scheint. Schon im Ansatz des Fragens war ja deutlich geworden, daß dem Menschen als naturhaft zeitlichem Wesen die Zeit, sofern sie ins Nichts

[7] *De vera religione* XXXIX, 202. In der dogmatischen Deutung von Augustins philosophischem Transzendenzgedanken täuscht sich also J. RITTER, Mundus intelligibilis. Eine Untersuchung zur Aufnahme und Umwandlung der neuplatonischen Ontologie bei Augustinus, S. 77, wo angenommen wird, daß Augustinus die Skepsis von vornherein „vom Standpunkt einer transzendenten Wahrheit zu zersetzen" suche. Den Weg zur Transzendenz findet Augustinus aber tatsächlich nur so von unten her, daß ihr Ausdruck die Gefundenheit des Suchens bleibt. Augustinus denkt nicht „von der Transzendenz her", sondern schließlich „auf die Transzendenz hin".

[8] Das unveränderliche Beharren ist nach H.-G. GADAMER, Antike Atomtheorie, S. 525 ff. auch ein Grundmotiv der antiken Atomistik, wie sie bei Demokrit im Gegensatz zu ihrer Gestalt bei Platon auftritt.

führt, gleichsam gegen die Natur seines Daseinsvollzugs geht. In der Rückkehr des Erkennenden in sich selbst kann der Suchende nicht Einkehr halten, weil die ansonsten inhaltsleere Gewißheit seiner selbst als eines suchenden Wesens den Anforderungen, die an den Suchvorgang gestellt waren, nicht genügt. Das Ich, das sich in der Erkenntnis des Nichtigwerdens alles Zeitlichen etwas Beständiges sichern will, kann sich gerade nur in seiner eigenen Fraglichkeit festmachen, so daß aus dieser Rückkehr schließlich die Forderung entspringt, daß dem Denken allererst etwas zum Erkennen gegeben werden müsse.

Der Rückzug in die bloße, abgetrennte Welt der Innerlichkeit und des Denkens führt ins Leere einer gedachten Gewißheit, ja in die Gewißheit der Leere in bezug auf die gestellten Fragen. Dieser Rückzug führt so gesehen – wenn er nicht nur als erster Schritt begriffen wird – ebenso in die Nichtigkeit, wie es das bloße Erkunden- und Wissenwollen der Naturforscher in der Welt der vergänglichen Dinge tat. Auf der einen Seite steht somit die Nichtigkeit der Unerfülltheit des Suchens durch das Finden des Gesuchten, auf der anderen Seite steht die Nichtigkeit des Ausgeliefertseins an die Zufälligkeit des Daseins. Weder in der Wendung nach innen, noch in der Wendung nach außen wird ein genügendes Ziel des menschlichen Erkenntnisstrebens faßbar.

Ebenso ergeht es dem Streben nach Beständigem in bezug auf das menschliche Handeln. Auf diesem praktischen Feld der Wahrheitssuche führt der Rückzug in den Bereich der Selbstmacht des Willens bei der Verwirklichung des guten Willens lediglich in das Leere der Wahrheitssuche und des Bekenntnisses der eigenen Schwäche. Der Wille allein vermag das glückselige Leben bloß durch sich selbst so wenig zu sichern, wie das naturhafte Getriebenwerden von der Begehrlichkeit. Auf der einen Seite steht hier die Einsicht, daß das einzigmögliche Werk reiner Selbstmacht das Bekenntnis der Ohnmacht ist, also das Bekenntnis der Nichtigkeit des auf sich allein gestellten Willens, sofern er das gesuchte vollendete Gut verwirklichen soll, auf der anderen Seite steht die Erfahrung, daß der naturhafte Drang, zu lieben und geliebt zu werden, durch den Untergang im Tod faktisch vernichtet wird.

Dennoch ist der genannte Rückzug, der sich in der theoretischen wie in der praktischen Reflexion vollzieht, der notwendige erste Schritt in die Richtung auf eine mögliche Lösung der gestellten Aufgabe. Allerdings zeigt sich die Lösung nun in anderer Weise, als sie zunächst erwartet worden war. Nachdem dieser Schritt nämlich zurückgelegt ist, zeigt sich, daß die Flucht aus der Nichtigkeit der Zeitlichkeit für den Menschen gar nicht möglich ist, ohne daß er sich und sein Ziel verfehlt. Der Mensch bleibt gerade auch in den Vollzügen, in denen er der Zeitlichkeit zu entfliehen trachtet, auf das Zeitigende der Zeitlichkeit angewiesen, wenn er dem Nichtigen der Zeitlichkeit entkommen will. Die Zeit hat für den Menschen den Doppelaspekt des *moritur et oritur*, des Sterbens und des Entstehens, an dem die Zeitlichkeit der weltlichen Wirklichkeit, die Faktizität des Aufgangs und des Untergangs, allererst deutlich wird.[9] Wenn der Mensch sich im Erlebnis der Nichtigkeit des weltlichen Daseins allein auf das ihm im Erkennen und Wollen zugängliche Beständige stützen wollte, fehlte ihm der Aufgang des Daseins: „nihil adveniret".[10] Die Abtrennung des naturhaft sinnlich Gegebenen von der Ganzheit, als die sich der Mensch zunächst vorfindet, und der Rückzug in die Welt des geistigen Erkennens und Wollens ist zwar ein erster notwendiger Schritt auf dem Weg der Entdeckung dessen, was der Mensch wesenhaft ist, sie stellt aber nicht das endgültig tragfähige Resultat des menschlichen Suchens nach dem höchsten Gut dar.

Nachdem dieser erste Schritt zurückgelegt ist, kann nämlich erst der konstitutive Charakter des eigentümlichen Verhältnisses des Menschen zur Zeitlichkeit des weltlichen Daseins sichtbar werden. Die Abkehr von der veränderlichen Sinnenwelt und die Hinkehr zu der Welt der mit dem Geist allein erfaßbaren reinen Wahrheit[11] führt tatsächlich zur Beantwortung einer der beiden Grundfragen Augustins in den *Soliloquiae*, zur Beantwortung der Frage nach dem Wesen der *anima*, aber nicht so, daß dabei deren *forma incommutabilis* zutage träte, sondern vielmehr so, daß gerade deren wesentlicher Zeitbezug enthüllt wird. Solche Bezogenheit des menschlichen Geistes auf die Zeitlichkeit dokumentiert sich im Satz von der zeitlebens bleibenden Unruhe des Herzens ebenso wie im Resultat der nach innen gerichteten Wahrheitssuche, welche bei der Erfassung des Geistes als eines Suchenden zu ihrem unüberschreitbaren Ergebnis gelangte. In diesem Sinne kann nun auch ein Satz Rudolph Berlingers in einer Weise umgekehrt werden, nach der dann zu sagen wäre, daß der Mensch solange ein unausdeutbares Rätsel bleibt, als er nicht aus der Zeit begriffen wird.[12]

[9] Vgl. *Confessiones* XI, 7, 9 ff. Zur „Ambivalenz" der Zeit vgl. auch R. BERLINGER, Augustins dialogische Metaphysik, S. 62: „Doch worin besteht die Ambivalenz der Zeit? Darin, daß sie zwischen Nichts und Etwas die bewegende Macht der Reflexion ist. Sie ist eine Spur der Ewigkeit, weil sie für einen Nu im geschichtlichen Ereignis zu einem Reflex des ewigen Sinnes von Geschichte zu werden vermag. Dadurch gewinnt sie geschichtliche Bedeutsamkeit. Die geschichtliche Weise des Augenblicks ist das Ereignis. Die Zeit ist aber zugleich die schattenhafte Spur des Nichts, da jeder zeitliche Augenblick, ehe er war und nachdem er gewesen ist, in Nichts zerfällt."

[10] *Confessiones* XI, 14, 17.

[11] Vgl. *De vera religione* III, 8, wo im Anschluß an Platon die Überschreitung des Bereichs der Sinnenwelt bei der Wahrheitssuche gefordert wird: „si quis eius discipulus eo ipso tempore quo vivebat cum sibi ab illo persuadetur non corporeis oculis sed pura mente veritatem videri".

[12] Der hier einer Umkehrung unterzogene Satz lautet bei BERLINGER, Augustins dialogische Metaphysik, S. 45: „Die Zeit bleibt ein unausdeutbares Rätsel, solange ich sie nicht aus mir selbst begreife." Durch diese Verlagerung des Fundaments des Zeitverständnisses in den Menschen wird seine Natur selbst als zeitliche und veränderliche sichtbar; vgl. a. a. O., S. 46: „Erst

Derart kommt immerhin doch zum Vorschein, daß Augustinus auf dem Weg der theoretischen und der praktischen Wahrheitssuche in der Tat – wenigstens zunächst und einschlußweise – auf den Chorismos zweier Welten verfällt, „auf die prinzipielle Trennung vom Sensiblen und Intelligiblen".[13] Der Chorismos, so wie er offenbar im Denken Augustins implizit angenommen wird, muß allerdings vom konkreten Ansatzpunkt der Suche nach der zeitenthobenen Wahrheit her verstanden werden. Er wird demgemäß jedenfalls nicht deduktiv-metaphysisch von Gott her gedacht, so als hätte Gott einen κόσμος νοητός und einen κόσμος αἰσθητός geschaffen, die in einer direkt objektiv darstellbaren Ontologie als voneinander getrennte Wirklichkeiten zu begreifen wären. Demgegenüber muß festgehalten werden, daß seine Fragen nach dem gewissen Grund des Wissens und dem unverlierbaren Ziel des Handelns Funktionen der menschlichen Selbst- und Welterfahrung sind. Die ontologische Interpretation dieser Voraussetzungen würde das menschliche Erkenntnisvermögen, sofern es auf sich selbst gestellt ist, bei weitem überfordern. Dennoch wird der Chorismos bei Augustinus oft als objektiv gültig vermeinte, ontologische These interpretiert. Eine solche Interpretation wird auch in der Frage nach der Relation von Gott als dem Ursprung zu der von ihm im Schöpfungsakt gesetzten Kreatur vorausgesetzt, wie Werner Beierwaltes sie stellt: „Ist sie reine Kontingenz und Differenz, sich selbst ständig fixierende Andersheit (‚Abfall'), oder ist das creativ gesetzte Seiende selbst von der Art seines Ursprungs, durch Differenz *und* Analogie zum seienden Anfang hin bestimmt?"[14]

wenn auch das alltägliche Zeitbewußtsein sich in ein reflektiertes Zeitergreifen wandelt und im Hinblick auf das Zeitproblem das ‚noli foras ire' in den Ansatz kommt, wenn die Wende nach innen vollzogen ist, und die Zeit aus dem ‚homo interior', aus der ‚natura mutabilis' des Menschen verstanden wird, beginnt sich das Rätsel der Zeit zu lösen."

[13] Vgl. E. HOFFMANN, Platon, S. 38.

[14] Identität und Differenz, S. 76. Die von BEIERWALTES geübte, Augustinus vom Ausgangspunkt eines theologischen Schöpfungsbegriffes her deutende Interpretation kommt auch S. 77 noch einmal klar zum Vorschein: „Wie vermag der creativ setzende Gott Ursprung, Grund oder Ursache von allem Seienden zu sein, dieses Seiende durch den Akt des Anfangen-Lassens auch zu erhalten, also *in* diesem zu sein, aber dennoch sich selbst als das, was er an sich ist, seine Absolutheit, zu bewahren?" Ein solcher Ansatz des philosophischen Fragens ist demjenigen Augustins geradezu entgegengesetzt. Es kann deswegen nicht verwundern, wenn Beierwaltes eine der ausdrücklichen Selbstdeutung Augustins, z. B. in *De libero arbitrio* I, 2, 13, zuwiderlaufende Interpretation der *creatio ex nihilo* vorträgt, vgl. dazu S. 94: „‚Creatio ex oder de nihilo' zeigt also nicht nur die Verschiedenheit vom menschlichen Schaffen oder Herstellen an, sondern macht die Absolutheit dieses Schaffens aus einer wesenhaften Differenz zum Zu-Schaffenden heraus deutlich. Dieses Schaffen ist demnach absoluter Anfang oder absolutes Anfangen-Lassen von Anderem. Das ‚Nichts', aus dem Gott schafft, ist im Grunde er selbst, ‚ex nihilo facere' ist mit ‚in principio, quod est de te facere' oder: ‚in sapientia facere' identisch. Gott ist sich selbst der ‚Ausgangspunkt' seines Schaffens, reine Selbstursprünglichkeit." Eine derartige Einsetzung Gottes in das Nichts, aus dem Augustinus ihn gerade in seiner Deutung der Schöpfungsformel heraushalten wollte, macht die Schöpfung zu nichts anderem als einer Ausstrahlung Gottes, zum Licht vom Lichte, ohne daß ihre eigentümliche Positivität, die nach Augusti-

Obwohl sich derartige Fragen bei Augustinus zugegebenermaßen teilweise auch finden, betreffen sie doch nicht den Kern, aus dem das Ganze seiner Philosophie erwächst, sondern Aufgaben, die sich stellen, nachdem dies Ganze – auch im Zusammenhang mit Deutungen der christlichen Offenbarung – sich schon entfaltet hat. Konkret soll damit gesagt sein, daß Differenz und Identität sich nach Augustinus phänomenal im Menschen finden, und weil sie sich so in ihm finden, wird im Anschluß daran auch nach dem Ursprung und dem Ziel dieses Doppelten gefragt. Die von Beierwaltes vorgetragene Interpretation der Augustinischen Schöpfungslehre bleibt so gesehen im Rahmen der henologischen Ontologie Plotins, die den innerweltlichen Dualismus aus metaphysischen Voraussetzungen abzuleiten versucht. Weil für Augustinus aber nicht das Eine der Anfang der Untersuchung ist, aus dem das Ganze dann erst erklärt werden müßte, weil für ihn also der Dualismus die faktisch gegebene, phänomenal sich ausweisende Wirklichkeit repräsentiert, treibt er im Gegensatz zu Plotin – will man sein Denken auch metaphysisch nennen – gewissermaßen Metaphysik „von unten".[15] Das Ziel dieser Metaphysik ist dementsprechend nicht mit der Lösung der Aufgabe erfüllt, ob und wie das Viele aus dem Einen hervorgehen konnte und was aus diesem Hervorgang dann für das Viele zu folgern ist, sondern mit der Beantwortung der Frage, was der Sinn des faktisch vom Menschen zu bewältigenden Weltdaseins ist, auch sofern dieses wesenhaft durch den Chorismos gezeichnet ist.

Wenn Augustinus mit so großem Nachdruck nach dem *Sein* der Zeit in ihren Modi fragt,[16] wird deutlich, daß er nach dem Sein dessen fragt, was zu sein beginnt und auch wieder zu sein aufhört: „quod esse incipit et esse desinit".[17] Als solche sich ihres Anfangs und ihres Endes bewußte Kreatur, die zugleich nach dem Sein der unwandelbaren Wahrheit strebt, erfährt sich nach Augustinus aber der Mensch. Diese Erfahrung tut sich ihm im Erschrecken und Erstaunen darüber kund, was der Mensch beides zugleich ist: „Et inhorresco et inardesco: inhorresco, in quantum dissimilis ei sum, inardesco, in quantum similis ei sum."[18]

nus in der zeitlichen Verwirklichung des Lebens durch Wahrheitssuche und Selbstbestimmung aus freier Entscheidung ihren Grund hat, erfaßt werden könnte. Die Zeitlichkeit der Welt erscheint vor dem Hintergrund ihres Hervorganges aus Gott in bezug auf ihre eigentümlich weltliche Wirklichkeit als etwas Gott gegenüber Minderes und Negatives. Schöpfung wäre so gesehen von einer merkwürdigen Doppelgesichtigkeit, gemäß der sie einerseits als Ausstrahlung Gottes von rein göttlichem Wesen wäre, andererseits als Abfall von Gott gleichsam widergöttlich.

[15] Vgl. hierzu J. KOCH, Augustinischer und Dionysischer Neuplatonismus im Mittelalter, S. 324; vgl. weiterhin Nic. HARTMANN, Systematische Selbstdarstellung, S. 49 f.

[16] Vgl. insbes. *Confessiones* XI, 20, 26.

[17] *Confessiones* XI, 8, 10.

[18] *Confessiones* XI, 9, 11. Vgl. im Sinne der vorgetragenen Interpretation auch E. LAMPEY, Das Zeitproblem nach den Bekenntnissen Augustins, vor allem S. 12 ff.

In dem durch den Blick auf die Phänomene der menschlichen Wahrheitssuche gegebenen Chorismos wird nun ein doppeltes Verhältnis des Menschen zur Zeit offenbar. Die Zeit bietet gemäß ihrer Analyse durch Augustinus auch den Anknüpfungspunkt für dieses Verhältnis. In der Zeit, wie sie im menschlichen Bewußtsein gegenwärtig ist, ist schon das Doppelte, das im Chorismos zutage tritt, eingewickelt enthalten. Sie zeigt sich in dieser Analyse nämlich nicht allein als Prinzip der Wandelbarkeit aller weltlichen Wirklichkeit, sondern enthält zugleich den Hinweis auf ein Unwandelbares. Wie Augustinus zu diesem Resultat kommt, soll im folgenden untersucht werden.

Was die Zeit sei, erscheint zunächst als etwas wie selbstverständlich Gewußtes. Dies Wissen scheint sich aber sofort zu entziehen, sobald es einem Fragenden erläutert werden soll: „Quid est ergo tempus? Si nemo ex me quaerat, scio; si quaerenti explicare velim, nescio".[19] Die Zeit erscheint so in der genaueren Nachfrage als Geheimnis. Weil aber der Mensch durch die Zeitlichkeit seiner Existenz in dieses Geheimnis wesenhaft hineingehört, brennt Augustinus, wie er sagt, darauf, dieses höchst verwickelte Geheimnis zu durchschauen: „Exarsit animus meus nosse istuc implicatissimum aenigma."[20]

Bevor Augustins Analyse der Zeit vor dem Hintergrund der Chorismos-Problematik und der Frage nach dem Wesen des Menschen dargestellt und interpretiert werden soll, seien hier zunächst die Überlegungen Augustins soweit referiert, als sie gleichsam den *Ort* der Fragen nach der Zeit und der Zeitlichkeit betreffen. Dabei muß allerdings ein Vorbegriff der Zeit vorausgesetzt werden, jedoch nur in einem Sinne, der als unmittelbarer Ausdruck des allgemeinen menschlichen Zeiterlebens verstanden werden kann: „fidenter tamen dico scire me, quod, si nihil praeteriret, non esset praeteritum tempus, et si nihil adveniret, non esset futurum tempus, et si nihil esset, non esset praesens tempus."[21] Zeit setzt gemäß ihrer Gegebenheit im gewöhnlichen Zeiterleben voraus, daß etwas vorbeigeht, daß etwas ankommt und daß etwas ist.

Gemäß diesem Vorbegriff legt sich die Zeit in eine vergangene, eine künftige und in eine gegenwärtige Zeit aus. Zeit in Fülle, eine lange Zeit, Zeit in solcher Qualität, die es erlaubte, sozusagen den *Ort* ihrer Ausgedehntheit anzugeben, kann nun scheinbar ebenso in der vergangenen wie in der bevorstehenden Zeit gefunden werden. Gegen diesen Anschein erhebt sich aber nun sofort der Einwand, daß die vergangene Zeit ja nicht mehr ist – also keine Ausdehnung mehr hat – und die künftige Zeit noch nicht ist –

[19] *Confessiones* XI, 14, 17.

[20] *Confessiones* XI, 22, 28. Zur Frage des Geheimnisses der Zeit vgl. auch E. DINKLER, Die Anthropologie Augustins, vor allem S. 234, mit dem Bezug auf *Confessiones* I, 6, 10.

[21] *Confessiones* XI, 14, 17.

also noch keine Ausdehnung hat: „Praeteritum enim iam non ‚est' et futurum nondum ‚est'."[22] Nach diesem negativen Bescheid für die Suche nach einem *quantum* der Zeit in Vergangenheit und Zukunft sieht sich die Frage nach dem *Ort* von Zeit und Zeitlichkeit auf das *praesens tempus* verwiesen, welche Frage zunächst in der Form gestellt wird, ob eine gegenwärtige Zeit lang sein könne: „utrum praesens tempus possit esse longum".[23] In der Beantwortung dieser Frage muß festgestellt werden, daß alle Zeitausdehnung sich in schon Vorübergegangenes und in noch Ausstehendes aufspaltet. Damit steht zugleich fest, daß die bloße Gegenwart keinerlei zeitliche Ausdehnung hat: „praesens autem nullum habet spatium".[24]

Die Zeit, die dem natürlichen Bewußtsein in Vergangenheit, Gegenwart und Zukunft objektiv real zu sein scheint, ist somit in ihrer objektiven Realität als ausgedehnte Wirklichkeit nicht faßbar. Wenn Zeit und Zeitlichkeit demnach in ihrer gleichsam äußeren Wirklichkeit nicht gefunden werden können, dann ist damit noch nicht gesagt, daß Zeit überhaupt nicht *ist.* Gegen ein solches Verdikt steht unumstößlich das Faktum des Zeitbewußtseins, die objektive Gewißheit des *praeterire* und des *advenire,* des *mori* und des *oriri.* Obwohl aber Vergangenheit und Zukunft in diesem Sinne nicht *sind,* obwohl die Gegenwart als die unausgedehnte Grenze zwischen diesen nichtseienden Größen ebenfalls nicht *ist,* erscheint die vorüberziehende Zeit dem Bewußtsein doch als wahrnehmbar und meßbar: „Cum ergo praeteriret tempus, sentiri et metiri potest, cum autem praeterierit, quoniam non ‚est', non potest."[25] Trotz der Unmöglichkeit, Zeit als objektive, zeitlich ausgedehnte Wirklichkeit denken zu können, ist es möglich, sie objektiv wahrzunehmen und zu messen. Dies setzt voraus, daß sie irgendwie doch in bestimmter Weise faßbar ist.

Diese Faßbarkeit zeigt sich in der Gegenwart des Bewußtseins, in welcher die Zeit in ihrem Sein als vergangene, gegenwärtige und zukünftige Zeit bestimmt werden kann. Die objektiv nichtseiende Vergangenheit ist in der *memoria* gegenwärtig, die objektiv nichtseiende Gegenwart ist im *contuitus* gegenwärtig, die objektiv nichtseiende Zukunft ist in der *expectatio* gegenwärtig: „nec proprie dicitur: tempora ‚sunt' tria, praeteritum, praesens et futurum, sed fortasse proprie diceretur: tempora ‚sunt' tria, praesens de praeteritis, praesens de praesentibus, praesens de futuris. Sunt enim haec in anima tria quaedam et alibi ea non video, praesens de praeteritis memoria, praesens de praesentibus contuitus, praesens de futuris expectatio."[26] Diese

[22] *Confessiones* XI, 15, 18.
[23] *Confessiones* XI, 15, 19.
[24] *Confessiones* XI, 15, 20.
[25] *Confessiones* XI, 16, 21.
[26] *Confessiones* XI, 20, 26. Zur Frage des Ortes der Zeit vgl. auch O. LECHNER, Idee und Zeit in der Metaphysik Augustins, S. 133 f.

Gegenwart der Zeit im Bewußtsein ist im Gegensatz zu der Gegenwart der Zeit, sofern sie dem Zugriff äußerlicher Objektivation ausgesetzt ist und dabei als unausgedehnte Grenze zwischen Vergangenheit und Zukunft in nichts verschwindet, so ausgespannt, daß sie nicht allein die Gegenwart, sondern auch die Vergangenheit und die Zukunft zu umfassen vermag. Im Bewußtsein der Zeit also werden die Zeiten zusammengehalten, wird die Zeit in ihrem Sein sichtbar, allererst ins Sein gehoben. Der *Ort* der Zeit ist gemäß dieser Analyse das menschliche Bewußtsein von der Zeit.

Nachdem Augustinus so vorderhand die Antwort auf die Frage gefunden hat, wo die Zeit gegeben ist, kommt die Frage nach der Kraft und dem Wesen der Zeit an die Reihe: „Ego scire cupio vim naturamque temporis".[27] Diese Frage fällt zunächst noch einmal scheinbar in die Frage nach dem Ort zurück und richtet sich dabei auf die Bewegungen der Körper, hinsichtlich derer es ja beispielsweise möglich ist zu sagen, jene Bewegung sei doppelt so lang wie diese. Zur Bewegung der Körper gehören gemäß den drei Modi der Zeit ein *incipere,* ein *desinere* und gleichsam dazwischen ein *perseverare* in der Zeit.[28] Es scheint nun, daß die Zeit mittels der Bewegungen der Körper, insbesondere mittels der Gestirnsumläufe gemessen werden könnte, ja daß die Zeit nichts anderes sei als die Bewegung der Gestirne.[29] Obwohl aber zweifellos zu gelten hat, daß die Zeitspanne zwischen dem einen Aufgang der Sonne und ihrem erneuten Wiederaufgehen als eine Bewegung von einem bestimmten Anfang und einem bestimmten Ende mit einer bestimmten Vollzugsdauer einen Maßstab der Zeitmessung darbietet,[30] wird dieser scheinbar naturhaft vorgegebene und sichere Maßstab dennoch noch einmal mit einer anderen Elle gemessen werden müssen, wenn er als Maßstab nicht bloß für den technisch-kunstgerechten Umgang mit der Zeit, sondern für die denkerische Erfassung der Zeit gelten können soll.

Zur Einführung dieses grundlegenderen Maßstabes für das durch den Gestirnsumlauf gegebene Maß der Zeit macht Augustinus das Gedankenexperiment einer Verkürzung der durch die faktischen Umläufe definierten Zeit eines Tages. Was ein Tag wäre, wenn diese Umläufe sich rascher vollzögen, könnte dann im Rückbezug auf die tatsächlich gegebene Dauer eines Tages auf zwei unterschiedliche Arten bestimmt werden. Entweder würde die Dauer des rascheren Sonnenumlaufs als die Dauer eines Tages bestimmt – nach Augustins Beispiel dauerte der Tag dann eine Stunde –, oder die Dauer eines Tages würde nach der Dauer des faktischen Sonnenumlaufs bestimmt, so daß die Sonne während eines Tages vierundzwanzig Umläufe

[27] *Confessiones* XI, 23, 30.

[28] Vgl. *Confessiones* XI, 24, 31.

[29] Vgl. *Confessiones* XI, 23, 29; vgl. auch *De genesi ad litteram* XIII, 38.

[30] Vgl. *Confessiones* XI, 23, 30; in diesem Punkt übereinstimmend mit PLOTIN, Enneade III 7, 8, 1 ff.

hätte.[31] Vor dem Hintergrund dieses Gedankenexperiments, das unabhängig vom zugrundeliegenden astronomischen Weltbild durchgeführt werden kann, zeigt sich die Belanglosigkeit der in ihm ausgedrückten Alternative. Es kommt für die zu lösende Aufgabe nicht darauf an, zu fragen, was der durch den Gestirnsumlauf gebildete Zeitabschnitt sei, was also der Tag sei, sondern, was die Zeit überhaupt sei: „Non itaque nunc quaeram, quid sit illud, quod vocatur dies, sed quid sit tempus, quo metientes solis circuitum".[32]

Unter Anspielung auf die Erzählung des alttestamentlichen Buches *Josua*[33] mit dem Bericht vom Sonnenstillstand, der einen ganzen Tag währte, weist Augustinus nun apodiktisch die Erklärung der Zeit anhand des Faktums ihrer Meßbarkeit durch die Gestirnsbewegungen zurück: „Nemo ergo mihi dicat caelestium corporum motus esse tempora, quia et cuiusdam voto cum sol stetisset, ut victoriosum proelium perageret, sol stabat, sed tempus ibat."[34] Aus der Denkbarkeit eines Zustands, in dem die Gestirne sich nicht bewegen, die Zeit aber dennoch voranschreitet, wird zugleich klar, was der grundlegende Maßstab der Zeit nach Augustinus ist. Gemäß dieser Erzählung, die natürlich nicht die physikalische Möglichkeit ihres Inhalts zum Thema hat, dehnt sich nämlich die Dauer eines Tages über das gewöhnliche Maß hinaus so lange, bis das Ziel einer Handlung, der Sieg der Israeliten über die Amoniter, erreicht war. Die Zeit wird dementsprechend also unabhängig vom Gang der Gestirnsabläufe dadurch gemessen, inwieweit sie für den Vollzug menschlicher Tätigkeit zureicht: „Per suum quippe spatium temporis, quod ei sufficeret, illa pugna gesta atque finita est."[35]

Die Kraft und das Wesen der Zeit – so muß Augustinus interpretiert werden – besteht im Vermögen, einen für menschliche Vollzüge zureichenden Rahmen bereitzustellen. Diesen Rahmen bezeichnet Augustinus mit dem Titel der *distentio:* „Video igitur tempus quandam esse distentionem."[36] Wodurch dieser Rahmen bereitgestellt wird, ist damit aber noch nicht klar. Indem allerdings das Bewußtsein als der Ort ausgemacht ist, in dem sie ihr Sein hat, legt sich die Antwort nahe, daß der sich auf Vergangenes und Zukünftiges in seiner Gegenwart ausspannende Geist den Rahmen selber bietet, in dem seine Vollzüge dann möglich werden: „Inde mihi visum est

31 *Confessiones* XI, 23, 30.
32 Ebd.
33 Vgl. dort X, 12 ff.
34 *Confessiones* XI, 23, 30.
35 Ebd.
36 Ebd. Hierzu vgl. O. LECHNER, Idee und Zeit in der Metaphysik Augustins, S. 138 f. Lechner sieht in der *distentio animi* vor allem das Moment der Zerrissenheit, vgl. S. 139, aber auch den Verweis auf eine geheimnisvolle zugrundeliegende Einheit.

nihil esse aliud tempus quam distentionem: sed cuius rei, nescio, et mirum, si non ipsius animi."[37]

Die Auffassung der Zeit als der *distentio animi* scheint die Zeit zu einer Leistung des Bewußtseins zu machen. In welchem Sinne diese Deutung tatsächlich ihr Recht hat, wird später noch zu prüfen sein. Hier ist zunächst zu zeigen, inwiefern die Tätigkeit des *animus* jedenfalls nicht ausreicht, allein aus sich die Zeit zu konstituieren. Vor einer absolut spontan durch den menschlichen Geist zu leistenden Zeitkonstitution stünde das Bewußtsein nämlich in einer reinen, unveränderlichen Gegenwart, über die hinaus durch die Konstitution der Zeit gleichsam nach vorn und nach hinten ursprünglich schaffend, Zeit erzeugend, ausgegriffen würde. Zweifellos ist anhand dieser hypothetischen Überlegung nicht zu übersehen, daß das Bewußtsein, sofern die Zeitkonstitution aus ihm hervorgehen können soll, auf ein anderweitig zu gebendes Material angewiesen bleibt, auf das es in der Zeitkonstitution ausgreifen kann. In dieser Angewiesenheit auf Material, das nicht vom menschlichen Geist hervorgebracht werden kann, zeigt sich wiederum eine Parallele zu den Resultaten der theoretischen und der praktischen Wahrheitssuche, wie sie oben dargestellt worden ist.

Als bloßes Bewußtsein überhaupt, abgesehen von einem bestimmten bewußten Inhalt, ist solches Bewußtsein nämlich nur die Gegenwart von irgend etwas im Geist. Damit diese geistige Gegenwart in der Bestimmtheit des Gegenwärtigen möglich sei, muß dem Bewußtsein ein Inhalt gegeben werden. Wenn das Zeitbewußtsein, wie es im menschlichen Geist tatsächlich zu finden ist, möglich sein soll, muß ihm ein *praeterire* und ein *advenire* gegeben werden. Ohne die Gegebenheit von Bewegung und Bewegtem hätte der Geist nichts, worauf er sich in seiner *distentio* ausspannen könnte. Diese *motio*, das Fließen der Zeit im Aufgang und Untergang des Zeitlichen, ist die Vorbedingung für die Verknüpfung des Fließenden in der *distentio animi*. Wie festgehalten worden ist, ist diese *motio* keineswegs selbst die Zeit; sie ist vielmehr, wie Augustinus sagt, ein chaotisches Gewimmel, das sich in den sinnlich gegebenen Eindrücken niederschlägt. Daß die Zeit im Geist und nicht im Chaos seiner durch die Sinne vermittelten Eindrücke – im Chaos der sinnlichen Affektion – ihren Grund hat, betont Augustinus mit Nachdruck: „In te, anime meus, tempora metior. Noli mihi obstrepere: quod est; noli mihi obstrepere turbis affectionum tuarum. In te, inquam, tempora metior."[38] Die Affektion des *animus* durch die andringenden *turbae* des die Sinne anrührenden Vorüberziehenden ist nun die Übergangsstelle vom chaotischen Gewimmel der Bewegung zur Messung der Zeit durch die Unterwer-

[37] *Confessiones* XI, 26, 33.
[38] *Confessiones* XI, 27, 36.

fung unter die Ordnung des Geistes. Die Affektion bleibt nämlich im Unterschied zum Affizierenden, dessen Sein vom Bewußtsein nicht gefaßt werden kann, im Geist gegenwärtig: „Affectionem, quam res praetereuntes in te faciunt et, cum illae praeterierint, manet, ipsam metior praesentem, non ea quae praeterierunt, ut fieret; ipsam metior, cum tempora metior."[39]

Wenngleich das, was in einer Zeitvorstellung, welche die Zeit in ihrer äußeren Wirklichkeit zu fassen sucht und diese in unausgedehnte Punkte zusammenhangloser Gegenwärtigkeit zersplittern läßt, nur durch die verknüpfende Ausspannung des Geistes in die Zeit zusammengebracht werden kann, muß also doch auch festgehalten werden, daß dies Vermögen einer Einigung des Mannigfaltigen die unableitbare Gegebenheit des Mannigfaltigen voraussetzt. Wie derart aber in der Konstitution der Zeit, wie sie im Bewußtsein wirklich ist, einerseits die mannigfaltige Gegebenheit des Zeitflusses vorausgesetzt werden muß, so muß andererseits zur Begründung der Möglichkeit des Zeitbewußtseins von solchem mannigfaltig Bewegten auch ein Beharrliches vorausgesetzt werden, welches das Fließen durch die kontrastierende Trennung vom Fluß allererst als bewegt wahrnehmen läßt.

Dieses vorauszusetzende Beharrliche zeigt sich nun gleichsam überdeutlich durch die Tatsache, daß die Zeiten nur in der Gegenwart des Geistes Sein haben. In dieser stetigen und wandellosen, formalen Gegenwärtigkeit des Bewußtseins kann der Zusammenfall realer Gehalte mit dieser Gegenwärtigkeit durch aktuelle Affektion im *contuitus* erfaßt werden, kann aber auch die Differenz zur Gegenwärtigkeit in der Ausspannung auf vergangene Affektion in der *memoria* und auf zu erwartende Affektion in der *expectatio* wahrgenommen werden. Der Geist gerät, während er in der Gegenwärtigkeit beharrend und sich auf das Mannigfaltige ausstreckend die Zeiten mißt, selbst nicht ganz und gar mit in den Zeitfluß hinein, obgleich er doch, indem er sich auf ihn ausspannt, von ihm betroffen wird und allen Inhalt der zu messenden Zeit zunächst nur von ihm hat.

Die andere Voraussetzung für die Möglichkeit des faktischen Zeitbewußtseins ist also die stete Selbstgegenwart des Geistes, in der er alle Vorstellungen begleitend bestimmen kann.[40] Weil die Gegenwart eben keinerlei Ausdehnung hat, kann die wandellose Gegenwärtigkeit des Geistes der Gegenpol zu dem mittels Affektionen gegebenen Fließenden sein und es in der *distentio animi* auch als zeitlich erfassen. Der Geist ist nach Augustinus ja

[39] Ebd.

[40] Vgl. É. GILSON, Der heilige Augustin, S. 342: „Um die Beziehung zwischen dem Beharrenden und dem Fließenden möglichst genau zu erfassen – und darin liegt das ganze Problem –, greift Augustin zu einem Bilde; er schlägt vor, die Zeit als eine Art Spannung, Ausdehnung der Seele, *dis-tentio animi*, anzusehn, welche die gleichzeitige Existenz des Zukünftigen und Vergangenen im Gegenwärtigen ermöglicht und so die Dauer wahrnehmen und messen läßt."

nicht insgesamt als zeitlicher zu denken, sondern als der Ort, an dem die Zeit gegenwärtig ist. Das Stehen des Geistes in der Zeit, sein Bewußtsein des Zeitlichseins, setzt das Faktum seiner Außerzeitlichkeit zugleich voraus. Die Faktizität der Außerzeitlichkeit zeigt sich als Bedingung der Möglichkeit des Bewußtseins der Zeitlichkeit.

Das Bewußtsein der Zeitlichkeit kann sich angesichts des gegebenen Mannigfaltigen in unterschiedlicher Weise zu bestimmen suchen. Es könnte beispielsweise im Sinne eines Grundthemas der Naturphilosophie, der Relationalität von Raum und Zeit, behandelt werden, wozu auch Augustinus Ansätze liefert.[41] Ebenso wäre die Anwendung auf die Gegenstände der Physik und der Astronomie möglich, die Augustinus hier zur Klärung seines Zeitbegriffes als Hilfsmittel herangezogen hat.[42] Augustins treibendes Interesse rührt aber nicht von derartigen Fragen her. Ihm geht es, in Entsprechung zu folgendem Wort Kants, um die Wissenschaft, deren der Mensch bedarf: „Wenn es irgend eine Wissenschaft giebt deren der Mensch bedarf so ist es die so ihn lehret die Stelle geziemend zu erfüllen welche ihm in der Schöpfung angewiesen ist und aus der er lernen kan was man seyn muß um ein Mensch zu seyn."[43] In diesem Sinne sagt Augustin, daß sein Geist auf die Auflösung des höchst verwickelten Geheimnisses der Zeit brenne. Im Zentrum auch dieser Frage steht das, was er liebt und so kann er die Bitte vortragen: „Da quod amo, amo enim, et hoc tu dedisti."[44] Im Brennpunkt des Interesses der Zeitanalyse steht nichts anderes als der Mensch und das menschliche Leben, sofern es wesenhaft eine Größe von zeitlicher Struktur repräsentiert.

Dieses genuin philosophische Interesse führt die Untersuchung der Augustinischen Zeitanalyse auf den Anfang und die Entfaltung des philosophischen Fragens zurück, wie es oben aufgespürt und dargestellt worden ist. Der dort gegebene Ansatzpunkt erfährt samt seiner Durchführung in der Bezugnahme auf die Zeitlichkeit des menschlichen Lebens seine tiefste Durchdringung und seine höchste Durchsichtigkeit. Augustinus selbst knüpft schon in seiner Terminologie der Zeitbestimmung im *moritur et oritur* an den erschreckend vernichtenden und an den staunenerregend hervorbringenden Doppelaspekt des menschlichen Lebens an, das so zugleich als *vita mortalis* und als *mors vitalis* erscheint. Dieser Doppelaspekt legt sich nun in bezug auf die Zeitlichkeit so aus, daß der Mensch mittels seines Zeitbewußtseins, das durch die Erfahrung des Untergangs von höchst Geliebtem

[41] Vgl. in den *Confessiones* XI, 24, 31 und 26, 33.

[42] Wenn der Satz der *Confessiones* XI, 24, 31: „Non est ergo tempus corporis motus" zu gelten hat, so muß die Zeit doch auf die Körperbewegungen zurückbezogen werden können. Von daher wird Augustins häufiger Rekurs auf die Frage der Zeitmessung verständlich.

[43] Gesammelte Schriften XX, S. 45.

[44] *Confessiones* XI, 22, 28.

in die Dimension philosophischen Fragens gestoßen wurde, seiner eigenen Endlichkeit gewärtig wird. Indem er aber der eigenen Endlichkeit auf der Grundlage der Analyse des Zeitbewußtseins gewärtig geworden ist, wird sichtbar, daß er in der Verhaftetheit in die Endlichkeit zugleich auch schon einen konstitutiven Bezug zur Unzeitlichkeit hat, zu dem also, was gegenüber dem Zeitfluß Beständigkeit besitzt. Die Selbsterfassung des Menschen als endlichen Wesens setzt somit seine Betroffenheit von der Zeit ineins mit einer gewissen Unbetreffbarkeit vom Zeitfluß voraus. Was es mit dieser Unbetreffbarkeit des menschlichen Geistes auf sich hat, wird im einzelnen noch näher zu bestimmen sein. Ein endliches Wesen, dies ist jedenfalls als These damit aufgestellt, ist nur möglich, wenn in ihm die getrennte Wirklichkeit von Zeitlichkeit und Nichtzeitlichkeit faktisch gegeben ist.

Die vorgetragene Analyse der Zeit bietet nun durch Bezugnahme auf das Zeitwesen, das der Mensch in all seinen Vollzügen wesentlich ist, die letzte Einheit der Antworten Augustins auf die philosophischen Fragen, die sich ihm gestellt haben. Nachdem Augustinus bei der Entdeckung des Menschen als Zeitwesens angelangt ist, kann gefragt werden, wie der Mensch als Zeitwesen bestimmt ist. Bevor dies in einer abschließenden Interpretation vorgetragen werden soll, seien hier noch einmal die Grundzüge des bisherigen Gangs der Untersuchung von Augustins Philosophie zusammenfassend wiedergegeben. Seiner Zeitlichkeit wird sich der Mensch, sofern er sich selbst zur Frage wird, anfänglich durch die schmerzhafte Erfahrung der Endlichkeit menschlichen Lebens im Erlebnis des Todes bewußt. In dieser Erfahrung des durch die Zeitlichkeit des Menschen gegebenen, die Frage nach dem Sein der weltlichen Wirklichkeit provozierenden Nichtigen stellt sich dem Erkenntnisvermögen des Menschen, das auf das geht, was ist, der Fragezusammenhang als Aufgabe, die er in der theoretischen Wahrheitssuche zu lösen versucht. Die theoretische Wahrheitssuche geht auf das gewisse Wissen der Wahrheit und vollzieht sich als Suchen nach dem Beständigen im Stürzen der Zeit. Sie gelangt in diesem Vollzug des Suchens zu einem Resultat, das die gleichsam erkenntnistheoretische Ausformung des Chorismos von Zeitlichkeit und nichtzeitlicher Beständigkeit repräsentiert. In diesem Chorismos wird klar, was als beständig seiende Wirklichkeit ist, die dem Geist, solange er ist, nicht entrissen werden kann, zugleich aber auch, daß diese Wirklichkeit auf eine Vollendung zielt, die in ihr noch nicht gegeben sein kann.

Entsprechend kann dieser Chorismos im Blick auf das, was sein soll, gefunden werden. Der Wille mag im guten Willen, den dieser allein durch sich selbst hervorzubringen vermag, immerhin ein Ziel seiner Tätigkeit besitzen, das ihm nicht wider Willen entrissen werden kann, der Zeitlichkeit so gesehen also nicht ausgeliefert ist. Seiner wesenhaften Zeitlichkeit wird sich der Mensch aber doch auch hier durch sein Ausgeliefertsein an das

Schlechte, an den Aufgang des praktisch Nichtigen, bewußt. In der Erfahrung dessen, was sich im Blick auf den Vollzug menschlicher Lebenstätigkeit als nichtig erweist, stellt sich ihm die praktische Frage nach dem Verhältnis seiner eigenen Tätigkeit zum Zeitstrom. Die praktische Wahrheitssuche geht dementsprechend auf die Bestimmung der praktischen Unabhängigkeit des Zeitbewußtseins vom Zeitstrom. Sie gelangt damit zur praktischen Ausformung der Chorismos-Problematik, die oben unter den Titel der Dialektik von Freiheit und Gnade gestellt worden ist und als solche unauflösbar schien.

Indem das Zeitwesen, das der Mensch ist, sich aber in der theoretischen und der praktischen Wahrheitssuche als zugleich in und über der Zeit stehend gezeigt hat, wird es ineins damit als ein die weltliche Wirklichkeit transzendierendes Wesen sichtbar. Diese Transzendenz hat so noch nicht schon einen gleichsam festen Bezugspunkt außerhalb seiner Welt, geht aber auch nicht einfach ins Leere einer inhaltslosen Transzendenz. Vielmehr steht sie in erkennbarer Korrespondenz zu einer Größe, die in der theoretischen und in der praktischen Wahrheitssuche vorausgesetzt werden muß. Das Zeitwesen verdankt sein Sein in beiden Aspekten einem Zeitigenden, welches das *praeterire* und das *advenire* zugleich mit der Ständigkeit des Bewußtseins in der Zeit gewährt. Auf diese Weise verdankt das Zeitwesen sein Dasein gerade demjenigen, auf das es sich dann transzendierend ausstreckt. Trotz der Tatsache, daß sich das Zeitwesen hinsichtlich seines Daseins wesentlich einem Anderen verdankt, ist es doch so in die Zeit gestellt, daß es der strengen Notwendigkeit ausgesetzt ist, sich selbst in der Wahrheitssuche und in der freien Wahl in einer endlichen Zeit zu bestimmen. So ist das zeitliche Leben als *distentio animi*, das sich in seiner Ganzheit von vornherein auf den Tod hin erstreckt, in bezug auf seinen Sinn schließlich *tentatio*.[45]

Das Erlebnis der Todeserfahrung – als Erlebnis des zeitlichen Untergangs von etwas, das auch in der Zeit zugewachsen und aufgegangen ist – führt, insofern das Untergehen des Aufgegangenen in der Erkenntnis der Zeitlichkeit des Ganzen als Vorwegnahme des Endes alles zeitlich Seienden erscheint und im Sinne des Nichtigwerdens des Ganzen erfahren wird, zur Frage nach einem beständigen Halt im vernichtenden Sturz der Zeit. Solange ein solcher Haltepunkt nicht in Sicht ist, entspricht dieser Situation des

[45] Sermo 308, 2. Das sich in der *tentatio* zeigende Doppelgesicht der Zeitlichkeit läßt eine harmonisierende Synthese, wie sie z. B. R. GILLET, Temps et exemplarisme chez saint Augustin, vorträgt, nicht zu. Vgl. insbes. S. 939 f.: „En résumé, le temps, substrat commun, établit et soutient communauté charnelle et spirituelle, continuité, correspondance. Le temps, opposé à l'éternité, est en continuité avec elle. Ce qui passe est symbole de ce qui demeure. Saint Augustin nous dit que le temps est l'imitation de l'éternité . . . Le temps devient donc, dans cette perspective, symbole d'éternité."

aus der naturhaften Sicherheit Geworfenen unter erkenntnistheoretischen Vorzeichen der Skeptizismus. Ungeachtet der historischen Frage, ob Augustinus tatsächlich eine skeptische Phase durchlaufen habe, ist die Dringlichkeit der Auseinandersetzung mit dieser Position aus sachlichen Erwägungen innerhalb des Ansatzes seiner philosophischen Fragestellung klar. Indem Augustinus die Skepsis aber zunächst bloß mit den Mitteln der immanenten Kritik zurückzudrängen versucht und in diesem Versuch schließlich den Skeptiker in einem neuen Sinne sogar ausdrücklich als Sieger aus diesem Streit hervorgehen läßt, wird auch die bleibende Bedeutung des Skeptizismus für Augustins Denken selbst erkennbar. Die neue Art von Skepsis, der Augustinus zum Sieg verhelfen will, übernimmt die klassische Position der Skeptiker insoweit, als er der Annahme zustimmt, daß die Wahrheit im gewissen Wissen noch nicht gefunden sei. Die neue Skepsis sieht aber in dem Bestreben, welches die Wahrheitssuche als Tätigkeit des Menschen ist, selbst schon etwas Positives, nämlich die gegen die scheinbare Unsicherheit von allem sich behauptende Haltung der Offenheit gegenüber der gesuchten Wahrheit. Durch diese Neuinterpretation der Skepsis erhält die Wahrheitssuche ihre für Augustinus charakteristische Wendung.[46]

In der Haltlosigkeit, in die das Erlebnis der Nichtigkeit des faktischen Lebens geführt hat, verhilft die Offenheit für eine beständige Wahrheit also zunächst einmal zur Beständigkeit einer Erkenntnishaltung, welche nun die Frage möglich macht, wie Wahrheit gefunden werden kann. Diese Erkenntnishaltung befreit den Skeptizismus aus der Widersprüchlichkeit seiner leer in sich kreisenden Frage, ob die gesuchte Wahrheit erkannt werden könne. Die Frage, wie Erkenntnis möglich sei, wird in zwei Anläufen abgehandelt, als Frage nach der Möglichkeit der Erkenntnis von sinnlich Gegebenem und als Frage nach der Möglichkeit der Erkenntnis von dem, was durch den Geist selbst gegeben ist. In diesen beiden Fragen geht es allerdings nicht um die mögliche direkt objektive Wahrheit von Urteilen, sofern sie aus der Tätigkeit eines Vermögens der sinnlichen oder der geistigen Erkenntnis durchaus unbezweifelbar hervorgehen, sondern um die letzte Durchsichtigkeit der Wahrheit, die in der Erkenntnis dieser Arten von Erkenntnis liegt.

[46] Vgl. hierzu H.-J. KAISER, Augustinus. Zeit und ‚Memoria', bes. S. 110 f., wo seine schwankende Beurteilung des Resultats der Augustinischen Wahrheitssuche sichtbar wird. Obwohl Kaiser geneigt ist, „diese Form des von der ‚memoria' gehaltenen Selbstwissens dem Kantschen ‚ich denke' zu vergleichen, das ebenfalls alle Vorstellungen begleiten können muß" – wobei er aber verschweigt, daß dies transzendentale Wissen bei Kant nicht in Erkenntnis gehoben werden kann –, schließt er abrupt folgendermaßen: „Jedoch ist bei Augustin dieses alle Handlungen und Vorstellungen begleitende Wissen ein in der ewigen Wahrheit unmittelbar Geschautes." Wenn Augustinus sich mit einer solcherart *mystischen Deduktion* begnügt hätte (vgl. zu diesem Begriff *Kritik der reinen Vernunft,* B 371 Anm.), wären seine denkerischen Bemühungen, auch im Zusammenhang der Dialektik von Glauben und Wissen, völlig unverständlich.

Diese Wegweisung in Richtung auf eine Erkenntnis der Erkenntnis ergibt sich aus der Tatsache, daß die Erkenntnis des sinnlich Gegebenen schon durch die Veränderlichkeit von dessen Inhalt der gestellten Frage nach der unveränderlichen Wahrheit nicht gerecht werden kann und daß die geistige Erkenntnis, ohne daß ihr ein Inhalt von anderer Seite gegeben würde, überhaupt nicht zu einer Erkenntnis der Wahrheit gelangen kann, solange der Geist sein Erkenntnisstreben nicht auf sich selber gerichtet hat. Das philosophische Fragen nach gewisser Erkenntnis bedient sich also lediglich der Analyse der direkt objektiven Erkenntnisarten, um zum Erkennen des Erkennens vorzudringen.[47]

In der Analyse der sinnlichen Erkenntnis kommt zum Vorschein, daß in ihr zugleich die Rezeptivität und die Spontaneität ihres Vermögens vorausgesetzt werden muß. Ohne daß dem wahrnehmenden Sinn etwas zum Wahrnehmen gegeben wird, gelangt er nicht zu seinem Gegenstand, d. h. Wahrnehmen ist notwendig auch ein *pati*. Durch das *pati* allein aber kann die *cognitio per sensum* nicht bestimmt werden, weil das allein passiv Aufgenommene nicht auf die Einheit des wahrgenommenen Dinges bezogen werden könnte, sondern sich bloß als Modifikation der Sinne des Wahrnehmenden zeigte. Ohne das intentional sich ausstreckende Zugehen des Wahrnehmenden auf den Gegenstand der Sinne ist Sinneserkenntnis nicht möglich. In der Ausstreckung auf das sinnlich Gegebene zeigt sich in der Sinneserkenntnis die Konkretisierung des Doppelaspektes des Zeitbewußtseins.[48]

Das Resultat der Analyse der *cognitio per sensum* läßt sich nun durch die Analyse der geistigen Erkenntnis befestigen, zumal nach Augustinus, wie oben gezeigt worden ist, letztere in Analogie zur sinnlichen Erkenntnis betrachtet werden kann. Gemäß dieser Analogie bedarf das Vermögen der geistigen Erkenntnis ebenso eines Inhalts, der ihm gegeben sein muß, wie es bei der Sinneserkenntnis der Fall war. Dies Vermögen kann das ihm Gegebene ebenso wie bei der Sinneserkenntnis nur dann erfassen, wenn es sich in der Suche aus eigenem Impuls auf dieses ausrichtet. Solche Intentionalität des Erkenntnisvermögens sucht sich nach der vorgetragenen Interpretation unter Bezugnahme auf drei Gegebenheitsweisen zu verwirklichen.

In der ersten Gegebenheitsweise, die unter den Titel der Selbsterfahrung des Geistes gestellt wurde, erkennt der Geist sich als Suchenden. Er kommt,

[47] Vgl. in diesem Sinne auch A. SCHÖPF, Wahrheit und Wissen. Die Begründung der Erkenntnis bei Augustin, S. 179. Nicht zugestimmt werden kann aber dann Schöpfs anschließender Schlußfolgerung, daß wir so in die Bedingung gesetzt seien, „das Urprinzip alles Wissens zu erreichen". Schöpfs Ausführungen, vgl. S. 180 ff., zeigen auch selbst, daß wohl ein Bereich der Transzendenz eröffnet ist, daß er aber dem Wissen transzendent bleibt.

[48] Ähnlich hier É. GILSON, Der heilige Augustin, S. 123, der im Unterschied zu zahlreichen Augustinus-Interpretationen auch Augustins Frage nach der Sinneserkenntnis untersucht und zu dem Resultat kommt: „So führt uns also wider alles Erwarten die Zergliederung der Empfindung vom Außen der Dinge in das Innen der Seele."

sofern er wesenhaft suchender Geist bleibt, in diesem Sinne nur zur Gewißheit des Nichtgewißseins seiner selbst. In der zweiten Gegebenheitsweise, als welche die *memoria* betrachtet wurde, geht es darum, ob dem Geist das Ziel seiner Suche seinem Inhalt nach als leitende Vorstellung der Suche gegeben ist. Zurückgewiesen wurden dabei Interpretationen, welche diesen Inhalt gleichsam gegenständlich in der *memoria* finden zu können behaupten. Die Leitung seiner Suche wird dem Geist vielmehr im konkreten Erlebnis seiner Endlichkeit zuteil, die ihm in ihrer Differenz von faktischer Natürlichkeit und aufscheinender Widernatürlichkeit des Todes seine Situation schlagartig beleuchtet. Nach der Maßgabe dieser Leitung seiner Suche kann in der *vita mortalis* nach der *vita viva* gesucht werden. Was allerdings der positive Sinn dieser *vita viva* ist, kann von hier aus noch nicht gesagt werden. Noch viel weniger ist klar, wie er, der doch gesucht wird, verwirklicht werden könnte. Augustinus führt zur weiteren Klärung eine dritte Gegebenheitsweise ein, die des Glaubens. Der so eingeführte Glaube wird hier aber nicht so sehr im Sinne des autoritätsgebundenen Glaubens an eine göttliche Offenbarung verstanden, obwohl er bei Augustinus persönlich gewiß mit diesem verbunden war, sondern zunächst vielmehr nur im Sinne des Festhaltens an einer Erfahrung, die oben eine religiöse Erfahrung genannt wurde,[49] welche jedenfalls die Gehaltenheit des Suchenden in der Haltlosigkeit des Sturzes zur Folge hat. Diese Gehaltenheit rettet noch nicht aus der Unsicherheit des zeitlichen Lebens, sie verhindert aber das Versinken in ihr. Diese Art von Glaube hat als Annahme einer noch uneingeholten Wirklichkeit eine tragende Funktion in jeder Suche der Wahrheit überhaupt, da er die radikale Ungewißheit des Suchenden über sich selbst, über den Vollzug seines Suchens und über dessen Ziel so stützt, daß sie denjenigen Halt gewinnt, ohne den ein Suchen nicht möglich wäre.[50]

In der Selbstgewißheit, in welcher der Suchende sich als Suchenden gefunden hat, ist der Inhalt der Gewißheit lediglich negativ, nämlich daß er noch nicht weiß, was er zu wissen sucht: „Ei mihi, qui nescio saltem quid

[49] Vgl. oben S. 196 ff.

[50] Von hier aus kann die Auflösung der Unterscheidung von Natur und Gnade, wie sie R. LORENZ, Gnade und Erkenntnis bei Augustinus, vorträgt, hinterfragt werden. Vgl. dort z. B. S. 123: „Der Unterschied von Gnade und Natur ist zunächst der von Schöpfer und Geschöpf, von Wirkendem (Gnade) und Bewirktem (Natur). Faßt man Gnade dagegen als das, was Gott dem Menschen schenkt, so verschwimmt die Trennung. Da Natur das ist, was Gott wirkt und will, ordnet sich die Gnade als von Gott Gewirktes dem Stufenreich der Natur ein. Von daher wird die Unterscheidung zwischen Gnade und Natur illusorisch." Wenn es den Menschen als endliches Wahrheits- und Freiheitswesen geben können soll, muß es auch eine Natur geben, die nicht schon ganz von der göttlichen Gnade bestimmt ist, eine Natur, die nicht schon das Reich Gottes ist. In solcher Natur liegt notwendig ein kritisches Moment der Absonderung gegen die göttliche Gnade. Ist die abgesonderte Selbständigkeit dieser Natur gesichert, kann die Offenheit für göttliche Huld wieder Raum gewinnen.

nesciam."[51] In dieser Weise ist der Suchende ganz in die Ungewißheit der mit der Zeitlichkeit verbundenen Veränderlichkeit hineingestellt. Indem er aber in der Zeitlichkeit seiner Suche an der Suche selbst beharrlich festhält, setzt er das Suchen und dessen Ziel außerhalb zeitlicher Vergänglichkeit an. Der Mensch steht gemäß der höchsten Möglichkeit seiner Suche nach der Wahrheit zugleich in und über der Zeit. Diese Wahrheitssuche hat als Tätigkeit des Menschen einen Bezug zur praktischen Philosophie und zeigt sich dort als Bestandstück der höchsten Vollzugsmöglichkeit endlicher Freiheit.

Die Frage nach der Herkunft des Schlechten kann vom Menschen allein deswegen gestellt werden, weil sein Auftreten in Verbindung mit einem freien Wesen betrachtet wird, das für die Tatsächlichkeit des Schlechten verantwortlich gemacht werden könnte. Nur diese Verknüpfung erlaubt die Frage, ob etwas so sein solle oder dürfe, wie es tatsächlich ist. Dem Menschen als suchendem Wesen in der Welt, dem die einfache Frage nach dem, was jeweils ist, gerade auch im Blick auf die Veränderlichkeit der weltlichen Wirklichkeit nicht ausreicht, stellt sich nun insbesondere die Frage nach der Herkunft des Schlechten im eigenen Tun: *unde male faciamus*. Zudem ist die begegnende weltliche Wirklichkeit nicht so gut, daß sie aus sich den Anspruch erheben könnte, vom Menschen so geliebt zu werden, als dürfe sie nicht untergehen. Obwohl aber die faktisch bestehende Wirklichkeit so beschaffen ist, wird ihr – zunächst gegen alle mögliche Erwartung – eine solche Wirklichkeit als Folie hinterlegt, die – wenn sie existierte – für den Menschen das höchste Gut darstellte.

Vor diesem Hintergrund erfährt sich der Mensch, sofern er sich eines Willens bewußt ist, dessen Entscheidung in seiner eigenen Kraft liegt und folglich nicht auf naturgesetzliche Notwendigkeit zurückgeführt zu werden braucht, selber als Urheber des Schlechten. Jedenfalls tritt, weil die Willensbestimmung unzweifelhaft dem Konflikt zwischen einer schon naturhaft gegebenen Begierde und einem ewigen Gesetz, das dieser Begierde öfters Grenzen zieht, ausgesetzt ist, nun die Frage nach einer ursprünglichen Kausalität des Willens auf, welche oben mit der Perseität der Willensbestimmung bezeichnet wurde.

Werden zunächst die im Zusammenhang der Gnadenlehre auftauchenden Probleme außer acht gelassen, so gibt es für den Willen zwei verschiedene Quellen seiner Bestimmung, die in Fällen von moralischer Relevanz miteinander konkurrieren und ihm dadurch eine Entscheidung abverlangen. Die eine Quelle bezeichnet Augustinus als *cupiditas*, die dem Willen zunächst schon naturhaft, d. h. ohne daß ihr eine Willenstätigkeit schon zugrunde läge, Handlungsziele als erstrebenswert vorgibt. Diese *cupiditas* ist in diesem Sinne, beispielsweise als Wunsch, furchtlos zu leben, sittlich neutral. Inso-

[51] *Confessiones* XI, 25, 32.

fern der Mensch allerdings lediglich als Ort des Vollzugs der naturhaften *cupiditas* betrachtet würde, könnte er nicht mehr eigentlich als Täter seiner Taten gelten, sondern nur noch als bloßes Naturwesen. Im bloßen Naturwesen wäre aber das philosophische Fragen überhaupt von vornherein schon zusammengebrochen. Die den Menschen in seiner Menschlichkeit rettende Möglichkeit, die ihn über sein Sein als bloßes Naturwesen hinauszuheben imstande ist, zeigt sich im menschlichen Bewußtsein dadurch an, daß die durchgängige Aufnahme der durch die *cupiditas* vorgegebenen Handlungsziele in die Willensbestimmung als sittlich nicht erlaubt erscheint. Das Gesetz, dem der Wille gemäß diesem Bewußtsein unterworfen werden soll, ist das der bestmöglichen Ordnung des Ganzen, das Gesetz einer moralischen Welt, einer Welt, in der das höchste vollendete Gut des Menschen verwirklicht wäre, in der das Leben eine *vita viva* zu nennen wäre. In der faktisch bestehenden Welt aber kann dieses Gesetz, weil der Wille eines endlichen Freiheitswesens notwendig auch die Freiheit der Entscheidung gegen das Sittengesetz impliziert, nicht gleichsam das Naturgesetz aller freien Willenswesen und das Gesetz der Natur überhaupt werden, so daß der Wille jedes einzelnen Menschen in dieser Welt lediglich danach streben kann, die Sollensforderung des Sittengesetzes zu seiner Bestimmung zu machen. Der Wille kann sich nicht aus dem durch die naturhaften Begierden und die naturgesetzlichen Abläufe andrängenden Zeitstrom befreien, er treibt in diesem Strome aber auch nicht einfach mit, sondern ist im Zeitstrom auch unabhängig von ihm.[52]

Indem der Mensch in seinem Willen durch die Zeitlichkeit der naturhaften *cupiditas* und durch die Unzeitlichkeit der durch die Vernunft selbst offenbaren *lex aeterna* einem so tiefgreifenden Zwiespalt ausgesetzt ist, daß diese beiden Begriffe als Grundgesetze einander wesensfremder Welten – einer natürlichen und einer moralischen Welt – gelten können und so den Chorismos zweier Welten bezeichnen, liegt in ihm dennoch die Möglichkeit der praktischen Selbstbestimmung, die – sofern sie sich nach der Forderung des moralischen Gesetzes vollzieht – das oberste Gut seiner möglichen Tätigkeit ist. Durch die in diesem Chorismos allererst ermöglichte freie Willensentscheidung eines endlichen Wesens werden die zwei Welten, die ohne diese Verbindung auseinanderfielen, zusammengehalten. Durch die Freiheit der Willensentscheidung allein wird auch ein Gut des endlichen Freiheitswesens möglich, das nicht wider Willen wieder entrissen werden kann, durch das die Endlichkeit auch in ihrer Nichtigkeit einen möglichen Sinn erhält. Weil aber das oberste Gut der Zeitlichkeit in verschiedener Weise ausgeliefert bleibt, kommt es nun noch zu Fragestellungen, die schließlich in der Dialektik von Freiheit und Gnade enden. Diese Dialektik hat trotz ihrer antinomi-

[52] Der Mensch ist so auch nach Augustinus zugleich ein Natur- und Vernunftwesen.

schen Struktur einen sie tragenden Einheitsgrund im Wesen des Menschen, sofern er bei der ihm gegebenen Möglichkeit der Willensbestimmung durch das moralische Gesetz der Zeit verhaftet bleibt, sofern er bei aller Überzeitlichkeit, ohne die Moralität nicht möglich ist, doch zugleich ein endliches Zeitwesen bleibt.

Durch diesen Rückgriff auf die Darstellung der theoretischen und der praktischen Wahrheitssuche des Menschen ist nun deutlich geworden, in welchem Sinne die Zeit geeignet ist, dem Menschen einen zureichenden Rahmen für seine genuinen Vollzüge bereitzustellen. Der in seiner steten Gegenwärtigkeit auf die Zeit sich ausspannende Geist vollzieht sein Leben theoretisch und praktisch als *distentio:* „ecce distentio est vita mea".[53] Das Leben als *distentio* ist dementsprechend weder „Ausdehnung", wie Hubert Schiel hier verdeutscht, noch „Zerfahrenheit", wie Joseph Bernhart diesen Ausdruck überträgt, womit einerseits ausschließlich ein gleichsam objektives, vom Zeiterleben unabhängiges Moment betont wird, andererseits aber auch ausschließlich ein gleichsam subjektives, ganz in der Tätigkeit des Zeitbewußtseins begründetes Moment.[54] Gegen die Ausschließlichkeit dieser beiden, je für sich genommen nicht falschen Aspekte ist sowohl an der Gegebenheit des Materials der Zeit als auch an der Tätigkeit des Bewußtseins bei der Konstitution der Zeit festzuhalten. Nur aus beiden Aspekten kann Augustins Lehre vom Wesen des menschlichen Lebens begriffen werden.

Die Bestimmung des Menschenlebens als *distentio* versucht Augustinus nun am Beispiel des Vortrags eines Gesanges als einer Zeitganzheit von bestimmter Größe weiter zu klären. Dies Beispiel hat zudem den von Augustinus selbst auch hervorgehobenen Vorteil, daß der Gesang eine *actio hominis* ist und so gesehen eine Binnenstruktur der Ganzheit repräsentiert, die das menschliche Leben ausmacht: „Et quod in toto cantico . . ., hoc in tota vita hominis, cuius partes sunt omnes actiones hominis."[55] Das Leben wird derart als eine Ganzheit begriffen, die am Anfang wie ein bekannter Gesang in der Erwartung präsent ist, dann im Vollzug immer weiter fortlaufend in das Gedächtnis übergeht und am Ende des Gesanges, da nichts mehr bevorsteht und die Erwartung ganz aufgezehrt ist, eben auch ganz zu einem Vergangenen geworden ist. Nachdem das Geschehen durch ständige Tätigkeit vollendet worden ist, kehrt die vollendete Tätigkeit als ganze in die *memoria* ein: „Quod quanto magis agitur et agitur, tanto breviata expectatione prolongatur memoria, donec tota expectatio consumatur, cum tota illa actio finita

[53] *Confessiones* XI, 29, 39.

[54] Vgl. in der Übersetzung von H. SCHIEL, S. 318, in der Übersetzung von J. BERNHART, S. 665.

[55] *Confessiones* XI, 28, 38.

transiert in memoriam."[56] Als unzerteilt Ganzes zeigt sich das Geschehen somit eigentlich nur da, wo es nicht in der zeitlichen Verwirklichung begriffen ist, nämlich vor dem Beginn seines Vollzuges als Ganzes in der Erwartung und nach dessen Ende als Ganzes in der Erinnerung. Obgleich die *actio* aber gewissermaßen die vor dem Vollzug gegebene Einheit zerreißt, ist die *distentio,* die Ausstreckung in die Zeit, die einzig denkbare Möglichkeit der Verwirklichung eines endlichen Ganzen.

Wie der Agierende in der *distentio* zugleich in und über der Zeit steht, ist oben schon gezeigt worden und wird hier in einer neuen Wendung herausgestellt. In der *distentio,* im zeitlichen Vollzug der Ganzheit, ist das Ganze ja gerade nicht ganz gegeben; wenn aber am Ende das Ganze verwirklicht ist, dann ist es auch schon wieder vorbei, ist es schon wieder aus der Wirklichkeit herausgeglitten. Als solche Zerrissenheit durch die unsteuerbaren ereignishaften Veränderungen in der Zeit beschreibt Augustinus auch den Zustand dessen, der im Vollzug des Lebens steht: „at ego in tempora dissilui, quorum ordinem nescio, et tumultuosis varietatibus dilaniantur cogitationes meae."[57]

Die Verwirklichung des Ganzen in der *distentio* tendiert auf die Vollendung des in der Erwartung vorgegebenen Ganzen zu einer Gestalt, die das Prinzip ihrer Gestaltung in sich trägt. Vor dem Hintergrund dieser Tendenz wird die Verzeitlichung in der *distentio* zunächst leidvoll als Zerreißen der Erwartung erlebt. Die *distentio* tendiert also von vornherein ihrem innersten Sinn nach auf eine *intentio,* in der das in der Zeitlichkeit des Daseins Verwirklichte als ganzheitliche Wirklichkeit zusammengehalten wird: „‚praeterita oblitus', non in ea quae futura et transitura sunt, sed ‚in ea quae ante sunt' non distentus, sed ‚extentus', non secundum distentionem, sed secundum intentionem ‚sequor ad palmam supernae vocationis', ubi ‚audiam vocem laudis et contempler delectationem tuam' nec venientem nec praetereuntem."[58]

[56] Ebd.

[57] *Confessiones* XI, 29, 39.

[58] Ebd.; vgl. hierzu E. DINKLER, Die Anthropologie Augustins, S. 239: „Nicht auf eine distentio kommt es an, sondern auf eine extentio und intentio aus der Zeit zum Ewigen." Richtig bemerkt Dinkler weiter, daß der Mensch „nicht in seiner Gegenwart ruhen" könne. In diesem Sinne käme es also doch auf die *distentio* an, da ihre Außerachtlassung zu einer falschen, dem Menschen nicht wahrhaft möglichen Beruhigung führte. Deswegen kann auch folgendem Satz nur mit Einschränkungen zugestimmt werden: „Der christliche Mensch sucht also durch seine gläubige extentio den Dualismus von Ewigkeit und Zeit zu überwinden, indem er sich in seiner Zeitlichkeit durch die Ewigkeit Gottes bestimmen läßt." Aufgabe des Menschen ist zunächst das *peragere* in der Zeit; die Zeit ist mit ihrem Doppelgesicht der Raum der Möglichkeit seines Daseins. Dem widerstreitet nicht, daß die *distentio* auf die *intentio* tendiert, weil das Ziel der *intentio* für den Menschen nur vor dem Hintergrund der zeitlichen Existenz möglich ist. Die „Selbstverzehrung der Zeitlichkeit", wenn sie nicht durch das sich in Wahrheitssuche und freiem Handeln sich vollziehende *peragere* verstanden wird, führt zur restlosen Vernichtung des

Die Verwirklichung der Möglichkeit des Ganzseins des Zeitwesens scheint erst in seinem Vorbeisein, in seinem Untergegangensein im *mori*, in seinem Nichtmehrdasein gegeben zu sein. Der Tod zeigt sich so als Bedingung des Ganzseinkönnens eines je für sich selbst in seinen Vollzügen verantwortlichen Zeitwesens, sofern die *actiones hominis* nur in einem Ende der *distentio* zur unverwechselbaren Identität eines eben durch sich selbst bestimmten Ganzen führen können. Wie die *actio* des Liedgesanges erst am Ende ganz ist, so ist es auch das menschliche Leben. Wie aber der Gesang nach seinem Ende ganz in die *memoria* übergegangen ist und in ihr als ganzer gemäß seiner zeitlichen Verwirklichung präsent ist, so geht die ganze Tendenz des sich als ganzes zeitlich verwirklichenden Wesens aus dem Sinn der *distentio* über die bloße Zeitlichkeit der Verwirklichung hinaus. Der Mensch zeigt sich nach Augustinus als endliches Wesen, das in der Wahrheitssuche und in der freien Entscheidung schon zugleich in und über der Zeit steht, als ein die Zeitlichkeit seiner endlichen Lebensverwirklichung überhaupt transzendierendes Wesen. Dies gilt unabhängig von der Beantwortung der Frage, wie der Mensch sich je zu diesem mit seinem Wesen gegebenen Transzendenzbezug stellt. Eine argumentativ gesicherte Antwort – zum Beispiel im Sinne von Beweisen für die Unsterblichkeit der menschlichen Seele – ist mit der Feststellung dieses Transzendenzbezuges nach Augustinus nicht gegeben.

Dennoch nimmt jedenfalls Augustinus für sich selbst den vom Transzendenzbezug her kommenden Impuls positiv auf und wendet ihn in die Hoffnung, welche – die Endlichkeit und den Transzendenzbezug des Menschen zugleich voraussetzend – der Endlichkeit in der Zeittranszendenz ihren Sinn gibt: „Et stabo atque solidabor in te, in forma mea, veritate tua“.[59] Ihr unverrückbares Fundament hat diese Hoffnung, die so gesehen keinem bloßen menschlichen Wünschen entspringt, im konkreten Resultat der theoretischen Wahrheitssuche und in der Lehre von der Freiheit der Willensentscheidung. Dies hat zu gelten, obwohl diese wesenhaften Bestrebungen des Menschen in ihrem Resultat, sofern es im irdischen Leben verwirklichbar sein soll, nicht zu der Fülle der ursprünglich intendierten Inhaltlichkeit kommen können, sondern faktisch auf das Bekenntnis der Schwäche und der Suche nach der Wahrheit eingeschränkt bleiben. Die Vorstellung eines Geistes, in den das menschliche Leben gemäß seiner endlichen Verwirklichung – und so ohne Verlust seines selbsterworbenen Eigenseins – aus der zeitlichen Erstreckung in ein Ganzes gesammelt eingehen könnte, wie das Lied als Ganzes an seinem Ende in die *memoria* eingegangen ist, wäre für dies endliche, auf Transzendenz bezogene Wesen eine solche Erfüllung, daß das

Menschen. Die *distentio* muß so gesehen in die *intentio* eingehen, darf nicht von ihr verzehrt werden.

[59] *Confessiones* XI, 30, 40.

Staunen über die Zusage zu solcher Möglichkeit, wie Augustinus sagt, gleichsam in Erschrecken umschlägt: „Certe si est tam grandi scientia et praescientia pollens animus, cui cuncta praeterita et futura ita nota sint, sicut mihi unum canticum notissimum, nimium mirabilis est animus iste atque ad horrorem stupendus."[60]

Diese Hoffnung, die der inneren Tendenz des genuinen Vollzugs der menschlichen Seinsmöglichkeit entspricht, ist zugleich auch, gestützt durch die Autorität der biblischen Schriften, die Hoffnung auf den ewigen Sabbat, in den die Werke des Lebens eingegangen sind, in dem die Zeit ihre Feier hat, in dem der *ordo pulcherrimus* verwirklicht ist.[61] Dies wäre der siebente Tag der Schöpfung, an dem der Mensch nach seinen Werken in Gott ruhen könnte – „sabbato vitae aeternae requiescamus in te" –,[62] wie Gott dann auch in uns ruhen würde – „tunc enim sic requiesces in nobis".[63]

In der Hoffnung auf die Erfüllung der inneren Tendenz der Zeitlichkeit zum unverlierbaren Ganzseinkönnen des sich zeitlich Verwirklichenden wird aus dem phänomenal faßbaren Ziel des Zeitlichen ein Widerschein auf seinen Grund zurückgeworfen. Angesichts der Erfüllung der Zeitlichkeit wird das Aufgehen der Zeit – die Zeitigung des Zeitlichen selbst – zu einem Geschenk der Gnade, wodurch auch die Freiheit der Willensbestimmung, ohne daß ihre Perseität aufgehoben würde, als Werk der Gnade erscheinen kann. Vorausgesetzt werden muß dabei die Einsinnigkeit des Zeitlaufs, der sich mit einer ewigen Wiederkehr des Gleichen nicht verträgt. In dieser Deutung wird die Zeit sowohl für den einzelnen Menschen als auch für die Menschheit insgesamt zur Geschichte ihres unumkehrbaren Bestimmtwerdens in der Zeit durch eigene Tätigkeit. Nur unter der Voraussetzung der Irreversibilität des Zeitlaufs in der Geschichte aber kann nach Augustinus das zeitliche Leben als Geschenk göttlicher Gnade angenommen werden.

Wenn hingegen die Weltzeit als notwendige Funktion des göttlichen Wesens im Sinne der Plotinschen περίλαμψις angenommen wird, welche unvermeidlich auf die Ungeschichtlichkeit der Weltzeit hinausläuft, dann könnte die Zeit in den Augen Augustins nicht mehr als Geschenk verstanden werden, dann erschiene das von so vielen und so großen Übeln geprägte zeitliche Leben eher als Tod denn als Leben: „si tamen vita ista dicenda est, quae potius mors erat".[64] Die Tödlichkeit des Lebens lastete dann so schwer auf denen, welche diese Übel – in so außerordentlich sinnloser Weise – zu erdulden haben, daß sie sogar, obwohl ihnen das Leben nichts zu bieten vermag, selbst den Tod dieses Todes – den Tod des tödlichen Lebens

[60] *Confessiones* XI, 31, 41.
[61] *Confessiones* XIII, 35, 50.
[62] *Confessiones* XIII, 36, 51.
[63] *Confessiones* XIII, 37, 52.
[64] *De civitate Dei* XII, 21.

– noch fürchten: „ita gravis, ut mors, quae ab hac liberat, mortis huius amore timeatur".[65] Ein solcher Weg zur Anschauung Gottes, der in immer neuer Wiederkehr des Gleichen, in immer neuen Umläufen der Seelen als Wechsel von Beisichsein und Außersichsein des Einen vor sich ginge, ist nach Augustinus für die Ohren jedes Frommen völlig unerträglich.[66] Diese Lehre raubte aller menschlichen Mühe und Anstrengung einen möglichen Sinn und brächte, wie Augustinus sagt, so auch die menschliche Liebe zu Gott zum Erstarren: „quo modo ergo fatentur, quanto plus quisque amaverit Deum, tanto eum facilius ad beatitudinem perventurum, qui ea docent, quibus amor ipse torpescat."[67]

Diese, von Augustinus in emphatischer Rhetorik vorgetragenen Einwendungen gegen eine henologische Seinslehre machen deutlich, wie sehr er den Riß im Sein der Welt durch diese Lehre endgültig festgeschrieben sieht. Die Welt würde so endgültig zur Schaubühne eines göttlichen Welttheaters, in dem Glückseligkeit und Elend – einander wechselseitig bedingend – alternierten: „ubi beatitudo et miseria vicissim alternant".[68] Eine solche Metaphysik der notwendig vom Ursprung abfallenden Ausstrahlung des göttlichen Einen wertet in der scheinbaren Erhebung der Welt in die sich ewig fortzeugende Teilhabe am Wesen Gottes die Welt nach Augustinus vielmehr in einem Maße ab, daß das menschliche Streben zu Gott dadurch zugrundegeht.

Obwohl nach dieser Interpretation der Chorismos gemäß dem philosophischen Denken Augustins in allen wesentlichen Vollzügen des Menschen am Anfang schon unableitbar durch seine Phänomenalität gegeben ist, wird er nicht einfach als faktisches und damit bloß hinzunehmendes Bestandstück der weltlichen Wirklichkeit verstanden. Vielmehr hat er zunächst einmal allein als Bedingung der Möglichkeit eines endlichen Wahrheits- und Freiheitswesens für die Dauer von dessen zeitlichem Daseinsvollzug zu gelten. Ohne den Chorismos der Weltzeit ist das erfüllte Seinkönnen eines wesenhaft endlichen Wesens nicht denkbar. Dieses sich so ins Positive wendende Verständnis von Zeit und Zeitlichkeit schließt aber ein, daß der Sinn der Zeit auch die Möglichkeit des endgültig Negativen enthält: als *distentio* ist das Leben ja zugleich auch *tentatio*. Gerade dieses Moment ist grundlegend dafür, daß die Zeitlichkeit in ihrer Positivität als Möglichkeit der freien Selbstbestimmung und in ihrer Negativität als die durch die freie Selbstbestimmung mitgegebene Möglichkeit des Absinkens in das Nichtige und Vernichtende erscheint. In der *tentatio* zeigt sich der Mensch in seiner Betreffbarkeit von den Impulsen des Zeitstroms und in seiner Unabhängigkeit vom einfa-

[65] Ebd.
[66] Ebd.
[67] Ebd.
[68] Ebd.

chen Mittreibenmüssen in diesem Strom. In der *tentatio* werden also die scheinbar durch den Chorismos der weltlichen Wirklichkeit zugleich auch gespaltenen Gesetze einer veränderlichen Welt der Naturgesetzlichkeit und einer unveränderlichen, mittels der Vernunft gegebenen Welt einer allgemeinen besten Ordnung zusammengehalten. Dieser Zusammenhalt zielt so auf die Gestaltung des im Zeitstrom Fließenden durch die Gesetze einer auf das Beste hingeordneten Welt und damit auf die Vereinigung beider. Schon in der Weltzeit ist der Sinn der *distentio* die *intentio,* die Sammlung der Zeit in ein Ganzes unter einem Gesetz.

Im Blick auf diese in ihr liegende Tendenz zur Überwindung des Chorismos erscheint die geschaffene Welt als die vorläufig bestmögliche Ordnung der Dinge. Diese Einschätzung der Welt ist aber bezogen auf die Notwendigkeit der Zeitlichkeit für den Sinn des menschlichen Weltdaseins. Sofern die Welt in ihrer Zeitlichkeit nun die gesuchte Einheit des Vielen nicht mit abschließender Bestimmtheit gewähren kann, kann auch der Chorismos in ihr selbst noch nicht überwunden werden, muß schließlich auf ein Sein im Durchgang durch das Ende der Weltzeit hingedacht werden: „Omnis quippe iste ordo pulcherrimus rerum ‚valde bonarum' modis suis peractis transiturus est: et ‚mane' quippe in eis factum est ‚et vespera'."[69]

Die Einheit des individuellen Menschen in seiner unverwechselbaren, in ihm selbst begründeten Identität ist nur durch seine, sich innerhalb des phänomenal gegebenen Chorismos auslegende und ihn tendenziell in dieser Selbstauslegung zusammenhaltende, auf Transzendenz bezogene und durch Wahrheitssuche und sittliches Handeln sich verwirklichende und vollziehende Endlichkeit möglich. Die in der Transzendenz liegende und nur durch Hoffnung erfaßbare Zielgerichtetheit des in der zeitlichen Verwirklichung des menschlichen Daseins anwesenden Sinnes ist die Erfüllung seiner Selbstbestimmung in einer wandellosen Gegenwart, in der die Wahrheitssuche sich nicht im bloßen Sichfinden des Suchenden als Suchenden begnügen muß, sondern die Schau der Wahrheit selbst erhofft wird, und in der die praktische Wahrheitssuche sich nicht mit der auf die Suche der Wahrheit und das Bekenntnis der Schwäche eingeengten Willensbestimmung begnügen muß, sondern das höchste vollendete Gut unmittelbar wollen kann.

[69] *Confessiones* XIII, 35, 50.

Literaturverzeichnis

I. Zugrundeliegende Ausgaben der Werke und Schriften der Hauptautoren

1. PLATON

a. Gesamtausgaben

Platonis Opera, ed. J. Burnet, 5 Bände, Oxford 1900–1907.
Platon: Werke in acht Bänden. Griechisch und deutsch, hrsg. von G. Eigler, Darmstadt 1970–1983.
Platon: Sämtliche Werke in der Übersetzung von Friedrich Schleiermacher, hrsg. von W. F. Otto†, E. Grassi und G. Plamböck, Hamburg 1957 ff.
Platon: Sämtliche Werke in acht Bänden, eingeleitet von O. Gigon, übertragen von R. Rufener, Zürich und München 1974.

b. Teil- und Einzelausgaben

Platon: Ion, griech.-dt. hrsg. von H. Flashar, München 1963.
Platon: Phaidros, hrsg. und übers. von W. Buchwald, München 1964.
Platon: Briefe, griech.-dt. hrsg. von W. Neumann†, bearb. von J. Kerschensteiner, München 1967.
Platon: Symposion, hrsg. und übers. von F. Boll, neu bearb. von W. Buchwald, München [6]1969.
Platon: Der Sophist, auf der Grundlage der Übers. von O. Apelt neu bearb. und hrsg. von R. Wiehl, Hamburg 1967.
Platon: Menon, auf der Grundlage der Übers. von O. Apelt in Verbindung mit E. Zekl neu bearb. und hrsg. von Kl. Reich, Hamburg 1972.
Platon: Parmenides, übers. und hrsg. von H. G. Zekl, Hamburg 1972.
Platon: Das Gastmahl, übers. und erl. von O. Apelt, neu bearb. von A. Capelle, Hamburg [3]1981.

2. ARISTOTELES

a. Gesamtausgaben

Aristotelis Opera. Ex rec. I. Bekkeri ed. Academia Regia Borrusica, Berlin 1831 ff. (Nachdruck Berlin 1960).
Aristoteles: Werke in deutscher Übersetzung, begr. von E. Grumach, hrsg. von H. Flashar, Berlin 1956 ff.

b. Teil- und Einzelausgaben

Aristoteles: Werke, griech. und dt. hrsg. und übers. von K. Prantl, H. Aubert, Chr. Fr. Wimmer, Fr. Susemihl, A. Frantzius, Aalen 1978 (Neudruck der Ausgabe von 1853–1879).
Aristotelis Ethica Nicomachea, ed. I.Bywater, Oxford 1894 (Nachdruck 1979).
Aristoteles: Die Nikomachische Ethik, übers. und hrsg. von O. Gigon, Zürich und München 1967.
Aristoteles: Nikomachische Ethik, auf der Grundlage der Übers. von E. Rolfes hrsg. von G. Bien, Hamburg ³1972.
Aristotle's Metaphysics. A revised text with introduction and commentary by W. D. Ross, 2 Bände, Oxford 1924.
Aristoteles' Metaphysik, griech.-dte. Parallelausgabe in neubearb. Übers. von H. Bonitz mit Einl. und Komm. hrsg. von H. Seidl, griech. Text in der Ed. von W. Christ, 2 Bände, Hamburg 1978/80.
Aristotelis De Anima, ed. W. D. Ross, Oxford 1956 (Nachdruck 1979).
Aristoteles: Über die Seele, hrsg. übertr. und in ihrer Entstehung erl. von P. Gohlke, Paderborn 1961.

3. PLOTIN

Plotini Opera, 2 Bände, ed. P. Henry und H. R. Schwyzer, Paris/Brüssel 1951/1959.
Plotins Schriften, griech.-dte. Parallelausgabe in 5 Textbänden, 5 Anmerkungsbänden, einem Anhangband: Porphyrios, Über Plotins Leben, und einem Indicesband, übers. von R. Harder, Band I in Neubearb. von R. Harder, ab Band II neubearb. von R. Beutler und W. Theiler, Hamburg ²1956–1971.

4. AUGUSTINUS

a. Gesamtausgaben

Sancti Augustini Hipponensis Episcopi Opera Omnia, post Lovanensium Theol. rec., opera et studio Mon. O.S.B. e congreg. S. Mauri, ed. J.-P. Migne (Bände 32–47 von: Patrologiae Cursus Completus, series Latina), Paris 1841–1849.
Bibliothèque Augustinienne, Œuvres de Saint Augustin Paris ²1947 ff.
Sancti Augustini Opera, in: Corpus Christianorum, series Latina, Turnhout 1954 ff.
Aurelius Augustinus: Werke in deutscher Sprache (teils auch lat.-dt.), hrsg. von C. J. Perl, Paderborn 1940 ff.

b. Teil- und Einzelausgaben

Des heiligen Augustinus Bekenntnisse, lat.-dt., übertr. und eingel. von H. Schiel, Freiburg ⁶1959.
Augustinus: Confessiones/Bekenntnisse, lat.-dt., eingel., übers. und erl. von J. Bernhart, München ³1966.

Aurelius Augustinus: Selbstgespräche über Gott und die Unsterblichkeit der Seele, lat.-dt., bearb. von H. Fuchs und H. Müller, hrsg. von K. Hoenn, Zürich 1954.
S. Aurelii Augustini Soliloquiorum libri duo/Augustinus: Selbstgespräche, lat.-dt. hrsg. von P. Remark, München ^{2}1965.
Augustinus: De libero arbitrio. De vera religione/ Theologische Frühschriften: Vom freien Willen. Von der wahren Religion, bearb. von W. Green (lat. Text) und W. Thimme (Übers. und Erl.), hrsg. von W. Rüegg, Zürich und Stuttgart 1962.
Augustinus: Philosophische Frühdialoge: Gegen die Akademiker. Über das Glück. Über die Ordnung, eingel. übers. und erl. von B. R.Voss, I. Schwarz-Kirchenbauer, W. Schwarz und E. Mühlenberg, hrsg. von C. Andresen, Zürich 1972.
Augustinus: De quantitate animae. De magistro/ Philosophische Spätdialoge: Die Größe der Seele. Der Lehrer, bearb. von K. H. Lütcke und G. Weigel, hrsg. von C. Andresen, Zürich und München 1973.
Aurelius Augustinus: Über die Psalmen, ausgew. und übertr. von H. U. v. Balthasar, Leipzig 1936.
Christliches Ethos. Des Aurelius Augustinus Buch ‚Von den Sitten der katholischen Kirche', übertr. und erl. von P. Keseling, Münster 1948.
Aurelius Augustinus: Über den dreieinigen Gott, ausgew. und übertr. von M. Schmaus, München ^{2}1951.

II. Sekundärliteratur und weitere Literatur

ABEL, M.: Le ‚Praedestinatus' et le pélagianisme, in: Recherches de théologie ancienne et médiévale 35, 1968, S. 5–25.

ACHELIS, W.: Die Deutung Augustins, Bischofs von Hippo. Analyse seines geistigen Schaffens auf Grund seiner erotischen Struktur, Prien am Chiemsee 1921.

ADAM, A.: Das Fortwirken des Manichäismus bei Augustin, in: Zeitschrift für Kirchengeschichte 69, 1958, S. 1–25.

ALAND, B.: Cogitare Deum in den Confessiones Augustins, in: Pietas. Festschrift für B. Kötting, hrsg. von E. Dassmann und K. S. Frank, Münster 1980, S. 93–104.

ALBERT, K.: Die philosophische Anthropologie bei P. L. Landsberg, in: Zeitschrift für philosophische Forschung 27, 1973, S. 582–594.

–: Griechische Religion und Platonische Philosophie, Hamburg 1980.

ANDERSON, J. F.: St. Augustine and Being. A Metaphysical Essay, The Hague 1965.

ANDRESEN, C.: Bibliographia Augustiniana. Darmstadt ²1973.

–: Vorwort, zugleich eine Einführung, in: Zum Augustin-Gespräch der Gegenwart I, hrsg. von C. Andresen, Darmstadt ²1975, S. 1–42.

–: Das Augustingespräch (1960–1980), in: Zum Augustin-Gespräch der Gegenwart II, hrsg. von C. Andresen, Darmstadt 1981, S. 1–39.

ANSELM v. Canterbury: Proslogion, lat.-dte. Ausgabe von Fr. S. Schmitt, Stuttgart/Bad Cannstatt 1962.

–: Monologion, lat.-dte. Ausgabe von Fr. S. Schmitt, Stuttgart/Bad Cannstatt 1964.

APPEL, N.: Kanon und Kirche. Die Kanonkrise im heutigen Protestantismus als kontroverstheologisches Problem, Paderborn 1964.

ARENDT, H.: Der Liebesbegriff bei Augustin. Versuch einer philosophischen Interpretation, Berlin 1929.

AUMÜLLER, J.: Vergleichung der drei Aristotelischen Ethiken hinsichtlich ihrer Lehre über die Willensfreiheit, Landshut 1898/1900.

BÄRTHLEIN, K.: Der ‚ὀρθὸς λόγος' und das ethische Grundprinzip in den platonischen Schriften, in: Archiv für Geschichte der Philosophie 46, 1964, S. 129–173.

BARDENHEWER, O.: Geschichte der altkirchlichen Literatur, Band I, Freiburg 1902; Band II, Freiburg 1903.

BARTH, H.: Die Freiheit der Entscheidung im Denken Augustins, Basel 1935.

BAUMGARTNER, H. M.: Von der Möglichkeit, das Agathon als Prinzip zu denken. Versuch einer transzendentalen Interpretation zu Politeia 509 b, in: Parusia. Studien zur Philosophie Platons und zur Problemgeschichte des Platonismus. Festgabe für J. Hirschberger, hrsg. von K. Flasch, Frankfurt am Main, S. 89–101.

BEIERWALTES, W.: Eine Reflexion zum Geistbegriff des Proklos, in: Archiv für Geschichte der Philosophie 43, 1961, S. 119–127.

–: Einleitung und Kommentar zu: Plotin, Über Zeit und Ewigkeit (Enneade III 7), übers., eingel. und komm. von W. Beierwaltes, Frankfurt am Main 1967.

–: Vorwort zu: Platonismus in der Philosophie des Mittelalters, hrsg. von W. Beierwaltes, Darmstadt 1969, S. VII– XIV.

–: Platonismus und Idealismus; Frankfurt am Main 1972.
–: Plotins Metaphysik des Lichtes, in: Die Philosophie des Neuplatonismus, hrsg. von Cl. Zintzen, Darmstadt 1977, S. 75–117.
–: Identität und Differenz, Frankfurt am Main 1980.
–: Deus est veritas. Zur Rezeption des griechischen Wahrheitsbegriffes in der frühchristlichen Theologie, in: Pietas. Festschrift für B. Kötting, hrsg. von E. Dassmann und K. S. Frank, Münster 1980, S. 15–29.
–: Regio Beatitudinis. Zu Augustins Begriff des glückseligen Lebens, Heidelberg 1980.

BERLINGER, R.: Augustins dialogische Metaphysik, Frankfurt am Main 1962.

BERNAYS, J.: Die Dialoge des Aristoteles in ihrem Verhältnis zu seinen übrigen Werken, Darmstadt ^{2}1968 (Nachdruck von Berlin 1863).

BESANÇON, J. N.: Le mal et l'existence temporelle chez Plotin et saint Augustin, in: Recherches Augustiniennes 3, Paris 1965, S. 133–160.

BIEN, G.: Das Theorie-Praxis-Problem und die politische Philosophie bei Platon und Aristoteles, in: Philosophisches Jahrbuch 76, 1968/69, S. 264–314.
–: Die menschlichen Meinungen und das Gute. Die Lösung des Normproblems in der Aristotelischen Ethik, in: M. Riedel (Hrsg.), Rehabilitierung der praktischen Philosophie I, Freiburg 1972, S. 345–371.
–: Aristotelische Ethik und Kantische Moraltheorie, in: Freiburger Universitätsblätter 73, 1983, S. 57–74.

BLANCHARD, P.: L'espace intérieur chez saint Augustin d'après le livre X des ‚Confessions', in: Augustinus Magister, Congrès International Augustinien, Paris 1954, S. 535–542.

BLUMENBERG, H.: Augustins Anteil an der Geschichte des Begriffs der theoretischen Neugierde, in: Revue des Études Augustiniennes 7, 1961, S. 35–70.
–: Das dritte Höhlengleichnis, Studi e Richerchi di Storia della Filosofia 39, Torino 1961.

BORMANN, K.: Platon, Freiburg/München 1973.

BOROS, L.: Das Problem der Zeitlichkeit bei Augustinus (Diss. München 1954; unter dem Titel: Les catégories de la temporalité chez Saint Augustin, in: Archives de Philosophie 21, 1958, S. 323–385).

BOURKE, J. V.: Augustine's Quest of Wisdom. Life and Philosophy of the Bishop of Hippo, Milwaukee 1945.

BOYER, Ch.: La philosophie augustinienne. Ignore-t-elle l'abstraction, Tournai 1930.
–: L'idée de vérité dans la philosophie de saint Augustin Paris ^{2}1940.

BRANDT, R.: Wahre und falsche Affekte im platonischen *Philebus,* in: Archiv für Geschichte der Philosophie 59, 1977, S. 1–18.

BRENTANO, Fr.: Von der mannigfachen Bedeutung des Seienden nach Aristoteles, Hildesheim 1960 (Nachdruck von Freiburg 1862).
–: Die Psychologie des Aristoteles, insbesondere seine Lehre vom ΝΟΥΣ ΠΟΙΗΤΙΚΟΣ. Nebst einer Beilage über das Wirken des Aristotelischen Gottes, Darmstadt 1967 (Nachdruck von Mainz 1867).

BRECHTKEN, J.: Augustinus Doctor Caritatis. Sein Liebesbegriff im Widerspruch von Eigennutz und selbstloser Güte im Rahmen der antiken Glückseligkeitsethik, Meisenheim am Glan 1975.

BRÖCKER, W.: Der Mythos vom Baum der Erkenntnis, in: Anteile. Martin Heidegger zum 60. Geburtstag, Frankfurt am Main 1950, S. 29–50.
–: Platos Gespräche, Frankfurt am Main ²1982.
BROWN, P.: Augustinus von Hippo, übers., bearb. und hrsg. von J. Bernard, Frankfurt am Main ²1982.
BRÜLISAUER, B.: Die goldene Regel. Analyse einer dem Kategorischen Imperativ verwandten Grundnorm, in: Kant-Studien 71, 1980, S. 325–345.
BUCHER, A. J.: Der Ursprung der Zeit aus dem Nichts. Zum Zeitbegriff Augustins, in: Recherches Augustiniennes 11, 1976, S. 35–51.
BURKERT, W.: Weisheit und Wissenschaft, Nürnberg 1962.
BURNABY, J.: Amor Dei, London 1947; daraus Teilübers. von R. Lorenz: Gnade und Freiheit, in: Zum Augustin-Gespräch der Gegenwart I, Darmstadt ²1975, S.442–458.
CALOGERO, G.: Studien über den Eleatismus, Darmstadt 1970 (dte. Übers. der ital. Orig.-Ausgabe: Studi sull'eleatismo von 1932, mit Anhang).
CAMPENHAUSEN, H. v.: Die Entstehung der christlichen Bibel, Tübingen1968.
CASSIRER, H.: Aristoteles' Schrift ‚Von der Seele' und ihre Stellung innerhalb der aristotelischen Philosophie, Tübingen 1932.
CATHREIN, V.: Lust und Freude. Ihr Wesen und ihr sittlicher Charakter. Mit besonderer Berücksichtigung der Lehre des Aristoteles, Innsbruck 1931.
CAYRÉ, F.: Initiation à la philosophie de saint Augustin, Paris 1947.
CHEN, C.-H.: Das Chorismos-Problem bei Aristoteles, Berlin 1940.
CHÉNÉ, J.: La Théologie de saint Augustin. Grâce et Prédestination, Lyon 1961.
CHENU, M. D.: Die Platonismen des zwölften Jahrhunderts, übers. von M. Lakebrink, in: Platonismus in der Philosophie des Mittelalters, hrsg. von W. Beierwaltes, Darmstadt 1969, S. 268–316.
CHERNISS, H.: Aristotle's Criticism of Plato and the Academy I, Baltimore 1944.
CORNFORD, F. M.: Plato's Theory of Knowledge, London 1960 (Nachdruck von 1935).
–: Plato's Cosmology. The ‚Timaeus' of Plato Translated with a running Commentary, Oxford ⁴1965 (Nachdruck von 1937).
COURCELLE, P.: Les confessions de saint Augustin dans la tradition littéraire. Antécédents et Postérité, Paris 1963.
–: Die Entdeckung des christlichen Neuplatonismus, in: Zum Augustin-Gespräch der Gegenwart I, hrsg. von C. Andresen, Darmstadt ²1975, S. 125–181.
COURTURIER, C.: ‚Sacramentum' et ‚Mysterium' dans l'œuvre de saint Augustin, in: Études Augustiniennes, Paris 1953, S. 161–332.
CRAEMER-RUEGENBERG, I.: Die Naturphilosophie des Aristoteles, Freiburg/München 1980.
DEKU, H.: Infinitum prius finito, in: Philosophisches Jahrbuch 62, 1953, S. 267–284.
DELAHAYE, K.: Die ‚memoria-interior'-Lehre des hl. Augustinus und der Begriff der ‚transzendentalen Apperzeption' bei Kant. Versuch eines historisch-systematischen Vergleichs, Würzburg 1936.
DEMPF, A.: Der Wertgedanke in der aristotelischen Ethik und Politik, München 1921.
DERBOLAV, J.: Freiheit und Naturordnung im Rahmen der aristotelischen Ethik. Mit einem Ausblick auf Kant, in: Kant-Studien 57, 1966, S. 32–60.
DESCARTES, R.: Meditationes de prima philosophia, auf Grund der Ausgaben von A. Buchenau neu hrsg. von L. Gäbe, durchges. von H. G. Zekl, Hamburg ²1977.

DIHLE, A.: Die goldene Regel. Eine Einführung in die Geschichte der antiken und frühchristlichen Vulgärethik, Göttingen 1962.
DINKLER, E.: Die Anthropologie Augustins, Stuttgart 1934.
DIRLMEIER, Fr.: Aristoteles, in: Aristoteles in der neueren Forschung, hrsg. von P. Moraux, Darmstadt 1968, S. 144–157.
DÖRRIE, H.: Porphyrios als Mittler zwischen Plotin und Augustin, in: Platonismus in der Philosophie des Mittelalters, hrsg. von W. Beierwaltes, Darmstadt 1969,S. 410–439.
–: Von Platon zum Platonismus. Ein Bruch in der Überlieferung und seine Überwindung, Opladen 1976.
–: Platonica Minora, München 1976.
–: Die Andere Theologie. Wie stellten die frühchristlichen Theologen des 2.–4. Jahrhunderts ihren Lesern die „Griechische Weisheit" (= den Platonismus) dar?, in: Theologie und Philosophie 56, 1981, S. 1–46.
–: Gottesvorstellung, in: Reallexikon für Antike und Christentum. Sachwörterbuch zur Auseinandersetzung des Christentums mit der antiken Welt, Band 12, Stuttgart 1981, Sp. 81–154.
DOULL, J. A.: A Commentary on Plato's *Theaetetus*, in: Dionysius I, 1977, S. 5–47.
DUDLEY, J.: Gott und θεωρία bei Aristoteles. Die metaphysische Grundlage der Nikomachischen Ethik, Frankfurt am Main 1982.
DÜRING, I.: Aristoteles. Darstellung und Interpretation seines Denkens, Heidelberg 1966.
EBELING, H.: Selbsterhaltung und Selbstbewußtsein. Zur Analytik von Freiheit und Tod, Freiburg/München 1979.
EBERT, Th.: Meinung und Wissen in der Philosophie Platons. Untersuchungen zum ‚Charmides', ‚Menon' und ‚Staat', Berlin/New York 1974.
EGERMANN, F.: Platonische Spätphilosophie und Platonismen bei Aristoteles, in: Hermes 87, 1959, S. 133–142.
EIBL, H.: Augustin und die Patristik. Geschichte der Philosophie in Einzeldarstellungen, Abt. III. Die christliche Philosophie Band 10/11, München 1923.
FAUST, A.: Descartes und Augustin. Zur Unterscheidung von theoretischer und religiöser Gewißheit, Erlangen 1924.
FINK, E.: Metaphysik und Tod, Stuttgart 1969.
FISCHER, N.: Die Transzendenz in der Transzendentalphilosophie. Untersuchungen zur speziellen Metaphysik an Kants ‚Kritik der reinen Vernunft', Bonn 1979.
–: Zum Problem der Transzendenz in der platonischen Erkenntnislehre, in: Theologie und Philosophie 55, 1980, S. 384–403.
–: Die Ursprungsphilosophie in Platons ‚Timaios', in: Philosophisches Jahrbuch 89, 1982, S. 247–268.
–: Tugend und Glückseligkeit. Zu ihrem Verhältnis bei Aristoteles und Kant, in: Kant-Studien 74, 1983, S. 1–21.
–: Vernunftdeterminismus und Entscheidungsfreiheit. Die Doppelgesichtigkeit des Intellektualismus-Problems in der Grundlegung der philosophischen Ethik bei Thomas von Aquin, in: Zeitschrift für philosophische Forschung 39, 1985, S. 523–547.
–: Epigenesis des Sinnes. Nicolai Hartmanns Destruktion einer allgemeinen Weltteleologie und das Problem einer philosophischen Theologie, in: Kant-Studien 78, 1987, S. 64–86.

FLASCH, K.: Augustin. Einführung in sein Denken, Stuttgart 1980 (hierzu vgl. die Rezensionen von Kuhn, Madec, Mayer).
FLASHAR, H.: Die Kritik der platonischen Ideenlehre in der Ethik des Aristoteles, in: Synusia. Festschrift für W. Schadewaldt, Pfullingen 1965, S. 223–246.
FLEISCHER, M.: Hermeneutische Anthropologie. Platon – Aristoteles, Berlin/New York 1971.
FORSCHNER, M.: Die stoische Ethik. Über den Zusammenhang von Natur-, Sprach- und Moralphilosophie im altstoischen System, Stuttgart 1981.
FRÄNKEL, H.: Dichtung und Philosophie des frühen Griechentums. Eine Geschichte der griechischen Epik, Lyrik und Prosa bis zur Mitte des fünften Jahrhunderts, München 1976 (unveränd. Nachdruck der dritten Auflage).
FRANK, E.: Augustin und das griechische Denken, in: Zum Augustin-Gespräch der Gegenwart I, hrsg. von C. Andresen, Darmstadt ²1975, S. 182–197.
FRIEDLÄNDER, P.: Platon (1928/1930), in drei Bänden, I: ²1954 und ³1964; II: ³1964; III: ³1975.
FRITZ, K. v.: Zur Frage der ‚esoterischen' Philosophie Platons, in: Archiv für Geschichte der Philosophie 49, 1967, S. 255–268.
FUNKE, G.: Zur transzendentalen Phänomenologie, Bonn 1957.
–: Cogitor ergo sum. Sein und Bewußtsein, in: Sinn und Sein. Ein philosophisches Symposion, hrsg. von R. Wisser, Tübingen 1960, S. 155–182.
–: Gewohnheit, Bonn ²1961.
–: Phänomenologie – Metaphysik oder Methode, Bonn ³1979.
GADAMER, H.-G.: Platos dialektische Ethik und andere Studien zur platonischen Philosophie, Hamburg 1968.
–: Antike Atomtheorie. in: Um die Begriffswelt der Vorsokratiker, hrsg. von H.-G. Gadamer, Darmstadt 1968, S. 512–533.
–: Platons ungeschriebene Dialektik, in: Kleinere Schriften III. Idee und Sprache, Tübingen 1972, S. 27–49.
–: Die Unsterblichkeitsbeweise in Platons Phaidon, in: Wirklichkeit und Reflexion. Walter Schulz zum 60. Geburtstag, hrsg. von H. Fahrenbach, Pfullingen 1973, S. 145–161.
–: Idee und Wirklichkeit in Platos Timaios, Heidelberg 1974.
–: Die Idee des Guten zwischen Plato und Aristoteles, Heidelberg 1978.
–: Plato: Texte zur Ideenlehre, mit einem Vorwort hrsg. und übers., Frankfurt am Main 1978.
GAISER, K.: Platons ungeschriebene Lehre. Studien zur systematischen und geschichtlichen Begründung der Wissenschaften in der Platonischen Schule, Stuttgart ²1968.
–: Das Platonbild. Zehn Beiträge zum Platonverständnis, mit einem Vorwort hrsg., Hildesheim 1969.
GANGAUF, Th.: Metaphysische Psychologie des heiligen Augustinus, Frankfurt am Main 1968 (Nachdruck von 1852).
GEERLINGS, W.: Zur Frage des Nachwirkens des Manichäismus in der Theologie Augustins, in: Zeitschrift für katholische Theologie 93, 1971, S. 45–60.
GEYSER, J.: Augustin und die phänomenologische Religionsphilosophie der Gegenwart. Mit besonderer Berücksichtigung Max Schelers, Münster 1923.
GIGON, O.: Einleitung in den Timaios, in: Platon, Sämtliche Werke, Spätdialoge II, Zürich und München 1974, S. XXXII–IL.

GILLET, R.: Temps et exemplarisme chez Augustin, in: Augustinus Magister, Congrés International Augustinien, Paris 1954, S. 933–941.

GILSON, É.: Der heilige Augustin. Eine Einführung in seine Lehre (dte. Übers. der franz. Originalausgabe: Introduction a l'Étude de Saint Augustin, Paris 1929), Hellerau 1930.

–: Die Zukunft der augustinischen Metaphysik, in: Der katholische Gedanke 3, 1930, S. 141–162.

–: Die christliche Freiheit, in: Zum Augustin-Gespräch der Gegenwart I, hrsg. von C. Andresen, Darmstadt [2]1975, S. 399–441 (Teilübers. der 3. Aufl. von: Introduction a l'Étude de Saint Augustin).

–: History of Christian Philosophy in the Middle Ages, London 1955.

–: Notes sur l'être et le temps chez saint Augustin, in: Recherches Augustiniennes 2, 1962, S. 205–223.

GOETHE, J. W. v.: Entwurf einer Farbenlehre. Einleitung, in: Werke (Hamburger Ausgabe), Band 13, München [8]1981.

GRABMANN, M.: Die Grundgedanken des hl. Augustinus über Seele und Gott, Köln 1924.

GROAG, E.: Platos Lehre von den Seelenteilen I, in: Wiener Studien 35, 1913; II, in: Wiener Studien 37, 1915, S. 118–141.

–: Zur Lehre vom Wesen der Seele in Platos Phaedrus und im zehnten Buch der Republik, in: Wiener Studien 37, 1915, S. 189–222.

GUARDINI, R.: Die Bekehrung des Aurelius Augustinus. Der innere Vorgang in seinen Bekenntnissen, München [2]1950.

–: Der Tod des Sokrates. Eine Interpretation der platonischen Schriften Euthyphron, Apologie, Kriton und Phaidon (1943), Hamburg 1956.

GUITTON, J.: Le temps et l'éternité chez Plotin et saint Augustin, Paris 1933.

GUTHRIE, W. K. C.: Die griechischen Philosophen von Thales bis Aristoteles, Göttingen 1963.

HADOT, P.: Zur Einführung, und: Einleitung, in: Marius Victorinus. Christlicher Neuplatonismus, übers. von P. Hadot und U. Brenke. Eingel. und erl. von P. Hadot, hrsg. von C. Andresen, Zürich/Stuttgart 1967.

–: Die Metaphysik des Porphyrios, in: Die Philosophie des Neuplatonismus, hrsg. von Cl. Zintzen, Darmstadt 1977, S. 208–237.

HAENCHEN, E.: Die Frage nach der Gewißheit beim jungen Augustin, Stuttgart 1932.

HAGER, F.-P.: Die Vernunft und das Problem des Bösen im Rahmen der platonischen Ethik und Metaphysik, Bern und Stuttgart 1963.

–: Der Geist und das Eine. Untersuchungen zum Problem der Wesensbestimmung des höchsten Prinzips als Geist oder als Eines in der griechischen Philosophie, Bern und Stuttgart 1970.

–: Die Materie und das Böse im antiken Platonismus, in: Die Philosophie des Neuplatonismus, hrsg. von Cl. Zintzen, Darmstadt 1977, S. 427–474.

HAPP, H.: Hyle. Studien zum aristotelischen Materie-Begriff, Berlin/New York 1971.

HARDER, R.: Zu Plotins Leben, Wirkung und Lehre, in: Plotin, Ausgewählte Schriften, in der Übers. von R. Harder, teilweise überarb. von W. Theiler und R. Beutler, hrsg. von W. Marg, Stuttgart 1973, S. 245–268.

HARTMANN, Nic.: Systematische Selbstdarstellung (1933), in: Kleinere Schriften I, Berlin 1955, S. 1–51.
–: Das Problem des Apriorismus in der Platonischen Philosophie (1935), in: Kleinere Schriften II, Berlin 1957, S. 48–85.
–: Zur Lehre vom Eidos bei Platon und Aristoteles (1941), in: Kleinere Schriften II, Berlin 1957, S. 129–164.
–: Die Wertdimensionen der Nikomachischen Ethik (1944), in: Kleinere Schriften II, Berlin 1957, S.191–214.
–: Ethik, Berlin [4]1962.
–: Platos Logik des Seins (1909), Berlin [2]1965.
–: Grundzüge einer Metaphysik der Erkenntnis, Berlin [5]1965.
HEIDEGGER, M.: Sein und Zeit, Tübingen [11]1967.
–: Kant und das Problem der Metaphysik, Frankfurt am Main [4]1973.
–: Platons Lehre von der Wahrheit. Mit einem Brief über den ‚Humanismus', Bern und München [3]1975.
–: Der Satz vom Grund, Pfullingen [5]1978.
HEIMSOETH, H.: Studien zur Philosophie Immanuel Kants II, Bonn 1970.
HEINEMANN, Fr.: Plotin. Forschungen über die plotinische Frage, Plotins Entwicklung und sein System (von R. Wisser durchges. Neudruck der Ausg. Leipzig 1921), Aalen 1973.
HEISENBERG, W.: Platons Vorstellungen von den kleinsten Bausteinen der Materie und die Elementarteilchen der modernen Physik, in: Im Umkreis der Kunst. Eine Festschrift für Emil Preetorius zum 70. Geburtstag am 21. Juni 1952, hrsg. von F. Hollwich (ohne Ort und Jahr), S. 137–140.
HEITSCH, E.: Die nicht-philosophische ΑΛΗΘΕΙΑ; in: Hermes. Zeitschrift für klassische Philologie 90, 1962, S.24–33.
HENDRIKX, E.: Augustins Verhältnis zur Mystik. Eine patristische Untersuchung, Würzburg 1936 (eine von C. Andresen gekürzte und stilist. überarb. Fassung jetzt in: Zum Augustin-Gespräch der Gegenwart I, hrsg. von C. Andresen, Darmstadt [2]1975, S. 271–346).
HENRY, P.: Plotin et l'Occident, Louvain 1934.
–: Die Vision zu Ostia, in: Zum Augustin-Gespräch der Gegenwart I, hrsg. von C. Andresen, Darmstadt [2]1975, S. 201–270.
–: Plotins Standort in der Geschichte des Denkens, in: Die Philosophie des Neuplatonismus, hrsg. von Cl. Zintzen, Darmstadt 1977, S. 118–164.
–: The Oral Teaching of Plotinus, in: Dionysius 6, 1982, S. 4–12.
HENSCHEL, M.: Das Malum in Augustins De civitate Dei. Studien zur Struktur seines Denkens (Diss. Jena 1957).
HERTER, H.: Das unschuldige Kind, in: Jahrbuch für Antike und Christentum 4, 1961, S. 146–162.
HESSEN, J.: Platonismus und Prophetismus. Die antike und die biblische Geisteswelt in strukturvergleichender Betrachtung, München/Basel [2]1955.
–: Die Philosophie des hl. Augustinus, Nürnberg [2]1955.
–: Augustins Metaphysik der Erkenntnis, Leiden [2]1960.
HIESTAND, M.: Das sokratische Nichtwissen in Platons Dialogen. Eine Untersuchung über die Anfänge Platons, Zürich 1923.
HIRSCH, W.: Platon und das Problem der Wahrheit, in: Durchblicke. Martin Heideg-

ger zum 80. Geburtstag, hrsg. von V. Klostermann, Frankfurt am Main 1969, S. 207–234.
–: Platons Weg zum Mythos, Berlin/New York 1971.
HIRSCHBERGER, J.: Wert und Wissen im platonischen Symposion, in: Philosophisches Jahrbuch 46, 1933, S. 201–227.
–: Geschichte der Philosophie I, Altertum und Mittelalter, Freiburg [8]1965.
HOFFMANN, E.: Platon, Zürich 1950.
–: Platonismus und christliche Philosophie, Zürich/Stuttgart 1960.
–: Drei Schriften zur griechischen Philosophie, Heidelberg 1964.
HOLL, A.: Signum und Chiffer. Eine religionsphilosophische Konfrontation Augustins mit Karl Jaspers, in: Revue des Études Augustiniennes 12, 1966, S. 157–182.
HOLTE, R.: Béatitude et Sagesse. Saint Augustin et le problème de la fin de l'homme dans la philosophie ancienne, Paris 1962.
HUBER, C. E.: Anamnesis bei Platon, München 1964.
HUBER, G.: Das Sein und das Absolute. Studien zur Geschichte der ontologischen Problematik in der spätantiken Philosophie, Basel 1955.
HUSSERL, E.: Cartesianische Meditationen und Pariser Vorträge, hrsg. und eingel. von St. Strasser, Haag [2]1973.
IRVIN, T.: Plato's Moral Theory. The Early and Middle Dialogues (1977), Oxford 1982.
IVÁNKA, E. v.: Plato Christianus. Übernahme und Umgestaltung des Platonismus durch die Väter, Einsiedeln 1964.
–: Zur Problematik der Aristotelischen Seelenlehre, in: Die Naturphilosophie des Aristoteles, hrsg. von G. A. Seeck, Darmstadt 1975, S. 39–48.
JACKSON, B. D.: The Theory of Signs in St. Augustine's *De doctrina christiana,* in: Revue des Études Augustiniennes 16, 1969, S. 9–49.
JAEGER, W.: Aristoteles. Grundlegung einer Geschichte seiner Entwicklung, Berlin 1923.
–: Die Theologie der frühen griechischen Denker, Stuttgart 1953.
–: Paideia. Die Formung des griechischen Menschen, Berlin [3]1959 (3 Bände).
–: Das frühe Christentum und die griechische Bildung (übers. von W. Eltester), Berlin 1963.
JAKOBI, Kl.: Aristoteles' Einführung des Begriffs ‚εὐδαιμονία' im I. Buch der ‚Nikomachischen Ethik', in: Philosophisches Jahrbuch 86, 1979, S. 300–325.
JANSSEN, K.: Die Entstehung der Gnadenlehre Augustins, Rostock 1936.
JASPERS, K.: Die großen Philosophen. Erster Band, München/Zürich [3]1981.
JOHANNES DUNS SCOTUS: Abhandlung über das erste Prinzip – Tractatus de primo principio, hrsg. und übers. von W. Kluxen, Darmstadt 1974.
JOLIVET, R.: Saint Augustin et le Néo-Platonisme Chrétien, Paris 1932.
–: Le problème du mal d'apres saint Augustin, Paris 1936.
JONAS, H.: Gnosis und spätantiker Geist. Teil 1: Die mythologische Gnosis, Göttingen [2]1954
–: Augustin und das paulinische Freiheitsproblem. Eine philosophische Studie zum pelagianischen Streit, Göttingen [2]1965.
KÄLIN, B.: Die Erkenntnislehre des hl. Augustin, Sarnen 1920.
KÄSEMANN, E.: Das Neue Testament als Kanon. Dokumentation und kritische Analyse zur gegenwärtigen Diskussion, hrsg. Göttingen 1970.
–: An die Römer (Handbuch zum Neuen Testament 8a), Tübingen [3]1974.

KAISER, H.-J.: Augustinus. Zeit und ‚Memoria', Bonn 1969.
KAMLAH, W.: Platos Selbstkritik im Sophistes, München 1963.
–/LORENZEN, P.: Logische Propädeutik. Vorschule des vernünftigen Redens, Mannheim 1967.
KANT, I.: Gesammelte Schriften, hrsg. von der Königlich Preussischen Akademie der Wissenschaften, Berlin 1902 ff.
KENNY, A.: Aristotle's Theory of the Will, London 1979.
KERÉNYI, K.: Die Religion der Griechen und Römer, München/Zürich 1963 (Übers. der engl. Originalausgabe 1962).
–: Antike Religion, Wiesbaden 1978 (Nachdruck von 1971).
KESELING, P.: Vorwort und Einführung in: Christliches Ethos. Des Aurelius Augustinus Buch ‚Von den Sitten der katholischen Kirche', übertr. und erl. von P. Keseling, Münster 1948, S. 5–39.
KIENITZ, E. R. v.: Augustinus. Genius des Abendlandes, Wuppertal 1947.
KOCH, J.: Augustinischer und Dionysischer Neuplatonismus und das Mittelalter, in: Platonismus in der Philosophie des Mittelalters, hrsg. von W. Beierwaltes, Darmstadt 1969, S. 317–342.
KÖNIG, E.: Augustinus Philosophus. Christlicher Glaube und philosophisches Denken in den Frühschriften Augustins, München 1970.
KÖNIG, H.: Das organische Denken Augustins. Aufgewiesen an seiner Lehre von den natürlichen menschlichen Gemeinschaften und an seiner Geschichtsbetrachtung, Paderborn 1966.
KÖRGER, M. E.: Grundprobleme der Augustinischen Erkenntnislehre, in: Recherches Augustiniennes 2, Paris 1962, S. 33–57.
KÖRNER, Fr.: Prolegomena zu einem Studium der Ontologie Augustins, in: Revue des Études Augustiniennes 3, 1957, S.240–280.
–: Das Sein und der Mensch. Die existenzielle Seinsentdeckung des jungen Augustin, Freiburg/München 1959.
–: Vom Sein und Sollen des Menschen. Die existentialontologischen Grundlagen der Ethik in augustinischer Sicht, Paris 1963.
–: Augustinus: Das Grund-Problem der Existenz. Die Frage nach der Ratio im Dasein und Denken des Menschen, in: Grundprobleme der großen Philosophen. Philosophie des Altertums und des Mittelalters, hrsg. von J. Speck, Göttingen ²1978, S. 129–176.
KOPPER, J.: Reflexion und Determination, Berlin/New York 1976.
KOSSMANN, G.: Der Sittlichkeitsbegriff bei Aristoteles und Kant, Dortmund 1927.
KRÄMER, H.: Kritische Bemerkungen zu den jüngsten Äußerungen von W. Wieland und G. Patzig über Platons ungeschriebene Lehre, in: Rivista di Filosofia neo-scolastica 74, 1982, S. 579–592.
KRÄMER, H. J.: Arete bei Platon und Aristoteles. Zum Wesen und zur Geschichte der platonischen Ontologie, Amsterdam 1967 (Nachdruck von Heidelberg 1959).
–: Die platonische Akademie und das Problem einer systematischen Interpretation der Philosophie Platons, in: Kant-Studien 55, 1964, S. 69–101.
–: Der Ursprung der Geistmetaphysik. Untersuchungen zur Geschichte des Platonismus zwischen Platon und Plotin, Amsterdam ²1967.
–: 'ΕΠΕΚΕΙΝΑ ΤΗΣ ΟΥΣΙΑΣ: Zu Platon Politeia 509 B, in: Archiv für Geschichte der Philosophie 51, 1969, S. 1–30.

KREMER, Kl.: Die neuplatonische Seinsphilosophie und ihre Wirkung auf Thomas von Aquin, Leiden 1971 (Nachdruck der Ausgabe von 1966 mit einem Anhang).
KRIEGER, E.: Menschwerdung und peccatum originale, in: Zeitschrift für philosophische Forschung 19, 1965, S. 421–440.
KRÜGER, G.: Einsicht und Leidenschaft. Das Wesen des Platonischen Denkens, Frankfurt am Main ²1948.
–: Grundfragen der Philosophie, Frankfurt am Main 1958.
KUHN, H.: Begegnung mit dem Sein, Tübingen 1954.
–: Der Weg vom Sein zum Bewußtsein, Stuttgart 1981.
–: Rez. zu Flasch, Augustin. Einführung in sein Denken, in: Philosophische Rundschau 29, 1982, S. 298–300.
LAMPEY, E.: Das Zeitproblem nach den Bekenntnissen Augustins, Regensburg 1960.
LANDSBERG, P. L.: Einführung in die philosophische Anthropologie, Frankfurt am Main 1934.
LECHNER, O.: Idee und Zeit in der Metaphysik Augustins, München 1964.
LEDER, H.: Untersuchungen über Augustins Erkenntnistheorie in ihren Beziehungen zur antiken Skepsis, zu Plotin und Descartes, Marburg 1901.
LEGEWIE, B.: Augustinus. Eine Psychographie, Bonn 1925.
LINK, W.: Das Ringen Luthers um die Freiheit der Theologie von der Philosophie, München 1940.
LOENING, R.: Die Zurechnungslehre des Aristoteles, Hildesheim 1967 (Nachdruck von Jena 1903).
LÖWITH, K.: Wissen und Glauben, in: Augustinus Magister, Congrès International Augustinien, Paris 1954, S. 403–410.
LORENZ, R.: Gnade und Erkenntnis bei Augustinus, in: Zum Augustin-Gespräch der Gegenwart II, hrsg. von C. Andresen, Darmstadt 1981, S. 43–125.
LOTZ, J. B.: Aletheia und Orthotes. Versuch einer Deutung im Lichte der Scholastik, in: Philosophisches Jahrbuch 68, 1960, S. 258–268.
LÜTCKE, K.-H.: ‚Auctoritas' bei Augustin. Mit einer Einleitung zur römischen Vorgeschichte des Begriffs, Stuttgart/Berlin/Köln/Mainz 1968.
LUTHER, W.: Licht und Erkenntnis in der griechischen Philosophie bis Demokrit. Ein Beitrag zur Erforschung des Zusammenhangs von Sprache und philosophischem Denken, in: Archiv für Begriffsgeschichte 10, 1966, S. 1–240.
MADEC, G.: Analyse du *De magistro,* in: Revue des Études Augustiniennes 21, 1975, S. 63–71.
–: Sur une nouvelle introduction à la pensée d'Augustin (zu Flasch, Augustin. Einführung in sein Denken), in: Revue des Études Augustiniennes 28, 1982, S. 100–111.
MADER, J.: Die logische Struktur des personalen Denkens. Aus der Methode der Gotteserkenntnis bei Aurelius Augustinus, Wien 1965.
MALTER, R.: Das reformatorische Denken und die Philosophie. Luthers Entwurf einer transzendental-praktischen Metaphysik, Bonn 1980.
MANDOUZE, A.: Saint Augustin. L'Aventure de la raison et de la grâce, Paris 1968.
MARROU, H.-I.: Augustinus und das Ende der antiken Bildung, Paderborn/München/Wien/Zürich 1981 (dte. Übers. der franz. Originalausgabe: Saint Augustin et la fin de la culture antique von 1938, übers. nach ⁴1958).

MARX, W.: Das Wesen des Bösen. Zur Aktualität der Freiheitsschrift Schellings, in: Philosophisches Jahrbuch 89, 1982, S. 1–9.
MAUSBACH, J.: Die Ethik des heiligen Augustinus, zwei Bände, Freiburg 1909.
MAXSEIN, A.: Philosophia cordis. Das Wesen der Personalität bei Augustinus, Salzburg o. J. (1966).
MAYER, C. P.: Die Zeichen in der geistigen Entwicklung und in der Theologie des jungen Augustinus, Würzburg 1969.
–: Rez. zu Flasch, Augustin. Einführung in sein Denken, in: Theologische Revue 80, Sp. 34–37.
MEINHARDT, H.: Teilhabe bei Platon, Freiburg 1968.
MERLAN, Ph.: From Platonism to Neoplatonism, The Hague 1953.
MEYER, H.: Platon und die aristotelische Ethik, München 1919.
MITTELSTRASS, J.: Die Rettung der Phänomene, Berlin 1962.
MOLINE, J.: Platon on the Complexity of the Psyche, in: Archiv für Geschichte der Philosophie 60, 1978, S. 1–26.
MÜHLENBERG, E.: Das Verständnis des Bösen in neuplatonischer und frühchristlicher Sicht, in: Kerygma und Dogma 15, 1969, S. 226–238.
MÜLLER, G.: Die Mythen der platonischen Dialoge, in: Nachrichten der Giessener Hochschulgesellschaft 32, 1963, S.77–92.
MÜLLER, Max: Philosophische Anthropologie, hrsg. von W. Vossenkuhl, Freiburg/München 1974.
MÜLLER, Michael: Die Lehre des Hl. Augustinus von der Paradiesesehe und ihre Auswirkung in der Sexualethik des 12. und 13. Jahrhunderts bis Thomas von Aquin, Regensburg 1954.
NATORP, P.: Platon, in: Große Denker, Band I, hrsg. von E. Aster, Leipzig 1911.
–: Über Platos Ideenlehre, Berlin 1914.
–: Platos Ideenlehre. Eine Einführung in den Idealismus, Darmstadt [4]1975 (Nachdruck von [2]1922).
NÖRREGAARD, J.: Augustins Bekehrung, Tübingen 1923.
NUYENS, F. J.: L'évolution de la psychologie d'Aristote, Louvain/Paris [2]1973.
NYGREN, A.: Eros und Agape. Gestaltwandlungen der christlichen Liebe (1930/37), Berlin [2]1955.
NYGREN, G.: Das Prädestinationsproblem in der Theologie Augustins. Eine systematisch-theologische Studie, Göttingen 1956.
OEHLER, Kl.: Der entmythologisierte Platon. Zur Lage der Platonforschung, in: Zeitschrift für philosophische Forschung 19, 1965, S. 393–420 (mehrfach nachgedruckt).
OLLIG H.-L.: Selbsterhaltung und Tod. Zu zwei neueren Veröffentlichungen von Hans Ebeling, in: Kant-Studien 73, 1982, S. 495–509.
OTT, W.: Des hl. Augustinus Lehre über die Sinneserkenntnis, in: Philosophisches Jahrbuch 13, 1900, S. 138–148.
OTTO, W. F.: Die Götter Griechenlands. Das Bild des Göttlichen im Spiegel des griechischen Geistes, Frankfurt am Main 1947.
–: Die Gestalt und das Sein. Gesammelte Abhandlungen über den Mythos und seine Bedeutung für die Menschheit, Darmstadt [4]1975.
PANNENBERG, W.: Christentum und Platonismus. Die kritische Platonrezeption Augustins in ihrer Bedeutung für das gegenwärtige christliche Denken, in: Zeitschrift für Kirchengeschichte 96, 1985, S. 147–161.

PARMA, Chr.: Pronoia und Providentia. Der Vorsehungsbegriff Plotins und Augustins, Leiden 1971.
PERPEET, W.: Der systematisierte Platon (E. A. Wyller, H. J. Krämer), in: Philosophische Rundschau 10, 1962, S. 253–271.
PHILIPPIDES, L. J.: Die goldene Regel religionsgeschichtlich untersucht (Diss. Leipzig 1929).
PHILIPS, G.: La Raison d'être du Mal d'apres saint Augustin, Löwen 1927.
PISTORIUS, Ph. V.: Plotinus and neoplatonism. An introductory study, Cambridge 1952.
PLATZ, P.: Der Römerbrief in der Gnadenlehre Augustins, Würzburg 1938.
POHLENZ, M.: Die Stoa. Geschichte einer geistigen Bewegung, Erster Band: Göttingen [5]1978; Zweiter Band: Göttingen [5]1980.
PRAUSS, G.: Platon und der logische Eleatismus, Berlin 1966.
PRZYWARA, E.: Augustinus. Die Gestalt als Gefüge, Leipzig 1934.
PUECH, H. Chr.: Der Begriff der Erlösung im Manichäismus, in: Eranos-Jahrbuch 4, 1936, S. 183–286.
–: Le manichéisme. Son Fondateur. Sa doctrine, Paris 1949.

RAHNER, K.: Augustinus und der Semipelagianismus, in: Zeitschrift für katholische Theologie 62, 1938, S. 171–196.
–: Zur Theologie des Todes. Mit einem Exkurs über das Martyrium, Freiburg 1958.
–: Prädestination. Theologische Vermittlung, in: Sacramentum Mundi 3, Sp. 1254–1256.
–: Der Pluralismus in der Theologie und die Einheit des Bekenntnisses, in: Schriften zur Theologie 9, Einsiedeln/Zürich/Köln 1970, S. 11–33.
–/RATZINGER, J.: Offenbarung und Überlieferung, Freiburg/Basel/Wien 1965.
RATZINGER, J.: Originalität und Überlieferung in Augustins Begriff der *confessio*, in: Revue des Études Augustiniennes 3, 1957, S. 375–392.
–: Licht und Erleuchtung. Erwägungen zu Stellung und Entwicklung des Themas in der abendländischen Geistesgeschichte, in: Studium Generale 13, 1960, S.368–378.
REINER, H.: Die ‚Goldene Regel'. Die Bedeutung einer sittlichen Grundformel der Menschheit, in: Zeitschrift für philosophische Forschung 3, 1948, S. 74–105.
REINHARDT, K.: Platons Mythen (1929), in: Vermächtnis der Antike, Göttingen [2]1966, S. 219–295.
RENGSTORF, K. H.: Das Evangelium nach Lukas, Göttingen 1969.
RICHTER, A.: Darstellung des Lebens und der Philosophie des Plotin, Aalen 1968 (Nachdruck von Halle 1864/67).
RICKEN, Fr.: Der Lustbegriff in der Nikomachischen Ethik des Aristoteles, Göttingen 1976.
–: Die Unsterblichkeitsgewißheit in Platons ‚Phaidon', in: Stichwort: Tod. Eine Anfrage, hrsg. von der Rabanus Maurus Akademie Fulda/Limburg/Mainz, Frankfurt am Main 1979, S. 98–116.
RICŒUR, P.: Die ‚Erbsünde' – eine Bedeutungsstudie, in: Zum Augustin-Gespräch der Gegenwart II, hrsg. von C. Andresen, Darmstadt 1981, S. 329–351.
RIEF, J.: Der Ordobegriff des jungen Augustinus, Paderborn 1962.
RIST, J. M.: Mystik und Transzendenz im späteren Neuplatonismus, in: Die Philosophie des Neuplatonismus, hrsg. von Cl. Zintzen, Darmstadt 1977, S. 373–390.
RITTER, J.: Mundus intelligibilis. Eine Untersuchung zur Aufnahme und Umwand-

lung der neuplatonischen Ontologie bei Augustinus, Frankfurt am Main 1937.
–: ‚Politik' und ‚Ethik' in der praktischen Philosophie des Aristoteles, in: Philosophisches Jahrbuch 74, 1966/67, S. 235–253.
ROBIN, L.: La pensée grecque, Paris 1923.
–: Untersuchungen über die Bedeutung und Stellung der Physik in der Philosophie Platons, in: Das Problem der ungeschriebenen Lehre Platons, hrsg. von J. Wippern, Darmstadt 1972, S. 261–298.
ROLOFF, D.: Gottähnlichkeit, Vergöttlichung und Erhöhung zum seligen Leben. Untersuchungen zur Herkunft der platonischen Angleichung an Gott, Berlin 1970.
ROSENZWEIG, Fr.: Der Stern der Erlösung, Heidelberg [3]1954.
ROY, D. d.: L'intelligence de la foi en la trinité selon saint Augustin. Genèse de sa théologie trinitaire jusqu'en 391, Paris 1966.
SAGE, A.: ‚Praeparatur voluntas a Domino', in: Revue des Études Augustiniennes 10, 1964, S. 1–20.
SCHADEWALDT, W.: Das Welt-Modell der Griechen, in: Hellas und Hesperien I, Tübingen [2]1970, S. 601–625.
–: Zu Werner Heisenbergs Darstellung der Entwicklung der modernen Atomphysik, in: Hellas und Hesperien II, Tübingen [2]1970, S. 525–527.
SCHARBERT, J.: Prolegomena eines Alttestamentlers zur Erbsündenlehre, Freiburg/Basel/Wien 1968.
SCHELER, M.: Gesammelte Werke, hrsg. von M. Scheler und M. Frings, Bern und München 1954 ff.
SCHEFFCZYK, L.: Konkupiszenz, in: Sacramentum Mundi 3, Sp. 14–18.
SCHERER, G.: Das Problem des Todes in der Philosophie, Darmstadt 1979.
SCHILLING, H.: Das Ethos der Mesotes. Eine Studie zur Nikomachischen Ethik des Aristoteles, Tübingen 1930.
SCHINDLER, A.: Wort und Analogie in Augustins Trinitätslehre, Tübingen 1965.
SCHLEIERMACHER, Fr.: Einleitung in Platons Werke (1855), in: Das Platonbild, hrsg. von K. Gaiser, Hildesheim 1969, S. 1–32.
SCHLETTE, H. R.: Das Eine und das Andere. Studien zur Problematik des Negativen in der Metaphysik Plotins, München 1966.
SCHMAUS, M.: Die psychologische Trinitätslehre des heiligen Augustinus, Münster 1967 (mit Nachtrag vers. Nachdruck der Ausgabe von 1927).
SCHMIDT-DENGLER, W.: Die *‚aula memoriae'* in den *Konfessionen* des heiligen Augustin, in: Revue des Études Augustiniennes 14, 1968, S. 69–89.
–: Der rhetorische Aufbau des achten Buches der *Konfessionen* des heiligen Augustin, in: Revue des Études Augustiniennes 15, 1969, S. 195–208.
SCHMITZ-MOORMANN, K.: Die Ideenlehre Platons im Lichte des Sonnengleichnisses des sechsten Buches des Staates, Münster 1959.
SCHMUCKER, J.: Die Gnade des Urstandes und die Gnade der Auserwählten in Augustins ‚de correptione et gratia', Metten 1940.
–: Die primären Quellen des Gottesglaubens, Freiburg/Basel/Wien 1967.
SCHNEIDER, R.: Seele und Sein. Ontologie bei Augustin und Aristoteles, Stuttgart 1957 (posth. hrsg. von P. Meinhold).
SCHÖPF, A.: Wahrheit und Wissen. Die Begründung der Erkenntnis bei Augustin, München 1965.

–: Die Verinnerlichung des Wahrheitsproblems bei Augustin, in: Revue des Études Augustiniennes 13, 1967, S. 85–96.
–: Augustin und das Problem der Metaphysik, in: Philosophische Rundschau 15, 1968, S. 267–272.
–: Augustinus. Einführung in sein Philosophieren, Freiburg/München 1970.
SCHOONENBERG, P.: Der Mensch in der Sünde, in: Mysterium Salutis. Grundriß heilsgeschichtlicher Dogmatik 2, hrsg. von J. Feiner und M. Löhr, Einsiedeln/Zürich/Köln 1967, S. 845–941.
SCHOPENHAUER, A.: Sämtliche Werke, textkrit. bearb. und hrsg. von W. Frhr. von Löhneysen, Darmstadt 1973 ff. (Nachdruck von ²1968).
SCHUBERT, V.: Plotin, Freiburg 1973.
SCHUETZINGER, C. E.: Die augustinische Erkenntnislehre im Lichte neuerer Forschung, in: Recherches Augustiniennes 2, Paris 1962, S. 177–203.
SEIDEL, H.: Aristoteles und der Ausgang der antiken Philosophie, Berlin 1984.
SEIDL, H.: Der Begriff des Intellekts (νοῦς) bei Aristoteles im philosophischen Zusammenhang seiner Hauptschriften, Meisenheim am Glan 1971.
–: Das sittlich Gute (als Glückseligkeit) nach Aristoteles. Formale Bestimmung und metaphysische Voraussetzung, in: Philosophisches Jahrbuch 82, 1975, S. 31–53.
SEIF, Kl. Ph.: Das Problem der Willensfreiheit in der Nikomachischen Ethik des Aristoteles, in: Theologie und Philosophie 54, 1979, S. 542–581.
SIMON, P.: Aurelius Augustinus. Sein geistiges Profil, Paderborn 1954.
SLEEMANN, J. H./POLLET, G.: Lexicon Plotinianum, Leiden/Leuven 1980.
SNELL, Br.: Die Entdeckung des Geistes. Studien zur Entstehung des europäischen Denkens bei den Griechen, Hamburg 1946.
SPINOZA, B. d.: Ethica Ordine Geometrico Demonstrata, in: Spinoza, Werke II, lat. und dt. hrsg. und übers. von K. Blumenstock, Darmstadt ³1980.
SPRUTE, J.: Der Begriff der Doxa in der platonischen Philosophie, Göttingen 1962.
STALLMACH, J.: Dynamis und Energeia. Untersuchungen am Werk des Aristoteles zur Problemgeschichte von Möglichkeit und Wirklichkeit, Meisenheim am Glan 1959.
–: Der Mensch zwischen Wissen und Nichtwissen. Beitrag zum Motiv der docta ignorantia im Denken des Nikolaus von Kues, in: Suche nach dem Einen. Gesammelte Abhandlungen zur Problemgeschichte der Metaphysik, hrsg. von N. Fischer, Bonn 1982, S. 83–97.
–: Der Mensch zwischen Sein und Schein. Zum anthropologischen Motiv im parmenideischen Denken, in: Suche nach dem Einen, Bonn 1982, S. 144–155.
STEENBERGHEN, F./CAYRÉ, F.: Existe-t-il une Philosophie Augustinienne?, in: Bibliothèque Augustinienne 1, Paris 1948, S. 9–99.
STELZENBERGER, J.: Conscientia bei Augustinus. Studie zur Geschichte der Moraltheologie, Paderborn 1959.
STENZEL, J.: Kleine Schriften zur griechischen Philosophie, mit Unterstützung von H. Diller und G. Müller hrsg. von B. Stenzel, Darmstadt ⁴1972.
–: Studien zur Entwicklung der Platonischen Dialektik von Sokrates zu Aristoteles, Darmstadt ⁴1974.
STOHR, A.: Augustinus als Mensch und Denker, Frankfurt am Main 1930.
STUMPF, M.: Selbsterkenntnis und Illuminatio bei Augustin, München 1944.
SZLEZÁK, Th. A.: Unsterblichkeit und Trichotomie der Seele im zehnten Buch der Politeia, in: Phronesis 21, 1976, S. 31–58.

–: Platon und Aristoteles in der Nuslehre Plotins, Basel/Stuttgart 1979.
TAYLOR, A. E.: A Commentary on Plato's Timaeus, Oxford 1928.
–: Plato, the Man and his Work, London 1960 (Nachdruck von [6]1949).
TEICHNER, W.: Mensch und Gott in der Entfremdung oder die Krise der Subjektivität, Freiburg/München 1984.
TESTARD, M.: S. Augustin et Cicéron, 2 Bände, Paris 1958.
–: Saint Augustin et Cicéron. A propos d'un ouvrage récent, in: Revue des Études Augustiniennes 14, 1968, S. 47–67.
THEILER, W.: Forschungen zum Neuplatonismus, Berlin 1966.
THIMME, W.: Augustins geistige Entwicklung in den ersten Jahren nach seiner ‚Bekehrung' (386–391), Berlin 1908.
THOMAS VON AQUIN: Summa Theologiae, cura et studio P. Caramello (cum textu ex rec. leonina), Turin/Rom 1952 ff.
–: Liber de Veritate Catholicae Fidei contra errores Infidelium, cura et studio C. Pera, P. Marc, P. Caramello (Textus leoninus diligenter recognitus), Turin/Rom 1961 ff.
THONNARD, F. J.: La ‚cognitio per sensus' chez Saint Augustin, in: Augustinus. Revista trimestral publicada por los Padres Agustinos recoletos 3, Madrid 1958, S. 193–203.
–: La philosophie et sa méthode rationelle en augustinisme, in: Revue des Études Augustiniennes 6, 1960, S. 11–30.
TROELTSCH, E.: Augustin, die Antike und das Mittelalter. Im Anschluß an die Schrift ‚De civitate Dei', Aalen 1963 (Nachdruck der Ausgabe von München 1915).
TSCHOLL, J.: Gott und das Schöne beim Hl. Augustinus, Heverlee/Leuven 1967.
VAIHINGER, H.: Die Philosophie des Als-Ob. System der theoretischen, praktischen und religiösen Fiktionen der Menschheit auf Grund eines idealistischen Positivismus, Leipzig [9]1927.
VOLKMANN-SCHLUCK, K.-H.: Plotin als Interpret der Ontologie Platos, Frankfurt am Main [2]1957.
–: Plotins Lehre vom Wesen und der Herkunft des Schlechten (Enn. I 8), in: Philosophisches Jahrbuch 75, 1967/68, S. 1–21.
–: Die Metaphysik des Aristoteles, Frankfurt am Main 1979.
WALDENFELS, B.: Das sokratische Fragen. Aporie, Elenchos, Anamnesis, Meisenheim am Glan 1961.
WATERLOW, S.: Protagoras and Inconsistency: Theaitetos 171 a6–c7, in: Archiv für Geschichte der Philosophie 59, 1977, S. 19–36.
WEGER, K.-H.: Theologie der Erbsünde, Freiburg/Basel/Wien 1970.
WEIGEL, G.: Einleitung zu ‚De magistro', in: Augustinus, Philosophische Spätdialoge, eingel. und erl. von K.-H. Lütcke und G. Weigel, hrsg. von C. Andresen, Zürich und München 1973.
WIELAND, W.: Die aristotelische Physik. Untersuchungen über die Grundlegung der Naturwissenschaft und die sprachlichen Bedingungen der Prinzipienforschung bei Aristoteles, Göttingen 1962.
–: Platon und die Formen des Wissens, Göttingen 1982.
WILAMOWITZ-MOELLENDORF, U. v.: Platon. Sein Leben und seine Werke, bearb. von Br. Snell, Berlin [5]1959.
WILKES, K. V.: Conclusions in the *Meno,* in: Archiv für Geschichte der Philosophie 61, 1979, S. 143–153.

WILPERT, P.: Die Lage der Aristotelesforschung, in: Zeitschrift für philosophische Forschung 1, 1946, S. 123–140.
–: Neue Fragmente aus ΠΕΡΙ ΤΑΓΑΘΟΥ, in: Das Problem der ungeschriebenen Lehre Platons, hrsg. von J. Wippern, Darmstadt 1972, S. 166–200.
WIPLINGER, Fr.: Der personal verstandene Tod. Todeserfahrung als Selbsterfahrung, Freiburg/München 1970.
–: Physis und Logos. Zum Körperphänomen in seiner Bedeutung für den Ursprung der Metaphysik bei Aristoteles, Freiburg/München/Wien 1971.
WIPPERN, J.: Eros und Unsterblichkeit in der Diotima-Rede des Symposions, in: Synusia. Festschrift für W. Schadewaldt, Pfullingen 1965, S. 123–159.
WITTE, B.: Der ΕΙΚΩΣ ΛΟΓΟΣ in Platos *Timaios*. Beitrag zur Wissenschaftsmethode und Erkenntnistheorie des späten Plato, in: Archiv für Geschichte der Philosophie 46, 1964, S. 1–16.
WITTMANN, L.: Ascensus. Der Aufstieg zur Transzendenz in der Metaphysik Augustins, München 1980.
WITTMANN, M.: Aristoteles und die Willensfreiheit. Eine historisch-kritische Untersuchung, in: Philosophisches Jahrbuch 34, 1921, S. 5–30 und S. 131–153.
WOHLFARTH, K. A.: Der metaphysische Ansatz bei Augustin, Meisenheim am Glan 1969.
WOLFF, H. M.: Plato. Der Kampf ums Sein, Bern 1957.
WOOD, R. J.: Plato's Atomism, in: International Philosophical Quarterly 8, 1968, S. 427–441.
WUNDERLE, G.: Einführung in Augustins Konfessionen, Augsburg 1930.
WUNDT, M.: Untersuchungen zur Metaphysik des Aristoteles, Stuttgart 1953.
WYLLER, E. A.: Der späte Platon. Tübinger Vorlesungen 1965, Hamburg 1970.
ZIMARA, C.: Das Ineinanderspiel von Gottes Vorherwissen und Wollen nach Augustinus, in: Freiburger Zeitschrift für Philosophie und Theologie 6, 1959, S. 271–299 und S. 361–394.
ZEKL, H. G.: Der Parmenides. Untersuchungen über innere Einheit, Zielsetzung und begriffliches Verfahren eines platonischen Dialogs, Marburg 1971.
–: Einleitung in: Platon, Parmenides, übers. und hrsg. von H. G. Zekl, Hamburg 1972, S. XI–XXXVII.
ZIEGENFUSS, W.: Augustinus. Christliche Transzendenz in Gesellschaft und Geschichte, Berlin 1948.
ZIMMERMANN, H.: Auf dem Weg zu Augustinus, München 1948.
ZINTZEN, Cl.: Die Wertung von Mystik und Magie in der neuplatonischen Philosophie, in: Die Philosophie des Neuplatonismus, hrsg. von Cl. Zintzen, Darmstadt 1977, S.391–426.